W9-BOK-524

Some Blaine Ethridge Books
on Latin America

REFERENCE AND BIBLIOGRAPHY

BIBLIOGRAPHY OF THE COLLECTIVE BIOGRAPHY OF SPANISH AMERICA. Compiled by Josefina del Toro. (University of Puerto Rico Bulletin, IX, 1, 1938.) 1971.

LATIN AMERICAN WRITERS IN ENGLISH TRANSLATION: A Classified Bibliography. Compiled by Willis Knapp Jones. (Pan American Union Bibliographic Series, No. 30, 1944.) 1971.

REFERENCE INDEX TO TWELVE THOUSAND SPANISH AMERICAN AUTHORS: A Guide to Bibliographies and Bio-Bibliographies. Compiled by Raymond L. Grismer. (Inter-American Bibliographical and Library Association Publications, III, 1, 1939.) 1971.

SPANISH PERSONAL NAMES: Principles Governing Their Formation and Use. By Charles F. Gosnell. (1938) 1971.

20,000 BIOGRAFIAS BREVES. Edited by Eduardo Cardenas. Biographical sketches of historic and contemporary personalities, largely Latin American and Spanish. Uniquely useful. 1963.

WHO'S WHO IN LATIN AMERICA. 3rd edition. Edited by Ronald Hilton. Over 8,000 detailed listings in English. Volume 1—Mexico, Central America, the Caribbean. Volume 2—South America. (First published 1945-51 in seven volumes by Stanford University Press.) 1971.

Write for list of Latin American books in history, social history, daily life, arts, socio-economics.

BLAINE ETHRIDGE—BOOKS
13977 Penrod Street, Detroit, Michigan 48223

DICCIONARIO DE ANÓNIMOS Y SEUDÓNIMOS
HISPANOAMERICANOS

SERIE ANÓNIMOS Y SEUDÓNIMOS HISPANOAMERICANOS

José Toribio Medina
Diccionario de anónimos y seudónimos hispanoamericanos

Ricardo Victorica
Errores y omisiones del Diccionario de anónimos y seudónimos hispanoamericanos de José Toribio Medina
Nueva epanortosis al Diccionario de anónimos y seudónimos de J. T. Medina

Blaine Ethridge--Books, 13977 Penrod St., Detroit, Michigan 48223

FACULTAD DE FILOSOFÍA Y LETRAS

PUBLICACIONES DEL INSTITUTO DE INVESTIGACIONES HISTÓRICAS

DICCIONARIO

DE

ANÓNIMOS Y SEUDÓNIMOS

HISPANOAMERICANOS

APUNTACIONES REUNIDAS POR

JOSÉ TORIBIO MEDINA

BUENOS AIRES

IMPRENTA DE LA UNIVERSIDAD

—

1925

REPUBLISHED BY BLAINE ETHRIDGE–BOOKS, DETROIT, 1973

This facsimile edition has been prepared
from an original copy in the collections
of the Michigan State University Library

Library of Congress Catalog Card Number 73-78355
International Standard Book Number 0-87917-026-3

FACULTAD DE FILOSOFÍA Y LETRAS

PUBLICACIONES DEL INSTITUTO DE INVESTIGACIONES HISTÓRICAS

NÚMERO XXVI

DICCIONARIO

DE

ANÓNIMOS Y SEUDÓNIMOS

HISPANOAMERICANOS

APUNTACIONES REUNIDAS POR

JOSÉ TORIBIO MEDINA

TOMO I

A-H

BUENOS AIRES

IMPRENTA DE LA UNIVERSIDAD

1925

ADVERTENCIA

Bien pudiera, discreto lector, llenar más de una página si quisiera referir los motivos que me indujeron a redactar este libro, los años gastados en su labor, los anhelos que he perseguido y las largas investigaciones, muchas veces infructuosas, que en ocasiones ha sido necesario acometer para ver modo de descubrir quién fuera el autor de una obra dada; y también, hacer gala de mediana erudición, trayendo a cuento la enumeración de las fuentes de que he debido echar mano en el curso de mi tarea hasta verla en el estado en que la presento al público; pero la experiencia propia y ajena me enseña que el que busca el saber de quién sea el libro cuyo autor desea averiguar, hace caso omiso de palabras preliminares y se va derecho al grano, quiero decir, al punto en que debe hallarse el título que le interesa.

Por lo demás, en muchísimos casos, cuando el dato no procede de mi cosecha, pongo al pie la fuente de que me he valido, y así, una enumeración como la que indico, vendría a resultar punto menos que redundante, y la omito, por consiguiente.

Pero, si en tesis general, tal procedimiento pudiera ofrecer algún reparo al bibliógrafo escrupuloso, debo, por lo menos, hacer referencia a las obras extranjeras especialmente consagradas a la resolución de los autores de obras anónimas y seudónimas, y hablo de simples referencias porque me imagino que ha de bastar con ellas al que toma en sus manos una de esa índole, como es la presente. Pues diré, que para los libros franceses, ahí están André Baillet, Alexandre Barbier, De Manne, Quérard, Franklin, Brunet, etc.; para Italia, Melzi; para Alemania, Heinsius; para Inglaterra, Halkett y Laing.

Y España, ¿qué es lo que tiene? Se sabe que la Biblioteca nacional de Madrid ha premiado una obra que lleva por título *Seudónimos, anónimos, anagramas e iniciales de autores y traductores españoles e hispanoamericanos*, de don José María Nogués, pero, por causas que se ignoran — y me expreso así porque tampoco logró averiguarlas el prologuista del libro de que hablaré en seguida — ha permanecido hasta ahora en manuscrito.

En 1904 se publicó en Madrid, en un pequeño volumen en 8º, de 147 páginas de texto, *Unos cuantos seudónimos de escritores españoles con sus correspondientes nombres verdaderos. Apuntes recogidos y coleccionados por Maxiriarth, con un prólogo del señor don José Fernández Bremón.* Edición corregida y aumentada, se agrega en la portada, y que, hoy por hoy, es la única contribución por entero dedicada al esclarecimiento de la rama bibliográfica de que trato. Y duéleme decirlo que, a pesar de los numerosos colaboradores que auxiliaron en su empresa al autor, y cuya lista cuida de anotar, ha resultado pobrísima en su ejecución. Por lo que toca a los hispanoamericanos, 16 títulos, todos vulgarísimos, y entre ellos uno que bastaría para hacer dudar de la exactitud de los datos consignados en la obrecilla, cual es, el afirmar que Eugenio Ruidíaz y Caravia escribió, con el seudónimo de Pero Menéndez de Avilés, *La Florida : su conquista y civilización,* leyendo tan mal el *por* del título, que donde dice que la conquista de ese país fué hecha por aquel soldado, tradujo que era seudónimo del autor.

España, pues, carece hasta ahora de obra en que se estudie su producción anónima o seudónima, a no ser, en esfera muy limitada, el *Catálogo* del padre Uriarte, destinado a los jesuítas de todas las naciones ; los Estados Unidos, que hasta hace poco sólo contaba, en cuanto yo sepa, con el *Dictionary,* de Sabin, nunca terminado y comprensivo de obras de toda especie, pero en el cual es posible recoger datos de la materia de que se trata, aunque de ordinario de segunda mano, ha visto acrecentar en esa parte su acervo bibliográfico con dos obras de William Cushing, impresas, respectivamente, en 1888 y 1890 : *Initials and Pseudonims : a dictionary of Literary Disguises;* y *Anonyms : a dictionary of revealed authorship,* que implican un adelanto considerable sobre lo que hasta entonces se había logrado descubrir en las materias que abraza, pero en las que los libros cuyos autores se revelan, aparecen tan someramente enunciados, que ni siquiera se les asigna tamaño ; de donde ha resultado, para mí, que cada vez que he podido aprovecharme de sus dictados, forzosamente han debido adolecer del mismo vacío.

Como es de esperarlo, la América española no se halla adelantada en esta parte de su bibliografía, de tal modo que sus anónimos o seudónimos hay que irlos a buscar en obras generales, cuando las tienen, de entre las cuales merece mención especial la *Estadística bibliográfica*, de Briseño, en Chile, que resultaría aún mucho más útil de lo que es, si en ella se hubiera hecho distinción, o marcado siquiera de alguna manera, los libros que carecen del nombre del autor, pues todos se consignan con ellos cuando nuestro bibliógrafo llegó a descubrirlos.

Cierto es que respecto de México, don Juan B. Iguíniz en sus *Historiadores de Jalisco* (pág. 105), nos dice tener inédito el « Ensayo de un catálogo razonado de obras anónimas y seudónimas de escritores mexicanos », aserto que data de 1918, pero que hasta ahora no lo vemos realizado; y cierto también que don Carlos A. Rolando nos ha dado a conocer, en el *Boletín de la Sociedad ecuatoriana de estudios históricos,* Quito, 1919, tomo III, páginas 273-275, los *Pseudónimos de escritores nacionales y extranjeros en la prensa guayaquileña,* y muy luego después la *Cronología del periodismo ecuatoriano. Pseudónimos de la prensa nacional,* Guayaquil, 1920; y cierto, por último, que don Diego Barros Arana dió a la prensa, en 1882, sus *Notas para una bibliografía de obras anónimas i seudónimas sobre la historia, la jeografía i la literatura de América,* en las cuales llegó a enterar 507 números.

Ese paciente investigador abrazó todos los países de la

América, incluyendo a los Estados Unidos, las posesiones europeas del Continente y el Brasil. Mi libro tiene algo más y algo menos. Tiene de menos, que no trata para nada de las obras que atañen a esas naciones, pues se limita a la producción anónima o seudónima de las que fueron colonias españolas; pero, en cambio, la contiene en todas sus manifestaciones, siempre que hayan aparecido en libro aparte, haciendo caso omiso de los artículos de revistas o diarios, campo que sería de abundantísima cosecha, pero que me habría llevado muy lejos.

Cúmpleme, después de esta declaración, decir algo acerca del método que informa el presente libro.

Como no se trata en él de hacer estrictamente obra bibliográfica, he de omitir la transcripción íntegra de las portadas o títulos, limitándome a lo necesario para señalar la obra, y sin entrar, a esa causa, en la anotación de los preliminares u otros detalles que son propios de aquélla.

Echará de ver el lector que de esta norma de la indicación del tamaño y páginas a que aludo, escapan, muy a pesar mío, gran parte de los anónimos y seudónimos cubanos, por causa de que la fuente de que los he tomado, el *Diccionario cubano de seudónimos,* que acaba de ver la luz pública en la Habana, escrito por don Domingo Figarola-Caneda, pues, contra lo que era de esperar de autor tan versado en bibliografía, no consigna ninguno de esos particulares. Diré aún que, en ocasiones, por la manera con que da los títulos de las obras, se hace muy difícil distinguir si realmente son tales, o artículos de colaboración en diarios o revistas. Quedan hechas estas advertencias para librarme de los yerros en que sobre ese particular haya podido incurrir.

Y aquí es del caso recordar, que de no poca utilidad, dentro de la limitada esfera que comprende, me ha sido la *Bibliografía de la revolución de Yara*, por Luis M. Pérez, Habana, 1908, 4º, de 72 páginas, en la que su autor ha descrito con escrupulosa exactitud, con sana crítica y ajustándose a los dictados de la verdadera bibliografía, unos 31 títulos de obras anónimas o seudónimas, que he cuidado de anotar como de cosecha suya, salvo uno que otro que trae Figarola-Caneda, aunque siempre dando los detalles de los libros que éste omitió.

De los dos métodos que podía seguir para el señalamiento de los autores, uno en que se discutieran por extenso los antecedentes que sirven para establecerlos, que es el que adoptó el padre Uriarte, ciertamente más en armonía con la crítica científica, si así puedo llamarla, pero que ofrece el inconveniente de alargar enormemente la obra; y el otro, el de la simple enunciación del autor a quien pertenece, tal como lo han hecho los bibliógrafos franceses, ingleses e italianos, y en el cual el lector se ve obligado a dar fe a los asertos del autor; y éste es el que he adoptado, eso sí, no sin hallarme seguro de lo que afirmo, ya sea por mérito de investigación propia o por la de quienes me han precedido.

Omito muchos que llevan al final la firma impresa de sus autores, apartándome en esto de la norma corriente, salvo en contados casos en que lo he estimado conveniente, sobre todo cuando los he visto catalogados como anónimos.

Cabe aquí la observación de que se verán en las siguientes páginas muchos más anónimos de Chile que de las restantes naciones hispanoamericanas; en primer lugar, porque en la producción literaria de la independencia acá, he podido disponer de un material mucho más abundante; luego, porque en el hecho resulta también así, y en tercer lugar, acaso porque en este país se reconoce cierta tendencia al empleo del anónimo, en parte por causas políticas, y en la producción femenina, por la cortedad de las autoras para estampar en ella sus nombres.

No se me oculta que faltan por resolver en este libro innumerables anónimos y seudónimos, sobre todo en el género de las novenas y otros opusculillos de carácter religioso; pero, a la vez, que queda puesta la primera piedra de un vasto edificio, y que cual acontece con las que se desprenden de una montaña que en su caída van arrastrando otras y otras, así también — como ha sucedido con las bibliografías iniciadas por el autor de este libro, séame lícito recordarlo — pronto este ejemplo servirá de estímulo para que en los demás países hispanoamericanos salgan estudiosos a completar este ramo tan interesante como difícil, de la averiguación de los anónimos y seudónimos de todos ellos.

DICCIONARIO DE ANONIMOS Y SEUDONIMOS

HISPANOAMERICANOS

A BHANDLUUNG über die Vortheile und Nachtheile die für Europa aus der Entdeckung von America entstehen. Auf Veranlassung eines von dem Herrn Abt Raynal ausgesetzten Preises. Von Herrn P*** Vice-Consul zu E*** Aus dem Französischen übersetzt. Mit gnädigster Churfürst I. Sächf. Freyheit. *Halle, bey Johann Jacob Gebauer*, 1788, 12º-xvi-84 pp.

El vicecónsul, autor de la obrecilla francesa, fué el MARQUIS DE CHATTELUX.

ABRÉGÉ de l'Histoire générale des voyages, par le continuateur de l'«Abrégé», de La Harpe. *Paris, Moutardier*, 1803-1805, 8º-12 vols.

Por V. COMEIRAS. — BARBIER, I, 26.

ABRÉGÉ de l'Histoire générale des voyages, par Antoine C... *Paris*, 1820-22, 12º-2 vols.

C. oculta el apellido de CAILLOT. — BARBIER, I, 26.

ABBREGÉ de la vie, et miracles de la Bien-heureuse soeur Rose de sainte Marie, Religieuse du tiers Ordre de Saint Dominique, avec la Relation des Ceremonies qui ont ésté faites dans l'Eglise de S. Pierre de Rome, le 15. du mois d'Avril 1668...

A Paris, Chez François de Cointe... M.DC.LXVIII... 4º mayor.-Dos pp. s. f.-35 foliadas.

Advierte Zegarra que el autor fué FRAY VICENTE DE BARJAC, prior del Noviciado de Saint-Germain de París.

ABUSO del poder contra la libertad de la Iglesia. (*Al fin:*) *Lima, Imprenta de Manuel Corral,* 4º-12 páginas.

Léese en la *Refutación* a este papel, pág. 3 : « Acaba de publicarse un folleto, que generalmente se atribuye al Dr. D. José Ignacio Moreno, titulado *Abusos del poder...* »

ACCOUNT (An) of the Abipones, an equestrian people of Paraguay. From the latin of Martin Dobrizhoffer, eighteen years a missionary in that country. *London,* 1822, 8º-3 vols.

Traducción de SARA.COLERIDGE. — HALKETT Y LAING, col. 17, t. I.

ACCOUNT (An) of the discoveries made in the South Pacific Ocean, previous to 1764. *London,* 1767, 8º, con un mapa. Privately printed.

Por ALEJANDRO DALRYMPLE.-LOWNDES, *Bibliographers's Manual,* I, p. 582.

ACCOUNT of the Early Voyages made by the Spaniards to Africa, East and West Indies, with Lives of eminent Navigators, including the Life and Voyages of Columbus. *London,* 1790, 4º-Láminas y mapas.

Por ANDREW KIPPIS. — SABIN, VIII, nº 37952.

ACCOUNT (An) of the European settlements in America. In six parts. I. A short history of the discovery of that part of the world. II. The manners and customs of the original inhabitants. III. Of the Spanish settlements. IV. Of the Portuguese. V. Of the French, Dutch, and Danish. VI. Of the English. Each part contains an accurate description of the settlements in it, their extent, climate, productions, trade, genius, and disposition of their inhabitants : the interest of the several powers of Europe with respect to those settlements ; and their political and commercial views with regard to each other. *London,* 1760, 8º-2 vols.

Tercera edición, con adiciones. Obra de EDMUND BURKE. Existen también ediciones de Boston, 1835 y 1851. HALKETT Y LAING, I, col. 19; SABIN, III, n? 9282. Entiendo que la cuarta edición es la que se intitula : *An Account of the Spanish Settlements in America, In Four Parts...* Edinburgh, A. Donaldson and J. Reid, 1762, 8?-xvi-512 pp. y mapa. Trae el título a la larga, SABIN, n? 102.

ACCOUNT of a voyage for the discovery of a north-west passage by Hudson Streights to the western and southern ocean of America. By the Clerk of «*California*». *London,* 1848.

SWAINE DRAKE. — CUSHING, p. 64.

ACCOUNT (An) of the First Settlement, Laws, Form of government, & Police of the Cessares, a People of South America. In Nine Letters, from Mr. Vander Neck, one of the Senators of that Nation to his Friend in Holland. With Notes by the Editor. *London,* 1764, 8?

Fué autor de esta obra, puramente imaginaria, según Nichols, Mr. JAMES BURGH, el celebrado autor de *Dignity of Human Nature.* — RICH, *Bibl., Amer.,* y SABIN, III, n? 9245.

ACCOUNT (An) of the giants lately discovered ; in a letter to a friend in the country. *London,* 1766, 8?-31 pp. Suscrito : S. T.

Autor : HORACE WALPOLE. — HALKETT Y LAING, I, 20.

ACCOUNT (An) of the Island of Jamaica, by a Gentleman lately Resident on a Plantation. *Newcastle,* 1788.

PETER MARSDEN. — CUSHING, p. 113.

ACLARACION a la pagina 5ª de los Apuntamientos de Colombia y la Nueva Granada. *Quito, Imprenta del Gobierno* (1838), 8?-8 pp.

De D. FRANCISCO F. DE MADRID, quien la subscribe en Quito, a 7 de febrero de 1838.

ACORDES de un pandero. Por Seudónimo. *Mayagüez, Tipografia Comercial,* 1885,56 pp.

«Contiene varias poesias y dos trabajos en prosa : su autor es don JUAN Z. RODRÍGUEZ». — SAMA, p. 144.

ACTIVIDADES femeninas chilenas. (Suscrita por Clary). 8º-23 pp.

Forma el número 13, de abril de 1918, del *Centro Editorial La Tribuna*. — POLANCO DE HOFFMANN (CLARISA).

ACTO de Contricion y afectos dolorosos de un pecador arrepentido a Christo Crucificado... *Nueva Guatemala, por la Viuda de D. Sebastian de Arebalo*. Año de 1779, 4º-8 hjs. s. f.

Obra de fray FELIPE CADENA, con cuyo nombre aparece en la edición de 1812.

ACTUALIDAD política. Consideraciones por Un hombre del pueblo. *Buenos Aires, Imprenta de La Tribuna*, 8º mayor-23 pp.

Autor : SANTIAGO ELÉJALDE. — NAVARRO VIOLA.

ACTUALIDAD política. La Banda Presidencial por R. Licar, Setiembre de 1885. *Santiago de Chile, Imprenta Cervantes*, 1885, 4º-126 pp.

Por el estilo, el tema tratado y el disfraz del nombre, hecho a medias, creo que el autor fué RAFAEL SANNUEZA LIZARDI.

ACTUALIDAD política. La Cesión de Tacna y Arica. Los Tratados con Chile y los señores Pando y Quijarro. *Cochabamba, Imp. y Lit. de «El Comercio»*, 1897, 8º-IX-171 pp.

De D. ANTONIO QUIJARRO, que subscribe el prólogo y el texto mismo.

ACTUALIDADES cientificas. La telegrafia sin hilos por Andres Broca, Profesor titulado de Física en la Facultad de Medicina de París, traducido por R. B. A. (sin fecha ni lugar de impresión, pero de *Valparaiso* y de 1901). 8º-150 pp.

Por RICARDO BEAUGENCY.

— La telegrafía sin hilos. Anexo a la obra de Andres Broca, traducido por R. B. A. *Valparaiso, Talleres tipográficos de la Armada*, 1901, 8º-55 pp. y 9 láminas.

ACUSACION (La) a la Corte Suprema de Justicia, *Santiago, Imprenta del Ferrocarril*, 1868, 4º-79 pp. a dos columnas.

Obra de don ANTONIO VARAS.

Acusacion ante el Jurado de Valparaiso Por las injurias publicadas en el núm. 6005 del Mercurio contra el finado Ministro de Hacienda D. Manuel Rengifo. Por R. R. *Santiago, 1848, Imprenta de la Opinion*, 8º-47 pp.

Las iniciales R. R. son las de don Ramón Rengifo.

Acusacion i denuncio contra el ciudadano Presidente de la Republica i los Secretarios de Gobierno i de Guerra por la responsabilidad en que han incurrido por consecuencia de la traicion i rebelion consumadas en 17 de Abril. Presentados ante el Senado por el Acusador de la Camara de Representantes. *Lima, Imprenta del Comercio*, 1855, 8º-50 pp.

Subscrito al final por Salvador Camacho Roldán.

Acusacion pronunciada ante el Tribunal de Jurados de Lima por el Dr. D. Juan Ascencio contra el «Alcance al Mercurio Peruano» publicado por D. Carlos Rodriguez, y denunciado Por el Gran Mariscal del Peru D. Bernardo O'Higgins. *(Epígrafe de Tito Livio.) Imprenta de Masias, Lima*, 1833, 8º-viii-190 pp.

Obra, según creo, de D. Ramón Mariano de Arís.

Acusadores (Los) de Obando juzgados por sus mismos documentos i Obando vindicado por los de sus mismos calumniadores en el asesinato de Sucre. *Lima, 1844, Imprenta del Comercio por J. Monterola*, 4º-63 pp. y una s. f.

Obra de D. Manuel Cárdenas.

Addiccion al manifiesto, que con licencia del Supremo Consejo de las Indias, dió à luz el Padre Pedro Ignacio Altamirano, de la Compañia de Jesus : Sobre los diezmos de los colonos ò Arrendatarios de las Haciendas de su Religion en la Provincia de Chile. Articulo unico. Corroboracion de lo alegado en dicho Manifiesto. Fol.-10 hjs. (Poco posterior a 1750.)

Del mismo P. Altamirano.

Adicion a las informaciones de los Fiadores de Miguel de Arcilla. En el pleito con don Iuan de Lara. *(Madrid, 16...)*, fol.-3 hjs.

Con la firma autógrafa del licenciado D. Diego de Uceda.
Véanse más adelante dos memoriales relativos a este pleito, obras tambien de Uceda.

Adicion de la informacion en derecho que se ha dado por el Doctor don Matias de Peralta Proponese sumariamente la resolucion de tres puntos. (*Madrid*, 16...), fol.-8 hjs.

Con la firma autógrafa del Doctor Márquez de Cisneros.

Adicion. E Estando *(sic)* este negocio visto por los dichos señores, y el memorial ya impresso, por parte del dicho Capitan Christoual Valero se presentó en quinze de Março de 1646, vna peticion... *(Madrid*, 164...), fol.-3 pp. s. f.

Es complemento del *Memorial* de Valero, que se anota más adelante, y, como él, obra de Antonio de León Pinelo.

Adiciones y correcciones a la dedicatoria que el autor del Romance Heroyco sobre la reconquista de Buenos-Ayres hizo al M. I. Cabildo, *(Al final:)* Con licencia. *Buenos-Ayres: En la Real Imprenta de los Niños Expósitos*, Año de 1807, 4º-8 pp.

Por don José Joaquín de Araújo.

Ad Majorem Dei, ac Deiparae Virginis Mariae Gloriam, Christianorum exemplum, posteritatis memoriam. Elogium Joannis Ildephonsi Ignatii Varela, et Lossada... Natali Saliceto... auspici, ac Patrono a Josepho Francisco Clavera dicatum. *(Al fin:)* In *Bologna* MDXXLXXXI, *Nella Stamperia di S. Tommasso d'Aquino*, 4º-13 pp. y una s. f.

« Pues el que suena su autor, que es un coadjutor aragonés ignorante de la lengua latina, no lo es ciertamente, sino un sacerdote llamado Miguel García (Sanz), de la Provincia de Chile ». — Luengo, citado por Uriarte.

Administraciones (Las) Santander y Márquez y el Autor de la Geografia de los Estados Unidos de Colombia. *Bogotá, Imprenta a cargo de Focion Mantilla*, 1866, 4º-16 pp.

Subscrito por Justus, que oculta a Ignacio Gutiérrez Vergara.

Admirabilis vita S. Rosae a. Sancta Maria Virginis Peruanae Tertiae Regulae Ordinis S. Dominici... Iuxta Exemplar Roma impressum. *Coloniae Apud Michaelem Dementum,...* M. DC. LXXI. Permissu Superiorum, 12º-20 pp. s. f.-32 foliadas.

Téngola por obra de FRAY ANTONIO GONZÁLEZ DE ACUÑA.

AD § POSTUMUS avtem alienvs. Lib. 2. instit. de legat. brevis, & a curata *(sic)* commentatio. *(Madrid, por Diego Martínez Abad,* 1705), 4º-5o pp.

Tal es lo único que alcanzó a imprimirse de esta obra de don VICENTE DE ARÁMBURU, oidor que fué de Santa Fe.

ADUERTENCIAS, para mayor noticia de la Grammatica, y reduzir al vso, y exercicio los Preceptos della. Impreso con licencia en *Mexico, en casa de Bernardo Calderõ.* Año de M. DC. XXXI... 8º-72 hjs. y una página sin foliar.

Por el padre jesuíta BERNARDINO LLANOS.

ADVERTENCIA... El Perro de Santo Domingo. *Bogotá,* 1823, 4º

Por F. MARGALLO.

ADVERTENCIAS á los catequistas acerca del modo practico de hacer el catecismo de niños. *(Al fin:) Tipografía de B. Herder en Friburgo de Brisgovia,* 1887, 8º menor.-8 pp. s. f., fileteadas. El título a la cabeza de la primera página.

Por el presbítero D. FRANCISCO DE B. GANDARILLAS.

ADVERTENCIAS en hecho y en derecho para acreditar el de los herederos de Diego Sanchez Pascual, vezino que fue de la Concepcion del Valle de Xauxa... Fol. 5 hjs. *(Madrid,* 1644.)

Con la firma autógrafa del licenciado PAULO DE VICTORIA.

ADVERTENCIAS para las Indias. La primera, Estanco de papel en las Indias La segunda. Que serà de importancia, y parece gouierno necessario el consumir algunos oficios en las Indias. Etc. *(Madrid,* 16..), fol.-Port y 16 hjs.

Con la firma autógrafa de fray ANDRÉS DE MORALES.

AFFAIRE de la Plata. Notes statistiques et commerciales sur le commerce français dans la Plata. *Paris, impr. de Brière*, 1841, 4º-4 pp.

— AFFAIRES de la Plata. Réfutation des nouvelles allégations du Ministère. *Paris, impr. Brière*, 1841, 8º-16 pp.

— AFFAIRES de la Plata ; Compte-rendu du délégué de la population française de la rive gauche de la Plata, à ses commettants. *Paris, impr. Brière*, 1841, 4º-60 pp.

Estos tres opúsculos proceden de la pluma de LOUIS DE BELLEMARE. SABIN, *A Dictionary of books, etc.*, II, nᵒˢ. 4514-16. ¿No serán, más bien, obra de ALFRED-GUSTAVE BELLEMARE?

AFFAIRE de la Plata. Protestation. 1841. *Paris, imprimerie de E. Brière*, 1841, 8º-20 pp. y 1 s. f. al fin. El título de la cubierta en color.

Subscrita por ALFRED-GUSTAVE BELLEMARE.

AGRICULTURA (La) de Chile, Memoria presentada a la Sociedad de Agricultura en su sesion del 6 de Setiembre de 1856 con el objeto de constituirla bajo nuevas bases i de reinstalarla de un modo solemne con ocasion de las festividades del 18 de Setiembre, por el Secretario de la Sociedad. *Santiago, Imprenta Chilena*, Setiembre de 1856, 8º-104 pp.

Va subscrita al final por BENJAMÍN VICUÑA MACKENNA.

AGUINALDO á los Excmos. Sres. D. Mariano Ricafort, Capitan General ; D. Angel Laborde, Comandante General de Marina ; el Conde de Villanueva, Intendente general de ejército ; D. Juan Bernardo O'Gavan, Gobernador del Obispado, y demas señores Jefes de Marina. *Habana, Oficina de D. José Boloña*, Impresor de la Real Marina (1832), 8º-13 pp.

Fué autor el mismo impresor D. JOSÉ BOLOÑA.

AGUINALDO (El). Obsequio del Ferrocarril a sus suscriptores. *Santiago, Imprenta del Ferrocarril*, 1858, 4º-58 pp.

Colaboraron ALBERTO BLEST GANA, con su novela *Juan de Arias*, GUILLERMO MATTA, GUILLERMO BLEST GANA con *Una historia como hay pocas* y contiene también dos poesías.

AGUINALDO para 1848. Dedicado al Bello-Sexo Chileno. *Santiago, Imprenta Chilena,* 1º de Enero de 1848, 8º-140 pp. y 1 s. f.

Las composiciones son anónimas, pero podemos afirmar que pertenecen : *El Aguinaldo,* a D. JOSÉ VICTORINO LASTARRIA; *La espada de Felipe el Atrevido,* a JUAN BELLO; *El Alférez Alonso Díaz de Guzmán,* a LASTARRIA; *A Peñalolén,* a D. ANDRÉS BELLO; *Fantasía,* probablemente a SANTIAGO LINDSAY; *En un album,* al mismo; *Rosa,* episodio histórico, por LASTARRIA; *Fragmentos de una leyenda,* tal vez de FRANCISCO OVALLE; *Apoteosis de la mujer,* de MARCIAL GONZÁLEZ; *En el album de la señorita...,* de D. ANDRÉS BELLO. Las restantes están firmadas.

AGUINALDO para las señoras del Perú. *(Epígrafe en siete líneas.) Paris, imprenta de Maulde y Renou,* 1854, 4º-40 pp.

Subscrito al final por «El Barón de Poco me importa», que sería, según anotación manuscrita contemporánea puesta en el ejemplar de la Biblioteca nacional de Santiago, FRANCISCO LAZO.

AHORRO (El) y las sociedades de socorros mutuos Por D. F. *Valparaiso, Imp. de la Patria,* 1873, 8º-33 pp.

Las iniciales del autor corresponden a don DANIEL FELIÚ.

AIDE (L') de Camp ou l'auteur inconnu. Souvenirs des Deux Mondes, publiés par Maurice de Viarz. *Dufey et Veyard, Paris,* 1832, 8º

Por ALFRED-EM. ROERGAS DE SERVIEZ.

«Del contexto de este interesante y raro libro se deduce que la primera parte, hasta la página 231, fué escrita por el general Serviez, francés de nacimiento, cuyos servicios a la causa de la libertad americana comenzaron en Venezuela al lado de Miranda. Murió asesinado en Achaguas, a fines de 1816. Fué su ayudante el joven oficial granadino José María Córdoba, quien, según el editor Viarz, continuó el manuscrito de Serviez. Pero, según Nicolás García Samudio, en artículo publicado en el *Boletín de Historia y Antigüedades,* de Bogotá, nº 87, las tales *Memorias,* como lo comprobó Vicente Restrepo, en la *Revista Literaria* de dicha ciudad, 1891, son un auténtico plagio de la *Historia de Colombia* por Lallement. Su autor fué, no el general, sino un deudo suyo, Alfred-Em. Roergas de Serviez, novelista y biógrafo parisiense». SÁNCHEZ, *Bib. Venez.,* nº 13.

AJUSTE de Piquiza en 1828. *(Epígrafe en cuatro líneas.) Cochabamba,* agosto de 1871, *Imprenta del Siglo,* 4º-20 pp.

Obra de Miguel María de Aguirre, que la subscribe en la página 16.

Alabado sea el Santissimo Sacramento. *Informe que haze el Arzobispo de Mexico al Exc^{mo} Señor Marqves de Manzera Virrey destos Reynos.* Sobre la licencia que pretende para passar a aquel Arçobispado. *(Lima, 1640),* fol.-10 hjs.

El nombre de ese arzobispo, que no consta del folleto, era don Feliciano de la Vega.

A la buena memoria de Hércules Morelli, por J. I. R. *Habana,* 1858.

Doctor José Ignacio Rodríguez y Hernández. — Figarola-Caneda.

Alavanza oratoria al Excellentíssimo Señor Don Lvis Enrriqvez de Gvzman Conde de Alba de Alista *(sic)...* Virrey, y Capitan General de la Nueba España. Por el Rey nuestro Señor. Con licencia, del Ordinario en la *Pvebla por el Bachiller Ivan Blanco de Alcaçar.* Año de 1650, 4º-5 pp. s. f. Casi todo en verso.

Obra de Antonio Fernández Lechuga, que subscribe la dedicatoria.

A la Exma. Señora Dña. Francisca Cernadas de Santa-Cruz en su cumple años. *Paz:* 1836, *Imprenta del Colejio de Artes,* 4º-4 pp.

En verso y atribuído a José Joaquín de Mora.

A la jura de la Constitucion Politica del Estado Oriental del Uruguay. *Montevideo, Imprenta de la Caridad.* (1830), 8º-30 pp.- En verso.

Por Francisco A. de Figueroa. — Estrada, p. 52.

A la memoria de D. Osvaldo Molina fallecido en Copiapó el 29 de abril de 1871, consagra esté recuerdo de amistad su amigo J. L. *Santiago,* 1871, 4º-16 pp.

Las iniciales son de José Lucero.

A la mverte del Fenix de Mexico, y Dezima Mvsa, Poetisa de la America, Sor Ivana de la Crvz, Religiosa Professa en el Convento de San Geronymo, de la Imperial Civdad de Mexico. En

Sevilla, En la Imprenta de Joseph Padrino. (Al fin:) Impresso en *Lisboa, por Miguel Deslandes,* Año de MDCCI; y reimpresso en *Sevilla,* 4º-10 hjs s. f.

Autor : el padre jesuíta Diego de Calleja.

A la orilla del mar i la Cueva de Quintai, por J. A. P. *Santiago, Imprenta Nacional,* 1882, 8º-29 pp.

Las iniciales corresponden a José Antonio Pérez.

A la reconquista de la Capital de Buenos-Ayres por las Tropas de mar y tierra, a las órdenes del Capitan de Navio, Don Santiago Liniers, el 12 de Agosto de 1806. Oda. Con las licencias necesarias. *Buenos Ayres, En la Imprenta de Niños expósitos,* Año de 1806, 4º-3 pp. s. f.

De D. José Prego de Oliver.

Alberto el Jugador. Novela de costumbres por una Madre. *Valparaiso, Imprenta de Chile de A. Monticelli,* Calle de la Aduana núm. 28, 1861, 8º-vi-146 pp.

Por Rosario Orrego de Uribe.

Al buen sentido. *(Al final :)* Año de 1838. *Quito, Imprenta de la Enseñanza Primaria,* 4º-11 pp.

Subscrito por *Un creyente,* que de anotación de D. Pablo Herrera puesta en el ejemplar de la Nacional de Santiago, fué el Dr. Clavijo (¿don José?) canónigo de Quito.

Album de un emigrado ó Recuerdos de Ultramar, por León Lenzamuzga. *Barcelona,* 1887.

Anagrama de Manuel González.
Así Figarola-Caneda, pero es de advertir que con el mismo título, fecha y lugar de impresión, apunta también otro folleto que lleva en la portada como autor *El Emigrado.*

Alcance al proyecto Una nueva via de comunicacion entre la república de Bolivia y el océano Pacífico. *Cochabamba...* de 1864, *Imprenta del Siglo,* 4º-52 pp.

«No está subscrito, pero aparece como autor Avelino Aramayo. Los suspensivos están en el título». — René Moreno, *Bib. Bol.*, n.º 53.

Alegacion de los derechos que por parte del Promotor Fiscal del Obispado de la Puebla de los Angeles se hace a esta Real Audiencia... para que se sirva declarar qve el conocer y proceder el Provisor de dicha ciudad no hace fuerza en la causa que expresa. Con las licencias necesarias. *En la Imprenta del Real Seminario Palafoxiano* de dicha Ciudad, Año de 1771, fol.-5 hjs. prels-48 pp.

Obra del doctor D. Juan Antonio de Tapia, cuya firma autógrafa se ve al pie.

Alegacion en derecho por el R.ᵐᵒ Padre Predicador Fr. Melchor Rodrigves Lvcio General del Orden de la Charidad de S. Hyppolito Martyr. Sobre La observancia del orden Hierarchico de la Iglesia. En la precedencia a la Sagrada, Exemplar, Observante Congregacion Bethlemitica... *En Mexico, por la Viuda de Miguel de Rivera Calderon en el Empedradillo*, año de 1713, 8º-una hja. s. f. y 7 foliadas.

Por el licenciado Laureano de Céspedes.

Alegacion en derecho, por la defensa De Cristoval Lopez de Ossuna. En el pleyto, qve Le ha movido Melchor Rodriguez Lopez. Sobre La-mitad *(sic)* de las Haziendas de San Miguel de los Apuzagualcos, en la jurisdiccion de Zacatula *(México, 16...)*, fol.-3o hjs. y dos s. f.

Subscrita por D. Nicolás del Puerto, con su firma autógrafa.

Alegaciones en favor del Clero, Estado Eclesiastico, i Secular, Españoles, e Indios del Obispado de la Puebla de los Angeles. Sobre Las Doctrinas, que en execucion del Concilio de Trento, Cedulas, i Prouisiones Reales, remouió en él su Illustrissima Don Iuan de Palafox i Mendoça, del Consejo de su Magestad, i del Real de las Indias, el año de 1640. En el pleito Con las sagradas Religiones de S. Domingo, S. Francisco, i S. Agustin. Dedicadas al Rey nvestro señor Filipo V. Principe ivstissimo *(roto lo restante de la linea)*.

Fol.-Port. dentro de filetes, como todo el libro.-v. en bl.-Hojas 2-274.
Informes que contiene esta Alegación, 1 p. s. f. Indice de los puntos
más notables, 31 pp. s. f. Suscrita : «Desta ciudad de los Angeles, 12
de Septiembre de 1644».

BERISTÁIN, tomo I, pág. 127 : «Un tomo en folio, sin expresión de
lugar ni año». Lo atribuye a D. DIEGO BALLESTEROS, de quien dice que
era natural de la Puebla de los Angeles, cura párroco y juez eclesiástico de la ciudad de Tlaxcala, y añade que «fué uno de los cuatro párrocos que en la ruidosa controversia de la secularización de las doctrinas o curatos que obtenían los regulares en aquella diócesis escribieron : Alegación, etc».

Poco después, en el mismo tomo, p. 154, al hablar de don Bartolomé Benavente Benavides : « Entre las Alegaciones del Clero Angelopo-
litano se cuenta una Representación de aquél al Conde de Salvatierra
sobre los religiosos doctrineros del obispado de Oaxaca».

Y luego, p. 249 : «Cabrera (D. Cristobal). Natural del obispado
de la Puebla y cura de la ciudad de Tepeaca en aquella diócesis. Fué
uno de los cuatro párrocos que escribieron : «Alegación, etc.».

Cita también este impreso al hablar de don Jerónimo Godínez (tomo
II, pág. 31) y de don José Goytía Oyanguren, mismo tomo, p. 36.

Más adelante, tratando de don Alonso de Cuevas Dávalos, le atribuye una Alegación jurídica canónica, fol., si bien refiere la fecha a 1651.
No parece, en realidad, comprendida ésta dentro del título general que
se indica.

En la página 422 del tomo II, Beristaín cita también a don Esteban
Perola y Espínola, como autor de la Alegación cuarta, cuya fecha de
impresión refiere al año de 1645, más o menos. Perola firma, en efecto, en unión de Paulo de Victoria, la Alegación IV.

ALEGATO por parte de don Adolfo Ortuzar en la causa que sigue
con don Juan Valdivieso Amor sobre nulidad de un contrato
de compra-venta de una accion Paraf; i sobre perjuicios causa-
dos por dolo. Santiago, Imprenta de «Los Tiempos», 1880, 4º

Obra del abogado D. JULIO ZEGERS.

ALEGATO pronunciado ante la Ilma. Corte de Apelaciones en la
causa que siguen los menores Da. Natalia y D. Pedro Jose
Aracena contra D. Nicolas Vega, Sobre restitucion de unas
sentencias Por el Dr. D. G. O. Santiago de Chile, Imprenta de
la Opinion, mayo, 1842, 4º-30 pp.

Las iniciales pertenecen al doctor don GABRIEL OCAMPO.

¡ALERTA! (El) a los cubanos, por un Español Americano. *Nueva Orleans*, 1850.

Por JOSÉ MIGUEL ANGULO Y HEREDIA. — F.-C.

AL EXCELENTISSIMO Señor el Señor Conde de Alva de Liste; y a los Illustrissimos señores Arçobispos, Obispos, Cabildos Eclesiasticos, Prelados de Religiones, y demas personas del venerable, y santo Clero de las Prouincias del Perù... *(Madrid,* 1660), fol.-7 pp. s. f.

> Traducción castellana de un breve pontificio relativo a los sucesos de fray Bernardino de Cárdenas, obispo del Paraguay, hecha por don FRANCISCO GRACIÁN VERRUGUETE.

ALGO de todo, por Olivastro. *Habana,* 1917.

Por R. ROMERO PÉREZ. — F.-C.

ALGO para una Ley de Instruccion, o sean Apuntaciones sobre los medios de mejorar la instruccion pública del Perú, por T. L. S. *Lima, Imprenta Liberal de El Correo del Perú*, 1874, 8º-xv-617 pp. y 2 s. f.

> De dedicatoria autógrafa que lleva el ejemplar de la Nacional de Santiago, resulta que el autor, que la firma como tal, se llamaba MANUEL S. PASAPORA.

ALGO sobre Indumentaria Femenina... y otros tópicos curiosos. Una cruzada de modestia cristiana. *(A la vuelta:)* Santiago, *Imprenta de San José,* 1922, 8º-88 pp.

> A la cabeza de la portada, Glaneur d'Epis, seudónimo de BERNARDO GENTILINI.

ALGUNAS cortas observaciones que hace un joven, sobre el «Grito de los Congresales», titulado el Grito de la Razon y la Ley. 8º-16 pp. (Sin portada y subscrito en Buenos Aires el 21 de Junio de 1820, *Imprenta de Phocion.)*

> «Es autor de este folleto rarísimo el agrimensor don FORTUNATO LEMOINE, natural de Chuquisaca...». — ABECIA, *Adiciones a la Biblioteca Boliviana,* nº 9.

Ese joven se llamaba FORTUNATO LEMOYNE, « agrimensor, conocido después con el apodo de « El joven de cortas observaciones ». ZINNY, *Monobibliografía de Funes,* p. 13.

ALGUNAS ideas sobre la situacion económica del pais. Artículos publicados en los números 2, 3 y 4 del « Constitucional », *Sucre,* Junio 11 de 1864. *Imprenta Boliviana,* 8º-38 pp.

De nota manuscrita puesta al ejemplar de la Biblioteca Nacional de Santiago consta que el autor fué ERNESTO O. RÜCK, si bien al final se lee : « Por el autor : EUSTAQUIO DURÁN », que bien pudo ser, en realidad, éste.

ALGUNAS observaciones sobre la reorganizacion administrativa, por D. A. R. *Santiago de Chile, Imprenta Cervantes,* 1892, 8º-44 pp.

Las iniciales son de DOMINGO AMUNÁTEGUI RIVERA.

ALGUNAS piezas del proceso seguido a 118 Capitanes del Ejército de Chile por el Tribunal Militar (2 de noviembre de 1891) *Santiago de Chile, Imprenta « Estrella de Chile »,* 1891, 4º-40 pp.

« Publicación del señor ANÍBAL ECHEVERRÍA Y REYES, hecha sin nombre de autor ».

ALGUNOS antecedentes sobre el franqueo oficial. Tirada de 40 ejemplares. *Santiago de Chile, Imprenta y encuadernacion Barcelona,* 1897, 4º - de 180 por 110.-11 pp.

Subscrito por M. de Lara ; seudónimo de RAMÓN A. LAVAL. Se reprodujo en *An. Soc. Fil.,* Sant., tomo III (1897), pp. 103-113.

A LIMA *(Epígrafe en diez líneas.)* Nazareno. *Lima, Imprenta del Estado,* 1877, 8º-Ocho de prels.-556 pp.

Nazareno, seudónimo de SIMÓN CAMACHO.

ALMA (El) de Jesus Perez ó la justicia del terror. Novela histórica filosófico-jurídica por N. L. *San Juan,* 1871.

Las iniciales son de NICANOR LARRAÍN. — ZINNY, *Catálogo de la Biblioteca Pública, La Plata,* p. 182, nº 102, que en este caso, como en todas las veces que habremos de citar la obra, no da otros detalles bibliográficos.

Alma de otros mundos, novela. *Santiago, Imprenta Chile,* 1924, 8º-160 pp.-iv de « Apreciaciones honrosas ». Retrato.

A la cabeza de la portada, Araucana, seudónimo de Julia Sáez.

Almanak nacional para el Estado de Chile en el año bisiesto de 1824. *Imprenta Nacional,* 8º-230 pp. y 11 s. f. de índice.

Fué el autor de este utilísimo almanaque don Juan Egaña.

Almanaque cubano para 1870. *(Esc. de armas de Cuba.) Nueva York, Imprenta de Hallet y Breen,* 1870, 12º-48 pp. y cinco retratos.

Por D. Juan Ignacio de Armas y Céspedes. — Figarola-Caneda, y Pérez, para este número y el siguiente.

Almanaque cubano para 1871. *(Esc. de armas de Cuba.) Nueva York, Imprenta de Hallet y Breen,* 12º-52 pp. y 4 hojas al fin para anuncios, sin otras intercaladas en el texto, 3 retratos y lámina.

Según Calcagno *(Dicc. biog. cuban.,* p. 70), el autor fué don Juan Ignacio de Armas, «Que en 1870 escribió en Nueva York el *Almanaque cubano,* y su propio hermano, el señor Ramón de Armas y Céspedes, me lo ha confirmado, informándome, a la vez, que también es de Juan Ignacio el folleto *Expedición Goicouría,* y de su hermano José el intitulado « *Qué debe hacerse con Ferrer de Couto* ». — Pérez, nº 51.

Almanaque de la cocinera argentina para 1881. *Buenos Aires, Imprenta y Libreria de Mayo de C. Casavalle,* 1880, 4º menor.-66 pp.

De la señora Pueyrredón de Pelliza.-Navarro Viola. Hay ediciones posteriores.

Almanaque Pacífico. (Año primero.) Pequeña enciclopedia de la vida práctica por F. Thomas. Util y Agradable-Horacio. Es propiedad. *Santiago de Chile, Imprenta y Encuadernacion Claret,* 1921, 4º menor a dos columnas, 234-48 pp.

F. Thomas es seudónimo de Tomás Finza Varas.

Almanaque perpetuo. Por E. de C. y G. *Habana,* 1864 y 1873.

Por Eugenio de Coloma y Garcés. — F.-C.

AL MARGEN del gran fracaso socialista y comunista por Gabriel de la Paz. *Imprenta de San José, Santiago de Chile*, 1922, 8º-2 s. f.-77 pp.

Gabriel de la Paz es seudónimo de BERNARDO GENTILINI.

ALMEGRO, a poem, in five cantos. *London* 1819, 8º

Por EMMA ROBERTS. — HALKETT Y LAING, I, 69.

Supongo que Almegro es ni más ni menos que Diego de Almagro.

ALMIRANTE (El) Guillermo Brown. Fundacion del pueblo que lleva su nombre. Antecedentes de la ereccion de su estátua y operaciones navales de la República Arjentina por él dirigidas (1813 a 1828). *Buenos Aires, litografía, imprenta, estereotipía y encuadernación de Stiller y Laas*, 1886, 4º menor, XXIV-107 pp. y un plano.

Por ANGEL JUSTINIANO CARRANZA.

AL MUY Ilustre Ayuntamiento de esta Nobilisima Ciudad, y al Illmo. Señor Obispo Diocesano, en obsequio de la educacion, dedica este defectuoso Prospecto su infimo Autor. Impreso en la *Puebla de los Angeles por D. Pedro de la Rosa*. Año MDCCCXVII, 4º-11 pp.

Este plan de educación para la enseñanza de las primeras letras tuvo por autor a JOSÉ IGNACIO PAZ, que lo ejercitó, según dice, más de nueve años en la villa de Jalapa.

ALOCUCION del Real é Ilustre Colegio de Abogados de Mexico. *(México*, 1810), 4º-34 pp.

De nota de la época aparece que el autor fué don JUAN FRANCISCO AZCÁRATE.

A LOS bolivianos. *(Valparaiso*, 1861), 4º-15 pp.

Suscrito al final por JOSÉ MARÍA LINARES.

A LOS Estados Americanos Algunas explicaciones y revelaciones antes que se conozcan los títulos de Chile a toda la Patagonia. 4º - S. f. n. l. de imp. *(sed Buenos Aires*, 1875?), XII-50 pp.

De D. Francisco J. Hurtado Barros, que firma el prólogo.

A los hijos de la America Española. *(Al fin :)* Guatemala Por D. Ignacio Beteta. *(Guatemala, 1810), 4º-4 pp. s. f.-Oda.*

Firma S. B. y V., iniciales de Simón Bergaño y Villegas.

A los Hijos de Maria. Opúsculo del R. Padre Boone de la Compañia de Jesus. Traducido del francés, i publicado en beneficio de la Cofradia de los hijos predilectos de Maria. *Santiago, Imprenta de la Sociedad, 1857, 8º-55 pp.*

Fué el traductor, según Briseño, *Est. bibl.*, I, p. 159, don Juan B. Ugarte.

A los Hombres de Buena Voluntad y muy especialmente al Excelentísimo Señor Presidente de la República Don Jermán Riesco. *Valparaíso, Imprenta del Universo de Guillermo Helfmann, 1902, 8º-231 pp.*

Lleva el pie de la última página la firma de Daniel Barros Grez.

A los « Observadores ». Contestacion. Artículo Séptimo. Por los « Otros Observadores ». *Sucre, 1852, Imprenta de Sucre, fol.* a dos columnas, 6-pp.

« Atribuído a Mariano Ramallo, y así se infiere, además, muy claramente del contexto ». — René Moreno, *Bib. Bol.*, n.º 98.

Al publico. *(Al final :) Imprenta de la Universidad Central (Quito), 1838, 4º-15 pp.*

De anotación puesta por D. Pablo Herrera, consta que el autor fué don Pablo Hilario Chica, « jurisconsulto nacido en Cuenca en 1780, regidor, alcalde ordinario, padre de menores, asesor del Cabildo, oidor de Bogotá, donde se encontraba en 1819, y al evacuar esa capital los españoles regresó a su tierra. En 1830 se le nombró consejero de Estado, pero no aceptó. Fué en 1832 ministro de la Corte de Apelaciones del Azuay, y en 1835 presidente de la Superior de la misma entidad ; fué dueño de fundos en Gualaquiza y protector de los indígenas. Murió el 28 de mayo de 1840 ». *Diccionario biográfico de la República del Ecuador*, por Gustavo Arboleda R., *Quito, 1910*, p. 41.

Al Publico Algunos rasgos biograficos de la vida militar del Coronel del 4º de Línea Sr. Jose Domingo Amunategui por E.

N. *Santiago de Chile, Imprenta de los Avisos,* Bandera 24, 1879, 4° mayor-9 pp.

Las iniciales son de E. Novoa.

AL QUE le venga el saco que se lo ponga. Carta al Pensador Mejicano. *(Al fin :) Mejico : Oficina de don José Maria Betancóurt...* Año de 1820, 4°-6 pp.

Subscrito por J. G. T. P., iniciales de JOSÉ GREGORIO TORRES PALACIOS.

AL SEÑOR Don Jose Bernardo Tagle y Portocarrero, Marques de Torre-Tagle... D. J. A. M. Oda. *(Al fin:) Lima, Impresa en los huérfanos, por D. Pedro Oyague,* 4°-7 pp. (1812).

Entiendo que esas iniciales ocultan el nombre de JOSÉ ANTONIO MIRALLA.

AL TRIBUNAL Publico. *(Al final:) Imprenta de la Independencia,* fol., 4 pp. Suscrito en Santiago, a 18 de Febrero de 1827, por J. A. P. de C.

Las iniciales son de JOSÉ ANTONIO PÉREZ DE COTAPOS.

AMBAS Américas. Contrastes por R. P., de Venezuela. *New York,* 1872.

Por RAMÓN PÁEZ. — CUSHING, p. 223.

AMBICION de madre Novela traducida del inglés. *Editorial Nascimento,* 1923. 8°-302 pp.

A la cabeza de la portada el nombre de la autora inglesa : Effie Adelaide Rowlands. La versión castellana es obra de DOMITILA CARMONA DE ARRIAZA.

AMERICA : or A General Survey of the Political Situation of the Several Powers of the Western Continent, with Conjectures on their Future Prospect... By a Citizen of the United States, Author of « Europe », &c. *Philadelphia H. C. Carey & J. Lea,* 1827, 8°-2 hjs.-pp. 9-364.

Hay también edición de *London* ; *John Murray*, 1828, 8º-356 pp.
Escrito considerado en el orden político por el mejor que hubiera
hasta entonces salido de una pluma americana, tuvo por autor a ALE-
JANDRO HILL EVERETT.

SABIN, *A dictionary*, etc., VI, nº 23224.

AMÉRICA : o Examen general de la situacion política de las diferentes potencias del Continente Occidental, con conjeturas sobre su suerte futura. *(Epígrafe.)* Por un ciudadano de los Estados Unidos... Traducido del ingles. *Northampton, Mass Simeon
Butler*, 1828, 8º-3 pp. s. f.-296.

Traducción del número precedente, hecha por SAN-MARTIN. — SABIN,
VI, nº 23225. Posiblemente, MANUEL M. MARTIN.

AMÉRICA Poética. Coleccion escojida de composiciones en verso,
escritas por americanos en el presente siglo. Parte lírica. *(Epígrafe en cuatro líneas.)* *Valparaiso, Imprenta del Mercurio,*
1846, fol.-823 pp.

Esta celebrada colección de poesías, con noticias biográficas de sus
autores, fué hecha por JUAN MARÍA GUTIÉRREZ, según lo advierte el
propio editor de la obra don Santos Tornero, en la página 224 de sus
Reminiscencias de un viejo editor, Valparaíso, 1889, 4º

AMÉRICA (La) y los aliados de la Corte del Brasil. *Potosí,* agosto
20 de 1866, *Tipografía del Rogreso (sic)*, 4º-26 pp.

Lleva la firma de D[ANIEL] C[AMPOS].

AMERICA (La) vindicada de la calumnia de haber sido madre del
mal venereo : por el autor de la Idea del Valor de la Isla Española. Con licencia. *En Madrid, en la Imprenta de Don Pedro
Marin*, Año de MDCCLXXXV, 8º-Cinco pp. s. f.-LXXIX de texto.

El autor del libro a que se alude fué don ANTONIO SÁNCHEZ VALVERDE.

AMERICAN (The) traveller; or, observations on the present state,
culture, and commerce of the British Colonies in America.
By and old and experienced Trader. *London*, 1769.

Por ALEXANDER CLUNY. — CUSHING, p. 210.

AMÉRIQUE (L') découverte en six livres. *Autun*, 1782, 12º

Obra de PIERRE LAUREAU.

AMÉRIQUE (L') et l'Europe en 1826, ou le Congrès de Panama, par
G. Z. Bruxelles, *Avransart*, 1826, 8º-84 pp.

> Las iniciales responden al nombre del autor : G. ZENOWITZ. — QUÉ-
> RARD, II, 228.

AMIGO (El) del país, ó ensayos sobre la felicidad de esta provincia
Por D. F. M. R. *Guayaquil*, Año de 1822, *Imprenta de la ciudad*, 4º-24 pp.

> Las iniciales pertenecen a D. FRANCISCO MARIA ROCA. Consta el hecho
> de las *Observaciones sobre El Amigo del país*. Por Andrés Nieto Polo.
> Guayaquil : Año de 1822, 4º

AMOR (El). Serenatas. *(Epígrafe latino.) La Paz, Imprenta de la
Union Americana*, 8º-13 pp.

> «Versos atribuídos a JUAN JOSÉ SALGUEIRO». — RENÉ-MORENO, *Bib.
> Bol.*, nº 3513.

ANAGRAMAS, en aplauso, y gloria de la Concepcion Purissima de
Maria Señora Nuestra, concebida sin culpa original. Por vn
Ingenio de Nueva-España. Imprímense a devocion del Doctor,
y Maestro D. Miguel Antonio del Castillo, natural de la ciudad
de Mexico. Con licencia : *En Madrid*, Año 1724, 8º-100 pp. y
cinco hjs. s. f.

> Del padre jesuíta JUAN ANTONIO DE MORA, con cuyo nombre se reim-
> primió en México, 1731.

ANALISI del Concilio Diocesano di Pistoja celebrato nell mese di
Settembre dell'anno 1786. Dall'Illᵐᵒ e Rᵐᵒ Monsig. Scipione de
Ricci... opera postvma di Giusepp'Antonio Rasier. Parte Prima. Assisi MDCCXC. Per Ottavio Sgariglia, 8º-Una s. f.-207
pp. Parte II : pp. 5-247.

> Obra del ex jesuíta chileno DIEGO JOSÉ FUENZALIDA, que se ocultó ba-
> jo aquel seudónimo. Apenas será necesario advertir que no se trata de
> una obra póstuma, como reza la portada.

ANALISIS de las aguas de San Diego, por E. J. *Habana*, 1822.

> Por José ESTÉVEZ. — F.-C.

Análisis de las cartillas, silabarios y otros metodos de lectura conocidos y practicados en Chile, por el Director de la Escuela Normal. *Santiago, Imprenta del Progreso,* 1842, 4º-69 pp.

Carece de firma, pero consta que el autor fué D. Domingo Faustino Sarmiento, director que era entonces de la Escuela Normal. Ponce, *Bib. ped.,* nº 171.

Analisis de las circunstancias del General La-Serna, Virrey intruso del Perú. *Rio de Janeiro, Imprenta de Moreira, y Garce's,* M. DCCC. XXI. 8º-12 pp.

La tengo por obra del Marqués de Casares, que firma el siguiente opúsculo : *Refutacion de algunas expresiones Vertidas por el Doctor Funes contra la conducta politica y militar de los Generales Realistas del Exercito del Alto Perú,* Rio de Janeiro, Imprenta de Moreira, y Garce's, MDCCC.XXI, 8º-27 pp.

Ese Marqués de Casares, último que llevó el título, se llamaba Manuel José Peralta ; fué coronel de ejército, con cuyo grado mandó algunos cuerpos españoles en el Perú. Esta circunstancia, la índole del folleto de que se trata y otro de que se hablará más adelante, intitulado *Rebelión en Aznapuquio,* etc., el hecho de residir en Río Janeiro, y, por fin, que los tres folletos aparezcan impresos en iguales condiciones tipográficas, me inducen a pensar que son obra de la misma pluma.

Análisis estadístico de la Provincia de Mechoacan en 1822. Por J. J. L. *Méjico,* 1824, 4º

Las iniciales corresponden a Juan José Martínez de Lejarza, según Barros Arana, nº 28, si bien, como se ve, falta la M, que debía traducir el primer apellido.

Analisis ideolojica de los Tiempos de la Conjugacion Castellana, por A. B. *Valparaiso, Imprenta de M. Rivadeneira,* 1841, 8º-iv-57 pp.

Las iniciales son de don Andrés Bello.

Analogia latina por un Profesor del Seminario de Santiago. Quien bien conjuga y declina-Sabe la lengua latina. 2ª edición con algunas modificaciones. *Santiago de Chile, Imprenta y Encuadernacion Chile,* 1913, 8º-148 pp.

Por el presbítero D. Ramón Donoso Zapata.

ANALOGÍAS y diferencias entre los artículos de los Códigos chilenos. *Santiago de Chile, Roberto Miranda, editor, 1893, 8º-145 pp.*

Por ANÍBAL ECHEVERRÍA Y REYES.

ANALYSE de l'Histoire philosophique des établissements et du commerce des Européens dans les deux Indes. *Leyde, 1775, 8º-VIII-245 pp.*

El autor sería FEDERICO BERNARD, según SABIN, nº 4928, quien agrega que una cuarta parte de la obra se refiere a asuntos americanos.

A. L. P. B. Andrés Bello (Estudio biográfico) 1781-1865. Obra aprobada por el Consejo de Instruccion Pública. *Imprenta Universitaria, 1916, 8º-77 pp.*

De las notas oficiales que preceden al texto resulta que las iniciales de la portada corresponden a doña ANA LUISA PRATS BELLO.

ANECDOTES Américaines, ou Histoire Abbrégée des principaux événements arrivés dans le Nouveau Monde, depuis sa découverte jusqu'à l'époque présente. *Paris-Vincent, M DCC LXXVI, 12º-XV-782 pp.*

Por ANTOINE HORNOT.—SABIN, VIII, nº 33038.

ANEXION de Cuba a los Estados Unidos. *Nueva Orleans, 1849.*

Por PEDRO DE AGÜERO. — F.-C.

ANEXION (La) de Cuba y los peninsulares residentes en ella, por un cubano. *New York, 1853.*

Por PORFIRIO VALIENTE Y DE LAS CUEVAS. — F.-C.

ANGELUS por A. N. V. *(Buenos Aires, Imprenta de La Nacion), 12º-6 pp.*

Por ALBERTO NAVARRO VIOLA.

ANIVERSARIO de Yungay. Recuerdos de la Campaña del Perú. *Santiago, Imprenta del Progreso, 1846, 8º-18 pp.*

De D. MIGUEL DE LA BARRA LÓPEZ. — Los versos que van al final, intitulados «A los bravos del Ejército Restaurador», que no están firmados, son de don EUSEBIO LILLO.

— 24 —

ANOTACIONES de un Patriota al Nº 9 del Fenix de Lima en el artículo «Ojeada sobre Bolivia». *En Chuquisaca, 1827. Imprenta Boliviana, fol.* mayor, a tres columnas-4 pp.

«Tiene valor histórico por su orígen, pues se atribuye al ministro FACUNDO INFANTE».— RENÉ-MORENO, *Bib. Bol.*, nº 152.

ANSIA. Ensayo de novela por F. Santivan. *Santiago de Chile, Imprenta Universitaria, 1910, 8º-399 pp.*

Santivan es seudónimo de SANTIBÁÑEZ (FERNANDO).

ANTICRISTO (El) y el fin del mundo. Carta relijiosa al Iltmo. i Revdmo. Sr. Arzobispo Dr. D. Mariano Casanova por Crisostomo. *Santiago de Chile, 1893, 8º-47 pp.*

Crisóstomo es seudónimo de JUSTO ABEL ROSALES.

ANTÍDOTO contra el veneno de los números 19 y 20 de La Balanza, por el Caballero Gringo-Balanza. *Quito, Imprenta de la Universidad, 1840, 4º-8 pp.*

Se insertó en las páginas 125-132 del tomo II de las *Obras* de Fray VICENTE SOLANO, como producción suya.

ANTIGUA and the Antiguans; a full account of the colony and its inhabitants from the times of the Caribs to the present day, interspersed with anecdotes and legends: also, an impartial view of slavery, and the free labour systems: the statistics of the island, and biographical notices of the principal families. *London, 1844, 12º-2 vols.*

Autor : MRS. FLANNIGAN. — HALKETT Y LAING, I, 137.

ANTIGUAS (Las) Misiones Capuchinas de Cumaná y Maturín. *San Juan, Puerto Rico, Tip. de La Verdad, 1912, 12º-100 pp.*

«Compuso este trabajo, anónimamente, el P. FR. ANTONIO DE CASTILLO con datos que le suministró el P. Fr. Froilán de Río Negro, radicado en Venezuela». — SÁNCHEZ, *Bibliografía Venezolanista*, nº 931.

ANTONIO y Mauricio, o historia de un presidiario, escrita en frances por J. P. Jurieu traducida al español por la señorita C. A.

de C. Y publicada para el uso de las cárceles, por el Presbitero
D. José Santiago Labarca, canónigo Electo de Ancud y actual
Capellan del presidio jeneral. *Santiago, Imprenta del Progreso,*
1845, 8º-179 pp. y 1. s. f.

> Las iniciales de la traductora entiendo que pertenecen a la señorita
> CLARA ALVAREZ DE CONDARCO.

ANUARIO de la Prensa Chilena, publicado por la Biblioteca Nacional. *Santiago de Chile, Imprenta Gutenberg,* 1887, 4º-VII-155 pp.

> Consta de 27 vols., el último impreso en 1914, por diversas imprentas. Dice Laval, que los describe todos en su *Bibliografía de bibliografías chilenas,* p. 13 : «Los *Anuarios* aparecidos hasta hoy han sido preparados, el de 1886, por D. ALBERTO LARRAÍN BARRA ; los de 1887 a 1890, por D. J. MANUEL FRONTAURA ARANA ; los de 1891 a 1902 por D. RAMÓN A. LAVAL, con excepción de los de 1894 y 1895, que lo fueron por D. ENRIQUE BLANCHARD-CHESSI ; los de 1903 a 1912, por D. ANGEL CASTRO PASTENE, y el de 1913, por D. ENRIQUE BLANCHARD-CHESSI, todos empleados de la misma Biblioteca».

AÑO (El) santificado. Parte I. Tributo de amor y obsequios a la SS. Trinidad, y al Divino Verbo Humanado en todas sus festividades Por el P. Ignacio Thomay de la Compañia de Jesus... *En Mexico, en la Imprenta del Rl. y mas Antiguo Colegio de S. Ildefonso,* Año de 1757, 12º-19 hjs. s. f.-487 pp.

> La *Parte II. El Corazon de Maria Venerado en sus Festividades,* etc., habia aparecido en 1755, por la misma imprenta, con tres hjs., s. f., lámina y 356 pp.
> En el *Thesoro escondido* del mismo autor, de que más adelante se hablará, se halla inserta una biografía suya, en la que se declara que el nombre de Ignacio y el apellido Tomay o Thomay pertenecían al P. JOSÉ MARÍA GENOVESE, nacido en Palermo y fallecido en México el 17 de agosto de 1757, después de más de cuarenta años de residencia en Nueva España.

APÉNDICE a la relacion del Viage al Magallanes de la fragata de guerra Santa María de la Cabeza, que contiene el de los paquebotes Santa Casilda y Santa Eulalia para completar el reconocimiento del Estrecho en los años 1788 y 1789. Trabajado de orden superior. *Madrid, MDCCLXXXIII, En la Imprenta de la*

Viuda de D. Joaquín Ibarra, 4º-Una hoja-128 pp. y carta reducida del Estrecho.

Obra de don José de Vargas Ponce.

Apolo vindicante. Relacion de el acto de justicia, exercitado con treinta azotes, por entrada de carcel (al estilo de la de Pequin) con mas el trato de cuerda, que en el Potro de su ignorancia, se dió a cierto Sotafurriel, por haver supuesto falsariamente, Autos... (*Lima,* 175...), 4º-38 pp.

En defensa de la impresión del libro de la *Relacion de las Exequias de Don Juan V de Portugal,* hecha por los impresores Carlos Marín y Felipe de los Ríos.

Apologia de la Piti-lista. Diálogo entre el autor y un amigo suyo. *Lima,* 1814.

No he logrado ver esta pieza, que consta fué obra de Fray Bernardo Sanz.

Apologia en qve se defiende y prveba la Virginidad de los tres Santos Prophetas Elias, Eliseo, i Daniel, con la corriente opinion, i authoridad de los Santos Padres de la Yglesia... Compvesta por vn Religioso Descalço de N. Señora del Carmen. Año 1641. Con licencia. *En Mexico, Por Francisco Robledo,* fol., Una hoja s. f.-36 hjs.

Por fray Juan de los Reyes, navarro, que pasó a México con el cargo de visitador de la Provincia de S. Alberto.

Apostolicos afanes de la Compañia de Jesus, escritos por un Padre de la misma Sagrada Religion de su Provincia de Mexico. Con licencia. *Barcelona, Por Pablo Nadal Impressor,* en la calle de la Cañuda. Año 1754, 4º-Cinco hjs. s. f.-452 pp., 8 pp. s. f.

Atribuído por Beristaín al jesuita P. Juan Francisco López, y también al P. José Ortega, con cuyo nombre en la portada se reimprimió en México, en 1887, 4º

Apoteosis del General Diaz. Setiembre 22 de 1907. *Asuncion,* Talleres Nacionales de *H. Kraus,* 1907, 8º-52 pp.

Dispuesta por VICENTE A. BARRIOS, comprende varios discursos.

APPEAL (An) to the British Nation, on the affairs of South America ; particularly as regards those of New Granada. *(Epígrafe de Horacio.) London*, printed for the Author ; and published by *Robert West*, 1819, 8º-xxxiii-46 pp.

> Obra del coronel F. MACIRONE, cuyo nombre se registra al pie de tres de los documentos que se insertan en el texto.

APUNCHIS Yesus-Kiristup Santu Yoancama Ehuangeliun, Quichua cayri Ynca siminpi quillcasca. — El Santo Evangelio de Nuestro Señor Jesu-Cristo segun San Juan, Traducido del original á la lengua Quichua, ó del Ynca. Buenos Aires : Publicado por la « Sociedad Biblica, Britanica y Estrangera ». 1880. *(A la vuelta :) ►Buenos Aires, Imprenta de Juan H. Kidd...*, 8º-84 pp. y 1 de erratas.

> El traductor fué el Rev. J. H. GYBOON-SPILSBURY.

APUNTACIONES. De la sucesión por causa de muerte y de las donaciones entre vivos por C. R. B. y L. I. S. A. *Santiago de Chile, Imprenta y Encuadernación Excelsior*, 1908, 8º-293 pp. y 1 s. f.

> Las iniciales pertenecen a CARLOS RISOPATRÓN y LUIS IGNACIO SILVA.

APUNTACIONES de Práctica Forense. Segundo Año, tomadas en las clases del profesor del ramo Don Miguel Luis Valdés por los alumnos J. L. C. J. y F. J. P. H. *Santiago de Chile, Imprenta y Encuadernación de Donoso Hnos.*, 1896, 8º menor-186 pp. y una sin foliar.

> Las iniciales corresponden a JOSÉ LUIS CORNEJO JIMÉNEZ y FRANCISCO JAVIER PALMA H.

APUNTACIONES, en que se proponen los fundamentos que militan á favor de el Reverendo Obispo de Caracas, y su Provisor, en los puntos de vna consulta que hizo al Real, y Supremo Consejo de las Indias, sobre varias controversias de jurisdiccion, y precedencias, que han movido los Canonigos de aquella Cathedral á dicho Reverendo Obispo, y su Provisor. — Fol. 16 hojas, incl. la portada. — Sin fecha ni lugar de impresión. *(Madrid*, 1723?)

Mi ejemplar lleva la firma autógrafa del autor, el doctor don FRAN-
CISCO HOZES Y CAMAS.

APUNTACIONES por un empleado de Real Hacienda. *Cayo Hueso,*
1838.

Por JUAN JUSTO REYES. — F.-C.

APUNTES acerca de la instrucción pública en Alemania y en otros
paises. Por J. G. del C. *Londres,* 1873.

Por JOSÉ GABRIEL DEL CASTILLO Y AZCÁRATE. — F.-C.

APUNTES biográficos. — 32º-63 pp.

«Con aquel simple título, y sin portada ni designación alguna, apareció la biografía del fraile y general Aldao, reproducción, a corto número de ejemplares, de la composición con que se publicó en *El Progreso,* en febrero de 1845». — Obra de DOMINGO F. SARMIENTO. —
Montt, *Obras de D. F. Sarmiento,* I, XIX.

APUNTES biográficos acerca del Iltmo. y Revdmo. señor Arzobispo
de Santiago Dr. D. Mariano Casanova. (Notable carta de un
ecuatoriano.) *Valparaiso, Imprenta y Lib. Americana de Federico T. Lathrop,* 1887, 8º-38 pp.

Subscrita por N. N. G. P. — ¿El presbítero GARZÓN?

APUNTES biográficos de don Adolfo Ballivian. *Tacna,* 1872, plie-
go en gran folio.

Atribuídos a ZOILO FLORES. — GUTIÉRREZ, *Datos para la Bibliografía
Boliviana,* nº 80.

APUNTES biográficos de don Diego Antonio Barros, Antiguo Senador i Consejero de Estado, etc. etc. *Santiago de Chile, Imprenta
Chilena,* 1853, 8º-39 pp.

Téngola por obra de D. DIEGO BARROS ARANA.

APUNTES biograficos de Emilia Casanova de Villaverde escritos por
Un Contemporáneo. Nueva York, 1874. *(En la cubierta:)* Apuntes biográficos de la ilustre cubana Emilia C. de Villaverde con

parte de su larga correspondencia política. *Nueva York*, 1890,
16º-224 pp. y retrato. — Sin pie de imprenta.

> «Fué el autor de los apuntes Cirilo Villaverde, esposo de la biografiada». Pérez, nº 355, y Figarola-Caneda.

Apuntes biográficos del Dr. D. Julian Alvarez, Presidente de la
honorable Cámara de Representantes en el año de su fallecimiento ; y presidente jubilado de la Exma. Cámara de Apelaciones de la República Oriental del Uruguay, &. &. por J. A. G.
Montevideo, Imprenta del Nacional, 1844, 8º-16 pp.

> Juan Andrés Gelly y Obes. General argentino, legislador y ministro.
> Actuó en Montevideo durante la tiranía de Rosas, como periodista y
> como miembro del gobierno de la Defensa.

Apuntes biográficos del heroe de Socabaya. *Lima , Impreso por
José Sanchez*, calle de Jesus Nazareno, 131, 1861, 4º-85-49 pp.

> Obra del hijo del biografiado, Felipe Sánchez Salaverry.

Apuntes biográficos del... Padre Valencia. Por F. P. T. *Puerto
Príncipe*, 1863.

> Por Francisco Pichardo y Tapia. — F.-C.

Apuntes cronolójicos de la campaña emprendida sobre el Sud por
el Ejercito Libertador al mando de S. E. el Jeneral Isidoro
Belzu. Lo escribió el Oficial Mayor de Guerra J. R. M. 1848,
8º-63 pp.

> Las iniciales son de Juan Ramón Muñoz.

Apuntes de viaje. *Sucre. Tipografia del Cruzado*, 1879, 4º-112 pp.

> « Cartas frívolas de Carlos Arce a sus padres durante su viaje por
> Europa y Norte América... La edición parece haber sido recogida ».
> Abecia, nº 34.

Apuntes de geografía para el estudio de la historia de América y
de Chile por D. F. *Santiago de Chile, Imprenta y Encuadernacion Chilena*, 1898, 8º-192 pp.

> Las iniciales son las del nombre de Demofilo Flores.

APUNTES de Terapéutica tomados en clase del Doctor Luis Espejo. *Imprenta y Encuader. Chilena, Santiago*, 1900, 8º-3o7 pp.

Fué el autor C. CORNEJO C.

APUNTES de Viaje. *Santiago de Chile, Imprenta de « La Nueva República»,* 1899, 8º-128 pp.

A la cabeza de la portada el nombre supuesto del autor, C. de Brissac, que oculta el de VÍCTOR ECHAURREN VALERO.

APUNTES Etimolójicos e históricos sobre las letras del alfabeto castellano. Seguidos de varias voces i modismos de uso vario tomados de los mejores diccionarios de la lengua. *Santiago de Chile, Imprenta de « La Estrella de Chile»,* 1877, 8º menor-16o pp.

El autor dedica su libro a don Miguel Luis Amunátegui. Residía entonces en Cauquenes.

Probablemente su autor fué don FIDEL OJEDA, entonces profesor de gramática en el Liceo de Cauquenes y autor de unos *Elementos de grámatica Castellana* publicados el año 1877, en Cauquenes, *Imprenta de La Esperanza,* en 1 vol. de 25 pp., 8º También es autor de un *Manual de Literatura,* Stgo., 1894, la 2ª ed. ; la 1ª fué impresa en Cauquenes, 1889.

APUNTES históricos referentes a la gloriosa revolucion de noviembre que dió por resultado la libertad de la heróica Provincia de Corrientes en 1861. Por R. F. R. *Corrientes,* 1862.

Las iniciales son de RAIMUNDO F. REGUERA. — ZINNY.

APUNTES para la historia de Bolivia. *Cochabamba,* 1873, *Imprenta del Siglo.*-4º-71 pp.

La introducción va firmada por FEDERICO BLANCO Y CLEOMEDES BLANCO.

APUNTES para la historia de la guerra de Cuba. Escritos por A. D. R. *Mexico. Imprenta de Eduardo Dublan,* 1896, 8º-43 pp. (1) y una hoja para anuncio de libros.

Obra de D. ANTONIO DUARTE Y RAMOS, PÉREZ, n° 288, y FIGAROLA-CANEDA.

APUNTES para la historia de la Revolucion del Alto-Perú, hoi Bolivia. Por unos Patriotas. *Sucre, 1855, Imprenta de Lopez,* 8º-III-212 pp. y 1 s. f.

De anotación manuscrita de la época consta que el autor fué el doctor D. MANUEL MARÍA URCULLU, natural de Sucre.

APUNTES para la historia de la República Oriental del Uruguay desde el año de 1810 hasta 1852 ; basados en documentos auténticos públicos é inéditos y en otros datos originales, extraídos de los archivos y bibliotecas nacionales y particulares de Europa y de la América de orígen ibero, y robustecidos por la tradicion oral de testigos oculares de los hechos. Por A. D. de P. miembro del Instituto Histórico y Geográfico del Brasil. *(Epígrafe en dos líneas.)* Tomo I años de N. S. J. C. de 1810 á 1829. *Paris, Th. Ducessois, Editor,* 1864, 8º-XII-367 pp. Retrato y plano. II: 512 pp. y retrato.

Las iniciales son de DEODORO A. DE PASCUAL, español, de quien tendremos ocasión de volver a hablar. Falleció en Río Janeiro en Septiembre de 1874. Véase la nota que le dedica Estrada en la página 200 de su *Historia y Bibliografía de la Imprenta en Montevideo.*

APUNTES para la historia de los Trinitarios, fundadores de la República Dominicana. *Santo Domingo, Imprenta de Garcia Hermanos,* 1887, 4º-23 pp.

Por JOSÉ MARÍA SERRA.

APUNTES para la historia eclesiástica del Perú hasta el gobierno del VII Arzobispo. *Lima,* 1873, 8º-522 pp.

Obra de don ALONSO DE LA CUEVA PONCE DE LEÓN, que lo escribió con el título de *Compendio o Sipnosis,* en el primer cuarto del siglo XVIII.

APUNTES para una Memoria sobre los Bancos Chilenos por N. O. S. *Santiago de Chile, Imprenta Cervantes,* 1889, 4º-124 pp. y cinco estados plegados.

Las iniciales de la portada corresponden a las letras terminales de RAMÓN EUGENIO SANTELICES.

APUNTES para un alegato en la causa promovida por algunos de

— 32 —

los herederos del señor don Manuel José Balmaceda contra la
señora madre de ellos sobre derecho a las cuartas de mejora i
de libre disposicion contenidas en la hijuela de la señorita
doña María Mercedes Balmaceda. *Santiago, Imprenta de «Los
Tiempos»*, 1878, 4º-232 pp.

Obra del abogado don José Eugenio Vergara.

Apuntes sobre *El Habanero*, periódico que redactó en Filadelfia
el presbítero D. Félix Varela, por un discípulo del mismo
Varela. *Habana*, 1825.

El licenciado Antonio Zambrana y Valdés. — F.-C.

Apuntes sobre la cuestión de Cuba, por Un Autonomista. *Cambo*,
1897.

Eliseo Giberga y Galí. — F.-C.

Apuntes sobre la Revolucion de Colchagua del año 37.-4º-36 pp.
a dos columnas.

Subscrito por D. Daniel Barros Grez, en Talca, abril 23 de 1864.

Apuntes sobre la vida de Don Domingo Eizaguirre. Por F. E.
Santiago, Agosto de 1854. *Imprenta de la Sociedad*, 8º-33 pp.

La dedicatoria va subscrita por el autor, don Federico Errázuriz.

Apuntes sobre la vida i muerte edificante de Ramon Marchant,
virtuoso huérfano del Patrocinio de San José fallecido el 19 de
Junio de 1878. *Santiago de Chile, Imprenta Nacional*, 1882,
8º-33 pp.

Por D. Blas Cañas.

Apuntes sobre los principales sucesos que han influido en el actual
estado de la America del Sud. Londres (1829), 8º-242 pp. y 3
de erratas.

En realidad, el libro fué impreso en París, donde se hizo también la
segunda edición, en 1830. La tercera, que es de Cádiz, 1836, 4º,
salió con el nombre del autor, don José Manuel Vadillo.

AQUÍ no faltan pastores, que bailaron en Belen. P. D. J. F. de L. *(México, 1811)*, 8º-8 pp.

Por Don JOAQUÍN FERNÁNDEZ DE LIZARDI.

A QUIEN rechazan i temen? a Montt. A quien sostienen i desean? a Montt. Quién es entonces el candidato? Montt. *(Al fin :) Santiago,* noviembre 5 de 1850. *Imprenta de Julio Belin i Ca.,* 4º mayor, 16 pp. a dos columnas.

Obra de don DOMINGO F. SARMIENTO.

ARA de Apollo, Asylo augurado de la Nueva España En el ingresso del Exc. Señor D. Joseph Sarmiento de Valladares... Idea De la Portada que erigió a su recebimiento la Santa Iglesia Cathedral de la Puebla de los Angeles. Con Licencia, *En la Puebla,* por los Herederos del Capitan Juan de Villa-Real. Año de 1697, 4º-6 hjs. s.f-17, orladas y s. f.

Del doctor IGNACIO DE TORRES, cuya dedicatoria lleva.

ARAUCO (El) domado. Poema por Pedro de Oña. *Valparaiso,* 1848, 8º-19 pp.

Las iniciales J. M. G. puestas al final, corresponden a las del nombre y apellido de don JUAN MARÍA GUTIÉRREZ. Este folleto es tirada por separado del prólogo que puso aquel ilustre escritor argentino a la reimpresión que hizo, allí en Valparaíso y en aquel año, del poema de que se trata. Por una omisión apenas explicable, nada de esto dijo Vicuña Mackenna en su estudio de la vida y escritos de Gutiérrez, publicado en Santiago en 1878.

ARBOL (El). Oda. 4º, sin fecha ni lugar de impresión, pero de *México.*

Subscrita por «El Guayaquileño D. J. O.», sin duda don JOAQUÍN OLMEDO.

ARBOLES de las decendencias de las Muy Nobles Casas y apellidos de los Rodrigvez del Manzano, Pastenes, y Ovalles. Por el Dotor D. Alonso Ortiz de Ovalle Capellan de honor de su Magestad, Rector de su Real Capilla, y Calificador de la Suprema

Inquisicion... *En Roma, por Francisco Cauallo*, Año M. DC. XLVI. Con licencia de los Superiores. Fol. Port. y 64 pp. a dos columnas, con muchos retratos, árbol genealógico y escudo de armas.

> Diga lo que quiera el P. Uriarte, el verdadero autor del libro me parece que fué el jesuíta chileno P. ALONSO DE OVALLES. Como la índole del presente trabajo no es de discusión, limitaréme a rogar al lector que vea los fundamentos de mi tesis en la *Bib. Hisp.-Chil.*, I, p. 458. A lo dicho allí, agregaré que resulta bien sintomática la frase final de la portada, que sólo puede rezar con un miembro de orden religiosa, que en el caso presente, tuvo que ser la Compañía de Jesús.

ARCHIVO-Biblioteca del Congreso Nacional. Mencion honorífica y Congratulaciones tributadas a su organizador señor Gustavo Terrero Atienza. *Caracas, Lit. del Comercio*, 1916, 8º-17 pp.

> Por RAFAEL MARTÍNEZ MENDOZA

ARCO triumphal, disceno *(sic)* politico, Consagrado en poemas, y delineado en symbolos a la feliz entrada del Excmo. Señor D. Joseph Sarmiento de Valladares... En la *Puebla* por los herederos del Capitan *Juan de Villa-Real*, Año de 1697, 4º-7 hjs. s. f.-16-4 s. f.

> Obra del mercedario FRAY JUAN DE BONILLA GODÍNEZ, que firma la dedicatoria.

ARCO trivnphal que la Insigne Iglesia Metropolitana de Mexico, dibuxo en su entrada, al Excmo. Señor Don Jvan Antonio Vazquez de Acuña... Vi-Rey Governador, y Capitan General, de esta Nueva España, y presidente de la Real Audiencia de Mexico. Con licencia en *Mexico, por Joseph Bernardo de Hogal...*, Año 1722, 4º-Port. y 7 hjs. s. f.

> BERISTAÍN, t. I, p. 241, lo da como anónimo, pero en la página 57 del tomo II dice que el autor fué FRAY CRISTÓBAL GUERRA.

ARÇOBISPO (El) de la Santa Iglesia de la Ciudad de Mexico, en los Reynos de la Nueua España, como Pastor della, cõsiderãdo los peligros a q̃uestà sujeta su Iglesia... (*Madrid*, 16...), fol.-11 hjs.

Con las firmas autógrafas del Arzobispo y del licenciado D. Jerónimo
de Camargo.

Arcentina (La) Poema histórico descriptivo escrito en variedad de
metros por un Solitario de América. Contiene La historia imparcial del descubrimiento y conquista de las Regiones del Plata...
Montevideo, Imprenta Liberal, 4º (En cuatro fascículos.)

Así lo describe Estrada, después de copiar íntegra la larguísima portada que trae en su obra a la página 222. Es su autor, dice, don Manuel
Rogelio Tristani.

Aritmética práctica Coleccion ordenada de ejercicios y problemas
aritméticos en nueve cuadernos traducida del aleman y arreglada para el uso de los alumnos del Jimnasio Chileno Sesto cuaderno comprende la regla de tres simple, la regla de tres compuesta y la regla de compañía simple. *Santiago, Imp. y Librería Americana*, 1888, 4º-33 pp. y una de erratas.

Cuaderno Séptimo (1889): 28 pp.; Cuaderno Segundo (1889): 35
pp.; Tercer Cuaderno (1889): 28 pp.; Quinto Cuaderno *(Valparaiso,
s. f.)*: 32 pp.
Fué el traductor Carlos Rudolph.

Aritmetica (La) puesta al alcance de los niños por J. E. Dedicada al señor Prefecto del Departamento. *Paz de Ayacucho*, 1857,
Imprenta Paceña, 4º-61 pp. y dos s. f.

Las iniciales son de Juan Espinosa.

Aritmética (La) puesta al alcance de los niños por J. E. *La Paz.
Imp. de Vapor*, 1857, 4º Una hojá s. f.-62 pp.

Las iniciales son de Juan Espinosa.

Arjentinos (Los). *(Al final:) Santiago de Chile, Imprenta de Julio
Belin i C.ª*, febrero de 1853, fol.-16 pp. a dos cols.

Subscrito al pie por Valentín Alsina.

Arjiropolis o la Capital de los Estados Confederados del Rio de la

Plata. Solucion de las dificultades que embarazan la pacificacion permanente del Rio de la Plata, por medio de la convocacion de un Congreso, i la creacion de una Capital en la Isla de Martin Garcia, de cuya posesion (hoi en poder de la Francia) dependen la libre navegacion de los rios, i la independencia desarrollo i libertad del Paraguay, el Uruguay i las Provincias argentinas del litoral. *Santiago, Imprenta de Julio Belin i C.ª, 1850, 8º-2-161 pp.*

> Obra de don Domingo F. Sarmiento.

Armas (Las) y el duelo, por uno de sus discípulos. *Habana, 1886.*

> José de Armas y Cárdenas.—F.-C.

Armonía poética y relijiosa. Imitacion de Lamartine. *Imprenta de Beeche y compañía, 4º-14 pp.*, incl. la portada, que carece de designaciones.

> La dedicatoria la suscribe M. S., letras que ocultan a Manuel Salas.

Arquíloco de Paros. Breve respuesta a don Abraham König. *Concepcion, Imprenta del Comercio, 1891, 8º-50 pp.*

— Estudios político-astronómicos. — Una aglomeración de So les. *(Epígrafe en tres líneas.) Concepcion : Imprenta del Comercio, 1800, 8º-24 pp.*

> Arquíloco de Paros envuelve el seudónimo de don Javier Villar.

Arreglo (El) con la Compañía del Ferrocarril de Puerto Cabello a Valencia. *Caracas, Imprenta Bolivar, 1916, 8º-xxv-238 pp.* y un facsímile.

> Por el doctor Ezequiel A. Vivas.

Art (L') de verifier les dates, depuis l'année 1770 jusqu'à nos jours... *Paris, 1821-1844, 8º-18 vols.*

> La parte relativa a la América ocupa los tomos IX-XVIII, redactados que fueron (a contar desde el X) por David Bailie Warden. El tomo X corrió a cargo del librero y bibliógrafo Obadiah Rich.

Arte de aprender a leer, o lecciones ortolojicas de la Lengua castellana, escritas para sus hijos por un alumno de la antigua Sociedad para estudiar i propagar los metodos modernos. *Valparaiso, Imprenta del Diario*, 1853, 16º-56 pp. y 1 para las erratas.

Suscrito el Preámbulo que lleva al principio, en El Cobre, departamento de Quillota, año de 1844. Hay segunda edición de la Serena, 1855. Atribuído a D. Juan Manuel Cobo. — Ponce, *Bibliografía pedagógica*, nº 186.

Arte de formular propiamente dicho. Ultima parte del « Art de formuler ». De F. Yvon. Traducido i aumentado con un cuadro posolójico por E. C. *Santiago de Chile, Imprenta Nacional*, 1881, 8º-144 pp.

Las iniciales E. C. corresponden al doctor Ernesto Cuevas, según aparece de la dedicatoria autógrafa del ejemplar que perteneció al doctor D. Wenceslao Díaz.

Arte (L') del navegar, in la qval si contengono le regole, dechiarationi, secreti, & auisi, alla bona nauegation necessarij. Composta per l'Eccel. Dottor M. Pietro da Medina, & tradotta de lingua Spagnola in volgar italiano, à beneficio, & vtilità de ciascadum Nauigante. *In Vinetia*, 1554, 4º-10 hjs. s. f. Una bl.-cxxxvii pp.

Fué el traductor italiano Fra Vicenzo Paletino da Corzula.

Hay también otra edición de la misma ciudad, 1609, 4º, « ampliata e corretta, » sin el prólogo del traductor y con dedicatoria de Tomaso Baglioni, el librero editor.

Arte de vivir en paz con los hombres. Extractado de los Ensayos de moral del célebre Pedro Nicolé por el Ilustrísimo Señor Don Fray Antonio de Padua, actual Obispo del Marañon, Y traducido al castellano por D. A. G. M. F. *Madrid, Imprenta de Villalpando*, 1800, 12º-tres hjs. s. f.-254 pp.

Las iniciales del traductor corresponden a don Arias Gonzalo de Mendoza y Francia.

Arte y Vocabulario de la lengva Mame... Con licencia en *Mexico*. *Por Francisco Robledo*, Impressor del Secreto del S. Oficio. 1644, 4º-Dos hojas s. f.-87 hjs.

Por Fray Diego de Reinoso, mercedario.

ARTE y Vocabulario de la lengua quichua general de los Indios de el Perú. Que Compuso el Padre Diego de Torres Rubio de la Compañia de Jesvs. Y añadió el P. Juan de Figueredo, de la misma Compañia. Ahora nuevamente Corregido, y Aumentado en machos *(sic)* vocablos, y varias advertencias... Por un Religioso de la misma Compañia... Reimpresso en *Lima en la Imprenta de la Plazuela de San Christoval*, Año de 1754, 8º-5 hjs. s. f.-254 hjs. y dos s. f.

Atribuída al P. JUAN IGNACIO DE AGUILAR, S. J.

ARTE, y vocabulario en la Lengva general del Perv llamada Quichua, y en la lengua Española. El mas copioso y elegante que hasta agora se ha impresso. *En los Reyes. Por Antonio Ricardo*, Año de M. D. LXXXVI, 8º-Seis hjs. 81-tres-92-40 hjs.

Hay otra edición limeña, por Francisco del Canto, 1614, 8º

Atribuído por unos a fray Domingo de Santo Tomás, o al jesuíta P. Diego González Holguín, pero, a mi entender, de otro jesuíta, el P. DIEGO DE TORRES RUBIO.

ARTÍCULO necrológico. D. José Santos Ossa. *Santiago de Chile, Imp. de Enrique Blanchard-Chessi*, 1903, 8º-8 pp.

Por D. ZOROBABEL RODRÍGUEZ.

ARTÍCULOS de Mont-Calm. *Santiago de Chile, Imprenta y Encuadernacion Universitaria*, 1904, 8º-223 pp.

Mont-Calm, seudónimo de don CARLOS VARAS.

ARTÍCULOS publicados con el pseudónimo « Sam » en « El Constitucional » de Copiapó, sobre la candidatura para senador por Coquimbo y Atacama del señor Agustín Ross, actual senador por esas provincias. *Copiapó, Imprenta de El Constitucional*, 1894, 8º-21 pp.

Por ANGEL ESTEBAN GUERRA.

ARTURO Alessandri, Su Actuación en la Vida, 1869-1915, *Imprenta Universitaria, Santiago*, 1915, 8º-255 pp.

A la cabeza de la portada, el seudónimo Claudio de Alas, que oculta a JORGE ESCOBAR URIBE.

ASAMBLEA (La) de los Notables por un Liberal sin nota Dedicada
a los republicanos de Chile. *Santiago, Imprenta de «El Independiente», 1875, 16º-82 pp.*

De don BENJAMÍN VICUÑA MACKENNA.

ASCENSION du Pichincha en 1856. Notes d'un Voyageur. *Paris,
1865, 8º.*

Sacado de *Nouvelles Annales des Voyages,* 1865, febrero.
De JULES REMY.

ASPIRACIONES humanas. Por Bonifacio. *Habana,* 1915.

Por TOMÁS BONIFACIO MEDEROS. — F.-C.

ASTUCIAS de Pancho Falcato, el mas famoso de los bandidos de
América, por F. U. C. *Santiago, Imprenta de la Libreria Americana,* 1884, 16º-68 pp.

Las iniciales corresponden al nombre del autor, FRANCISCO ULLOA C,
SILVA, *La Novela en Chile,* n? 210. Por lo demás, la tercera edición,
que es también de Santiago, Imprenta Albion, 1893, salió con el nombre de Ulloa.

ASUNTOS Cubanos. Colección de artículos y poesías. *Imprenta
América, S. Figueroa,* Editor, 1896, 4º-190 pp. y doce grabados en madera.

Por J. M. IZAGUIRRE. — PÉREZ.

ASUNTOS internacionales. Epílogo de la Guerra del Pacífico por
J. L. J. (Brocha Gorda.) *Buenos Aires, Argos,* 1893, 8º-118
pp.

Hay segunda edición, La Paz, Litografía e Imprenta «Moderna»,
8º-IV-102 pp.
Las iniciales y ese seudónimo pertenecen a JULIO LUCAS JAIMES.

ATLAS histórico, genealógico, cronológico, geográfico, etc., de
Lesage, escrito por el Conde Las Casas, traducido, corregido
y aumentado por un español americano. *Paris,* 1826, folio.

Dice Barros Arana : « Fijando la vista al pie de cada cuadro geográfico, histórico o cronológico, se encuentra una línea en tipo chico en

que se indica si es traducción del francés, refundición o composición
original, con la noticia de que estos diferentes trabajos han sido ejecutados por A. de A. Era éste don Antonio de Arcos, ingeniero español,
que después de haber servido en los ejércitos de José Bonaparte durante la guerra de la Península, pasó a América e hizo la campaña de
Chile en 1817 y 1818, como oficial de Estado Mayor del Ejército Independiente. En Chile formó el principio de su fortuna, residió después
dos años en el Brasil, y en 1825 volvió a Europa y se estableció en
París, donde se ocupó en negocios de banco. Fué allí donde, por simple pasatiempo, tradujo y completó el *Atlas* de Las Cases».

Atoyac. Egloga En alabanza del Excmo. S. D. José Mariano de
Almansa, del Consejo de Estado, &. *(Epígrafe latino.) En la
Imprenta Liberal, Puebla, 1820, 8º-16 pp.*

Con las iniciales J. N. T., que son las de Juan Nepomuceno Troncoso.

Attempt (An) to show that America must be known to the An-
cients. By an American Englishman, *Boston, 1773.*

Por Samuel Mather, de Boston. — Cushing, p. 13.

A traves de la Europa en guerra. Conferencias de don Ricardo
Cox Méndez a su vuelta de Europa. Mayo de 1916. Versión ta-
quigráfica revisada por el autor y editada por O. L. S., casilla
3591. *Santiago de Chile, Imprenta y Encuadernación Antigua
Inglesa. 1916, 8º-145 pp.*

Las iniciales del editor pertenecen a Oscar Larson S.

Aun ha quedado a las zorras el rabo por desollar. P. J. F. I.. *(Al
fin:) Mexico, 1820 Oficina de D. M. Benavente y Sócios, 4º-
8 pp.*

Las iniciales son de Joaquín Fernández de Lizardi.

Aunque la mona se vista de seda mona se queda. P. D. J. F. de
L. *México, 1811, 8º-8 pp.* En verso.

Por don Joaquín Fernández de Lizardi.

Autor (El) del Dialogo entre Jacinto Chano y Ramon Contreras contesta a los cargos que se le hacen por La Comentadora. *Buenos Aires, Imprenta de Alvarez, 1821, 4º-8 pp.*

Subscrito por B. H. : BUENAVENTURA HIDALGO. — ZINNY.

AUTOS mal entendidos, y Efectos injustamente commisados, en la Sentencia fulminada contra el Padre Phelipe del Castillo, Procurador General de la Provincia de Lima. *(Epígrafe de Tertuliano.)* Folio-8 hjs.

Del padre jesuíta PEDRO IGNACIO ALTAMIRANO. — URIARTE, I, n? 171.

L'AVENIR de Cuba, por P. D. *Habana, 1909.*

Por PIERRE DEPASSE. — F.-C.

AVNQUE tengo informado largo en papel impresso, por hazerle mas legible con la claridad de la letra, no escuso el hazer este apuntamiento... *(Lima, 165...),* fol.-6 pp. s. f. (Relativo a un pleito de don Rodrigo de Esquivel.)

Lleva la firma autógrafa de don PEDRO DE LOAISA Y QUIÑONES.

AVTO General de la Fee, a qve assistio presidiendo en Nombre, y Representacion de la Catolica Magestad del Rey N. Señor D. Felipe Qvarto... El Excellentissimo Señor D. Francisco Fernandez de la Cueva... En la Plaça Mayor de la muy noble, y muy leal ciudad de Mexico, à los 19. de Noviembre de 1659 años... *En Mexico, en la Imprenta del Secreto del Santo Oficio. Por la Viuda de Bernardo Calderon,* en la calle de San Agustín, 4? Dos hjs. s. f.-73 hjs. s. f.-8 hjs. s. f.

Obra del doctor don RODRIGO RUIZ DE CEPEDA MARTÍNEZ.

AVTOS de las Conferencias de los Comisarios de las Coronas de Castilla, y Portvgal, Que se juntaron en virtud del Tratado prouisional, echo por el Dvque de Iovenazo Embaxador Extraordinario, y Plenipotenciario de S. M. Catholica, y el Dvque de Caraval, Marqves de Frontera, y Fray Don Manvel Pereira, Plenipotenciarios del Serenissimo Principe de Portugal en 7. de Mayo de 1681. Sobre la diferencia ocasionada de la fundacion de vna Colonia, nombrada del Sacramento en la margen Septentrional del Rio de la Plata, frente de la Isla de San Gabriel. Fol., 3o2 pp. y 1 h. s. f.

<blockquote>
La portada lleva traducción al italiano.

Impresión probablemente de Roma y obra del jesuita P. Juan Carlos de Andosilla, según opina Uriarte, I, n? 179.
</blockquote>

A Venezuela. Rápida hojeada sobre nuestros disturbios, sus causas y remedios. *Caracas*, sin fecha, 8º-19 pp.

<blockquote>
Por don Manuel M. Martín.—Sabín, X, n? 44899.
</blockquote>

Aventuras de Carlos Olmos, detective-reporter. La muerte misteriosa dé José Mariani por Julian Doble. Ilustraciones de Alberto Guzman. *Santiago de Chile, Imprenta « El Diario Ilustrado»*, 1912, 8º-177 pp. A la cabeza de la portada: folletines de *El Diario ilustrado.*

<blockquote>
Julián Doble, seudónimo de Januario Espinosa.
</blockquote>

Aventuras de un chileno en la Argentina y en el Desierto de Atacama obra escrita por J. A. B. *Santiago de Chile, Imprenta de El Correo*, 1895, 8º-220 pp.

<blockquote>
Las iniciales corresponden a José Antonio Barahona. — Silva, *La Novela en Chile*, n? 3o6.
</blockquote>

Aventuras de un Marino Chileno. Dos viajes alrededor del mundo. *Valparaiso, Imprenta del Pacífico*, 1908, 8º-106 pp. y 1 s. f.

<blockquote>
Para saber el nombre del autot, bastará leer lo que dice de sí en la p. 6: «Me llamo Juan de la Cruz Rojas Rodríguez...».
</blockquote>

Aventuras (Las) de un pije, novela de costumbres, por Pedro Urdemales. *Santiago, Imprenta Chilena*, 1871, 8º-168 pp.

<blockquote>
Pedro Urdemales es seudónimo de Víctor Torres Arce.

Silva, *La Novela en Chile*, n? 206, quien advierte que existe edición posterior, aunque sin dar su fecha.
</blockquote>

Aventuras de Usebio Olmos, por Juan del Campo, 1er tomo.

Santiago de Chile, Soc. Imprenta y litografía Universo, 1913, 8º-109 pp. y una s. f.

Juan del Campo, seudónimo de JUAN M. RODRÍGUEZ.

AVENTURES (Les) de don Juan de Vargas, racontées par lui-même, traduites de l'espagnol sur le manuscrit inédit, par Charles Navarin. *Paris, P. Jannet*, 1853, 16º-184 pp.

Por CH. HENRI TERNAUX-COMPANS.

« La primera y la tercera partes están imitadas del *Viaje del Mundo* de Ordóñez de Cevallos, impreso en Madrid, en 1614, 4º. La segunda parte está sacada de *Simplicissimus*, libro alemán del siglo XVII.» — QUÉRARD, II, 1233.

AVENTURES (Les) de Jacques Sadeur, dans la découverte et le voyage de la Terre Australe. *Paris*, 1692, 12º

Hay reimpresión de 1705, y la primera edición salió en Ginebra en 1676, con el título de *La Terre Australe connue, c'est-à-dire, la description de ce pays inconnu jusque ici, de ses mœurs et de ses coutumes*, par M. Sadeur.

El título oculta en verdad una simple ficción libidinosa, y fué obra de GABRIEL FOIGNY, fraile franciscano, que desertó de su convento durante muchos años.

AVIENDOSE dispuesto, y ordenado que el Obispado del Cuzco se diuidiesse en tres diocesis. Vna del Cuzco. Otra, la de Arequipa. Y otra la de Guamanga, Etc. *(Madrid*, 16...), fol.-6 hjs.

Con la firma autógrafa del LICENCIADO MÁRQUEZ DE CISNEROS.

AVISO a las solteras. Comedia en cinco actos representada por la primera vez, en el Colejio de huérfanos de Cochabamba, el dia 6 de Agosto de 1834, aniversario de la batalla de Junín, y de la creacion de la República Boliviana. *Paz de Ayacucho*, año de 1834, *Imprenta del Colejio de Artes*, 4º-1 p. s.-31 pp.

El ejemplar de René Moreno llevaba dedicatoria del autor, subscrita por MARIANO MÉNDEZ.

AZOTE (El) Literario por el Demócrata. Folleto Crítico-Burlesco de las Arenas del Uruguay. Por D. Heraclio C. Fajardo. *Montevideo, Librería Nueva*, 1863, 8º-VIII-9-60 pp.

De nota puesta al pie de la Advertencia que se halla a la vuelta de la portada, consta que el autor fué ISAAC DE TEZANOS.

BALCON (El). Folleto de actualidad política por Jacobo Eden. *Santiago de Chile, Imprenta de « La Estrella de Chile »*, 1878, 12º-51 pp.

Jacobo Edén es seudónimo de RAFAEL EGAÑA.

BALMACEDONAUTAS (Los). Poema épico-político en siete cantos. (Por) Oscar de Nautrino. *Santiago, Imprenta « Victoria »*, 1885, 16º-122 pp.

Oscar de Nautrino es anagrama del nombre del autor : NARCISO TONDREAU.

BANDIDO (El) chileno Joaquin Murieta en California Por Roberto Hyenne. Traducido del frances por C. M. Tercera edicion. *Santiago de Chile, Imprenta de la República*, 1879, 16º-270 pp.

Las iniciales C. M. traducen el nombre de CARLOS MORLA.
La edición príncipe de esta traducción es de 1867, hecha por la misma imprenta, asi como la segunda, de 1874.

BANDO (El) de Lucifer. P. D. J. F. de L. *(México*, 181...), 4º-8 pp.

Por don JOAQUÍN FERNÁNDEZ DE LIZARDI.

BARBECHOS por Martin Rivas. *Imprenta « El Globo »*, 1921, 8º-120 pp. y 2 s. f.

Martín Rivas es seudónimo de CASIMIRO TORREALBA GUERRERO.

BARROS Arana historiador, por C. S. C. *Santiago de Chile, Imprenta de San José*, 1913, 4º-23 pp.

Las iniciales son de CARLOS SILVA COTAPOS.

BASES orgánicas para una Sociedad de Crédito Territorial. *La Paz de Ayacucho*, Mayo de 1869. *Imprenta de la Union Americana*, *por César Sevilla*, fol.-20 pp. a dos columnas y un folio doble de tabla.

Atribuído a RAMÓN SOTOMAYOR VALDÉS.

BATALLA de Ayacucho (Diciembre 9 de 1824). Estudio dedicado al Ejercito de Venezuela por un Oficial peruano. *Caracas, Imprenta Nacional,* 1914, 4º-18 pp. y 3 láminas.

El nombre del Oficial peruano es MANUEL C. BONILLA, que estampa su firma al final del texto.

BATALLA (La) de Tacna descrita por el Corresponsal del Mercurio. Contiene los episodios mas notables de este gran hecho de armas. *Santiago, Imprenta i Litografía,* Bandera 24 H., 1880, 4º-40 pp.

Ese Corresponsal se llamaba ELOY T. CAVIEDES.

BATALLA (La) de Yanacocha. Canto Lírico. (*Epígrafe en cinco líneas.*) Paz de Ayacucho, año de 1835. *Imprenta del Colejio de Artes,* 8º-17 pp. y 1 s. f.

De don JOSÉ JOAQUÍN DE MORA, o, según René Moreno, por un hijo de éste.

La edición príncipe, que no he visto, es del Cuzco, Imprenta libre dirigida por Pedro Evaristo González, en ese mismo año. La tercera es de Arequipa, Imprenta Pública de Francisco Valdes, 4º-16 pp.

BEATA (Una) y un bandido, por P. Marco Nochea. Entrega 1ª *Santiago, Imprenta de la Libreria del Mercurio,* 1874, 8º-220 pp.

P. Marco Nochea es anagrama del nombre del autor, RAMÓN PACHECO.

BEAUX traits de l'histoire des voyages, ou anecdotes curieuses sur différents peuples des cinq parties du monde. Edition revue par Buqcellos. *Lille : Castiaux ; et París : Delarue,* 1825, 18º-6 pliegos y 8 grabados.

El autor se llamó SIMON BLOCQUEL. — SABIN, nº 5946.

BÉCKERT ó el crimen de la Legación Alemana, por Tartarin y Mora, 1909. *Imprenta Barcelona,* 1909, 8º-188 pp.

Seudónimo de VICENTE DONOSO RAVENTOS. — SILVA, *La Novela en Chile,* nº 332.

BELLEZAS Naturales de Chile. *Santiago de Chile, Imprenta Cervantes.* (Sin fecha, 1917), 8º-84 pp. y doce láminas de plantas.

Las iniciales F. R. B. de la autora corresponden a FILOMENA RAMÍREZ B., que firma el prólogo.

BELZU y Morales ante la opinion. *Lima,* 1853, *Imprenta de Felix Moreno,* 4º-36 pp.

Subscrito al final por AGUSTÍN MORALES.

BERNARD Lile ; an Historical Romance, embracing the Periods of the Texas Revolution, and the Mexican War. *Philadelphia, J. B. Lippincott & Cº,* 1856, 12º-2 hjs. y pp. 9-287.

Por JEREMIAH CLEMENS. — SABIN, *A dictionary, etc.,* IV, nº 13617.

BERNARDO Carvajal Dedicado Al Ilustrísimo Señor Arzobispo D. D. José Maria Mendizabal. Por M. S. *Potosí,* 1844, *Imprenta de la Sociedad Literaria,* 8º-109 pp.

Las iniciales son de MANUEL SALAS.

BERNARDO O'Higgins. (1778-1842.) *(Santiago de Chile), Imprenta Universitaria,* s. f., 8º-Port, con el retrato del héroe. 15 pp.

De la pluma de D. JULIO VICUÑA CIFUENTES.

BIBIANA, ó los terremotos de Cuba en 1852, por el Tío Nonilla. (Sin indicación de fecha, ni lugar.)

JOAQUÍN JIMÉNEZ. — F.-C.

BIBLIA profana. — Primer libro. Las siete locuras del amor. Leonardo Penna — 1908. *(En la tapa de color:) Imprenta Universitaria, Santiago,* 1909, 8º-210 pp.

— 47 —

— Biblia profana — Segundo libro — El alma perdida de la Princesa — Leonardo Penna-1909. *(En la tapa :) Santiago de Chile, Imp. y Enc. «La Ilustracion», 1909.*

El nombre del autor es IGNACIO PEREZ KALLENS. — SILVA, *La Novela en Chile,* n.ᵒˢ 456-57.

BIBLIOGRAFÍA de Don Eduardo de la Barra Lastarria 1839-1900 por A. I. P. y R. (Edición provisoria)..., *Santiago de Chile, Imprenta Universitaria,* 1915, 16ᵒ-78 pp.

Las iniciales son de AGUSTÍN I. PALMA Y RIESCO.

BIBLIOTECA (La) Americana, o Miscelánea de literatura, artes i ciencias. Por una Sociedad de Americanos. Tomo I. *Londres, En la imprenta de don G. Marchant,* 1823, 4ᵒ-VIII-472 pp. y dos s. f. de erratas. — Dos láminas.

Barros Arana afirma que, además de este tomo, salió también el primer número del II, con 60 páginas.
El Prospecto está suscrito por G. R., o sea GARCÍA DEL RÍO (JUAN), pero de la Sociedad editora formaba parte, entre otros, D. ANDRÉS BELLO, que firmaba también con las iniciales de su nombre.

BIBLIOTECA de autografos chilenos. (Sin fecha, ni lugar de imp.), 4ᵒ-Port. y a la vuelta «Obras publicadas por el mismo autor». 1 p. de erratas-70 pp. y dos hjs. en folio.

Obra de D. JOSÉ AGUSTÍN 2ᵒ ESPINOSA, cuyo nombre figura en alguna de las obras indicadas a la vuelta de la portada de la presente.

BIBLIOTECA de «La Ilustración Militar». El servicio militar moderno (Apuntes para un artículo) Obsequio de «La Ilustración Militar». *Santiago de Chile, Imprenta de La Ilustracion Militar,* 1899, 8ᵒ menor-36 pp.

Por el general EMILIO KÖRNER.

BIBLIOTECA (La) de Lima, por Némesis. *Santiago de Chile, Imprenta de El Progreso,* 1889, 8ᵒ-19 pp.

Némesis es seudónimo de NEMESIO MARTÍNEZ MÉNDEZ.

BIBLIOTECA de la Sociedad Médica. Diferencias químicas entre la leche de mujer y la de vaca y manera de igualarlas por el profesor Doctor E. Soxhlet (traducción de O. Ph. y A. R.) *Santiago de Chile, Imprenta Cervantes,* Calle de la Bandera, número 73, 1893, 4º-16 pp.

Las iniciales de uno de los traductores corresponden a OTTO PHILIPPI.

BIBLIOTECA del Viajero. Coleccion completa de : Cuentos. —Chismes. —... Recopilada, arreglada y original por Gabriel de la Gala. Tomo I Noviembre de 1919. Precio : 80 centavos. *Santiago, Talleres de Numen,* 1919, 8º-57 pp.

Gabriel de la Gala es seudónimo del escritor español LÓPEZ QUINTA-NILLA.

BIBLIOTECA nacional. Catálogo de Autores Griegos y Latinos. *Santiago de Chile, Imprenta Cervantes,* 1898, 4º-391 pp.

Por D. JUAN SALAS ERRÁZURIZ.

BIBLIOTECA Nacional. Catálogo del Archivo de la Real Audiencia de Santiago. *Santiago de Chile, Imprenta, Litografía y Encuadernación Barcelona,* 1898, 4º Tomo I : x-una s. f.-622 pp. Tomo II : (1903), una s. f.-561 pp. ; III : (1911), 519 pp.

Los dos primeros tomos fueron redactados por HIPÓLITO HENRIÓN y el III por TOMÁS THAYER OJEDA.

BIBLIOTERAPIA (La). Notas humorísticas, sátiras y prosas breves por Rocesin. *Editorial Nascimento, Santiago de Chile,* 1924, 4º menor-335 pp.

Rocesín oculta el nombre de ALBERTO ARRAU LEÓN.

BIBLIOTECA Boliviana. Catálogo del Archivo de Mojos y Chiquitos. *Santiago de Chile, Imprenta Gutenberg,* 1888, 4º-627 pp. y una s. f.

Por GABRIEL RENÉ MORENO, que firma la Advertencia.

BIBLIOTHECA Americana ; or, a Chronological Catalogue of the most Curious and Interesting Books, Pamphlets, State Papers,

&c. upon the Subject of North and South America, from the Earliest Period to the Present, in Print and Manuscript; for which Research has been made in the British Museum, and the most celebrated Public and Private Libraries. Reviews, Catalogues, etc. With an Introductory Discourse on the Present State of Literature in those Countries. *London, Printed ford J. Debrett,* M DCC LXXXIX, 4º-2 hjs., 271 pp. y 1 hoja de erratas.

«Este libro, que ha sido atribuído ya a Dalrymple, Homer, Long, y con más probabilidad, por el propio Homer, a REID, era la obra inglesa más completa en la materia en su tiempo, pero su complicada disposición, errores de fecha, abreviaturas ininteligibles, y frecuentes repeticiones, destruían su utilidad. Algunas de las observaciones que se hacen en la introducción son curiosas, sino verdaderas. Si se hubieran puesto todas las erratas, llenarían doce páginas». SABIN, nº 5198, citando a Rich. — HALKETT Y LAING.

BIBLIOTHECAE Americana primordia. By a Member of the said Society. *London,* 1713.

WHITE KENNET. — CUSHING, p. 190.

BIBLIOTHECA Thebussiana. Tirada de 25 ejemplares. Año de MDCCCLXXXIX, 16º-33 pp.

A la cabeza de la portada el seudónimo Doctor d'Alaer, que corresponde a D. ANÍBAL ECHEVERRÍA y REYES.

BIOGRAFIA del doctor D. José Gregorio Argomedo. *Santiago de Chile, Imprenta de Julio Belin i Ca,* 1854, 8º-32 pp.

Va al final con la firma del autor don MARCIAL MARTÍNEZ.

BIOGRAFIA Del Jeneral Pedro Blanco. *(Epígrafe en cinco líneas.)* 1872. *Cochabamba, Imprenta del Siglo,* 4º-40 pp.

Por FEDERICO BLANCO y CLEOMEDES BLANCO.

BIOGRAFIA del Libertador Simon Bolivar ó la Independencia de la América del Sur. Reseña histórico-biográfica por L. C. *Paris, Rosa y Bouret,* 1868, 12º-180 pp.

»Pertenece este volumen a la *Biblioteca de la Juventud;* y con un retrato de Bolívar, ha sido reimpreso por los sucesores de Bouret, en los años de 1874, 1889 y 1912». — SÁNCHEZ, *Bib. Ven.*, n.º 145. Las iniciales son de LORENZO CAMPANO.

BIOGRAFIA del Jeneral Don Manuel Bulnes, Presidente de la República de Chile. *Santiago, Imprenta Chilena*, 1846, 4.º-84 pp.

    — De la pluma de D. JUAN B. ALBERDI, — BRISEÑO, *Est. bibl.*, p. 37.

BIOGRAFÍA del Sr. D. Francisco de Frías y Jacott, Conde de Pozos Dulces, por el Dr. V. M. y M. *Habana*, 1887.

    El Dr. VIDAL MORALES Y MORALES. — F.-C.

BIOGRAFIA del ex-Ministro de la Excma. Corte Suprema de Justicia Sr. Don Galvarino Gallardo. *Santiago de Chile, Imprenta y Encuadernación « El Globo »*, 1922, 4.º-18 pp.

    Obra de D. SANTIAGO GALLARDO NIETO, hijo del biografiado.

BIOGRAFIA de Frai Andres García, hermano donado de la Recolección Franciscana de esta ciudad. *(Dentro de una corona :)* J. A. T. *Santiago, Imprenta del Progreso*, calle de la Merced Núm. 60, 1853, 8.º menor-34 pp.

    Hay segunda edición de Santiago, Imprenta de la Librería Americana, 1883, 8.º-20 pp. Las iniciales pertenecen a JOSÉ ANTONIO TORRES.

BIOGRAFÍA del señor D. Agustín de La-Rosa Toro. (Lima, 1888), *Imp. Benito Gil*. 4.º-15 pp. Retrato y vista del mausoleo.

    Por ENRIQUE TORRES SALDAMANDO.

BIOGRAFÍA de Lautaro por E. G. L. *Imp. Comercial de E. Segalerva, Concepción*, 1902, 8.º menor-81 pp.

    Las iniciales del autor aparecen descifradas en la portada en color de la obrita : EVARISTO GATICA LIRA.

BIOGRAFIA Del General Don Indalecio Miranda. 1902. *San Salvador, Tipografía « La Luz »*, 4.º mayor-42 pp. y retrato. El título, de la cubierta.

    Por MODESTO BARRIOS.

BIOGRAFIA de don Juan Martinez de Rozas. *Concepcion, Imprenta Ercilla,* 1894, 8º-11 pp.

Por N. LAVÍN.

BIOGRAFIA de D. Manuel Montt. *(Al final:)* 1851, *Imprenta de Julio Belin i Compañia,* 8º-24 pp. El título a la cabeza de la primera.

Subscrito por R. V., que, según Briseño (I, p. 37), ocultarían a MIGUEL DE LA BARRA, pero que, a mi entender, son las iniciales de RAFAEL VIAL.

BIOGRAFIA del buen patriota D. Bernardo O'Higgins General Chileno. Tercera edicion. *Paris, Librería de Ch. Bouret — Mexico, Librería de Ch. Bouret,* 1878, 8º-180 pp. y retrato.

Ver *La Corona del Héroe.* Recopilación, etc. Santiago, 1872, p. 564-5. Por JOSÉ DOMINGO CORTÉS.

BIOGRAFÍA de D. Camilo Ortúzar, sacerdote de la Pía Sociedad de San Francisco de Sales. *Santiago de Chile, Esc.Tall. Gratitud Nacional,* 1909, 16º-190 pp.

Por DIEGO DE CASTRO.

BIOGRAFIA y oracion funebre del canonigo prebendado de esta Santa Iglesia Catedral de Buenos Aires, D. Jose Leon Planchon. La publican sus dos sobrinos D. Manuel y D. Jose Maria Gallardo. *Buenos Aires, Impreso en la Imprenta de Hallet,* 1825, v.-19-17 pp.

Las oraciones fúnebres son del presbítero D. IGNACIO GRELA y de D. MANUEL GALLARDO.

BIOGRAFÍA del General D. Julio A. Roca, Presidente de la República Argentina. Recuerdo de « *El Ferrocarril* ». *Montevideo,* 1882, 32º-8 pp.

Atribuida a D. FLORENCIO ESCARDÓ. — NAVARRO VIOLA.

BIOGRAFÍA del Ilustre Ecuatoriano señor D. Vicente Rocafuerte.

— 52 —

(De la *Revista Latino-Americana*.) *Lima, Imprenta del Teatro*, 1884, 8º-29 pp.

¿ De D. Pedro Carbo ?

Biografía del general de brigada don José Rondizzoni. *Santiago de Chile, Imprenta Universitaria*, 1914. 4º-32 pp. y retrato.

Segunda edición, con ligeras supresiones y adiciones de *Hoja de servicios*, etc. Véase este título. La presente reimpresión lleva un breve prólogo de J. T. Medina.

Biografía del... D. Miguel Salas y Thómas, por R. M. *Habana*, 1887.

Ramón Morales Álvarez. — F.-C.

Biografia el *(sic)* Jeneral San Martin. *Impresa en Londres y reimpresa en Lima, por Rio*, 1823, 4º-Una hoja s. f.-26 pp.

Subscrita por Ricardo Gual y Jaén, anagrama de Juan García del Río. La edición de Londres es de ese mismo año, en 8º, de 35 pp., Printed by W. Marchant.

Biografia del General Santa-Anna aumentada con la Segunda Parte. *Mexico, Reimpresa por Vicente Garcia Torres*, 1857, 8º-35 pp.

Subscrita al final por Manuel Villa-Amor.

Biografia del Señor Presbítero i doctor D. Manuel A. Valdivieso leída en la traslacion de sus restos a Santa Rosa por J. M. B. *Santiago, Imprenta del « Correo »*, junio de 1864, 8º-14 pp.

Por José Manuel Balmaceda.

Biografía de Saturnino Valverde, por X. Z. *Habana*, 1880.

Domingo Figarola-Caneda. — F.-C.

Bivouacs (Les) de Vera-Cruz a Mexico, par un zouave ; avec une carte spéciale dressée sur place par l'auteur. Préface par Aurelien Scholl. *Paris, Librairie Centrale*, 1864, 12º

— 53 —

Por el Marqués de Galliffet. — Sabin, A dictionary, etc., VII, n.º 26.417.

Boceto biográfico del doctor don Alejo C. Guzman primer gobernador constitucional de Córdoba. *Córdoba, 1899, Imp. Los Principios, 16.º-36 pp.*

Reimpresión de un artículo publicado en *Los Principios*, escrito por D. Domingo Guzmán. — Zeballos, n.º 479.

Bocetos edificantes y Charlas amenas por Glaneur d'Epis. Segunda Edición. *Apostolado de la Prensa, Santiago de Chile, 1922, 8.º-(Talca, Escuela Tip. del Salvador, 1922), iv-152 pp.*

Glaneur d'Epis, seudónimo de Bernardo Gentilini.

Boleras (Las) de las Monjas. *P. D. J. F. de L. (México, 1811), 8.º-8 pp.* — En verso.

Por don Joaquín Fernández de Lizardi.

Bolivar por Cornelio Hispano. *San José de Costa Rica, 1921, 16.º-75 pp.*

Cornelio Hispano oculta el nombre de Ismael López.

Bolivia ántes del 30 de Noviembre de 1874. *La Paz, Imprenta de la Unión Americana, de César Sevilla, 1875, 4.º-30 pp.*

Réplica a otro folleto de igual título, de Julio Méndez. Atribuído a Daniel Calvo,

Bolivia. La Semana Magna de 1875 en Cochabamba. *Cochabamba, Mayo de 1875, Imprenta de Gutierrez, 4.º-19 pp.*

Atribúyese a Miguel Aguirre.

Bolivia y el Brasil. Cuestion límites por Unos Bolivianos. *Tacna, 1868, 4.º-38 pp.*

Esos Bolivianos fueron José M. Santibáñez, Adolfo Ballivián y Melchor Terrazas.

Bolivia y Chile. Una circular diplomática. Breves anotaciones por X. X. *Santiago de Chile, Imprenta Barcelona, 1909, 4.º-63 pp.*

El autor fué Claudio Pinilla

BOLIVIA y sus grandes partidos, por un Boliviano. Articulo segundo. *Valparaiso, Imprenta del Comercio,* noviembre de 1850, 8º-16 pp.

Subscrito por Un Boliviano, que parece haber sido D. TOMÁS FRÍAS, según nota René-Moreno, al hablar de los Artículos Primero y Tercero impresos en ese mismo año, con 15 y 24 pp. respectivamente (nº 353 y 354). Ese bibliógrafo no conoció el Segundo, que, por eso mismo, describimos aquí.

BOLIVIANOS : el Génio que presidia los destinos de nuestra patria como el de la desgraciada Polonia, llora en la tumba de los ilustres ciudadanos, y de las inocentes víctimas, sacrificadas por el parricida Belzu !... *(Tacna,* 1853), 4º-Dos-10 pp. y un grabado.

Subscrito por B. G. : BENITO GUARDAOS.

BOOK (The) of blood. An authentic record of the policy adopted by modern Spain to put an end to the war of independence of Cuba. (October 1868 to December 1870.) *New York, M. M. Zarzamendi,* traslator & printer, 1871, 8º-viii-43 pp. — Portada a dos tintas.

PÉREZ, nº 120, y FIGAROLA-CANEDA lo atribuyen a NESTOR PONCE DE LEÓN Y LAGUARDIA.

Hay otro folleto con el mismo título, impreso también en New York, en 1873, 8º-viii-66 pp., del propio autor anónimo, que contiene listas de los cubanos ejecutados o encarcelados por los españoles. — PÉREZ, nº 121.

BOSQUEJO de la conducta del Teniente General D. Miguel Tacon en la Isla de Cuba. *Marseille, Imp. de Bouchez Freres,* 1838, 12º-xv-35 pp.

Dícese que, a pesar del pie de imprenta, en realidad es de moldes madrileños. Su autor fué JOSÉ DE ARANGO.

BOSQUEJO de la democracia. Escrito en ingles por Rob. Bisset LL. D. Traducido por C. Hz. Primera Parte. *Buenos-Ayres, Imprenta de M. J. Gandarillas y Socios,* 1816, 8º-Dos s. f. v-69-tres s. f. Segunda Parte : 48 pp.

Las iniciales del traductor son las de CAMILO HENRÍQUEZ.

Bosquejo de un Catecismo Popular Republicano. *Valparaiso, Imprenta del Mercurio,* 1857, 8º menor-96 pp.

Atribuído a MARIANO SALAS, boliviano. — RENÉ MORENO, *Biblioteca boliviana,* nº 361.

Bosquejo jeografico de la Provincia de Chiloé. *Valparaiso, Imprenta del Mercurio,* diciembre de 1851, 16º-30 pp.

Por más que el autor ha hecho lo posible para encubrir su nombre, algún resquicio aparece en su obra que nos permite descubrirlo. Veámoslo. En la página 15, por ejemplo, dice que «por un sentimiento de delicadeza no mencionaremos el nombre ni los servicios prestados por un capitán de artillería...»; y hétenos ya aquí con este antecedente, que nos bastará ligar a otro para dar con la resolución que buscamos, cual es, el apóstrofe de un orador, cuyo discurso se transcribe, en que se habla de un señor FÁEZ como director de la escuela náutica allí recién establecida. Tenemos, pues, descubierto así, que Fáez era capitán de artillería, y del escalafón del ejército del año 1851, sacamos que su nombre era JOSÉ MIGUEL.

Así, pues, el autor del opúsculo fué él.

Bosquejo histórico acerca del doctor Carlos Tejedor y la conjuracion de 1839. *Buenos Aires, Imprenta de Juan A. Alsina,* 1879, 8º-238 pp. y 6 retratos.

ÁNGEL JUSTINIANO CARRANZA.

Bosquejo histórico de la literatura griega, latina y española. Trad. por J. E. I. *La Paz, Imp. de la Opinion,* 1855, 4º-28 pp.

Las iniciales son de J. EMILIO ITURRI.

Bosquejo ligerísimo de la revolucion de Mégico desde el Grito de Iguala hasta la proclamacion de Itúrbide. Por un verdadero americano. *(Epígrafe de la Athalie.) Philadelphia, Imprenta de Teracrouef y Noroajeb,* 1822, 12º-xi-300 pp. y seis s. f.

Aunque parece impreso en Filadelfia, lo fué en la Habana. Los nombres de los impresores son anagramas de ROCAFUERTE y BEJARANO. Contra Itúrbide. Termina con un poema de Heredia, que no lo firma. — BACHILLER, III, p. 180, y TRELLES, I, p. 218.

Botijuela (La). Comedia escrita en latin, hace mil seiscientos años por Marcus Accius Plautus y traducida al castellano por Bin-tah. *Nueva York*, 1863.-64 pp.

«Detrás de ese seudónimo (Bin-Tah es una palabra india que significa «Corazón herido») se oculta modestamente el *traductor* Dr. D. RAMÓN EMETERIO BETANCES.» —SAMA, *Bibliografía Puerto-Riqueña*, p. 33, quien en ésta como en cuantas ocasiones habré de citarle, no da el tamaño de los libros que describe.

BOUNDARIES (The) of Chili in Atacama settled by history (From the Peruvian Review). *Lima, Liberal Printing Office*, 1879, 4º-36 pp.

De M. GONZÁLEZ DE LA ROSA, que la subscribe, aquí y en la *Revista Peruana*, de donde se tradujo.

BRAHMINES (Los) o los triunfos de la relijion cristiana, Obra traducida del frances al castellano Por C. R. A. Es propiedad de la traductora. *San Fernando,* marzo de 1863, *Imprenta de Colchaqua (sic)*, 16º-158 pp.

Firma la dedicatoria la traductora, CAROLINA ROSA ARAVENA.

BRÉSIL (Le) et Rosas. *Paris, Guillaumin*, 1851, 8º

Firma la Introducción, C. R. (JOSEPH-CHARLES REYBAUD).

BREVE compendio de'modi soavi, et efficaci, Con che l'Anima fá per se amorose, e premurose instanze al suo Dio. Composto dal Ven. Servo di Dio Fra Pietro Urraca... Tradotto dallo Spagnuolo in Italiano da un Religioso del medesimo Ordine... *In Roma, Nella Stamparia di Rocco Bernabó*, MDCCXXX, 8º-9 pp. s. f.-35 pp.

La obra original de aquel mercedario peruano carece de fecha, y la dedicatoria de la traducción aquí descrita la subscribe FRAY JOSÉ MESQUIA, que parece fué quien la ejecutó.

BREVE compendio de la vida i obras de S. Vicente de Paul fundador de la Congregacion de la Mision i de las Hijas de la Caridad. *Santiago de Chile, Imprenta de La Opinion*, 1860, 8º menor-vi-101 pp. y 1 s. f.

El Prólogo va subscrito por C. F. B., letras estas dos últimas, iniciales de FÉLIX BENECH. La C., acaso signifique «comisario».

BREVE contestacion a la Breve Exposicion hecha por siete Eclesiásticos a nombre de la confraternidad eclesiástica. *Paz, setiembre* 17 *de* 1859, *Imprenta del Vapor,* 4º-9 pp. a dos columnas.

De don EVARISTO REYES, que la subscribe.

BREVE descripcion *(retrato de Palafox, en cobre, por Troncoso).* De los festivos sucesos de esta Ciudad de la Puebla de los Angeles. *(Al final:) Impresa en el Colegio Real de San Ignacio de la Puebla de los Angeles,* Año de 1768, 4º-Una-42 pp.

Primera edición ; la segunda es de Barcelona, del mismo año.

No consta, en realidad, quién fuera el autor de la relación misma, pero si los nombres de los poetas : el dominico FRAY JOSÉ MUÑOZ, el doctor don DIEGO MIGUEL QUINTERO, don MANUEL DEL CASTILLO y don TOMÁS ANTONIO RUIZ.

BREVE Descripcion, o Demarcacion de la Provincia de la Compañia de Jesus del Nuevo Reyno de Granada, y terrenos de las Missiones circulares entre Christianos, y de las de los Gentiles. Fol., 11 hjs.

Por el jesuíta P. MATÍAS DE TAPIA, según URIARTE, I, nº 212.

BREVE de Su Santidad el Papa Pio IX y otros documentos importantes sobre una ruidosa cuestion eclesiástica de Chile. *Paris, Imprenta de Simon Raçon y Comp.,* 1860, 8º-XII-107 pp.

El Editor, subscribe en París, a 9 de marzo de 1860.

FRANCISCO SATURNINO BELMAR, según don Ramón Briseño, tomo I, p. 524. También Figueroa, *Dicc. biog. de Chile,* tomo I, p. 199.

BREVE exposicion que hace la Confraternidad Eclesiástica en defensa de la dignidad parroquial, y contra los conceptos injuriosos de un discurso leido el 16 de Julio e inserto en el número 40 de *El Artesano. La Paz,* Agosto 18 de 1859, *Imprenta de Vapor,* 4º-19 pp.

Del tenor del Acta que se inserta al final, parece desprenderse que el autor fué don HIPÓLITO MARÍA VELASCO.

Breve historia politica i economica de Chile Por F. P. V. *Santiago, Imprenta Andres Bello*, 1878, 4º-97 pp.

Las iniciales pertenecen a Francisco de Paula Vicuña, que la subscribe al final.

Breve instruccion, o arte para entender la lengua comun de los Indios, segun se habla en la Provincia de Quito. Con Licencia de los Superiores. *En Lima, en la Imprenta de la Plazuela de San Christoval*, año de 1753, 8º menor-Port, 3 pp. s. f. y 29 hojas de texto.

Atribuída al padre jesuíta Tomás Nieto Polo, lo que Uriarte pone en tela de juicio.

Breve instruccion para hacer versos latinos, conforme al Arte de Antonio de Nebrija, y al metodo con que se enseña en el Real, y Pontificio Seminario de la Santa Iglesia Metropolitana de Mexico. Dispuesta por uno de los Preceptores de Latinidad y Eloquencia del mismo Colegio, año de 1748... *México, Imprenta de la Bibliotheca Mexicana*, 8º-11 hjs s. f., con las erratas al pie.

Hay ediciones de 1760 y 1782.
Fué el autor Pedro Rodríguez Arispe.

Breve manifiesto del derecho, qve assiste a la Santa Iglesia de Valladolid; para ser absuelta de la demanda, que le ha puesto la Santa Iglesia de Durango, sobre que los Diezmos que se denominan del vento..., se prorrateen entre una, y otra... Con licencia en *Mexico, En la Imprenta Real del Superior Govierno, y del Nuevo Rezado de Doña María de Rivera, en el Empedradillo*, Año de 1738, folio-37 pp.

Figura como anónimo en Beristain, IV, secc. VI, nº 10, pero en realidad va subscrito por el doctor don Juan José de Araujo.

Breve methodo de la vida espiritual. Dispuesto por el Padre Ignacio Thomai, de la Compañia de Jesus, para las personas, que dessean adelantarse en la virtud... *Reimpresso en Mexico, en la Imprenta del Lic. D. Joseph de Jauregui...*, año de 1773, 16º-139 pp. y estampa a la vuelta de la portada.

Hay otra edición mexicana de 1789, por Jáuregui, 12º-235 pp.
Dijimos ya que Thomai, Tomai o Tomay, es el segundo apellido del
padre jesuíta José María Genovese.

Breve nota de D. J. B. sobre las cuestiones de J. C. *(Santiago
de Chile, 1827)*, 4º-3 pp. s. f.

Las iniciales corresponden a Diego José Benavente.

Breve noticia de la devotissima Imagen de N. Sra. de la Defensa... Con un epitome de la vida del Venerable anacoreta Juan
Baptista de Jesus. *Sevilla, por Thomas Lopez de Haro,* 1686,
8º-6 hjs. s. f.-110 pp. y lámina.

Por Pedro Salgado Somosa, cuyo nombre lleva en la portada la edición angelopolitana de 1683.

Breve noticia de las missiones, peregrinaciones apostolicas, trabajos, sudor, y sangre vertida, en obsequio de la fè, de el venerable padre Augustin Castañares, de la Compañia de Jesus,
insigne missionero de la Provincia del Paraguay, en las Missiones de Chiquitos, Zamucos, y ultimamente en la Mission de
los Infieles Mataguayos. Escrivióla un Conmisionero del Venerable Padre en las Missiones de Chiquitos, y Zamucos... *En
Madrid, Por Manuel Fernandez...* Año de M. DCC. XLVI,
4º-88 pp.

Del padre Juan de Montenegro.

Breve noticia del origen, y maravillas de la milagrosa Imagen de
Nuestra Señora de la Salud, Que se venera en su Santuario,
fundado en el Hospital de Santa Martha de la ciudad de Pazt-
quaro : con una Novena consagrada â la misma Santissima Señora. Dispuesta por un Sacerdote de la Compañia de Jesus.
*Reimpressa en Mexico, en la Imprenta del Real, y mas Antiguo
Colegio de S. Ildefonso,* Año de 1765, 16º-69 hjs. s. f. y
lámina.

Hay también ediciones de México, 1742, y por Zúñiga y Ontiveros,
1796, 16º
León, *Bibl. Mex.*, parte I, nº 926, la atribuye al P. Francisco Ramírez, y bajo el nº 314 de su parte IV, al P. Pedro Sarmiento. La tengo
por de este último.

BREVE noticia sobre las cubiertas timbradas y sellos usados por las oficinas de Correos del departamento Litoral de Bolivia como signo de franqueo, desde 1872 hasta 1879, por M. de Lara. *Santiago, Imprenta Roma,* 1898, 4º de 185 por 110.-16 pp. y 2 láminas fuera de texto.

Se publicó también en *An. Soc. Fil. Sant.*, tomo IV (Imp. Cervantes), 1898, pp, 81-93.

M. de Lara es seudónimo de RAMÓN A. LAVAL.

BREVE noticia del viage de la fragata Carmen alias La Elena, desde el puerto de Valparaiso a Calcuta. *Santiago de Chile, Imprenta de Gobierno* (sin fecha), 8º-43 pp.

Impresión, probablemente, de fines de 1820, pues el folleto se inicia con la carta del autor escrita en Calcuta el 8 de mayo de aquel año. Está suscrito por J. A. H.

Dice el autor que partió de Valparaiso el 9 de noviembre de 1819 y que tardó en su viaje a Calcuta cuatro meses y 18 días.

Véase *Gaceta Ministerial de Chile,* octubre 30 de 1819, nº 16, tomo II, p. 4. Se anuncia la salida del bergantín nacional *El Carmen,* capitán don Alejo Sumatere, con destino a Coquimbo y Copiapó.

Entra a Valparaiso en 11 de septiembre de 1820. Ver *Gaceta,* de septiembre 23, y *Sesiones de los Cuerpos Legislativos,* tomo III, p. 79. BARROS ARANA, *Historia jeneral de Chile,* tomo 12, pp. 292-3.

BREVE notizia della Sacra Immagine della Madre Santissima del Lume e del suo Glorioso Titolo. Col metodo pratico di venerarla, e celebrar divotamente la sua Festa per ottenere il poderoso suo Patrocinio. Da un Sacerdote umilissimo servo della Gran Regina. Terza edizione piu corretta ed acresciuta... *In Bologna,* MDCCLXXXI, *nella Stamperia di S. Tommaso d'Aquino.* Con licenza de'Superiori, 12º-xii-148 pp.

Hay cuarta edición de Bologna, 1786, 16º-144 pp. ; y otra de Roma, 1830, que se dice también cuarta (debiendo decir quinta), 12º-130 pp.

Por el jesuíta guatemalteco, P. BARTOLOMÉ JOSÉ DE CAÑAS.

BREVE ojeada sobre Bolivia Revolucion-Tolerancia-Fusion. Situacion de la República Justicia. La defensa de la moral es la causa de Dios i del hombre... Por J. L. C. *Sucre,* 1858, *Imprenta de Beeche,* 4º-32 pp. Fe de erratas en la tapa posterior.

Las iniciales son de JUAN L. CAMBEROS.

Breve promptuario de las partes de que se compone la Oracion, sacado de varios Mysticos, Por un Hermano de la Santa Escuela de Christo Señor N. Sita en el Colegio de Nro. Gran P. S. San Pedro de esta Corte. *Impresso en Mexico... por Doña Maria de Rivera...* Año de 1747, 16º-29 pp. s. f.

En la estrofa con que termina la dedicatoria se encuentra la declaración de quién fué el autor de este librito : Manuel José Sánchez.

Breve ragguaglio della prodigiosa e rinomata Imagine della Madonna di Guadalupe del Messico. *In Cesena, 1782, per Gregorio Biasini,* 8º-xxxix-pp. y una s. f.

Del P. Francisco Javier Clavigero.

Breve ragguaglio della prodigiosa e rinomata Immagine della Madonna di Guadalupe del Messico. *In Cesena, MDCCLXXXII. Per Gregorio Biasini,* 8º-xxxix, pp. y una s. f.

Del ex jesuíta guatemalteco P. José Angel de Toledo. — Palau y Dulcet, *Manual del Librero Hispano-americano,* I, 272, habla de dos reimpresiones, ambas de Verona, 1823 y 1824, 8º, « y otras veces, siempre anónima ». Afirma, equivocadamente, a mi entender, que el autor fué el Rev. Domenico Fornaroli.

Breve recuerdo Del formidable ataque del exército ingles á la Ciudad de Buenos-Ayres, y su gloriosa defensa por las legiones Patrióticas el dia 5 de Julio de 1807. Con licencia de los Superiores. *Buenos Ayres, En la Real Imprenta de los Niños Expósitos,* Año de 1807, 4º-8 pp.

Contiene cuatro composiciones en diversos metros, alguna de las cuales parece de la mano de D. Pantaleón Rivarola y alguna otra seguramente del autor de la *Sucinta memoria sobre la segunda invasión de Buenos Aires,* impresa en el año siguiente, por las alusiones que en ella se hallan al *Breve recuerdo.*

Breve relazione della prodigiosa apparizione di Maria Santissima detta di Guadalupe nel Messico, con un divoto triduo in apparecchio alla sua Festa... Da un Sacerdote... *(Piacenza),* MDCCCII, *presso Giuseppe Tedeschi,* 12º-96 pp. y una lámina.

La dedicatoria va subscrita por G. A. T., iniciales del ex jesuíta guatemalteco P. José Angel de Toledo.

Breve resumen de la vida y martyrio del inclito mexicano, y Proto-martyr del Japon, el Beato Felipe de Jesus. Añadidas algunas obvias reflecciones en honor del mismo Heroë esclarecido, y de esta dichosisima Ciudad felize en ser su Pátria. Por un Eclesiástico de este Arzobispado... *Impreso en México en la Oficina Madrileña...*, año de 1802, 4º-71 pp. y dos láminas.

Escrita por don José María Munibe.

Breve y sumaria relacion de la vida, mverte, y solemne beatificacion de la bienaventvrada Rosa de Santa Maria... recopilada en una carta que nvestro Reverendissimo Padre General embia *(sic)* a svs hijos del tenor siguiente. Con licencia, *En Barcelona por Antonio Lacavalleria,* Año 1668, 4º-6 pp. s. f.

El General de la Orden de Santo Domingo que firma la carta se llamaba Fray Juan Bautista de Marinis.

Breves apuntes Sobre el Derecho Administrativo de Bolivia. Estan precedidos de un resúmen de los principios generales de la ciencia, tomados de la obra del Sr. Manuel Colmeiro. *Sucre,* julio 31 de 1862, *Imprenta Boliviana,* 8º-133-vi pp.

En realidad, obra del doctor Juan José Ameller, según se deduce de la advertencia de los editores. La parte propiamente referente a Bolivia comienza en la página 25.

Breves apuntes sobre la vida del General D. Dionisio Puch. *(Al fin:) Imp. de la «Reforma Pacífica»,* Representantes, 71, 4º mayor a dos columnas, 10 pp. El título a la cabeza de la primera página.

De Antonio Aberastain, que subscribe el encabezamiento.

Breves instrucciones para la Primera Comunión Por A. C., Cura de la Parroquia de S. Lázaro de Santiago de Chile Año 1924, *Santiago de Chile, Imprenta Lagunas & Cº* 1924, 16º-50 pp.

El nombre del autor, Arturo Cortínez, consta de la licencia eclesiástica, que va a la vuelta de la portada.

Breves lecciones de doctrina cristiana escritas por un Padre de

Familia para instruir a sus hijos en las fundamentales verdades, que enseña la Católica Iglesia. *Santiago, Imprenta de La Sociedad*, 1854, 8º-1 hoja s. f.-76 pp.

De la solicitud de licencia para la impresión hecha a la autoridad eclesiástica consta que el autor fué Tomás de Reyes.

Breves meditaciones sobre los novísimos, Repartidos por los dias del mes, con la regla Para vivir bien en todo tiempo. Por el P. Juan Pedro Pinamonti. Traducidas del Idioma toscano al Castellano Por un deseoso del mayor bien de las almas. *Reimpresos en la Puebla, en la Oficina de D. Pedro de la Rosa...*, año de 1793, 16º-31 hjs.

Dice Beristain que el traductor fué don Francisco Ríos, « mexicano, mercader de libros, muy bien instruído en las lenguas de Europa y en las letras humanas».

Breves nociones de Geografía de la Provincia del Pinar del Rio por Un Vueltabajero. *(Pinar del Rio), Imprenta La Constancia,* 1900, 8º-23 pp.

Por Antonio Rubio Pimienta.—Trelles.

Breves observaciones sobre la instruccion elemental del abogado. *Valparaiso, Imprenta del Diario,* diciembre de 1853. 8º-33 pp.

De don Luis 2º Urzúa, que firma la dedicatoria manuscrita del ejemplar que poseo.

Brevis forma administrandi apud Indos Sacramenta aliaque ad sacrarum rerum cultum maxime pertinentia continens, juxta Ordinem S. Romanæ Ecclesiæ. Cum Superiorum permisu, Civitatis Jacobopolitanae Typis Bibliotecalibus. Anno M. DCCCXXVI. 8º-Port.-3 hjs. s. f.-160 pp. y 1 hoja al fin.

Es ni más ni menos que reimpresión del libro de Fray Miguel de Zárate, adicionado por el doctor Juan de la Roca, impreso en Madrid, en 1751.

Brief (A) disquisition concerning the early history of printing in America. *New York,* 1866, 8º

Extracto de la *Bibliotheca Americana Vetustissima* de Henry Harrisse.

— 64 —

BRIEF (A) Sketch of the Republic of Costa Rica. By F. M.
London, The Author, 1849, 8º-15 pp. Mapa.

Las iniciales son de FELIPE MOLINA. — SABIN, XI, nº 49.883.

BRIEF traité de la racine Mechaocam venue de l'Espagne nouvelle,
médecine très excellente du corps humain, blasonnée en mainte
région le Reubarbe des Indes, trad. d'espagnol en françois, par
J. G. P. *Rouen, Martin et H. Mallard,* 1588, 8º

Las iniciales corresponden a JACQUES GOHORY, Parisien.

BRIEFE aus Columbien an seine Freunde von einen hannöverischen
Officier. Geschrieben in dem Jahre 1820. *Leipzig,* F. A.
Brockhaus, 1822, 12º-x-una de erratas, 292 pp.

Consta el nombre del autor, CARL RICHARD, de la traducción del
opúsculo hecha al holandés en ese mismo año.

BRIGADIER (El) General Don Tomás Guido por Un Argentino (De
La Tribuna de Buenos Aires, del 27 de Setiembre de 1866).
Buenos Aires, Imprenta y Librería de Mayo de *C. Casavalle,*
(1882), 8º mayor-16 pp.

Por CARLOS GUIDO SPANO.

BRITISH (The) West India colonies in connection with slavery...
With an introduction and concluding remarks by a late stipen-
diary magistrate in Jamaica. By a Resident in the West India
for thirteen years. *London,* 1853.

MISS BOURNE. — CUSHING, p. 250.

BROMA (Una) de César. Comedia en cuatro actos y algunos cuadros
vivos escrita en verso y en idioma castellano por Timoteo. Im-
propia para ser representada, pero buena para leída y conciliar
el sueño. *Montevideo, Imprenta de El Heraldo,* 1881. 8º-82 pp.

WASHINGTON P. BERMÚDEZ. — El seudónimo procede de la época en
que fué Redactor de *El Negro Timoteo.* Fué uno de los mejores poetas
satíricos del Uruguay.

BROTES de primavera, por Favonio. *Habana*, 1916.

JUAN LUIS GONZÁLEZ. — F.-C.

BUENO es hacerse el tupé; pero no pelarse tanto. P. D. J. F. de
L. Epigrama. *(México*, 1811), 8º-8 pp.

Por don JOAQUÍN FERNÁNDEZ DE LIZARDI.

BUENOS Aires por dentro. Tipos y costumbres bonaerenses por
Anibal Latino. *Buenos Aires, Imprenta y Libreria de Mayo*,
1886, 8º-502 pp.

Ya se dijo que el seudónimo corresponde a ISMAEL LÓPEZ. — Navarro
Viola sostiene, no sé si equivocadamente, que el seudónimo oculta a
José Ceppi.

BUSQUE V. quien cargue el saco, que yo no he de ser el loco. P.
D. J. F. de L. Pildorilla. *(México*, 1811), 8º-8 pp.-En verso.

Por don JOAQUÍN FERNÁNDEZ DE LIZARDI.

CABALLERO (El) D'Harmental, novela histórica por Alejandro Dumas, autor de la *La Guerra de las mujeres, La Hija del Regente,* etc. Traducida para *El Mercurio* por un joven chileno, y seguida de un *Ensayo histórico sobre la regencia del Duque de Orleans,* por el traductor. *Imprenta del Mercurio, Valparaiso,* 1848, 8º-4 vols., con 222, 260, 242 y 246 pp. respectivamente.

El traductor fué don DIEGO BARROS ARANA.

Hay reimpresión o tirada aparte, hecha en el mismo año, por dicha Imprenta, del *Ensayo histórico,* etc.

CALIFORNIA, from the discovery by the Spaniards to the present time, by a Traveller, *New York,* 1848.

CHARLES E. KELLS (?). — CUSHING, p. 285.

CAMAFEOS, por El Mismo, *Habana,* 1865.

JOSÉ SOCORRO DE LEÓN. — F.-C.

CAMBIO, (El) el papel moneda y otras cuestiones económicas por Franz. *Valparaiso, Imprenta de « La Patria ».* 1885, 4º-267 pp.

Artículos de colaboración publicados en *La Patria* (mayo a octubre) diario de Valparaíso, y que creo fueron obra de FRANCISCO VALDÉS VERGARA.

CAMBIOS de la Habana con Londres, Paris, Hamburgo, Amsterdam y Lisboa, y números fijos ó multiplicadores, para los negocios de dinero á premio desde cinco á diez y ocho por ciento al año de 365 dias. Por F. de M., Habana. *Impr. de D. Pedro N. Palmer é hijo,* 8º-Diez y seis s. f.-338 pp. y dos estados.

Las iniciales son de FELIPE DE MENDIVE.

CAMILO por C. André. Études religieuses, historiques et litteraires. (III série-Tome troisieme.) Traduccion y edición de El Cruzado. *Sucre, octubre 10 de 1872, Imprenta de Pedro España-arrendada, 8º-83 pp.*

« Novelita traducida por MIGUEL TABORGA, canónigo de Sucre y redactor del periódico eclesiástico *El Cruzado*. — RENÉ MORENO, *Bib. Bol.*, nº 440».

CAMINO (El) de la fortuna o sea vida i obras de Benjamin Franklin. *Santiago de Chile, Imprenta Cervantes, 1885, 8º-336 pp. Retrato de Franklin.*

« Con el propósito de contribuir en algo a la buena obra de cultivar el corazón y el carácter de los jóvenes, hemos coleccionado los mejores escritos de Franklin en este volumen que nos permitimos poner bajo el patrocinio de todas las personas que trabajan en favor de la reforma de nuestras costumbres y de la educación del pueblo». FRANCISCO VALDÉS VERGARA.

No está de más que el lector sepa que don J. M. Samper publicó en Caracas, en 1858, en un volumen en 8º de 88 pp., *La Ciencia del buen Ricardo, o el Camino de la fortuna. Y pensamientos sobre moral, política, literatura, religión y costumbres.*

No podría decir hasta qué punto coinciden en sus apreciaciones o extractos el escritor venezolano y el chileno. Ni tampoco si ambos siguen más o menos de cerca *La science du bonhomme Richard,* impreso en Philadelphia, en 1778, y últimamente en Paris, en 1865.

CAMP Life of a Volunteer. A Campaign in Mexico, or A Glimpse at Life in Camp. By « One who has seen the Elephant ». *Philadelphia, Grigg, Elliot and Cº, 1847, 8º-75 pp.*

Por B. F. SCRIBNER. — SABIN, XIX, nº 78.476.

CAMPAGNES | et | Croisieres | dans les Etats de Venézuéla | et de la Nouvelle-Grénade ; | par un Officier du 1ᵉʳ Régiment de Lanciers Vénézuéliens | Traduit de l'Anglais | Portrait de Bolivar et Carte de la Colombie | A Paris, | Aux Salons Littéraires, | Rue des Beaux-Arts, 6 | - | 1837, 8º-Anteportada, portada, 412 pp.. retrato de Bolívar, mapa de Colombia y Guayanas.

Según Barbier, el autor de la traducción fué ALPHONSE VIOLLET.

CAMPAIGN (A) in Mexico,. By « One who was Thar»... *Philadelphia, James Gibbon*, 1850, 8º-pp. 5-75.

Reimpresión con diverso título de *Camp Life*, etc. Obra, por tanto, del mismo B. F. SCRIBNER. — SABIN, XIX, nº 78.477.

CAMPAÑA de Bogotá Canto Heroyco por el Autor de la Memoria Biográfica de la Nueva Granada, hoy Cundinamarca, Miembro de su último Congreso, hijo benemérito de la Provincia de Antioquía, en el Departamento de Cundinamarca. *(Adorno.) (Rayita.) Bogotá, En la Imprenta del C. B. E*, Año 1820. 8º-12 pp. s. f.

De D. JOSÉ MARÍA SALAZAR, según Posadas *(Bib. bog.*, p. 422), quien añade que se publicó también en la *Gaceta de Santafé* y fué reproducida en la obra *Documentos para la historia de la vida pública del Libertador*, t. VII, p. 60 (1876).
Hay edición de Santiago de Chile, *Imprenta de la República*, sin fecha (1826), 8º-13 pp.

CAMPAÑA de 100 dias. 24 de Diciembre de 1851. Episodio historico por Némesis. *Santiago de Chile, Imprenta del Progreso*, 1889, 8º-16 pp.

Némesis es seudónimo de NEMESIO MARTÍNEZ MÉNDEZ.

CAMPAÑA en las costas de Arequipa : terminada por la batalla de Moquehua el 21 de Enero de 1823. Escrita por un Oficial de Estado Mayor. *(Escudo de armas reales.) Imprenta del Ejército*, 4º-24 pp. y 12 de Documentos.

« Opúsculo rarísimo, debido a la pluma del entonces coronel ANDRÉS GARCÍA CAMBA, ayudante del E. M. G. en esta campaña». — RENÉ MORENO, *Bibl. Per.*, nº 1965.

CAMPISCURSIONES (siete días en campaña). *Habana*, Avisador Comercial, 1915, 4º-41 pp.

A la cabeza de la portada : El capitán Nemo, seudónimo de J. MUÑIZ VERGARA. — TRELLES.

CAMPS in the Caribees. The adventures of a Naturalist in the Lesser Antilles, *Boston*, 1880.

Por FREDERICK A. OBER. — CUSHING, p. 105.

CANCION. *(Al fin:) Lima, Imprenta de Peña* (182...), 4º-3 pp. s. f.

Lleva las iniciales J. B. L., que entiendo son las del nombre de JUAN BAUTISTA DE LAVALLE.

CANCION patriotica dedicada al Exmo. Señor Jeneral en Jefe del Ejército Unido Libertador Antonio Jose de Sucre. *(Al final:) Impreso en Arequipa por J. Ibañez*, 4º-4 pp. s. f. (1823).

El autor fué el capitán ANDRÉS NEGRÓN, el mismo que dirigía la Imprenta del Ejército.

CANCION patriotica que dedica al Señor General Don Felix Maria Calleja, y al victorioso Exercito del Centro, un amante de la patria. Con superior permiso. *Mexico, En la Oficina de Ontiveros*, año de 1812, 4º-8 pp.

Obra de don FRANCISCO MARÍA COLOMBINI Y CAMAYORI.

CANDIDATURAS presidenciales. Los únicos candidatos convenientes y necesarios para la República Argentina, por Un Ciudadano Argentino. *Buenos Aires*, 1865, 8º-47 pp.

« Por el doctor MARTÍN AVELINO PIÑERO, canónigo dignidad ». — ZINNY. Con fecha de 1868.

CANONGÍA (La) Doctoral de la Iglesia Metropolitana de la Plata, *Tipografía de Pedro España.* 8º-40 pp. (1864).

De don M. FACUNDO CASTRO.

CANTARES (Los) del montero. Por el Camarioqueño. *Matanzas*, 1841.

FEDERICO MILANÉS. — F.-C.

CANTICOS de Salomon Version Poetica en metro Metastasiano Por el autor de la del Salterio, de Iob, i de Milton ec. *(Epígrafe), (Venezia*, 1796), 12º-xl pp.

Por el jesuíta P. ANTONIO FERNÁNDEZ DE PALAZUELOS, de la Provincia de Chile que fué.

CÁNTICOS Espirituales ó la Lira de Oro del joven cristiano. *Santiago, Escuela Talleres «Gratitud Nacional»*, 1907, 8º-156 pp.

> De la licencia del Ordinario eclesiástico, consta que la compiladora fué doña ELIODORA GOYCOLEA.

CANTO á Cortés en Ulúa. G...... de Aguilar. Tibi serviat ultima Thule. *Mexico, Imprenta de Arispe*, 1808, 4º-Tres hjs.-40 pp.

> El seudónimo pertenece a don JOSÉ GONZÁLEZ TORRES DE NAVARRA, sevillano, coronel de ejército, caballero de Santiago, intendente de Puno en el Perú, y administrador general de Tabacos en Cuba.

CANTO a Chacabuco. *Santiago, Imprenta de Julio Belin i C.ª*, 4º-16 pp.

> Va subscrito al final por L[EOPOLDO] ZULOAGA.
> Sólo he visto la edición muy posterior, sin fecha.

CANTO a la Campaña del Ejercito Chileno en el Peru. 4º-s. f. n. l. *(Santiago de Chile, 1839)*,-20 pp.

> Por don ANDRÉS TORRES. — BRISEÑO, *Est. bibl.*, p. 47.

CANTO a la restauracion de la libertad de Bolivia. Iniciada en Potosi Bajo los auspicios del eminente republicano Mayor Jeneral, Jose Miguel de Velasco. Por un Potosino. *Potosi, Imprenta Libre*, Administrada por Manuel Venancio del Castillo, 1839, 8º-23 pp.

> Ese Potosino se llamó MARIANO SALAS.

CANTO al inmortal triunfo que obtuvieron las valerosas armas del Ejercito Unido Peru-Boliviano, mandado en persona por su Jefe Superior, el Excmo. Sr. Gran Mariscal D. Andres Santa Cruz, Presidente de Bolivia, y Pacificador del Peru, en el Alto de la Luna, Contra las huestes del traidor Felipe Santiago Salaberry. Dedicado a la Excma. Sra. Da. Francisca Cernadas de Santa-Cruz. *Lima, 1836, Imprenta de E. Aranda*, 8º-16 pp., incl. la portada.

> De EMILIO MORA, hijo de don José Joaquín.

CANTO funebre en las exequias decretadas por la Patria a los tres hermanos Carreras. 1828, *Imprenta de R. Rengifo*, 4º-7 pp. El título en la cubierta.

> De D. José Joaquín de Mora. Briseño, *Est. bibl.*, I, p. 47; Valdés, *Carrera*, donde se reproduce en las pp. 210-213; Medina, *Bib. de Carrera*, nº 53.

CANTO lirico en memoria de los constantes y heroicos esfuerzos del Alto-Peru durante la guerra de 15 años por la independencia americana escrito en metro latino Por el Dr. J. M. L. Y traducido al verso castellano por el Dr. R. Z. Contiene notas curiosas históricas y jeográficas, y un exámen crítico-literario sobre el mérito de la obra. *Sucre*, julio 1855, *Imprenta de Lopez*, 4º-22 pp. y una de erratas.

> Segunda edición. La primera salió con el titulo de *Oda heróica*.
>
> Las tres primeras iniciales responden al nombre de José Manuel Loza, y las otras dos al de Remigio Zelada.

CANTOS consagrados A S. E. el Presidente de Bolivia, restaurador de la patria y vencedor en Yanacocha, por un civico de Chuquisaca aficionado a la poesia. *Imprenta Chuquisaqueña*, A. por Manuel V. del Castillo. Reimpreso en *Arequipa*, 1835, *Imprenta Publica de Francisco Valdes*, 4º-28 pp., inc. la portada.

> «Subscrito J. O. R. Su autor, que por la gravedad de los elevados puestos que desempeñaba disfrazó su nombre literario con el anagrama público de J. O. Rosaner, es José Mariano Serrano». — René-Moreno, *Bib. Bol.*, nº 458.

CAÑONAZOS de un Artillero americano contra un Escopetero andaluz. *Cuenca, por Manuel Coronel*, 1837, 4º-25 pp.

> El estilo, el asunto, el lugar y fecha de la impresión, todo induce a sospechar que esta es producción de fray Vicente Solano. Cierto es que no está incluída en la edición de sus *Obras* hecha por Borrero, pero, en cambio, en el tomo de varios papeles que se halla en la Biblioteca Nacional de Santiago, lleva de puño y letra de D. Pablo Herrera la anotación de ser todos ellos del Padre Solano.

CAPITAN (El) Diego de Montaña pide Que su Magestad le haga

merced del Gouierno de Antiochia, ó otro de los que estuvieren vacos en el Perú, ó ñueua España, ó adelante vacaren. *(Madrid, 16...), fol. 1 hoja y una blanca.*

Con la firma autógrafa del Doctor JUAN VELÁZQUEZ.

CAPITAN (El) Manuel de Frias Procurador General de las Prouincias del Rio de la Plata y Paraguay, Da las causas que justifican la permission de los frutos de la tierra, que las dichas prouincias pretĕden se les prorrogue para nauegarlos al Brasil y otras Yslas circunvecinas... *(Madrid, 162...), fol.-4 hjs.*

Lleva la firma autógrafa de MANUEL DE FRÍAS.

CARACTER de la Virtud para que cada uno la conozca, si quiere hacerse de ella. Una hoja orlada en 8º, sin fecha, 1821. *Santiago de Chile.*

Subscrita por Fr. J. A. del A., iniciales de FRAY JOSÉ ANTONIO DEL ALCÁZAR.

CARBUNCLO (El). Lecciones dadas a los alumnos del Instituto Agrícola. *Santiago de Chile, Imprenta Nacional, 1885, 16º-vii-10 pp.*

Subscrito al final por J. B., iniciales de JULIO BESNARD.

CARICATURA (La) del amor (Cuentos i prosas). *Antofogasta, Imprenta Chile, 1922, 8º-145 pp. y la final s. f.-Retrato.*

Encabeza la portada el seudónimo del autor, Mario Bonatt, que oculta el nombre de EGIDIO GUZMÁN.

CÁRMEN Marin o la Endemoniada de Santiago. Compilacion de todos los informes rendidos exprofeso al Ilustrísimo Sr. Arzobispo de Santiago, relativos a la rara enfermedad que padece esta joven, precedidos de una critica preliminar escrita por un facultativo competente. *Valparaiso, Imprenta y Libreria del Mercurio, 1857, 16º-xxxix-236 pp.*

«La Crítica preliminar» va firmada por M. A. C., iniciales que corresponden a MANUEL ANTONIO CARMONA.

CARRERA militar del Cura Hidalgo. Arietes. *(Al fin.)* Con supe-

rior permiso. En la Oncina (*sic*) de D. Mariano Ontiveros, año
de 1810, 8º-8 pp.

Subscrito por L. F. E., que vale : LICENCIADO FRANCISCO ESTRADA.

CARTA 1ª. Bogotá, 17 de Diciembre de 1837. Sr. Ex-Jeneral Francisco de P. Santander, 4º-98 pp.

Son diez esas Cartas, que llevan numeración seguida, subscritas todas
por los Sin-cuenta, seudónimo que oculta a CLIMACO ORDÓÑEZ.

CARTA al autor de la Memoria histórica titulada : Chile Durante
los años de 1824 a 1828. Leida en la Sesion solemne de la
Universidad en 12 de Octubre de 1862. *Santiago, Imprenta
del Correo,* noviembre de 1862, 8º-24 pp.

La subscribe JOSÉ ANTONIO ARGOMEDO.

CARTA al Caballero Barrinton, en que se satisface a la eritica que
este hizo en el Diario de Mexico del Domingo diez de Mayo
de mil ochocientos doce, sobre las inscripciones de la Pira del
Dos de Mayo de la Catedral de Mexico. La escribia J. M. B.
Mexico, por Doña Maria Fernandez de Jauregui, 4º-19 pp.

Las iniciales del autor son las del nombre de JOSÉ MARIANO BERISTAIN.

CARTA al Observador en Londres, ó impugnacion a las falsedades que se divulgan contra América. Escrita por Dionisio Terrasa y Rejon, natural de Metagua. *Londres, Imprenta de E.
Justins,* 34, Brick Lane, Whitechapel, 1819, 8º-215 pp.
y 2 s. f.

El nombre del autor es supuesto y forma el anagrama de ANTONIO
JOSÉ DE IRISARRI. Es supuesto también el lugar de nacimiento que se
atribuye, que fué, en realidad, Guatemala.

CARTA al Pensador Megicano. *(Al fin): Puebla,* 1820. Oficina del
Gobierno, fol., 6 pp.

Subscrita por J. N. T., o sea, JUAN NEPOMUCENO TRONCOSO.

CARTA apologética del Ilustrísimo y reverendísimo señor don Juan

Muzi, por la gracia de Dios y de la Santa Sede, arzobispo Fi-
lipense, vicario apostólico, en su regreso del Estado de Chile.
Córdoba, 1825.

> «Según el doctor Bernabé de Aguilar, el autor de esta *Carta* lo fué
> el PADRE CASTAÑEDA» (FRANCISCO DE PAULA). — ZINNY.

CARTA Apologetica, que escrive el Doct. Don Miguel de Yturri-
zara Abogado de las Reales Audiencias de Lima y Charcas, y
Promotor Fiscal de la Curia Eclesiastica del Obispado del Cuzco, aun (*sic*) confidente suyo residente en Potosi... *En Buenos
Aires,* Con las licencias necesarias, 4º-121 pp.

> Impresión limeña clandestina, de 1786, hecha, según se supuso en su
> tiempo, en casa de don PEDRO BRAVO DEL RIVERO, y de autor que no fué
> el que suena en la portada, muerto ya entonces hacía más de tres años.

CARTA (Una) a propósito de la guerra entre Chile i las Repúblicas del Perú i Bolivia. *Santiago, Imprenta Nacional,* 1880,
8º-38 pp.

> De D. HERMÓJENES DE IRIZARRI, que la subscribe al final.

CARTA athenagorica de la Madre Jvana Ynes de la Crvz... Que
imprime y dedica a la misma Sor Phylothea de la Cruz...
Puebla de Los Angeles, Diego Fernández de Leon, 1690, 4º-
16 hjs. s. f.

> Sor Phylothea de la Cruz oculta el nombre de D. MANUEL FERNÁNDEZ
> DE SANTA CRUZ Y SAHAGÚN.

CARTA á una Religiosa para su desengaño y dirección. *(Puebla de
Los Angeles,* 1773), 4º-2 hjs. s. f.-140 pp.

> Firmada por Jorge Más Theoforo, anagrama de JOSÉ ORTEGA MORO.
> Primera edición. La segunda es de la misma ciudad, *Imprenta del Se-
> minario Palafoxiano,* 1774, 4º-2 hjs. s. f.-127 pp.

CARTA a Valentin Letelier. Un batallón heroico. Por Nemesis. *Santiago de Chile, Imprenta El Progreso,* 1889, 8º-21 p.

> Némesis, seudónimo de NEMESIO MARTÍNEZ MÉNDEZ.

CARTA a Valentín Letelier i Francisco Valdes V. — La Bibliotece de Lima por Némesis. *Santiago de Chile, Imprenta El Progreso*, 1889, 8º-19 pp.

Némesis, seudónimo de NEMESIO MARTÍNEZ MÉNDEZ.

CARTA confidencial sobre los papeles del día. *(Al fin :) Mejico, año de 1820, Impreso en la oficina de D. Alejandro Valdes*, 4º-4 pp. s. f.

Subscrita por «El Americano», o sea, don MANUEL GÓMEZ PEDRAZA.

CARTA de Carlos del Castillo. *Londres*, 1875.

JOSÉ GABRIEL DEL CASTILLO Y AZCÁRATE, cubano. — F.-C.

CARTA de Cristóbal Colon enviada de Lisboa a Barcelona en Marzo de 1493. Nueva edicion crítica : conteniendo las variantes de los diferentes textos, juicio sobre éstos, reflexiones tendentes a mostrar a quien la carta fué escrita, y varias otras noticias, por el Seudónimo de Valencia. *Viena*, 1869, 8º

Editor y comentador y a quien corresponde ese seudónimo, fué FRANCISCO ADOLFO DE VARNHAGEN.

CARTA de Don Metaforico Claros á don Verisimo Cierto. *(Al fin :) En la Imprenta de los niños expósitos*, 1812 *(Lima)*, 4º-22 pp.

Don Metafórico Claros es seudónimo de don MANUEL DE VILLALTA.
Don Verísimo Cierto ocultaba el nombre de don GASPAR RICO Y ANGULO.

CARTA de Don Verisimo Cierto á un condiscipulo suyo, sobre las reflexiones del Señor Villalta á la Censura de sus oficios dirigidos al Excmo. Ayuntamiento de esta Capital. *(Lima, 1811)*, 4º-24 pp.

Atribuída a don GASPAR RICO Y ANGULO.

CARTA de enhorabuena que dirige à Pedro el Observador un Amigo suyo, por el triunfo que acaba de conseguir en la disputa suscitada por Don Ingenuo. *(México, 1789)*, 4º-16 pp. s. f.

Obra de don JOSÉ ANTONIO ALZATE Y RAMÍREZ.

CARTA del P. Rector del Colegio Maximo de S. Pablo, á los Supe-

— 76 —

riores de esta Provincia del Perú, sobre la Vida, Virtudes, y Muerte del P. Luis Yserna. *(Lima,* 1749), 4º-16 hjs. s. f.

Subscrita en Lima por el jesuíta P. Juan de Lagos.

Carta de un Americano al Español sobre su número XIX. *Londres, Impresso (sic) por W. Lewis,* 2, Paternoster-Row, 1811, 8º-110 pp. y la final, s. f., para las erratas.

Primera edición. Hay otra de Santiago de Chile, 1812, 8º Por el clérigo mexicano José Servando Teresa de Mier Noriega y Guerra.

Carta de un Americano a un Diputado de las Cortes Extraordinarias de España. 1821. *Londres, Imprenta de Nichols,* Callejon de Earl, Calle de Newport, 8º-50 pp.

Subscrito por José Isidro Inana y Torre, o sea, Antonio José de Irisarri. Hay reimpresión de Lima, 1823, Imprenta administrada por J. A. Lopez, 4º-44 pp.

Carta de un amigo a otro. *(Al fin:) Lima, Imprenta de los huérfanos,* 1814, Por D. Bernardino Ruiz, 4º-23 pp.

Obra de don Tomás Menéndez y referente a ciertos procedimientos del Tribunal del Consulado de aquella ciudad.

Carta de un conservador. *Habana,* 1893.

Eugenio Sánchez de Fuentes. — F.-C.

Carta de un Ex-Diputado de Nueva España, amante del filosofo Nezahualcogotl: pero no tampoco afecto á Jicotencal y Majiscatcin, como enemigo de Tezozomoc y Moxtlaton. Escribiala á D. Nicasio Hueicolhuacan. *Madrid,* 1822, 4º-15 pp.

De D. José María Quirós y Millán. — Sabin, XVI, nº 67.362.

Carta de un Havanero a D. P. E. P., autor o sea Recopilador de la obra *El Viajero Universal,* sobre la carta 156, puesta en el cuaderno 24 con que principia el tomo 12 ; por B. P. F. *Madrid, Libreria de Sanchez y Ramos,* 1797, 8º-16 pp.

Las iniciales son de Buenaventura Pascual Ferrer. — Trelles. Las cuatro primeras rezan : don Pedro Estala, presbítero.

CARTA de un individuo residente en Buenos Aires a un amigo. *Imprenta de los Expósitos*, 1811, fol. menor-8 pp.

«Es atribuída a FUNES» (GREGORIO). — ZINNY, p. 10, nº XII.

CARTA de un patriota. Por los Cubanos. *Cádiz*, 1835.

JOSÉ ANTONIO SACO Y LÓPEZ. — F.-C.

CARTA edificante que descubre la vida religiosa, y exemplares virtudes de la R. M. Ines Josefa del Sagrado Corazon de Jesus. Carmelita Descalza en el Convento de Santa Teresa, de la nueva fundacion de esta Corte: la que escrive su Director á la M. R. M. Priora y demás Señoras Religiosas de dicho Convento... *México, En la Imprenta de Doña Maria Fernandez Jauregui...,* Año de 1805, 4º-34 pp.

Dice el doctor don José Angel Gazano en su aprobación : « La Carta edificante que pretende dar á luz pública el Lic. D. JOSÉ MARÍA DE MUNIBE, sù autor...».

CARTA escrita por D. J. B. y P. sobre su salida de la Isla de Cuba, y dirigida á Don Manuel Casa-Seca y Muñoz : Publicada por este sin conocimiento del·autor, y bajo su responsabilidad, con el objeto de distribuirla entre sus amigos. *Barcelona, Imprenta de Sauri*, 1839, 8º-28 pp.

Las iniciales son las del nombre de Don JAIME BADÍA Y PAREDES.

CARTAS de un Sacerdote Catolico al Redactor del Neo-Granadino *(Dos epígrafes latinos, en cinco líneas.) Bogotá, Imprenta de Ortiz*, 1857, 16º-186 pp.

De la dedicatoria autógrafa que se halla en el ejemplar de la Nacional de Santiago, aparece que el autor fué don JUAN FRANCISCO ORTIZ.

CARTA (La) monstruo o historia contemporanea. 4º-40 pp., sin fecha, ni lugar de impresión, pero de *Santiago* y de 1850.

De don PEDRO GODOY.

CARTA politica. *Lima, Imprenta de « La Actualidad »*, 1881, 8º-160 pp.

Está dirigida a D. Adolfo Ybáñez por su compatriota don MANUEL
JOSÉ VICUÑA.

CARTA segunda en que se continua la critica de la Historia del
Nuevo-Mundo de don Juan Bautista Muñoz, Cosmografo mayor
de las Indias. Por M. A. R. F. Con Licencia. *Madrid*, Año de
1798, 8º-98 pp.

«Y aunque salió con las iniciales de M. A. R. F., parece evidente la
redactó el mismo autor de la primera», esto es, el ex-jesuíta neo-granadino FRANCISCO ITURRI.» — URIARTE.
Valga en lo que se estime esta aserción del bibliógrafo jesuíta, resulta
extraño que si esa primera carta salió con el nombre de Iturri, el que
no lo pusiera también en la segunda.

CARTA sobre el cólera morbo-asiático. *Habana*, 1833. Por El Editor de la *Revista Cubana*.

JOSÉ ANTONIO SACO Y LÓPEZ. — F.-C.

CARTA sobre el estado político y económico de la Isla de Cuba en
1849. *Habana*, 1850. (Por I. A. de L.)

ISIDORO ARAUJO DE LIRA. — F.-C.

CARTAS a D. F. M. sobre la variacion de nuestro sistema guberna-
tivo. Escritas en el año de 1813 por Marón Dáurico. *Mexico*,
1815, *Impresas en la Oficina de Benavente*, 8º-9 pp. s. f.-133 foliadas.

Marón Dáurico es anagrama de RAMÓN ROCA.

CARTAS. A D. Pedro de Angelis Editor del Archivo Americano.
Por el autor del *Dogma Socialista*, y de la Ojeada sobre el mo-
vimiento Intelectual en el Plata desde el año 37. *Montevideo*,
Imprenta del 18 de Julio, año de 1847, 8º-59 pp.

El autor de los libros a que se alude se llamó ESTEBAN ECHEVERRÍA.

CARTAS al pueblo americano. Por A. de las Casas. *Buenos Aires*,
1897.

LUIS V. DE ABAD DE LAS CASAS. — F.-C.

CARTAS Chilenas. *Rio de Janeiro. Typographia Austral*, 1845, 4º-88 pp. En verso.

> Forman parte de la *Minerva Brasiliense, N. 8, Bibliotheca Brasilica, ou colleçao de obras originaes, ou traduzidas de autores celebres.* Respecto a quien fuera el autor de estas *Cartas* dice S. N. R. en nota de la página 4 : «Tenho motivos para certificar que o Dr. THOMAS ANTONIO GONZAGA he o autor das *Cartas Chilenas. —Francisco das Chagas Ribeiro*».

CARTAS de Dumvicefeld a Cristofilo, sobre el sistema de la Venida del Mesias en gloria y magestad, publicado por Juan Josaphat Ben Ezra, traducidas libremente por E. C. D. M. .Y. F. E. D. L. V. D. V. *Valencia, Imprenta de Brusola*, 1826, 4º

> «Aunque dice ser traducción, es obra original de don ANTONIO GALIANA... El anagrama corresponde a «El catedrático de mecánica y física experimental de la Universidad de Valencia». — FUSTER, *Bib. Valenc.*, II, p. 451.

CARTAS de un Americano sobre las ventajas de los Gobiernos Republicanos Federativos. *Londres*, 1826, 8º

> De D. VICENTE ROCAFUERTE, quien por aquel entonces tenía la represantación de México en Londres, y había publicado ya anteriormente otros escritos de la misma índole. Era ecuatoriano.

CARTAS ecuatorianas sobre los quodlibetos del Editor de La Balanza. Por Fr. Buenaventura Matraquista. *Quito, Imprenta de la Universidad*, 1840, 4º-8 pp.

— Cartas ecuatorianas sobre las paparruchas ó pamplinas del Editor de la Balanza. Por Fr. Justo Porrazo, y Fr. Buenaventura Matraquista, que son dos nombres y apellidos distintos, y una sola persona verdadera. *Quito, Imprenta de la Universidad*, 1840, 4º-9 pp.

— Cartas ecuatorianas sobre las pampiroladas del Editor de La Balanza. Por Fr. Justo Porrazo (alias) Fr. Buenaventura Matraquista. *Quito, Imprenta de la Universidad*, 1840, 4º-11 pp.

— Carta 4ª ecuatoriana, a mis amigos. Sobre la autoridad del Papa. *Quito, Imprenta de la Universidad*, 1840, 4º-14 pp.

> Subscrita por F. V. S. (FRAY VICENTE SOLANO).

— Cartas ecuatorianas sobre las pampringadas del Editor de La Balanza. *Quito, Imprenta de la Universidad,* 1840, 4º-6 pp.

Subscrito por Fr. Matraquista, que ya sabemos quién era.

— Cartas ecuatorianas sobre las badajadas del Editor de La Balanza. *Quito, Imprenta de la Universidad,* 1840, 4º-8 pp.

Por el mismo Fr. Buenaventura Matraquista.

— Cartas ecuatorianas sobre las badajadas del Editor de La Balanza. *Quito,* 1840, *Imprenta de la Universidad,* 4º-8 pp.

Por el dicho Fr. Buenaventura Matraquista.

— Cartas ecuatorianas sobre las pajarotadas del Balancero. *Quito, Imprenta de Alvarado,* 1840, 4º-14 pp.

Por el mismo.

— Cartas ecuatorianas sobre las trabacuentas del Editor de La Balanza. *Quito, Imprenta de la Universidad,* 1840, 4º-11 pp.

Subscrita esta vez por él El Licenciado Matabalanzas.

— Cartas ecuatorianas sobre las morondangas del Editor de La Balanza. *Quito,* 1840, *Imprenta de la Universidad,* 4º-15 pp.

No lleva firma alguna.

— Cartas ecuatorianas sobre las jorobas del Editor de La Balanza. *Cuenca,* 1841, 4º-13 pp.

Subscrita por Fr. Blanco de Tontazos.

— Cartas ecuatorianas sobre las letradurías del Editor de La Balanza. *Cuenca,* 1841, 4º-14 pp.

Con el mismo nombre de la precedente.

— Cartas ecuatorianas sobre las pachotadas del Editor de La Balanza. *Cuenca,* 1841, 4º-11 pp.

Sin firma.

— Cartas ecuatorianas sobre la parleria del Editor de La Balanza. *Cuenca*, 1841, 4º-9 pp.

Subscrito por Fr. Molondro de Morlaquia.

— Carta decimaquinta ecuatoriana contra el cartapapelon intitulado : Correo semanal, núm. 23. *Cuenca*, 1842, 4º-15 pp.

Por el dicho Fr. Molondro de Morlaquia.

— Carta decimasexta contra las chinchorrerías de los núm. 29 y 30 del Correo semanal. *Cuenca*, 1842, 4º-26 pp. y 1 para las erratas.

Con la firma de la precedente.

— Carta decimaseptima ecuatoriana de Fr. Molondro de Morlaquia, a su amigo don Molondro de Cartuchopolis, editor del Coerro *(sic)* semanal. *Cuenca*, 1842, 4º — *(Al final:) Quito*, 1840, *Imprenta de Alvarado*-15 pp.

— Carta decimaoctava ecuatoriana contra el cartapapel, intitulado Correo semanal. Numero 36. *Cuenca*, 1842, 4º-12 pp.

Con la firma de Fr. Molondro de Morlaquia.
Estas 18 Cartas han sido reimpresas en las pp. 133-323 del tomo III de las *Obras de Fray Vicente Solano*.
Hay una más todavía, que lleva el número 19 y se intitula : *Contra las taimonías del Editor del Correo Semanal*, subscrita por Fr. Molondro de Morlaquia, reimpresa a continuación de aquéllas, pero que no he visto en su edición principe.

CARTAS de un sacerdote católico al Redactor del Neo-Granadino. *(Dos epígrafes.) Bogotá, Imprenta de Ortiz*, 1857, 16º-vi-186 pp.

Obra de D. JUAN FRANCISCO ORTIZ, según consta de su dedicatoria autógrafa a D. Ignacio Víctor Eyzaguirre en el ejemplar de la Biblioteca Nacional de Santiago.

CARTAS patrioticas De un padre á su hijo sobre los principios que deben dirigir sus acciones en la presente calamidad por la conviccion de lo injusto y criminal del objeto de los insurgentes... *(México*, 1810), 4º-12 pp.

Subscritas por Roque Adelai Cambric, probablemente seudónimo de AGUSTÍN POMPOSO FERNÁNDEZ DE SAN SALVADOR.

CARTAS patrioticas. Un real. *(Epígrafe en inglés y castellano.) Santiago de Chile, Imprenta de Colocolo,* agosto de 1839, 8º-vii-126 pp. para las XIX Cartas de que consta la publicación.

El prólogo está firmado por Junius, seudónimo de don DIEGO JOSÉ BENAVENTE. — BRISEÑO, *Est. bibl.,* p. 51.

CARTAS Pehuenches, ó Correspondencia de dos indios naturales del Pire-Mapu, ó sea la quarta thetrarquía en los Andes, el uno residente en Santiago, y el otro en las cordilleras pehuenches. *(Santiago de Chile.) Imprenta de Gobierno* (181...), 4º-12 pp.

La colección consta de 12 cartas, todas de foliación por separado. Fué su autor don JUAN EGAÑA, según él mismo lo advierte en el catálogo de sus obras.

CARTAS sobre la intervencion á la Provincia de Entre Ríos, por Un · Extrangero. *Buenos Aires,* 1873.

Por ALEJO PEYRET. — ZINNY.

CARTAZO a Mr. Boucherot sobre su Manifiesto dirigido contra el Consulado de la Habana. *Habana, Imprenta de D. José S. Boloña,* 1820, 4º-62 pp.

«Aunque firma Un Proscripto del Consulado, tengo un ejemplar firmado por don JUAN FRANCISCO ALZURU». — BACHILLER, III, p. 166.

CARTEL del Certamen. El Jupiter Olympico. Para la festiva celebracion poetica qve consagra reuerente la Real Universidad de San Marcos de Lima, Emporio del Perú, al Exc.mo Señor D. Fray Diego Morzillo, Rvbio, de Auñon... Virrey... de estos Reynos de el Perú, Tierra firme, y Chile. En ocasion de su fausto feliz Recibimiento, en sus Escuelas. *(Lima,* 1720), 4º-26 hjs.

Obra de don PEDRO DE PERALTA BARNUEVO.

CARTEL del certamen. El Theatro heroico. Certamen poetico qve

ofrece... la Real Vniversidad de San Marcos... al Señor Don
Fray Diego Morcillo... En festiva trivmphal celebracion De su
fausto feliz Recebimiento en sus Escuelas. Impresso en *Lima*,
en la calle de Palacio *por Diego de Lyra*, Año de 1720, 4º-Escu-
do en cobre, port. y 124 pp. de texto.

Del mismo PERALTA BARNUEVO.

CARTEL del Certamen Templo del honor, y la virtud. En el plausible triunfal recibimiento del Exc.ᵐᵒ Sºʳ Don Agustin de Jauregui y Aldecoa... En la Real Universidad de San Marcos de esta
Ciudad de Lima Corte del Perú. *(Lima, 1781)*, 4º-Retrato y escudo de armas del Virrey. 4 pp. s. f. - 244 pp. y 54 hjs. s. f.

El autor fué don RAMON DE ARGOTE Y GOROSTIZA, cura en un tiempo
de Caravaillo.

CARTERA (La) del Doctor. Bosquejos hijienicos por Fernan Alledor,
en colaboracion con los doctores Hipócrates, Galeno, Areteus...
Santiago de Chile, Imprenta de la República, junio de 1880.
8º menor-90 pp.

Fernán Alledor es seudónimo de FRANCISCO FERNÁNDEZ RODELLA.

CARTERA (Una) en público, por Diego Valdemar. *Habana*, 1872.

ALEJANDRO CONILL Y FONTE. — F.-C.

CARTILLA católica precedida de un Silabario. Para el uso de los
niños por el cura de Quillacas C. F. B. Oruro, 1870. *Tipografía Boliviana de Pomar* y *C.ª*, 4º-48 pp.

Las iniciales corresponden a CARLOS FELIPE BELTRÁN, cuyo nombre se
registra en la portada de *Civilización del indio*, Oruro, 1872, 4º

CARTILLA de definiciones geográficas arreglada expresamente para
uso de las alumnas del Colegio « Habana », por su directora
C. M. de R. *Habana*, 1900, 4º-36 pp.

Las iniciales son de CLOTILDE MORLANS DE REVEL. — TRELLES.

CARTILLA de la doctrina religiosa. Dispvesta por vno de la Compañia de Jesvs : Para dos Niñas, hijas espirituales suyas que se

crian para monjas ; y desean serlo con toda perfeccion... En *Mexico, por la Viuda de Bernardo Calderon,...* Año de 1680, 8º-39 hjs.

Primera edición ; la segunda, también mexicana, es de 1686. Por el padre jesuíta Sebastián Estrada.

Cartilla de parrocos compuesta por un americano para instruccion de sus feligreses, sobre los errores, absurdos y heregias manifiestas que comprende el manifiesto publicado por el apóstata y traidor Miguel Hidalgo Costilla. (Sin fecha ni lugar de impresion.) *(Al fin :)* En la *Imprenta de Arispe,* 4º-7 pp. (1811).

Obra de fray José Ximeno.

Cartilla geográfica de la Isla de Cuba, arreglada para los niños principiantes por A. E. *Matanzas,* 1871, 8º-24 pp.

Atribuída a Angel Escoto. — Trelles.

Casa (La) de la demencia, ó los políticos locos. *(Al fin :) Mexico,* 1820, *Oficina de D. Alejandro Valdés,* 4º-12 pp.

Obra de don Francisco Granados, que fué denunciada y valió la cárcel a su autor.

«Casos vivos» de educacion infantil De aplicación facil. Al alcance inmediato de cualquier padre, maestro o director de almas. 5ª edición. *Santiago de Chile, Imprenta Cervantes,* 1922, 8º-175 pp.

Lautaro, que lleva a la cabeza de la portada como autor, es seudónimo de D. Juan Bardina.

Castellanos y Vascongados. Tratado breve de una disputa y diferencia que hubo entre dos amigos, el uno castellano, de Burgos, y el otro vascongado, en la villa de Potosí, reino del Perú. Documento hasta ahora inédito, publicado por *Z... Madrid,* por *Saiz,* 1876, 8º-290 pp.

La Z. oculta el nombre de Justo Zaragoza.

Catalogo de algvnos varones insignes en santidad, de la Provincia del Peru de la Compañia de Iesvs. Hecho por orden de la Congregacion Provincial qve se celebro en el Colegio de San Pablo de Lima. Año De M. DC. XXX. En que fue elegido por su Procurador General para Roma el Padre Alonso Messia... *En Sevilla Lo imprimio Francisco de Lyra Barreto. Año M. DC. XXXIII,* 4º-Dos hjs. s. f.-26 pp.

Considerado por muchos bibliógrafos como anónimo ; atribuído por otros al P. Juan María Freilín, y obra, en realidad, del mismo padre ALONSO MESSÍA VENEGAS.

Adviértase que Sommervogel *(Dict.,* col. 259), cita la obra con el titulo de *Elogios de los claros varones,* etc., y le asigna, con manifiesto yerro también, la fecha de 1613. Véase sobre nuestra atribución al P. Messía lo que decimos bajo el nº 917 de la *Bib. Hisp. Amer.*

CATALOGO de la Biblioteca de la Universidad de Caracas. Formado de orden del Ilustre Americano, Regenerador y Presidente de los Estados Unidos de Venezuela General Guzmán Blanco. *Caracas, La Opinión Nacional,* 1875. 4º-viii-279 pp.

Hecho por el doctor ADOLFO ERNST. — SÁNCHEZ, *Bib. Ven.,* nº 159.

CATALOGO de los manuscritos relativos a los antiguos Jesuítas de Chile que se custodian en la Biblioteca Nacional. *Santiago de Chile, Imprenta Ercilla,* 1891, 4º-Dos s. f.-543 pp.

Redactado por JOSÉ MANUEL FRONTAURA ARANA.

CATALOGO Histórico de los Virreyes, Governadores, Presidentes, y Capitanes Generales del Perú, con los Sucesos mas principales de sus tiempos. *(Lima,* 1764), 4º-13 hjs. s. f.

Obra de don COSME BUENO.

CATALOGO razonado de la Esposicion del Coloniaje celebrada en Santiago de Chile en Setiembre de 1873 por uno de los Miembros de su Comision Directiva. *Santiago, Imprenta del Sud-América,* 1873, 4º-viii-114 pp.

Redactado por D. BENJAMÍN VICUÑA MACKENNA.

CATAMARCA y la Puna de Atacama Recopilación ó estracto por E.

M. *Buenos Aires, Imprenta, Litografía y Encuadernacion de J. Peuser*, 1889, 8º-28 pp.

Del coronel Estanislao Maldones. — Zeballos, *Apuntaciones para la Bibliografía Argentina*, nº 463.

Catástrofe (La) del «Itata». (Memorias de un sobreviviente.) *Santiago de Chile, Imprenta Lagunas & Cº*, 1922, 8º-151 pp. y una s. f.

Augusto Iglesias, en colaboración con Misael Correa Pastene.

Catástrofe (La) de la Compañia. Juicio sobre las lecciones que inculcó la Divina Providencia en tan funesto acontecimiento. Discurso pronunciado en ingles ante la Congregacion de la Union. Diciembre 13 de 1863. *Valparaiso, Imprenta de La Patria*, 1864, 4º-21 pp.

Fué el autor D. David Trumbull.

Catastrophe de don Augustin de Yturbide, proclamé empereur du Mexique, le 18 mai 1822, et relation exacte des circonstances qui ont accompagné le débarquement et la mort de cet homme célèbre. *Paris, Rosa*, 1825, 8º

Por N. Soulier, que publicó juntamente la traducción castellana :
— *Catastrofe de don Augustin Yturbide... Paris, Rosa*, 1825, 8º

Catecismo de la Doctrina Cristiana en idioma tacana, por un misionero del Colejio de Propaganda-fide de la Paz de Ayacucho, 1859. *Imprenta de Vapor*, 8º-41 pp.

Se atribuye a fray José Comas.

Catecismo de la doctrina republicana por el Emigrado *** *Nueva York*, 1876.

Doctor Juan Vilaró y Díaz. — F.-C.

Catecismo de moral universal. Traducido libremente para el uso de las escuelas « Blas Cuevas », por R. A. P. *Valparaiso*, 1873, 8º-31 pp.

Las iniciales del traductor corresponden a don Ramón Allende Padín.

CATECISMO de la Doctrina Cristiana traducido del francés para uso de las Escuelas de Chile. Primera Parte. *(Dentro de un cartucho:)* Fides Catholica Apostolica et Romana. Reimpreso por *J. S. Pérez. Santiago,* 1829, *Imprenta de la Independencia,* 8? menor-172 pp.

CATECISMO o Compendio de la Doctrina Cristiana traducido del francés para uso de las Escuelas de Chile. *(Dentro de un cartucho:)* Fides Catholica Apostolica et Romana. Reimpreso por *J. S. Pérez. Santiago,* 1829, *Imprenta de la Independencia,* 8? menor-38 pp.

El traductor fué don MANUEL SALAS. — BRISEÑO, *Estadística Bibliográfica,* p. 371.
La edición príncipe es de Santiago, de aquella misma Imprenta, 1826, 12?-40 pp., y las hay también de 1834, 1847 y 1848. Existe, asimismo, reimpresión de Chuquisaca, 1854, 8?

CATECISMO Político arreglado á la Constitucion de La República Oriental del Uruguay. *(Epígrafe.)* Para el uso de las Escuelas de primeras letras, 1852, 8?-54 pp. orladas. *(Al verso de la portada), Imprenta de La Constitucion.*

Este opúsculo de que fué autor don EDUARDO ACEVEDO, se publicó primeramente como folletin en *La Constitución* de Montevideo, en dicho año.

CATON Rural que para la Juventud de Aquellas Gentes, ofrece Fr. P. N. O. de Z. del Orden de N. P. S. Francisco. Corregido, y Segunda Vez *Impreso en Santiago de Chile en la Imprenta del Estado,* Año de 1821, XII de ntra. Libertad, 8? menor-50 pp. y una sin foliar. El título la cabeza de la primera página.

Las iniciales corresponden a FRAY PEDRO NOLASCO ORTIZ DE ZÁRATE.

CAUPOLICAN 2° en Cuyapú Poema original por O. N. O. Imp. de «El Condor», 8? mayor-24 pp. *(Copiapó,* 185...)

Las letras O. N. O. son las terminales de PEDRO LEÓN GALLO.

CAUSA criminal instruida al general de division Antonio Lopez de Santa Ana, acusado del delito de traicion contra la forma de gobierno establecida en las bases orgánicas. *Méjico*, 1846, 4º-426 pp.

Obra de don P. VERGARA.

CAUSA criminal seguida en el juzgado de letras de Quillota a consecuencia de la muerte de doña Rosa Prunier de Lyon. *Valparaiso, Imprenta y Libreria del Mercurio*, 1863, 4º-34 pp.

Firma el prólogo ENRIQUE MANFRED, que es quien publica los documentos.

CAUSA (La) de los Regulares. *Santiago*, 1849, 4º-96 pp.

Obra del franciscano fray BERARDO PLAZA, que la subscribe con otros religiosos, y cuya firma autógrafa aparece en el ejemplar que poseo, en la dedicatoria que hace a D. Santiago Echeverz.

CAXONCITO 1º de la Alacena. En estos Caxoncitos guardo algunas frioleras curiosas porque no se pierdan, tales como el presente : Desafio solemne, provocacion clara, y guerra eterna contra los periodistas chabacanos de Mexico. *(Al fin:) Imprenta de Doña Maria Fernandez de Jauregui*, 4º-8 pp.

Suscrito por J. F. L., o sea, JOAQUÍN FERNÁNDEZ DE LIZARDI.
Estos *Caxoncitos* son 11, que suman por todos 58 pp. — El primero está fechado el 15 de agosto de 1815, y el último el 4 de abril de 1816.

CEGUERA (La) de los hombres de gobierno. Julio de 1883. *Santiago, Imprenta « Victoria »*, 1883, 4º

Obra de D. ENRIQUE TOCORNAL, según resulta de la dedicatoria al Obispo de Concepción D. José Hipólito Salas.

CELEBRA la Muy Noble y Leal Ciudad de Mexico, con magestuoso aparato, singular regocijo, y pompa festiva juramento de defender la Inmaculada Concepcion de la Virgen Maria, el tercero dia del Novenario que se celebró en el Convento de el Seraphico Padre San Francisco, el dia siete de Octubre de 1653... *Mexico, por la Viuda de Bernardo Calderon*... Y por su original reimpresso por Joseph Bernardo de Hogal... : Año de 1733. fol.-Port. y tres pp. s. f.

Autorizado por el escribano mayor de Cabildo don Andrés Fernández Navarro.

Celebridad, y fiestas, con que la insigne, y nobilissima Civdad de los Reyes solemnizo la beatificacion de la Bienauentvrada Rosa de S. Maria, sv Patrona, y de todos los Reynos, y Provincias del Perv. Con licencia. *En Lima,* Año de 1670, 4º-Ocho hjs. s. f.-66 hjs.

Obra de don Diego de León Pinelo.

Censura apologetica a el discurso juridico, que imprimió en Mexico el Doctor D. Juan Joseph de Araujo, Abogado de aquella Real Audiencia, con motivo del pleyto con la Sagrada Compañia de Jesus, en pretension, de que el Venerable Cabildo de la Metropolitana Iglesia, podía proceder, y procedia con Censuras Eclesiasticas en la recaudacion de los Diezmos.... *(México,* 1737), fol.-4 hjs. s. f.-73 foliadas.

De la dedicatoria consta que el autor fué D. Juan de Quintana.

Centenario (El) de O'Higgins. *Copiapó, Imprenta del Atacama,* 1876, 4º-154 pp. y la final, s. f. con el índice.

Relación y recopilación hecha por Valentín Letelier.

Centinela (El) de Santiago. Diálogo entre la Ronda de la Tecpan y un clerigo. *(Al fin :)* Con superior permiso. *En la Oficina de D. Mariano Ontiveros,* año de 1810, 4º-8 pp.

Subscrito por L. F. E., o sea, Licenciado Francisco Estrada.

Certamen (Un) de poesia, para el diez i ocho de Setiembre, propuesto por Un Pobre Diablo. *Santiago, Imprenta Chilena,* setiembre de 1854, 16º-38 pp.

Por Luciano Piña Borcoski.

Certamen poetico, Palestra de ingenios en la campaña de el discurso a la solemne dedicacion del Templo de Mexico De el Glorioso Padre, Patriarca, y Doctor de la Iglesia San Augustin.... *Con licencia en Mexico Por los herederos de la Viuda de Bernardo Calderõ*, año de 1692, 4º-7.

De Fray Sebastián Sánchez, natural de la Nueva España.

Ciencia gastronómica. Recetas de guisos i potajes para postres. *Santiago*, febrero de 1851, *imprenta de la República*, 16º-29 pp.

Obra de Eulogio Martín, cuya firma autógrafa llevan los ejemplares que he visto.

Cienfuegos. J. R. M. 1840, 4º-77 pp. y seis s. f.

« Es una leyenda en verso, sin más indicaciones, impresa en Montevideo casi clandestinamente. Su autor, el boliviano Juan Ramón Muñoz y Cabrera ». — Gutiérrez, nº 1969.

Cine... Novela. *Santiago de Chile, Imprenta y Litografía La Ilustracion*, 1918, 8º-237 pp.

A la cabeza de la portada, el seudónimo Danielle Val D'Or, que oculta el nombre de Clelia Provasoli.

Cintas alegres Proyecciones cómicas de la vida culta y de la vida rústica Nueva serie de artículos humoristicos de Jack the Ripper. *Guayaquil, Imprenta Mercantil*, 8º (sin fecha).-165 pp. y una s. f.

El seudónimo encubre el nombre de José Antonio Campos.

Circulo (El) de Amigos de las Letras de Santiago. *Valparaiso, Imprenta i Libreria del Mercurio de Santos Tornero*, 1861, 4º-15 pp.

Subscrito por A. C., iniciales de Alejandro Carrasco.

Ciudad (La) de Lima, en nombre de todo el Reyno, Celebrando la Eleccion de Prior del Consulado hecha en el señor D. Antonio de Elizalde.... con las voces de una Sincera complacencia, haciendo que hable el Corazon, le dice en estas Decimas. *(Lima,* 1785), 4º-4 pp. s. f.

Lleva al final las iniciales D. Y. E., del nombre de Don Ygnacio Escandón.

Civilizacion del indio. Ramillete hispano quichua original con multitud de poesias originales y antiguas mejoradas por el Cura C. F. B. *Oruro, Tipografía de « El Progreso »*, 1888, 4º-126 pp. — El título de la cubierta en color.

Las iniciales pertenecen a Carlos Felipe Beltrán.

Claims of Mexican Citizens against the United States for Indian Depredations, being the opinion of the Mexican Commissioners in the Joint Claims Commission. *Washington, D. C. Printed by Judd & Detheiler*, 1871, 8º-162 pp.

De D. F. G. Palacio. — Sabin, XIV, nº 58.272.

Clamor de la justicia, e idioma de la verdad. Diálogo entre Paulino y su hermana Rosa, en el que con la claridad posible se vindica la justa causa de la libertad Americana. Impreso en Chile; y al presente ilustrado con notas, y dedicado a nuestra gloriosa Patrona S. Rosa de Santa Maria, Reimpreso en *Lima, en la Oficina de los Huérfanos*, Año de 1821 y el I. de la libertad de Lima, 8º-8 pp. prels. s. f.-90 pp.

Las notas comienzan en la 27. El prólogo o preliminar está subscrito con las iniciales F. A. V. Z., siendo la primera, indudablemente, correspondiente a fray.

El impreso chileno se titula :

— Clamor de la justicia, e idioma de la verdad. Dialogo entre dos hermanos Paulino y Rosa, en el que con claridad, y la concision posible se vindica la causa de la libertad Americana de las objeciones mas comunes, que le hacen sus contrarios. *(Al fin:) Santiago de Chile, en la Imprenta del Estado*, 4º-64 pp.

Consta de ocho cartas o números y su autor fué el canónigo doctor • don Manuel Verdugo. — Briseño, *Est. bibl.*, p. 61.

Clamor de la Verdad, contra las seducciones del engaño con que el Maestro Bravo, quiere alucinar a los incautos, por medio de un papel intitulado : Vindicacion del Padre Maestro, Fray José Bravo, por los graves insultos que le infirió el Padre Presentado Fray Juan España en la catedra del espiritu santo, predicando el Sermon de Nuestra Señora de la Merced, el dia 24 de septiembre de 1824. *Bogotá, impreso por F. M. Stokes, 1826,* 8º-27 pp.

> Obra del franciscano de Quito FRAY MANUEL HERRERA, provincial que fué allí de su Orden. Anotación de D. Pablo Herrera, en el ejemplar que se guarda en la Nacional de Santiago.

CLAMORES de la America y recurso a la proteccion de Maria Santissima de Guadalupe en las presentes calamidades. Por D. Sejo Amira de Narte. Con licencia. *Imprenta de Arizpe, Mexico, 1811,* 4º-8 pp.

> Bajo ese anagrama se ocultó don JOSÉ MARÍA TERÁN.

CLARISSIMI viri D. D. Ignatii Duartii et Quirosii, Collegii Monsserratensis Cordubæ in America conditoris, Laudationes quinque, quas eidem Collegio Regio Barnabas Echaniquius O. D. *Cordubae Tucumanorum* Anno. MDCCLXVI. *Tyipis Collegii R. Monserratensis,* 4º-10 pp. s. f.-87 foliadas.

> Obra del jesuíta P. JOSÉ MANUEL PERAMÁS.

CLAVE técnica de la lengua indígena de Sud América por Un Sacerdote Argentino. Ensayo general. *Córdoba, Imprenta de « El Eco de Córdoba », de Ignacio Velez, 1886,* 4º-56 pp. y dos s. f.

> Por APOLINARIO ARGARAÑAZ.

CLÉRIGOS (Los) sin máscara, por un chileno. *Mendoza. Imprenta de « Los Andes » 1892, (Santiago, Imprenta Albión, 1892),* 8º menor-132 pp.

> Obra de otro clérigo, don N. GUERRERO, de la diócesis de La Serena.

CLOTILDE o memorias de una madre, por F. Clavel de Sol. *Guanabacoa, 1867.*

> Anagrama de FELIPE VALDÉZ COLELL. — F.-C.

CÓDICE diplomático-americano. Coleccion de cartas, de privilegios, cédulas y otras escrituras del gran descubridor del Nuevo Mundo. *Habana, 1867, 8º —* Con un retrato y tres facsímiles.

> Traducción del número siguiente, hecha por D. DIEGO RUIZ TOLEDO.

CODICE diplomático Colombo-Americano, ossia Raccolta di documenti originali e ineditti spettanti a Cristoforo Colombo, alla scoperta ed il governo dell'America. Publicato per ordine de l'illmi. decurioni della cità di Genova. *Genova*, 1823, 4º — Dos retratos y dos facsímiles.

> Hay también traducción inglesa.
> Firma la introducción, GIOVANNI BATTISTA SPOTORNO.

CODIGO (El) civil ante la Universidad, o sus comentarios por los abogados más célebres del foro chileno como don Alvaro Covarrubias... Recopilados por**** *(Epígrafe latino en dos líneas.)* Tomo I. *Santiago, Imprenta Chilena,* 1871, 4º-701 pp. y 1 s. f.

> No se publicó más que este tomo, y su recopilador fué nuestro condiscípulo D. LUIS CISTERNAS MORAGA.

CÓDIGO del Buen Tono. Traduccion libre de la obra titulada «Manuel du savoir-vivre» de Alfredo de Meilheurat, por F. C. *Bogotá,* 1858.

> Las iniciales son de FLORENTINO GONZÁLEZ. — ZINNY.

COLA (La) de las zorzas de Sanson, ó defensa de su autor. *(Al fin:)* *Mejico,* 1820, *En la Imprenta de D. Alejandro Valdes,* 4º-7 pp.

> Lleva al pie las iniciales F. B. y E., pero en realidad es obra de don FRANCISCO GRANADOS.

COLECCION de artículos escojidos. *Bogota,* 1859, *Imprenta de Pizano i Pérez,* 4º menor-382 pp., incluso el índice.

> A la cabeza de la portada, EMIRO KASTOS, seudónimo de JUAN DE DIOS RESTREPO.
> Hay edición de Londres, con un retrato del autor y un prólogo por el Doctor Don Manuel Uribe Angel.

COLECCION de artículos publicados en la prensa de Lima sobre la cuestion Boliviano-Chilena. *Lima,* 1873, 4º-xi-72 pp.

> « La mayor parte de estos artículos son debidos a la pluma de don JULIO MÉNDEZ, que los ha editado después bajo su nombre. » — GUTIÉRREZ, nº 316.

COLECCION de los articulos que con motivo del dictamen fiscal sobre los dos breves de Su Santidad el señor Gregorio XVI, y en defensa del Catolicismo Peruano, ha publicado en el diario «Comercio» un sacerdote del clero limano, bien conocido ya por otras obras de este jenero. *Lima, Imprenta del Comercio, por José Maria Monterola*, 1845, 4º-56 pp.

> El sacerdote a que se alude se llamaba D. FRANCISCO DE PAULA VIGIL.

COLECCIÓN de autores extranjeros relativos a Chile. Samuel Haigh Viaje a Chile durante la época de la Independencia. *Santiago de Chile, Imprenta Universitaria*, 1917, 8º-162 pp.

> De la Advertencia de los Traductores resulta que éstos fueron ALFREDO OVALLE R. y FÉLIX NIETO DEL RÍO.

COLECCION de charadas y adivinanzas dedicadas a la culta Juventud Habanera. Original de D. S. V. A. *Habana, Imprenta de R. Oliva*, 1840, 8º-86 pp.

> Las iniciales son de VICENTE ACHÁ.

COLECCION de las leyes, decretos, circulares y providencias relativas a la desamortizacion eclesiástica. *Méjico*, 1861, 12º-2 vols.

> Las recopiló don MANUEL PAYNO.

COLECCION de papeles escogidos relativos á los sucesos de España, publicada por el Editor de la *Minerva Peruana. Lima*, MDCCCIX, *En la Imprenta de Niños Expósitos*, 4º-9 pp. s. f.-196 pp. y una de índice.

> El editor de que se trata se llamó GUILLERMO DEL RÍO.

COLECCION de poesias, por Un Aficionado a las Musas. *Habana*, 1833.

> JOSÉ SEVERINO BOLOÑA. — F.-C., quien cita con idéntico título, fecha y lugar de impresión, otra del doctor Manuel González, y una tercera de Domingo del Monte y Aponte.

COLECCION de varias poesias, que en honor de la Patria, y de su rey Fernando VII. Escribió un individuo de el Comercio de

Queretaro, á cuyo nombre los dedica á todos los Señores que
tienen el de Voluntarios de el mismo Señor y Rey en la Ciudad
de Mexico. *Mexico, En la Oficina de D. Mariano de Zuñiga y
Ontiveros...*, año 1809, 8º-25 pp.

> Hay dedicatoria en verso del autor, Ángel Ruiz.

Coleccion de varios documentos oficiales extraidos de las Memorias del Ministerio de Relaciones Exteriores del Brasil, y que,
formando una interesante página de la diplomacia de la América del Sur, sirven para definir la política del Gobierno brasilero
hácia un estado vecino y amigo. Traducidos por un Sur Americano. *Caracas*, 1857, 8º-232 pp.

> El traductor fué F. Leal. — Sabin, X, nº 39.523.

Coleccion de las cartas del Canonista de la Sierra, dadas a luz en
los números del Mercurio Peruano de Lima a fin del año 1831
y principios del de 1832, en las que se prueba, hasta la eviden-
cia, como las profesiones religiosas hechas en conventos donde
no se observa estrictamente el instituto y vida común, — son
irritas — y de ningun valor ni efecto. *Reimpresas en Lima, año
de 1832, En la Imprenta Republicana de J. M. Concha*, 4º-vi-
40 pp.

> De letra de la época se lee en la portada del ejemplar de la Biblioteca
> Nacional de Santiago de Chile : « Del patriota Alejo del Abadía ».

Coleccion de las leyes i decretos del Gobierno, desde 1810 hasta
1823. Publicada con la autorizacion i revision competente.
Santiago, Imprenta Chilena, 1846, 4º-392 pp. y una s. f.

> Del decreto supremo que antecede al texto consta que el recopilador
> fué don Cristóbal Valdés.

Coleccion de los artículos de Jotabeche, publicados en El Mercurio
de Valparaiso, en El Semanario de Santiago i en El Copiapino,
desde Abril de 1841 hasta Setiembre de 1847. *Santiago, Imprenta Chilena*, 1847, 4º-xiii-296 pp.

> En la edición de Valparaiso, 1878, 4º, con una introducción biográ-
> fica por Abraham König, aparece puesto en la portada el nombre del
> autor : D. José Joaquín Vallejo.

COLECCION de maximas sagrado-morales en italiano i español. *Santiago de Chile, Imprenta de Julio Belin i Ca.*, 1854, 8º-55 pp. con el texto italiano en las pp. pares.

La dedicatoria a la Juventud chilena la firma el autor D. Nicolás Sarzi.

COLECCION general de documentos, tocantes a la persecucion, que los Regulares de la *Compañia* suscitaron y siguieron tenázmente por medio de sus Jueces Conservadores, y ganando algunos Ministros Seculares desde 1644 hasta 1660 contra el Il.mo y R.mo Sr. Fr. D. Bernardino de Cardenas, Religioso antes del Orden de S. *Francisco*, Obispo del *Paraguay*, expeliendole tres veces de su Obispado á fuerza de armas, y de manejos de dichos Regulares de la *Compañia*, por evitar que este Prelado entrase ni visitase sus Misiones del *Paraná, Uruguay é Itatí*. Ván añadidos en esta edicion muchos documentos inéditos, y un Prologo que sirve de Introduccion. *Madrid*, 1768-1754, *En la Imprenta Real de la Gaceta*, 4º-4 vols.

El nombre del colector y editor va al frente del tomo IV : D. Bernardo Ibáñez de Echavarri.

COLLECTION abrégée des voyages anciens et modernes autour du monde ; Avec des extraits des autres Voyageurs les plus célèbres et les plus récents ; contenant des détails exacts sur les mœurs, les usages et les productions les plus remarquables des différents peuples de la terre, enrichie des cartes, figures et des portraits des principaux Navigateurs. Rédigée par F. B******L. *Paris. Fr. Dufart Pere*, 1808-809, 8º-12 vols.

Las iniciales responden al nombre de F. BANCAREL, como está puesto de letra manuscrita en mi ejemplar, de acuerdo con QUÉRARD, II, 14, y BARBIER, I, 629.

COLLECTION of voyages and travels, by Thomas Astley. *London*, 1745-47.

Por JOHN GREEN. — CUSHING, *Initials*, p. 9.

COLLEGIUM Sacratissimi Rosarii Guathemalanum Sac. Ord. Praedicat. Philosophia D. Thomae Aquinatis V. Ecclesiae doctoris

Verbis expressa, atque in Collegarum juvamen à Compilatore ad Summam redacta:... *Tipis consignabatur Guathemalae. In Tipographia Viduae D. Sebastiani de Arevalo,* Anno Domini 1792, 4º-4 tomos.

Fué autor FRAY JUAN TERRASA, mallorquín, que pasó a Guatemala en 1752, donde regentó durante muchos años una cátedra en la Universidad de San Carlos.

COLOMB; ou, l'Amerique decouverte : poëme en vingt quatre chants. Par Un Americain. *Paris,* 1773.

Por BOURGEOIS DE LA ROCHELLE. — CUSHING, *Initials,* etc., p. 6.

COLOMBIA en la guerra de Independencia La Cuestion Venezolana Prólogo de don Marco Fidel Suárez. (Por) Cornelio Hispano. *Bogotá, Arboleda de Valencia,* Editores, 1914, 8º-xiii-319 pp.

El autor disfrazado con aquel seudónimo es ISMAEL LÓPEZ.

COLOMBIA : Una relacion geográfica, topográfica, agricultural, comercial, política, &c. de aquel pais, adaptada para todo lector en general, y para el comerciante y colono en particular. *Londres, Publicado por Baldwin, Cradock, y Joy,* 1822, 8º mayor.- 2 vols., con tres mapas.

Del Aviso con que se encabeza el tomo I copio la siguiente noticia : « Respecto al bosquejo histórico de la Revolución, el Editor le debe principalmente a su amigo don LEANDRO MIRANDA, cuyo amor por la libertad es digno de su noble padre... »
La introducción está firmada por Alejandro Walker (p. cxxii). Según Laverde Amaya, *Apuntes sobre bibliografía colombiana,* p. 230, el autor sería D. FRANCISCO A. ZEA.
Es esta obra traducción de la que se publicó ese mismo año en Londres con el propio título.

COLOMBIA Estados Unidos y Panamá. *(Epígrafe de Washington, en tres líneas.)* Buenos Aires, 1906, 4º-70 pp.

Subscrito por Colombiano, seudónimo de R. URIBE URIBE.

COLOMBIADE (La), poema di madame du Bocage, tradotto dal francese. *Milano, Marelli,* 1771, 8º

El original francés reza : *Le Colombiade, ou la foi portée au Nouveau Monde Poeme*. Par Madame Duboccage. Paris, 1756, 8º

« El docto y filosófico prefacio, observa Melzi, refiriéndose a la indicada traducción, es del *Abate Frisi;* la versión del primer canto es del *conde Pietro Verri,* que se ocultó bajo el nombre arcádico de Midonte Priamideo ; los nombres de los traductores de los nueve cantos restantes, entre los cuales debe notarse el del inmortal Parini, se registran del mismo prefacio. Sin embargo, andando el tiempo, no reconoció como suya la traducción de aquel canto».

Colonizacion Chilena. Reparos i remedios. *Imprenta i Litografía Alemana de Gustavo Schäfer, Valparaiso,* 1904, 8º-223 pp.

De D. Nicolás Palacios.

Colonizacion italiana. Inconvenientes para Chile i para Italia. *Imprenta i Litografía Alemana de Gustavo Schäfer, Valparaiso,* 1904, 8º-34 pp.

De D. Nicolás Palacios.

Columbus und seine Zeit, historischer roman zu Marie Norden. *Wien,* 1861.

Friederike Wolfhagen. — Cushing, p. 106.

Comandante (El) en gefe de la Division Robles a sus conciudadanos. *Mexico, Tipografía de R. Rafael,* 1853, 4º-50 pp.

Subscrita por Manuel Robles Pezuela.

Comentaria in Legum Indicarum Recopilationem. Fol., 4 vols. (Madrid, 1736?), I, 418 pp. ; II, 46 y 579 ; III, 15 y 325 ; IV, 61 y 3 pp.

El único ejemplar que se conoce lleva una nota manuscrita que dice : « Su autor fué D. Juan del Corral Calvo de la Torre... Su muerte impidió completar el cuarto volumen, que sólo alcanza hasta el título XII del Libro V. El ejemplar se halló en pliegos sueltos entre los papeles de D. Bernardo de Iriarte». — Véase mi *Biblioteca Hispano-Chilena,* t. II, pp. 462 y sig.

¡ Cómo se hunde el país ! Desgobierno, Clericalismo, Oligarquía,

Corrupción, Decadencia. Tomo I. *Imp. San Francisco 224, Santiago*, 1917, 8º-613 pp. y 1 s. f.

A la cabeza de la portada, el seudónimo del autor, Roberto Mario, bajo el cual se oculta Carlos Pinto Durán.

Compendio breve de las indulgencias, y jubileos que gozan en vida, y muerte los Terceros, y generalmente los Hermanos que visten el Santo Escapulario de nuestra Santissima Madre la Virgen Maria de la Merced... *Con licencia en Mexico, Por Joseph Bernardo de Hogal...*, Año de 1731, 8º-29 pp. s. f.

La edición príncipe (que no he visto) es de Lima, 1718, y fué el autor Fray Antonio Vidaurre.

Compendio de Álgebra redactado por L. V. *Cochabamba*, 1866, *Tipografía de Gutierrez*, 8º-54 pp.

De Luis Valenzuela.

Compendio. De algvnas de las muchas y graues razones en que se funda la prudente resolucion, que se ha tomado de cortar la guerra de Chile, haziendola defensiua... *En Lima, por Francisco del Canto*, 1611, fol.-8 pp. s. f.

Obra del jesuíta P. Luis de Valdivia.

Compendio de Derecho Industrial y Agricola y Economía Social (Conforme al Programa Universitario y de acuerdo con las enseñanzas de los Profesores del ramo). S. A. Z. y O. A. O. *Santiago de Chile, Imprenta y Enc. Claret*, 1915, 8º-271 pp.

Las iniciales corresponden a las letras terminales de Luis Barriga Errázuriz e Ignacio Ochágavía Hurtado.

Compendio de derecho natural, redactado conforme a las doctrinas del Colejio de San Carlos. Por J. M. G. *Lima, Imprenta de D. Fernando Velarde, por J. M. Ureta*, 1853, 8º-66 pp.

Las iniciales corresponden a don Juan María Gutiérrez, erudito argentino tan justamente celebrado.

Compendio de gramática francesa redactado para la mejor instruccion de la juventud por R. M. profesor de este idioma en el Colegio de Pichincha de la esclarecida y opulenta ciudad de Potosí, conforme á las decisiones de la Academia Francesa, Ollendorff, Torrecilla, Chantreau, Bordas, Dupin, Poitevin, etc. Primera entrega. *Sucre*, 1858, 4º-viii-110 pp.

Las iniciales son de RICARDO MENDOZA.

COMPENDIO de la Gramática Quichua comparada con la Latina por el P. M. M. M. Ecsaminador sinodal, Vicario de Monjas i Prebendado Racionero de la S. I. C. de la Diócesis de Cochabamba. 1864. Se prohibe su reimpresiom. *Imprenta del Siglo*, 4º-97 pp. (mal foliadas).

Va subscrito por MANUEL MARÍA MONTAÑO.

COMPENDIO de la Historia Argentina desde el descubrimiento del Nuevo Mundo hasta el presente con 14 retratos de los principales hombres de la Independencia. *Buenos-Aires, Igon Hermanos, Libreros-Editores*, 1877, 8º-vi-234 pp.

Por D. CLEMENTE L. FREGEIRO.

COMPENDIO de la Historia de Chile para el uso de las Escuelas Primarias. *Santiago, Imprenta de Julio Belin y C.ª*, noviembre de 1853, 8º menor-146 pp.

Por don VICENTE FIDEL LÓPEZ. — BRISEÑO, *Est. Bibl.*, I, p. 69.

COMPENDIO de la historia de los Estados Unidos de América; puesta en castellano por un Indio de la ciudad de La Paz. *Paris, Bouchard*, 1825, 8º-v-422 pp.

Ese indio fué VICENTE PAZOS KANKI.

COMPENDIO de la historia de Venezuela desde su descubrimiento y conquista hasta que se declaró estado independiente. *Caracas*, 1840, 8º-xi-192 pp.

Atribuído por SABIN, IV, nº 14.679, a FELICIANO MONTENEGRO COLÓN.

COMPENDIO de la historia de Venezuela desde su descubrimiento y conquista hasta que se declaró Estado independiente. *Caracas, Librería de Damirón y Dupouy,* 1840, 8º-194 pp.

Atribuído generalmente a don Andrés Bello, pero en realidad obra del doctor don FRANCISCO JAVIER YANES.

COMPENDIO de la historia moderna por M. Michelet. Obra escrita i adoptada para la enseñanza de este estudio en los Colejios Reales de Francia. Traducida al castellano por J. B. *Santiago, Imprenta Chilena,* 1848, 8º-xiv-1 hoja bl.-127 pp.

Fué el traductor JUAN BELLO. — BRISEÑO, *Est. bibl.,* p. 417.

COMPENDIO de la vida de San Ignacio de Loyola : Escrita en Italiano por el Dr. D. Juan Santiago Leti, Archipreste de S. Salvador del Monferrato, y traducido al Castellano por un Devoto del Santo. Reimpreso con Licencia : *En Sevilla, Por la Viuda de Vazquez y Compañia,* Año de 1816, 16º-196 pp.

Fué el traductor JUAN FRANCISCO LÓPEZ, jesuíta de la Provincia de México.

El *Compendio* había salido formando parte de la *Practica utilissima de los diez Viernes a honor de San Ignacio de Loyola,* publicada en México, en 1749, 12º, con el nombre del P. López.

Este jesuíta fué uno de los miembros más conspicuos con que contó la Compañía de Nueva España. Había nacido en abril de 1699, en un pueblo de las vecindades de Caracas ; en 1715 ingresó al Colegio de Tepozotlán, y después de haber enseñado filosofía en Zacatecas y en México y teología en Mérida de Yucatán, fué nombrado procurador de su provincia para Madrid y Roma. De regreso a México, gobernó el Colegio Máximo de la capital y del Espíritu Santo de Puebla, donde se hallaba cuando le sorprendió el decreto de expatriación en 1767. Falleció en Roma en los comienzos de 1798.

COMPENDIO de las Constituciones de toda la Orden de Relijiosos Ermitaños de S. Agustin. Parte I y II. *Santiago de Chile, Imprenta Gutenberg,* 1890, 8º-103 pp.

El nombre del traductor aparece del comienzo del texto : ULLOA (FRAY MANUEL DE LA CRUZ).

COMPENDIO de las Constituciones, y Reglas de la M. Iltre V. Apostolica Congregacion de N. G. P. Sr S. Pedro Canonicamente fundada por el Exemplar Clero Secular de esta Ciu-

dad de Mexico, en su Colegio... *Reimpresso En Mexico, En
la Imprenta Real del Superior Gobierno...*, Año de 1747, 4º-
5 hjs. s. f.-20 pp.

COMPENDIO de las lecciones sobre la retórica y bellas letras de
Hugo Blair. Por Don J. L. M. y S. Reimpreso para el uso
de los Alumnos del Instituto Nacional Científico, y Literario
de Santiago de Chile. *Imprenta de Valles, por Perez,* Año
1824, 8º-iv-368 pp.

Reimpresión (probablemente de la edición madrileña de 1816) de la
traducción de Blair por don JOSÉ LUIS MUNARRIZ Y SALAS.

COMPENDIO de las obligaciones comunes, y medios generales para
cumplirlas : Con vna Practica breve, y facil de los dos principales, Oracion, y Examen... *Mexico, por la Uiuda de Bernardo Calderon,* 1664, 8º-20 hjs.

Por el jesuíta P. ANTONIO NÚÑEZ.

COMPENDIO della storia geografica, naturale, e civile del Regno
del Chile. *Bologna* MDCCLXXVI. *Nella Stamperia di S. Tommaso d'Aquino,* Con licenza de' Superiori, 8º-iii-vii-una s. f.-
245 pp.-una s. f. — Mapa.

Atribuído indistintamente a los ex-jesuítas chilenos FELIPE GÓMEZ DE
VIDAURRE y JUAN IGNACIO MOLINA.

COMPENDIO della vita di Amerigo Vespucci, tirato in gran parte
dalla vita e memorie publicate dal can? Angelo Maria Ban-
dini di F. B. A. A. *Firenze, Stecchi e Pagani,* 1792, 4º

Las iniciales del compendiador corresponden a FRANCESCO BARTOLOZZI,
Académico Apatista.
Tres años antes de que publicara este compendio, Bartolozzi había
dado a la estampa su *Richerche istorico critiche circa alle scoperte d'Ame-
rigo Vespucci com l'aggiunta di una relazione del medesimo fin ora inedita.*
Firenze, 1789, 4º

COMPENDIO della vita del Beato Francesco Solano Minore Osser-
uante dell'Ordine di S. Francesco. Composta da vn suo Di-

uoto. *In Roma, Per Angelo Bernabò*, M. DC. LXXV, Con Licenza de'Superiori, 8º-Cinco hjs. s. f.-143 pp.

Por fray JUAN DE SAN DIEGO VILLALÓN, que firma la dedicatoria, y a quien sin trepidar atribuye la obra fray Juan de San Antonio *(Bibliotheca un. franc.*, t. II, p. 148).

COMPENDIO della vita del B. Francesco Solano Minore Osservante dell'Ordine di S. Francesco. Nuovamente dato in luce da un Religioso del medesimo Instituto... *In Roma* MDCCXXV, *Nella Stamperia di Pietro Ferri...*, 8º-18 pp. s. f.-143 foliadas.

Parece que el autor fué fray NICOLAS DE LEÓN, que es quien firma la dedicatoria.

COMPENDIO de mitologia para el uso de los niños y jovenes de ambos sexos. *(Epígrafe de Juvenal.) Lima, Imprenta del « Mercurio »*, 1863, 8º-71 pp. y 4 s. f.

De anotación manuscrita contemporánea puesta al ejemplar de la Biblioteca Nacional de Santiago aparece que el autor fué el doctor D. H. PÉREZ DE VELASCO.

COMPENDIO de Ortolojía, Prosodia y Métrica Estractado de los « Principios de la Ortolojía y Métrica de la Lengua Castellana por D. Andrés Bello». Y dedicado a la juventud boliviana por F. R. O... *Reimpresa en la Paz*, Año de 1868, *Imprentas de la Opinión y el Pueblo*, Administradas por Silvestre Salinas, 4º-32 pp.

Las iniciales son de FÉLIX REYES ORTIZ.

COMPENDIO en que se manifiesta el método de sembrar, trasplantar, podar y sacar fruto de las moreras y morales, aprovechando su hoja para la cria de gusanos de seda... *En México* de orden superior *Por los Herederos de Don Felipe de Zúñiga y Ontiveros*, año de 1793, fol.-Dos hjs. s. f.-34 pp.

Por don José ANTONIO DE ALZATE Y RAMÍREZ.

COMPENDIO historico de la fvndacion y progresso de los Clerigos Seculares que viven en comun, observando el Instituto de la

Congregacion del Oratorio del Glorioso San Phelipe Neri, en la
Ciudad de Lima Corte de los Reynos del Perú, en las Yndias
Occidentales. Año de 1728. Con Licencia. *En Sevilla por Juan
de la Puerta...*, 4º-Port. y 74 hjs. s. f.

> Obra de don A LONSO DE LA C UEVA P ONCE DE L EÓN y prohibida *in totum*
> por edicto de la Inquisición de Lima de 19 de septiembre de 1751.

C OMPENDIVM admirabilis vitae S. Rosae de S. Maria ab ipso autho-
re Nunc tandem recensitum, & auctum. Octaua Editio. *Romae*
M.DC.LXXII, *Sumptibus Nicolai Angeli Tinasij*, Superiorum
permissu, 8º-181 pp., 6 s. f.

> Hay edición de allí mismo, 1665, por dicho impresor.
> Firma la dedicatoria fray A NTONIO G ONZÁLEZ DE A CUÑA, a quien, a tal
> título, suele considerársele como autor, pero que lo fué el jesuíta
> J UAN L ORENZO L UCHESINI.
> Tengo por otra edición de este *Compendium* la que se hizo en Augus-
> tae Vindelicorum, 1672, 8º, cuyo título comienza : *Admirabilis Vita,
> Virtus, gloria S. Rosae*, etc., y como traducción del mismo, la ínti-
> tulada : *Kurtze Erzehlung des Wunderlichen Lebens*, etc., Prag, 1668, 16º.

C OMPLEAT (A) history of Spanish America ; containing a distinct
account of the discovery, settlement, trade and present condition of New Mexico, Florida, New Galicia, Guatimala, Cuba,
Hispaniola, Terra Firma, Quito, Lima, La Plata, Chili, Buenos-
Ayres, &c. With a particular detail of the commerce with old
Spain by the galeons, flota, &c. As also of the contraband trade
with the English, Dutch, French, Danes, and Portuguese. Together with an appendix, in which is comprehended an exact
description of Paraguay. Collected chiefly from Spanish writers. *London*, 1741, 8º-viii–cuatro s. f.-330 pp.

> « Es la *Concise history* de 1741 con nuevo título ; dos nuevos títulos del
> mismo libro se imprimieron en 1747». — H ALKETT Y L AING, quienes nos
> informan que el autor se llamó J OHN C AMPBELL.
> S ABIN, III, nº 10.232, que cita también dos traducciones al holandés,
> Amsterdam, 1745-6 y 1750.

C OMULGADOR Augustiniano, donde se incluyen varias oraciones, sacadas de las obras de la Luz de la Iglesia mi Gran Padre S.
Augustin, para antes y despues de la comunion. Y las medita-

ciones del P. Baltazar Gracian de la Compañia de Jesus... *Puebla de los Angeles, Reimpreso en la Oficina de Don Pedro de la Rosa...*, año de 1789, 8º-Lámina alegórica en cobre.-3 hjs. s. f.-261 pp. y 3 s. f.

Por Fray Juan Antonio de Chaves.

Hay ediciones de México, por Jáuregui, 1772, 8º, y de 1789, por Zúñiga y Ontiveros, también en 8º

Comulgador, y explicacion mystica de la Regla 18. de la Congregacion de la Purissima, que es de la Confession y Comunion. Con vna theorica, y practica de los medios, que mas facilitan su frequente, y bien aprovechado vso : Varias Meditaciones, y Oraciones vocales Recogida en svma de varios papeles, y platicas de la Purissima, por el mismo Padre Prefecto... Con licencia *En Mexico por la Viuda de Miguel de Rivera, en el Empedradillo,* año de 1714, 8º-125 hjs.

Atribuído por Beristaín al jesuíta P. Antonio Núñez de Miranda.

Comunismo (El) juzgado por sus frutos por Gabriel de la Paz. Opúsculo escrito especialmente para los obreros. « ¡ Guardaos de los falsos profetas !» Apostolado de la Prensa. *Santiago de Chile,* 1921, 8º-iv-107 pp.

Gabriel de la Paz, seudónimo de Bernardo Gentilini.

Concilium Limense. Celebratum anno 1583, *Matriti. apud Petrum Madrigal,* 1591, 4º-Tres hjs. s. f.-88-11 hjs. s. f.

Los bibliógrafos jesuítas, desde Alegambe acá, atribuyen la redacción y publicación de esta obra al P. José de Acosta.

Concise (A) history of the Spanish America ; containing a succinct relation of the discovery and settlement of its several colonies : a circunstantial detail of their respective situation, extent, commodities, trade, etc. And a full and clear account of the commerce with old Spain by the galleons, flota, etc. As also of the contraband trade with the English, Dutch, French, Danes, and Portuguese. Together with an appendix, in which is comprehended an exact description of Paraguay. Collected chiefly from Spanish writters. *London,* 1741, 8º

Reimpreso con nuevas portadas en 1742 y 1747. Es la misma obra que *A complete*, etc. — HALKETT Y LAING.

CONCLUSION des Affaires de la Plata. *(Epígrafe en cuatro líneas.) Paris, De l'imprimerie d'Ad. Blondeau, 1842, 8º-7 pp.*

De EDOUARD TROLÉ, coronel de estado mayor, agregado a la Expedición de la Plata.

CONCLUSION fiscal en el proceso militar formado contra el Señor Brigadier Don Gavino Gainza, como General en Gefe del Exército Real en el Reyno de Chile, en el año de 1814... *Lima, 1816, Por Don Bernardino Ruiz, 4º*-Dos hjs. s. f.-36 pp.

El fiscal se llamaba SALVADOR DOMINGO GALY.

CONFESSIONARIO para los Cvras de indios. Con la instrvcion contra sus Ritos, y Exhortacion para ayudar a bien morir ; y summa de sus Priuilegios : y forma de impedimentos del Matrimonio. Compvesto y tradvzido en las lenguas Quichua y Aymara. Por autoridad del Concilio Prouincial de Lima, del año de 1583. *Ciudad de los Reyes, por Antonio Ricardo, 1585, 4º*-Siete hjs. s. f.-215 de texto.

Primera edición. La segunda es de Sevilla, 1603.

Los bibliógrafos jesuitas atribuyen la obra al P. JOSÉ DE ACOSTA ; ni faltan otros escritores que afirmen ser de DIEGO DE ALCOBAZA, de quien por lo menos puede asegurarse que trabajó en la redacción. A esta opinión se inclinaba Menéndez y Pelayo, creyendo que también pudiera ser del P. ALONSO DE BÁRCENA O BARZANA.

CONFEDERACION Obrera (La) i su obra (Apuntes para la historia del movimiento social en Chile). *Santiago de Chile, Imprenta Popular, 1895, 8º*-20 pp. — El título de la cubierta en color.

A la cabeza de la portada, el seudónimo Camilo Desmoulins, que oculta el nombre de J. GREGORIO OLIVARES TOLEDO.

CONFEDERACION (La) Peru-Boliviana y Chile. Tendencias y principios manifiestos de las Naciones beligerantes. *Panama, Imprenta del «Star & Herald», 1880, 8º*-47 pp.

Publicación de ALVARO CONTRERAS, que la subscribe al final.

CONFERENCIA entre quatro amigos sobre si la pena, o la alegria es mas agradable al hombre : y por consequencia, si la tragedia, ó la comedia excitan sensaciones mas naturales y analogas a nuestra constitucion. Traducido por D. D. G. *Lima, En la Imprenta de los Huerfanos, Por D. Pedro Oyague*, 4º-26 pp.

Las iniciales del traductor las atribuyo a DON DIEGO GARCIA.

CONFERENCIAS dadas á los alumnos de la Escuela Práctica de Agricultura de Ancud. La Sidra (chicha de manzanas), F. G. C. *Santiago de Chile, Imprenta, Litografía y Encuadernación Barcelona*, 1900, 8º-28 pp. y una s. f.

Las iniciales son de FRANCISCO GARCÍA C.

CONFESOR (El) Instruido Compuesto en lengua Toscana por el P. Pablo Señeri de la Compañia de Jesvs, Y Traducido en Castellano por vn Padre de la misma Compañia... *En Mexico, por Juan Joseph Guillena Carrascoso*, á cuya costa se imprime, Año 1695, 12º-5 hjs. s. f.-315 pp.-3 pp. s. f.

Atribuído por Uriarte, con reservas, al P. JOSÉ LÓPEZ DE ECHABURU.

CONMEMORACIONES votivas para el uso de los Conventos Franciscanos. Imprimelas para alivio de sus hermanos Fr. G. V. Religioso Menor. *Santiago de Chile, Imprenta de Perez* [1824], 8º menor-13 pp.

Las iniciales son de FRAY GREGORIO VÁZQUEZ.

CONQUERORS (The) of the New World and their Bondsmen being a Narrative of the Principal Events which led to Negro Slavery in the West Indies and America... *London, Willian Pickering*, 1848-1852-8º-2 vols., x-2-264 pp.; 4-330 pp.

Por ARTHUR HELPS, que se asegura recogió más tarde la edición. HALKETT Y LAING. SABIN, VIII, 31275.

— Conquête (La) du Mexique. *Orléans, Guyot ainé*, 1823, 8º

Por DELOYNES D'AUTROCHE.

CONQUISTA de Chile por un buque encorazado. Historia escrita por
un proletario. Arma de combate para las masas. *Santiago de
Chile, Imprenta de la República*, 1866, 16º-22 pp.

Fué el autor LUCIANO BORKOSKI, que firma al pie.

CONQUISTA (La) del Peru llamada la nueua Castilla. La q̃l tierra
por diuina voluntad fue marauillosamente conquistada en la
felicissima ventura del Emperador y Rey nuestro señor : y
por la prudencia y esfuerzo del muy magnifico y valeroso cauallero el capitan Francisco Pizarro... *(Al fin:)* Esta obra fué
impresa en la muy noble y muy leal ciudad de Seuilla, en
casa de *Bartholome Perez*, en el mes de Abril. Año de mil &
quiniẽtos y treynta y quatro. Fol.- Port.- 8 hjs.

Casi seguramente es obra de FRANCISCO DE JEREZ, quien, como obser-
vaba Vedia, sin duda adelantó, para satisfacer la ansiedad y anhelo públicos, aquel breve rasguño de los importantes sucesos del Perú, del que
dió más extensa cuenta, en el mes de julio de ese mismo año, en su
Uerdadera relacion de la conquista del Perú...

CONSEJERO (El) doméstico o sea un paso hácia la verdad hijiéni-
ca. Coleccion de instrucciones, consejos, recetas i advertencias
utiles a la familia i al alcance popular. Por M. M. *Santiago,
Imp. de El Correo*, 1880, 8º-420 pp.

Las iniciales pertenecen a MARCOS MENA, que firma las « Dos palabras » preliminares.

CONSIDERACIONES sobre la naturaleza y tendencia de las instituciones liberales, por Federico Grimke, segunda edicion corregida
y aumentada. Traduccion de L. V. M. Tomo I y último. *Paraná*, 1859.

Las iniciales del traductor son del general LUCIO V. MANSILLA.

CONSIDERACIONES sobre la situacion actual de los negocios del
Plata. Por M. C. *Montevideo*, 1846, 4º-Una p.-27.

Atribuído a MIGUEL CANÉ.

CONSIDÉRATIONS sur l'Amérique Espagnole, ou appel a la vérité, sur les causes, l'esprit et le but de sa révolution ; Par Un Américain, Ami de la Justice, témoin oculaire de presque touts les faits qu'il cite, et de beaucoup d'autres que la raison reprouve. *Paris, Chez Rodriguez, Libraire,* 1817, 8º-iij-56 pp.

Téngola por obra del clérigo mexicano don SERVANDO TERESA DE MIER Y NORIEGA.

CONSTITUCION (La) es la Paz. *San Salvador, Imprenta del Gobierno,* 20 febrero 1864, 8º-7 pp.

Suscrito por LUCIANO HÉRNÁNDEZ.

CONSTITVCIONES de la Real Vniversidad de San Carlos de Gvatimala, aprobadas por la Magestad del Señor Rey Don Carlos II. Año de M. DC. LXXXVII. Con licencia : En *Madrid, Por Jvlian de Paredes,* fol.-84 hjs.

Beristain la da como obra de don FRANCISCO SARAZA Y ARCE, oidor de Guatemala.

CONSTITUTIONES Fratruum Heremitarum. *Mexico,* 1556, 4º-84 hjs.

Atribuído a FRAY ALONSO DE LA VERACRUZ.

CONSTITVCIONES y ordenanças de la Vniversidad de los Reyes del Piru. *Impresso en la civdad de los Reyes…. por Antonio Ricardo,* natural de Turin. MDCII, fol.-7 hjs. s. f.-46 de texto-18 s. f.

Hechas que fueron por el virrey don FRANCISCO DE TOLEDO.

CONTESTACION a la carta del Ylustrisimo señor Obispo de Popayan, Doctor Salvador Jimenes, dirijida al P. Fr. Vicente Solano, del Orden de S. Francisco. *Quito, Imprenta de la Universidad,* 1840, 4º-21 pp.

Está subscrita por Fray Benvenuto Acre, que bien se deja comprender no es otro que el mismo PADRE SOLANO. Hállase incorporada en las páginas 79-101 de sus *Obras.*

CONTESTACION a « El Clero » i el pueblo en la crísis arzobispal.

Carta a Gomindo Blesor. *Santiago, Imprenta Colon*, enero de
1879, 4º-44 pp.

> Gomindo Blesor es anagrama de DOMINGO ROBLES, y E. Zoñum Oso-
> nod, que subscribe al final, es, a su vez, anagrama de E. MUÑOZ DONOSO,
> aunque tal firma es supuesta.

CONTESTACION á la Memoria publicada por el Sr. Marqués de la
Habana sobre su último mando en Cuba. *Madrid, 1876, Imprenta de Gil Gelpí y Ferro, a cargo de Eduardo Viota*, 8º-352
pp. más 34 s. f. y cuatro cuadros plegados.

> Es de JOSÉ LUIS RIQUELME. — PÉREZ, nº 230.

CONTESTACION al artículo Ecuador, publicado en el núm. 4,360
del Comercio de Lima por la Legacion Ecuatoriana. *Valparaiso, Imprenta del Mercurio*, marzo de 1854, 8º-27 pp.

> Subscrito al final por don ANTONIO FLORES JIJÓN. Con su nombre en
> la portada, apareció poco después la *Segunda contestación a la Legación
> Ecuatoriana, residente en Lima*, Valparaiso, Imprenta y Librería del Mer-
> curio, 1854, 8º-24 pp.

CONTESTACION al escrito impreso por el Sr. D. Pedro Angelis con
el titulo de «Declaracion de un punto de liturgia eclesiastica».
Por unos Eclesiasticos. *Buenos Aires, Imprenta del Estado*,
Calle de la Biblioteca, 1831, 8º-27 pp.

> Por VALENTIN GÓMEZ.

CONTESTACION al folleto publicado por don Antonio José de Irisarri con ocasion de la Memoria histórica Chile durante los años
1824 a 1828. I vindicacion de ésta. (Artículos publicados en el
Ferrocarril, núms. 2,283, 2,285, 2,287 i 2,288.) *Santiago,
Imprenta del Ferrocarril*, 1863, 4º mayor-30 pp.

> Subscrita por el mismo autor de la *Memoria*, don MELCHOR CONCHA
> Y TORO.

CONTESTACION al Manifiesto de D. José Maria Rodriguez. *(Colofón:)
Santiago de Chile*, diciembre 15 de 1832, *Imprenta de la Opinión*, 8º-38 pp.

> El nombre del autor, J. M. CEA, aparece estampado en la página 15.

CONTESTACION al número séptimo del Mensagero Semanal de New York. Por unos Amigos de la buena opinion habanera. *Habana, 1829.*

Por RAMÓN DE LA SAGRA. — F.-C.

CONTESTACION del Ministro Americano, a la Escitativa de la Legislatura del Estado de México, publicada en el *Centinela Federal de Tlalpam,* N? 4, *México,* 1829, 4?-12 pp.-12 pp.

De JOEL R. POINSETT. — SABIN, XV, n? 63.687.

CONTESTACION de un ecuatoriano al artículo inserto en el « Comercio de Lima », N? 826, intitulado Peru y Ecuador. *Quito, Imprenta de Gobierno,* 1842, 4?-39 pp. y una s. f. de erratas.

Hay segunda edición : Guayaquil, reimpreso por M. I. Murillo, 1842, 8?-47 pp.

« Este folleto, por los datos que suministra, declara René Moreno, puede mirarse como una autobiografía de JUAN JOSÉ FLORES ». — *Biblioteca Peruana,* t. II, p. 249.

CONTINENTE Americano, Argonauta de las Costas de Nueva-España, y Tierra-Firme, Islas, y Baxos de esta Navegacion, Longitud, y Altura del Polo, de sus Puertos, y Noticias de estas Habitaciones. *Madrid,* 1728, 8?-2 hjs. s. f.-161 pp.

Fernández de Navarrete cita una edición de Madrid, por Diego Martínez Abad, 1728, 4?, que llevaría el nombre del autor, don PEDRO DE RIVERA MÁRQUEZ.

CONTRA la supresion del Instituto de 2ª Enseñanza. Por Lorenzo Zagaltac. *Pinar del Río,* 1887.

Anagrama de GONZÁLEZ ALCORTA (LEANDRO). — F.-C.

CONTRIBUCION a la Fiesta de la Raza. Cristóbal Colón. Descubrimiento de América. Antecedentes. Su vida y muerte, por Alan. *La Paz,* 1915, *Empresa Editora de « El Tiempo »,* 8? alargado-29 pp.

Alan, seudónimo de JULIO A. GUZMÁN.

CONVENÇION (La) de los Pueblos Celebrada en Santiago desde el

25 de Diciembre de 1875 al 1º de Enero de 1876. Por Un
Demócrata. *Santiago, Imp. de El Ferrocarril,* 1876, 16º-
134 pp.

El seudónimo pertenece a don BENJAMÍN VICUÑA MACKENNA.

CONVENCION de San-Nicolas de los Arroyos. *Santiago de Chile,
Imprenta de Julio Belin y Cia.,* octubre de 1852, 4º-24 pp. El
título está copiado de la cubierta en color, pues carece de
portada.

Subscrito por D. F. SARMIENTO.

CONVENCION (La) independiente. Su oríjen—Su fuerza—Sus hombres por Athos. *Santiago de Chile, Imprenta Gutenberg,* 1890,
4º-iii para el Prólogo de Carlos T. Robinet,-5-180. pp.—
Retrato.

Athos, otro seudónimo de D. JOAQUÍN LARRAÍN ZAÑARTU.

CONVERSACION del cura de una aldea... Por el Patán Marrajo. *(Habana),* 1808.

JOSÉ DE ARAZOZA. — F.-C.

CONVERSACIONES familiares con que una Alma arrepentida puede
tratar à solas con Jesuchristo Crucificado. Se sacaron, en la mayor parte, de los Soliloquios del Dr. D. Lope de Vega Carpio,
Por uno de los Padres Diputados de la Real Congregacion del
Oratorio de San Felipe Neri de México. A mayor gloria de Dios.
México, Por Don Felipe de Zúñiga y Ontiveros, año de 1791,
8º-4 hjs. s. f.-42 pp.-Casi todo en verso.

Obra del P. ANTONIO RUBÍN DE CELIS.

CONVITE a los Católicos Americanos, conforme á lo que Dios y las
Córtes Generales exîgen de su fe. Con las licencias necesarias.
México. En la Oficina de Don Mariano de Zúñiga y Ontiveros,
año de 1811, 4º-Una hja. s. f.-12 pp.

Obra de don NICOLÁS DEL PUERTO.

Copia de una carta, que vino de Huayana, en que se dà cuenta de la lastimosa muerte del R. P. Fr. Andrès Lopez, y demàs atrocidades, que es la siguiente. *(Barcelona,* 1735), fol.-2 pp. s. f.

Subscrita en Guayana por FELISARDO DE ALMAZÁN.

CORAZON adentro por Araucana. *Imprenta Chile, Santiago,* 1920, 8º-54 pp. — El título, en la cubierta en color.

Araucana es el seudónimo de JULIA SÁEZ.

CORAZON de leon. Novela santiaguina. Segunda edicion. Por Juan Marsella. *Santiago de Chile, Imprenta Cervantes,* 1890, 8º-347 pp.

Juan Marsella oculta el nombre de RICARDO CRUZ COKE, como se comprueba viendo el retrato que acompaña a otra novela suya publicada con el mismo seudónimo.

CORONA fúnebre del H. Sr D. Justo Roman Valdez autor del sublime poema titulado « La Democracia ». Escrita por un pícaro Murcielago Poliglota venido al mundo para martirio de Sabios y de Justos y mucho mas de los Justos Sabios. *(Epígrafo fingido.) Lima, Impreso por J. Enrique del Campo,* 1867, 8º-63 pp.

El Murciélago, seudónimo de MANUEL A. FUENTES.

CORONEL (El) Ordoñez y Cuba en 1851. Por dos Cubanos.

CARLOS A. ROVIRA y CARLOS ECHEVARNE. — F.-C.

CORPS (Le) belge du Mexique. Considérations en faveur de l'organisation de ce corps, par un Officier de l'Etat-major. *Bruxelles,* 1864, 8º

Por ALEXIS HENRI BRIALMONT.

CORTAS reflexiones sobre el juramento de obediencia a la Constitución dada en Quito en 1843. *Quito, Imprenta de la Universidad* (1843), 4º-73 pp.

Obra del obispo D. JOSÉ MIGUEL CARRIÓN, según consta de anotación de puño y letra de D. Pablo Herrera puesta en el ejemplar de la Biblioteca Nacional de Santiago.

Carrión nació en Loja, en 1782, murió el 16 de febrero de 1848. Obispo titular de Botren, auxiliar del de Quito, rector de la Universidad y senador.

CORRESPONDENCIA canjeada en 1850 entre el señor Paulino José Soares de Souza, Ministro de Negocios Estranjeros de S. M. el Emperador del Brasil, y el señor D. Tomas Guido, Ministro Arjentino en aquella Corte, precedida de una breve exposicion del Gobierno de la República del Uruguay. Publicacion oficial. *Montevideo*, 1851. *(A la vuelta:) Imprenta del Comercio del Plata*, 4º mayor a dos columnas-xix-28 pp. y 1 s. f.

La Exposición es obra de D. MANUEL HERRERA Y OBES, según resulta de dedicatoria autografa suya que lleva el ejemplar de la Biblioteca Nacional de Santiago.

CORRESPONSAL (El) del Imparcial. *(Al fin:) Santiago de Chile, Imprenta Nacional*, 4º-8 pp. El Corresponsal del Imparcial. Carta 2ª, 10 pp. Carta 3ª, 16 pp. — Suscritas, respectivamente, en Santiago, a 14, 21 y 29 de marzo de 1823.

Fué su autor don MIGUEL ZAÑARTU. — BRISEÑO, *Est. bibl.*, p. 84, que lo califica de periódico.

COSAS de los Estados Unidos, por Nazareno. *Nueva York, Imprenta de El Porvenir, editado por J. Durand*, 1864, 8º

Nazareno oculta el nombre de SIMÓN CAMACHO. — MACHADO.

COSAS que fueron. *Santiago de Chile, Emp. Zig-Zag*, 1917, 8º-327 pp.

A la cabeza de la portada, el seudónimo Serafía, que corresponde a MARÍA MERCEDES VIAL DE UGARTE.

COSMOGRAFIA o descripcion del universo conforme a los ultimos descubrimientos. Por A. B. *Santiago*, 1848, *Imprenta de la Opinion*, 8º-163 pp. y 1 lámina.

Las iniciales A. B. son las de don ANDRÉS BELLO.

COSTAL, The Indian Zapotec: a tale of Mexico, during the war of independence. By Gabriel Ferry, author of « Vagamond life in Mexico.» &c. &c. *London,* 1857, 8º

Por Luis de La Homière. — Halkett y Laing.

La primera edición original francesa es la siguiente :
— Costal, l'indien. Roman historique, Scènes de la guerre de l'indépendence du Méxique. Par Gabriel Ferry. Ouvrage posthume. *Paris, Vor. Lecou,* 1852, 12º

Hay segunda y tercera francesas, por Hachette, 1855 y 1862. Alemanas de *Leipzig,* 1853 y 1855, traducción de W. L. Wesché, en 4 vols. Holandesa, traducida por L. C. Onopius, *Leiden,* 1863, 8º

Conviene advertir que, según Sabin, el autor habría sido Luis de Bellemarre.

Cotidiano en el idioma quichua. Enriquecido con muchas oraciones originales y algunas versiones por el cura C. F. B. *Oruro, Imprenta del Progreso,* 1888, 4º-107 pp.

Las iniciales son de Carlos Felipe Beltrán.

Coup d'œil rapide sur la république de Costa Rica. Par F. M. *Paris,* 1849, 8º

«Opúsculo noticioso, publicado en el mismo año en inglés, en Londres, y en 1850, en español, en Madrid. Su autor fué don Felipe Molina, agente diplomático de Costa Rica». — Barros Arana.

Coup d'œil sur la Suppression de la Compagnie de Jésus. 1799, 8º-350 pp.

Traducción de la *Memoria Cattolica,* de que se hablará más adelante, y obra de los padres jesuítas Bruno Martí y Andrés Febrés. — Uriarte, I, nº 535.

Cour (La) de Rome et l'empereur Maximilien, rapports de la Cour de Rome avec le Gouvernement mexicain : acompagnés de deux lettres de l'empereur Maximilien et de l'emperatrice Charlotte. *Paris,* 1867, 8º

Por el periodista francés Leonce Détroyat..... autor también de *L'intervention française au Mexique,* igualmente anónima.— Barros Arana.

Creacion i Creador. Opúsculo escrito en frances por R. Kaeppelin, Oficial de instruccion pública, miembro honorario de las

Sociedades industriales de Mulhouse i de Angers, etc. Traduci
do al castellano por un amigo de la redacción de El Porvenir.
San Fernando, Imprenta de El Porvenir, julio 23 de 1867, 8º-
2 pp. s. f.-30 pp.

Consta de la dedicatoria, fué su autor D. SEVERINO ITURRIAGA, regente de aquella Imprenta.

CREDO (El), ó sea principio y fin del mundo, por M. P. A. Con
licencia de la Autoridad Eclesiástica. *Santiago, Imprenta y
Encuadernación Chile*, 1907, 8º-168 pp. y un cuadro.

Las iniciales son de MATEO POZO ARENAS.

CREPUSCULARIO Helios y las Canciones. — Farewell y los Sollo-
zos. — Los Crepúsculos de Maruri. — Ventana al camino. —
Pelléas y Melisanda. *Santiago de Chile*, 1923, 8º (cuadrado). —
Carece de foliación. — En verso.

A la cabeza de la portada, Pablo Neruda, seudónimo de NEFTALÍ
REYES.

CRÍMEN (El) de la Rue Gluck, Nº 4. Historia del robo de los bie-
nes del Mayorazgo Cortés perpetrado por los hermanos Don
Francisco Javier i Don Ruperto Ovalle Vicuña. *Valparaiso,
Imprenta del Progreso*, 1884, *Nemecio Marambio*, 4º-82 pp.

Por D. CARLOS WALKER MARTÍNEZ. Véase *Para la historia*.

CRÍMEN (Un) fantástico. La novela de Guillermo Beckert por
Sherlock Holmes. *Santiago de Chile, Imprenta Cervantes*, 1909,
8º-88 pp.

Del certificado de propiedad literaria consta que el seudónimo pertenece a VENTURA FRAGA.

CRIMINALES (Los) de Cuba y el inspector Trujillo, por G. G. y F.
Habana, 1881.

GIL GELPÍ Y FERRO. — F.-C.

CRISOL (El) (Del Ciclo « La Casa de Hierro »). *Santiago de Chile,
Talleres de la Empresa Zig-Zag*, 1913, 8º-259 pp.

A la cabeza de la portada el nombre del autor : Fernando Santiván, seudónimo este último de SANTIBÁÑEZ.

CRISTIANISMO (El) considerado científica, moral y políticamente. *Copiapó, Imprenta de « El Atacameño »,* 1897, 4º-79 pp. y dos s. f., a dos columnas.

Obra de JUAN SERAPIO LOIS.

CRÍTICA y Urbanidad por D. R. de A. *Mayagüez, Imprenta Fernández,* 1876, 36 pp.

Las iniciales aparecen descifradas en la dedicatoria, que la suscribe DOMINGO RAMÍREZ DE ARELLANO.

CRONICAS de Cesar Cascabel. Los pecados de los otros. La cachimba de Juan Pereza. *Casa Editora Libreria Nascimento, Santiago de Chile* (1920), 12º-191 pp. y 3 s. f.

César Cascabel es seudónimo de RAÚL SIMÓN.

CRUELTY (The) of the Spaniards in Peru. Exprest by instrumental and vocall musick, and by art of perspective in scenes, etc. Represented daily at the cockpit in Drury-Lane, at three after noone punctually. *London,* 1658, 4º

Por SIR WILLIAM D'AVENANT. — HALKETT Y LAING.

CRUSONIANA, or, truth versus fiction, elucidated in a history of the Islands of Juan Fernandez. By the retired Governor of that colony. *(Epígrafe de ocho líneas en verso), Manchester ;* Published by the Author. *Printed by P. Grant,* 1, Pall Mall, Market Street, 1843, 8º-vi-207 pp. (foliada esta última, 195),-1 s. f. para las erratas, y 1 h. con una *Circular.*-10 ilustraciones.

La referencia al gobernador que había sido de las Islas, permite establecer sin lugar a duda que el autor fué TOMÁS SUTCLIFFE.

CRUZ (La) de Berny por Mme. de Girardin, Teófilo Gautier, Julio Sandeau y Julio Mery. Traducido especialmente para « La Tarde » por Sarah Sarov. *Santiago, Imprenta « La Tarde »,* 1901, 8º-v-248 pp.

— 118 —

Forma este volumen parte de la Biblioteca de *La Tarde*. Sarah Sarov es anagrama de Rosa Varas H[errera].

Cruz (La) Historia y profecias de la obra de Dios en el mundo. Por Un Catolico de Oruro. Edicion de «El Cruzado»... *Sucre, 1871, Imprenta de Pedro España,* 4º-Una-43 pp.

Atribuído a Donato Vázquez.

Cuaderno segundo de la Reseña del estado ruinoso de Bolivia. — Por un Cno. Año de 1842. *Imprenta de la Libertad, Sucre* 16 de Setiembre de 1842, 4º-19 pp.

De Julián Prudencio, según anotación contemporánea puesta en la portada al ejemplar de la Biblioteca Nacional de Santiago.

Cuadro historico politico de la Administracion del General Freyre desde que se apoderó del mando supremo del Estado de Chile. Que servira para la historia general de aquel pais, por un Viagero imparcial. *Lima 1826, Imprenta Republicana administrada por José María Concha,* 8º 55 pp. y la última para las erratas.

El «Viajero imparcial» fué don Miguel Zañartu. Briseño, *Est. bibl.,* p. 488.

Cuadro histórico de la Administracion Montt, escrito segun sus propios documentos. *Valparaiso, Imprenta i Libreria del Mercurio de Santos Tornero,* 1861, 16º-590 pp. y 1 s. f. al final.

Según es fama, el librito fué compuesto por D. Domingo Santa María, D. Marcial González, D. Benicio Alamos González y algún otro.

Cuadro histórico politico de la Capital del Perú, desde el 8 de Setiembre de 1820 en que desembarcó en Pisco el Exército Libertador, hasta fines de Junio del presente año de 1822-3º Leído en la Sociedad Patriótica por un individuo de ella. *(Epígrafe de la Eneida:) Lima,* 1822, 8º-20 pp.

René Moreno, *Bib. Per.,* nº 2153, copia el párrafo en que el autor habla de haber nacido en Roma y de hallarse ya en avanzada edad, pero sin lograr descubrirlo, que lo fué D. Félix Devoti, según se comprueba de la siguiente acta de la Sociedad Patriótica : «....leyó el señor Devoti un discurso en el que describe los principales acontecimientos de la revolución del Perú, desde que el Ejército Libertador desembarcó en Pisco, hasta lo presente, todo lo que acompañó con reflexiones políticas para que se conozcan las ventajas de la actual administración». ODRIOZOLA, *Documentos literarios del Perú*, t. XI, p. 450.

CUADROS de lectura, o sea método gradual para su enseñanza. Testo aprobado por decision del Consejo Universitario en sesion de 7 de Junio de 1862. *Santiago, Imprenta del Ferrocarril*, 1863, 16º-96 pp.

Consta de la aprobación universitaria que el autor fué don TUCAPEL LATTAPIAT.

CUADROS y episodios peruanos y otras poesias, nacionales y diversas de Juan de Arona. A mi me pusieron Pedro — Yo despues me puse Juan. *Lima, Imprenta Calle de Melchor Malo*, 1867, 4º-xlvii-361 pp., 10 s. f.-Retrato y 4 láminas.

Juan de Arona, seudónimo de PEDRO PAZ SOLDÁN.

CUARTA parte de la Pajarotada. *Chuquisaca, Imprenta Boliviana*, (1832), 4º-47 pp.

Atribuída a D. ANTONIO JOSÉ DE IRISARRI.

CUBA, and the Cubans ; comprising a History of the Island of Cuba ; its present social, political, and domestic condition ; also, its relation to England and the United States. By the author of « Letters from Cuba.» With and Appendix, containing important statistics, and a reply to Señor Saco on annexation, translated from the spanish. *New York, Samuel Hueston*, 1850, 8º-iv-255 pp. y mapa.

Por RICHARD BURLEIGH KIMBALL.

CUBA contemporánea, por Ramiro I. Luga. *Habana*, 1915.

Anagrama de MARIO GUIRAL MORENO. — F.-C.

CUBA contemporánea. Por Luciano de Acevedo. *Habana*, 1919.

Por LUCIANO PÉREZ DE ACEVEDO Y CASTILLO. — F.-C.

CUBA, its past, present and future, por I. G. *Washington*, 1879.

El doctor JOAQUÍN QUILEZ. — F.-C.

CUBA no se vende, por D. W. G. R. *Madrid, Imp. a cargo de Lopez*, 1870, 12º-31 pp.

Obra de D. WALDO GIMÉNEZ DE LA ROMERA. — FIGAROLA-CANEDA, y PÉREZ, n? 65.

CUBA, por una hija de Eva. *Habana*, 1910.

MARÍA LUISA QUIMANTES. — F.-C.

CUBA Y AMÉRICA, por Fructidor. *Habana*, 1903.

ADRIÁN DEL VALLE. — F.-C.

CUBA Y AMÉRICA, por Nim Ajneb. *Habana*, 1909.

El nombre del autor envuelve el anagrama de BENJAMÍN : GIBERGA Y GALÍ. — F.-C.

CUBA Y AMÉRICA, por Un Colaborador. *Habana*, 1908.

RAMÓN MEZA Y SUÁREZ INCLÁN. — F.-C.

CUBA Y AMÉRICA, por Un Temporadista. *Habana*, 1907.

DR. RAMÓN MEZA Y SUÁREZ INCLÁN. — F.-C.

CUBA y la emancipación de sus esclavos, por D. Durama de Ochoa. *Leipzig*, 1864.

Anagrama de EDUARDO MACHADO. — F.-C.

CUBAN (The) question and American policy, in the light of common sense. *(Epígrafe.) New York*, 1869, 8º-39 pp. y un mapa de Cuba, plegado. (Sin pie de imprenta.)

Se atribuye a WENDELL PHILLIPS. — PÉREZ.

CUBAN (The) Patriots, by a Native Cuban. *Philadelphia*, 1873.

ADOLFO PIERRA Y AGÜERO. — F.-C.

CUBAN (The) Revolution. Notes from the Diary of a Cuban. *Nueva York*, 1869. (Por J. de A. y C.)

JOSÉ DE ARMAS Y CÉSPEDES. — F.-C.

CUBANOS (Los) pintados por sí mismos. Por Land. *Habana*, 1852.

VÍCTOR PATRICIO DE LANDALUZE. — F.-C.

CUBITA, por El Antillano. *Puerto Príncipe*, 1838 ó 1839.

CUBITA. Artículo adicional a los apuntes para la historia de Puerto Príncipe. Escrito por El Antillano. Segunda edición. *Puerto Príncipe, Imprenta del Fanal*, 1856, 8º mayor-24 pp.

Por MANUEL ARTEACA Y BETANCOURT. — TRELLES.

CVBVS, et sphaera geometrice dvplicata. *Limae* apvd Josephum de Contreras, et Alvarado extypographia *(sic)* Regia, & Sancti Officij. Anno 1696, 4º-13 hjs. s. f.-30 foliadas y una con cuatro láminas de geometría.

Obra de don JUAN RAMÓN CONINKIUS, capellán del Virrey Conde de Santisteban y preceptor de su hijo.

CUENTOS a Inés por Clary. *Imprenta Royal, Valparaiso*, 1916, 8º-167 pp.

Clary es seudónimo de CLARISA POLANCO DE HOFFMANN.

CUENTOS colorados, por el Diablo azul. Primera serie. *Santiago, Imprenta de la Librería Americana*, 1886, 8º-63 pp.

De JUAN RAFAEL ALLENDE. — SILVA, La novela en Chile, nº 224.

CUENTOS (Los) de la Reina de Navarra o El Desquite de Pavia. Comedia en cinco actos i en prosa Por MM. Scribe i Legouvé. *Santiago, Imprenta del Correo*, Pasaje Búlnes, núm. 14, 1859, 8º menor-233 pp.

El nombre del traductor IRISARRI (HERMÓGENES DE) consta de la dedicatoria. Es este librito uno de los mejores impresos en su tiempo.

CUENTOS del Domingo Lecturas para grandes y para Chicos. Ronquillo. *Valparaiso, Talleres Tip. de « La Union »*, 1915, 12º-164 pp.

Tercera Serie. 1916, 187 pp. y 1 s. f.

Ronquillo es seudónimo de EGIDIO POBLETE.

CUENTOS de niños, traduccion de M. Laboulaye. Por el Amigo de la Juventud. *Habana,* 1864.

JUAN CLEMENTE ZENEA. — F.-C.

CUENTOS para los hombres que son todavía niños. Por Teresa de la Cruz. *Buenos Aires,* 1919, *Otero & C?,* Impresores, 8?-104 pp. y dos s. f.

Teresa de la Cruz oculta el nombre de TERESA WILMS MONTT.

Julián Sorel (Domingo Melzi) publicó en *Las Ultimas Noticias* del 22 de julio de 1919, con el título de *Fragmentos de un ensayo* un estudio del tipo creado por la autora con el nombre de Anuarí.

CUESTION administrativa-legal suscitada entre el Ministerio de Junio i la Municipalidad de Santiago, con motivo de la destitucion del Procurador de Ciudad. *Santiago de Chile, Imprenta del Progreso,* 1849, 4?-iv-51 pp.

Atribuído a D. BARTOLOMÉ MITRE.

CUESTION (La) africana en la Isla de Cuba. Por un Cubano propietario. *Madrid,* 1863.

JOAQUÍN SANTOS SUÁREZ. — F.-C.

CUESTION cementerios. Nuevas saludables advertencias por V. Erasmo Gesuit. La cuestion cementerios bajo todas sus faces. — Análisis del decreto de 21 de Diciembre de 1871. — Cartas al Obispo de la Concepcion. — Carta a un amigo — Cartas a los clérigos de la « Revista Católica ». — Contra las supercherias clericales. — *Valparaiso, Imprenta del « Deber »,* 1877, 4°- 191 pp.

El seudónimo corresponde a D. EDUARDO DE LA BARRA. — PALMA, *Bibl. de Barra,* n? 136.

CUESTION (La) Cubana á sus suscritores, Cuba y España. *Sevilla,* 1873. *Establecimiento tip. de El Circulo Liberal,* 8?-40 pp.

VIDAL MORALES, *Iniciadores,* p. 667, lo atribuye a JOSÉ RAMÓN DE BETANCOURT. Véase también a PÉREZ, n? 153.

CUESTION (La) Cubana, por Director. *Sevilla*, 1872.

MANUEL SELLÉN. — F.-C.

CUESTION (La) de Cuba. *Valparaiso, Imprenta del Mercurio*, 1874, 8º-54 pp.

Es la relación de la conferencia celebrada el 10 de octubre de ese año por D. ANTONIO ZAMBRANA, seguida de otras piezas acerca de Cuba.

CUESTION (La) de Cuba, por un Español. *Nueva York*, 1876.

ENRIQUE DONDERIS. — F.-C.

CUESTION (La) de Cuba, por Un Testigo presencial. *Madrid*, 1878.

FABIÁN NAVARRO. — F.-C.

CUESTION (La) de Cuba y la política americana a la luz del sentido comun. *(Epígrafe.) New York*, 1870 (sin pie de imprenta), 8º-40 pp. y un mapa plegado.

« Las pp. 3-4 para el prólogo del traductor, en el cual se dice que la obra se atribuye a W. B. PHILLIPS, de Virginia, redactor del *Herald*, de Nueva York ». — PÉREZ, n.º 36.

CUESTION (La) de límites entre Bolivia y el Brasil ó sea El artículo 2.º del Tratado de 27 de marzo de 1867 por J. R. G. *La Paz, Imprenta Paceña*, 1868, 4º-2 s. f.-87 pp.

Las iniciales aparecen descifradas en la segunda edición, hecha allí mismo, en 1868, con el nombre de JOSÉ R. GUTIÉRREZ. Rectifíquese, por consiguiente, la *Bibliografía* de Gutiérrez al atribuirlo a Eusebio Gutiérrez.

CUESTION de límites entre el Ecuador i el Perú, segun el uti possidetis de 1810 y los Tratados de 1829. Por P. M. *Santiago de Chile, Imprenta Nacional*, 1860, 4º-62 pp. y una para el índice.

Las iniciales pertenecen a PEDRO MONCAYO.

CUESTION (La) de límites entre la República Argentina y Chile. *Buenos Aires, Imprenta de « La República »*, 8º-43 pp. y un mapa.

Hay segunda edición del mismo año (descrita a continuación), sin la advertencia del editor; asimismo, versión francesa, hecha también en Buenos Aires, dicho año, en 8º, de 122 pp. y el mapa ; y una inglesa : *The Argentine Republic and Chili. Boundary question*, 8º, 133 pp. y el mapa con leyendas en inglés.

CUESTION (La) de límites entre la República Argentina y Chile. *Buenos Aires, Imprenta de Ostwald y Martinez*, 1881, 4º-126 pp. y un mapa.

Redactada por don BERNARDO DE IRIGOYEN, ministro de Relaciones Exteriores de la Argentina.

CUESTION de límites entre Bolivia y el Perú sobre la region de Caupolican o Apolobamba. *La Paz, Imp. de « El Telégrafo »*, 1897, 8º-iv-266 pp.

Colección de artículos publicados en *El Telégrafo*, por ABEL ITURRAL-DE, ex secretario de la Sociedad Geográfica de La Paz y miembro corresponsal de la Real Sociedad Geográfica de Madrid, según se hace constar en página que va a la vuelta de la portada y de lo que dice en su prólogo Al Lector don M. V. Ballivián.

CUESTION (Una) diplomática. Chile y la Argentina. Antecedentes para apreciarla. *Montevideo, Imprenta á vapor La Nación*, 1891, 8º-56 pp.

Por FRANCISCO PARDO DUVAL.

CUESTION francesa en el Rio de la Plata, ó sea análisis jurídico de la convencion de paz, celebrada por el Vice Almirante Mackau y el tirano asesino de Buenos Aires. *Montevideo*, 1840, 4º-19 pp.

Autor : FLORENCIO VARELA.

CUESTION (La) penal. *(Epígrafe en seis líneas.) Nueva York, M. M. Zarzamendi*, impresor, 1871, 4º-39 pp.

Obra de D. ENRIQUE CORTÉS, secretario de la Legación de Colombia en Washington.

CUESTION (La) Talambo ante la América. *Lima, Imprenta del « Comercio »*, por J. M. Monterola, 1864, 8º-230 pp.

El texto lleva al pie las iniciales J. G. R., que son las de J. García
Robledo.

Cuestiones aduaneras. Artículos económicos. Escritos para el
« Constitucional ». *Sucre*, agosto 6 de 1864. *Imprenta Boliviana*, 8º-25 pp.

> Subscribe « por el autor », Eustaquio Durán, que bien puede ser él
> mismo.

Cuestiones de actualidad. Reformas posibles. Estudios económico-administrativos por Ajax. *Valparaiso, Imprenta del Mercurio*, 1877, 4º-37 pp.

> El seudónimo oculta el nombre de Marcial González.

Cuestiones Orientales. Colección de artículos publicados en varios periódicos de esta ciudad y el Beni sobre el Ferrocarril
Oriental, la Universidad de Santa Cruz é impugnación a L. S.
V., escritor paceño. Edición popular. *Santa Cruz, Imprenta « La
Industria»*, 1905, 4º-103 pp.

> Va con la firma de J. Nairdá, anagrama este último de Adrián, y
> aquella J., indicadora del apellido Justiniano.

Cuestiones que deben ventilarse para poner en claro las causas
que produjeron el movimiento del 24 de Enero de 1827 en Santiago, y su culpabilidad. *(Al fin:) Imprenta de la Independencia, Santiago de Chile*, 4º-4 pp.

> Folleto subscrito por J. C., letras que encubren el nombre de Joaquín
> Campino.
> Hay segunda edición del mismo año de 1827, por la Imprenta de la
> Biblioteca, 4º-mayor.
> Briseño, *Est. bibl.*, p. 89.

— Continuación de las Cuestiones de J. C. y de las notas. *(Al fin:)
Imprenta de la Biblioteca*, fol.-3 pp. s. f.—Suscrito por D. P.

> Las iniciales de quien firma este segundo papel, y autor también, a
> mi entender, de las *Cuestiones*, son las de Diego Portales. — El J. C. a
> que se alude en el título del segundo son las de Joaquín Campino.

CULTIVO del caleto ó árbol que produce el café, y modo de beneficiar este fruto. Escrito en frances e ingles por M. J. Laborie, hacendado de la colonia de Sto. Domingo. Traducido al castellano por D. P. B. *Habana, Imprenta del Gobierno*, 1804, 4º-4 hjs. s. f.-180 pp. y 5 hjs. s. f.

Las iniciales ocultan el nombre del traductor don PABLO BOLOIX.

CUNA (La) del Cuerpo de Bomberos de Santiago y su Tercera Compañía (Homenaje de un antiguo compañero). *Santiago, Imprenta Cervantes*, 1883, 8º menor-44 pp.

Ese «Antiguo compañero» fué don BENJAMÍN VICUÑA MACKENNA.

CURSO completo del Derecho Natural ó Filosofía del Derecho, estractado de las obras de Ahrens, Jouffroy, Burlamáqui, etc. por una sociedad de filósofos de Chile. Reimpreso bajo la direccion del Decano de la Facultad de jurisprudencia para el estudio en esta Universidad. *Sucre*, año de 1867, *Imprenta Boliviana*, 4º-Una-140 pp.

Reimpresión de la obra de BRISEÑO publicada en Valparaiso, 1856, 4º, anotada en seguida.

CURSO de Derecho Civil Romano arreglado a las materias y títulos del Código Civil Boliviano, estractado para el uso de los alumnos cursantes del Derecho y Ciencias políticas, por el Profesor de la Facultad. M. L. T. *Sucre, Imprenta Pública de Castillo*, mayo 25 de 1847, 4º-ii-49 pp.

Las iniciales pertenecen a MARIANO LA TORRE.

CURSO de derecho natural. Por Don José Joaquin de Mora. Segunda edicion. Revista, correjida y aumentada por R. B. *(Epígrafe.) Santiago*, noviembre 14 de 1842, *Imprenta Liberal*, 8º-vi-50 y 1 s. f. El título procede de la cubierta en color.

R. B. son letras que corresponden al nombre de RAMÓN BRISEÑO.

CURSO de filosofia moderna, para el uso de los colejios hispano-americanos, y particularmente para los de Chile : estractado de las obras de filosofia que gozan actualmente de mas celebridad.

Por N. O. R. E. A. *(Nosce te ipsum.)* Valparaiso, Imprenta del Mercurio, 1845, 8º-2 vols.-viii-292-2 pp. y 1 s. f.-II (1846), 378 pp. y 2 s. f.

He aquí como el propio compilador explica las iniciales que puso en la portada : « cuyas letras son las finales de estas expresiones : Ramón Briseño, profesor de Filosofía ».

Curso de filosofia redactado por un catedrático de la Universidad Mayor de S. Andrés. Parte Ia. *La Paz, Imprenta del Colejio de Artes,* 1842, 4º-44 pp.

« Se atribuye esta obra al señor Juan de la C. Cisneros ». — Gutiérrez, nº 461.
La Segunda Parte, impresa allí mismo, en dicho año, también en 4º-54 pp.

Curso de matemáticas para el uso de las escuelas militares de Francia, por los profesores Allaize, Billy, Puisant i Boudrot, traducido del frances i adoptado para el estudio de los alumnos de la Academia Militar de Chile. *Santiago, Imprenta de la Opinion,* 1836, 8º-44 pp.

Téngola por traducción de Santiago Ballarna, que en ese propio año firmó la del *Curso elemental de fortificación,* destinada al mismo objeto.

Curso elemental de Filosofia. Traducido del que escribió en frances Mr. Ph. Damiron i adaptado a la enseñanza que de este ramo se da en los colejios de la republica. *Paz de Ayacucho,* año 1854, *Imprenta de la Opinion* Administrada por Simon Alcover, 4º

Son tres estos opúsculos, respectivamente de 104, 105 y 169 pp.
Fué el traductor de todos ellos Rigoberto Torrico.

Curso elemental de fortificacion de campaña Para el uso de los alumnos de la Academia Militar Traducido de las obras de Savart y Noizet-Sain-Paul por S. B. *Santiago de Chile,* Año de 1836, *Imprenta Araucana.* 8º-266 pp., 2 s. f. y 10 láminas grabadas, plegadas.

Las iniciales del traductor corresponden a Santiago Ballarna.

Curso elemental de geografía, que comprende la Cosmografía, la Geografía Física y la Geografía Descriptiva. Contiene los sucesos mas recientes, y está arreglado segun los datos mas exactos. Por L. M. G. *Cochabamba, diciembre de 1868, Tipografía de Gutierrez,* 16º-147-56 pp.

Las iniciales son de Luis Mariano Guzmán.

Curso Elemental de Geografía Moderna destinado para la instrucción de la juventud Sud-Americana, y especialmente para el uso del Colegio del Sr. Zapata en Santigo. Por T. G. C. *Valparaiso, 1839, Imprenta del Mercurio,* 8º-viii-138 pp. y 4 sin foliar.

Las iniciales son de don Tomás Godoy Cruz.—Briseño, *Est.,, bibl.* I, 91.

Currutacas (Las) en misa. *México,* 1811, 8º-8 pp.

Obra de don Joaquín Fernández de Lizardi.

Currutacos (Los) herrados y caballos habladores. *México,* 1811, 8º-8 pp., en verso.

Del mismo Fernández de Lizardi.

Custodia (La) Franciscana de Tierra Santa. Traducido del latín. por Fr. J. de C. C. C. O. F. M. Con licencia. *Santiago de Chile, Imprenta y Encuadernación Chile,* 1908, 8º menor-38 pp.

Las iniciales responden a Fray José de C. Casas-Cordero, de la Orden Franciscana de los Menores.

CH ARLATANISMO (El) de Vicuña, ó crítica del disparatorio titulado El Ostracismo del Jeneral Don Bernardo O'Higgins ; su autor B. Vicuña Mackenna, impreso en Valparaiso en 1860. *Leipsique, publicado en casa de Ernesto Schultzenberg,* Plaza Vieja, N? 266, 1863, 4?-37 pp.

Subscrito en esa ciudad por José de Villa-Roca, que oculta el nombre de Antonio José de Irisarri.

Che la Platina americana era un metallo conosciuto dagli antichi. Dissertazione di N. N. *Bassano, Remondini,* 1790, 8?

«Del barnabita D. Angelo Maria Cortenovis, segretario dell'Academia della Società d'Agraria di Udine». — Melzi.

Chile. *(Al verso:)* Times Printing House, 725 and 727 Chestnut Street, *Philadelphia,* 8?-Sin fecha-48 pp.

De Benjamín Vicuña Mackenna, agente confidencial del Gobierno de Chile en Estados Unidos en 1866, fecha a que debe referirse este impreso.

Chile en 1859. Artículo tomado de la Revista de Ambos Mundos, tomo 24, entrega 4ª *(Al final), Imprenta Nacional,* 1860, 4?·48 pp.

El autor de los artículos a que se alude fué A. Cochut.

Chile en la Guerra del Pacífico por el R. P. Benedicto Spila de Subriaco. Traducido al castellano por J. L. Z. *Valparaiso, Imprenta del Nuevo Mercurio,* 1883, 8?-104 pp.

Las iniciales del traductor pertenecen a Joaquín Larrain Zañartú.

CHILE. Figuras contemporáneas por El Injénuo. *Santiago, Rafael Jover,* editor, 1882, 4º-643 pp.

El Injénuo fué seudónimo de D. José Joaquín Larrain Zañartú.

CHILE. Páginas de historia. La Revolución y la condenación del Ministerio Vicuña por Nemo. *Buenos Aires,* 1893, 4º

Nemo es seudónimo del autor D. Rafael Balmaceda.

CHILE. Su presente y su pasado por Montalvan. Contestacion al señor don Enrique Mac-Iver sobre la supuesta «Crisis moral de la República», materia de su Conferencia en el Ateneo de Santiago. *Lima, Imprenta Liberal,* 1900, 8º-56 pp.

Montalván oculta el nombre de Carlos Luis Hübner.

CHILE. Una página de historia. La acusacion al Ministerio Vicuña y la tercera amnistía parcial por Nemo. Setiembre 1º de 1893. *Buenos Aires, Imprenta y Casa Editora «Argos»,* 1893, 8º-menor-51 pp.

Nemo oculta el nombre de D. Rafael Balmaceda.

CHILE y La Argentina. Páginas de actualidad por V. R. M. *Santiago de Chile, Imprenta y Encuadernación Roma,* 1896, 8º-29 pp.

Las iniciales son de Victoriano Rojas Magallanes.

CHILENADAS Crónicas criollas por Romanangel Prólogo de Pedro E. Gil. *Imprenta «Blanco y Negro», Santiago,* 1923, 8º *(tosco diseño en la portada),* 73 pp. y una s. f.

Aparece del prólogo que el seudónimo del autor pertenece a Joaquín Moscoso.

CHILOÉ por N. N. N. *Ancud. Imprenta y Encuadernación «El Austral»,* Año 1896, 8º-menor-83 pp., y 1 s. f. para las erratas.

El autor, que firma al finál «Isleño», es don Darío Cavada.

CHISTES y verdades. Opúsculo compilado por el Autor de La Espiga. *Imprenta de La Espiga, Santiago de Chile,* 1905, 16º-152 pp.

Del certificado de propiedad literaria consta que el autor fué BERNARDO GENTILINI.

CHOIX des Lettres Édifiantes, Ecrites des Missions Etrangères ; avec des Additions, des Notes Critiques, et des Observations pour la plus grande intelligence de ces Lettres. Par M... *A Parts, Chez Maradan,* M. DCCC. VIII-1809 8º-8, vols., pp. (4) cviii, 400 ; (4) lxiv, 451 ; (4) lxxxiv, 568 ; (4) lxxii, 427; (4), 507 ; (4) lxxxvii, 490 ; (4) iv-514.

Por el abate JEAN BAPTISTE MONMIGNON. — SABIN, XI, nº 50.213.
Y hay Seconde Edition, augmentée. *Paris, Grimbert,* 1824-26, 8º-8 vols.
Troisième Édition, augmentée... *Parts,* 18...-8º-8 vols.
Los tomos VII y VIII tratan de «Missions de l'Amérique. Précédées d'un Tableau historique de la découverte du Nouveau Monde, et des premiers établissements des Espagnols, des Anglais et des Français».

— CHRISTOPHE Colom, drame en sept actes et dix-sept tableaux. *Paris, typographie Walder,* 1867, 12º-284 pp.

Reimpreso por Lemerre, en 1869, con diversa tapa, en la que se da el nombre del autor, GUSTAVE PRADELLE, que le añadió un prefacio de 8 pp. firmado de su nombre.

CHRISTOPHE Colomb et les Académiciens espagnols. Notes pour servir a l'histoire de la Science en Espagne au XIX siècle. Par l'Auteur de la Bibliotheca Americana Vetustissima. *Paris, H. Welter, Editeur,* 1894, 8º-153 pp.

Por HENRY HARRISSE.

CHRISTOPHE Colomb et Toscanelli. (*Escudo de armas de Colón.*) *Paris,* 1893, 4º-12 pp.

Subscrito al final por B. A. V., iniciales de la *Biblioteca Americana Vetustissima,* o sea de su autor HENRY HARRISSE.

CHRISTOPHE Colomb et ses historiens espagnols. 12 Octobre 1892. *Paris,* 1892, 4°-19 pp.

Subscrito por B. A. V., iniciales que corresponden a *Bibliotheca Americana Vetustissima*, cuyo autor fué HENRY HARRISSE.

CHRISTOPHE Colomb, ou l'Amérique découverte, poëme. *(Epígrafe de Juvenal.)* Premiere Partie. *A Paris, Chez Moutard,* 1773, 8º-xv pp.-una s. f.-217 pp. y una lámina. — Seconde Partie : 266 pp. y tres s. f.-Una lámina.

SABIN, bajo su número 6896, cita este libro, pero con la indicación de llevar en la portada haber sido obra de Un Americano, dato que, como se ve, es inexacto. Fué el autor AUGUSTE ANICET BOURGEOIS.

D ANSELMO H. Rivas y el Partido Conservador Nicaragüense. (Juicio de dos Liberales.) 1904. *San Salvador, Tipografía La Luz*, 4º-12 pp. El título, tomado de la portada en color.

Esos « Dos Liberales», fueron D. JOSÉ MARÍA MONCADA y D. AUGUSTO C. COELLO.

D, JUAN Manuel Rosas delante de la posteridad y la confiscacion politica restablecida en la lejislacion de Sud-America. *(Lima,* 1860), 4º-69 pp. El título a la cabeza de la primera página.

Folleto que comenzó a imprimirse en las columnas de *El Comercio* de Lima, y obra de D. BENJAMÍN VICUÑA MACKENNA, de paso entonces en aquella ciudad.

D. MANUEL Montt candidato a la Presidencia de la Republica, propuesto por el Ministerio de Abril. *Valparaiso, Imprenta del Comercio,* mayo de 1851, 16º-40 pp.

Va subscrito al final por NICOLÁS PRADEL.

DEBIDAS gracias que le tributan á Maria Santisima de los Remedios los habitantes de esta leal ciudad, por el descubrimiento de la conspiracion tramada contra la persona del Exmo. Sr. Virey D. Francisco Xavier Venegas. Cuya deprecacion hace D. M. Q. C. S. Con licencia. *Mexico, Imprenta de Arizpe,* año de 1811, 8º-5 pp. s. f.-En verso.

Las iniciales del autor ocultan el nombre de Don MANUEL QUIRÓS CAMPO SAGRADO.

DE BUENOS AIRES a Santiago de Chile. *Buenos Aires, Imprenta Latina*, Perú 815, 1894, 8º-407 pp.

Lleva al final la firma de FRANCISCO SEEBER. (A. Dingskirchen.)

DECLAMACION juridica por La Viuda y Herederos de D. Juan Martin Muñoz y los Herederos de D. Antonio Alonso Cortes, Oficiales Reales que fueron de las Caxas de esta Ciudad de Guatemala: en el pleito fiscal, Que de orden de S. M. se ha seguido en la Rl. Audiencia de este Reyno, sobre haberse satisfecho a diversos Conventos de Religiosos las limosnas de vino,... *Guatemala, en la Imprenta de Sebastian de Arébalo*, año de 1758, fol.-34 pp., pero falta alguna más.

Obra de don JUAN DIGHERO.

DECOUVERTE (La) des Indes Occidentales, par les Espagnols. Ecrite par Dom Balthazar *(sic)* de Las-Casas, Evêque de Chiapa. Dedié à Monseigneur le Comte de Toulouse. *A Paris, Chez André Pralard*, 1697, 12º-Frontis grabado-cinco hjs. s. f.-382 pp. y dos s. f.

La segunda edición varía un tanto en el título : La découverte des Indes Occidentales par les Espagnols, Et les moyens dont ils se son servis pour s'en rendre Maîtres... A Paris, Chez Florentin & Pierre Delaulne, 1701, 12º Con el mismo número de página.

Traductor : el abate J.-B. MORVAN DE BELLEGRADE.

DE DULCE i de Grasa. Coleccion de Cuentos i Poesías por Misael Guerra P. Ilustraciones de Marius. *Santiago de Chile, Sociedad Imprenta y Litografia Universo*, 1909, 8º-152 pp.

El nombre de autor con que figura es anagrama de ISMAEL PARRAGUEZ.

DE EL bien excellencias y obligaciones de el estado clerical y sacerdotal Por el R. P. Ioan Sebastian Prouincial de la Compañia de Iesvs en el Peru. *En Sevilla por Matias Clavijo*, M. DC. XV, 4º-Doce hjs.-818 pp., 36 hjs. s. f.

Hay segunda parte, impresa allí mismo, por dicho impresor.

El nombre y apellido del autor eran, en realidad, JUAN SEBASTIÁN DE LA PARRA.

DE ENTRE bastidores o la beata Magdalena. Escenas de actualidad, agradables ó no, por el Diablo azul. *Copiapó, Imprenta de El Norte*, 1889, 16º-39 pp.

De JUAN RAFAEL ALLENDE. — SILVA, *La Novela en Chile*, nº 225.

DE LA AMERICA Meridional con algunas observaciones a cerca de este importante objeto Escrito en Frances por Mr. P. C. F. Daunou y traducido del manuscrito autografo por D. O. *Buenos Aires, Imprenta de Expositos*, 4º-vii-16 pp.

El nombre del traductor es DOMINGO OLIVERA.

El trabajo de Olivera anda, de ordinario, agregado al *Ensayo sobre las garantías individuales del mismo Daunou*, traducido por Funes e impreso en Buenos Aires, en 1822, a que debemos referir esa fecha.

DEFENSA canonica dedicada al Rey Nuestro Señor. Por la Dignidad Episcopal de la Puebla de los Angeles y por la jurisdiccion ordinaria, puestos, y Honores de su Prelado, en el pleito, que movieron los Padres de la Compañia de aquellas Provincias Sobre no aver querido pedir las licencias, que deben tener.... *En Madrid, por Juan Gonzalez*, Año 1652, fol., Dos hjs. — s. f.-429 pp.

Obra del licenciado FERNANDO ORTIZ DE VALDÉS.

DEFENSA canónica y real por las Provincias de la Compañia de Jesus de la Nueva España y Philipinas, en los autos con el Venerable Dean y Cabildo de la Santa Iglesia Metropolitana de México. Sobre las censuras impuestas a los Jesuitas... dió a luz el Licenciado D. Ambrosio Eugenio Melgarejo... en 14 de Febrero de 1736. Fol.-53 hjs.

SOMMERVOGEL atribuye la obra al P. PEDRO IGNACIO ALTAMIRANO, cuya firma autógrafa figuraba en el ejemplar que tuvo a la vista.

DEFENSA católica del primer tomo del «Curso de derecho eclesiastico» del Sr. Vidaurre, contra las censuras del presbitero D. Jose Mateo Aguilar y del P. Vicente Seminario. Escrita por Marca-Martillos. *(Epígrafe de S. Pablo.) Lima, Imprenta de Eusebio Aranda*, 1840, 8º-109 pp. y 3 s. f.

El seudónimo corresponde a FRANCISCO JAVIER MARIÁTEGUI.

DEFENSA (La) de Bolivia. Año de 1840. *Imprenta del Colejio de Artes*, 4º-12 pp.

Subscrita en la Paz, a 9 de abril de 1840, por CASIMIRO OLAÑETA.

DEFENSA de D. Ildefonso Villamil, ciudadano de Bolivia, con motivo de la persecucion que ha sufrido en Lima, Dada á luz por uno de sus amigos. *Lima, 1832, Imprenta de Jose M. Masias*, 8º-23 pp.

La firma de ese amigo de Villamil aparece al fin de su *Defensa ;* llamóse JUAN ROEL.

DEFENSA de el Padre Provincial de Santo Domingo del Perv, segvn svs leyes. *(Lima,* 165...), fol.-12 hjs.

Ese Provincial se llamaba fray FRANCISCO DE LA CRUZ.

DEFENSA (La) del Cura Hidalgo combatida por la razon. Diálogo entre Doña Justa y el Clérigo. *(Al fin :)* Con superior permiso. *En la oficina de D. Mariano de Zúñiga y Ontiveros, año de 1811*, 4º-8 pp.

Subscrita por el « Durangueño L. F. E », esto es, el LICENCIADO FRANCISCO ESTRADA.

DEFENSA del Jeneral Blanco, dictamen fiscal y sentencia de la Corte Marcial, que confirma la absolucion pronunciada por el Consejo de Guerra de Oficiales Jenerales sobre los cargos que se hacian a dicho Jeneral por su conducta en la campaña del Perú. 1838. *Santiago de Chile, Imprenta de la Opinion*, fol.- 38 pp.

Adviértase que el folleto salió sin portada y que la copiada es la de la cubierta, en papel verdoso.

El Dictamen fiscal aparece suscrito por Pedro Nolasco Vidal, y Sotomayor Valdés en su *Historia de Chile bajo el gobierno del Jeneral Prieto*, t. III, p. 213, lo da sin vacilar como obra de Vidal. No así Briseño *(Estadistica bibl.*, p. 95) que afirma ser obra de D. VENTURA BLANCO y D. VENTURA MARÍN. « Obra suya, dice el biógrafo de éste es esta *Defensa*, como tan sabido es y él mismo lo recordaba ; no fué él, empero, quien la dijera ante la Corte Marcial, sino que, conforme al uso, un militar, siendo éste el coronel don Pedro Nolasco Vidal, por lo cual se dió a la imprenta subscrita por él ». Prieto del Río, *Vida de D. Ventura Marin*, Santiago, 1878, 8º, p. 49.

DEFENSA De la jurisdiccion Real. Por El Fiscal de la Real Audiencia de Mexico. En la causa con el Doctor Ivan de Merlo, Canonigo Doctoral de la Santa Yglesia de la Puebla de los Angeles... Sobre que se le niegue el avxilio qve pide para prender, y secrestar los bienes al Corregidor de Guexocingo... Año 1644, fol.-32 hjs.

Lleva la firma autógrafa de don PEDRO MELIÁN.

DEFENSA de los Jesuitas por G. M. *Quito, Imprenta de Valencia,* 1851, 4º-62 pp.

Las iniciales G. M. corresponden al apellido de GARCIA MORENO, don GABRIEL, más tarde presidente del Ecuador.

DEFENSA de los nuevos christianos, y missioneros de la China, Japon, y Indias. Contra dos libros intitulados, la Practica Moral de los Jesuitas, y el Espiritu de M. Arnaldo. Traducida de frances en español... Por Don Gabriel de Parraga, Gentil-hombre de la Casa de su Magestad... *En Madrid, Por Antonio Roman,* Año de 1690, 4º-14 hjs. prels.-266 pp. a dos columnas-2 hjs. s. f.

El P. Sommervogel *(Dict. des ouvr. anonimes,* col. 187), asegura que el autor de este libro fué el P. JOSÉ ECHABURU Y ALCARAZ.

Véase *Défense...*

DEFENSA de los tratados de Paucarpata. Por los Editores del Foreing Quarterly Review. *Guayaquil, Imp. de M. I. Murillo,* Año de 1839, 4º-8 pp.

Atribuída a don ANTONIO JOSÉ DE IRISARRI, de quien se registran en ella datos autobiográficos.

DEFENSA del Pensador y epistola al P. Soto. *Mexico,* 1820, *Oficina de D. J. M. Benavente y Sócios,* 4º-8 pp.

Subscrita por J. F. L. (JOAQUÍN FERNÁNDEZ LIZARDI).

DEFENSA documentada del General Doctor don Francisco Javier Salazar por F. I. S. *(Epígrafe en cuatro líneas.) Quito, Imprenta del Gobierno,* 1887, 8º-132-iv-una s. f.

Las iniciales corresponden a FRANCISCO IGNACIO SALAZAR.

— 138 —

DEFENSA en favor de D. Rafael Antonio de la Puente. En la acusacion que le ha promovido D. Jose Manuel Saez sobre cohecho de testigos i falsificacion de firmas. Por J. N. *Santiago, Imprenta del Comercio,* 1847, 8°-78-4 pp. y 1 s. f. para las erratas.

Las iniciales son las de JOVINO NOVOA, que estampa su nombre, con firma autógrafa al pie de la p. 78.

DEFENSA juridica, en que se manifiesta la nulidad, é injusticia con que procedieron el Governador, y Oficiales Reales de Cartagena ; En los autos, que formaron contra el Padre Phelipe del Castillo, Procurador General por su Provincia del Perú. Fol. s. f. n. l.-23 hjs.

Los PP. Backer, t. IV, p. 79, la atribuyen al mismo P. Castillo ; pero Sommervogel, con razón, al P. DIEGO IGNACIO ALTAMIRANO, que la subscribe.

DÉFENSE des nouveaux Chrestiens et des Missionaires de la Chine, du Japon et des Indes. Contre deux Livres intitulez la morale des Jésuites et l'Esprit de M. Arnauld. *A Paris, chez Estienne Michallet,* 1687, 12°-568 pp. Seconde édition, avec une Réponse á quelques plaintes contre cette Défense. Ibid., 1688, 12°-570 pp.

Por el P. MICHEL LE TELLIER. — SOMMERVOGEL, col. 188.

DÉFENSE des Recherches philosophiques sur les Américains Par Mr. de P***. Nouvelle édition corrigée et augmentée. *A Berlin,* mdcclxxii, 12°-256 pp.

Mr. de P****, o sea, CORNELIS DE PAUW.

DEFINICIONES y reglas de retórica compiladas por el profesor de Literatura y Fundamentos de Religion del Colejio Nacional de Junin. Para el estudio de los alumnos de la segunda clase. 1ª entrega. *Sucre,* junio 1867, *Tipografía del Progreso,* 8°-32 pp.

«El citado profesor era SANTIAGO VACA GUZMÁN». — ABECIA, n° 138.

DE LA clausura de los conventos de relijiosos i de las penas en que incurren los infractores de ella. IHS. *Santiago de Chile, Imprenta de Julio Belin i C.ª*, 1852, 8º-13 pp.

Lleva al final la subscripción de FRAY ANTONIO YOLDI.

DE LA conducta de los agentes de la Francia durante el bloqueo del Rio de la Plata, por Un Observador imparcial. *Buenos Aires*, 1839.

Por PEDRO DE ANGELIS. — ZINNY.

DE LA Devocion a la Virgen Nuestra Señora, y del modo de practicarla. *En Sevilla, Por Joseph Padrino, Impressor, y Mercader de Libros*, en calle Genova, 8º-64 pp. y tres hjs. s. f.

URIARTE, I, n.º 576, quien cree puede ser arreglo hecho por el P. JOAQUÍN DE SAAVEDRA de un fragmento del libro del P. José Tercero. *La Vírgen en el templo*, etc.

DE LA emigracion en Chile, Por F. C. *Santiago, Imprenta de la Republica*, 1868, 8º-menor-47 pp.

Por F. CALMAN.

DE LA esclavitud moderna. Por F. Lammenas *(sic)*. Traducida y reimpresa en *Santiago de Chile. (Epígrafe de Lammenais.)* Junio 10 de 1843. *Imprenta Liberal*, 8º-vi-27 pp.-Las erratas en el verso de la cubierta en color, en la que se halla correctamente escrito el apellido del autor.

Por FRANCISCO BILBAO, que subscribe el Prefacio.

DE L'AMÉRIQUE et des Américains (contre Corn. de Pauw) par le philosophe La Douceur. 1770, 8º

Aquel seudónimo corresponde al nombre de PIERRE POIVRE. «Obra que Barbier atribuye a Bonneville y a Pernetty, que otros suponen de Pernettes o de Rameville (nombre del todo desconocido en las letras)». — QUÉRARD, II, 490.

DEL MAR Pacífico Al Báltico. Apuntes sobre el sétimo viaje de la «Corbeta Baquedano» por Guillermo de Aconcagua (Corresponsal de «El Mercurio» de Valparaiso). 1905-1906. *Valparai-*

so, Imprenta y Litografía G. Weidmann, 1906, 4º-330 pp. y 1 croquis.

El seudónimo pertenece a D. GUILLERMO M. BAÑADOS H. — VAÏSSE, *Bibl. gen. de Chile*, I, p. 8.

DE MI niñez o ensayando el vuelo... Verso y prosa. *Concepcion, Imprenta Esmeralda*, 1923, 8º-183 pp.-cuatro s. f.

A la cabeza de la portada, Carlos de Leontino, seudónimo de CARLOS A. PINTO.

DE MIS recuerdos, por Luis del Valle. *Habana*, 1917.

DR. ENRIQUE JOSÉ VARONA. — F.-C.

DEMOCRACIA (La) y la aristocracia (paralelo) por H. O. M. *Santiago, Imprenta de « La Igualdad»*, 1888, 8º-xi-72 pp.

Las iniciales son de HIPÓLITO OLIVARES MEZA.

DEMOGRAFÍA Chilena. Rectificaciones a las publicaciones oficiales. *Imprenta i Litografía Alemana, Valparaiso*, 1904, 8º-69 pp.

De D. NICOLÁS PALACIOS.

DEMOSTENES (Los) de la Mayoría. Bosquejos parlamentarios de Sanfuentes, Olea, Errazuriz, Lopez, Urizar Gárfias, Echeñique, V. Irarrázaval, Vicuña, Mena, Flores. Edicion de lujo adornada con magníficos retratos litográficos. *Santiago, Imprenta de la «Libertad»*, 1868, 4º-42 pp. y 1 para las erratas. — Retratos.

Fueron sus autores don JOSÉ JOAQUÍN LARRAIN ZAÑARTÚ y D. FANOR VELASCO.

DEMOSTRACION repulsatoria que desmiente las falsedades en que están apoyados los folletos que en el mes de abril último publicaron don Pedro Barnachea, don Felix Antonio y don Ramon Novoa. *(Al fin:) Imprenta de la Biblioteca*, 4º-43 pp. (De 1827.)

En la página 29 firma el autor don DOMINGO BINIMELIS.

DEMOSTRACION teologica de la plena y omnimoda autoridad que por derecho divino y sin dependencia alguna del Papa tienen los Obispos dentro de sus respectivas diocesis. Muy util e importante en las circunstancias de hallarse impedido el recurso a la Santa Sede. *Santiago de Chile, en la Imprenta del Superior Gobierno,* por D. J. C. Gallardo, 1813, 4º-28 pp.

Obra del franciscano fray FERNANDO GARCÍA. — MEDINA, *La Imprenta en Santiago,* n.º 59.

DENUNCIA de los caballos, que faltan que presentar. P. D. J. F. de L. *(México,* 1812), 8º-8 pp.-En verso.

Por DON JOAQUÍN FERNÁNDEZ DE LIZARDI.

DEO Manv Dvctore. Apologeticvs dialogvs pro Domina Agneta Monasterii incarnationis Moniali, in nouum arctiusq̃; Sanctae Catherinae Lauretanam transitum cupiente. Fol.-8 hjs. s. f. (Ultimo tercio del siglo XVII.)

De don GASPAR DE ESCALONA Y AGÜERO.

DE PARÍS al Amazonas Las fieras del Putumayo (Por) Cornelio Hispano. *París, Librería Paul Ollendorff,* sin fecha, 8º-327 pp.

Cornelio Hispano es el seudónimo usado por ISMAEL LÓPEZ.

DE PHILOSOPHICIS Deistis In Apocalypsis capite nono praenunciatis Opusculum Iosephi Travallae Sacerdotis. *Imolae, Typis Joan. a Monte,* 8º-95 pp. y una s. f.

El apellido de Travalla es anagrama de VALLARTA, o sea, del ex jesuíta mexicano P. JOSÉ MARIANO VALLARTA Y PALMA.

DEPORTACION (La) á la Habana en la barca « Puig ». Historia de un atentado célebre. *Buenos Aires, Imp. de Pablo E. Coni,* 1875, 8º-238 pp.

Consta de la dedicatoria y del prólogo que el autor fué D. AGUSTÍN DE VEDIA.

DEPORTADOS (Los) cubanos. 12º, sin fecha, ni lugar de impresión, pero, al parecer, de 1870.-32 pp.

« Al final de la lista de los deportados, hay, en la página 17, una nota, sin fecha, suscrita por José Miguel Macías, suplicando se le comunicara cualquiera inexactitud que se advirtiera en la nómina citada ». — Pérez, nº 76.

Derecho (El) Comercial en Chile y en el Perú. *(Lima, 1867)*, 8º-s. f.-83 pp.

Consta del preliminar que el autor de este informe en derecho fué el abogado chileno D. Juan de Dios Arlegui.

Derecho constitucional chileno. Texto adaptado a la enseñanza del ramo por ***. *Santiago, Imprenta de la Libertad, 1871,* 4º-187 pp.

Los asteriscos disfrazan el nombre de don Santiago Prado. Echeverría y Reyes, *Bib. chil. de Legisl.*, nº 432 : « En la portada no lleva el nombre del autor; sirvió de texto en la Universidad, y es un comentario razonado, pero suscinto, de nuestra Constitución».

Derecho (El) de la República Argentina á las Islas Malvinas. Parte del informe presentado al Gobierno de Buenos Aires, en 10 de agosto de 1832 por D. Luis Vernet, ex-Gobernador de las Islas. *(Montevideo, Imprenta del « Comercio del Plata »)*, 4º-31 pp., orladas y a dos columnas.

El autor fué don Valentín Alsina, según él lo dice: «... Vernet y don Jorge Pacheco, interesados, a lo que parece, en el asunto, se me presentaron con un cúmulo de notas a encargarme la redacción del Informe... ».

Derecho Internacional Privado. *Buenos Aires, Imprenta y Librería de Mayo, de C. Casavalle,* 1879, 8º mayor. (Tres entregas de 16 pp. cada una.)

« Estos Apuntes del señor Adolfo Mitre son continuación de la obra que emprendió el año anterior, en colaboración con el Sr. Ernesto Quesada... ». Navarro Viola, *Anuario bibliográfico de la República Argentina,* 1879, nº 89.

Derecho público eclesiástico. En 40 lecciones. Segunda edicion, notablemente aumentada y mejorada. *Cochabamba, Imprenta del Siglo,* 1873, 4º-iii-215 pp. y dos s. f.

Por el presbítero Victoriano San Román.

DERECHOS del hombre y del ciudadano con varias maximas republicanas; y un discurso preliminar, dirigido a los americanos *(Bigote)*. *Reimpreso en Santafe de Bogotá, año de* 1813, 1º, *En la Imprenta del Estado (Linea), Por el C. José María Ríos.*

> Por TOMÁS PAYNE. Véase MEDINA, *La Imprenta en Santafé,* nº 19. Hay reimpresión de Caracas, Tomás Antero, 1824, 16º, que se dice segunda edición.

DERECHOS (Los) de la verdad, vindicados contra un escrito anónimo intitulado « Al público ». *(Epígrafe de Horacio.) Quito, Imprenta de la Universidad,* 1839, 4º-10 pp.

> Subscrito por « Un burlador », que resulta ser FR. VICENTE SOLANO. Este folleto se reprodujo en las pp. 5o6 y siguientes del tomo II de sus *Obras.*

DERECHOS y deberes del ciudadano. Obra traducida del idioma frances al castellano. Impresa en Cádiz en 1812, y reimpresa en Lima a costa de D. Francisco Rivero, *Imprenta de los Huérfanos,* 1813, *Por D. Bernardino Ruiz (Lima),* 8º-Una hoja-iii-xciv-337 pp.

> El traductor de la obra de Mably fué la DUQUESA DE ASTORGA. Dice Rivero que el libro se lo envió desde Cádiz su hermano don Mariano Rivero, diputado de Arequipa en las Cortes, encargándole vivamente su reimpresión.

DERROTERO general de las Republicas del Peru, Colombia, Buenos-Ayres y Chile, formado circunstanciadamente por carreras, con el objeto de dar un conocimiento exacto de las comucaciones para el jiro de diversos intereses, Incluyese un plan geografico que demuestra todas las administraciones de correos por donde circulan las correspondencias, con las distancias que hay de unas a otras : la nueva tarifa para el cobro de portes de cartas, y derechos de encomiendas, aprobada por S. E. el Consejo de Gobierno ; y una noticia de la entrada y salida de Correos. *Lima,* Reimpreso de Orden Suprema en la *Imprenta del Estado por E. Aranda,* 1857, 8º-35 pp. (foliada ésta por error, 36).

> Fué el autor JUAN DE AZÁLDEGUI. La primera edición debe ser del año 1825 o 1826.

DERROTERO para las costas de Chile. *Santiago, Imprenta del Ferrocarril,* 1860, 4º-63 pp.

Obra de GUILLERMO E. Cox, que firma la Advertencia preliminar.

DESAGRAVIO de la iniqua venta, que de la Real Persona de Christo, hizo el traydor Discipulo Judas... Sacado fielmente Del libro intitulado, Espada aguda de dolor. *Reimpresso en Mexico en la Imprenta de D. Phelipe de Zuñiga, y Ontiveros...* Año de 1769, 16º-29 pp. s. f. y estampa a la vuelta de la portada.

El libro a que se alude fué escrito por el padre jesuíta JOSÉ VIDAL. Hay ediciones también mexicanas de 1770, 1775 y 1779.

DESCRIPCION de la casa fabricada en Lima, Corte del Perú, para que las señoras ilustres de ella, y las demas mugeres devotas, y las que desean servir a Dios Nuestro Señor, puedan tener en total retiro, y con toda abstraccion, y direccion necesarias los Exercicios de San Ignacio de Loyola... Con licencia *En Sevilla, por Joseph Padrino,* 4º-26 hjs. s. f.-lámina-85 pp. y dos s. f.

De don BALTASAR DE MONCADA.

DESCRIPCION de la fiesta celebrada en la Habana el dia 30 de Mayo en la instalacion del nuevo departamento para varones en la casa de Beneficencia. *Habana,* 1827, *Oficina del Gobierno y Cap. General,* 4º-32 pp.

Obra de FRANCISCO J. TRONCOSO, contador que era entonces de la Beneficencia.

DESCRIPCION de la magnifica perspectiva que con motivo de la solemne jura de la Serenísima princesa heredera del trono de las Españas doña Maria Isabel Luisa de Borbon, presentó el palacio del Sr. Conde de Santovenia en los dias catorce, quince y diez y seis del corriente, por Delio. *Habana,* 1833, *Oficina de D. José Boloña,* 8º-10 pp.

Delio oculta el nombre de FRANCISCO ITURRONDO.

DESCRIPCION de las Reales Fiestas, que por la feliz exaltacion del

Señor Don Carlos IV. al Trono de España, y de las Indias, Celebró la muy Noble Ciudad de Lima Capital del Perú. *Lima, en la Imprenta Real de los Niños Expósitos,* año de 1790, 4º-4 pp. s. f.-101 pp.

Obra del doctor don Francisco de Arrese y Layseca.

Descripcion De la verdadera, y falsa Vacuna, y modo de ingerir el fluido vacuno, con los accidentes que acaecen antes y despues de su ingercion. *En Santiago de Chile,* año de 1822. Por D. M. J. G. *Imprenta Nacional,* 4º-16 pp.

Las iniciales corresponden a don Manuel Julián Grajales.

Hay otra edición, sin fecha, por la Imprenta de la Biblioteca, 4º-, y una tercera, que lleva la indicación de segunda, Santiago de Chile, 1865, 8º-14 pp.

Descripcion de los tres principales balnearios marítimos que rodean a Lima, por Juan de Arona, correspondiente de la Real Academia Española. Con 36 fotograbados y un plano de Chorrillos. *(Epígrafe en 8 líneas.) Lima, Libreria, Imprenta y Encuadernación Gil,* 1894, 8º-vii-152 pp. y una sin foliar para las erratas — Retrato del autor y muchas ilustraciones.

Seudónimos y anagramas usados por el autor desde 1863 : *Jenaro Vanda. A jenor Vanda, Evandro Jana, Ivan Radeanof* (anagramas, el último, imperfecto, de *Juan de Arona).* Pius *(P. P. S. y U.). Críspulo Mor-Diente, El conde de Villamediana.*

Todos estos seudónimos y las iniciales aquéllas rezan con Pedro Paz Soldán y Unanue.

Descripcion del Santuario de Santa Rosa de Lima, escrita en aquella ciudad por F. de P. T. Reimpresa en Santiago, *Santiago de Chile, Imprenta de Julio Belin i Ca.,* 1854, 8º-20 pp.

No he visto la edición príncipe de Lima.

Las iniciales corresponden a don Francisco de Paula Taforó.

Description des Terres Magellaniques et des pays adjacens. Traduit de l'Anglois par M. B.**. Partie I. *A Geneve.* Chez François Dufart. *Et à Paris,* Hôtel Landier, Nº 5. Rue Haute-Feuille, au coin de celle Poupée, M. DCC. LXXXVII, 16º-2 vols., 163-135 pp.

Es traducción del P. Tomás Falkner, hecha por Marc.-Théod. Bourrit. Hay ejemplares que llevan el pie de imprenta de : A. Lausanne, Chez Jean-Pierre Heubach & Comp.

Descripcion sinóptica de Mojos. (Sin portada ni designacion alguna, aunque debe ser impresa entre 1836 y 38, en La Paz o Chuquisaca), 4º-21 pp.

« El autor es don Matías Carrasco. » — Gutièrrez, nº 500.

Descripcion sumaria de la inclyta Milicia de Jesu-Christo, V. O. T. de Penitencia del Cherubin de la Iglesia Nro. Glorioso P. y Patriarca Sto. Domingo de Guzmán, Ilustre fundador del Sagrado Orden de Predicadores. De su establecimiento en la Ciudad de Santiago de Chile : del pie, en que hoy existe... Sale a luz, a espenzas y solicitud del S. D. Melchor Lopez, su actual Prior. Con licencia, en Lima, en la Imprenta Real, Calle de Concha, Año de 1783, 8º-270 pp.

De don Judas Tadeo de Reyes.

Description de l'herbe nicotiane et traité de la racine mechoacan, blasonnée la rhubarbe des Indes, traduit de l'espagnol en français. par J. G. P. (Jacques Gohorry, Parisien.) Rouen, Mallard, 1588, 8º.

Description historique d'un monstre symbolique, pris vivant sur les bordes du lac Fagua, près de Santa-Fé, par les soins de Francisco Xaveiro de Meunrios, comte de Barcelone. Santa-Fé et París, 1784, 8º-29 pp. con la lámina del monstruo.

« Esta pieza alegórica y satírica es de Monsieur, conde de Provenza (Luis XVIII). Meunrios es el anagrama de Monsieur. »

Descubrimiento y conquista de la America, o Compendio de la Historia General del Nuevo Mundo, por el autor del Nuevo Robinson : traducido del frances, corregido y mejorado por D. Juan Corradi. Madrid, en la Imprenta Real, Año de 1803, 8º-3 vols., cada uno con retrato.

El autor del Nuevo Robinson fué Joachin Hendrick Camps, y su traductor al castellano, don Tomás de Iriarte.

DESDE Júpiter. Novela original, escrita por Saint-Paul. *Santiago, Imprenta y Litografía de «El Pais»,* 1878, 8º-138 pp.

> El seudónimo aparece descubierto en la segunda edición de la novela, que lleva por título : *Desde Júpiter. Curioso viaje de un santiaguino magnetizado.* Por FRANCISCO MIRALLES, Santiago, Imprenta Cervantes, 1886, 8º-333 pp.

DESDE mi torre, por Junius. *Habana,* 1821.

> Por HERMES E. MONTALIÁN. — F.-C.

DESENGAÑO de falsas imposturas. *(Al fin :)* Con superior permiso. *En Mexico.* por D. *Mariano José de Zúñiga y Ontiveros,* año de 1811, 4º-15 pp., 35-Una hoja s. f., 36-27 pp. para las tres partes y el Suplemento de que consta.

> Subscrito por M. G. T. C., iniciales de don MANUEL GERMÁN TORAL Y CABAÑAS.

DÉSESPOIR (Le) d'un jeune Péruvien sur la destruction de l'Empire du Pérou. *(Epígrafe latino en dos líneas.) (Al fin :) De L'Imprimerie des Amis Réunis,* 8º-15 pp.-En verso.

> Por A.-A.-E. PILLON. — BARBIER, I, 910.

DES HERRN Abts Vidaurre kurzgesaszte geographische, natürliche und bürgerliche Geschichte des Königreichs Chile, aus dem Italienischen ins Deutsche übersetzt von E. J. J... Mit einer Charte, 8º, 208 pp. y mapa. (Sin fecha, ni lugar, *sed Hamburg,* 1782.)

> El apellido del traductor era JAGEMANN.

DESIERTO (El) de Atacama. Estudio dedicado al señor Ministro de Hacienda. *Santiago, Imprenta de «El Ferrocarril»,* 1874, 4º-16 pp.

> Lléva al pie la firma de J. M. TORRES ARCE.

DESIGNIOS (Los) de la Divina Providencia sobre las Americas. Panejirico en honor del Beato Martin de Porres de la Orden de Predicadores. Pronunciado en italiano en el ultimo dia (31

de Mayo de 1838) del triduo que se celebró en Roma por su
Beatificacion en la insigne iglesia de Santa Maria, sobre Minerva de la misma órden. Por el Rmo. P. D. Joaquin Ventura, ex-jeneral de los clerigos regulares Teatinos. Traducido
al castellano por Fr. D. A. *Santiago de Chile, Imprenta de la
Opinion,* 1843, fol.-45-xii pp.

Las iniciales del traductor son de Fray Domingo Aracena.

Desnudeces (Escenas porteñas). *Santiago de Chile, Imprenta Barcelona,* 1913, 8º-158 pp.·

A la cabeza de la portada, Fernando de Aspillaga, seudónimo de
Eugenio Torres Hosic.

— Desolacion. Gabriela Mistral. *Editorial Nascimento, Santiago
de Chile,* 1923, 12º-355 pp. y una s. f. para el colofón.

Gabriela Mistral es seudónimo de Lucila M. Godoy.

Despierta Bolivia. (Sin designaciones: *Lima,* 1858?) 4º-8 pp.

«Versos contra Linares, atribuídos a José Simeón Oteiza». — René
Moreno, nº 1151.

Destino (El), novela orijinal. Escrita por R. M. Primera Parte.
Valparaiso, Imprenta y Libreria Europea de Nicasio Ezquerra,
1870, 4º-172 pp. y 1 s. f. con las erratas. Segunda Parte,
208 pp.

René Moreno, *Bib. Per.,* I, nº 1296, que no conoció la Segunda
Parte, atribuye la obra a Rosendo Melo.

La primera parte lleva el prólogo datado en Pacasmayo, a 20 de
marzo de 1869, y la Segunda, en Valparaiso, agosto 28 de 1869.

De más está decir que el autor era peruano.

Destitucion del Rector del Liceo de Valparaiso y su vindicacion.
Valparaiso, Imprenta de «La Patria», 1868, 4º-23 pp. a
dos cols.

Firma al final Joaquín Villarino.

—. Détail sur la navigation aux côtes de Saint-Domingue et

— 149 —

dans ses débouquements. *Paris, imp. royale,* 1787, 4º-2 hjs. y 81 pp.

Por el conde Ant.-Hyac.-Anne de Chastenet-Puységur.

Determinadores de distancias antiguos y modernos. Traducido del inglés por R. B. A. *Valparaiso (Talleres Tipográficos de la Armada),* 1901, 4º-21 pp.

Las iniciales son de Ricardo Beaugency A., que suscribe al final.

Detractores (Los) de Chile en el estranjero. *Santiago, Imprenta del Ferrocarril,* 1859, 4º-26 pp.

Por don Ignacio Zenteno.

De Venus, Baco y Birjan ¿a qual van? ó continuacion del juguetillo titulado el Bando de Lucifer. P. D. J. F. de L. (*México,* 181...), 4º-9-16 pp..

De don Joaquín Fernández de Lizardi.

Devocion (La) de la discipula amada de Christo Santa Maria Magdalena. Dispuesta por el Padre Ignacio Tomai de la Compañia de Jesus... *Impressa en Mexico Por la Viuda de D. Joseph Bernardo de Hogal,* Año de 1744, 12º-104 pp. y lámina.

Obra del padre jesuíta José María Genovese, cuyo segundo apellido era el de Tomay.

Devocion de las Siete Palabras que habló Jesu-Christo, Nuestro Redentor, Pendiente de la Cruz, en las tres horas de su agonia : hasta su muerte : Segun se practica el Viernes Santo en muchas Ciudades de América, Italia, España, y últimamente en la de Palencia por la V. O. T. de N. P. S. Francisco. Reimpresa varias veces y nuevamente en *Valladolid En la Oficina de la Viuda e Hijos de Santander* donde se hallará ; y en *Palencia en Casa de Don Nicolas Sanchez Regadera,* frente de la fuente de la Plaza, 12º-159 pp. Sin fecha, pero de principios del siglo xix.

Del padre jesuíta del Perú, ALONSO MESÍA BEDOYA, cuyo nombre lleva en muchas ediciones, tanto castellanas como en varias traducciones, sobre todo italianas. URIARTE, I, nº 666.

DEVOCION, y novena a Santa Maria Magdalena, Sacada del Librito intitulado : La discipula de Christo Dispuesto Por el P. Ignacio Tomay de la Compañia de Jesus. *Impressa en Mexico por la Viuda de Don Joseph Bernardo de Hogal...*, Año de 1745, 16º-43 pp. s. f. y estampa a la vuelta de la portada.

El P. Tomay no es otro que el jesuíta JOSÉ MARÍA GENOVESE, que llevaba aquél como segundo apellido.

Hay ediciones mexicanas de 1747, 1794, por Zúniga y Ontiveros ; 1805, por doña María Fernández de Jáuregui, 16º ; y por la misma, de 1815 ; y de 1817, por Ontiveros.

DEVOCIONARIO compuesto por el Dr. J. Z. Reimpreso y aumentado. *Sucre, Marzo de 1873, Imprenta Boliviana*, 4º-11 pp. En verso.

Las iniciales entiendo que pertenecen al Doctor JAIME ZAMORANO.

DEVOCIONARIO de Jesús Nazareno para honrar su devota imagen que se venera en el templo de Santo Domingo de Santiago, por Fr. A. M. C. O. P. (Con las licencias necesarias.) *Santiago de Chile, Imprenta y Encuadernacion Chile*, 1908, 16º-Diez y seis pp.

Las iniciales se traducen por FRAY ALFONSO M. CABEZAS, de la Orden de Predicadores.

DEVOTA novena a la Inmaculada Reyna del Cielo y de la tierra Maria Santisima Señora Nuestra, con la gloriosa advocacion del Buen Suceso, Que se venera en la Iglesia Parroquial del Evangelista San Marcos de esta Ciudad de la Puebla de los Angeles... *Reimpresa en la Oficina del Real Seminario Palafoxiano de la Puebla*, Año de 1788, 8º-3 pp. s. f.-11 pp. s. f.

Subscribe la dedicatoria el autor, bachiller MANUEL ANTONIO CARRANZA Y OLARTE.

DEVOTO (El) de San Juan Evangelista. En que se proponen los

— 151 —

motivos para amar, y reverenciar a este gran Santo. Y se pone la practica de su devocion. Dispuesto por el P. Ignacio Tomai, de la Compañia de Jesus... *Reimpresa en México en la Imprenta de los Herederos del Lic. D. Joseph de Jáuregui..*, año de 1793, 16º-64 pp.

Habrá que repetir aquí que bajo aquel nombre del autor se esconde el del padre jesuíta José María Genovese.

Diablofuerte. (La historia de un suplementero.) Por Jotavé. *Santiago de Chile, Imprenta de «El Diario Popular»,* 1905, 8º-166 pp.

El seudónimo corresponde a José Luis Fernandois.

«Además de haberse publicado como folletín de *El Diario Popular, El Chileno* de Santiago en 1908, la insertó también en su *Biblioteca,* — Silva, *La novela en Chile,* nº 74.

Dia bveno, y entero, Con todas sus obras, Reglas y Obligaciones : de vn Congregante de la Pvrisima. Dedicalo a la misma Congregacion, el Doct. y M. D. Francisco Antonio Hortiz, Cura de la Parrochia de S. Catalina Martyr, de esta Ciudad de Mexico... Con licencia. *En Mexico,* Año de 1667. *Por la Uiuda de Bernardo Calderon,* 8º-7 hjs. s. f.-184 de texto.

De la dedicatoria de Hortiz a la Congregación se desprende que no era él el autor, como han creído Beristain y los Backer, pues dice en ella «enteras las quisiéramos (las pláticas) todas, pero no era fácil persuadir a nuestro padre las escribiese ligibles, y sería sumamente difícil persuadirle que la erudición, lugares y adorno con que se hacen, no era ociosidad costosísima en los moldes... Medióse la materia, dejando todo lo exornativo...»

Es de creer, pues, que Hortiz recogió y ordenó las pláticas de ese jesuíta, que se llamaba el padre Antonio Núñez de Miranda, como ya lo advirtió Nicolás Antonio en la p. 147 del tomo I de su *Bibliotheca Hispana Nova.*

Dia (El) de Lima. Proclamacion real, Que de el Nombre Augusto de el Supremo Señor D. Fernando el VI, Rey Catholico de las Espapañas y Emperador de las Indias. N. S. Q. D. G. Hizo la muy Noble, y muy Leal Ciudad de los Reyes Lima... Con la relacion de la Solemne Pompa de tan fausto felice Aplauso. Y de las

Reales Fiestas con que se celebró. Año de M. DCCXL. VIII, 4º- Escudo de armas y 268 pp.

En las guardas del ejemplar de Salvá se hallaba la anotación de ser obra de don José Eusebio de Llano Zapata,

Dia diez y nueve, que veneran los Devotos en cada vno de los Doze Meses de el Año a honra de su Gloriosissimo Protector el Patriarcha Señor San Joseph... Dispvesta por vn Sacerdote de la Compañia de Iesvs. *Puebla, 1750, 24º-10 hjs. s. f.*

Atribuída al jesuíta P. Antonio de Paredes.

Dia feliz en obsequio del amoroso Corazon de Jesus sacramentado, y algunas devociones dirigidas al culto del mismo sacratísimo Corazon. *Mexico, 1826, 18º-28 pp.*

Esta edición y la de Puebla de los Angeles, 1827, 16º, 54 pp., son las únicas, como observa Uriarte, en que se omitió el nombre del autor, el jesuíta P. Francisco Javier Lazcano Altamirano.

Diadema de la Habana, por Zaritopas. *Habana, 1862.*

Anagrama de Nazario Pastoriza. — F.-C.

Dialogo curioso entre El Director Pueyrredon y su Secretario Tagle. *(Montevideo), Imprenta Federal, Por William P. Griswool y John Sharpe, 4º-4 pp.*

— Segunda Parte del Dialogo entre el Director Pueyrredon y el Secretario Tagle. *(Montevideo), 4º-4 pp.*

Ambos impresos carecen de fecha, que parece corresponder a 1818, y van suscritos por Aarón-al Raschild, seudónimo de José Miguel Carrera.

Dialogo entre el viejo Chapeton D. Diego Rota, y la vieja Doña Tecla Moncada, Americana. *(Colofón:) Santa fé de Bogota, en la Imprenta del C. B. Espinosa. Año de 1814.-fol-2 pp.*

Hay *Continuación* y *Conclusión del Diálogo*, de 4 pp. s. f. y por la misma imprenta. En verso.

Posadas expresa (*Bib. bog.*, p. 321). que en nota manuscrita puesta al ejemplar de la Biblioteca Nacional de Bogotá se lee : « Se cree generalmente que son del Conde P. F. Valencia.»

Diálogo Entre la señorita doña Razon y la negra esclava Impostura. *(Colofón:) Imprenta Araucana*, 4º-9 pp.

Subscrito al final, en Santiago, en 26 de octubre de 1837, en favor de fray José Alfonso Vernet, y obra suya.

Diálogo entre Teresa y Faldoni, por Desval. *Habana, Imprenta del Comercio*, 1822, 8º

Desval es anagrama de Valdés, o sea, de parte del nombre del autor: Ignacio Valdés Machuca.
Ni Bachiller, ni Trelles parece que han visto esta obrilla (que sería de crítica, al decir de López Prieto), pues no le señalan número de páginas.

Diálogo entre un Cortesano y un Payo, para solemnizar el cumple años de nuestro Rey el Señor Don Fernando VII. Dispuesto por D. M. Q. C. S. *(Al fin:) Imprenta de D. Mariano Ontiveros*, año de 1820, 4º-4 pp. s. f.-Romance.

Las iniciales son de Manuel Quirós Campo Sagrado.

Diálogos patrioticos. *(Colofón:)* Con licencia. *En México, oficina de Doña Maria Fernandez de Jauregui*, calle de Santo Domingo año de 1810, 4º-128 pp.

Se reimprimieron en el tomo XIV de la Gazeta de Guatemala.
Obra de don José Mariano Beristaín y Sousa.

Diario del viaje efectuado por el Dr. Aquinas Ried desde Valparaíso hasta el lago Llanquihue y de regreso (7 de Febrero de 1847 al 20 de Junio del mismo año). (Traducido del inglés.) (Publicado simultáneamente en el Nº 40 de la *Revista Chilena de historia y geografía.)* Prólogo de Manuel Magallanes Moure y en el texto 16 apuntes originales del Doctor Ried. *Santiago de Chile, Imprenta Universitaria*, 1920, 4º-70 pp.

Fué traductor don Alberto Ried, nieto del autor.

Diario de Bucaramanga ó Vida pública y privada del Libertador Simón Bolívar, por L. Peru de Lacroix. Publicado por primera

vez con una introducción y notas por Cornelio Hispano. *Paris,
Paul Ollendorff* (1912), 8º-267 pp. y una de índice.

Cornelio Hispano es seudónimo de Ismael López.

Diario de una jóven pobre, por Mme. Emmeline Raymond. Traducido para El Independiente por M. R. L. *Santiago, Imprenta
de «El Independiente»*, 1869, 8º mayor-144 pp.

Las iniciales del traductor ocultan el nombre de Máximo Ramón Lira.

Diario de un joven norte-americano detenido en Chile durante el período revolucionario de 1817 á 1819. Traducido del inglés por J. T. M. *Santiago de Chile, Imprenta Elzeviriana*, 1898, 8º-240 pp.

Las iniciales del traductor corresponden a José Toribio Medina.
Para el original inglés véase *Journal of a residence in Chile.*

Diario militar de la campaña que el Ejercito Unido Restaurador abrió en el Territorio Peruano el año de 1838 contra el Jeneral Santa-Cruz titulado Supremo Protector de la Confederacion Peru-Boliviana. Publicado en el Peru año de 1840. *Lima, Imprenta de Jose Masias*, 8º-xiii-144-4 de estados, xxiii de Documentos, 1 de erratas, 4 planos, un mapa y un grabado alegórico.

«Está redactado este *Diario* por persona competente. Su autor es el coronel Antonio Placencia, oficial español capitulado en Ayacucho, más tarde al servicio del Perú, donde se casó y radicó. En el Ejército Unido Restaurador era ayudante general del E. M. G. Ha ya muchos años que murió pobre y olvidado en Lima».-René Moreno, *Bib. per.*, nº 500.

Diario notable de la Excelentissima Señora Marquesa de las Amarillas Virreyna de Mexico, desde el Puerto de Cadiz hasta la referida Corte, escrito por un criado de su Excelencia D. A. T. R. B. F. D. M. *Con licencia, en Mexico, En la Imprenta de la Biblioteca Mexicana*, Año de 1757, 8º-33 hjs. s. f. y p. final con las erratas.

Las iniciales ocultan el nombre de don Antonio Ribadeneira Barrientos.

Diary (A) of the wreck of His Majesty's ship Challenger, on the

— 155 —

western coast of South America, In May, 1835. With an account of the subsequent encampment of the officers and crew, on the south coast of Chili. *London, Printed for Longman, Rees, Orme, Brown, Green, & Longman,* 1836, 8º-160 pp. y 4 láminas.

La lectura atenta del libro nos permite establecer que el autor fué WALTER J. COLLINS, teniente segundo de la nave.

DICCIONARIO biográfico moderno. *Santiago, Imprenta Cervantes,* 1886, 8º-115 pp.

Consta del *Anuario de la Prensa Chilena,* 1886, n° 149, que el autor fué FANOR VELASCO.

DICCIONARIO de peruanismos. Ensayo filológico por Juan de Arona. *Lima, Imprenta de J. Francisco Solis,* 1883, 4º-529 pp.

En la segunda edición *(Lima, Imprenta y Librería de Benito Gil,* 1886, 4º) se incorporó también el retrato del autor, con su nombre al pie : PEDRO PAZ SOLDÁN Y UNANUE.

DICTADOR (El) del Perú Tomas Gutierrez o la victima de la ambicion. Novela por Un Americano. *Lima, Imprenta de « La Patria », por Benigno Antezana,* 1872, 8º-183 pp.

« Atribuída a FEDERICO PANIZO, doctor en leyes, ministro que fué de Estado en la dictadura de Piérola el año 1879. » — RENÉ MORENO, *Bib. per.,* n° 506.

DICTAMEN legal sobre la nulidad del instrumento que se dice de donacion otorgado por D.ª Isidora Meri, a favor de D.ª Carmen Quintano, en 12 de Diciembre de 1827; y subsistencia del testamento que otorgó la Meri en 25 de Abril de 1828. Contestado con reconocimiento de todo el proceso. *Santiago de Chile, Imprenta de la Independencia,* 1832, 4º-índice a la vuelta de la portada y 55 pp.

Mi ejemplar lleva la firma autógrafa del autor : JUAN EGAÑA.

DIE XIII Decembris. Officium de Festo B. Mariae Virginis de Guadalupe. Duplex primae classis cun Octava. 16º-16 hjs. s. f.

Véase más adelante *Officium in Festo B. M. Virginis* de que es el presente reproducción parcial, según lo advirtió ya el P. Uriarte, n.º 689. Obra del padre jesuíta JUAN FRANCISCO LÓPEZ.

Hay varias otras ediciones mexicanas y peninsulares. Una de aquéllas es de 1784, por Jáuregui, 4º-47 pp.

DIEZ (Los) Domingos a honor de San Ignacio de Loyola, Fundador de la Compañia de Jesus. Devocion práctica para quien desea alcanzar del Santo su patrocinio, y alguna gracia particular. Traducidos del Italiano al Español por un Padre de la Compañia de Jesus. *En Cadiz y en Cordoba*, 1800, 16º-29 pp.

Traductor: el P. jesuita JUAN FRANCISCO LÓPEZ, que residió en México. Consta, desde luego, el hecho, de la portada de la edición de Córdoba, Juan Crespo, sin fecha.

DIEZ (Los) Viernes a honor de San Ignacio de Loyola, Patriarca de la Compañia de Jesus. Devocion práctica para quien desea con el patrocinio del Santo impetrar de Dios gracias espirituales y temporales: Traducidas del Italiano por un padre de la Compañia de Jesus. *En Cadiz y en Cordoba*, 1800, 12º-253 pp. y hoja s. f.

Tradución hecha también por el P. JUAN FRANCISCO LÓPEZ.

DIFICULTAD imaginada. Facilidad verdadera. En la practica de Testamentos, Reducida a ocho Documentos... Por vn devoto de el bien comun espiritual, y temporal de los proximos, de profession Jurista, experimentado en Reales Audiencias con continua ocupacion de muchos años en la Abogacia... *Con licencia en Mexico, Por la Viuda de Miguel de Ribera Calderon en el Empedradillo*, año de 1714, 8º-8 pp. s. f.-72 foliadas.

Por D. JOSÉ SÁENZ DE ESCOBAR.

DIFFICULTY between Chile, on the one hand, and Peru and Bolivia on the other. *Times Printing House, Philadelphia*, 4º (1879)-78 pp.

El título y lugar de impresión están tomados de la cubierta en color. Obra de D. MARCIAL MARTÍNEZ.

DIRECCION moral para los Institutores por Th. H. Barrau. Traducida de la sétima edicion francesa por algunos miembros de la
comision visitadora de escuelas de Santiago. *Santiago, Imprenta Nacional*, 1869, 16º-275 pp.

> PONCE, *Bib. Pedag.*, nº 13, p. 11, afirma que el traductor fué don
> RAMÓN DOMÍNGUEZ. BRISEÑO, *Est. bibl.*, II, p. 25, cita edición de 1872, *Santiago, Im-
> prenta Nacional*, 8º-275 pp.

DIRECTORIUM ad divinum off. rite recitandum, Missamq. Celebran-
dam in Guatimalana Praesentationis Redemptorum Proa. pro
ann Domini 1811... Faciebat jussu R. admodum P. N. D. et
M. F. Ludovici Garcia semel, et terum *(sic)* proae. Praesulis
F. M. J. L. R. *Apud Arevalo*, 43 pp. s. f.

> Las iniciales del autor corresponden a FRAY MARIANO JOSÉ LÓPEZ
> RAYÓN.
>
> Con las mismas salió el *Directorium* de 1815, impreso también en
> Guatemala, pero ya en el del año siguiente se puso el nombre del autor
> con todas sus letras.

DISCOURS sur les avantages ou les désavantages qui résultent,
pour l'Europe, de la découverte de l'Amérique. Objet du Prix
proposé par M. P*** l'Abbé Raynal. Par M. Vice-Consul, à
E***... *Londres*, Et se trouve, *à Paris, chez Prault*, 1787-8º-
8-68 pp.

> « Se atribuye este *Discours* al Marqués de Chastellux (FRANCIS-JEAN
> CHASTELLUX), y según Laharpe, es la mejor de sus obras : bien ideado,
> pasablemente escrito, lleno de conclusiones luminosas y de útiles ver-
> dades. Decide la cuestión en favor de « las ventajas ». — *Biographie uni-
> verselle*.
>
> QUÉRARD, III, 8 ; SABIN, nº 12.224.

DISCOVERY of the New World, or a description of the South Indies, hetherto unknowne (Tenterbelly, Shee-land, Fooliana,
Theenvingen) By an English. *London*, 8º (1643).

> Traducción del *Mundus alter et idem, sive Terra Australis*, etc., *Lon-
> don*, 1607, de Joseph Hall, hecha por JOHN HEALEY, que engaña por su
> título, pues no pasa de ser una novela humorística.

DISCRETO (El) estudiante reglas de buena crianza, Para la educacion de los Colegiales del Colegio Real de S. Ildefonso, A cuyas expensas se reimprime. *Con licencia en Mexico, Por los Herederos de la Viuda de Francisco Rodríguez Lupercio,* En la Puente de Palacio. Año de 1722, 8º-23 hjs. s. f.

BERISTAIN, que cita este opúsculo con el título de *El cortesano estudiante* y advierte que alcanzó varias ediciones, siendo ésta la última, lo atribuye al jesuíta P. DIEGO ACEVEDO.

DISCVRSO apologetico ivridico: y defensa del Capitan Don Lvis Alfonso de Roxas y Mendoza. En convencimiento Del cargo, que se le haze, de que provocò al Capitan Don Antonio Bravo de Lagvnas. *(Lima,* 164...), fol.-11 hjs. s. f.

Con la firma autógrafa del licenciado DIEGO DE LEÓN PINELO.

DISCVRSO de las conueniencias y derechos que ay para que las prelacias y prebendas de las Indias se den a los naturales de aquellos Reynos. *(Madrid,* 1618), fol.-3 hjs.

El autor fué el doctor don PEDRO SÁNCHEZ DE AGUILAR, deán y procurador de la Catedral de Mérida de Yucatán.

DISCURSO dirigido á los Señores Regidores de... sobre la eleccion de diputado de la Nueva España, en cumplimiento de la Real orden de la Suprema Junta Central de 29 de Enero de 1809. Su autor Filopatro. *Impresa en Mexico, en la Oficina de Doña Maria Fernandez de Jauregui...,* Año de 1809, 4º-23 pp.

El autor, Filopatro, no es otro que don JOSÉ MARIANO BERISTAIN Y SOUSA.

DISCURSO doctrinal sobre la obediencia, y lealtad debida al Soberano, y á sus Magistrados. Compuesto por vn Cvra de este Arzobispado de Lima: Impreso de orden superior *En la Casa Real de los Niños Expósitos.* Año de M. D. CCLXXXV, 8º-diez y ocho pp. s. f.-152 pp. de texto y cinco para las citas.

De la portada de la reimpresión que de este librito se hizo en Madrid, en 1793, consta que su autor fué don JOSÉ SANTIAGO LÓPEZ RUÍZ.

DISCURSO dogmatico sobre la jurisdiccion eclesiastica. *(Al fin:)*

México, En la Oficina de D. Mariano Ontiveros, año de 1812, 4º-23 pp.

Fué el autor el P. Dr. D. José Joaquín Antonio Peredo y Gallegos.

Discvrso en qve se mvestra la obligacion qüe Sv Magestad tiene en justicia, conciencia y razon politica à cumplir, y mandar executar la merced, que la Magestad Imperial hizo à Don Francisco Pizarro del Titulo de Marquès, con veinte mil Vassallos... *(Madrid,* 165...), fol. mayor.-36 hjs.

La creo obra de don Fernando Pizarro y Orellana.

Discvrso hecho sobre la significacion de dos impressiones metereologicas que se vieron el Año passado de 1652. La primera de vn Arco que se terminaba de Oriente á Occidente á 18 de Noviembre. Y la segunda del Cometa visto por todo el Orbe terrestre desde 17 de Diziembre del mesmo año de 1652. Con licencia de Nuestros Superiores. *Impresso en Mexico, en la imprenta de su Autor,* Año de 1653, 4º-10 hjs. por todo.

El impresor autor del opúsculo se llamaba Juan Ruiz, que era, a la vez, profesor de matemáticas.

Discurso ideologico. Modificado y extractado De los Preliminares á la obra intitulada el Mundo filosófico. En la ciudad de Arequipa a 10 de Mayo de 1823. Su autor el que subscribe á la Dedicatoria. *En Arequipa, Imprenta de Ybañez,* Año de 1823, 8º-6 hjs.

La dedicatoria al brigadier don José de Carratalá está subscrita por Juan de Dios Salazar. que es, por consiguiente, el autor.

Discurso ivridico, y moral, sobre la predicacion de la Bvlla de la Santa Cruzada, para el año de 1658, en esta Ciudad, y Reyno de Mexico, etiamque no ayan venido las Bullas de España... *(México,* 1658), fol.-10 hjs.

Por don Nicolás del Puerto.

Discurso para el Domingo de Ramos del año de 1815. Pronunciado en la Metropolitana de Mexico por J. M. B. Dean de la misma. *Impreso en la oficina de Benavente,* con permiso superior, 8º-tres s. f.-14 pp.

Las iniciales pertenecen a José Mariano Beristain, con cuyo nombre en la portada salió en la edición madrileña de 1816.

Discurso pronunciado el dia 2 de diciembre de 1867 en la Iglesia catedral... conmemorando el natalicio de... el señor don Pedro II. Por Isaac Escobari. *La Paz,* 1867, *Imprenta Paceña,* 26 pp.

« Esta pieza oratoria se supone redactada por don Lucas Palacios ». - Gutiérrez, nº 575.

Discurso pronunciado en el teatro al representar la obra orijinal « No vale mas el dinero », por A. V. D. *Santa Cruz, Imprenta de Chaves,* 1873, 4º-11 pp.

Las iniciales son de Antonio Vaca Diez.

Discurso pronunciado en la solemne instalacion del colegio nacional y seminario Tridentino, dirijido por los Padres de la Compañia de Jesus el 21 de Setiembre de 1862. *Quito, Imprenta del Gobierno,* 8º-20 pp.

« Del P. Miguel Franco, que firma la dedicatoria al célebre García Moreno. » — Sommervogel, col. 226.

Discurso pronunciado en las honras funerales del Ilmo. Sr. Dr. D. José E. Colombres, y dedicado al Sr. Presbítero D. Ygnacio Colombres por su invariable amigo y compadre. - P. J. Z. *(Salta,* 1859), 8º-10 pp., con la portada.

Atribuído a Pedro José Zilveti.

Discurso pronunciado por el Rector de la Universidad de Chile, en el Aniversario solemne de 29 de Octubre de 1848. *Santiago, Imprenta Chilena,* 1848, 8º-63 pp.

Obra de don Andrés Bello.

Discurso redactado con motivo de la oposicion a las catedras de

Historia y Literatura del Instituto Nacional. Tema designado
por el sorteo. Desde Enrique IV hasta Luis XIV.-1598-1643.
Santiago, Imprenta del Siglo, 1846, 8º-56 pp.

Fué el autor don Jacinto Chacón. — Briseño, *Est. bibl.*, p. 410.
Es de advertir que el nombre del autor se registra en la cubierta en
color.

Discurso Sobre el objeto de los Dramas, sus diferentes clases,
causas que por razon de una sana política obligan á los Prí-
cipes á mantener en sus Estados los espectaculos dramáticos,
y las que han precisado al Superior Gobierno de esta Capital,
México, á la reforma y arréglo de su Teatro, 4º-26-44 y 45 pp.
(De 1785.)

Obra de don Silvestre Díaz de la Vega.

Discurso sobre la navegacion del rio de la Magdalena. Publicado
en los números 14, 15, 16 y 17 del Redactor Aamericano *(sic)*,
impreso en Santa Fe de Bogotá, año de 1807 : *Cadiz, en la
Imprenta Real,* 4º-10 pp.

Lo subscribe P. D. U. Y. P., iniciales de don Pedro de Urquinaona y
Pando.

Discurso sobre poderse rezar generalmente con ctava la festividad De la Immaculada Concepcion de Nuestra Señora... *En
México, por la Viuda de Bernardo Calderon,* año de 1655, 4º-
4 hjs.

Obra del maestro Leonardo de Nogarolis.

Discvrso Teórico-Práctico, sobre los males políticos y morales
que causa a las naciones la riqueza en el sistema militar, segun los principios del literato D. Albaro Flores Estrada. Aplicados a la situación política de las Repúblicas que baña el
Plata, y seguidos de varias ideas, para mayor ilustración, a fin
de cortar el germen revolucionario, unir todos los partidos, y
vernos constituidos en Nación. Por el ciudadano B. M. y C.
Montevideo, Imprenta de la Caridad, 1840, 8º-96 pp., pero falta alguna al fin.

BERNABÉ MAGARIÑOS Y CERATO, general de la República, legislador y periodista. Hizo sus estudios militares en España.

DISECCION anatomica, o especie de analysis apologetica de las Poesias Funebres y en contra de las criticas, que como plaga de ranas han llovido, pero indemnemente, sobre el Autor del Impreso que novisimamente corre sin especial nota por los sabios y discretos, mas despreciado por los ignorantes y tontos. *Impreso en Buenos Ayres*. Con el superior permiso. *En la Real Imprenta de Niños Expósitos*, año de 1797, 4º-18 pp.

Atribuido a don JOSÉ PREGO DE OLIVER.

DISERTACION sobre las enfermedades del higado, escrita por Un Médico chileno. *Santiago*, setiembre 13 de 1842. *Imprenta Liberal*, calle de los Teatinos, frente del Pilon de Concha, 4º-31 pp.

Médicos residentes en Santiago el año 1842 eran los nombrados en el « Almanak chileno », útil y curioso, para el año de 1842 : Juan Mackenna ; Ballester, Luis ; Tocornal, Javier ; Rodríguez, Francisco.

DISPERSOS (Los) del 30 de Agosto por Junius. *Santiago, Imprenta de la Libertad*, 1871, 16º-19 pp.

Junius, seudónimo de J. JOAQUÍN LARRAIN ZAÑARTU.

DISQUISICIONES filológicas sobre la lengua guaraní, 1915. *Corrientes, Imprenta del Estado*, 1915, 4º-64 pp. y una s. f. de índice.

Por J. W. GEZ, como resulta de los preliminares.

DISQUISITIO in causam physicam recentium chemicorum pro elasticitate aeris atmosphaerici, et aliorum fluidorum elasticorum, quae Gas nuncupantur : Cum appendice de causa fluiditatis. *Placentiae, Excudebat Josephus Tedeschi*, 1799, 8º

Del exjesuíta P. MANUEL GERVASIO GIL, de la Provincia del Paraguay.

DISRAELI y Gladstone. (Estudio político.) *Buenos Aires, Imprenta de El Economista*, 1880, 8º-36 pp.

Del DOCTOR ONÉSIMO LEGUIZAMÓN. — NAVARRO VIOLA.

Dissertacion canonica sobre los justos motivos que representa el Reyno de Guatemala, para que el Consejo se sirva de erigir en metropoli eclesiastica la Sta. Iglesia Cathedral de la Ciudad de Santiago, su cabeza. *(Madrid, 1740)*, fol.-36 pp.

Subscrita por el doctor don Diego Rodríguez de Rivas.

Dissertatio antiblasiana. Seu Blasius admonitor in Blasium commonitorem. *Venetiis.* MDCCLXXV. *Typis Thomae Bottinelli,* 8º-207 pp. y una al fin sin foliar.

Obra del ex jesuíta José Guevara, perteneciente a la Provincia del Paraguay.

Dissertatio de viribus repulsivis in natura existentibus. Propugnabitur cum sujectis Thesibus... in D. Petri Placentiae, anno Domini MDCCXCVIII, mense Junio. *Excudebat Josephus Tedeschi,* 8º mayor-67 pp.

Del ex jesuíta P. Gervasio Antonio Gil, de la Provincia del Paraguay : *tacito auctoris nomine.* — Caballero, II, 39.

Dissertacion iuridica, academica, forense, y aulica. Quando por renuncia, o ausencia del Virrey, o Presidente, suceden en el gouierno las Reales Audiencias, para inteligencia de la ley municipal LVII, tit. XV. lib. II, y solucion de las dificultades, que se le han ofrecido a las de Santiago de Guatemala en la vacante de este año de 1702. Fol.-13 hjs.

Subscrita en Goathemala, a 3 de junio de 1702, por el Lic. Don Fernando de la Riva Aguero.

Dissertazione intorno al dolore necessario per il valore, e per il fruto del sacramento della penitenza. *In Asisi,* 1780 *Per Ottavio Sgariglia,* 8º-199 pp.

Del ex jesuíta mexicano P. Manuel Mariano Iturriaga.
Melzi observa que salió con el nombre del autor en la edición de sus obras, *Génova,* 1790, 8º

Dissertazione teologico-morale intorno alla santificazione delle feste. *In Modena* MDCCLXXX, *Presso la Società Tipografica,* 8º-83 pp.

Del ex jesuíta mexicano P. Manuel Mariano Iturriaga.

Diversion (La) de las familias. Tomo I. *Santiago, Imprenta del* « *Correo* », julio de 1865, 8º-200 pp. y 1 de erratas.

El título verdadero debe ser *Lances de Noche Buena*, cuadro de costumbres por D. Moisés Vargas, que subscribe la dedicatoria.

Divertimento letterario formato su i due Istrumenti di Fisica Esperimentale. Barometro e Termometro di Alcandro Sangomischi. *In Bologna, Nella Stamperia del Longhi*, 1790, 8º-2 vols. con 321 pp.-una s. f.-4 láminas-400 pp.-3 láminas.

Obra del jesuíta Francisco Pérez, nacido en Babeda (Zamora) y que perteneció a la Provincia de Quito.

Divina (La) Providencia o Historia Sacra Poetica de Job Version de un Filopatro expatriado. Dedicada al Principe de la Paz. *(Venecia*, 1795?) 8º-71 pp.

Del jesuíta P. Antonio Fernández de Palazuelos, que vivió en Chile.

Divina (La) Providencia. Poema Eucharistico. Año de 1808. *(México)*, 4º-una hj. y 14 pp. Son tres cantos, en silvas.

Su autor, Fray Manuel Navarrete, que firma carta suya dirigida al Editor del *Diario de México*.

Divozione alle Agonie de Nostro Redentore Gesú Cristo da praticarse nel Venerdi Santo... *In Imola*, 1786, *nella Stamp. Vescobile*, 8º-56 pp.

Divozione alle Tre Ore dell'Agonia di Gesú Cristo Nostro Redentore É Maniera di praticarla il Venerdi Santo Disposta dal Padre Alfonso Messia Della Compagnia di Gesú. Tradotta dalla Spagnuolo. *Bologna, per Lelio dalla Volpe*, 1788, 12º-94 pp. y hj. s. f.

Con variantes en el título, hay ediciones de ambos opúsculos hechas en Bologna, 1786, 12º-62 pp. y hoja s. f. (del primero); y de Roma, 1789, Gioacchino Puccinelli, 1789, 12º-60 pp. ; Id., 1818, Luigi Perego Salvioni, 12º-72 pp. ; Génova, 1845, Tipografía Como, 12º-48 pp. El autor del original castellano fué el jesuíta P. Alonso Mesía Bedoya, y el traductor el ex jesuíta P. F. Javier Zevallos, asturiano, que en Santiago de Chile sirvió en la enseñanza, el rectorado del Colegio de San Francisco Javier y después el del Colegio Máximo de Lima.

— 165 —

Don Andres Criado de Castilla, Capitan General que fue en la Prouincia de Guatemala, hijo vnico del Doctor Alonso Criado de Castilla... *(Madrid, 1607), fol.-16 hjs.*

Memorial de servicios, que lleva la firma autógrafa del Licenciado Fernández de Castro.

Don Agustin Arambul, su biografía, por X. *Habana, 1876.*

Jerónimo Soler y Gabarda. — F.-C.

Don Bosco, por el Dr. Carlos D'Espiney. Publicado en Niza en 1883 y especialmente traducido a favor de las casas salesianas establecidas en Chile. *Santiago de Chile, Imprenta de La Union, 1888, 8º-204 pp. y dos s. f.*

Fué el traductor Camilo Ortúzar.

D. Fernando Colon, historiador de su padre. Ensayo crítico. Por el autor de la Bibliotheca Americana Vetustissima. Año de *(Escudo de Sevilla) 1871. Sevilla, Imprenta y Librería Española y Extrangera de D. Rafael Tarascó, 1871, 4º-viii-200 pp. y dos s. f.*

De Henry Harrisse.

Don Francisco Pacheco de Cordoua, y Bocanegra pide diez mil pesos de minas de renta perpetuos en Indios vacos... *(Madrid, 1607), fol.-6 hjs.*

Memorial que contiene la relación de varios de los ascendientes del suplicante, con la firma autógrafa del Licenciado Fernández de Castro.

Don Guillermo. Historia contemporánea. Quid Romae faciam, mentiri nescio. Juv. *Santiago, Imprenta del Correo, 1860, 8º-1 s. f.-175 pp.*

Reproducido en *Miscelánea*, 1869, *Antaño y Ogaño*, 1885, y en el tomo XII, p. 109, de las *Obras completas*, de José Victorino Lastarria, después de haber aparecido por primera vez en *La Semana* (1859-1860) con el seudónimo de Ortiga.

Don Juan Martínez de Rozas. *Santiago de Chile, Imprenta Cervantes, 1890, 16º-94 pp. y retrato.*

Obra de D. Gonzalo Bulnes.

Don Manuel. Ópera bufo-seria en dos actos. Del Maestro ***. Dedicada a las señoritas y caballeros dilettanti de La Paz. *La Paz, Imp. Paceña*, 1861, 4º-26 pp.

« Panfleto en verso escrito por Benjamín Lens.» — Gutierrez, n.° 535.

Doctrina xpiana en lēgua Mexicana *(Estampa)*. Per signũ crucis. Icamachiotl Cruz... *(México, Cromberger, circa* 1547), 8º-ciij hjs.

García Icazbalceta opina que « hay fundamento suficiente para atribuirla al franciscano Fray Pedro de Gante».

Doctrina cristiana : mas cierta y vdadera pa gēte sin erudiciõ y letras : en q̃ se cõtiene el catecismo e informaciõ pa indios cõ todo lo principal y necesario q̃ el xpiano deue saber y obrar. *Impressa en Mexico* por mãdado del Reueredissimo señor Dõ fray Juan Çumarraga : primer Obpo de Mexico. *(Colofón:)* Acabose d imprimir ẽ fin dl año mil & quiniẽtos y quarenta y seys años, 4º-100 hjs. en todo.

Obra del mismo Fray Juan de Zumárraga.

Doctrina Cristiana, recitada y esplicada. Por L. M. G. Testo aprobado por S. S. Iltma. el M. R. O. Dr. D. Francisco Maria del Granado, concediendo cuarenta dias de indulgencia a todo el que leyere algun capítulo. *Cochabamba*, enero de 1872, *Imprenta de la Restauracion*, Administrada por Mariano Nuñez, 8º-ii-47 pp.

Hay segunda edición de la misma ciudad, por la *Imprenta del Siglo*, 1874, 8º-45 pp.

Las iniciales son de Luis Mariano Guzmán.

Doctrina Christiana, y Catecismo para instrvccion de los Indios, y de las demas personas, que han de ser enseñadas en nuestra sancta Fé. Con vn Confessionario, y otras cosas... Compvesto por avctoridad del Concilio Prouincial, que se celebro en la Ciudad de los Reyes, el año de 1583. Y por la misma traduzida en las dos lenguas generales, de este Reyno, Quichua y Aymara. *En la Ciudad de los Reyes, por Antonio Ricardo...*, Año de M. D. LXXXIIII, 4º-Siete hjs. s. f.-84 hjs.

Obra dirigida por el arzobispo Santo Toribio de Mogrovejo, valiéndose de varios auxiliares, y especialmente del jesuíta P. José de Acosta, quien se cree fué el autor de las pláticas del *Catecismo*.

Doctrina (La) del Pueblo por C. C. *Lima, Imp. del Estado*, calle de la Rifa, Núm. 58, 1869, 4º-78 pp.

Las iniciales son de Casimiro Corral, según resulta de la segunda edición, que salió con su nombre, *La Paz*, 1878, 8º

Doctrinas que se enseñan en la clase de filosofía del Real Colegio de S. Carlos de la Habana, en los ramos de sicología, ideología, lógica y moral. *Habana, Imprenta Fraternal*, 1833, 8º-19 pp.

Obra del P. D. Francisco Ruíz, que era el maestro entonces de esas asignaturas. Hay varias reimpresiones.

Documentos históricos. — Dorrego tribuno y periodista. *Buenos Aires, Imprenta de Coni Hermanos*, 1907, 8º-354 pp. y retrato.

El autor de esta recopilación fué D. Alberto del Solar.

Documentos justificativos sobre la Espedicion Libertadora del Perú. Refutacion de las Memorias de Lord Cochrane en lo concerniente a las relaciones del Vice-Almirante con el Gobierno de Chile. *Santiago, Imprenta del Ferrocarril* (1861), 4º-121 pp.

De D. José Ignacio Zenteno, que firma la dedicatoria a D. Manuel Blanco Encalada.

Dolores. Por F. Clavel de Sol. *Habana*, 1868.

Anagrama de Felipe Valdés Colell. — F.-C.

Dolores : a historical novel of South America, by Harro. *New York*, 1847.

Paul Harring. — Cushing, p. 126.

Dolores. Homenaje a la mujer chilena en la siempre dulce y querida memoria de mi tiernamente amada hermana Dolores Vicuña de Morandé Por B. V. M. (Escrito e impreso para circulación esclusivamente privada), *Valparaiso, Imp. de « La Patria»*, 1883, 8º-165 pp., una de índice y retrato fotográfico.

En la dedicatoria está expresado el nombre del autor : BENJAMÍN VICUÑA MACKENNA.

DOMINICUS Lanzerinius in publico Bononiensi Archi-Gymnasio Lector vindicatus ab injuria, quam sibi irrogavit Auctor, qui sub tanti Doctoris mentito nomine Dissertationem quamdam manuscriptam vulgavit... *Caesenae* MDCCLXXVIII, *Typis Gregorii Biasini*, 8º-172 pp.

Del ex jesuita mexicano P. MANUEL MARIANO ITURRIAGA.

Dos AÑOS de gobierno en América, ó sean antecedentes del Mariscal de Campo el Sr. D. Francisco Narvaez. (Por varios españoles reconocidos.) *(Dos líneas en verso.) Valencia*, 1839, 4º-150 pp.

Por JAIME BADÍA Y PADRINES. Era catalán.

Dos ARTICULOS de Actualidad. *Santiago de Chile, Imprenta de « El Independiente»*, 1883, 8º menor-16 pp.

De don ZOROBABEL RODRIGUEZ y don RAIMUNDO SALAS.

Dos BANDERAS (Las). Apuntes históricos sobre la insurreccion de Cuba. Cartas al Excmo. Sr. Ministro de Ultramar. Soluciones para Cuba. *Sevilla*, 1870, *Establecimiento Tipográfico del Círculo Liberal*, 8º-197 pp.

Obra de D. JOSÉ RAMÓN DE BETANCOURT. — PÉREZ, nº 55.

Dos (Las) bodas. Novela original por N. C. R. *Habana*, 1844.

NICOLÁS DE CÁRDENAS Y RODRÍGUEZ. — F.-C.

Dos Campañas. *Caracas, Lit. y Tip. del Comercio*, 1916, 4º-xii-92 pp. y dos retratos. Cubierta litografiada a dos colores.

Por V. MÁRQUEZ BUSTILLOS.

Dos ilustres Sabios vindicados. *Lima*, 1868, fol.-28 pp.

Defensa de Raymondi y Lorente, hecha por D. MARIANO FELIPE PAZ SOLDÁN, en folleto destinado a la circulación privada. — SABIN, XIV, nº 59.330.

Dos matrimonios. Por V. T. L. *Santiago, Imprenta del Correo*, 1877, 8º

Las iniciales responden al nombre de VICENTE TALAVERA LUCO. — SILVA, *La Novela en Chile*, nº 201.

Dos (Los) mayores rivales ó los dos amantes patriotas. Novela histórica nacional. (Por un aficionado.) *Montevideo, Imprenta de « La República »*, 1856, 4º-178 pp., orladas.

Subscrito al final con las iniciales M. L. A., que son las del doctor don MANUEL L. ACOSTA.

Dos palabras a los españoles de Cuba, por un hijo del pueblo. *Habana.* 1873.

JERÓNIMO SOLER Y GABARDA. — F.-C.

Dos palabras sobre la América i su porvenir. La Patria, Por J. A. *Santiago de Chile, Imprenta Chilena*, 1861, 4º-29 pp.

Tengo para mi que las iniciales ocultan el nombre de JUSTO ARTEAGA.

Dos Presidentes de El Salvador, 1º de Marzo de 1907. *Tip. « El Comercio »*, 4º-28 pp. y dos retratos.

Obra de ESTEBAN CASTRO y del Dr. ISIDRO,MONCADA.

DRAGON (Le) de la reine; ou, Costal, l'indien. Roman Historique, por Gabriel Ferry. *Paris*, 1855.

EUGENE LOUIS GABRIEL DE FERRY DE BELLEMARE. — « Bajo el mismo seudónimo, M. L. de Bellemare ha contribuído con numerosos artículos en la *Revue des Deux Mondes*. » — CUSHING, p. 101.

DRAMA (Un) en Caracan, por Aecio. *Puerto Cabello, Imprenta y Libreria de J. A. Sagrestas*, 1868, 8º

Aecio oculta el nombre del venezolano JUAN ALFONSO.

DVDAS acerca de las Ceremonias Sanctas de la Missa. Resueltas por los Clèrigos de la Congregacion de nuestra Señora, fundada con authoridad Apostolica en el Collegio de la Compañia de Iesvs de Mexico... *En Mexico por Henrico Martinez*, Año de 1602, 8º-14 pp. s. f., 221-8 s. f.

Obra de los clérigos JUAN HERNÁNDEZ ARAGÓN y bachiller LUCAS NIETO DE VILLENA.

D'UNA grazia de San Luigi Gonzaga operata nel Seminario di Firenze nel 1791. Ragguaglio dato a tutti e segnatamente a'Giovani da B. M. Direttore de spirito del Medesimo Seminario. *In Faenza, MDCCXCI, nella stamperia Archi*, Con lic. de'Superiori, 18º-22 pp. y una hj. s. f.

Obra del ex jesuíta BALTASAR MASDEU, que fué de la Provincia de Quito.

EARLY (The) Paris editions of Columbu's first «Epistola».
Extract from the Centralblatt für Bibliothekswessen.
Leipzig, Otto Harrassowitz, 1893, 8º-6 pp.

Subscrito con las iniciales B. A. V., usadas por HENRY HARRISSE.

EARTHQUAKE (The) of Juan Fernandez, as it ocurred in the year
1835. Authenticated by the retired Governor of that Island. To
which is added, a refutation of several misstatements that
have been published in the «Nautical Magazine» of 1837,
and the public papers. *(Epígrafe en dos líneas.) Manchester,*
Printed at the *Advertiser Office* 78, Market-Street, 1839, 8º
32 pp.

Fué el autor TOMÁS SUTCLIFFE, según ya se dijo de otra obra suya
publicada también con la indicación de ser del ex gobernador de Juan
Fernández.

ECCLESIA Romana Infallibilis in Factorum Definitionibus. Opus-
culum Josephi Ludovici Sacerdotis, Sanctissimo Deiparentis
Sponso consecratum. *Romae Typis Jo. Generosi Salomoni,* An.
Rep. Sal. MDCCLXXVII, 8º-131 pp.

Obra del ex jesuíta mexicano P. JOSÉ MARIANO VALLARTA Y PALMA.

Ecos del alma, por M. G. de Aguilar. *Habana,* 1852.

MANUEL GARCÍA DE AGUILAR. — F.-C.

Ecos del desertor inflijido con el castigo de la flajelacion. Escrito por una hija del Choqueyapu. Relacion orijinal. *La Paz,*
Imp. de la Union Americana, 1872, 8º-8 pp.

«La autora de esta obra es la señorita Modesta Sanjinés.» — Gutiérrez, n.º 558.

E. de Saldanha. El Licenciado Jimenez de Quesada Algunas viejas novedades y ciertas nuevas vejeces sobre las empresas literarias y militares de Don Gonzalo Jimenez de Quesada Mariscal y Adelantado que fue del N. R. de Granada. Con acopio de documentos inéditos. *Cartagena de Indias*, 1916, 4.º-89 pp.

Obra de don E. Otero D'Costa.

Ecuador (El) de 1825 a 1875 Sus hombres, sus instituciones y sus leyes. Por P. M. *(Epígrafe en cuatro líneas.)* Santiago de Chile, Rafael Jover Editor, 1885, 4.º-366 pp.

P. M., iniciales de Pedro Moncayo.
Hay segunda edición, Quito, Imp. Nacional, 1906, 4.º, que salió con nombre del autor, «anotada y documentada por C. E. M. y L. F. V».

Edicion de « El Nacional ». Congreso de 1886. Siluetas parlamentarias. *Buenos Aires*, 1886, 8.º-230 pp.

En aquel diario aparecieron subscritas por Valet de Pique y Valet de Carreau. « Se ha afirmado, con seguridad, que los seudónimos mencionados ocultan el nombre del joven periodista Dr. Ernesto Weigel Muñoz. » — Navarro Viola.

Eduardo por A. N. V. *(Buenos Aires,)* 1880, 16.º-66 pp.

Por Alberto Navarro Viola.

Educacion comun en el Estado de Buenos-Aires *(Epígrafe en 12 líneas), Santiago, Imprenta de Julio Belin i Ca.*, 1855, 8.º-96 pp.

De don Domingo F. Sarmiento.
Montt, *Obras de Sarmiento*, t. I, p. XXX, n.º 75.
El libro se reimprimió en Buenos Aires, en 1871.

Educacion del pueblo. (Lecturas hechas en la « Union Liberal » de Santiago). Entrega 1.ª *Santiago de Chile, Imprenta de la « Voz de Chile »*, 1863, 8.º-menor-44 pp. para las tres entregas de que consta o que yo he visto, y parece que la última está incompleta.

En la portada de las entregas segunda y tercera aparece el nombre del autor, D. GUILLERMO MATTA.

EDUCACION e instruccion por Oct. Gréard, Vice-Rector de la Academia de Paris, miembro de la Academia Francesa (Traducida por órden del señor Ministro de Instruccion Pública, don Julio Bañados Espinosa). Enseñanza Primaria Volumen I. *Santiago de Chile, Imprenta Nacional*, calle de la Moneda, N? 112, 1889, 4º-244 pp. — Enseñanza Secundaria I. Volúmen II, 1890, 235 pp. —Enseñanza Secundaria II. Volúmen III, 223 pp. —Enseñanza Superior Volúmen IV, 190 pp. y una s. f.

Fué el traductor J. ARNALDO MÁRQUEZ, peruano.

EFEMÉRIDES colombianas sobre Venezuela, Colombia, Ecuador que formaron en un tiempo una sola República. *Paris, Walder*, 1870, 12º-139 pp.

« Es fama que este opúsculo, que contiene parte del discutido y célebre *Diario de Bucaramanga*, fué editado por FERNANDO S. BOLÍVAR, sobrino del Libertador ». — SÁNCHEZ, *Bib. Ven.*, n? 269.

EFEMERIDES o fastos chilenos, esto es, libro en que están señalalados por meses, dias i años los mas notables acontecimientos de la vida civil, política, relijiosa, literaria, científica, etc., etc., de este hermoso pais de la América Meridional, llamado Chile. Compuesto por D. R. B. *Valparaiso, Imprenta i Libreria del Mercurio*, 1861, 4º-77 pp.

Las iniciales son de don RAMÓN BRISEÑO.

EJERCICIOS de meditaciones sobre el Decálogo destinado a obreros aprendices del grande ejército de Dios, « La Unión Católica », Por Vox Clamantis. *Santiago, Imp.* « *La Gratitud Nacional* », 1916, 16º-132 pp.

Vox Clamantis es seudónimo que oculta el nombre del presbítero don LUIS TOMÁS GÁLVEZ. — *Bibl. chil. y extr.* (1917), p. 57, n? 443.

EJERCICIOS y maniobras de la Infantería traducidos del Regla-

mento frances i arreglado para el Ejército de Chile por E. del
C. *Santiago, Imprenta de «El Correo»*, 1888, 16º-4 vols.
He visto sólo el III y IV, con 110 y 80 pp.

Las iniciales son de ESTANISLAO DEL CANTO.

EL 25 DE MAYO. Un americano a sus compatriotas. *Buenos
Aires, Imprenta de Niños Expósitos*, 1813, fol.-2 pp.

Subscrito por M. A. C., « que creemos sea MANUEL ANTONIO CASTRO »,
dice Zinny.

EL D. D. Jose Caldas. Vindicacion. Dialogo en tres tardes. *(Colofón :) Quito, Imprenta de Gobierno*, 1832, 4º-31 pp.

Obra del Dr. D. AGUSTÍN SALAZAR, según resulta de anotación manuscrita de D. Pablo Herrera en el ejemplar de la Biblioteca Nacional de
Santiago de Chile.

EL DESEMPEÑAR con todo el lleno de las Leyes, las serias aten-
ciones que las mismas ponen a cargo de los Contadores de
Cuentas, será una consideracion continuada de mi parte...
Guatemala, 1793, fol.-10 pp. s. f.

Con la firma autógrafa del contador don TOMÁS WADING.

ELECCION (La) de senador por la Provincia de Coquimbo. Breve
esposicion para circulacion privada. *Santiago, Imp. del Centro
Editorial*, 1879, 4º-56 pp.

De D. BENJAMÍN VICUÑA MACKENNA.

ELEMENTOS de derecho romano, por J. Heinecio. Traducidos y
anotados por J. A. S. Segunda edicion. *Paris, Librería de los
SS. D. Vicente Salvá é Hijo*, 1836, 12º-404 pp.

La primera edición, que no he visto, es de Filadelfia, 1826, y la se-
gunda, de Madrid, 1829.
Las iniciales del traductor pertenecen a D. JOSÉ ANTONIO SACO Y
LÓPEZ. — FIGAROLA-CANEDA.

ELEMENTOS de filosofia moderna. En 12 lecciones. *Cochabamba,
Imprenta de Gutierrez*, 1873, 4º-ii-134 pp.

Por el presbítero VICTORIANO SAN ROMÁN.

Elementos de la filosofia del espiritu humano, escritos Por V. M. para el uso de los alumnos del Instituto Nacional de Chile. *(Epígrafe en cinco líneas.)* Segunda edicion. *Santiago, Imprenta de la Independencia,* 1841, 4º-viii-370 pp. y 1 para las erratas.

Las iniciales del autor son las de Ventura Marín. La primera edición, en dos volúmenes, es de los años 1834 y 35.

Elementos de filosofia moral para el uso de algunos jovenes de Coquimbo. *Serena, Año de 1826, Imprenta del Instituto,* 8º-47 pp.

Obra de fray Juan Fariñas o del presbítero don Juan Nepomuceno Mery, que fueron los profesores de filosofía que hubo en el Instituto de Coquimbo durante los años de 1823-1826.

Elementos de Física Esperimental i de Meteorolojía. Obra de su mayor parte compendiada e reimpresa de la traducción española del Tratado de Física de Pouillet, con varias correcciones i adiciones sacadas de la cuarta edicion del mismo autor. Para la enseñanza de la Física en el Instituto Nacional e impresa por órden del Gobierno. Tomo primero. *Santiago, Imprenta del Progreso,* febrero de 1848, 4º-515-pp. xix-ii.-11 láminas. — Tomo Segundo ; 589, pp.-xxvi-10 láminas plegadas.

El compendiador fué don Ignacio Domeyko. — Briseño, *Est. Bibl.,* I, p. 121.

Elementos de Geografia, Astronomia física y política, precedidos de un breve compendio de Cosmografia. *Caracas, Imprenta de Tomás Antero,* 8º-vii-394 pp. y dos hjs. s. f. para la tabla cronológica y fe de erratas.

Por Rafael Acevedo. — Machado

Elementos de Geografia Astronómica. *Chuquisaca, Imprenta de Sucre,* 1858, 4º-36 pp., 3 hjs. con figuras y una de erratas.

Debe ser obra del doctor Laureano Paredes, con cuyo nombre salió la « segunda edicion modificada », Sucre, 1868, 4º

Elementos de Geografía de la Isla de Cuba, con un mapa, conforme al texto, arreglado para las clases superiores de primera enseñanza elemental, por J. M. de la C., escolapio. *Habana, Editores Alorda y González,* 1875, 8º-99 pp.

El nombre del autor consta de la sexta edición, Habana, 1882 : el P. JUAN MIRACLE DE LA CONCEPCIÓN.

ELEMENTOS de Geografía Física. *Chuquisaca, Imprenta de Sucre,* 1851, 4º-24 pp. y una de erratas.

Del dicho doctor LAUREANO PAREDES, por igual circunstancia que la indicada en un número precedente.

ELEMENTOS de Geografía Política. *Chuquisaca, Imprenta de Sucre,* 1851, 4º-111 pp., 3 hjs. de cuadros y una de erratas.

De dicho doctor LAUREANO PAREDES.

ELEMENTOS de gramática castellana. *Matanzas,* 1859. Por S. C.

SALVADOR CONDAMINES. — F.-C.
No lo apunta el Conde de la Vinaza en su *Biblioteca histórica de la filología Castellana.*

ELEMENTOS de Jeografía Física por E. Cortambert, obra traducida al castellano con modificaciones i adiciones arregladas a las necesidades de la enseñanza en Chile ; mandada adoptar como testo de enseñanza por el Ministerio de Instruccion Publica. *Santiago, Imprenta Nacional,* 1867, 4º-viii-174 pp.

Fué traductor don ISAAC UGARTE GUTIÉRREZ.

ELEMENTOS de jeografía universal antigua y moderna. Para el uso de las escuelas del Rio de la Plata. Edicion correjida en la parte de America, aumentada con noticias de las Republicas Oriental del Uruguay y del Paraguay por un Oriental, y con las que ha publicado el Sr. Wilde sobre las Provincias Arjentinas. *Montevideo, Imprenta Uruguayana,* 1852, 4º-109 pp. y 2 s. f.

ANTONIO LAMAS, educacionista español, Director del Colegio Montevidiano. Autor de otros textos didácticos.

ELEMENTOS de Jeometría dedicados especialmente a los niños i a los artesanos de América Por J. M. G. Esta Jeometría ha sido examinada i mejorada por una Comision de personas facultativas nombradas al efecto por el Sr. Intendente de Valparaiso. *Santiago, Imprenta de Julio Belin i Ca*, 1850, 16º-xi-67 pp.

Las iniciales del traductor corresponden a JUAN MARÍA GUTIÉRREZ.

ELEMENTOS de Retórica y Poética, por el profesor de Literatura en el Seminario de Talca. *Imp. de la Libertad*, 1901, 8º-iv-219 pp.

Por el presbítero don GONZALO GONZÁLEZ CERVANTES.

ELEODORA ó los misterios de un convento por O. N. E. *Santiago, Imp. de «El Padre Padilla»*, 1886, 8º-30 pp.

«Las iniciales encubren el nombre de JUAN RAFAEL ALENDE». — SILVA, *La Novela en Chile*, n? 2.

ELIZONDO en Acatita de Baxan. Oda En justo y debido elogio del valiente y leal español americano Don Ignacio Elizondo, capitan retirado del exercito de Provincias Internas... Por un amante de la patria y de su rey. *(Al fin:) México, En la oficina de D. Mariano Ontiveros*, año de 1812, 4º-8 pp.

Por don FRANCISCO MARÍA COLOMBINI Y CAMAYORI.

ELOGI storici de Cristoforo Colombo e di Andrea Doria. *Parma, nella stamp. reale*, 1781, 4º-4 hjs.-337 pp. — Retratos.

El primero de estos elogios fué obra de IPPOLITO DURAZZO. — MELZI. SABIN, *A Dictionary*, etc., VI, n? 21418, quien advierte que hay ejemplares impresos en gran papel.

ELOGIA clarorum virorum de Societate Jesu ex Provincia Peruana. *Hispali, typis Francisci de Lyra*, 1650, 4º

Cita este libro Rosotti (*Syll. Script. Pedem*, p. 373), quien dice haber sido impreso en lengua española, si bien lleva el título en latín. Y sin nombre de autor, que lo fué el P. GIO. MARÍA FREYLIN, de la Compañía de Jesús, piamontés. — MELZI.

ELOGIO fúnebre del benemérito ciudadano don Manuel Belgrano, ilustre miembro de la primera Junta Gubernativa de las Provincias del Rio de la Plata, y despues general en jefe de los Ejércitos, etc. *Buenos Aires,* 1821, 8º

Por D. VALENTÍN GÓMEZ, presbítero.

ELOGIO métrico al Señor General D. Felix María Calleja. *(Al fin:)* Con licencia, *En la Oficina de D. Mariano de Zúñiga y Ontiveros,* año de 1812, 4º-4 pp.

Subscribe la dedicatoria don JOSÉ AGUSTÍN DE CASTRO.

ELOJIO fúnebre del Doctor Don Bernardo Vera pronunciado el dia veinte y siete de Setiembre de mil ochocientos veinte y siete en la capilla del Instituto Nacional por un Alumno de este establecimiento. *(Colofón:) Santiago de Chile, Imprenta de R. Rengifo,* fol.-4 pp.

Ese alumno se llamaba VENTURA MARÍN. — BRISEÑO, *Est. bibl.,* p. 123.

ELOJIO histórico del Ilustrisimo Señor Don Manuel Vicuña, primer Arzobispo de esta Santa Iglesia Metropolitana de Santiago de Chile, 1843, *Imprenta de La Opinion,* 8º-15 pp. — El rótulo procede de la cubierta en color.

Obra de doña MERCEDES MARÍN DEL SOLAR, según BRISEÑO, *Est. bibl.,* 1º, p. 124.

EL por qué de los toros, por el Br. Tauromaquia. *Habana,* 1853.

JUAN JOSÉ CORRALES. — F.-C.

EL señor Felix Frias en Paris y un rojo en Quito. *Quito,* 1851, *Imprenta de Valencia,* 1851, 8º-36 pp.

Lleva al final las iniciales A. Y., que corresponden a las de AGUSTÍN YEROVI.

EL vuestro Fiscal en los Autos criminales formados en Lima contra el Conde del Valledeoselle Don Antonio de Navia y Bolaño, Maestre de Campo que fue del Presidio del Callao, sobre los excesos que contienen doce Cargos... Fol. *(Madrid,* 1768.) 31 pp. s. f.-3 pp. s. f.

El☰ scal se llamaba don Pedro González de Mena y Villegas.

Emancipacion del indio decretada en 5 de Julio de 1854 por el libertador Ramon Castilla. *Lima, Impreso por Jose Maria Monterola,* 1856, 8º-28 pp.

Subscrito al final por Santiago Tavara.

Emancipation (Die) des sklaven auf Cuba. D. Durana de Ochoa. *Leipzig,* 1864.

Anagrama de Eduardo Machado. — F.-C.

Emblemas (Los) Nacionales. *Talleres de la Empresa Zig-Zag, Santiago,* 1913, 4º-15 pp.

De Francisco Vidal Gormaz.

Emilio Castelar. Su vida y sus escritos. *Buenos Aires, Imprenta del Porvenir,* 1881, 4º-menor.-19 pp.

«En la carátula de algunos ejemplares se halla con todas sus letras el nombre de Francisco J. Alvarez; en otros, sólo sus iniciales al final, p. 19.» — Navarro Viola.

Emiro Kastos. Coleccion de articulos encogidos. *Bogotá,* 1859, 8º

Aquél es seudónimo de Juan de Dios Restrepo.

Emision Bancaria. *Panamá,* R. de P., 4º-68 pp. a dos columnas.

Por Jorge E. Boya, que subscribe en París, marzo de 1911.

Emociones Teatrales. *Imprenta Barcelona,* año 1910, 8º-328 pp.

A la cabeza de la portada, el seudónimo Iris, de doña Inés Echeverría de Larraín.

En busca de un ideal. Novela. *Santiago de Chile, Imprenta Universitaria,* 1916, 8º-288 pp. y una para las erratas.

De la nota que precede al texto, resulta, que Aura, que aparece como autora, oculta el nombre de Laura Jorquera.

En celebridad de los dias de nuestro amado, Catolico Monarca el señor Don Fernando VII. dixo J. A. C. la siguiente Oda: *(México,* 181...), 8º-7 pp.

Las iniciales pertenecen a José Agustín Castro.

Enciclopedia Militar. Cuaderno 3ero. Historia Militar de Chile (1443-1890) por Un ex-alumno de la Academia de guerra. Tomo Primero. *Santiago de Chile, Imprenta Gutenberg,* 1893, 8º-viii-267 pp. y una sin foliar.

La advertencia va subscrita por C. R. A., iniciales que corresponden al nombre de Carlos Rojas Arancibia, según resulta de decreto supremo de 27 de mayo de 1893.

Enciclopedia Sigüí. Recopilacion de las voces más usuales del «argot» venezolano, escogidas y comentadas por Job Pim. *Caracas,* s. l., 1916, 4º-51 pp. a dos columnas. — Cubierta a dos tintas. — Prólogo de Amadís (Eduardo Carreño).

De Francisco Pimentel.

Enemigos (Los) de Cristo. Novela. *Santiago, Imprenta y Lit. Selecta,* 1915, 8º-239 pp., la última para las erratas.

Va encabezada la portada con el seudónimo Alfonso de María, que oculta a Alfonso Bolton Grez.

Enfermedades (Las) del estómago y su tratamiento por C. V. *Santiago, Imprenta de la Librería Americana,* 1886, 8º-16 pp.

Va subscrito al final por César Valdez.

English (The) Empire in America: Or a Prospect of His Majesties Dominios in the Wes Indies. Namely, Newfoundland New England New York Pennsylvania New Jersey Maryland Virginia Carolina Bermuda's Barbuda Anguilla Montserrat Dominica St. Vincent Antego Mevis, Or Nevis S. Christophern Barbadoes Jamaica With an account of the Discovery, Scituation, Product, and other Excellencies of these Countries. To which is prefixed a Relation of the first Discovery of the New World called America, by the Spaniards. And of the

Remarkable Voyages of several Englishmen to divers places therein. Illustrated with Maps and Pictures. By R. B... *London, Printed for Nath, Crouch,* 1685, 12º-2 hjs. y 209 pp. Mapa y 2 láminas.

Las iniciales corresponden a ROBERT BURTON.

SABIN, *A dictionary*, etc., III, nº 9499, donde advierte que el libro alcanzó siete ediciones más.

ENGLISH (The) Heroe: or, Sir Francis-Drake Revived. Being a full Account of the Dangerous Voyages, Admirable Adventures, Notable Discoveries, and Magnanimous Atchievements of that Valiant and Renowned Commander. As, 1. His Voyage in 1572. to Nombre de Dios in the West-Indies, where they saw a Pile of Bars of Silver near seventy feet long, ten feet bread, and 12 foot high. II. His incompassing the whole World in 1577. which he performed in Two years and Ten Months, gaining a vast quantity of Gold and Silver. III. His Voyage into America in 1585. and taking the towns of St. Jago, St. Domingo, Carthagena, and St. Augustine. IV. His last Voyage into those Countreys in 1595. with the manner of his Death and Burial. Recommended as an Excellent Example to all Heroick and Active Spirits in these days to endeavour to benefit their Prince and Countrey, and Immortalize their Names by the like worthy Undertaking. Revised, Corrected, very much Inlarged, reduced into Chapters with Contents, and beautified with Pictures. By R. B. Licensed and Entred according to Order, March 30. 1687. *London, Printed for Nath Crouch at the Bell in the Poultrey near Cheapside,* 1687, 12º-1 hj., 206 pp. y retrato de Drake.

Autor: ROBERT BURTON, cuyas iniciales lleva la portada.

SABIN, *A dictionary*, etc., III, nº 9500, que nos dice existir hasta 16 ediciones de la obra.

EN LA montaña (Novelas cortas) Es propiedad del autor. *Imprenta Universitaria,* 1917, 8º-236 pp. y 2 s. f.

A la cabeza de la portada el seudónimo Fernando Santiván, que corresponde a FERNANDO SANTIBÁÑEZ.

En las prisiones peruanas... Ligeros apuntes de viaje de un chileno que se publican como una modesta contribución a la idea de patria por René Mendoza. Edicion solicitada. *Santiago de Chile, Imprenta y Encuadernacion Moderna*, 1921, 8º-197 pp. y 2 s. f.

René Mendoza es seudónimo de Wenceslao Muñoz O.

Ennodii Faventini de Romani Pontificis primatu adversus Justinum Febronium Theologico-Historico-Critica dissertatio. *Faventiae Ex Typographia Archiana*, MDCCLXXI, 4º-viii-231 pp.

Beristain afirma que esta es obra del ex jesuita mexicano P. José Mariano Vallarta y Palma, y con él varios bibliógrafos ; Melzi y los que le siguen creen que es del P. Carlos María Traversari. Véanse bajo el nº 4001 del *Catálago* de Uriarte los argumentos en pro y en contra de ambas tesis.

Ensayo cronologico para la historia general de la Florida. Contiene los descubrimientos, y principales sucesos, acaecidos en este Gran Reino, à los Españoles, Franceses... Desde el año de 1512, que descubrio la Florida, Juan Ponce de Leon, hasta el de 1722. Escrito por Don Gabriel de Cardenas z Cano dedicado al Príncipe Nuestro Señor. Con Privilegio : *En Madrid, En la Oficina Real, y à Costa de Nicolas Rodriguez Franco, Impresor de Libros* Año de CIƆ IƆCCXXIIIJ, fol.-19 hjs. s. f., 366 pp. a dos columnas, 28 hjs. s. f., a tres columnas y un árbol genealógico.

El nombre del autor que aparece en la portada es anagrama del de Andrés González de Barcia, de tal modo que la z que parece errata, no lo es.

Ensayo (El) de Don Juan Tenorio, por A. T. *Habana*, 1868.

Alfredo Torroella y Romaguera. — F.-C.

Ensayo de Historia Patria por H. D. arreglada especialmente para las clases de ingreso y conforme a los nuevos programas sancionados por la Dirección G. de I. Pública. *(Epígrafe :* La Cronología y la Geografía son los dos ojos de la Historia.) Primera Edición Ilustrada. *Montevideo, Imprenta Artística, de*

Dornaleche y Reyes, 1901, 8º-iv-411 pp. — El certificado de propiedad del autor lleva las iniciales manuscritas H. D.

Hermano Damasceno, religioso francés, Director del Colegio de la Sagrada Familia de Montevideo. Autor de diversos textos didácticos y de «Cronología histórica».

Ensayo de lectura gradual Para el uso de los niños de la instruccion primaria. Por L. M. G. 1a. entrega. *Cochabamba,* julio de 1866, *Tipografia de Gutierrez,* 16º-34 pp.

Las iniciales son las del nombre de Luis Mariano Guzmán.

Ensayo de lectura gradual. Por L. M. G. Testo aprobado por el Consejo Universitario de este Distrito. Cuarta Edicion, correjida i seguida de un nuevo método para aprender á leer i escribir *(sic)* á la vez en poco tiempo. *Cochabamba,* 1872, *Imprenta del Siglo,* 16º-34 pp.

Las iniciales son de Luis Mariano Guzmán.
La quinta edición es de allí mismo, 1873, 8º-33 pp. ; la sexta, 1875, 8º-31 pp. ; y la sexta, de *Sucre,* 1883, 8º-17 pp.

Ensayo de química doméstica o Tratado de las Industrias Caseras en lo que ellas tienen de desconocido y de censurable, bajo el punto de vista de la salud, de la comodidad y de la economía por F. N. E. *Santiago de Chile, Imprenta de « El Independiente»,* 1888, 8º-80 pp.

Las iniciales son de Francisco Navarrete Escocería.

Ensayo del Hombre en quatro Epistolas de Alexandro Pope traducido por un Filopatro. *En Venecia por Antonio Zatta,* 12º-xciv pp. (1794).

Por el P. jesuíta Antonio Fernández de Palazuelos, nacido en Santander y perteneciente que fué a la Provincia de Chile.

Ensayo dramático que sirvió de prólogo a la representacion del drama « El templario», escrito en defensa de un discurso y de la naciente musa paceña por Ben. Le. *La Paz, Imp. de Vapor,* 1858, 4º-19 pp.

Ben Le son las letras iniciales del nombre y apellido de BENJAMÍN LENZ.

ENSAYO estadístico sobre el Estado de Chihuahua. *Chihuahua,* 1842, fol.-92 pp. y siete estados.

Por PEDRO GARCÍA CONDE.

ENSAYO histórico sobre la Provincia de Salta. *Buenos Aires, Imprenta Europea,* 1887. 4º menor-47 pp.

Es el capítulo primero de la obra «Etimología, descubrimiento, conquista y jurisdicción del antiguo Tucumán», por MANUEL SOLÁ. — NAVARRO VIOLA.

ENSAYO historico sobre la Rejencia del Duque de Orleans : (1715-1723) Escrito por un Joven Chileno para servir de continuacion al Caballero D'Harmental de Alejandro Dumas. *Valparaiso, Imprenta del Mercurio,* calle de la Aduana, nº 22 y 24, setiembre de 1848, 8º menor-5o pp. y una s. f. de índice.

Obra de don DIEGO BARROS ARANA.

ENSAYO histórico sobre la vida del Excmo. señor don Juan Manuel Rosas, gobernador y capitan general de la Provincia de Buenos Aires. *Buenos Aires,* 1830, 8º-32 pp.

Por don PEDRO DE ANGELIS.

ENSAYO politico. El Sistema Colombiano, popular, electivo, y representativo, es el que mas conviene a la America Independiente. *(Epígrafe de Tácito.) Nueva-York, en la imprenta de A. Paul,* año de 1823, 8º-224 pp. y dos cuadros.

Obra de D. VICENTE ROCAFUERTE, que en la hoja que sigue a la portada la dedica «al canoro cisne de Colombia, al amable, sensible y virtuoso Dr. José Fernández Madrid».

ENSAYO politico sobre el Reino de la Nueva España, sacado del que publicó en frances Alejandro de Humboldt. Por D. P. M. de O. *Madrid,* 1818, 8º-2 vols.

Las iniciales corresponden a Don PEDRO MARÍA DE OLIVE.

ENSAYO sobre un articulo biografico del señor doctor don Jose Ignacio Moreno. *Cuenca, por Mariano Silva,* 1842, 4º-Port. y 6 pp.

Subscrito por F. V. S., iniciales que corresponden a fray VICENTE SO-LANO. Para comprobación de este aserto, adviértase que el folleto ha sido incluído en las pp. 308-312 del tomo I de las *Obras de fray Vicente Solano,* Barcelona, 1892, 4º.

ENSAYOS literarios, por J. B. S. *Santiago de Cuba,* 1846.

JUAN BAUTISTA SAGARRA. — F.-C.

ENSAYOS mercantiles para adelantar por medio del establecimiento de vna Compañia el Comercio de los fructos de el Reyno de Gvathemala. A Beneficio de el Publico, Real haver y Diezmos, Ecclesiasticos... Dedicase por vn deseoso de el bien publico a la mvy noble y leal Ciudad de Santiago de los Caualleros de Guathemala. *En Guathemala, por Sebastian de Arebalo,* año de 1742, 4º-Una hj. y 14 s. f. para la Primera Parte, y 21 s. f. para la Segunda.

Consta por la dedicatoria que el autor fué D. FERNANDO DE ECHEVERZ.

ENSAYOS poéticos. Por un Cubano, ausente de su patria. *Nueva York, En la Impr. de Guillermo Newell,* 1836, 12º-97 pp.

Por NICOLÁS DE CÁRDENAS Y RODRÍGUEZ.

EN SILENCIO. Novela. *Santiago de Chile, Imprenta y Litografia «La Ilustracion»,* 1917, 8º-A la cabeza de la portada, el nombre de la autora, Gimena del Valle.-202 pp.

Gimena del Valle es seudónimo de TRINIDAD CONCHA CASTILLO.

ENTENDIMIENTO de la Memoria histórica de Chile, durante los años 1824-1828, presentada a la Universidad de aquella República por Don Melchor Concha y Toro. *Pekin, Oficina tipográfica de Kan-Fu-Tse,* Calle del Sol y la Luna, Plaza de las Estrellas, esquina de los Cometas, 1863, 8º-67 pp.

Impresión a todas luces apócrifa, que nos parece salida de las prensas de Nueva York, y obra de ANTONIO JOSÉ DE IRISARRI.

— 186 —

Irisarri, Ant?. José : Ver *Hist. General de la Rep. de Chile* (1810 a 1813)
t. V. p. 351 (nota) — *Catálago Beéche*, p. 121. — Briseño, *Est. Bibliográfica*, t. II, p. 447.

Entrada del Cacique Calvucurá al pueblo del 25 de Mayo por El Pampeano. *Buenos Aires, Imprenta de Pablo E. Coni*, 1884, 8?-23 pp.

Del presbítero Francisco Bibolini. — Navarro Viola.

Entre deux mondes Roman. *Paris, Bernard Grasset, Editeur*, MCMXIV, 8? menor-203 pp. y 1 s. f. (1914).

Inés Bello que lleva como autora en la portada, oculta el nombre de Inés Echeverría de Larrain.

Entretenimientos de un prisionero en las Provincias del Rio de la Plata : por el Baron de Juras Reales, siendo fiscal de S. M. en el Reino de Chile. *Barcelona*, 1838, 8?-2 vols.

El Barón de Juras Reales se llamaba don Luis de Moxó y era sobrino de don Benito María de Moxó y Francoli, arzobispo que fué de Charcas, y cuyas *Cartas mejicanas* plagió en el libro suyo de que se trata, valiéndose del manuscrito que heredó de su tío.

Entretenimientos literarios, por Felicia. *Habana*, 1843.

Virginia Felicia Auber. — F.-C.

Epilogo de las pretensiones de la villa Imperial de Potosi, y lo que han acordado en ellas el Excelentissimo señor dõ Garcia de Haro y Auellaneda, Cõde de Castrillo, y señores del Real Consejo de las Indias.... *(Madrid*, 16...), fol.-6 hjs.

Obra de don Sebastián de Sandoval y Guzmán.

Episodio de la guerra de Cuba. El 6 de Enero de 1871. Por M. L. M. superviviente de la hecatombe. *(Epigrafe.) Puerto Principe, Imprenta La Luz*, 1893, 12?-iii-137 pp. y dos hjs. prels.

Las iniciales son de Melchor Loret Mola y Mora. — Pérez, n? 282, y Figarola-Caneda.

EPISODIOS de la guerra. Por el coronel Ricardo Buenamar. *Filadelfia*, 1898.

Anagrama de RAIMUNDO CABRERA. — F.-C.

EPISODIOS de la Guerra del Pacífico. Enrique Ugarte. Narración histórica por Un Veterano. *Santiago de Chile, Librería y Casa Editorial de la Federación de Obras Católicas*, 1915, 8º-142 pp.

Ese Veterano envuelve el nombre de PEDRO VÁZQUEZ.

EPÍSTOLA crítico-balanzario-molondríca, a los Editores de La Balanza, flor y nata de los Gerúndios. Escribía Fr. Justo Porrazo, natural de la villa de Burlon, y autor de las pildoras infalibles contra la balanzo-manía. *Quito, Imprenta de la Universidad*, 1840, 4º-12 pp.

De FRAY VICENTE SOLANO, e inserta en las pp. 103-116 de sus *Obras*.

EPISTOLAE ex familiarivs M. T. C. iam selectae. *Mexici, Apud Viduam Bernardi Calderon*, 1656, 8º-27 hjs.

Las iniciales del autor se traducen : MARCO TULIO CICERÓN.

EPISTOLARUM de venerabilis Joh. Palafoxii, Angelopolitani primum, tum Oxomensis episcopi, orthodoxia. A Philaretae Alethini. Sin lugar de impresion, 1772-1773, 8º-3 vols.

«Dícense estampadas en Roma en la residencia del Comendador D'Almeida, ministro de Portugal, y que su autor fué el P. TOMMASO MARIA MAMMACHI, maestro del sacro Palacio. La carta de un anónimo, estampada a tres columnas, que en dicha carta se pretende refutar, se atribuye al P. FRANCESCO ASQUASCIATI, jesuíta, consultor de la Sacra Congregación de Ritos. En Horanyi(*Script. Piarum Schol.*, t. I, p. 335), quizá por yerro, se atribuyen dichas cartas al P. Gio. Luigi Buongiochi, escolapio, ferrarense, que es cierto escribió y tradujo otros trabajos en la célebre controversia concerniente a Palafox». — MELZI, I, p. 33.

EPITOME de la Bibliotheca Oriental, y Occidental, Nautica, y Geografica De Don Antonio de Leon Pinelo... añadido, y enmendado nuevamente, en que se contienen los Escritores de las Indias Orientales, y Occidentales, y Reinos convecinos... *En Madrid, En la Oficina de Francisco Martinez Abad...* Año de M. D. CC. XXXVII, fol., 3 vols. — I, 69 hjs. s. f.-536 columnas, a dos por página — Apéndice, pp. 537-560.-Dos hjs. s. f. — II : Una hj.-cols. 561-1191, y hjs. 1192-1199-mcc-mccxxxviii. — III : Una hj.-cols. 1200-1729-132 pp. Una s. f.

«Nada prueba tanto la suma modestia de don Andrés González de Barcia, observa Salvá, como el haber publicado esta obra, llamándola segunda edición del *Epítome...*, sin haber puesto su nombre en parte alguna.»

Epitome de los elementos de Medicina del Dr. Juan Brown traducido. *Puebla*, 1802, 8º-118 pp.

Hay nota del traductor subscrita con las iniciales J. R., que responden al nombre de Juan Antonio Riaño, capitán de fragata de la Real Armada, intendente que fué de la provincia de Guanajuato, habiendo sido muerto en la ciudad de ese nombre, en 1810, en lucha con los insurgentes.

Epitome Historial, y Moral Historia, de la vida, virtvdes, y excelencias de nuestra Ama, y Señora Santa Ana : Con las de su felicissimo Consorte, San Joachin : Padres de Nuestra Señora la Madre de Dios. Recopilada De los mas Clasicos Autores, y Santos Padres, que de ella escrivieron ; y de las piadosas Consideraciones : Historicas Conjeturas, y Verosimiles suplementos : meditados, en las Platicas, de la Purissima, por el mismo P. Perfecto *(sic)*, que las haze... Año de 1682. Con licencia. *En Mexico, Por la Viuda de Bernardo Calderon*, en la calle de San Augustin, 4º-8 hjs. s. f.-243 hjs. de texto, 9 hjs. de índice.

Atribuído por Beristaín, y Andrade, al bachiller Isidro Hortuño de Carriedo, prefecto entonces de la Congregación de la Purisima, pero en realidad obra del padre jesuíta Antonio Núñez de Miranda.

Epitome panegyrico de la vida admirable, y mverte gloriosa de S. Rosa de Santa Maria, virgen dominicana. A la Serenissima Princesa D. Catalina Reyna de la Gran Bretaña. *En Lisboa.* Con las licencias necessarias. *En la Officina de Antonio Craesbeek de Melio*, año 1670, 8º-Port., 3 hjs. s. f.-190 pp. y una s. f.

Por Antonio de Souza de Macedo, que firma la dedicatoria.

— 189 —

EPITOME singularium gestorum S. Ludovici Bertrandi Valentini, ordinis Praedicatorum. *Romae*, 1671, 4º

Autor : FRAY JACOBO RICCI, de la misma orden. — MELZI.

EPOCA presente y Las Esperanzas. Números 1745, 1746, 1747, 1748 y 1751. *De* «La Epoca» por J. M. M. *Imprenta Paceña*, 1854, 4º-25 pp.

Atribuído a JOSÉ MARÍA MOLINA.

ERBAULICHE und angenehme Geschichte deren Chiquitos, und anderer von denen Patribus der Gesellschaft Jesu in Paraquaria neubekehrten Völcker samt einem ausführlichen Bericht von den Amazonen Strom, wie auch einigen Nachrichten von der Landschaft Guiana, in der neuen Welt. Alles aus den Spanisch — und Französischen in das Teutsche übersetzet von einem aus erweherter Gesellschaft. *Wien, Verlegt Paul Straub*, 1729, 8º-744 pp.

Por el P. CHRISTIAN EDSCHLAGER. — SOMMERVOGEL, 275.

ERMITE de Chimborazo (L') ou les Jeunes Voyageurs Colombiens. Voyage dans les deux Amériques, présentant, etc. Par Ch. de Mirval. *Paris, Lehuby*, 1836, 12º-Con tres grabados y un frontis.

Seudónimo de J. — B. J. DE CHAMPANAC. — QUÉRARD, II, 1166.

EROISMO (L') di Ferdinando Cortese confermato contro le censure nemiche. *In Roma MDCCCVI, Presso Antonio Fulgoni*. Con Licenza de'Superiori, 8º-viii-194 pp. y una s. f.

Del abate RAYMUNDO DIOSDADO CABALLERO.

ERÚDITA (La). Contra los insurgentes. Dialogo entre una currutaca y D. Felipe. *(Colofón :)* Cón superior permiso. *México, En la Oficina de D. Mariano de Zúñiga y Ontiveros*, año de 1810, 4º-7 pp.

Subscrito por «El Durangueño», seudónimo del licenciado FRANCISCO ESTRADA,

Esame critico teologico, Che servirá per fare una Errata Corrige ad un certo Libro stampato in Bologna per Lelio dalla Volpe l'Anno 1777, intitolato : Raccolta di varij Esercizi di Pietá... Edizione seconda... *In Venezia* MDCCLXXXIX, *Presso Giambatista Novelli,* 8º-xii-188 pp.

Del ex jesuita mexicano, P. Manuel Mariano Iturriaga.

Escala (La) del abismo. *Oruro, 1870, Tipografia Boliviana de Pomar y C.ª,* 4º-una s. f.-65 pp. — En verso.

El autor se firma, en carta subscrita en Paucarpata, D. V., o sea, Donato Vázquez

Escala para subir al Cielo. *Santiago, Imprenta Ramón Varela,* 1881, 16º-230 pp.

De la aprobación eclesiástica resulta que el compilador fué el padre jesuíta Carlos Infante.

Escenas de la vida en Cuba, por Teodemófilo. *Habana,* 1841.

Nicolás de Cárdenas y Rodríguez. — F.-C.

Escenas santiaguinas año de 1665. — Santiago bajo la férula del poder gubernamental del Capitan Jeneral don Francisco de Meneses. Por B. T. L. *Santiago. Imprenta de Julio Belin i C.ª,* 1852, 16º-34 pp.

Las iniciales resultan aclaradas en la dedicatoria, en la que el autor firma con su nombre. B. T. Lattapiat.

Esclavage (L') et la traite a Cuba. *Paris, Typographie Tolmer et Isidor Joseph,* 1876,-30 pp.

Versión francesa de una obra escrita en castellano, hecha por el doctor R. E. Betances. — Sama.

Esclavitud nobilissima, consagrada al culto de la Santissima Virgen Maria de Loreto, Venerada en su Capilla del Collegio de San Gregorio de la Compañia de Jesus, en la Ciudad de México. *En Mexico, por Joseph Bernardo de Hogal,* 1725, 16º-27 pp.

— 191 —

Hay también edición de la misma ciudad, 1727, 16°?
Ambas salieron sin el nombre de su autor, FELIPE NERI DE APELLANIZ
Y TORRES, según resulta de la príncipe, que es de 1724.

ESCRITO de duplica presentado por el procurador de don Francisco Arriagada i compartes en los autos promovidos por don
Manuel Jesus Jimenez sobre mejor derecho a los bienes que-
dados por fallecimiento de don Miguel Pacifico Herrera. —
Cuestion : ¿El Código civil ha anulado las sustituciones-pupi-
lares o cuasi-pupilares hechas antes del 1° de Enero de 1857?
Santiago, Imprenta de « El Progreso », 1884, 4°-88 pp.

La advertencia preliminar está subscrita por E. C., iniciales que corresponden a ENRIQUE COOD, como se establece por la respuesta a ese
escrito del abogado de la parte contraria, don Marco Antonio de la
Cuadra en su *Cuestion transitoria*, Santiago, 1884, 4°

ESCRITOS y servicios del ciudadano Dr. D. Juan Egaña. *Imprenta
de R. Rengifo*, 8° *(Santiago de Chile*, 1828)-23 pp.

De la carta escrita por el propio Egaña al editor, resulta que éste
fué don AGUSTÍN LIZARDI, si bien de su cosecha — y éso, si es que no
se trata de una componenda literaria entre amigos —, no hay sino poco
más de la página primera.
Existe traducción francesa del opúsculo :

— Ecrits publiés et services rendus par Le Citoyen Dr. Don Juan
Egaña, traduit de l'espagnol par M. W. *Paris, Imprimerie de
Davis*, Boulevard Poissonière, n° 4 bis., 1830, 8°-23 pp.

Queda por descubrir el nombre que ocultan las iniciales del tra-
ductor.
Es este un librito muy interesante para la bibliografía chilena, pues,
sin duda alguna, le cabe en ella el primer lugar en el orden de fechas.
BRISEÑO, *Est. Bibl.*, p. 368.
PONCE, *bibl. Pedag.*, n° 518.

ESCUELA (La) de la felicidad, traduccion libre del frances, aumentada con reflexiones, y exemplos por D. Diego Rulavit y Laur
Leccion primera. *Madrid. En la Imprenta Real*, 1786, 8°-141
pp.

Autor fué don JACOBO DE VILLAURRUTIA, que figuró en México, y que
se disfrazó bajo aquel anagrama.

ESCUELA Laica. (La) Apéndice a la Escuela Atea. Coleccion de los artículos que hacen falta en esta ultima, precedida de un interesante capitulo sobre la materia traducida de la obra de M. E. Laveleye, titulada La Instruccion del Pueblo. *Valparaiso, Imprenta de La Patria,* calle del Almendro, núm. 16, 1873, 8º-124 pp. y una para el índice.

> Publicación debida a la Comisión de la Gran Logia de Chile y en respuesta a la que habia hecho don Mariano Casanova, como gobernador eclesiástico de Valparaíso, con el título de *La Relijion y la Masoneria,* Valparaíso, Imprenta del Mercurio, 1873, 8º
>
> El último artículo de aquella va subscrito por V. ERASMO JESUIT, seudónimo de don EDUARDO DE LA BARRA.
>
> La comisión la componían Eduardo de la Barra, Alejo Palma G. y Benicio Alamos González.

ESCUELA (La) Moderna, por Rem. *Habana,* 1900.

> EDUARDO MORALES DE LOS RÍOS. — F.-C.

ESMERALDAS. Cuentos mundanos por Fray Mocho. Emilio de Mársico, editor, *Buenos Aires,* 1885, 8º-93 pp.

> Fray Mocho es seudónimo de JOSÉ S. ALVAREZ.

ESPAÑA (La) tetuanica y la Pinzonada por Juan de Arona. *(Epígrafe:) Lima, Imprenta por José M. Noriega,* 1867, 8º-17 pp.

> Juan de Arona, seudónimo de D. PEDRO PAZ SOLDÁN Y UNANUE.

ESPAÑA y Cuba *(Dos epígrafes). (Colofón:) Tipografia Lahure,* calle de Fleurus, 9, *Paris,* 8º-3 hjs. s. f.-37 pp., precedidas de una hoja blanca. Datado en Ginebra, 8 de febrero de 1876.

> De JOSÉ SILVERIO JORRIN Y BRAMOSIO. Este es el famoso « folleto de Ginebra », que se atribuyó a Pozos Dulces. Reimprimióse en la *Revista Cubana,* en mayo de 1886 (t. III, pp. 433-61). — PÉREZ, nº 244.

ESPAÑA y Méjico en el asunto de la Convencion Española. *Madrid, Imprenta, fundicion y libreria de D. Eusebio Aguado,* 1855, 4º-92 pp.

Va subscrito por L. Carrera, Manuel Gargollo y Bernardo Copca, en Méjico a 2 de octubre de 1855.

Espejo (El) de muchos, dos vencedores derrotados por ellos mismos y sus aliados o sea La Sumaria organizada para averiguar la causa de la muerte del señor doctor don Mariano Domingo Paz Soldán. *Cochabamba, Imprenta Nacional,* año de 1860, folio-92 pp. y una sin foliar al final; 4 al principio.

La subscriben José Manuel Paz Soldán y Ramón Paz Soldán.

Espejo geographico, en el qval se descubre, breve y claramente, assi lo cientifico de la Geographia, como lo Historico... Contiene el tratado de la Esphera, y el modo de valerse de los Globos... Por D. Pedro Hurtado de Mendoza, Cavallero de la Orden de Calatrava... *En Madrid, Por Ivan Garcia Infanzon,* año 1690, 8º-12 hjs.-263 pp.-6 hjs.-dos láminas. — Segunda y Tercera Parte (1691)-4 hjs.-392 pp.-12 hjs.

Trata de América en el capítulo último y en las pp. 27 y sig. del segundo volumen.

El verdadero autor de este libro sería el jesuíta Juan Francisco Petrei, borgoñón, nacido el 15 de febrero de 1641 y fallecido en Escalona el 20 de septiemhre de 1695. Arévalo, *Symbolo literario,* manuscrito, citado por Gallardo, *Ensayo,* t. I, col. 273.

Esperanza. Por B. Sandemar. *Santiago, Imprenta Victoria,* 1890, 8º-125 pp.

El autor : José Martínez Cuadra. — Silva, *La Novela en Chile,* nº 128.

Espiritismo (El) en su mas simple espresion. Relacion sumaria de la enseñanza de los espíritus y sus manifestaciones, por Allan Kardec, autor del libro de los Espíritus y director de la Revista Espiritista. Sin caridad no hay salvacion. *Buenos Aires,* 9104. «*Imp. del Porvenir*», 1885, 8º-44 pp.

« *Historia del espiritismo* por Cosme Mariño... » — Navarro Viola.

Espiritu de la Prensa Chilena. O coleccion de artículos escojidos de la misma desde el principio de la Revolucion hasta la épo-

— 194 —

ca presente. Por P. G. *Santiago, Imprenta del Comercio*, marzo de 1847, 4º-2 vols. I : xxii-490; II : 512 pp.

Las iniciales P. G. son las de Pedro Godoy.

Espíritu (El) del español o notas de un americano sobre su papel de reforma de Regulares. Impreso en Londres en 31 de Marzo de 1813, y reimpreso en Cartagena de Indias el mismo año. *(Adorno.) Santafé de Bogotá, Imprenta del C. B. Espinosa*, año 1814, 2., 8º-61 pp.

Posadas, *Bib. bog.*, p. 320, dice que en el ejemplar de este folleto que se conserva en la Biblioteca Nacional de Bogotá, tiene la anotación manuscrita de haber sido el autor « el venerable padre Padilla (Diego), uno de los patriarcas de la independencia de la Nueva Granada ».

Esplicacion de las cuatro partes de la Doctrina Cristiana en el idioma quichua, Para la instruccion de los fieles de las Parroquias rurales. Escrita i dada a luz por el Presbítero M. M. M. con superior permiso... *En Cochabamba, Año de 1854, Imprenta de La Union*, 4º-90 pp. y dos de índice.

Las iniciales pertenecen a Manuel María Montaño.

Esplicacion Verdadera de un gran escándalo suscitado por los bárbaros fariseos de esta época. *Copiapó, Imprenta de El Constituyente*, 1876, 8º-menor.-62 pp.

Téngola por obra del presbítero don Marcos Machuca.

Esplicaciones de Código Civil Libro IV segun el programa universitario Tomo I (Obligaciones) — Tomadas en las clases de los profesores del ramo en la Universidad de Chile Señores Luis Claro Solar i Leopoldo Urrutia por S. I. B. I un anexo con el Programa completo de Código Civil aprobado el año 1902 por el Consejo de Instruccion Pública. *Santiago de Chile, Imprenta i Encuadernacion del Comercio*, 1903, 4º-262 pp.

La advertencia preliminar la subscriben « Los Autores », que fueron en efecto don Federico Silva L. y D. Julio Bonniard ; de ahí las iniciales S. I (por Y) B.
Consta del certificado de propiedad literaria.

Esposicion de la conducta política de los Estados-Unidos para con las nuevas Repúblicas de America. *México, Manuel Ximenes,* 1827, 8º-16 pp.

Por JOEL R. POINSETT. — SABIN, XV, nº 63.690.

Esposicion de la Junta de Directores de la Sociedad Cristiana sobre la administracion i progresos del Asilo del Salvador. *Santiago, Imprenta de Julio Belin i Ca.,* 1849, 8º-19 pp.

Por MIGUEL DE LA BARRA LÓPEZ.

Esposicion del nuevo precepto de caridad que nuestro Señor Jesucristo nos impuso. Historia del Instituto de Caridad ; aprecio qne *(sic)* se hizo en otro tiempo de este Establecimiento : Causas que motivan su actual decadencia ; i necesidad imperiosa que hai de su conservacion. *Santiago,* agosto de 1860. *Imprenta de la Sociedad,* 8º-40 pp.

Fué autor D. TOMÁS DE REYES.

Esposicion de mi dictamen en el compromiso y consulta legal que nos encargaron los SS. hijos del difunto S. D. Manuel Antonio Bravo de Saravia Irarrazabal sobre si debian reconocer como subsistente el mayorazgo de la Casa de Bravo de Saravia que poseia el difunto, y legal la posesion en que se halla el hijo primojenito. *Imprenta de la Opinion. (Santiago de Chile),* 1835, 4º-31 pp. — El título de la cubierta en color.

Obra de D. JUAN EGAÑA, según BRISEÑO, *Est. bib.,* I, p. 384.

Esposicion historica de las investigaciones teoricas y practicas relativas a las desviaciones de los compases. *Valparaiso, Imprenta de la Patria,* 1873, 4º mayor-29 pp.

Al final se lee : « Traducido de la *Revue Maritime* por DOMINGO SALAMANCA, capitán de fragata graduado. » — El autor se llamaba A. COLLET.

Esposicion i principios fundamentales en que se apoya el nuevo metodo de lectura sometido a la aprobacion de la Universidad por B. A. M. *Santiago, Imprenta del Correo*, 1861, 4º-10 pp.

ESPOSICION que dirije al Supremo Gobierno el prefecto del departamento litoral de Cobija E. F. C. sobre todos los ramos del servicio publico Julio 2 de 1874. *Valparaiso, Imprenta del Universo*, 1874, 4º-59 pp.

Las iniciales son de EMILIO FERNÁNDEZ COSTAS.

ESPOSICION que hace el Intendente de Concepcion a la Municipalidad del Departamento, sobre el estado de los diversos ramos del servicio comunal, correspondiente al año de 1856. *Concepcion, Imprenta del Liceo*, marzo de 1857, 8º-49 pp. y 4 estados.

De D. RAFAEL SOTOMAYOR, cuya firma autógrafa lleva mi ejemplar.

ESPRESO al Virey de Popayan. *(Santiago de Chile,) Imprenta Nacional*, s. f. (1825), 4º-12 pp.

BRISEÑO, *Est. bibl.*, p. 137: «Carta en cifras numéricas, dirigida al General O'Higgins, la cual ha sido atribuída al doctor don José Antonio Rodríguez Aldea, pero en realidad fué hecha por don CARLOS RODRÍGUEZ».

ESQUISSE de la Révolution de l'Amérique Espagnole, ou Récit de l'origine, des progrès et de l'état actuel de la guerre entre l'Espagne et l'Amérique espagnole, contenant les principaux faits et les divers combats, etc., etc. ; par un Citoyen de l'Amérique Méridionale traduit de l'anglais. *(Epígrafe de Virgilio)*. *Paris, P. Mongie l'Ainé*, 1817, 8º-vi-359 pp. — Seconde Edition... augmentée... *Paris*, 1819, 8º-430 pp. y mapa.

La edición inglesa lleva por título: *Outline of The Revolution*... y puede verse descrita en su lugar. Su autor fué, como se dirá, el doctor MANUEL PALACIO FAJARDO, venezolano.

Véase *Outline*, SABIN, etc. — XIV, nº 58.266.

ESSAI sur cette question : Quand et comment l'Amérique a-t-elle été peuplée d'hommes et d'animaux? Par E. B. d'E. *Amsterdam, M. M. Rey*, 1767, 4? 8 hjs. prelms. y 610 pp.

Hay otra edición de la misma ciudad y del dicho año, 5 vols. en 12? Por SAM. ENGEL, bailío de Echalens. — BARBIER, II, 224.

ESSAI sur la cochenille et le nopal... *Paris*, 1795, 8?

Por A.-C. BRULLEY. — BARBIER, II, 237.

ESSAY (An) on the more common West India deseases, by a Physician in the West India. *London*, 1764.

JAMES CRAINGER. — CUSHING, p. 234.

ESSAY (An) on the natural history of Guiana, in South America, by a Gentleman of the Medical Faculty. *London*, 1769.

EDWARD BANCROFT. — CUSHING, p. 115.

ESTADISTICA de la República de Chile. Provincia del Maule. Tomo 1? *Santiago, Imprenta de los Tribunales*, 1845, 8?-viii-173 pp. y 5 s. f. y 20 estados plegados.

La ADVERTENCIA preliminar va subscrita con las iniciales F. U. G., que corresponden a FERNANDO URÍZAR GARFIAS.

ESTADÍSTICA del Horrible Cataclismo de Agosto 13 de 1868. Desarrollado en Sud-América, y sus destructoras ramificaciones desde agosto 13 hasta noviembre 19, comprendiendo los detalles orijinales de tan señaladas catástrofes, en el Perú, Bolivia, Chile, Ecuador, California y Méjico. El presupuesto de víctimas e intereses perdidos en los países indicados. Una descripcion de volcanes, erupciones, violentos terremotos y fenómenos atmosféricos que han sido mas notables en el mundo, desde el año 79 de la Era Cristiana hasta la época presente. Calculada y arreglada por M. G. *Valparaiso, Imprenta del Mercurio*, 1870, 4?-108 pp.

De advertencia puesta en la nota sobre propiedad literaria, resulta que las iniciales corresponden a MELCHOR GUTIÉRREZ.

ESTADO de nvestros Privilegios temporales, y de los Viuæ vocis

Oraculo, del Compendio Indico, despues de las dos bulas de
Urbano VIII. de 15. y 17. de Setiembre de 1629. y de la Reuocatoria de los Viuae vocis Oraculo, de veinte de Diziembre de
treinta y vno. 8º-8 hjs. s. f. *(Roma, 1645).*

Del jesuíta Juan Pérez de Menacho, que figuró en el Perú. —Uriarte,
I, nº 845.

Estado politico del Reyno del Perú, Govierno sin Leyes : Ministros relaxados : Thesoros con pobreza ; Fertilidad sin cultivo :
Sabiduria desestimada : Milicia sin honor : Ciudades sin amor
patricio : la Justicia sin Templo : Hurtos por Comercios : Integridad tenida por locura : Rey, el Mayor de Riços Dominios,
pobre de Thesoros... Por un leal Vassallo... *(Madrid, 1747),*
Fol.-una hj. s. f. y hjs. 2-46.

Por Victoriano Montero.
Creyendo inédito este folleto, don M. Felipe Paz Soldán comenzó a
publicarlo en 1879, en la *Revista de Lima.*

Estancia segunda de la vida, y muerte del capitan D. Miguel Velasquez Lorea, Alguacil Mayor del Santo Tribunal de la Fé...
y señalados Hechos de su Hijo, D. Joseph Velasquez, Ortiz, y
Lorea... *Con licencia, en Mexico, en la Imprenta Real del Superior Govierno, de Doña Maria de Rivera*, en el Empedradillo,
Año de 1732, 4º-Dos pp. s. f. y 6 a dos columnas.

Obra de Miguel de la Blanca Valenzuela, que subscribe la dedicatoria.

Estatva de la Paz antiguamente colocada en el Monte Palatino,
por Tito, y Vespasiano Consules. Y aora nuevamente trasla-
dada á los Reynos de España, y Francia por la Catholica
Magestad de Nuestro Rey, y Señor D. Phelipe V. (que Dios
guarde) en las felicissimas Nupcias del Serenissimo Señor D.
Luis I... *En Mexico, Por Joseph Bernardo de Hogal...* (1727),
4º-tres hjs. s. f.-128 pp. y lámina.

El secretario del certamen, autor de la relación, fué el bachiller D.
José Aguirre y Villar, natural de Zacatecas y presbítero de la diócesis
de Guadalajara.

ESTATUAS (Las) de la Universidad.—Biografías de Rivadavia—
Saenz— Gomez—Diaz — Alcorta. *(Epígrafe en diez líneas.)*
Buenos Aires, Imprenta del Siglo, 1863, 8º menor.-69 pp.

Las biografías fueron escritas por varios estudiantes de derecho, y la
última, sobre Alcorta, por PASTOR S. OBLIGADO.

ESTATUTOS de la Academia Pedagógica. *Santiago de Chile, Imprenta Nacional,* 1898, 8º-8 pp.

Autora, doña MATILDE BARBÉ.

ESTATVTOS del Colegio de N. P. S. Domingo de Porta-Coeli de
Mexico. Confirmados, y aprobados con singulares Privilegios,
por la Santidad de N. M. S. P. Urbano VIII, de gloriosa memoria, con Bulla expedida en el año 1628... *En Mexico, por
la Viuda de Bernardo Calderon....* (1673), 4º-13 hjs.

Léese al final : « Los imprimió en la forma que aquí tienen el P. Presentado Rector Fr. ANTONIO LEAL DE ARAUJO».

ESTER, versión del italiano por Fr. H. F. C. Obsequio á los suscriptores de «El Mensajero del Rosario». *Santiago de Chile,
Imprenta y encuadernación Chile,* 1905, 16º-30 pp.

El traductor fué FRAY HUMBERTO FIGUEROA.

ESTIVAL. Poesias orijinales para canto y declamacion. A. Tenlaur
S. *Santiago, Imp. y Encuad. Bellavista,* 1909, 8º-73 pp.-1 s. f.

El nombre del autor es ARMANDO LAURENT S., vertido en anagrama
en la portada.

ESTRAGOS (Los) del tabaco. O resultado de la esperiencia sobre el
habito de tragar humo. Por un Ex-fumador. *Santiago, Imp.
del «Independiente»,* 1867, 4º-40 pp.

Va subscrito al final por ... S ... A., letras que responden a las finales del nombre y apellido de MARCOS MENA.

ESTUDIO de caracteres—Salvad las apariencias original de Un
Oriental. *Madrid, Imprenta de A. Pérez Dubrull,* 1884, 8º me-
nor-135 pp.

Fué el autor D. JOSÉ VICTORINO LASTARRIA.

Estudio de una de las necesidades del país por A. V. D. *Santa Cruz*, año 1874, *Imprenta de Cayetano R. Daza*, fol.-12 pp., a dos cols.

Las iniciales son de Antonio Vaca Diez, que firma el preámbulo.

Estudio político de la República Argentina y un cuadro histórico del gobierno municipal en los pueblos romanos y germanos. *Buenos Aires, Imprenta, Litografía y Fundicion de tipos de la Sociedad Anónima*, 1873, 8º-iv-pp. — El título está tomado de la cubierta en color.

Esas cuatro páginas, con dedicatoria « A mis compatriotas y amigos », están subscritas por José Francisco López. — Con nueva portada :

— Manifiesto del pueblo de Belgrano á los demás pueblos de la República y un estudio histórico-politico De la Institucion del gobierno municipal en los pueblos romanos y germánicos. *Buenos Aires, Imprenta, Litografía y Fundicion de tipos a vapor*, 1873-188 pp. y xi de índice.

Subscrito al final por el mismo José Francisco López.

Estudio sobre la idea de una Liga Americana por J. A. *Lima, Imprenta de Huerta y Ca.*, 1864, 8º-170 pp. y 1 s. f. para el índice.

Las iniciales son las del nombre de Justo Arosemena.

Estudios bibliograficos sobre la America Española. Catalogo de una biblioteca americana compuesta de mas de 3,000 volumenes. *(Santiago de Chile)*, 4º-60 pp. a dos columnas y 1 s. f.

Es el Catálogo de la biblioteca de D. Benjamín Vicuña Mackenna, cuyo prólogo, por lo menos, fué obra suya.

Estudios criticos, I. El P. Policarpo Gazulla ¿ Escritor ? Chile, Enero de 1918, 8º-38 pp.

Carece de pie de imprenta y aparece subscrito por Vidente, seudónimo que ocultaría al padre mercedario Luis Guillermo Márquez.

Estudios económico-políticos sobre la actualidad de Chile. *Valparaiso, Imprenta y Libreria del Mercurio de Santos Tornero,* 1863, 4º-39 pp.

Obra de José Antonio Torres, según él propio lo expresa en la Advertencia.

Estudios económicos sobre Cuba y España, por el mejicano M. de E. *Madrid,* 1880.

Miguel de Embil. — F.-C.

Estudios literarios por E. L. U. Clemente Althaus. *Lima,* 1867, *Imprenta Liberal,* 8º-33 pp.

Las iniciales corresponden a don E. Larrabure y Unanue.

Estudios literarios por E. L. U. Juan de Arona. *Lima, Imprenta Liberal,* 1867, 4º-46 pp.

Del mismo Larrabure y Unanue.

Estudios sobre el sistema penitenciario correccional. *Buenos Aires, Imprenta de la Nacion Argentina,* 1865, 16º-41 pp.

De Juan Ramón Gómez, que subscribe la carta a D. Gabriel Fuentes, con que comienza la publicación.

Estudios sobre la moneda feble boliviana, seguidos de un proyecto para Reforma del sistema monetario actual por J. M. S. *(Epígrafe en seis líneas.) Cochabamba,* 1862, *Tipografia de Gutierrez,* 4º-44 pp.

Las iniciales son de José María Santibáñez, que estampa su firma al final.

Etapes de la Vera-Cruz à Mexico. *Paris,* 1865, 12º.

Por el marqués Gastón-Alexandre-Auguste de Gallifet. — Barbier, II, 286.

État (De l') actuel de l'Espagne et de ses colonies, considéré sous le rapport des intérêts politiques et commerciaux de la France et des autres puissances de l'Europe. *Paris, Trouvé,* 1824, 12º-124 pp.

Por JACQ.-DOM.-ARMAND DE HERMANN. — BARBIER, II, 286.

ETUDES historiques sur le Mexique au point de vue politique et social, d'apres des documents originaux mexicains ; par F. L. ancien consul. *Paris, imp. de Chaix,* 1859, 8º-99 pp.

Por FÉLIX LAVALLÉE. — BARBIER, II, 319; QUÉRARD, II. 46.

ETUDES sur l'Amérique espagnole sous le rapport du commerce maritime de France. De l'Equateur. *Paris,* 1848, 8º-32 pp.

Por GABRIEL LAFOND DE LUCY.

EUROPE (L') et ses colonies en Decembre 1819. *Paris,* 1820, 8º-2 vols.

Hay segunda edición de 1822.
Por BEAUMONT DE BRIVAZAC. — BARROS ARANA, nº 168.

EUROPEIZACION (La) de Svd América. *(Dentro de filetes, el sumario del libro.) Santiago de Chile (Imprenta Chile),* 1923, 8º-160 pp. y el colofón en la carilla interior de la segunda hoja de la cubierta.

A la cabeza de la portada, el supuesto nombre del autor, VICTOR DE VALDIVIA, seudónimo de VICTOR MANSILLA.

EVOLUCION de la mujer, por Iris. Centro Editorial La Tribuna. Núm. 8, Noviembre de 1917. *Santiago, Imprenta Universitaria,* 8º-15 pp.

Iris, seudónimo de doña INÉS ECHEVERRÍA DE LARRAIN. — *Rev. de Bibl. Chil. y Extr.,* nº 3443.

EVANGELIÒ (El) en triunpho. *En Valencia en la Imprenta de los Hermanos de Orga,* Año MDCCXCVII. Con real permiso, 4º-I: xx-416 pp.; II (1798): 432 pp. ; III : 404 pp. ; IV : una 394 pp. y una s. f.

Libro que alcanzó varias ediciones, entre otras : Madrid, 1798, por Joseph Doblado, 4º; Id., 1803, por el mismo impresor ; Id. 1809; por el dicho, Gerona, 1822, 8º; Barcelona, 1828, 8º Autor don PABLO DE OLAVIDE, oidor que fué de Lima.

EXÁMEN crítico del fallo que dió el Jurado Varela sobre «Métrica castellana» por José Lopez Villaseñor. *Santiago de Chile, Imprenta Cervantes,* 1888, 8º-54 pp.

JOSÉ LÓPEZ VILLASEÑOR encubre el nombre de don EDUARDO DE LA BARRA.

EXÁMEN del derecho de vida y muerte, egercido por los Gobiernos. Escrito por un cubano. *Barcelona, Impr. de Ignacio Estivill,* año 1838, 8º-viii-272 pp. y dos s. f.

Del licenciado JOSÉ DE AYALA.

EXAMEN historique sur l'apparition de la maladie vénérienne en Europe, et sur la nature de cette Epidémie. *A Lisbonne,* MDCCLXXIV, 12º-viii-83 pp. y 2 hjs.

A varias dudas se presta la resolución de quien fuera el autor de este opúsculo destinado a manifestar que el mal venéreo no fué importado de América a Europa. Comencemos por manifestar que el lugar de impresión que se le atribuye es simulado, pues, en realidad, salió de las prensas de París. En cuanto al autor mismo, BARTLETT, citado por SABIN (XVIII, nº 76.269) advierte que en nota manuscrita del ejemplar que examinó se indica que lo fué M. Sánchez, nota de la que bien puede prescindirse cuando se sabe que en la traducción del opúsculo hecha por Joseph Skinner e impresa en Londres en 1793, 8º, se estampa: «By M. Sanchez, Doctor of the Faculty of Medicine at Paris». Mas, para nosotros resulta muy dudosa la existencia de tal doctor con apellido español, y mucho más, cuando se sabe que don Antonio Sánchez Valverde dió a la prensa de Madrid un folleto intitulado *La América vindicada de la calumnia de haber sido madre del mal venéreo.* Tenemos, pues, asi, dos coincidencias bien singulares en la doble identidad de la materia de ambos impresos y de los apellidos, que son, a nuestro entender, lo bastante fuertes para que nos permitan asegurar que el Sánchez, doctor parisiense, y el SÁNCHEZ VALVERDE, español, son una misma persona. Pero hay que considerar aun la circunstancia de que la obra de Sánchez Valverde se imprimió en Madrid en 1785, al paso que la francesa es de 1774. ¿Cómo conciliar esta dificultad? Posiblemente por haberse tenido conocimiento del original castellano antes de que se diera a la prensa.

EXAMEN imparcial de la respuesta que la Suprema Junta provisional de Gobierno dió a las cinco representaciones de los Americanos, en que pedian se aumentase el número de sus Diputados suplentes para las actuales Córtes... *(Al fin:) Puebla, Oficina del Gobierno... Méjico, En la Imprenta de D. Alejandro Valdes,* año de 1820, 4º-11 pp.

> Subscrito por J. N. T., iniciales de JUAN NEPOMUCENO TRONCOSO.

EXAMEN particular Para vencer, y desarraigar del alma una por una todas las passiones, y para adquirir todas las virtudes, segun Le inventó y practicò S. Ignacio de Loyola, Fundador de la Compañia de Jesus. *Reimpreso en Mexico, por D. Felipe de Zúñiga y Ontiveros,* año de 1777, 16º-34 hjs. s. f.

> SOMMERVOGEL, V, 602, lo atribuye al padre jesuíta AGUSTÍN ANTONIO MÁRQUEZ. «Aunque ignoramos, dice por su parte otro bibliógrafo, si para atribuírselo tuvo más razón que la de ver que suele ir junto con su *Modo de examinar la conciencia.*» — URIARTE, I, nº 858.

EXAMEN y cortas reflexiones sobre el folleto titulado Cuatro palabras a los sabios, por un individuo del Cabildo Eclesiástico de Quito. Año de 1838. *Quito, Imprenta de la Enseñanza Primaria,* 4º-20 pp.

> De anotación puesta en la portada del ejemplar de la Biblioteca Nacional de Santiago por D. Pablo Herrera consta que este cuaderno fué obra del DOCTOR CLAVIJO, canónigo de Quito.

EXCEL^mo Señor. En el Reyno del Perù el consumo de la brea successiuamente, y cada año es tan grande como inescusable... *(Madrid,* 1648), fol.-7 pp. s. f.

> Memorial al Consejo de Indias de fray FERNANDO DE ABREU Y FIGUEROA.

EXC^mo. (El) Señor Conde de la Monclova Uirrey destos Reynos en Despacho de 27. de Abril deste año, refiere la tribulacion, en que halló a los Indios de las diez, y seis Prouincias sujetas a la Mita de Potosi... *(Lima,* 1692), fol.-2 hjs. s. f.

> Con la firma autógrafa de ANTONIO DE ITURRIZARÍN.

EXCURSION dan l'Amérique du Sud. Esquisses et souvenirs. Nantes, Mellinet-Malassis.-*Paris, chez Renard,* 1828, 8º-204 pp. y 10 s. f. de *Notes ;* la cubierta, litografiada.

Por A. DUCHATELLIER. — CHADENAT, *Cat.* 43, p. 28.

EXCURSION d'un touriste au Mexique pendant l'année 1854 publiée par Just Girard. *Tours, A. Mame et Cie,* M DCCCLIX, 8º-2-188 pp. y lámina.

Just Girard es seudónimo de J. J. E. ROY. — SABIN, XVIII, nº 73.751.

EXCURSION (Una) a las Termas i al Nevado de Chillan por J. A. P. *Santiago de Chile, Imprenta de « El Independiente »,* 1883, 4º-mayor.-11 pp.

Las iniciales son de don J. A. PÉREZ.

EXCURSIONS dans l'Amérique Méridionale, le Nord Ouest des Etats Unis et les Antilles, Dans les Années 1812, 1816, 1820 et 1824 ; avec des instructions totalement neuves sur la conservation des oiseaux ; par Charles Waterton, Esq. ; suivies d'une notice sur les sauvages de l'Amérique Septentrionale. Traduit de l'anglais. *Paris, Lance, Libraire , Rouen, Nicétas Periaux,* 1833, 8º-xvi-470 pp.-Una lámina.

El traductor fue DECAZE, según BARBIER (II, 367). BARROS ARANA, nº 171, da ese nombre como A. DE CAZE.

EXECUTION (L') du colonel Ruiz, par Egmont. *Paris,* 1898.

ALBERTO RUS Y MAS. — F.-C.

EXEQUIAS dedicadas el dia 4 de Noviembre de 1817 por el Supremo Gobierno de Chile a la ilustre memoria de los martires de la libertad en la sangrienta batalla del 1 y 2 de Octubre de 1814 en la Ciudad de Rancagua. Por B.,V. *Santiago de Chile, Imprenta del Estado, por Molinare,* 4º-10 pp.

Las iniciales del autor son las de BERNARDO VERA.

EXERCICIO angelico, empleo celestial de alabanzas a Dios por sus infinitas Perfecciones, y Atributos. Devocion que inventó Santa Rosa de Santa Maria. Y pueden imitar las almas deseosas de agradecer a Nuestro Señor. Por un Padre de la Compañia de Jesvs Tehologo *(sic)...* Con licencia En Lima.., año de 1723 Y por su original en *La Puebla, por la Viuda de Miguel Ortega,* año de 1728, 16º-31 hjs.

Hay también edición de Guadalajara, 1831, 16º Atribuído al jesuita Antonio o Diego de Osuna.

EXERCICIO de la buena muerte, que se hace en muchas iglesias de la Compañia de Jesus... Y algunos actos interiores del alma para exercitar la verdadera virtud. Compuesta por un Padre de la misma Compañia de Jesus. *Palma, En la Imprenta de Salvador Savall,* Año 1817, 8º-48 pp.

Hay edición de allí mismo, Imprenta de Trias, 1839, 8º-38 pp. Obra del exjesuíta P. Baltasar Masdeu, de la Provincia de Quito a que perteneció.

EXERCICIOS devotos para emplear santamente la vispera de la Fiesta al Sagrado Corazon de Jesus, y todos los primeros Viernes de cada mes. Traducidos del Frances al Español. Su autor el Padre Alexandro Derouville de la extinguida Compañia. *Malaga, en la Oficina de D. Felix de Casas y Martinez,* 8º-388 pp. 14 hjs. s. f.

Traducción del ex jesuíta P. José Guevara, de la Provincia del Paraguay, el cual « *edidit,* dice Caballero (Ms., citado por Uriarte) *Exercicios devotos,* etc., *sine anno et auctoris nomine* ». Hay también edición de Gerona, por A. Oliva, 1830, 16º-xii-334 pp.

EXERCICIOS espirituales de N. P. S. Ignacio de Loyola, Fundador de la Compañia de Jesus. Dispuestos por otro Padre de la misma Compañia. *En Madrid, en la Oficina de Joachin Ibarra* (1757), 8º-284 pp.

Atribuído al jesuita chileno P. Santiago Larraín.

EXERCICIOS espiritvales, y practica de la primera Semana : segvn la forma, y Reglas de Nuestro Padre San Ignacio... Con li-

cencia. *Mexico : Por la Uiuda de Bernardo Calderon,* en la calle
de san Agustín, Año de 1655, 8º-55 hjs. en todo.

Atribuído al padre jesuíta Antonio Núñez de Miranda.

Exercicio de las Tres Horas. Modo practico de contemplar las
Siete Palabras, que en la Cruz Hablò Christo Nuestro Redemptor. *En Madrid,* con las Licencias necessarias : *En la Imprenta
de la Viuda de Manuel Fernandez,* Año de 1762, 12º-64 pp. y
una hj. s. f.

Como observa Uriarte (I, nº 872), es una de tantas de las reimpresiones de este librito del jesuita P. Alonso Mexia Bedoya.

Exercicios devotisimos para visitar al Santísimo Sacramento en
su octava, en las indulgencias de quarenta horas, y demas
fiestas en que está patente tan augusto Sacramento. Los que
en reverente obsequio a tan soberana Magestad, ha recopilado
y puesto en método un Devoto. Con las licencias necesarias.
Buenos Aires, en la Real Imprenta de Niños Expósitos, Año de
1784, 8º-menor.-47 pp. y diez y seis s. f.

Ese devoto se llamaba Antonio Ortiz, cajista que era de la Imprenta.

Exhortacion que a los habitantes de Mexico hace un individuo
del Ilustre Colegio de Abogados, relator de esta Real Audiencia.
(México, 1810), 4º-15 pp.

Con las iniciales A. L. M., que son las de Antonio López Matoso.

Exhortacion que dirige á los habitantes de la Provincia de Valladolid su Diputado. Año de 1810. *Mexico, En la Imprenta
de Jauregui,* con aprobacion del Superior Gobierno, 4º-19 pp.

Sin fecha ni firma, pero de aquel año y obra de Foncerrada y Ulibarri,

Exhortacion que los Diputados para las próximas Córtes, hacen
a los habitantes de las Provincias de la Nueva España. Año
de 1810. *Mexico, En la Imprenta de Arizpe,* con aprobacion
del Superior Gobierno, 4º-16 pp.

Obra del licenciado don José Cayetano Foncerrada y Ulibarri.

Exhortationes breves ad usum Confessariorum pro excitando in Poenitentibus dolore. *Laureti, Typis Societatis Jesu*, 1721, 8?

Por el P. Pablo Restivo. — Sommervogel, *Dict.*, col. 304, y tal es la única noticia que tengamos de este libro impreso en las Misiones jesuíticas del Paraguay.

Eximio fidei praeconi, macto lavreatorvm Praeconio. Amarae quondam Labruscae. Postmodum venusto Gemini... *(Lima*, 1664), 4?-44 pp.

Tesis para graduarse de licenciado en teología de Fr. Andrés González de Jaén, mercedario, según consta de la última página del folleto.

Exmo Señor. Los fiadores de Albaro de Paz, por quien habla Alonso Ximenes de Castilla Procurador de esta Real Audiencia ; Suplican à V. Ex. se sirva de passar los ojos por estos apuntamientos... *(México*, 16...), fol.-8 hjs.

Con la firma autógrafa del licenciado D. Juan Cano.

Expedicion Goicouria. Diario de un soldado. Setiembre 26. — Octubre 27. *Nassau (Nueva Providencia), Imprenta del « Nassau Times»*, 1869, 12?-28 pp.

« Al verso de la segunda hoja de la cubierta está el anuncio del *Almanaque cubano para 1870*, que, según se dice, se publicaría en Nueva York a mediados de Diciembre, y una advertencia sobre los defectos en la impresión del actual folleto. No está subscrito, pero es de Juan Ignacio de Armas. » — Pérez, n? 5 ; Figarola-Caneda.

Véase : *Almanaque cubano*.

Expediente seguido ante el Superior Gobierno, sobre un establecimiento industrial de importancia comun por F. M. N. *Imprenta de la Caridad, Montevideo*, 1840, 8°-29 pp.

Las iniciales son de Francisco Martínez Nieto.

Explicacion de la doctrina cristiana acomodada a la capacidad de los negros bozales... Por un Presbítero de la Congregacion del Oratorio de la Habana,... *en la imprenta de D. Esteban Boloña*, 1797.

Por Antonio Nicolás Duque de Estrada, según Bachiller y Morales, t. III, p. 132.

EXPLICACION del Libro Quarto conforme á las Reglas de el Arte de Antonio de Nebrija. Con vn suplemento singular â las Reglas generales. *Impresso en Mexico, por los Herederos de la Viuda de Francisco Rodriguez Lupercio, en la Puente de Palacio.* Año 1717, 8º-43 hjs.

Hay también edición de 1722, por el mismo impresor.
Compuesta por el jesuíta P. MATEO GALINDO.

EXPLICACION de la medalla mandada acuñar por el Colegio Seminario de Antequera de Oaxaca. *(México, 1810)*, 4º-7 pp.

Atribuída por Beristaín a FRAY RAMÓN CASAÚS Y TORRES.

EXPLICACION del Genero de los Nõbres; y De los preteritos, y supinos de los verbos. Dispuesto Por uno de los Maestros del Colegio Seminario de la Purissima Cõcepcion, y San Pablo Apostol de Mexico. Con licencia: *En Mexico, por los Herederos de la Viuda de Miguel de Ribera*, Año de 1716, 8º-40 pp. s. f.

Fué el autor don ANTONIO ARTEAGA, natural de México.

EXPLICACION de los Passos de la Passion, que estan en el Altar del Santo Ecce-homo en el Collegio de S. Pedro y S. Pablo de la Compañia de Jesvs de esta Ciudad, con algunas devotas meditaciones. Sacalo a lvz. El Br. D. Ivan Ioseph de Miranda... *Con licencia en Mexico, por la Viuda de Bernardo Calderon*, 1681, 8º-2 hjs. s. f.-57 hjs.

Primera edición; la segunda, también de México, es de 1697.
Del padre jesuita ANTONIO NÚÑEZ DE MIRANDA.

EXPLICACION mystica de la regla 18. de la Congregacion de la Purissima: que es de la Confession, y Comunion. Con vna thẽorica, y practica de los medios, que mas facilitan su frequente, y bien aprovechado vso: Varias Meditaciones, y Oraciones bocales al proposito. Recogida eŋ svma de varios papeles, y platicas de la Purissima, por el mismo Padre Prefecto... *En Mexico, por Juan de Ribera*, Año de 1684, 8º-143 hjs. y 35 de nueva foliación.

Varias veces reimpreso, según Eguiara, y obra del jesuita P. ANTONIO NÚÑEZ DE MIRANDA.

EXPLICACION theorica, y practica aplicacion del Libro quarto del Contemptus mundi ; para prepararse, y dar fructuosamente gracias en la frequente comunion. Dispuesta por el Padre Prefecto de la Congregacion de la Purissima fundada con authoridad Apostolica en el Colegio Maximo de San Pedro, y San Pablo de la Compañia de Iesvs de Mexico... *Puebla de los Angeles, en la Imprenta de Diego de Fernandez de Leon* (1691), 24º-688 pp., sin las prels.

Obra del jesuíta P. ANTONIO NÚÑEZ DE MIRANDA, cuyo nombre lleva la edición de León de Francia, de 1687.

EXPLICACIONES de Código Civil destinadas a los estudiantes del Ramo en la Universidad de Chile. Publicada por la Academia de Leyes y Ciencias Políticas. *Santiago de Chile, Imprenta Cervantes*, 1882, 4º-lvi-632 pp.

Por don PAULINO ALFONSO y sobre la base de las explicaciones sobre la materia de los profesores D. Enrique Cood y D. José Clemente Fabres.

EXPLORACION del Rio Madera por José y Francisco Keller. *La Paz, Imp de la Union Americana*, 1870, 4º-72 pp.

Traducción hecha del portugués, por J. R. GUTIÉRREZ. Así lo dice él mismo, nº 826. Agrega que el prólogo es de J. P. Gómez.

EXPOSE (An) on the Treaty of Paucarpata, in Peru, and the events connected with it. By a per-bolivian. *Andover, Printed by John King*, High Street, 1838, 4º-25 pp.

« Creen algunos que es escrito por ANTONIO JOSÉ DE IRISARRI. » ABECIA, nº 358.

EXPOSICION de los actos agresivos contra el Peru, ejecutados por el almirante de la Escuadra Española D. Luis H. Pinzon. *Lima, Imp. de « El Mercurio »*, 1864, 8º-xli-71 pp.

Obra de RICARDO PALMA.

EXPOSICION sucinta... de la provincia de Nueva México, por Pedro Pino. *Cadiz*, 1812.

Según Maxiriarth, p. 107, el autor fué JUAN LÓPEZ CANCELADA.

EXPRESSION de derechos, que haze D. Rodrigo Alvarez Sobrino, Para la revocacion que pretende de la Sentencia pronunciada por esta Real Audiencia... en que se declaró nula la Cession... que de la Hazienda de Santo Thomàs, se hizo à D. Antonio de Esquivel, y Vargas, ... *Con licencia, en Mexico, En la Imprenta Nueva Plantiniana de Juan Francisco de Ortega, y Bonilla...,* Año 1721, fol. — Una hoja s. f. 47 hjs.

Atribuído por PUTTICK y SIMPSON, *Bib. Mej.,* n° 1128, al mismo Alvarez Sobrino, pero, en realidad, obra del licenciado D. JOSÉ MÉNDEZ, que la subscribe.

EXTASIS. Versos de Miss Colombine. Ilustrados por Harrison Young. *Imprenta « Las Artes Gráficas »,* Talcahuano, Año de 1923, 8º-160 pp. Con ilustraciones y en verso. — Retrato de la autora, que lleva al pie su nombre :

MARÍA ROSA GONZÁLEZ.

EXTEMPORANEIDAD de la federacion en Bolivia. Por L. M. G. *Co-chabamba :* Mayo 15 de 1871. *Imprenta de los Amigos,* 4º-13 pp.

Las iniciales son de LUIS M. GUZMÁN, que la subscribe.

EXTRACTO del Diario de medicina quaderno de Julio de 1787. Tomo 72, p. 137 *(Lima,* 1788), 4º-12 pp. s. f., a dos columnas, menos las dos primeras. Texto en francés y castellano.

Por don JOSÉ MANUEL DÁVALOS.

EXTRACTO de los ciento y un misterios de Valparaiso *Lima, Imprenta del Comercio,* 1848, 4º-43 pp. ; pero al fin dice « Se continuará ».

Lleva al fin la firma de MARCIAL BIDAU.
Los tales misterios se reducen a pleitos civiles, diez y más.

EXTRACTO de los sucessos que han acaecido en la Conquista, ò Pacificacion de los indios Coyamos, y Macoaes, y poblacion de la Villa de Nuestra Señora del Rosario de Perijà, en la

Provincia de Maracaybo, y constan de Autos, y Reales Cedulas, concluida ultimamente por el Cabo principal Don Manuel Garcia de la Peña... *(Madrid,* 1762), fol.-7. pp. s. f.

Lleva al final la firma autógrafa del mismo don MANUEL GARCÍA DE LA PEÑA.

EXTRACTO del programa del Ministerio de Instruccion Pública. *Sucre,* 1845, *Imprenta de Beeche y Compañia,* 4º-15 pp. y una en folio.

Atribuído a TOMÁS FRÍAS.

EXTRACTO de varias Cartas, escritas al Rey nuestro Señor por los señores Obispos del Cuzco, y Arequipa, por la Real Audiencia, y Tribunal de Cruzada de Lima, por la Ciudad del Cuzco, y otras personas constituidas en Dignidad Eclesiastica en los Reynos del Perù, a favor del Doct. Don Juan Antonio de Ugarte, Cura actual de Caycay.... *(Madrid,* 1720), fol. - 11 hjs.

Lleva la firma autógrafa de FRAY BENITO DE UGARTE.

EXTRACTO historial del expediente que pende en el Consejo Real, y Supremo de las Indias, á instancia de la ciudad de Manila, y demás de las Islas Philipinas, sobre la forma en que se ha de hacer, y continuar el Comercio, y Contratacion de los Texidos de China en Nueva-España... *En Madrid, En la Imprenta de Juan de Ariztia,* Año de 1736, fol. — Trece hjs. s. f. - 324 fols.

Fué el principal redactor don ANTONIO ALVAREZ DE ABREU.

EXTREMOS, por el Miope. *Santiago de Cuba,* 1861.

JOSÉ FERNÁNDEZ Y FERNÁNDEZ. — F.-C.

FABRICACIÓN de azúcar, memoria escrita por J. I. E. *Filadelfia, Impreso por Russell y Martieu,* 1827, 8º-48 pp. Firma el prólogo en la Habana con esas iniciales el autor José Ignacio Echegoyen.

Fábula política. Los animales en córtes. *Impreso en Puebla,* año de 1820, 4º-4 pp. s. f. — En silvas.

Hay edición mexicana de ese mismo año.
Subscrito por J. N, T., iniciales del autor, Juan Nepomuceno Troncoso.

Fábulas del Pensador Mexicano. Con superior permiso. *En la Oficina de D. Mariano Ontiveros,* calle del Espíritu Santo, año de 1817, 8º Tres hjs. s. f. - 117 pp.-tres s. f. — Portada grabada y 40 láminas.

González Obregón cita cuatro ediciones posteriores.
Díjose ya que « El Pensador Mexicano» era don Joaquín Fernández de Lizardi.

Fábulas literarias y morales por un individuo de la Seccion de Educación de la Real Sociedad Patriótica de la Habana. *(Epígrafe latino), Habana, Imprenta de Oliva,* 1839, 8º-46 pp.

Se hizo otra edición en el mismo año.
Por Antonio Bachiller,

Fabulas orijinales. Ensayos. *Santiago, Imprenta de la Sociedad,* 1855, 16º-123 pp.

Por D. Daniel Barros Grez, cuyas iniciales manuscritas se registran en el certificado de propiedad literaria.
La segunda edición, que es de Santiago, 1862, 16º, salió, por lo demás, con el nombre del autor.

— 214 —

FACES de la candidatura Puga Borne por Arturo Bataille. *Santiago de Chile, Imprenta Cervantes*, 1903, 8º-206 pp. - 1 s. f. y retrato.

Arturo Bataille oculta el nombre de CLEMENTE BARAHONA VEGA.

FACTORES (Los) del progreso de la República Argentina por Anibal Latino. *Buenos Aires, Libreria Nacional.* 1910, 8º-271 pp. y 1 de índice.

El seudónimo corresponde a JOSÉ CEPPI.

FAMA posthuma a la vida y mverte del Doctor Frey Lope Felix de Vega Carpio. Y elogios panegiricos a la inmortalidad de sv nombre. Escritos por los mas esclarecidos ingenios... *En Madrid, en la Imprenta del Reyno*, Año 1636, 4º-11 hjs. s. f. 211 hjs.

Fué redactor de la obra y contribuyó también a ella con un soneto y un poema, ANTONIO DE LEÓN PINELO.

FAMILIA (La) Balmaseda Apuntes genealógicos. *Santiago de Chile, Imp. y Litografia « La Ilustracion »*, 1919, 4º-196 pp. y un escudo de armas.

A la cabeza de la portada, las iniciales del autor, E. B. V., que corresponden a EDUARDO BALMASEDA VALDÉS.

FAMOUS (The) voyage of Sir Francis Drake, with a particular account of his expedition in the West Indies against the Spaniards, being the first commander that ever sail'd round the whole globe. To wihch is added the prosperous voyage of Mr. Thomas Candish round the world; with an account of the vast riches he took from the Spaniards. *London*, 1742, 8º

Por THOMAS WRIGHT. — HALKETT Y LAING.

FAR off; or, Africa and America described. With anecdotes and numerous illustrations. Part II. By the author of « The peep of day » &c. *London*, 1852, 8º

Por la señora Thomas Mortimer. — Halkett y Laing.
Como no he podido examinar el libro, no podría afirmar si se refiere
o no a la América española.

Farsas de la Franc-masonería en Buenos Aires por R. el mu-
giense, prior de Santo Domingo. *Buenos Aires*, 1858.

Por Fr. Antonino Folías. — Zinny.

Fasti Novi Orbis et ordinationum apostolicarum ad Indias per-
tinentium breviarum cum adnotationibus. Opera D. Cyriaci
Morelli presbyteri, olim in Universitate Neo-Cordubensi in
Tucumania professoris. *Venetiis* MDCCLXXVI. *Prostat apud
Antonium Zatta,* Superiorum permissu, ac privilegio, 4º ma-
yor-viii-642 pp. y una s. f.

El autor de los *Fasti* (pp. 1-46) es, en realidad, el padre jesuíta José
Sans, y el de las *Ordinationes* el ex jesuíta P. Domingo Muriel, cuyo
nombre aparece disfrazado en parte con el que se puso en la portada.

Fastos de la Dictadura del Perú, y Refutacion a Brandsen, y
Riva-Agüero. Por el Dr. A. G. *Arequipa, Imprenta del Gobierno,* 1826, 4º menor-Tres pp. s. f.-299 y 54 sin numerar para los *Documentos* y corrección de erratas.

Las iniciales son del Doctor A. González.

Fea (La) sobre los montes, parodia con los mismos consonantes
del Himno social i relijioso de don Jacinto Chacon, titulados
La Fé sobre los montes. Mandado imprimir por la Junta de
Comisos De Valparaiso. *Santiago, Imprenta del Progreso,*
1850, 8º-8 pp.

Atribuída a D. José Victorino Lastarria.

Federalismo (Del) y de la anarquia *(Epígrafe de Horacio). Santiago de Chile,* abril de 1823, *Imprenta Nacional,* 4º-38 pp. y
1 para las erratas.

Subscrito por Americola, seudónimo que atribuyo a don Juan Egaña,
en vista de que en la enumeración que éste hizo de sus escritos se encuentra el que lleva por título: *Memoria política sobre las lejislaturas*

de todos los Estados, y cual es la que conviene a Chile, tema que es el
tratado en el folleto descrito.

Añade Egaña que su trabajo fué reimpreso en Santiago y en Londres.

FERNANDO Brunetière de la Academia Francesa. La ciencia y la religión. Respuesta á algunas objeciones. *Santiago de Chile, Imprenta y Encuadernacion Roma,* 1895, 8º-211 pp.

Firma el Prólogo del Traductor, JUAN ENRIQUE CONCHA.

FERNAND Colomb, sa vie, ses œuvres. Essai critique par l'auteur
de la « Bibliotheca americana vetustissima». *Paris, Librairie
Tross,* 1872, 4º-230 pp. y una s. f.

Edición aumentada de la obra que con el mismo título había publicado antes en español, HENRY HARRISSE.

FESTIVO aparato con que la Provincia Mexicana de la Compañia
de Jesvs celebró en esta Imperial Corte de la America Septentrional, los immarcescibles lauros, y glorias immortales de S.
Francisco de Borja... *Impresso en Mexico, en la Imprenta de
Ivan Ruiz,* 1672, 4º-5 hjs. s. f.-130 de texto, foliadas, y 50 s. f.

Sin hacer caudal de los Sermones, que llevan nombre de sus autores,
cumple decir que el de la relación misma lo fué el jesuíta P. FERNANDO
DE VALTIERRA.

FIGURAS parlamentarias del Congreso Argentino por Arbaces.
Buenos Aires, Imprenta de «El Plata», 1883, 8º-44 pp.

Arbaces es seudónimo del doctor BENIGNO T. MARTÍNEZ. — NAVARRO
VIOLA.

FILOPATRO. A los muy Nobles, muy Leales y muy Juiciosos Señores Regidores del Ayuntamiento de la Ciudad de ::: *(México,*
181...), 4º-23 pp.

Obra de BERISTAIN DE SOUSA.

FILOSOFIA del Derecho o Derecho natural. *Santiago de Chile, Imprenta de «El Correo»,* noviembre de 1877, 8º-vii-582 pp.

De D. JOSÉ ANTONIO LIRA, que firma el prólogo.

Fisco (El) informa en el pleito con Don Melchor Malo de Molina, sobre que se de cvmplimiento en todo y por todo a la Real Executoria... Fol.-31 hjs. y tres s. f. (Poco posterior a 1654.)

De D. Nicolás Polanco de Santillana.

Flores de quisco. *Santiago de Chile (Imprenta Universitaria),* 1911, 8º-109 pp. y una s. f. de índice.

A la cabeza de la portada el nombre supuesto del autor: Juvenal Guerra, que oculta el de Carlos Contreras Puebla.
Hay segunda edición hecha en Antofagasta, en 1922, 8º

Flores villaclareñas, por Fermin Ixzalte. *Villaclara,* 1858.

Anagrama de Félix Martínez. — F.-C.

Foreign loans, or valuable information to all connected with the Republic of Chili, comprising the epoch from 1822 to 1839. By the retired Governor of the Islands of Juan Fernandez. *London, Longman, Orme and Co.,* 1840, 4º-vi-54 pp.

Por Thomas Sutcliffe.

Formulario manual de las ceremonias que se practican para recibir el Abito de la Inclita Militar Orden de Calatrava... *Impreso en la Puebla de los Angeles, en la Oficina de D. Pedro de la Rosa,* Año de 1783, 8º-Retrato de Carlos III-9 hjs. prels. s. f.-119 pp.

Por Fray Andrés Fernández de Otáñez.

Foro (El) de la Habana y sus misterios, ó Un oficial de causas, por un Magistrado cubano. *Madrid,* 1846.

Antonio de Franchi Alfaro y Lemaur. — F.-C.

Four years' residence in the West Indies during the years 1826-29. By the Son of a Military Officer. *London,* 1883.

Frederick W. N. Bayley. — Cushing, p. 139.

Fracasados (Los). Novela. Por Delie Rouge. *Santiago, Imprenta New York,* 1922, 8º-239 pp.

Delie Rouge es seudónimo de Delia Rojas.

FRAGMENTO traducido por el editor de la Minerva. *(Al fin:)* Con privilegio superior. *Lima* MDCCCX. *En la Imprenta de los Huerfanos*, 4º-11 pp. — Relativo a la familia Bonaparte.

El editor de que se trata se llamaba don GUILLERMO DEL RÍO.

FRANCE (La), le Mexique et les Etats confédérés contre les Etats-Unis. *Paris, E. Dentu*, 1863, 8º.

Atribuído a M. RASETTI, de Turín. — BARBIER, II, 501.

FRANCIS Berrian, or the Mexican Patriot... *Boston, Cummings, Hilliard and Company*, 1826, 12º-2 vols.-299 ; 285 pp.

Escrito por T. FLINT. Autobiografía. — SABIN, *A dictionary*, etc. V. nº 24.787.

FREIHEITSKAMPF (Der) in Spanischen Amerika oder Bericht von dem Ursprunge, Fortgange und gegenwartigem Stande des Krieges zwischen Spanien und dem Spanischen Amerika. Von einen Südamerikanischen Offizier. Aus dem Englischen. *Hamburg : Hoffman & Campe*, 1818, 8º-(2)-ii-254 pp.

De MANUEL PALACIO. Véase *Outline*, etc. — SABIN, XIV, nº 58.267.

FRODI (Le) del Giansenismo usate già in Francia da'Quesnellisti E a'di nostri rinovate in Italia da'lor Seguaci... Volgarizzata dal zelante Ecclesiastico Gaetano da Brescia. *In Assisi* MDCCLXXXVIII, *Per Ottavio Sgariglia*, 8º-vi-245 pp.

Traducción de la obra de Pierre-François Lafitau, hecha por el jesuíta chileno DIEGO JOSÉ FUENZALIDA.

FUEGO ! Fuego ! Por Timon. Reimpreso en *Sucre*, 1860, *Imprenta de Beeche* arrendada, sin fecha, 4º-Dos-48 pp.

La traducción se hizo por DEMETRIO RODRÍGUEZ PEÑA, Valparaíso, 1846, Imprenta del Mercurio, 4º-63 pp.

FUGA (La) de Evangelina. Por El Cautivo. *New-York* (1898).

DESIDERIO FAJARDO ORTIZ. — F.-C.

FUNDAMENTOS de la Fe. En 12 lecciones. *Cochabamba, Imprenta de Gutierrez*, 1857, 4º-ii-100 pp.

Por el presbítero VICTORIANO SAN ROMÁN.

FUNDAMENTOS legales que manifiestan la nulidad y caducidad De las fianzas judiciales otorgadas por D. Gregorio Echaurren, y Don Pedro Nolasco Mena para que se diese permiso á D. Juan Watson de pasar a Buenos Ayres, imponiendose para ello pena de juzgado y sentenciado. *(Santiago,* 1826.*) (Al final:) Impren ta de la Biblioteca*, 4º-34 pp.

En mi ejemplar lleva al final la firma autógrafa del autor, JOSÉ ANTONIO UGARTE.

FVNERAL pompa, y solemnidad en las exeqvias a la mverte de la Catholica, y Serenissima Reyna Madre D. Mariana de Avstria Nvestra Señora que celebro en la Iglesia Metropolitana de Lima. El Exc^mo Señor D. Melchor Portocarrero, Lasso de la Vega, Conde de la Monclova... *En Lima, Por Joseph de Contreras..*, Año de 1697, 4º-5 hjs. s. f. y 164 foliadas.

Consta de la dedicatoria que el autor fué don BERNARDO ROMERO GONZÁLEZ DE VILLALOBOS.

FUTURA (La) presidencia. Reflexiones sobre el porvenir de la República por Un Argentino. *Gualeguaychú, Imprenta del Porvenir*, 8º-72 pp.

«Aunque no tiene fecha, corresponde al año de 1868, y su autor fué don OLEGARIO V. ANDRADE». — ZINNY.

G ABINETE (El) ante Chile y la América. A los pueblos. Precio : 10 cts. *Santiago, Imprenta de la Union Americana,
de Castro i Ahumada*, 1867, 8º-15 pp. Portada de color.

El autor es don AUGUSTO ORREGO LUCO.

GALERIA biografica por A. J. C. y M. A. P. ilustrada por Chris-
tiano Junior *(Editor)... Buenos Aires, Imprenta de M. Biedma*, 1877, 4º-8-10-21-10-20 pp. y cinco retratos.

Las primeras iniciales de la portada son de ANGEL JUSTINIANO CARRAN-
ZA, y las segundas de MARIANO A. PELLIZA.

GALERIA de antiguos Principes Mejicanos dedicada a la Suprema
Potestad Nacional que les sucediere en el mando para su mejor
gobierno. *Puebla 1821 Oficina del Gobierno Imperial*, 4º-30 pp.

Por CARLOS MARÍA DE BUSTAMANTE, que puso su nombre al frente de
la portada de la Segunda Parte.

GALERIA (La) de la omnipotencia Cartel del certamen poetico
conqve *(sic)* celebra, exalta y adora, Amante, festiva, y devota
la Santa Iglesia Metropolitana de Lima... la sagrada apotheo-
sis, y divina Canonizacion del Glorioso Santo Toribio Mogrovejo su inclyto Arçobispo. *(Lima*, 1729,) 4º-62 pp.

Entre los jueces figura el último en la lista el doctor don PEDRO DE
PERALTA Y BARNUEVO, « autor de este certamen ».

GALLO (El) de San Pedro. *(Colofón:) Reimpreso en Panamá, Por
Diego Santiago Gonzalez*, Año de 1823 XIII, 4º-15 pp.

Por F. MARGALLO.

Gan Eden: or Pictures of de Cuba. *Boston*, 1854, 12.

En la reimpresión que del libro se hizo en Londres en el año inmediato siguiente se puso el nombre del autor : Henry Hurlbut.

Gemidos (Los). *(Santiago de Chile*, 1922), 4º-392 pp.

No lleva más portada que la carátula, obra de Pedro Celedón, y al pie : Editorial Condor. A la cabeza, una figura simbólica, y luego el nombre del autor : Pablo de Rukha, seudónimo de Carlos Díaz.

General (A) account of Miranda's Expedition. Including the trial and execution of ten of his officers, and an account of the imprisonment and sufferings of the remainder of his officers and men who were taken prisoners. *New-York, M'Farlane and Long*, 1808, 8º-120 pp.

Por el teniente americano John H. Sherman. — Véase : Sanchez, *Bib. Ven.*, nº 775.

General (El) Gómez y el XIX de Diciembre. *Caracas, Lit y Tip. del Comercio*, 1916, fol. — Cubierta litografiada con las armas de la República y retrato del General Juan Vicente Gómez. — Dos s. f.-600 pp., una lámina e ilustraciones.

De Rafael Bracamontes.

General (El) D. José Artigas ante la Historia por Un Oriental. *Montevideo, Imprenta de la Democracia*, 1877, 8º-142 pp.

Antonio N. Pereira, hijo de don Gabriel Antonio Pereira, Presidente que fué de la República. Autor de *Cosas de Antaño, Memorias de la Administración Pereira* y de diversos ensayos dramáticos.

General (El) Iriarte ante el Tribunal de la Opinion Publica. *Buenos Aires, Imprenta Republicana*, 1833, 4º-64 pp. y 5 s. f. al final.

Por el mismo D. Tomás de Iriarte, que la subscribe al final.

Général (Le) Don José de San Martin. *(En el verso :) Boulogne-sur-Mer, imprimerie de Charles Aigre*, 8º-23 pp.

Subscrito por A. Gérard.
Extrait du journal *L'Impartial* de Boulogne-sur-Mer du 22 août 1850.

GENERAL Lopez, the Cuban Patriot, por C. V. 185...

CIRILO VILLAVERDE. — F.-C.

GENERAL (El) Martinez Campos en Cuba. Reseña político-militar de la última campaña por T. O. (Noviembre de 1876 á Junio de 1878.) *Madrid, Imprenta de Fortanet*, 1878, 8º-176 pp.

De T. OCHANDO. — PÉREZ. nº 248.

GENERAL (El) Paz y los hombres que lo han calumniado. *Montevideo, Imprenta Hispano-Americana*, 1848, 8º-41 pp.

Por ANGEL NAVARRO.

GENERAL (El) Simon Bolivar en la campaña de la Nueva Granada de 1819. Relacion escrita por un Granadino, que en calidad de aventurero, y unido al Estado Mayor del Exercito Libertador, tubo *(sic)* el honor de presenciarla hasta su conclucion *(sic). Santafé, Imprenta del C. B. E. por el C. Nicomedes Lora*, Año de 1820, 4º-21 pp.

Subscrita por Un Granadino, que oculta el nombre de FRANCISCO DE P. SANTANDER.

GENERAL Sucre. El asesinato. — 1899, *Quito, Imprenta del Gobierno*, 16º-42 pp.

Va subscrito por ANTONIO FLORES, quien en ese mismo año publicó también en Quito otro opúsculo sobre el propio asunto, con su nombre.

GEOGRAFÍA elemental para uso de las escuelas primarias por E. R. Publicada por la Sociedad de Amigos de la Educacion Popular. *Montevideo, Imprenta á vapor de « La Paz »*, 1873, fol.-78 pp. a dos columnas y 7 mapas.

EMILIO ROMERO, colaborador de José Pedro Varela, el reformador de la escuela primaria en el Uruguay. Autor de diversos ensayos y textos didácticos.

GEOGRAFIA general para el uso de la Juventud de Venezuela, *Caracas*, 1833-37, 8º-4 vols., de 544, 568, 620, vi-652-xxviii.

La dedicatoria al General Páez aparece subscrita por FELICIANO MONTENE-
GRO COLÓN, quien advierte de su libro que está sacado de los mejores
autores, y que fué impreso en la Habana en 1826; refiriéndose, probablemente, según cree SABIN (IV, p. 285) a las 120 primeras páginas, pues
lo restante de la obra sería de su cosecha.

GEOGRAPHICAL Sketch of St. Domingo, Cuba, and Nicaragua,
with Remarks on the Past and Present Policy of Great Britain
affecting those Countries. By a Traveller. *Boston, Eastburn's
Press*, 1850, 8º-35 pp.

Por BENJAMIN C. CLARK. — SABIN, *A dictionary*, etc., IV, nº 13.252.

GEOGRAPHICAL, (The) natural and civil history of Chili, translated
from the original italian of the abbé don J. Ignatius Molina.
To which are added notes from the apanish and french versions,
and two appendixes by the english editor. *London*, 1809, 8º-
2 vols.

« Esta traducción es, aparentemente, copia de la edición norteameri-
cana del año precedente, con unas pocas alteraciones y algunas adiciones, pero sin conocimiento alguno del original americano. La *Edinburg
Review* dice que el traductor se basa en la versión francesa. Fueron los
traductores RICHARD ALSOP y WILLIAM SHALER, Esq». — PINKERTON.

GEOMETRIA elemental para los niños de ambos sexos. Por L. M.
G. *Cochabamba, Noviembre de 1868, Imprenta de los Amigos*,
16º-20 pp.

Las iniciales son de LUIS MARIANO GUZMÁN.

GESCHICHTE der Entdeckung und Eroberung von Mexico... *Berlin, C. H. Schultze*, 1847, 8º-230 pp.

Por CARL LUDWIG HAEBERLIN. — SABIN, VII, nº 29.496.

GESCHICHTE der Abiponer, einer berittenen un Kriegerischen Nation in Paraguay. Aus dem Lateinischen übersetzt von A. Kreill
Wien, J. von Kurzbeck, 1783-84, 8º-3 vols.

Es traducción de la *Historia de Abiponibus* del P. MARTÍN DOBRIZHOF-
FER.

GLOBOS (Los) aereostáticos de Mr. Montgolfier. *Reimpreso en la Habana, Impr. del Gobierno y Capitania General*, 1828, 12º-18 pp·

« Es el poema que publicó el poeta y crítico catalán ARIBAU en 1817, precedido de versos de Ignacio Valdés y Manuel González del Valle ». II, p. 25.

GLORIA (La) barata instrumento del Jesuitismo dominando la situacion política del pais. *Santiago, Imprenta del Ferrocarril*, 1868, 4º-33 pp.

Atribuído a D. DOMINGO ARTEAGA ALEMPARTE.

GLORIA (La) de la Nacion por su rey y por su union. Melodrama alegórico de D. J. M. V. C. Representada en el Teatro de México, en la solemnidad de la Jura de la Constitucion... *Mexico, 1820, Imprenta de Don Juan Bautista de Arizpe*, 4º-14 pp.

Las iniciales pertenecen a Don JOSÉ MARÍA VILLASEÑOR CERVANTES.

GLORIA (La) de Mexico en Maria Santísima de Guadalupe. P. D. J. F. de L. *(Al fin:) Imprenta de Doña Maria Fernandez de Jauregui*, año de 1811, 8º-8 pp.–En verso.

Las iniciales se traducen : Por Don JOAQUÍN FERNÁNDEZ DE LIZARDI.

GLORIFICACION (La) del Cacique Orkeke por El Pampeano-Fecit mirabilia. Fué un héroe. *Buenos Aires, Imprenta de Pablo E. Coni*, 1884, 8º-24 pp.

Versos del presbítero FRANCISCO BIBOLINI. — NAVARRO VIOLA.

GLORIOSA (La) defensa de la ciudad de Buenos-Ayres, capital del Vireynato del Rio de la Plata : Verificada del 2 al 5 de Julio de 1807. Brevemente delineada en verso suelto, con notas. Por un fiel vasallo de S. M. y amante de la patria... Con superior permiso. *Buenos Aires, En la Real Imprenta de los Niños Expósitos*, Año de 1807, 4º-46 pp.

Por el presbítero don PANTALEÓN RIVAROLA.

GLORIOSA reduccion que en guerra viva consiguió cuerpo a cuerpo el capitan de Christo, San Ignacio de Loyola en un lassivo *(sic)* Mancevo de Pariz. La dice el Br. D. Juan Lopez Hacesaya hijo de la Ciudad de Mexico. *México, por D. Felipe de Zúñiga y Ontiveros*, 1767, 8º-5 hjs. s. f.

SOMMERVOGEL, col. 353, y I, col. 309, dice que se publicó bajo aquel seudónimo y que su autor fué el P. José LUCAS ANAYA, siguiendo en esto a Beristain, que así lo afirma en la página 72 del tomo I de su *Biblioteca*.

GLORIOSO (El) Protomartir San Felipe de Jesus. P. D. J. F. de L. Octavas. *(México*, 1811), 8º-8 pp.

Por don JOAQUÍN FERNÁNDEZ DE LIZARDI.

GOBIERNO (El) i la Revolucion. *Santiago, Imprenta del Ferrocarril*, 1859, 4º-86 pp.

Por don AMBROSIO MONTT.

GOLDEN dreams and waking realities, being the adventures of a Gold-Seeker in California and the Pacific. *London*, 1851.

WILLIAM SHAW. — CUSHING, p. 118.

GOSPEL (The) in Central America; containing a Sketch of the Country, Physical and Geographical — Historical and Political — Moral and Religious: a History of the Baptist Mission in British Honduras and of the Introduction of the Bible into the Spanish American Republic of Guatemala... With a Map of the Country. *London, Charles Gilpin*, 1850, 8º-xii-588 pp. y mapa.

Escrito por FREDERICK CROWE. — SABIN, V, nº 17.691.

GRAN (El) Descubrimiento dedicado a la juventud con una pregunta y saludable consejo a las Sociedades Secretas por B. D. M. Con aprobación del Ilustrísimo Señor Obispo de la Serena. *Valparaíso, Imprenta del Mercurio de Tornero y Letelier*, 1875, 8º-115 pp.

Autor: FRAY MIGUEL MARÍA DE RUVO, religioso franciscano recoleto' que residió en Santiago desde antes de 1868.

GRAN (La) Jornada. Drama nacional de Virgilio Talquino. *Santiago de Chile, Imprenta « Santiago »*, 1891, 8º-43 pp.

El seudónimo oculta a VIRGILIO FIGUEROA.

GRAN (La) semana de 1810. Crónica de la Revolución de Mayo. Recompuesta y arreglada por cartas según la posición y las opiniones de los Promotores por V. F. L. *Buenos Aires, Carlos Casavalle, Editor, Imprenta y Librería de Mayo*, 1896, 8º-114 pp.

Las iniciales son las de VICENTE FIDEL LÓPEZ.

GRANDES nouvelles du Mexique. Discours merveilleux du cheval du général mexicain Arteaga aux sénateurs belges. *Bruxelles, imp. Delimal*, en 4º-4 pp.

Por ERNEST LEBLOYS. — BARBIER, II, 570.

GRATITUD (La) de Maestro Ciruela. Curiosa y orijinal historia de un Maestro contada por su discípulo. Folleto de Actualidad por H. L. *Concepción, Imprenta de La Revista del Sur*, octubre, 1883, 8º menor-35 pp.

Las iniciales son de HORACIO LARA.

GRITO (El) de la Razon y la Ley sobre el proceso formado a los Congresales. *(Buenos Aires,) Imprenta de la Independencia*, 1820, 4º mayor.-13 pp.

El título a la cabeza de la primera página.
Subscrito en Buenos Aires por « Los partidarios de la razon, y amantes de la ley ». Obra de D. GRECORIO FUNES. — ZINNY, nº XXIII, p. 13.

GRITO de un americano amante de sus compatriotas. *(Al fin:) Impreso en Guadalajara, y reimpreso en México en la oficina de de D. J. M. Benavente y Sócios*, año de 1821, 4º-8 pp.

Obra de don MANUEL RAMOS.

GUAICAIPURO. Novela Histórica. Episodio de la Guerra de la Conquista — 1559 a 1573 — por Rosina Pérez (Venezolana). *Caracas, Imprenta de El Siglo, de Alfred Rothe*, 1888. 8º-206 pp.

Bajo aquel nombre femenino se ocultó el doctor Antonio Parejo. — MACHADO.

GÜELFOS y Gibelinos. *(Epígrafe.)* Por Juan Marsella. *Santiago de Chile,* 1894, 8º-719 pp.

JUAN MARSELLA, lo dijimos ya, es seudónimo de RICARDO CRUZ COKE.

GUERRA del Pacifico. El Perú Vencido ¡Pero no Humillado! 17 de Enero de 1881. *Guatemala, Tipografía de « El Horizonte »,* 1881, fol. mayor.

La introducción va subscrita por FRANCISCO L. ZAMORA Y C. CARRION M. DE LA ROSA, quienes dieron cabida a varias composiciones, tanto en prosa como en verso, sobre la materia del folleto.

GUERRE entre le Chili le Pérou et la Bolivie en 1879. *Paris, Imprimerie Nouvelle,* 1879, 8º-48 pp.

Versión francesa de la nota pasada por el Ministro de Relaciones Exteriores de Chile, que lo era entonces don ALEJANDRO FIERRO, al Cuerpo diplomático acreditado en Santiago.

GUERRA (La) Hispano-Americana, por el Capitán Verdades. *Barcelona,* 1899.

JUAN URQUIZA. — F.-C.

GUERRERO (El) cristiano por el Obispo de la Concepcion. *(Epígragrafe en tres líneas.)* *Valparaiso, Imprenta del Mercurio,* 1880, 8º-120 pp.

El Obispo se llamaba don JOSÉ HIPÓLITO SALAS.

GUIA de Hacienda de la República Mejicana. Parte legislativa. *Méjico,* 1825-1828, 12º

Por J. J. ESTEVA. — BARROS ARANA, nº 191.

GUÍA del inmigrante en la República de Guatemala. *Guatemala, Tipografía y Encuadernación Nacional,* 1895, 8º-272 pp.

Por J. MÉNDEZ, que subscribe la dedicatoria.

GUÍA para la enseñanza del conocimiento de armas para las Reales Escuelas Militares de Prusia mandado traducir y publicar Para la Escuela Militar. *Santiago de Chile, Imprenta de « La Ilustración Militar »,* 1901, 4º-v-83 pp.-xix láminas y una página con las erratas.

Fué traductor y revisor el capitán J. BENNETT A.

— 228 —

GUIA para la instrucción de topografía (Estudio del terreno, dibujo y levantamiento de planos) para las Reales Escuelas Militares de Prusia mandado traducir y publicar por la Escuela Militar de Chile, *Santiago de Chile Imprenta de « La Ilustracion Militar »*, 1901, 4º-v-una s. f.-109 pp. y una s. f.-cinco láminas.

Revisor y corrector de la traducción fué el capitán J. BENNETT A.

GUIA postal de la República de Chile o reseña jeneral sobre el servicio del Correo. N. 1-1875. R. L. Y. *Santiago, Imprenta de la República*, 1875, 4º-124 pp., 1 s. f. y un cuadro.

Las iniciales son de RAMON LUIS YRARRÁZABAL.

GUIDE (Le) du commerce de l'Amerique, principalement par le port de Marseille. Contenant le detail de la découverte de l'Amerique, et de l'établissement des Européens dans cette partie du Monde. Celui des Isles Antilles et de leurs productions. Le recueil des lettres patentes, &c. Ouvrage utile aux negociants qui font ce commerce et aux personnes curieuses de connoitre l'histoire de nos colonies. Par M. Ch... de Marseille. *Marseilles, Jean Mossy*, 1777, 4º-2 vols, 19 láminas y mapas.

Autor: M. CHAMBON. — BARBIER, II, 590.
SABIN, A dictionary, III, nº 11.813, quien añade que el libro se reimprimió en 1783, también en dos vols. en 4º, con el título de *Traité général du Commerce de l'Amérique*, etc.

GUIDO da Verona. Suéltate las trenzas, Magdalena. Traducido del italiano por Ramondriac. *Santiago de Chile, Editorial Nascimento*, 1922, 8º-220 pp. — A la vuelta de la portada : *Imprenta Universitaria*, Estado 63, Santiago de Chile.

RAMONDRIAC es abreviatura del nombre del traductor : RAMÓN MONDRÍA.

GUZMAN Blanco y su tiempo. Consideraciones respecto á la influencia de este eminente repúblico en la regeneracion política y social de Venezuela, por Hortensio. *Caracas, Imp. de « La Opinion Nacional »*, 1883, 4º-xxv-375 pp. y una de índice.

El seudónimo pertenece al escritor español JOSÉ GÜELL Y MERCADER.
— SÁNCHEZ, *Bib. Ven.*, nº 397.

Habana y Londres. Tratado utilísimo para los señores Comerciantes y Mercaderes, ú otros individuos que negocien, libren ó tomen letras de cambio sobre Londres y las remitan para su negociacion á las plazas de Europa, por F. M. M. *Habana, Imprenta de R. Oliva*, 1839. 8º-Cuatro s. f.-240 pp.

Las iniciales son de Felipe Mendive.

Habana (La) en el siglo xix, descrita por viajeros extranjeros. Por Luciano de Acevedo. *Habana*, 1919.

Luciano Pérez de Acevedo y Castillo. — F.-C.

Habanera (Una), por Felicia. *Habana*, 1851.

Virginia Felicia Auber. — F.-C.

Hacen las cosas tan claras que hasta los ciegos las vén. P. D. J. F. de L. Anecdota. *(Al fin:) Imprenta de Doña María Fernandez de Jáuregui*, año de 1812, 8º-8 pp. — En verso.

Las iniciales son de Don Joaquín Fernández de Lizardi.

Hacia el Oriente. Recuerdos de una peregrinación á la Tierra Santa. *(A la vuelta de la portada:) Imp. Cervantes*, 8º-sin fecha (1909).

Carece de indicación de autor, que lo fué doña Inés Echeverría de Larraín.

Hacia la cumbre... de Rodriguez Pallada. *Soc. Imprenta y Lit. Universo (Santiago de Chile)*, año de 1915, 8º-126 pp. y 1 s. f.-Retrato.

Autor : Eduardo Grez Padilla.

Hari va vuh ru lokolah Evangelio cheri kanim ahauh, kanina Ko-
lonel Jesu Cristo. Incheel tantzibatal rome San Marcos. Xtzol-
komix ri chi popol, cakchiquel chi paruka hunqaxlan ahtzip.
Banom rumari Ingles, Qaxlan, Vuhil-tiox Kaman. *Chi huna,*
1901, 16º-79 pp.-El título de la cubierta en color.

Traductor : Francisco de P. Castells.

Havane (La) par Madame la Comtesse Merlin. Tome premier. *Paris, Librairie d'Amiot, éditeur,* 1844, 8º-3 pp. s. f.-366 pp.-
II :-431 pp. ; III :-488 pp.

La Condesa de Merlin se llamó doña María de la Merced Santa Cruz
y Montalvo.
Véase : *Viaje a la Habana.*

Hay muertos que no hacen ruido. Escribio D. J. F. de L. Epigrama... *(Al fin:) Mexico, En la Oficina de Jauregui,* año de
1811, 8º-8 pp.

De Don Joaquín Fernández de Lizardi.

Hebdomadario trino, exercicios devotos, y obsequiosos desagravios a la Santissima Trinidad, Por la execrable ingratitud y gro-
sero olvido de los mortales... Dispuestos... Por Antonio Bera
Cercada, Br. en Sagrada Theologia.... *En Mexico, Por Joseph
Bernardo de Hogal...,* Año de 1734, 8º-Dos hjs. s. f.-92 pp.
y lámina.

Disfrazado con el seudónimo, en parte anagramático, se oculta el
autor don Cayetano Cabrera Quintero.

Hechizada (La) Ediciones de «Los Diez». *Imprenta Universitaria,*
1916, 8º-114 pp.

Lleva a la cabeza de la portada el nombre de Fernándo Santiván, apellido que disfraza el de Santibáñez.
Hay segunda edición, por la misma imprenta, 1917, 8º-126 pp.

Hechos de la Verdad, contra los Artificios de la Calumnia, Re-
presentados con la mas rendida veneraciõ al Supremo Real
Consejo de las Indias, en defensa de las Missiones de la Com-

pañia de Iesus del Paraguay, contra las Calumnias divulgadas por toda la Europa, en vn Libelo infamatorio de vn Anonymo Estrangero. Fol.-28 hjs. (Poco posterior a 1745.)

Véanse bajo los números 7515-16 de nuestra *Biblioteca Hispano-Americana*, dos ediciones más de este opúsculo, que llevan el nombre de su autor, el jesuíta P. Gaspar Rodero.

Helena — Novela psicologica — *Santiago*, diciembre de 1915. *Imprenta y Encuadernacion New York*, 8º-263 pp.

A la cabeza de la portada el seudónimo Delie Rouge, que pertenece a Delia Rojas.

Hercules aclamado de Minerva. Certamen poetico, que al feliz, fausto, y solemne Recibimiento del Exmo. Señor Don Joseph Antonio Manso de Velasco... Virrey, Governador, y Capitan General destos Reynos del Perú, Chile, &c. Dedica, ofrece, y consagra La Peruana Athenas, la sabia Minerva, la Docta, Real Vniversidad de San Marcos desta inclita Ciudad de Lima, Corte del Reyno del Perú. Con licencia. *En Lima, En la Imprenta Nueva de la Calle de los Mercaderes*, año de 1745, 4º-2 hjs. s. f.-escudo de armas, 55 hjs.

De don Pedro José Bermúdez de la Torre.

Heriberto Orellana y María Rodríguez. Romances de fin de siglo. (Por) Raimundo Lulio. *Santiago, Imprenta Franco-Chilena*, 1893, 8º-23 pp.

Fué el autor Aurelio González. — Silva, *La Novela en Chile*, nº 349.

Heroes (Los) y los Martires de la Independencia. *Bogota*, 1919, 4º-vi-104 pp. para la Primera Parte, y 115 para la Segunda.

Por D. Máximo Nieto.

Héroe (El) de dos Mundos ó Cristóbal Colón — Homenaje al Héroe en el cuarto centenario del descubrimiento de América por E. G. D. *Valparaiso, Taller tipográfico de F. Lillo D.*, 1892, 8º-50 pp. y 1 s. f. - Retrato.

El autor, EMILIO GARCÍA DÍAZ, era español. En su patria estuvo dedicado a la enseñanza primaria y en Valparaíso residió durante varios años. En la época en que publicó este folleto era profesor de primeras letras en un colegio que sostenían allá los Jesuítas.

HETEREDOXIA procesal, por Remigio Lamar Moreu. *Habana*, 1901.

Anagrama de MIGUEL MARÍA ROMERO. — F.-C.

HIJA (La) del avaro, novela traducida por Simón Judas de la Paz. *Habana*, 1859.

CIRILO VILLAVERDE. — F.-C.

HIJA (La) del gobernador. Escenas de provincia. Por Juan Marsella. *Santiago de Chile, Imprenta Cervantes*, 1889, 8º-333 pp.

Juan Marsella, seudónimo de D. RICARDO CRUZ COKE, según se dijo antes.

HILVANES, Cuentos y ensueños. Sady-Hyp. *Soc. Imp.-Lit.* « *Universo* », *Santiago*, 1918, 8º-103 pp.

El seudónimo es de IGNACIO SERRANO PALMA.

HISTOIRE abrégée de la mer du Sud. *Paris, Didot aîné*, 1791, 3 vols. en 8º-y atlas en 4º

Por J. B. DE LA BORDE. — BARBIER, II, 631.

HISTOIRE civile et commerciale des Indes Occidentales, Depuis leur découverte par Christophe Colom jusqu'a nos jours ; Suivie d'un Tableau historique et politique de l'île de Saint-Domingue, avant et depuis la révolution française ; et continué jusqu'a la mort du général Leclerc. Traduite de l'anglais de Bryan Edwards, Par le traducteur des Voyages d'Arthur Young en France et en Italie. Seconde édition, Revue et corrigée. *Paris, Dentu*, An XII-1804, 8º-4-490 pp. y mapa.

La primera edición es de 1801 por el mismo impresor. Fué el traductor FRANÇOIS SOULÉS. — BARBIER, II, 648.

HISTOIRE chronologique des voyages vers le pôle arctique par John Barrow ; traduit de l'anglais. *Paris*, 1819, 8º-2 vols.

Llamóse el traductor AUGUSTE JEAN B. DEFAUCOMPRET. — BARROS ARANA, nº 194.

HISTOIRE de don Jean de Palafox, évêque d'Angélopolis. 1690, 12?

Por ANTOINE ARNAULD.

BARBIER, II, 666 : «Forma el tomo IV de la *Morale pratique des Jé-*
suites».

HISTOIRE de l'Amérique, par Robertson, traduite de l'anglois par
M. E. Maëstricht, *Dufour*, 1777, 12?-4 vols.

Por M. A. EIDOUS. — BARBIER, II, 678.

HISTOIRE de l'Amérique, par Robertson, traduite de l'anglois. *Pa-*
ris, Panckoucke, 1778, 4?-2 vols. y 4 vols. en 12?

Por J,-B.-A. SUARD Y H. JANSEN. — BARBIER, II, 678.
«La misma, de la dicha traducción, revisada con vista de la segunda
edición inglesa. *Rotterdam, Bémau*, 1779, 12?-4 vols.»
Por A. P. DAMIENS GOMICOURT DE DURIVAL.
«Gomicourt ha comparado la traducción de París con el original, trabajo
que le ha permitido corregir ciertas inexactitudes y suplir algunas omisiones. Se ha aprovechado, sobre todo, de los cambios y adiciones bien
considerables efectuados por Robertson en la segunda edición de su
obra.»

HISTOIRE de la conquête de la Floride par les Espagnols, sous Ferdinand de Soto, écrite en portugais par un gentilhomme de la
ville d'Elvas, traduite en françois par M. D. C. *Paris, Thierry*,
1685, 12?

Por BON-ANDRÉ COMTE DE BROÉ, seigneur de Citri de La Guette; si
bien Quérard niega que tal fuera el traductor, observa BARBIER, II, 694.

HISTOIRE de la conqueste du Mexique, ou de la Nouvelle-Espagne ;
traduit de l'espagnol, de'Antoine de Solis, par l'auteur du
« Triunvirat». *Paris*, 1691, 4?-con láminas.

También por CITRI DE LA GUETTE.
Esta traducción ha sido reimpresa várias veces, y en último término
con el título de : *Histoire de la conquête du Mexique*, abrégée de l'historien espagnol Antonio del Solis por Oct. B. *Paris, Gaume*, 1835, 18?-
2 vols.
Este último traductor fué ANDRÉ-PHILIPPE-OCTAVE-BOISTEL D'EXAUVIL-
LEZ fils. — BARBIER, II, 694.

HISTOIRE de la découverte et de la conquête du Perou, trad. de
l'espagnol d'Aug. de Zarate, par S. D. C. *Amsterdam*, 1700, 4°

> Hay también ediciones de dicha ciudad, de 1716, 2 vols. en 12°-
> y 1830, 2 vols. en 8°
> QUÉRARD sostiene *(Revue bibliographique*, 1839, p. 167), que es errada
> la atribución a CITRI DE LA GUETTE de esta traducción. — BARBIER,
> II, 695.

HISTOIRE de l'expédition de trois vaisseaux envoyés par la Compagnie des Indes-Orientales des Provinces-Unies aux terres Australes ; par M. de B. *La Haye*, 1739, 12°-2 vols.

> Por CHARLES FRÉDÉRIC DE BEHRENS, sargento mayor de las tropas de
> la expedición.
> Es la relación del viaje del almirante Rogewen, que el autor había
> publicado en alemán, en 1738. — BARBIER, II, 685.

HISTOIRE de l'île de Saint-Domingue depuis l'époque de sa découverte par Christophe Colomb jusqu'à l'année 1818... *Paris*,
Delaunay, 1819, 8°-2 hjs.-ii-390 pp.

> Por CHARLES MALO. — BARBIER, II, 687.

HISTOIRE de la navigation, son commencement, ses progrès et
ses découvertes jusqu'à présent. Traduit de l'anglais. Le commerce des Indes Occidentales. Avec un catalogue des meilleu-
res cartes geographiques et des meilleurs livres de voyages et
le caractère de leurs auteurs. *Paris*, 1722, 8°-2 vols.

> Es la traducción de la introducción puesta por el filósofo inglés JOHN
> LOCKE a la célebre colección de viajes de Churchill. « Ignoro, dice BA-
> RROS ARANA (n° 207) quién sea el traductor francés que ha dado mayor
> desarrollo a este libro. De su lectura parece desprenderse que fué un
> eclesiástico. »

HISTOIRE de la république d'Haiti. Par Civique de Gastine. *Paris*, 1819.

> E. L. J. TOULOTTE. — CUSHING, p. 111.

HISTOIRE de la révolution d'Espagne en 1820, précédé d'un aperçu du règne de Ferdinand VII depuis 1814, et d'un Précis de

la révolution de l'Amerique du Sud, par Ch. L... *Paris, Blau-cher*, 1820, 8º

Consta el nombre del autor, CHARLES LAZARE LAUMIER, de la reimpresión hecha en ese mismo año. Hay también traducción castellana, Paris, 1821.

HISTOIRE de la terre neuve du Pérou en l'Inde occidentale, traduite de l'italien en françois. *Paris, V. Sertenas*, 1545, 8º menor.

Por JACQUES GOHORRY.

«Es la traducción de la Tercera Parte de una Colección italiana, impresa en Milán y Venecia en 1535, y que parece haber sido, a su vez, versión de un texto castellano.» — BRUNET, *Manuel du Libraire*, quinta edición, III, col. 188.

HISTOIRE des avaturiers qui se sont signalez dans les Indes, contenant ce qu'ils on fait de plus remarquable depuis vingt annés... Par Alexandre Olivier Oexmelin. *A Paris, Chez Jacques le Febure*, M. DC. LXXXVIII, 12º-2 vols. I: 12 hjs. s. f.-248 pp.-8 hjs. s. f.-2 mapas y dos portadas, una grabada; II: 3 hjs. s. f.-285 pp.-17 pp. s. f.-mapa.

Segunda traducción francesa de este libro, hecha por M. DE FRONTIGNIÈRES.

HISTOIRE des colonies européennes dan l'Amérique, traduite de l'anglais de W. Burk (par EIDOUS). *Paris*, 1766.

El autor inglés se llamaba SOAME JENYNS. — CUSHING, p. 21.

HISTOIRE des désastres de Saint Dominique, par F. C*** *Bordeaux*, 1802.

FELIX CARTEAUX. — CUSHING, p. 47.

HISTOIRE des filibustiers, traduite de l'allemand de Mr. J. W. d'Archenholtz; avec un avant-propos et quelques notes du traducteur. *Paris*, 1804, 8º

El traductor francés fué el barón J. F. BOURGOING.

HISTOIRE des Incas, rois du Pérou, par Garcilasso de la Vega,

nouvellement traduite de l'espagnol en françois, et mise dans
un meilleur ordre, avec des notes et des additions sur l'histoire
naturelle de ce pays. *Paris, Prault fils*, 1744, 12º-2 vols.

Por Th. - Fr. Dalibard. — Barbier, II, 755.

Histoire des Incas, rois du Pérou, traduit de l'espagnol de Garcilasso de la Vega, avec l'histoire de la conquete de la Floride,
par le meme auteur. *Paris*, 1633, 4º-2 vols.

El traductor de la parte relativa al Perú fué J. Baudouin, y el de la
relativa a la Florida P. Richelet. — Barbier, II, 755.
Hay también ediciones de Amsterdam, 1704 y 1715, 12º, 2 vols. ; y
1737, 2 vols. en 4º

Histoire des Indes orientales et occidentales, du R. P. J.-Pierre
Maffée... traduite du latin en françois par M. M. D. P. *Paris, Robert de Ninville*, 1665. 4º

Por Michel de Pure. — Barbier, II, 755.

Histoire des naufrages, ou recueil Des Relations les plus intéressants des Naufrages, Hivernements, Délaissemens, Incen-
dies, Famines, & autres Evénements funestes sur Mer, qui ont
été publiées depuis le quinzieme siecle jusqu'à présent. Par
M. D..., Avocat. *A Paris, Chez Cuchet*, An IIIme de la République, 8º-3 vols.

El autor se llamó Jean Louis Huber Simon Deperthes.
Hay edición también de *París, Maradan*, 1790, 8º, 3 vols.

Histoire des navigations aux Terres Australes. Contenant ce que
l'on sçait des mœurs & des productions des Contrées découvertes jusqu'à ce jour ; & où il est traité de l'utilité d'y faire de plus
amples découvertes, & des moyens d'y former un établissement.
Paris, Chez Durand, 1756, 4º mayor-2 vols.

Por Charles de Brosses, Presidente del Parlamento de Borgoña.

Histoire du Paraguay sous les Jésuites et de la royauté qu'ils y
ont exercée pendant un siècle et demi, etc. *Amsterdam et Leipzig, Arkstée et Merkus*, 1780, 3 vols., 8º-I: 3 hjs. s. f.-368
pp.-mapa. ; II : 2 hjs. s. f.-328 pp. ; III : una hoja s. f.-426 pp.

Traducción del *Reino Jesuítico del Paraguay*, de Bernardo Ibáñez de Echavarri.

Histoire générale de l'Asie, de l'Afrique et de l'Amérique. Contenant des Discours sur l'Histoire Ancienne des Peuples de ces Contrées, leur Histoire Moderne & la Description des lieux, avec des Remarques sur leur Histoire Naturelle, & des Observations sur les Religions, les Gouvernements, les Sciences, les Arts, le Commerce, les Coutumes, les Mœurs, les Caracteres, &c. des Nations. Par M. L. AR. *A Paris, Chez Des Ventes de la Doué,* 1770-75, 5 vols. en 4º mayor.

> Barbier observa que hay también edición en 15 volúmenes en 12º Atribuye la obra al Abate P.-J.-A. Roubaud; si bien es de notar que las iniciales, como se ve, no corresponden a las que transcribe nuestro bibliógrafo.

Histoire generale des voyages, ou nouvelle collection de toutes les relations de voyages par mer et par terre, Qui ont été publiées jusq'à present dans les differentes Langues de toutes les Nations connues... *Paris, Chez Didot,* 1746-1789. *Y Amsterdam,* 1761, tomos XVII-XX, 4º mayor.

> Por el abate Antoine François Prévost d'Exiles, cuyo retrato acompaña al tomo I.
> Hay también edición de Paris, en 80 vols. en 12º; La Haye, 25 vols. en 4º, y un Compendio hecho por La-Harpe, en 24 vols. en 8º

Histoire des Indes, de Jean-Pierre Maffée... Traduict par F. A. D. L. B., chanoine et archidiacre de Périguex. *Lyon, J. Pillehotte,* 1603, 8º

> Las iniciales son de François Arnault de la Boirie. — Barbier, II, 843.

Histoire naturelle et civile de la Californie... traduite de l'anglois par M. E. *Paris, Durand,* 1767, 12º 3 vols.

> Traducción de M.-A. Eidous del libro del P. Miguel Venegas. — Barbier, II, 819.

Histoire (L') naturelle et générale des Indes, isles et terre ferme

de la grand mer Oceane, traduicte de castillan. *Paris, Vascosan,*
1555, fol.

Traducción hecha por JEAN POLEUR de los seis primeros libros de la
Historia de Fernández de Oviedo.

HISTOIRE philosophique et politique des établissemens et du commerce des Européens dans les deux Indes. 1772, 8º-6 vols., *La
Haye, Gosse fils,* 1774. 8º-7 vols. Nouvelle éditon. *Genève, Pellet,* 1780, 5 vols. en 4º, o 10 vols. en 8º y atlas.

Por el abate T.-G.-F. RAYNAL.

«Se asegura que en la parte filosófica, el autor fué ayudado por Diderot, J. de Pechmeja, Saint-Lambert y D'Holbach; y en la del comercio, por Paulze, asentista general.

«A. Deleyre redactó el libro XIX de esta historia; forma la mitad del volumen VII de la edición de 1774, y el X de la edición en 10 volúmenes. Lleva como título especial: Tableau de l'Europe...

«El Conde Aranda y el de Souza suministraron memorias interesantes para las colonias españolas y portuguesas.

«Esta cooperación de sábios españoles y portugueses justifica plenamente al Duque de Almodóvar, que, bajo el pseudónimo de Eduardo Malo de Luque, publicó la *Historia política de los establecimientos ultramarinos de las naciones europeas,* Madrid 1784-90, 5 vols. en 4º menor, obra sacada en gran parte de la de Raynal.

«Según M. Bouillot, quien redactó la mayor parte de *L'Histoire philosophique* fué el abate Martin, jesuíta, que murió en Saint-Germain-en-Laye en el año VII.

«Después de la prohibición de la obra hecha por decreto del Parlamento, un librero de París envió el sobrante de la edición en depósito a Emmanuel Flon, de Bruselas, que, en lugar de ponerla allí en venta, se le ocurrió reimprimir la obra y vender la contrahecha como edición original...».

BARBIER, II, 823.

HISTOIRE véritable de la vie et miracles du B. P. S. Louis Bertran, dominicain, traduite de l'espagnol du P. Baltazar-Jean de Roca, dominicain, par un sien affectionée du même ordre. *Tournay,* 1628, 12º

El traductor fué fray JEAN D'OYE, prior de los dominicos de Valenciennes. — BARBIER, II, 839.

HISTOIRES d'amour au Mexique, en California, dans la Nouvelle-Grenade et dans l'Inde. Par Alfred Bréhat. *Paris,* 1861, 12º

El nombre del autor es seudónimo de ALFREDO BREZENNEC o GUÉ-
ZENEC.

HISTORIA antigua de Mexico. *(Al fin:) Mexico, 1820, Oficina de
D. J. M. Benavente y Sócios, 4?-4 pp.*

Prospecto para la publicación de la obra escrita con ese título por don
MARIANO VEYTÍA.

HISTORIA antigua de Oriente y Grecia. *Valparaiso, Sociedad Imprenta y Litografía Universo, 1915, 4?-175 pp.* y 1 s. f.

HISTORIA antigua de Roma. *Valparaiso, Sociedad Imprenta y Litografía Universo, 1915, 4?-115 pp.* y la final s. f.

Ambas son D. JULIO MONTEBRUNO LÓPEZ.

HISTORIA de Chile. Importante documento sobre la espulsion de
los Jesuitas en 1767. *Imprenta «Nacional», 1869, 4?-26 pp.*

Es la carta del P. PEDRO WEINGARTNER, subscrita en Alt-Oetingen, a
23 de enero de 1770, dirigida al Provincial de la Orden.

HISTORIA concisa de los Estados Unidos, desde el descubrimiento
de la America hasta el año de 1807. Tercera edicion. *Philadelphia, En la Imprenta de T. y J. Palmer, 1812, 8?-viii-405 pp.*

No he visto ninguna de las ediciones anteriores, que han debido publicarse entre fines de noviembre de 1811 y en el curso del año siguiente.

Es traducción del inglés, hecha por el colombiano MANUEL GARCÍA DE
SENA, que subscribe la «Advertencia a los americanos españoles».

HISTORIA de la Casa de Ejercicios de S. Juan Bautista. *Santiago
de Chile, Imprenta de La Revista Católica, 1903, 4?-32 pp.*

— Historia de la Casa de la Providencia de Concepción. *Santiago de Chile, Imprenta de La Revista Católica, 1903, 4°-64 pp.*
y 1 s. f.

— Historia de la Casa de la Providencia de la Serena. *Santiago
de Chile, Imprenta de La Revista Católica, 1903, 4?-77 pp.* y
1 s. f.

— Historia del Asilo del Salvador de Santiago de Chile. *Santiago
de Chile, Imprenta de La Revista Católica, 1903, 4?-122 pp.* y
1 s. f.

— Historia de la Casa de Ejercicios del Tránsito de la Serena. *Santiago de Chile, Imprenta de La Revista Católica*, 1904, 4º-13 pp.

— Historia de la Casa de Ejercicios de San José. *Santiago de Chile, Imprenta de La Revista Católica*, 1904, 4º-35 pp.

— Historia de la Casa de Santa Rosa. *Santiago de Chile, Imprenta de La Revista Católica*, 1904, 4º-42 pp.

— Historia de la Casa de la Providencia de Linares. *Santiago de Chile, Imprenta de La Revista Católica*, 1904, 4º-37 pp.

— Historia de la Casa de la Providencia del S. C. de Jesús en Temuco. *Santiago de Chile, Imprenta de La Revista Católica*, 1904, 4º-77 pp. y 1 s. f.

— Historia del Hospital de Santo Tomás de Limache. *Santiago de Chile, Imprenta de La Revista Católica*, 1904, 4º-87 pp. y retrato.

Por Sor Bernarda Morin, actual generala de la Providencia.
Estos folletos se reunieron después en tres vols. en 4º

Historia de Nuestra Señora de Lujan, su origen, su santuario, su villa, sus milagros y su culto por un Sacerdote de la Congregacion de la Mision. *Buenos Aires, Imprenta de Pablo E. Coni*, 1885, 4º-cxxvi-458 pp. y 3 láminas; tomo II: viii-287 pp. y 2 láminas.

Por el P. Jorge Salvaire.

Historia de la conquista del Perú, con observaciones preliminares sobre la civilizacion de los Incas, por Guillermo H. Prescott. traducida del original ingles. *Madrid*, 1847-48, 4º-2 vols.

Traductor fué D. Nemesio Fernández Cuesta.
Hay edición de Gaspar y Roig, con grabados.

Historia de la conquista del Perú, precedida de una ojeada sobre la civilizacion de los Incas. Escrita en inglés por W. H .Prescott... Traducida al castellano por J. G. I. *México, R. Rafael*, 1849, 12º, 2 vols.: xlii-(2)-687 pp.; 808, xvii-(1)-2 retratos y mapa.

Las iniciales del traductor son las de Joaquín García Icazbalceta, con cuyo nombre salió la segunda edición, hecha allí mismo, en 1850.

HISTORIA del establecimiento y comercio de las colonias inglesas de la América Septentrional... Traducido del Frances. *Madrid, por Joachin Ibarra*, 1768, 8º-Siete hjs. s. f.-272 pp.

¿Estará, acaso, hecha de la traducción francesa de Eidous de la obra de EDMUND BURCK, *Histoire des colonies européennes dans l'Amérique Séptentrionale*, Paris, 1767, 12º?

HISTORIA del perínclito Epaminondas del Cauca, por el bachiller Hilario de Altagumea. *Nueva York*, 1863, 8º

«Historia satírica y burlesca del general neo-granadino don Tomás Cipriano de Mosquera, escrita por don ANTONIO DE IRISARRI.» — BARROS ARANA, nº 243.

HISTORIA elemental del Continente Americano Desde su descubrimiento hasta su Independencia para uso de las escuelas y colegios por J. M. G. *Buenos Aires, Imprenta y Librería de Mayo*, 1877, 4º-172 pp.

Las iniciales son de JUAN MARÍA GUTIÉRREZ.

HISTORIA de dos corazones por Aurora de Nevers. *Habana*, 1921.

JOSEFINA GARCÍA BAS. — F-.C.

HISTORIA de Guatemala y del Perú. Traducida por una Sociedad Literaria. *Barcelona, Imprenta del Imparcial*, 1844, 8º-127 pp. y láminas.

El original francés es de PHILIPPE FRANÇOIS DE LARENAUDIÈRE.

HISTORIA de la Hermana Santa Ines. Traducción de A. de P. *Filadelfia*, 1839.

AGUSTÍN DE PALMA, cubano. — F.-C.

HISTORIA de la introduccion de los animales domesticos en América. Procedimientos para mejorar las razas caballares por el señor O. A. A. Principe de Tounens. *Santiago, Imprenta del Ferrocarril*, 1859, 8º-48 pp.

Este Príncipe de Tounens es el que más tarde se hizo llamar «ORLIE-ANTOINE Iᵉʳ, Roi d'Araucanie et de Patagonie».

Historia de la Monja Alferez D.ª Catalina de Erauso, escrita por
ella misma, e ilustrada con notas y documentos, P. D. J. M. D. F.
Barcelona, Imprenta de José Tauló, 1838, 16º-195 pp. y retrato.

> Las iniciales rezan : Por Don José María De Ferrer.

Historia de la Revolucion de México contra la dictadura del General Santa-Anna. 1853-1855. *(Epígrafe latino en dos líneas.)*
México, 1856, *Imprenta de Vicente García Torres,* 4º-v.-335
pp.-clviii-11 sin foliar, 3 planos, 10 retratos y 2 vistas.

> Por don José María Lafragua.

Historia de la Revolucion de Nueva España, Antiguamente Aná-
huac, ó verdadero origen y causas de ella con la relacion de sus
progresos hasta el presente año de 1813... Escribíala D.ª José
Guerra, D.ºr de la Universidad de Mexico. *Londres,* 1813,8º-2
vols.: I: liii-364-xiv-dos s. f.; II: 365-778-hj, bl.-xlvi-dos s. f.

> José Guerra es el nombre y apellido terminal del clérigo mexicano
> don José Servando Teresa de Mier Noriega y Guerra.

Historia de las ciencias naturales escrita en el idioma frances por
Mr. Saverien y traducida al castellano por un sacerdote amante
del bien público. *(Epígrafe de Cicerón.) En Santa fe de Bogotá,*
por D. Antonio Espinosa de los Monteros, año de 1791, 8-4 hjs.
s. f.-21 pp. y 16.

> Posada, *Bib. bog.,* p. 86 : « Que el traductor fué don Francisco Mar-
> tínez, lo sabemos por el *Papel periódico,* que lo reveló años despúes, en
> su número de 21 de noviembre de 1794, al dar cuenta de la muerte de
> dicho sacerdote».

Historia del General Antonio Maceo. *Habana,* 1900.

> «En un anuncio de la cubierta, aunque no en la portada, se lee :
> « Escrita por un soldado a sus órdenes».
> Alvaro Catá. — F.-C.

Historia de los submarinos traducción del francés y del inglés y
aumentada por R. B. A. *Santiago de Chile, Imprenta y Encua-*
dernacion Chile, 1910, 4º-321 pp.

> Las iniciales del traductor corresponden a Ricardo Beaugency.

— 243 —

HISTORIA de un polizon Poema por D. B. G. *(Epígrafe en arauca-no, en tres líneas.) Santiago, Imprenta Ercilla,* 1889, 8º-274 pp.

Las iniciales son las del nombre de DANIEL BARROS GREZ.

HISTORIA de un viejo loco, por Jymb. *Güines (Cuba),* 1894.

JOSÉ IGNACIO MUÑOZ BUSTAMANTE. — F.-C.

HISTORIA de una Familia, Novela original por Rosina Pérez (Venezolana.) *Caracas, Imprenta de El Siglo, de Alfred Rothe,* 1885, 8º-211 pp.

El doctor Antonio Parejo, político y escritor venezolano. — MACHADO.

HISTORIA general de América y especial de Chile. *Santiago de Chile, Imprenta Cervantes,* 1912, 8º-416 pp.

Es obra del P. GONZALO DE ASCONA.

HISTORIA Paraguajensis Petri Francisci-Xaverii de Charlevoix, ex gallico latina, cum animadversionibus et Supplemento. *(Epígrafe latino.) Venetiis,* MDCCLXXIX, *Apud Franciscum Sansoni,* Superiorum permissu, ac privilegio, fol.-Hoja s. f.-608 pp.

Traducción hecha por el ex jesuita de la provincia del Paraguay P. DOMINGO MURIEL, que a los 22 libros en que está dividido el original francés añadió otros cuatro, continuando la relación hasta el año de 1767, en que la Compañía fué expulsada de aquel país.

La obra en la forma que la dejó Muriel ha sido, a su vez, traducida al castellano por el P. Pablo Hernández, Madrid, 1910, 4 vols. en 8º

HISTORIA politica de los establecimientos ultramarinos de las naciones europeas. Por Eduardo Malo de Luque. *Madrid, Por D. Antonio de Sancha,* 1784-1790, 5 vols. en 4º

Eduardo Malo de Luque es un anagrama del nombre del autor, el DUQUE DE ALMODÓVAR. Su obra es un extracto de la de Raynal, con algunas reflexiones y datos estadísticos que no figuran en la original. Véase: SEMPERE y GUARINOS, *Ensayo de una biblioteca española,* t. IV, pp. 1-6 ; MENÉNDEZ Y PELAYO, *El Centenario,* y NICOLÁS RODRÍGUEZ LASO, *Elogio histórico del Exmo. Sr. Duque de Almodóvar,* Madrid, 1795.

HISTORIA Santa seguida de un Compendio de la Vida de N. S. Jesu-cristo por el Abate Didon Superior del P. Seminario de Paris traducida por N. M. e impresa con la aprobación de la autoridad eclesiástica. *Valparaiso*, octubre de 1848, *Imprenta del Mercurio por Santos Tornero* - Editor - 16? - xvi-221 pp.

> Las iniciales de la portada son puramente imaginarias, habiendo sido el traductor el mismo don Santos Tornero, según lo cuenta en sus *Reminiscencias de un viejo editor*, p. 228 : «*La Historia Sagrada*, del Abate Didon, traducida por mí ; librito que ha servido por mucho tiempo en varios colegios de la República, y sirve hoy en algunos.»

Historia secreta de la Corte y Gabinete de St. Cloud, distribuida en cartas escritas en Paris el año de 1805 a un Lord de Inglaterra. Reimpresa en Nueva Yorck, y traducida al castellano por un español americano. Con permiso superior. *Mexico, Imprenta de Arizpe*, año de 1808, 4?-3 hjs. s. f.-250 pp.; tomo II (1809) : 162 pp.; suplemento : 152 pp. y 20 s. f.

> Hay reimpresión de la *Habana, Imprenta del Aviso*, 1809, 8?-294 pp.; *Cádiz, Imprenta Teal*, 4?; y *Sevilla*. El original inglés es de Londres, 1806.
>
> Según Trelles, *Bibliografía cubana*, t. I, p. 48, el traductor español sería D. José Francisco Heredia, nombrado en 1809 oidor de la Audiencia de Caracas ; y según Figarola-Caneda, D. Andrés de Arango y Núñez del Castillo.

Historia y Arte — Revista de Rancagua (Cuadro del Sr. Blanes). - Por A. J. C. *Buenos Aires, Imp. de La Opinion,* 1872, 8? menor-22 pp.

> Las iniciales pertenecen a don Angel Justiniano Carranza, que firma al final.

Historia y descubrimiento del Rio de la Plata y Paraguay por Ulderico Schmidel. Con una introduccion y observaciones críticas por M. A. P. *Buenos Aires, C. Casavalle, editor. Imprenta y Libreria de Mayo*, 8?-266 pp.

> Las iniciales pertenecen a Mariano A. Pelliza.

Historica relatio, de apostolicis Missionibus Patrum Societatis Jesu apud Chiquitos, Paraquariae populos, Primò hispano idiomate conscripta à P. Joan : Patricio Fernandez, dein ad typum promota a P. Hieronimo Herran, Procuratore generali Provinciæ Paraquariæ, utroque Societatis Jesu Sacerdote, Anno M. DCCXXVI. Hodie in linguam latinam translata ab alio ejusdem Societate Jesu Sacerdote. *Cum licentia Superiorum, Augustae Vindelicorum, Sumptibus Mathiae Wolff, Bibliopolae,* M. DCCCXXXIII, 4º-xix hjs. prels. s. f.-276 pp.-nueve hjs. s. f.

« Según el P. Domingo Muriel, el verdadero autor de esta *Relacion,* escrita primitivamente en italiano, sería, no el P. Fernández, que sólo habría facilitado los documentos, sino el P. DOMINGO BANDIERA, de Siena; y sería el P. PEDRO LOZANO quien la tradujera en español. Véase la *Historia paraguajensis,* libro XIII, p. 199, nota 5 ». — SOMMERVOGEL, *Dictionnaire,* 394.

HISTORICAL (An) account of all voyages round the world, performed by english navigators; including those lately undertaken by order of his present Majesty. *London,* 1774-1776, 8º-6 vols.

« Colección importante, dirigida principalmente por DAVID HENRY, erudito escritor inglés, muerto en 1792 ». — BARROS ARANA, nº 252.

HISTORICAL (An) and political view of the present and ancient state of the colony of Surinam, in South America. *London,* 1781. By a Person who lived there ten years.

PHILIPPE FERMIN. — CUSHING, p. 229.

HISTORY of Ancien America by Count Joannes. *New York,* 1843.

GEORGE JONES. — CUSHING, p. 142.

HISTORY of Cuba; or notes of a Traveller in the Tropics. *Boston,* 1854.

MATURIN M. BALLOU. — CUSHING, p. 286.

HISTORY (The) of Don Franscisco de Miranda's Attempt to effect a Revolution in South America... By... an Officer under the General... To which are annexed, Sketches of the Life of Miranda, and Geographical Notices of Caracas... *Boston, Oliver and Munroe,* 1808, 12º-xi-300 pp.

El autor se apellidaba BULLARD, según SABIN, III, nº 9117. El nombre completo del autor lo trae CUSHING, p. 209: HENRY ADAMS BULLARD, si bien en la p. 116, da el de JAMES BIGGS; y así también

SÁNCHEZ, *Bibl. Ven.*, nº 86; y PALAU y DULCET en su novísimo *Manual del Librero Hispanoamericano*, I, p. 228, lo atribuye igualmente a JAMES BIGGS, con cuyo nombre se reimprimió en *London, Printed for the Author by T. Guillet*, 1809, 8º-xv-312 pp.; y *Boston, Oliver*, 1810, 12º-xi-312 pp.

HISTORY of the « Cerro Rico de Potosi », and description of the mines, works, &c. belonging to the Royal Silver Mines of Potosi (Bolivia) Limited. *(Al final:) London*, 1889, 8º-32 pp. y 3 planos.

Por MATEO CLARK.

HISTORY of the Island of Saint Domingo from its first discovery by Columbus to the present period. *London, Printed for Archibald Constable & Co., Edinburgh*, 1818, 8º-xiv-426 pp.

Obra de SIR JAMES BASKET, de que hay segunda edición: *New York*, 1825, 8º-206 pp. y traducción francesa, ya anotada.

HISTORY of the Indians of North and South America, *Boston, Bradbury, Soden & Co*, 1844, 12º-315 pp.

Hay edición de la misma ciudad, por George C. Rand, 1855, 18º-320 pp.
Por S. G. GOODRICH. — SABIN, VII, nº 27.902.

HISTORY (The) of Simon Bolivar, Liberator of South America. *London, Clayton & Co.*, 1876, 8º-56 pp.

De EUGENE LAWRENCE, norteamericano, según es de creer. Su trabajo se insertó primeramente en las pp. 594-603 del vol. XL de *Harper's New Monthly Magazine*, marzo de 1870, New York.

« HOGAR » fragmentos de un diario de viajes por AL. (Publicada en « Las Ultimas Noticias » de « El Mercurio » de Santiago.) *Santiago de Chile, Editorial Nascimento*, 1920, 4º menor, a dos cols.-xiv-140 pp. y una hoja suelta para las erratas.

AL oculta el nombre de ALFREDO WEBER G.

HOJA de servicios del Jeneral de Brigada Don José Rondizzoni. *(Escudo de Chile.) Santiago, Imprenta del Ferrocarril*, mayo de 1865, 4º-24 pp.

El título es inexacto, pues en realidad se trata de una biografía, como se dice en la segunda edición (descrita antes), obra que fué de don ADOLFO YBÁÑEZ.

HOJAS al viento (Cuentos y novelas cortas) por Clary. Ilustraciones de Luis Meléndez O. Carátula de Ramón Palmarola. Precio: $ 4. *Imprenta Universitaria, Santiago* (1917), 8º-266 pp. y 1 de erratas.

Clary es seudónimo de CLARISA POLANCO DE HOFFMANN.

HOJAS caídas. *Imprenta Universitaria,* 1910, 8º-303 pp.

Iris, que va a la cabeza de la portada, es seudónimo de INÉS ECHEVERRÍA DE LARRAÍN.

HOJAS de un Diario de Viaje Al través de Chile, Argentina, Uruguay, Brasil, Islas Canarias, Italia, Francia, España. Por el Autor del Diario del Alma. *Concepcion, Lito. é Imp.* « *Concepcion* », *Soulodre, Juanchute y Cia.*, 1908, 8º-229 pp. y 1 s. f.

El autor se llamaba BERNARDO GENTILINI, que, a mayor abundamiento, firma la dedicatoria.

HOJAS y flores, por Lisandro. *Bayamo,* 1891.

LUIS TABLADA MOGENA. — F.-C.

HOMBRE (El) en la naturaleza, por C. P. y V. *Habana,* 1887.

CAYETANO PALAU Y VIVANCO. — F.-C.

HOMBRES célebres de Bolivia De siglo a siglo. *Gonzalez y Medina-Editores, La Paz, Bolivia,* 1920, 8º-xi-541 pp. y 2 s. f. al final.

Firma el prólogo MOISÉS ASCARRUNZ.

HOMBRES y cosas durante la Guerra. Serie de artículos editoriales de « La Patria», escritos con motivo de la publicacion de la Memoria de la Guerra de 1881. *Valparaiso, Imprenta de La Patria,* 1882, 4º-203 pp. y dos s. f.

Por ISIDORO ERRÁZURIZ.

HOMENAJE a la Marina Nacional 21 de Mayo de 1886. *(Vista del monumento a Prat y sus compañeros). Imp. de « La Patria »,* 4º-99 pp. — Retrato.

A la vuelta de la portada, la nota que sigue : « Este libro ha sido publicado ,por don MÁXIMO CUBILLOS, por encargo de la Comisión encargada de la inauguración del monumento a la Marina Nacional ».

HOMENAJE a Sarmiento. *Santiago de Chile, Imprenta Gutenberg,* 16º-38 pp.

Subscrita al final por D. LUIS MONTT.

HOMENAJE de Concepcion. Manuel Rodriguez, 17 de setiembre de 1895, 8º-31 pp.

Por CLEMENTE BARAHONA VEGA.

HOMENAJE de gratitud a la memoria del benemérito ministro Don Diego de Portales. *Santiago de Chile, Imprenta de la Opinion,* 1837, 8º-6 pp. s. f. — El título sólo consta de la cubierta en color. — Epígrafe a la vuelta. — En verso.

De doña MERCEDES MARÍN, cuya firma autógrafa lleva al pie el ejemplar de la Biblioteca Nacional de Santiago.

HONOR (El) y el dinero. Comedia en cinco actos escrita en frances por F. Ponsard, y arreglada al Teatro nacional por M. A. F. *Lima,* 1859, *Tip. Nacional,* 8º-96 p. y 1 para las erratas.

Las iniciales son las del nombre de don MANUEL ANTONIO FUENTES, alias El Murciélago.

HONOR (El) y el Patriotismo. Drama. *Habana,* 1822, 8º-28 pp. — El título en el còmienzo del texto. — En verso.

De ANTONIO UTEZA.

HONORES funebres al D. D. Jose Gregorio Argomedo, Ministro de la Suprema Corte de Justicia. Octubre de 1830. *Santiago de Chile, Imprenta Republicana,* 4º-iv-14 pp.

El prólogo es obra de los hijos de Argomedo y la Alocución deprecatoria del canónigo D. JOSÉ GREGORIO MENESES.

HONRA (La) de España en Cuba. Por un cubano. *New-York, Imprenta de la la* (sic) *Revolucion*, 1871, 12º-126 pp. y dos hjs. s. f.

FIGAROLA-CANEDA, y PÉREZ, nº 119, dan como autor a RAFAEL MARÍA MERCHÁN.

HORA (La) del peligro. *La Paz, Imp. de la Union Americana,* 1873, 4º-16 pp.

Fué el autor NICOLÁS o NATANIEL AGUIRRE.

HORA (La) de queda. Novelas cortas. Es propiedad de la autora. *Imprenta Universitaria,* 1918, 8º-223 pp. y 2 s. f.

A la cabeza de la portada, Iris, seudónimo de INÉS DE ECHEVERRÍA DE LARRAÍN.

HORAS de Sol. (Prosas breves.) *(Epígrafe en cinco líneas.) Imprenta y encuadernacion New York, Santiago de Chile,* 16º-152 pp.

— En la portada en color, arriba un paisaje, la fecha de 1915, y la indicación de «Prólogo de Manuel Magallanes Moure».

A la cabeza de la portada el seudónimo Juana Inés de la Cruz, que oculta a LUISA ANABALÓN.

HUASO (El) Raimundo y su cuadrilla de salteadores. Narracion verídica con numerosas ilustraciones por Lord Jackson. Precio del ejemplar: Un peso. *Imprenta Galvez 370, Santiago* (1911), 4º-36 pp. a dos cols., 6 láminas y retrato.

Lord Jackson oculta el nombre de LUIS VALENZUELA ARÍS.

HUELLAS en la nieve. Poesías. *Editorial Nascimento (En la cubierta en color:)* 1924, 8º menor-186 pp. y dos sin foliar.

De RAQUEL MARTÍNEZ DE GARCÍA.

HUÉSPED (El) desconocido, traduccion de Maeterlinck. Por Ariana. *Habana,* 1917.

RAQUEL CATALÁ DE BARROS. — F.-C.

HVEI Tlamahviçoltica Omonexiti in ilhvicac tlatoca Çihvapilli Santa Maria Totlaconantzin Gvadalvpe in nican hvei altepenahvac Mexico itocayocan Pepeyayac. *Impresso con licencia en Mexico, en la Imprenta de Iuan Ruyz,* Año de 1649, 4º-Dos hjs. s. f.-Lámina.-17 hjs. foliadas y p. s. f.

Obra del bachiller LUIS LASO DE LA VEGA.

HYMNUS eucharisticus in laudem SSmae. Virginis Mariae quam sub titulo de Guadalupe venerantur incolae Novae Hispaniae, A Sacerdote quodam Americano conditus, Et â D. J. S. Guipuscoano in lucem editus. Superiorum facultate. *Mexici ex Reg. & Antiq. S. Idefonsi Colegij typis.* Ann. Dñi. M.DCC.LXV, 16º-12 pp. s. f.

Obra del P. jesuíta MIGUEL VENEGAS.

EN EL TOMO SEGUNDO SE AÑADIRÁN TRES ÍNDICES ALFABÉTICOS :
DE INICIALES, DE SEUDÓNIMOS Y DE ANÓNIMOS
CON LOS NOMBRES QUE CORRESPONDEN

DICCIONARIO DE ANÓNIMOS Y SEUDÓNIMOS

HISPANOAMERICANOS

TOMO II

I-Z

FACULTAD DE FILOSOFÍA Y LETRAS

PUBLICACIONES DEL INSTITUTO DE INVESTIGACIONES HISTÓRICAS

NÚMERO XXVII

DICCIONARIO

DE

ANÓNIMOS Y SEUDÓNIMOS

HISPANOAMERICANOS

APUNTACIONES REUNIDAS POR

JOSÉ TORIBIO MEDINA

TOMO II

I-Z

BUENOS AIRES

IMPRENTA DE LA UNIVERSIDAD

—

1925

DICCIONARIO DE ANÓNIMOS Y SEUDÓNIMOS HISPANOAMERICANOS

I DEA astronomica. El Sistema Copernicano censurado. Su autor Sadagier. *Mexico*, 1812, 4º

> Sadagier es anagrama de REIGADAS (IGNACIO).

IDEA de los españoles en America. *Trujillo*, 1824, *Imprenta del Estado, Por J. Gonzales*, 4º-12 pp.

> Obra de FRANCISCO ANTONIO ZEA.

IDEAL (El). Segunda y última parte de La Cruz de Berny por Mme. de Girardin, Teófilo Gautier, Julio Sandeau y Julio Mery. Traducido especialmente para «La Tarde» por Sarah Sarov. *Santiago, Imprenta de La Tarde*, 1901, 8º-216 pp.

> Forma también este tomo parte de la Biblioteca de *La Tarde* y el seudónimo es de doña ROSA VARAS H[ERRERA].

IDEAS e ideales por Aldo de Florolo. *Habana*, 1918.

> Anagrama de ADOLFO DOLLERO. — F.-C.

IDEAS necesarias de todo pueblo americano que quiera ser libre. *Philadelphia*, 1821, 8º-194 pp.

> «Aunque aparece impreso en Filadelfia, lo fué en la Habana. Su autor, VICENTE ROCA-FUERTE.» — BACHILLER, III, p. 174.

IESVS. Maria. Ioseph. Alegacion en derecho en defensa del Señor Don Pedro de Lara Mogrovejo, Contador del Apostolico, y

Real Tribunal de la Santa Cruzada, sobre que se le conserve
en sv oficio, sin embargo de los despachos, que se expidieron
del Supremo Consejo. *(Madrid,* 165...*), fol.-*23 hjs.

Consta de la dedicatoria a don Antonio de Lara Mogrovejo, oidor que
fué de Guatemala y entonces de la de México, que el autor fué el Licenciado Francisco Márquez de Zamora.

Iesvs, Maria, Ioseph. Por Don Alvaro de Quiñones Ossorio,...
Gouernador y Capitan general que fue del Reyno de Tierra-
firme, y Presidente de la Real Audiencia de Panama, y al
presente lo es de la de Guatemala. Con El señor Fiscal del
Consejo Real de las Indias. En la causa de su visita. *(Madrid,*
16...*), fol.-*25 hjs.

Con la firma autógrafa de D. Esteban de Prado.

Iesus Maria Ioseph. Por Don Francisco Magaña Pacheco. Con
Diego Santos Magaña Pacheco, sobre La Encomienda de Indios de los pueblos de Zotuta, Tibolon, y Cantamayec, de la
Prouincia de Yucatan, en la Nueua-España. *(Madrid,* 16...*),*
*fol.-*11 hjs.

Con la firma autógrafa del licenciado D. Esteban de Prado.

Iesvs, Maria, Ioseph. Por el Alferez Andres Ponze de Leon, curador ad litem de D. Melchor de Solorçano y Velasco... Con
Don Melchor, tio del menor... *(Madrid,* 16...*), fol.-*12 hjs.

Con la firma autógrafa del licenciado D. Esteban de Prado.
Relativo a una encomienda de indios en Chiapa.

Iesvs. Maria. Ioseph. Por el Capitan D. Gabriel Nauarro de Campos Villauicencio, Regidor perpetuo de la ciudad de Santiago
de Leon de Caracas, Prouincia de Veneçuela de las Indias, y
Dª Eluira de Campos su madre, y sus hermanos, y parientes,
y otros consortes. *(Madrid,* 165...*), fol.-*12 hjs.

Memorial contradiciendo la persecución que a esa familia causaba el
obispo de Caracas don fray Mauro de Tobar, subscrito por el licenciado
don Gabriel de Prado con su firma autógrafa.

Ilustracion sobre las causas de nuestra anarquia y del modo de evitarla. Escrita por don F. S. y dada á luz por un amigo suyo. *Buenos Aires, Imprenta de Phocion,* 1820, 4º- 16 pp.

Las iniciales son de FELIPE SENILLOSA.

ILLUSTRE (L') Portugais, ou les Amants conspirateurs, par Iturbide (don Augustin,) traduit del' espagnol en francais par Jarmini Almerte. *Paris,* 1825, 12º-2 vols.

« Esta novela, que está debajo de lo mediocre, se da como si hubiera sido compuesta por el ex Emperador durante la travesía que hizo, en 1823, de México a Italia ; pero no pasa de ser una supercheria, que engañó a poca gente ; el verdadero autor es desconocido.
« *Les mémoires authographes* de Iturbide, publicadas en inglés por M. J. Quin, traducidas al francés por M. Parizot (París, 1824, 8?) son de una muy discutible autenticidad ». — QUÉRARD, II, 347.

IMAGO Vecchiana. Alejandro VII Pont. Max. *Parisiis,* 1656, fol.

Así SOMMERVOGEL (*Dict.,* col. 410); si bien por mi parte me ofrece duda la existencia de este poemita latino en tirada por separado, que salió después incluído entre las *Orationes et Carmina,* Paris, 1675, 12º del P. GABRIEL COSSART. D. Emilio Vaïsse ha hecho una versión castellana del opúsculo de ese jesuíta, destinado a celebrar la muerte del P. Horacio Vecchi a manos de los araucanos.

IMPERIO (El) del piojo recuperado. Por don Severino Amaro. Con licencia. *En Sevilla, en la Imprenta de Vazquez Hidalgo y Compañia,* Año de 1784, 4º-31 pp.

Reimpreso por Odriozola en sus *Documentos literarios del Perú.*
Atribuído a don GASPAR DE MOLINA Y SALDÍVAR.

IMPORTANT Documents in relation to the Present Situation of Venezuela ; and the attempt of General Jose Tadeo Monagas to establish a Despotic Government in that country : With a few Introductory Remarks. *New York,* 1848, 8º-27 pp.

Del General JOSÉ ANTONIO PÁEZ. — SABIN, XIV, n? 58.139.

IMPRESIONES de otra edad. Coleccion de poesias por U. P. N. *Santiago, Imprenta de la Libreria Americana,* 1882, 8º-80 pp. (las dos últimas s. f).

Las iniciales son de URZÚA, PEDRO NOLASCO, quien cariñosamente me dedicó el libro.

IMPRESIONES de viaje. Habana y Viena. J. J. C. S. *Trieste, Stamp.*
Tip. Unione Meneghelli, 1907, 8? mayor.-127 pp. + una.

Iniciales de JUAN JORGE CRESPO DE LA SERNA. — TRELLES.

IMPUGNACION a las doctrinas filosóficas de Victor Cousin, por Fi-
lolézes. *Habana,* 1840.

JOSÉ DE LA LUZ Y CABALLERO. — F.-C.

IMPUGNACION al impreso que se publicó en S. Salvador con este
título : «El Monstruo de dos cabezas». Y defensa de la sinceridad y rectitud de los procedimientos del Cabildo de la S. I.
M. de Guatemala, con motivo de la eleccion de Provisor y Vicario, que á conseqüencia del decreto de 13 de junio de 1830,
hizo en el Presbitero Dr. Diego Batres, en 5 de agosto del
mismo año : deduciendose de todo, que ésta eleccion es canónica ; y legítima la jurisdiccion del expresado Vicario. La dan
a luz Los individuos del propio Cabildo que la subscriben.
Guatemala, Imprenta Nueva, 4?-73 pp. y 2 s. f.

Consta de nota manuscrita de mi ejemplar que este folleto fué redactado por el licenciado D. JOSÉ MARIANO GONZÁLEZ, asesor del Cabildo
Metropolitano.

IMPUGNACION del proyecto de estanco del salitre de Tarapaca. *Lima, Imprenta de «La Patria»,* 1872, fol.-20 pp.

Atribuído a MARIANO R. TERRAZAS.

IN CHARITY sacred cause and the Argentine California — With
extracts from the life of Don Bosco — Illustrated... *Buenos
Aires, Almagro, Tipografía Salesiana,* 1896, 8?

A la cabeza de la portada, las iniciales del autor F. H. M. : FRAN-
CISCO H. MULHALL. — ZEBALLOS, *Apuntaciones para la Bibliografía Argentina,* 1897, n? 38.

INCENTIVOS a la devocion del Señor San Joseph Padre estimativo
de Jesus y dignissimo Esposo de la Reina de todos los Santos Con el modo de practïcarla... Sacados de lo que escrivió
sobre este assunto en Lengua Italiana el P. Joseph Antonio Pa-
triñani de la Compañia de Jesus i dados a luz en la Española por Domingo Maria Sabattini Abitante en Bolonia... *En*

Cesena, MDCCLXX. II, *En la Imprenta de Gregorio Biasini,* 8º-115-xxiv pp.

Obra del ex jesuíta mexicano P. José Ignacio Vallejo.

Inconstancia (La) ó episodios de la revolucion de 1891. Novela histórica. Dedicada por el autor a D. Moises Vargas. Por B. de Sandemar, *(Santiago de Chile,) Imprenta Franco-chilena,* 1894, 8º-228 pp.

Queda ya indicado que el seudónimo corresponde a D. José Martínez Cuadra.

Incidents of travel in the Southern States and Cuba. *New York,* R. *Craighead,* 1862, 8º mayor-320 pp.

Por Carlton H. Rogers. — Trelles

Independencia de Cuba. 1821-1869. Paralelos. *Nueva York, Imprenta de Hallet & Breen,* 1869, 12º-24 pp.

«Es de José María Gálvez, quien lo hizo constar en carta que escribió a los señores Vidal Morales y Domingo Figarola-Caneda». — Pérez.

Indicaciones al Congreso Nacional para la mas acertada resolucion en los asuntos de América y otros importantes á la España. *Madrid, Imprenta de don Juan Brugada,* 1822, 4º-14 pp.

Por D. Francisco de Paula del Villar, que susbcribe al final.

Indice alfabético de las disposiciones judiciales del Boletin de las Leyes para facilitar su rejistro, i de algunas leyes jenerales sobre casos frecuentes. A mas se rejistra tambien una Real cedula que no se ha publicado hasta la fecha. *Santiago, Imprenta Nacional,* octubre de 1855, 8º-2 hjs. s. f.-89 pp.

Autor : Pedro B. Méndez.

Indice alfabetico de los notarios publicos que han actuado en esta capital Desde el año 1535 hasta el dia. *Lima, Imprenta de la Escuela de Ingenieros,* 1893, 12º-96 pp.

En su advertencia al público, Nicanor Ayulo, el autor, hace mención de un trabajo que con el mismo título había publicado en 1876, sin que sepamos si llevaba o no su nombre en la portada.

Indice de los discursos y memorias de la Real Academia Española por A. I. P. y R. Bibliotecario del Instituto Pedagógico de Chile. *Santiago de Chile, Imprenta Universitaria*, 1920, 8º-58 pp.

Las iniciales son de Agustín I. Palma y Riesco.

Individual y Verdadera Relacion de la extrema ruyna que padeció la Ciudad de los Reyes Lima, Capitál del Reyno del Perú, con el horrible temblór de tierra acaecido en ella la noche del dia 28. de Octubre de 1746, y de la totál asolacion del Presidio y Puerto del Callao, por la violenta irrupcion del Mar, que ocasionó en aquella Bahia. *(Al fin:) En Lima*, con Licencia de este Superior Govierno *en la Imprenta que estaba en la Calle de los Mercaderes*, Año de 1746, 4º-13 hjs. s. f.

Hay reimpresión de México, por José Bernardo de Hogal, 1747, 4º-20 pp., y en 1863, por Odriozola en sus *Terremotos*, pp. 148-171.

Traducciones inglesas, en dos ediciones del año 1748, en recopilaciones más extensas, hechas en Londres, de la segunda de las cuales sería autor Henry Johnson.

Atribuída al jesuíta P. Pedro Lozano. Véase la disquisición que sobre el particular se halla en nuestra *Imprenta en Lima*, nº 979.

Informacion de Don Nuño Colon y Portugal. Con Doña Francisca Colon, y Dóña Maria de la Cueua y otros litigantes. Sobre possession del Estado y mayorazgo de Veragua. *(Madrid*, 160...), fol.-56 hjs.

Con la firma autógrafa del Licenciado Fresno de Galdo.

Informar en pleyto graue (que siempre es desta Calidad el que comprehende cosa de grande estima, etc.). *(Lima*, 164...), fol.-16 hjs. — Referente al oficio de Correo Mayor del Perú.

Con la firma autógrafa del Licenciado Antonio de León Pinelo.

Imformase por parte de Manvel de los Oliuos, en la causa que contra el sigue Don Francisco de Nauarrete, como Podatario del Licenc. Miguel de Leon, sobre que se declare por fideicommisaria, y en confianza la herencia que dexô Iuan Gutierrez al Licenciado Geronimo de Orellana Garrido... *(Lima*, 16...), fol.-7 hjs. s. f.

Con la firma autógrafa del licenciado Pedro Astorga.

INFORME ante la excelentísima Camara en Revista de la sentencia de muerte a que fue condenado en vista el coronel D. Paulino Rojas, en la causa criminal que se le sigue de resultas de la muerte violenta de su esposa Dª Encarnacion Fierro; con una tabla sinóptica de la Primera Parte del informe; y la foja de servicios del Coronel Rojas. Por V. A. Enero de 1832. *Imprenta Argentina*, 4º mayor.-57 pp. y un cuadro plegado.

Las iniciales pertenecen a VALENTÍN ALSINA, que estampa su nombre al final.

INFORME de una Comision del M. I. A. de la Habana sobre poblacion blanca, publicado y anotado por Pedro Mártir. *Nueva Orleans*, 1847.

José Antonio Cintra y Collado. — F.-C.

INFORME dirijido al señor Rector del Instituto Nacional por los dos profesores de relijion de este establecimiento. *Santiago de Chile*, marzo de 1862, 4º-99 pp.

Esos dos profesores de religión eran los presbíteros don DOMINGO MENESES y D. JUAN BAUTISTA LOUBERT.

INFORME legal sobre fomento de la poblacion blanca en la Isla de Cuba, por el Fiscal de la misma. *Madrid*, 1845.

Vicente Vázquez Queipo. — F.-C.

INFORME presentado a la Illma. Corte de Apelaciones de Santiago, por el Juez de Letras de Curicó, en la querella de capítulos promovida por Ezequiel Leiton. *Santiago, Imprenta del Ferrocarril*, 1863, 8º-22 pp.

El autor del Informe y juez querellado fué don RODULFO OPORTUS, que estampa al fin su firma autógrafa en el ejemplar que poseo.

INFORME presentado a la Real Junta de Fomento de Agricultura y Comercio de esta Isla, en sesion de 11 de Diciembre de 1833 en el espediente sobre traslacion, reforma y ampliacion de la Escuela Náutica establecida en el pueblo de Regla... *Habana*,

1834, *Impr. del Gobierno y Capitania General por S. M.*, 4º-iv-151 pp. y dos s. f.

«Lo redactó D. José de la Luz y Caballero...» — Bachiller.

Informe qve el Illvstrissimo, y Reverendissimo Señor Doctor Don Matheo Sagade Bvgveiro, Arçobispo de Mexico, del Consejo de su Magestad. Embiò al Señor Inquisidor Visitador, Doctor D. Pedro de Medina Rico. En respuesta Del que se diò a su Illustrissima *(México*, 1661), fol.-6 hjs.

Beristaín y Andrade lo dan como anónimo, pero en realidad es obra del licenciado D. Bernardino de Aguilera, que lo susbcribe.

Informe, que haze la Provincia de la Compañia de Jesvs, de esta Nueba España, por lo que toca a la parte de sus Missiones, como legatario de el Olficio, y Vara de Alguacil Maior, del Real, y Apostolico Tribunal de la Santa Cruzada, de este Reyno, en desagravio, y defensa de la buena memoria, y vienes del Br. D. Francisco de Orosco... *En la Puebla, por la Viuda de Miguel de Ortega Bonilla*, año de 1729, fol.-4 pp. s. f.-247 pp.-2 para las notas.

Por D. Agustín de Vergara.

Informe sobre la causa criminal seguida de oficio contra el coronel D. Paulino Rojas, por sospecharsele homicida de su esposa doña Encarnacion Fierro ; pronunciado ante la Excelentisima Camara en los dias 24 y 26 de Agosto de 1831, por M. B. *(Buenos Aires)*, 4º mayor.-31 pp.

Lleva al final la firma de Manuel Belgrano.

Ingenioso (El) hidalgo Don Quijote de la Mancha por Miguel de Cervantes Saavedra. Edición en que se han tenido presentes las mejores publicadas hasta ahora con notas de los comentadores más insignes de esta obra arreglada para toda clase de personas y en especial para uso de los colegios por D. Domingo Abella. *Sarriá-Barcelona*, Biblioteca clásica española de la juventud, Vol. I., *Tipografía y Librería Salesianas*, 1896, 8º-3 vols.-I. 398 pp. ; II (1897), 334 pp. ; III, 348 pp.

Citada en el *Anuario de la Prensa Chilena*, 1897, n.º 1657.

No dispongo en este momento del libro de los Suñé y a esa causa no puedo decir si aparece allí el editor Abella con su verdadero nombre, que fué el del salesiano chileno D. Camilo Ortúzar.

INGRATITUD (La) de un periodista por T. M. F. *(Epígrafe de Voltaire.)* Concepcion, *Imprenta de « El Sur »*, 1883, 16.º-vi-36 pp.

Las iniciales corresponden a T. M. FIORETTI.

IN laudem Doctoris D. Andreae de Arze, et Miranda Sanctae Angelopolitanae Ecclesiae Canonici Magistralis... Gratvlatorivm Carmen. 8.º-2 hjs. s. f.-*(Puebla de los Angeles*, 1756).

Suscrito por I. I. G. Societatis Jesu, iniciales del jesuíta P. JUAN JOSÉ GIUCA.

INMIGRACIÓN (La) en el Perú. Monografía histórico-crítica por Juan de Arona correspondiente de la Real Academia Española. *Lima, Imprenta del Universo, de Carlos Prince*, 1891, 8.º-xix-160 pp. y una para las erratas y tres láminas.

Juan de Arona, seudónimo bien conocido de don PEDRO PAZ SOLDÁN.

INSTITUCIONES sobre el Derecho Público, sacadas de las obras del chanciller Enrique Francisco D'Aguesau. Traducidas al castellano Por uno de los individuos de la Academia de Jurisprudencia teórico-práctica de México. *En la oficina de D. Mariano Ontiveros*, año de 1813, 8.º-Tres pp. s. f.-175 foliadas.

Llamábase el traductor don ANTONIO LÓPEZ MATOSO.

INSTRUCCION (La) del pueblo. Dedicado a sus correlijionarios y amigos del Club Liberal Democrático por Lincoya. *Serena, Imprenta « Liberal Democrática »*, 1893, 4.º mayor.-15 pp.

El autor disfrazado con el nombre de ese cacique araucano se llamó S. UGARTE A.

INSTRVCCION devota. Para hazer fructuosamente las diligencias, que son necessarias, y asegurar, quãto es de nuestra parte, el feliz logro de el Santo Jubileo Circvlar. Que concedió para esta Ciudad de los Angeles, N. SS. P. Benedicto XIII. Y se comiença por Henero de este año de 1726. Dispuesta por el Padre Prefecto de la Congregacion de Nuestra Señora del Populo, del Colegio del Espiritu Santo de la Compañia de Jesvs... *Reimpresa en la Puebla, por Francisco Xavier de Morales,* 8? menor.-22 hjs.

Se atribuye al jesuíta P. JOAQUÍN ANTONIO DE VILLALOBOS.

INSTRUCCION formada por un facultativo existente por muchos años en el Perú, relativa de las especies y virtudes de la quina. Con licencia. *Cadiz, Por Don Manuel Ximenez Carreño,* Calle Ancha, año de 1792, 4?-19 pp.

La subscribe en Mariquita, J. C. M., iniciales de JOSÉ CELESTINO MUTIS.

INSTRUCCION (La) Laica. *(Epígrafe en tres líneas.) Santiago de Chile, Imprenta Cervantes,* 1919, 8?-107 pp.

A la cabeza de la portada, el seudónimo Gabriel de la Paz, que oculta el nombre del salesiano BERNARDO GENTILINI.

INSTRUCCION moral destinada a los niños de la instruccion primaria. *Reimpreso en Sucre, por España,* 1883, 8?-17 pp.

A la cabeza de la portada : L. M. G., iniciales del autor : LUIS MARIANO GUZMÁN.

INSTRUCCIÓN para hacer el catecismo de niños. *Santiago, Imprenta del Correo,* agosto de 1868, 16?-xi- 29 pp.

De D. JOAQUÍN LARRAÍN GANDARILLAS.

INSTRUCCION para los maestros de escuela para Enseñar a leer por el metodo gradual de lectura. *Santiago, Imprenta de los Tribunales,* 1846, 8?-28 pp.

El Director de la Escuela Normal que la firma era en aquel entonces don DOMINGO FAUSTINO SARMIENTO.

INSTRUCCION para los tenientes comisarios y subalternos del Real Tribunal de la Acordada de la Nueva España. *Mexico,* 1776, fol.

Así Beristaín (I, p. 131), quien dice que el autor fué D. JUAN BARBARI, letrado mexicano.

INSTRUCCION practica para uso de los fieles sobre El Ayuno, la abstinencia de Carnes i la Bula de Cruzada. Con aprobacion de la Autoridad Eclesiástica. *Librería Central de Aug. Raymond, Santiago,* 1869, 8º-16 pp. *(Al fin:) Imprenta del Correo.*

De la licencia eclesiástica aparece que el autor fué el presbítero D. JOSÉ AGUSTÍN BARCELÓ.

INSTRUCCION (La) secundaria y la instruccion universitaria en Berlin. Informe elevado al Supremo Gobierno por la Legacion de Chile en Berlin. *Santiago de Chile, Imprenta Nacional,* 1885, 4º-163 pp.

De la nota que el Ministro de Chile pasó al de Relaciones Exteriores consta que los autores fueron D. CLAUDIO MATTE y el secretario entonces de aquella Legación, don VALENTÍN LETELIER.

INSTRUCCIÓN sobre el modo de practicar la inoculacion de las viruelas, y metodo para curar esta enfermedad, acomodado a la naturaleza, y modo de vivir de los indios, del Reyno de Guatemala impreso de orden del Superior Gobierno. *En la Oficina de Don Ignacio Beteta,* Año de 1794, fol.-17 pp.

Obra del doctor don JOSÉ FLORES.

INSTRVCCIÓN y Formularios-para Jueces, Fiscales y Defensores Militares, en Consejos de Guerra. *Valparaíso, Imprenta del Diario,* diciembre de 1854, 8º-110 pp. y una sin foliar.

Obra de don JOSÉ ALEJO VALENZUELA.

INSTRVCCION, y orden, qve han de gvardar los Comissarios del S. Officio de la Inquisicion desta Nueva España, à quien se encarga por el Tribunal el cobro de lo procedido de las canongias supressas... *(México,* 1660), fol.-2 hjs.

Consta ser obra del inquisidor D. JUAN SÁENZ DE MAÑOZCA.

INSURRECTION at Magellan. Narrative of the imprisonment and escape of Capt. Chas. H. Brown, from the chilian convicts. *Boston,* Published for the Author, *by Geo. C. Rand,* 3

Cornhill, MDCCCLIV, 12º-228 pp., con un plano y una lámina.

El libro fué redactado, con vista de los papeles del capitán Brown, por E. H. Appleton, según resulta del Prefacio.

Intereses, peligros y garantias de los Estados del Pacífico en las regiones orientales de la América del Sud. *Paris, Dentu, éditeur*, 1866, 8º-78 pp.

Por don Juan Bautista Alberdi.

Intervention (L') française au Mexique; accompagnée de documents inédits et d'un long mémoire adressé par l'empereur Maximilien à l'empereur Napoléon et remis à Paris par l'empératrice Charlotte : précédée d'une préface de Clément Duvernois. *Paris*, 1868, 8º.

Por Léonce Detrovat. — Barros Arana, nº 279.

Intrigante (El) castigado, comedia de costumbres. Original y en verso. Escrita en dos actos por Juan de Arona. A la edad de diez y ocho años. *Lima*, 1867, *Tipografia de A. Alfaro y Ca.*, 8º-59 pp.

Juan de Arona : Don Pedro Paz Soldán y Unanue.

Introduccion al estudio de los poetas bolivianos. Leida en la Sociedad Literaria de San Luis. *Santiago, Imprenta de la Union Americana*, noviembre de 1864-8º-20 pp.

De don Gabriel René-Moreno.

Introduccion de la Imprenta en América, con una bibliografía de las obras impresas en aquel Hemisferio desde 1540 á 1600, por el autor de la Biblioteca Americana Vetustissima. *Madrid, Imprenta y Estereotipia, de M. Rivadeneyra*, 1872, 4º-P. s. f.-59 pp. y tres hjs. con facsímiles.

Por Henry Harrisse.

Invernal Cuentos ingenuos *Santiago de Chile, Imprenta Renacimiento*, 1916, 8º-78 pp. y la última s. f.

Va encabezada la portada por Fardusi, nombre supuesto de ROBERTO FARR, el autor.

IOSEPH. Por El Capitan Pedro de Naxara, vezino y Encomendero de la Ciudad de Santiago de Guatimala. Con Don Bernardino de Cardenas y Velasco, y doña Isabel de Velasco su muger, Condes de Colmenar. Sobre La confirmacion de la Encomienda, y repartimiento de Indios de los pueblos de Istapa, y Vsumasinta. *(Madrid, 16...), fol.-13 hjs.*

Con la firma autógrafa del licenciado D. ESTEBAN DE PRADO.

ISLA de Cuba. Despertador Patriótico por Palmario. *Madrid, Imprenta de T. Jordan, 1836, 8º-9 pp.*

De FRANCISCO CORREA BETHENCOURT.

ISLA de Cuba. Refutacion. Por un Cubano. *París, 1859.*

FRANCISCO DE FRÍAS Y JACOTT, CONDE DE POZOS DULCES. — F.-C.

ISLA (La) de Cuba tal cual está. *New York, Impreso por Whitaker, 1836, 8º-52 pp.*

Impresión de Madrid en realidad y obra de DOMINGO DEL MONTE.

ISLE (L') de Robinson Crusoé. Par De Montreille. *Londres et Paris, 1758, 12º.*

El autor es SAVIN. — QUÉRARD, II, 1199.

ISTORIA della conquista del Messico di Antonio de Solis, tradotta da un Academico della Crusca. *Firenze, Cecchi, 1699, 4º-Retrato.*

Fué el traductor FILIPPO CORSINI.

ISTORIA *(sic)* de la Edad-Media. Traducida del frances para la enseñanza de los alumnos del Instituto Nacional. *Santiago, Imprenta de los Tribunales, junio-1846, 8º-188 pp.*

El traductor de este manual figura con el apellido VARAS en el Catálogo de las obras publicadas en Chile desde el año 1812 hasta el de 1858 (entrega 2ª del *Anuario Estadístico de la República de Chile*, p. 148), y en el « Catálogo de libros y folletos impresos en Chile desde que se introdujo la imprenta» (Ver *Revista de Ciencias y Letras*, p. 752).

En el Libro de Decretos del Archivo del Instituto Nacional, año 1846, aparece el nombramiento como profesor de historia de dicho establecimiento, recaído en D. VÍCTOR VARAS.

ISTORIA e brevissima relazione della distruzione delle Indie Occidentali, di D. Bartolommeo Delle Case, vescovo di Chiapa, conforme al suo originale spagnuolo, con la traduzione italiana di Francesco Bersabita. *Venezia, presso Marco Ginammi,* 1626, 4º

La segunda edición es de la misma ciudad, 1639, 4º, y la tercera asimismo de Venecia y del dicho impresor, de 1645, en la cual se puso el nombre del traductor, que lo fué GIACOMO CASTELLANI.

I VA de zambra. *(Al final:)* Santiago, Imprenta de Julio Belin i Ca.,-abril 27 de 1853, fol.-16 pp. a dos cols.

De DOMINGO F. SARMIENTO, contra su compatriota D. Juan B. Alberdi.

JACOBI Josephi Labbe Selenopolitani De Deo heroica. Carmen Deo nostro... *Venetiis, Apud Franciscum Pitteri,* MDCCLXXIII, Superiorum permissu, ac privilegio, 8º-pp. iii-xxiv-245-1 hjs. f.

Del jesuíta DIEGO JOSÉ ABAD, que se disfrazó con aquel nombre, que quiere decir « el abad mexicano, o abad natural de la ciudad de la Luna, pues México se deriva de *Meztli,* que en lengua mexicana significa Luna ». — BERISTAIN.

Viene a ser esta edición la segunda; la tercera, algo aumentada, es de Ferrara, 1775, *apud Josephum Rinaldi,* 8º-xxxii-237 pp. y una s. f.

La cuarta, que en la portada lleva la indicación de *tertia,* y fué la póstuma, salió con el nombre del autor, en Cesena, MDCCLXXX, 8º

JACOBI Josephi Labbe Selenopolitani Dissertatio ludicroseria Num possit aliquis extra Italiam natus bene latine scribere, contra quam Robertus pronunciat? MDCCLXXXVIII. Superiorum facultate, 4º-30 pp. y una hoja.

Ya se dijo en el número precedente que el seudónimo corresponde al jesuíta DIEGO JOSÉ ABAD.

JARDIN (El) de las Hespérides de Cornelio Hispano. *Bogotá, Juan Casis, editor,* 1910, 8º-133 pp. y 1 s. f.

Cornelio Hispano es seudónimo de ISMAEL LÓPEZ.

JENERAL (El) Ballivian. *Lima,* 1853, 4º-23 pp.

Biografía escrita por TOMÁS FRÍAS e inserta después en la *Galería de hombres célebres,* de JOSÉ Domingo Cortés.

JENERAL (El) Garcia, su época i el advenimiento del Presidente

Perez. *Valparaiso, Imprenta del Mercurio,* 1861, 4º mayor, 22 pp.

Atribuído a Diego Barros Arana, pero en realidad obra de D. MANUEL ANTONIO CARMONA, cuñado que era del General García.

JEOGRAFÍA del Montt-Varismo — Compendio jeográfico de este reino, escrito por los chilenos i para los montt-varistas, como testo de enseñanza en las escuelas primarias i superiores de la República de Chile Segunda edicion aumentada i correjida de la publicada en «La República», Núms. 11, 12, i 16, correspondientes al 17, 18 i 22 de Junio de 1866, reimpresa con motivo de la restauracion del Imperio del Montt-Varismo, por el dictador o autócrata S. M. don Domingo VII. Por Canuto Quiquillana. *Santiago de Chile, Imprenta Cervantes,* 1889, 4º-14 pp.

El seudónimo pertenece a FIDELIS P. DEL SOLAR.

JEOMETRIA elemental. *La Paz, Imprenta del Pueblo,* 1850, 4º-Una hoja s. f.-46 pp. y cuatro láminas.

Por DOMINGO VISCARRA.

JESUS, Maria, y Joseph. Adicion al Manifiesto legal, que se escrivió para demostrar la pureza, integridad, desinterès, zelo, y amor al Real servicio con que se ha manejado Don Juan Joseph de Robina, Contador del Tribunal de Quentas de Lima... Fol.-17 hjs. (Poco posterior a 1754.)

Obra del licenciado D. GASPAR SOLER RUIZ.

JESUS, Maria, y Joseph. Doña Rosa de Roxas y Cerda, y otros siete hijos del Maestre de Campo Don Andres de Roxas, con Don Joseph Antonio de Roxas, hijo tambien de Don Andres, sobre Particion entre todos de ciertas fincas, o vinculacion de ellas a favor del Don Joseph.... *Madrid, MDCCXC, En la Imprenta de la Viuda de Ibarra,* fol.-29 hjs.

Por el Licenciado D. JUAN MARÍN DE ALFOCEA.

† JESUS, Maria, y Joseph. Por la Provincia de Chile de la Compania de Jesus, en el pleyto con la Santa Iglesia Catedral de San-

— 21 —

tiago, de aquel distrito: sobre el diezmo que deben pagar los Colonos o Arrendatarios de las Tierras, que gozan los Jesuitas en el Reyno de Chile. Fol.-15 hjs. *(Madrid, 1715?)*

Subscrita por el P. PEDRO IGNACIO ALTAMIRANO, quien debe de ser tam bién el autor de la « Addiccion al manifiesto, etc.», impreso sin fecha ni lugar. Véase *Bib. Hisp.-Chil.,* III, n? 740.

† JESVS, Maria, y Joseph. Por parte del Teniente Coronel D. Fernando Lucio Carrillo de Cordova se suplica à V. S. se sirva de tener presentes los fundamentos de Derecho... (Sobre un mayorazgo.) Fol.-63 pp. s. f. (Mediados del siglo XVIII.)

Obra del doctor D. DOMINGO MARTÍNEZ DE ALDUNATE.

JESUS, Maria, y Joseph. Replicato por la Provincia de Chile, de la Compañia de Jesus, en el pleyto con el señor Don Juan Antonio Alvalá... sobre la paga del diezmo de Azeyte de la heredad de Torquemada... Fol.-12 hjs. *(Madrid, 1756.)*

Subscrito por el P. PEDRO IGNACIO ALTAMIRANO y el Licenciado D. ANTONIO ORDÓÑEZ.

JETA (La). *La Paz, Imp. Paceña,* 1855, 8º-11 pp.

« Es una reimpresión de esta punzante sátira en verso, escrita por don FELIPE PARDO contra el General Santa Cruz ». — GUTIÉRREZ, n? 811.

JEUNE (Le) voyageur dans les cinq parties du monde. Ouvrage contenant le portrait, le caractère, la religion, les mœurs... des différents peuples de l'univers... Par Blismon. *Paris, Delarue,* 1829, 16º-4 vols. con 72 láminas.

Autor : SIMON BLOCQUEL.

SABIN, n? 5947 : « Algunos ejemplares llevan el título de *Beautés de l'histoire des voyages,* y cada una de las cinco partes se vendían aparte, con 18 láminas cada una ».

JIRA patriótica. La obra progresista del General Gómez. *Caracas, Litografia del Comercio,* 1916, fol.-Cuatro s. f.-151-4 pp. — Retrato y 34 ilustraciones.

Por RAÚL CAPRILES.

Jo. Schöner e P. Apianus (Benewitz): Influencia de um e outro
e de varios de seus contemporaneos na adopção do nome America: primeiros globos e primeiros mappas-mundi com este
nome: globo de Walzeemüller, e *plaquette* acerca do de Schöner. *Vienna, Typographia I. e R. do Estado e da Côrte,* 1872,
8º menor.-61 pp.

La dedicatoria está suscrita por F. Ad. de V., o sea, Francisco Adolfo de Varnhagen.

Jornada (La) de Marathon ó el triunfo de la libertad. *Buenos-
Ayres, Imprenta de los Expositos,* Año VIII, 1817, 16º-83 pp.
y 3 s. f. al fin. En verso.

Traducción de una «comedia» de Mr. Gueroult, con adiciones y
supresiones, por Leandro Bervez, quien dice que «la traducción y
composición del verso, es obra de seis tardes».

Jornada (La) de Viacha. Canto dedicado al heroe vencedor, por
Un Boliviano aficionado a las Musas. Año de 1841. *Paz, Imprenta del Colejio de Artes,* 4º-16 pp.

De nota puesta al verso de la portada en el ejemplar de la Nacional
de Santiago, se lee: «Es autor de este Canto el señor don Quintín Quevedo, quien obtuvo del *Héroe vencedor,* en premio de su fineza poética,
el grado de teniente de ejército.» —«Nota comunicada por un hijo
del agraciado».
Habrá, pues, que rectificar a Gutiérrez, *Bibliografía,* nº 818, al indi-
car como autor a José Ignacio de Sanjinés.

José Rosario Martinez... — Un bautismo estudiantil. Por Némesis. *Santiago de Chile, Imprenta «El Progreso»,* 1889, 8º-13 pp.

Némesis es seudónimo de Nemesio Martínez Méndez. — Silva, *La
Novela en Chile,* nº 373.

Josephi Adriani Madregon De Imagine Guadalupensi Mexicana jam-
bici archilochii dimetri acatelectici. *Faventiae,* MDCCLXXIV.
Ex Typographia Josephi Antonii Archii, Superiorum permissu,
8º-viii pp.

José Adriano Madregón es anagrama de José Mariano Gondra, ex-
jesuíta mexicano.

JOURNAEL | Ende | Historis verhael van de | Reyse gedaen by Oos-
ten de Straet le | Maire, naer de Custen van Chili, onder | het
helept van den Heer Generaél | Hendrick Brouwer, | Inden
Jare 1643 voor gevallen | Vervatende | Der Chilesen manieren,
handel ende ghewoonten. | Alls mede | Een beschryvinghe van
het Eylandt Eso, ghelegen | ontrent dertigh Mylen van het
machtigh Rijcke van | Japan, op de hooghte van 39 graden,
49 minu- | ten, Noorder breete; soo alst eerst in't | selvige jaer
door het Schip Castri- | cum bezeylt ist. | Alles door een Lies-
thebber upt verschepden Journalen ende | Schuftente samen
gestelt ende met eenighe | Kopere Platen verrijckt. | *(Viñeti-
ta.)* | *Tot Amsterdam. (Filete.)* Gedruckt by Broer Jansz, woo-
nende ep de Nieu-zijds | Achter-burghwal inde Silvere Kan.
Anno 1646, 4º-104 pp., una lámina y dos planos.

Téngola por obra de JOHAN VAN LOON, secretario que fué en aquella
escuadrilla.

JOURNAL of a Lady's travels round the world. *London,* 1883.

MRS. F. D. BRIDGES. — CUSHING, p. 162.

JOURNAL of a Residence in Chili. By a Young American, detained
in that country, during the revolutionary scenes of 1817-18-19.
Boston, Wells and Lilly, Court-Street, 1823, 8º-237 pp.

SABIN, *A dictionary,* etc., t. IV, n. 14173, dió a conocer que ese joven norteamericano autor del libro se llamaba J. F. COFFIN: dato que
hemos podido verificar con vista de un expediente que se conserva en
la Biblioteca Nacional de Santiago, en el que constan, en efecto, las
gestiones hechas en Lima por Francisco Coffin, años más tarde de su
llegada a Chile, para que se le pagase el cargamento del *Canton,* que
tal era el nombre del buque en que hizo su viaje. Esto se comprueba
aun con la firma que aparece en la dedicatoria en el ejemplar que po-
seemos, dirigida a D. Enrique Hill, bostonense como él, que por aquellos años vivía entre nosotros y que falleció poco antes de 1898, ya muy
anciano, en su ciudad natal.

Embarcado a bordo del bergantín aquél, despachado a Chile con un
cargamento de fusiles y paños, acaso destinado a venderse a los patriotas, y confiscado el buque por las autoridades realistas militares, a su
llegada a Talcahuano en agosto de 1817, Coffin fué detenido en calidad
de preso y hubo de permanecer en la provincia de Concepción hasta que
esta ciudad fué ocupada por Freire, en febrero de 1819. El libro, según

queda dicho, se publicó en 1823, fecha en que su autor aun permanecía en Chile. Es sensible que, por circunstancias que desconocemos, Coffin no realizase al fin el proyecto que parece abrigaba por ese entonces de escribir y dar a la luz un trabajo mucho más extenso sobre los países de la América del Sur que había visitado.

Su libro ha sido traducido al castellano y queda ya catalogado.

Journal (A) of a tour from Boston to Savannah, thence to Havana. By a Citizen of Cambridgeport. *Cambridge, Mass.*, 1849, 8º-114 pp.

Por Daniel Nason. — Cushing, p. 58.

Jral. (El) D. Pedro Blanco y los sucesos políticos de 1828. *Cochabamba*, Setiembre de 1871, *Imprenta del Siglo*, 4º-71 pp.

Subscrito por Federico Blanco y Cleomedes Blanco.

Juan de Dios Oliva y otros dos gauchos orientales platicando el día 11 de Junio de 1843 en el campamento del general Don Frutos Rivera. Romance Histórico. *(Entre paréntesis:)* Origen de los partidos Colorado y Blanco. Todo lo que se refiere en esta composición es exactamente histórico. *(En una figura un gaucho a caballo.) Montevideo*, 1884, *Imp. a vapor de El Ferrocarril*, 8º-9-40 pp.

Suscribe el prólogo en forma de carta a don José María Rosete, José C. Bustamante.

Jueces imposibles. *Santiago, Imprenta del «Independiente»*, 1868, 4º-31 pp.

Por el estilo, por la actuación que le cupo en los sucesos de que se hace caudal, me inclino a creer que el folleto es de la pluma de don Domingo Arteaga Alemparte.

Diré, con todo, que en el ejemplar de la Biblioteca Nacional de Santiago hay una nota manuscrita que lo atribuye a don Máximo R. Lira.

Juego de rocambor, por Adelisio Llorente. *Santiago de Chile, Imprenta Victoria*, 1888, 16º-24 pp.

Adelisio Llorente es anagrama del nombre del autor: Sandalio Letelier.

JUGUETILLO. *(Al fin:) México, en la imprenta de D. Juan Bautista Arizpe, año de 1812, 4º-8 pp.*

Hay Segundo, Tercero, Cuarto, Quinto y Sexto Juguetillo, todos del mismo añ), y con excepción del tercero, que salió por aquella Imprenta, los cuatro restantes llevan el nombre del impresor D. Manuel Antonio Valdés. Constan, respectivamente, de 8, 23, 16, 16 y 18 pp., y todos van firmados por « El Censor de Antequera », seudónimo de don CARLOS MARÍA BUSTAMANTE.

JUICIO astrológico para el año de 1828. *Habana, Imprenta de D. José Boloña, 1827, 8º-28 pp.*

Subscrito con las iniciales J. J. G., que son las de JOSÉ JOAQUÍN GARCIA.

JUICIO crítico. Conflicto y armonías de las razas en América por D. F. Sarmiento. Artículos publicados en «El Comercial de Buenos Aires». *Buenos Aires, Imprenta Inglesa de Lowe, Anderson y C.ª, 1883, 8º-27 pp.*

Los artículos son cuatro y de la pluma de MARIANO A. PELLIZA.

JUICIO (El) de un tirano en el mundo de la libertad. *Santiago de Chile, Imp. Chilena, 1872, 16º-7-5-8-5-4-4-4-23 y final bl.-12 láminas.*

Fué el autor don LUCIANO BORKOSKI.

JUICIO imparcial sobre la Exposicion del señor Obispo de Popayan, Doctor Salvador Jimenez, acerca del decreto del Congreso granadino, relativo a la supresion de algunos conventos de Pasto. Por unos amigos de la disciplina eclesiástica. *Guayaquil, Imprenta de Manuel Ignacio Murillo, 1839, 4º-14 pp.*

De FRAY VICENTE SOLANO, entre cuyas *Obras* se insertó (t. III, pp. 54-67).

«Fray Vicente Solano, religioso franciscano de Cuenca, orador, periodista y literato de gran valía ; profundo latinista y teólogo, conocía a fondo las literaturas francesa e italiana; fué muy versado en Botánica ; escribió sobre muchas materias. Fué nombrado por el Congreso de 1852 obispo auxiliar de Cuenca, puesto que no aceptó, y fué candidato a la silla metropolitana. Ejerció en la orden franciscana los cargos de Custodio y Guardián en Quito, Pomasqui y Cuenca. Murió en esta última ciudad, de 74 años, en 1865». — Arboleda R., *Diccionario Biográfico de la República del Ecuador*, p. 160.

Julian del Casal, o un falsario de la rima, por César de Guanabacoa. *Habana*, 1893.

Ciriaco Sos Gautreau. — F-C.

Juliani Poncii ad Christianum Philadelphum de Curriculis philosophicis epistolae. *Lucae*, MDCCLXXIX. *Ex Officina Jacobi Justi*, 8º-vii-una s. f.-183 pp.-una s. f.

Del ex jesuíta mexicano P. José Mariano Vallarta y Palma. Sommervogel (*Dict.*, col. 271), cita mal el título, y observa que Quérard en sus *Supercheries* (III, 1247), designa al autor con el nombre de Josephus Vallartus.

Julio Maximino Verdadero, Bajo cuyos Heroycos hechos, y altas prendas symbolizó el Estudio las del Excmo. Sr. D. Pedro Cebrian, y Augustin, Conde de Fuen-Clara... Virrey Gobernador, y Capitan General de esta Nueva España... Y se expresaron en el Jano bifronte, y Triumphal Arco, que à su publico ingresso erigió la Capital de estos Reynos, Imperial Mexico. *(México, 1743)*, 4º-10 pp. s. f.

Obra de D. Cayetano Cabrera Quintero.

Jurisprudencia. Fuerza comparativa del Nuevo Código Civil sobre los actos i contratos ejecutados antes del día en que debe comenzar a rejir. *(Epígrafe en cuatro líneas.)* Santiago, Imprenta del Ferrocarril, 1861, 8º-142 pp,

Obra de Ramón Barros, que la subscribe al final.

Justa defensa de la Academia Cubana de Literatura. Por un Amigo de la Academia. *Nueva Orleans (Matanzas)*; 1834.

José Antonio Saco y López. — F.-C.

Justicia (La) al merito. *(Al final:)* Con licencia en Buenos Ayres, *En la Real Imprenta de Niños Expositos*, Año de 1808, 4º-3 pp. s. f. (Sin portada.)

Proclama del licenciado D. Justo García y Valdés al pueblo de Buenos Aires, exhortándole a la calma, en vista de que en Montevideo se había creado una Junta de Gobierno en reemplazo de las autoridades de Fernando VII.

Justo dolor mal expresado; pero bien sentido en la mverte del Exmô. Señor F. D. Antonio Bucareli, y Ursua, Virrey exemplar de Nueva España... *En Mexico, en la Imprenta de la Biblioteca...*, Año de 1779, 8º-Una h. s. f.-10 pp. — En verso.

Obra de don José Rodríguez Vallejo Díaz.

Justos lamentos de el Clero Mexicano : por su Illmõ. Prelado el Exmõ Señor Dr D. Francisco Antonio Lorenzana y Buytron, Electo Arzobispo de Toledo... Expuestos por D. M. C. d. l. B. y A. *Impresos en la Imprenta de la Bibliotheca Mexicana...*, Año de 1771, 8º-17 pp. s. f. — En verso.

Las iniciales son las de Don Manuel Calderón de la Barca y Abrego.

Juveniles. Por el coronel Ricardo Buenamar. *Habana*, 1907.

Anagrama de Raimundo Cabrera. — F.-C.

K ALEIDOSCOPIO (El). Crónicas del siglo XVI. El hijo del carbonero. – El asno de la marcha. — El alfarero. — El drama de Petrella. — El Bearnes. — Dos fechas Ochenta i nueve. — Noventa i tres. — Dos pájinas de gloria. La Esmeralda. — La Covadonga. *Santiago de Chile, Imprenta de P. Cadot*, 1882, 4º-202 pp.

A la cabeza de la portada : Fernan Alledor, seudónimo de FRANCISCO FERNÁNDEZ RODELLA.

KALENDARIO y guia de forasteros de Guatemala y sus provincias, para el año de 1797. *Por D. Ygnacio Beteta*, con Privilegio en su Imprenta, 16º-167 pp. y 4 s. f.

Obra del mismo BETETA que siguió publicándolos durante bastantes años.

KALENDARIUM romano ; seraphicum Divinii Officii ; sacri que quotidie celebrandi Juxta Breviari, Missalisque a SS. D. N. Pio Papa VI. Reformationem noviter Factam anno Dñi 1705 at Usum Fratr. Minor. Observant. S. P. N. S. Franc. Monial. Clarisar, Conception ac D. D. Presbiter, Tertiarior intra huj. almae sctae. Fidei Novi Regni Granatensis Provinciae limites degentium. Dispositum. atque posibili cura elaboratum pro anno 1795. Superiorum Jussu. apud *D. Antonium Espinosa de los Monteros*, 12º-84 pp.

De los documentos preliminares resulta que el autor fué fray SANTIAGO GUTIÉRREZ.

POSADA, *Bib. Bog.*, nº 83.

L AICAS vivacidades de Quimper, Antorcha Peruana, Acaeci-
mientos del Perú en civiles guerras, promovidas por el
Reyno de Buenos-Ayres, desde el año de 1809 hasta el
de 818. *Madrid, Imprenta de Alvarez*, 1821, 12º-Doce hjs.
s. f.-128 pp.

La dedicatoria está firmada por M. Q. : MANUEL QUIMPER.

LAMENTOS (Los) de la mina, por Juan del Páramo. *Concepción, Imprenta Esmeralda*, 1917, 8º-51 pp.

Juan del Páramo es seudónimo de JUAN VARGAS MÁRQUEZ — *Bib.
Chil. y extranj.* (1917), nº 566, p. 64.

LÁTIGO (El) del Anfibio, ó sea coleccion de sus poesías satíricas.
Dedicadas a los estravagantes. *Habana, Imprenta del Comercio
(y de R. Oliva)*, 1839-1840, 8º-Ocho cuadernos con 190 pp.

En el cuaderno quinto se puso : « Su autor D. Luis Borbón, quien,
según opina Trelles, sería D. BARTOLOMÉ CRESPO Y BORBÓN ».

LAUREL fúnebre a la gloriosa memoria del mas alto Campeon de
Bolivia, el inmortal D. José Ballivian. Por R. B. Ympreso por
primera vez ; *en Salta*, 1858, *Imprenta del Comercio*, 4º-13 pp.

Las iniciales son de RICARDO BUSTAMANTE.

LEBEN des séligen P. Peter Claver aus der Gesellschaft Jesu, Apos-
tels von Carthagena, Selig gesprochen von Pius IX. 1851. Aus
dem S. Louis Sonntagsblatte besonders abgedruckt. *S. Louis*,
1852, 18º-143 pp.

Por el P. MARTÍN SEILS. — SOMMERVOGEL, col. 474.

Lección (La) ancestral. (Teoremas de «Previda, Vida y Ultravida».)
Chile, 1915, 4º-34 pp. y 1 s. f. de texto, y 3 s. f. con los juicios
críticos de la obra, en papel verde.

Lleva a la cabeza de la portada el seudónimo Allan Samádhy, seudónimo de Higinio Espíndola.

Lecciones de aritmética y álgebra, para el uso de los alumnos de
la Academia Militar : las escribió S. B. Aritmética. *Santiago
de Chile, Imprenta Nacional*, Año de 1824, 4º-45 pp.

Las iniciales corresponden a Santiago Ballarna.
La parte del *Algebra* consta de 48 pp.

Lecciones de Catecismo por A. C., Pbro. A. D. M. G. Parroquia
de San Lázaro. *Santiago de Chile, Imprenta y Litografía « La
Ilustración»*, 1924, 8º-71 pp.

Las iniciales son de Arturo Cortínez, según se sabe por la licencia
eclesiástica que va a la vuelta de la portada.

Lecciones de Jeografía Descriptiva, Cosmografía i Jeografía Física. Recopiladas por V. G. A. Institutor. *Santiago, Imprenta de
la Sociedad*, marzo de 1861, 8º-menor-101 pp. y una sin foliar.

Las iniciales corresponden a don Vicente García Aguilera. — Briseño, *Est, Bibl.*, II, p. 178.

Lecciones de jeografía moderna Extractadas de las principales
obras y adaptadas a la enseñanza de los alumnos del Colejio
del presbítero D. Juan de D. Romo. *Santiago de Chile, Imprenta de Colocolo, Administrada por E. Molinare*, 1838, 8º-viii-
152 pp.

Obra de D. José Victorino Lastarria, como lo advirtió ya Briseño
(*Est. bib.*, p. 182), si bien le da, equivocadamente, a la Serena como
lugar de impresión. Libro que tuvo muchas ediciones, en algunas de
las que se puso el nombre del autor.

Lecciones de Jeometría elemental. *Sucre*, 1848, *Imprenta de Beeche y Compañía*, 4º-109 pp. y cuatro en folio con figuras.

Con el título de *Curso completo de Matemáticas*, en la anteportada salieron estas *Lecciones*, las de *Trigonometría rectilínea, elementales de Algebra* y *elementales de Aritmética*, todas impresas en aquella ciudad en el dicho año. Fueron obra de RICARDO MUJÍA.

LECCIONES elementales de moral. Escritas por J. M. B. Catedratico de Filosofia en el Instituto Nacional de Santiago de Chile, para sus alumnos. *(Epígrafe de M. Romilly.) Santiago de Chile*, 1828, *Imprenta de la Independencia*, 4º-74 pp. y 1 s. f.

El catedrático autor del libro se llamaba don José MIGUEL BARAS (como se escribía entonces este apellido en Chile).

LECCIONES prácticas de Aritmética elemental, por Talía. *Valparaíso, Imp. de la Lib. del Porvenir*, 1892, 8º menor-28 pp.

Talía es seudónimo que oculta el nombre de PABLA SILVA DE BRIONES.

LECTURA de vacaciones La solterona charla escrita en francés por Victor van Tricht, S. J. versión castellana por J. F. M. *Santiago de Chile, Imprenta de « El Correo »*, 1896, 8º-39 pp.

Las iniciales del traductor ocultan el nombre de JUAN FRANCISCO MÉNDEZ.

LETRAS anvas de la Compañia de Iesvs de la Provincia del Nvevo Reyno de Granada. Desde el ano *(sic)* de mil y seyscientos y treinta y ocho, hasta el ano *(sic)* de mil y seys cientos y quarenta y tres. *En Zaragoza*, Año de 1645, 4º-239 pp.

Es una larga e interesante carta del P. SEBASTIÁN HAZAÑERO, subscrita en Cartagena (de Indias), a 30 de mayo de 1643.

LETRAS Cubanas, por Favonio. *Habana*, 1917.

JUAN LUIS GONZÁLEZ. — F.-C.

LETRILLAS satirico-politicas del Lego Tifas dedicadas al Pueblo vencedor del Ejercito. La Nacion pide reformas —, Y el Gobierno se las da —, Reformando militares ; — Cuatro menos, doce mas. *Lima, Imprenta del Comercio por J. M. Monterola*, 1855, 8º-menor-48 pp.

Lego Tifas es seudónimo del coronel don JUAN DE ESPINOSA.

Lettera Americana sul sistema di medicare Browniano tradotta, ed esaminata in Italia. *Roma, Bottarchi,* 1802.

Por el P. Miguel Zavala. — Sommervogel, col. 483.

Lettera apologetica dell'Esercitato, Academico della Crusca, contenente la difesa del libro intitolato : *Lettera d'una Peruana,* per rispetto alla supposizione de'Quipu scritta dalla Duchessa di *** e dalla medesima fatta publicare. *Napoli,* 1750, 4?

Fue el autor D. Raimondo di Sangro, principe de S. Severo. — Melzi, I, 375.

Lettera di uno Ecclesiastico Torinese ad uno Ecclesiastico di Bologna. *(Assissi,* 1781), 8?-168 pp. y hoja s. f.

Obra del jesuíta chileno Diego José Fuenzalida, y no, como creyeron algunos, del P. Mariano de Iturriaga, en cuya defensa se escribió el opúsculo.

Lettera in Risposta alla Pastorale di Monsignor Vescovo di Pistoja sulla Divozione al Santissimo Cuore di Gesú. *(Massa Carrara,* 1781 ?), 4?-39 pp.

— Lettera ad un amico Sopra il Libro, che ha per Titolo Pregiudizj legittimi contro la Divozione al cuor Carneo di Gesú. *In Massa,* 1782, 4?-58 pp.

Ambas son del ex jesuita chileno P. Juan Manuel de Zepeda.

Lettere di Aza Peruviano, o vvero Conclusione delle Lettere di una Peruviana. Recate dalla francese Nella Lingua Italiana. *All' Aja, A spese di Domenico Deregni Librajo Veneto,* MDCCLXIV, 8?-96 pp.

El original francés es de Lamarche-Courmont.

Letters from Buenos Ayres and Chili, with an original history of the latter counntry. Illustrated with Engravings. By the author of Letters from Paraguay. *London, Printed for R. Ackermann,* 101 *Strand,* 1819, 8?-xi-323 pp. y 6 láminas.

Constando el nombre del autor de la otra obra suya a que alude en la portada de la presente, es fácil decir que se llamaba John Constanse

Davie. Ya lo dijo Hayward Keniston *(List of works for the study of Hispanic-American History,* New York, 1920, p. 244).

No estará de más advertir que con la expresión *Original history of Chile,* se alude a una traducción hecha por el autor de un original castellano que hallé en la biblioteca del convento de San Francisco, de Santiago de Chile.

Letters from the Havana. during the year 1820 ; containing an account of the present state of the Island of Cuba, and observation son the Slave Trade. *London, J. Muller,* 1821, 8º-viii-125 pp. y mapa.

Por Roberto Jameson.

Letters written from Colombia during a Journey from Caracas to Bogotá and thence to Santa Martha in 1823. *London, Printed por G. Coudre & Cº, 31, Poultry,* 1824, 8º-xvi-208 pp., mapa.

« Se coloca este libro, publicado anónimamente, como obra de Francis Hall, por referencia a la rotunda afirmación de Schumacher *(Südamerikanische Studien),* quien se lo atribuye. No es imposible que así sea». — Sánchez, *Bib. Ven.,* nº 369.

Lettre à M. l'abbé de Pradt. Par un Indigène de l'Amérique du Sud. *Paris, Rodriguez,* 1818, 8º-vii-223 pp.

El autor que se disfrazó en aquella forma, se llamó D. S. Jonama, cónsul de España en Amsterdam. — Quérard, II, 336; Barbier, II, 1108.

Lettre à M. l'abbé Prévôt, auteur de l'«Histoire des voyages», pour servir d'addition aux relations et autres pièces concernant les missions du Paraguay. Paris, 1er octobre 1758 (sin lugar de impresión ni fecha), 8º-16 pp.

Por el Abate André. — Barbier, II, 1109.

Lettre à Mme *** sur l'émeute populaire excitée en la ville de Cuenca, au Pérou, le 29 d'aout 1739, contre les académiciens des sciences, envoyés pour la mésure de la terre. *Paris,* 1746, 8º

Por C.-M. de La Condamine.

Lettre à Sa Majesté l'Empereur Napoléon III, par un homme de la race latine. *Paris*, 1858.

Francisco de Frías y Jacott. — F.-C.

Lettre au Docteur Maty, Secrétaire de la Société Royale de Londres, sur les Géants Patagons. *A Bruxelles*, M. DCC. LXVII, 12º 138 pp.

Por el abate G. F. Coyer.
Barbier, II, 1127. Advierte que, en realidad,el librito se imprimió en París.

Lettre de l'illustrissime Jean Palafox de Mendoza, évêque d'Angelopolis, au pape Innocent X, contenant diverses plaintes contre les entreprises et les violences des Jésuites et leur manière peu évangélique de prêcher l'Evangile dans les Indes, du 8 janvier 1649, traduite sur l'original latin. 1659, 4º

Por Arnauld d'Andilly. — Barbier, II, 1175.

Lettre du Mexique ou journal d'un officier du régiment Impératrice-Charlotte. *Bruxelles, imp. Fischlin*, 1865, 8º-8 pp.

Por Vanderetweg. — Barbier, II, 1193.

Lettres américaines, par le comte J. de R. Carli ; traduites en français, avec des observations et additions du traducteur. *Paris, Buisson*, 1788, 8º-2 vols.

Por J.-B. Lefebvre de Villebrune. — Barbier, II, 1224.

Lettres édifiantes et curieuses, écrites des Missions étrangères, par quelques Missionnaires de la Compagnie de Jésus. *A Paris*, 1703-1776, 12º-34 vols.

Publicadas por los PP. Charles le Gobien, Jean-Baptiste du Halde, Louis Patouillet, Jean-Baptiste Geoffroy y Nicolás Maréchal. Sommervogel, col. 511. — Los PP. Yves de Querbeuf y Gabriel Brotier han hecho una segunda edición de estas *Cartas, Paris, Merigot*, 1780-83, 12º-26 vols.-Sommervogel.

LETTRES d'Aza ou d'un Péruvien. *Amsterdan*, 1749, 1760, 12?

Por HUGARY DE LAMARCHE-COURMONT. — BARBIER II, 1234.

LETTRES d'une Péruvienne. *A Peine* (1747), 12?

Por FRANC. D'ISSEMBOURG D'HAPPONCOURT, dame de Grafigny.
Reimpresa a menudo con el nombre de la autora.
« El abate G.-L. Calabre Pérau aseguraba haber tenido mucha parte
en la composición y redacción de esta obra».
Fué puesta en el *Index* el 28 de julio de 1765.
Barbier, II, 1246.

LEY natural ó Catecismo del ciudadano por Mr. Voltaire, traducido y dedicado á la juventud de Chile por Un Compatriota.
Filadelfia, 1819, 8?-63 pp.

El traductor habría sido JOSÉ MIGUEL CARRERA. — ZINNY, *Efemerido-
grafía de la República Oriental*, p. 189.

LEYENDA de oro. (Por) Cornelio Hispano. *Caracas, Tip.* « *El Cojo
Ilustrado*», 1911, 16?-90 pp. y tres s. f.

Cornelio Hispano, seudónimo de ISMAEL LÓPEZ.

LEYENDA fantástica. Noche triste por Némesis. *Santiago de Chile,
Imprenta de « El Progreso*», 1889, 8?-15 pp.

Queda dicho que Némesis es seudónimo de NEMESIO MARTÍNEZ MÉNDEZ.

LEYENDA política. La actual situacion de los Partidos y los Candidatos Por Nemo. *Santiago, Imprenta de la República*, noviembre de 1885, 4?-34 pp.

Nemo, seudónimo de don RAFAEL BALMACEDA.

LEYENDA popular. Meditacion de la Naturaleza en variedad de metros. Por T. H. N. *Valparaiso, Imprenta y Libreria del Mercurio de Santos Tornero y Ca.*, 1854, 8? menor.-136 pp.

Las iniciales son del presbítero ecuatoriano don TOMÁS HERMENEGILDO
NOVOA.

LEYENDAS cubanas con vista a la Colonia, por C. L. Otardo. *Habana,* 1899.

DR. HILARIO C. BRITO. — F.-C.

LIBERALISMO (El) en Colombia y sus detractores de por acá. (Artículos publicados en el diario « La República » de Santiago.) *Santiago de Chile, Imp. de La República de J. Nuñez, Chirimoyo,* 3o, 1877, 4º-49 pp.

Subscrito por Americanus, seudónimo de RICARDO BECERRA.

LIBERTAD de la abogacía. Discurso, que con el titulo de independencia de aquella profesion dixo Entre otros que llama mercuriales, Enrique Francisco D'Aguesau. Y se traduxo al castellano por un Abogado de México. Con superior permiso. *México, En la Oficina de D. Mariano Ontiveros,* año de 1812, 8º-5 pp. s. f.-20 foliadaś.

Fué ese abogado mexicano don IGNACIO ANTONIO LÓPEZ MATOSO.

LIBERTAD (La) de la prensa. El Jurado. Cartas de Marcos de Obregon. *Buenos Aires,* 1885, 8º-71 pp.

Seudónimo de PEDRO BOUREL, periodista. — NAVARRO VIOLA.

LIBERTADOR (El) del Mediodia de América y sus compañeros de armas, defendidos por un amigo de la causa social, 4º-iv-158 pp. (Comenzóse a imprimir en Chuquisaca, en 1828, y se terminó en Arequipa, en 1830.)

Obra de D. SIMÓN RODRÍGUEZ.

LIBRITO de nomenclatura. *Santiago de Chile, Imprenta de la Biblioteca,* 1827, 8º-105 pp. y un cuadro.

Dice AMUNÁTEGUI *(Los primeros años del Instituto Nacional,* p. 383), que el autor fué don PEDRO FERNÁNDEZ GARFIAS, dato que halla su comprobación en lo que se lee en la portada del *Suplemento a la Segunda Parte de la gramatica latina compuesta por J. J. Ordinaire. Su autor D. P. Fernández Garfias, profesor de latinidad en el I. L. de Chile, quien lo dedica a sus alumnos,* 1828, Imprenta de R. Rengifo, 8º

LIBRITO de terminaciones que contiene las declinaciones, las conjugaciones y las reglas de la sintaxis latina. *Sacadas del Rudi-mento de Lhomond, y puestas en un orden conforme á los Cuadros del Método para la enseñanza de las lenguas, Santiago de Chile, Imprenta de la Independencia,* 1826, 8º-164 pp.

Por el mismo indicado en el número precedente.

Libro de la infancia, o deberes de los hijos para con sus padres, traducido del frances por A. C. *Santiago, Libreria de R. Morel,* 1857, 8º *(Al fin:) Valparaiso, Imprenta del Comercio,* 1857, 59 pp.

Consta del informe presentado a la Universidad para la aprobación del librito como texto de enseñanza, que el traductor fué D. Antonio Carmona.

Libro de los Dolores de la Virgen Maria, Madre de Dios, y Señora nuestra. Escrito, e Impresso en Genoba en lengua Toscana, Por el P. Fabio Ambrosio Espinola de la Compañia de Iesvs. Y Traducido de el Italiano al Español por otro Religioso de la misma Compañia de Jesus. *Con licencia, en Mexico, Por la Viuda de Francisco Rodriguez Lupercio,* Año de 1689, 8º-7 hjs. s. f.-174 foliadas.-16 pp. s. f.

De ninguna de las páginas del libro consta quien fuera el autor de la traducción. Beristain supone como tal al P. Sebastián Estrada (I, 428), seguido por los Backer (IV, 201); pero más adelante (III, 276) atribuye la traducción al P. José Vidal Figueroa. Según asegura Andrade, el P. Fischer era de opinión que el traductor había sido el P. Antonio Núñez, Como se ve, el punto resulta dudoso. En mi concepto, y dado el estilo y las aficiones del P. Vidal, esencialmente inclinado a las cosas de la Virgen, creo que es obra suya, por más que Uriarte opine que bien puede ser del P. Estrada.

Libro de los milagros del Santo Crvcifixo de S. Avgvstin de la civdad de Bvrgos. Con licencia. *En Mexico, por la Viuda de Francisco Rodriguez Lupercio,* año de 1684, 8º-Tres hjs. s. f.-lámina-128 hjs.

Por el agustino fray José Carlín de Santa María.

Libro primero de Provisiones cedvlas, capitvlos de ordenanças, instrucciones, y cartas, libradas y despachadas en diferentes

tiempos por sus Magestades de los señores Reyes Catolicos don
Fernando y doña Ysabel... Sacado todo ello de los libros del dicho Consejo... En Madrid, En la Imprenta Real, M. D. XCVI,
fol., 4 tomos.

> Obra de DIEGO DE ENZINAS, oficial mayor de la Escribanía de Cámara
> del Consejo, y tirada en muy corto número de ejemplares.

LIBRO (Un) que no es libro — Un texto que no debe ser texto. Artículos publicados en el « Comercial de Buenos Aires ». Buenos
Aires, Imprenta y Libreria de Mayo, 1883, 8º-33 pp.

> De D. MARIANO A. PELLIZA.

LICEO (El) de Curico y su Rector. Algunas consideraciones sobre
la instruccion secundaria provincial por X. X. Santiago, Imprenta de El Pais, 1883, 4º-59 pp.

> Según parece del contexto, el autor sería RAMÓN FREDES ORTIZ.

LIFE and Adventure in the South Pacific. By a Roving Printer.
New York, Harper & Brothers, 1861, 12º-361 pp., incluyendo
12 láminas.

> SABIN, VIII, nº 36.440, señala como autor a JONES, sin dar nombre·
> Tampoco supo más CUSHING, p. 254.

LIFE in California : during a residence of several years in that Te-
rritory, comprising a description of the country and the Missionary Establishments, with incidents, observations, etc., etc.
Illustrated with numerous engravings. By An American. To
which is annexed A historical account of the origin, customs,
and traditions, of the Indians of Alta California. Translated
from the original spanish manuscript. New York, Wiley &
Putnam, 1846, 12º-xii-2 s. f.-341 pp. y 9 láminas.

> El manuscrito español de que se hace referencia es del franciscano
> fray JERÓNIMO BOSCANA, y su traducción ocupa las pp. 227-341.
> El autor del libro y de la traducción fué ALFRED ROBINSON.
> SABIN, XVII, nº 72.048.

LIFE (The) and Strange Surprizing Adventures of Robinson Crusoe, of York, Mariner: Who lived eight and twenty years all alone on an uninhabited Island on the Coast of America, near the mouth of the great River Oroonoque; having been cast on Shore by Shipwreck, wherein all the Menperished but himself. With an Account how he was at last as Strangely delivered by Pyrates. Written by Himself. *London, W. Taylor,* 1719, 8º-2 hjs.-364 pp. y frontis.

Primera edición del célebre libro de DANIEL DEFOE.
SABIN, V, nº 19.282.

LIFE in Mexico durig a residence of two years in that country. By Madame C... de la B... With a preface, by W. H. Prescott, author of « The history of Ferdinand and Isabella of Spain». *London,* 1843, 8º.

Las iniciales corresponden a la señora CALDERÓN DE LA BARCA. — HALKETT Y LAING.

LIFE (The) of a soldier; a narrative of twenty-seven years service in various parts of the world. By a Field Officer. *London,* 1834.

Ross LEWIN. — CUSHING, p. 101.

LIFE (The) of the Blessed Sebastian of Apparizio, franciscan laybrother, of the Province of the Holy Gospel in Mexico. *(Epígrafe.)* Permissu Superiorum. *(Escudete con leyenda.) London, Thomas Richardson and Son,* 1848, 8º-Retrato.-xiv-dos s. f.- 282 pp.

Traducción de la obra de FRAY MATEO XIMÉNEZ, hecha por F. W. FABER, que firma el *Preface.*

LIFE, travels, and books of A. von Humboldt, by R. H. S. (Introduction by Bayard Taylor.) *New York,* 1860.

RICHARD HENRY STODDARD. — CUSHING, p. 258.

LIGERA idea del abandono en que se halla el Tribunal Mayor de Cuentas del Perú. *Cádiz,* 1813.

Por D. JOSÉ DE LA RIVA AGÜERO. — ZINNY.

LIJEROS apuntes para la historia de Bolivia, dominacion de Melgarejo. Por un ciudadano. *(Epígrafe en doce líneas.) Cochabamba*, 1873, *Imprenta del Siglo*, 4º-38 pp. El título, de la cubierta, en color.

El autor fué JOSÉ BENITO GUZMÁN. — RENÉ MORENO, *Bibl. Bol.*, n? 2107.

LIMA por dentro y fuera en consejos económicos, saludables, políticos y morales que dá un amigo á otro con motivo de querer dexar la Ciudad de México por pasar a la de Lima. Obra jocosa y divertida... La dá á luz Simon Ayanque, para escarmiento de algunos, y entretenimiento de todos. *Madrid, Imprenta de Villalpando*, 1798, 12º-xii-192 pp.

Hay ediciones de Lima, 1829, 12?; Madrid, 1836, 16?; Lima, 1838, 16?; Paris, Imprenta de Fournier, Lima, Joubert-Dubreuil, 1842, 16?; la ilustrada, hecha en Paris, Libreria de A. Mezin (sin fecha) por don Ignacio Merino, que es, sin duda, la mejor de las que ha merecido la obrecilla.

Simón Ayanque es seudónimo de ESTEBAN DE TERRALLA Y LANDA.

LIONNES (Les) de Paris, par Feu le Prince de *** *Paris*, 1845.

MARÍA DE LA MERCED SANTA CRUZ Y MONTALVO, Condesa de Merlin (cubana).

LIRA (La) de Apolo. Por Avellaneda. *Habana*, 1820.

MANUEL DE AVELLANEDA. — F.-C.

LITERATURA Venezolana. Revistas Bibliográficas expresamente escritas para « La Opinión Nacional ». Homenaje a Bolívar en su Centenario. 24 de Julio de 1883. Por Hortensio. *Caracas, Imp. de « La Opinión Nacional »*, 1883, 4?.

Tomo I : x-164 pp. y una de índice y 9 retratos ; II, 749 pp.
El seudónimo, se dijo ya, es de JOSÉ GÜELL Y MERCADER.

LITTERIS, et armis. In Perv Stemma Primi Collegii regalis, et Illustris Divi Martini Civitatis Regum... *Limae apud Iosephum de Contreras*, Anno 1689, 4º-7 hjs. s. f.

Tesis de don JUAN FERNÁNDEZ BENÍTEZ.

Lives (The) of St. Thomas of Villanova... and of St. Francis Solano, Apostle of Peru, of the Order of St. Francis. *London, Thomas Richardson*, M. D. CCC. XLVII.-12º-xii-310 pp.

SABIN, I, nº 17.188 : « Algunos ejemplares llevan el pie de imprenta, *New York*, Edward Dunigan ».

En la parte correspondiente es traducción de *La vie du Bien-Heureux Pere Francois Solano*, de Fr. FRANCOIS COURTOT, impresa en Paris, en 1777, 12º

LOA lírica al natal del Sr. D. Angel Laborde y Navarro comandante general de este Apostadero. *Habana, En la Oficina de D. J. Boloña*, 1829, 8º-12 pp.

Trelles cree que el autor fué el mismo impresor BOLOÑA.

« Lo CAÑAS ». Relación verídica de los sucesos que en dicho lugar se desarrollaron en los días 18 y 19 de Agosto de 1891, con motivo del ataque y juzgamiento de una montonera organizada en dicho punto por el revolucionario conservador-jesuita Carlos Walker Martínez contra el Gobierno legalmente constituído. *Madrid, Imprenta Tetuán*, 1892, 8º-36 pp.

« El autor, D. EMILIO ARÍS IBÁÑEZ, lo publicó con el seudónimo de Policarpo A. Lavín. C. de 8 ». — *Anuario de la Prensa Chilena*, 1893, nº 1302.

Lo MAS y lo menos del discurso del Dr. D. Tomás Romay, por Tadeo Gonci. *Habana*, 1820.

Anagrama de DIEGO TANCO. —F.-C.

Lo QUE me dijo el silencio. El Jardin de la Sombra. Psicolojia pesimista. 1915, *Imprenta y Encuadernacion New York, Santiago Chile*, 8º-134 pp. y retrato.

A la cabeza de la portada el nombre supuesto de Juana Inés de la Cruz, que oculta el de LUISA ANABALÓN.

Lo QUE puede una carta. Petipieza en verso por Frai Deogracias del Monte. *Sucre, Imprenta del Progreso*, 1873, 8º-34 pp.

El autor fué RAMÓN ROSQUELLAS. — GUTIÉRREZ, nº 889.

Los 900 errores del Compendio de Historia Argentina del Dr. D. Nicanor Larrain. *Imprenta y Libreria de Mayo*, 1883, 8º-16 pp.

De D. Mariano A. Pelliza.

Los que se fueron. (Titulo en la portada en color). — (Segunda portada :) El año MCMXXV escribió estas páginas Don Gabriel de Medina. El también las ilustró y les puso el siguiente titulo : « Los que se fueron.» *(Santiago de Chile, Editorial Nascimento.)*-16º-78 pp. + una bl. 3 + una para la fe de erratas.-10 ilustraciones.

Gabriel de Medina es seudónimo de D. Gustavo Ried Canciani.

Los X Bases para un nuevo Gobierno y un nuevo Parlamento. *Editorial Nascimento* (1924), 8º-26 pp.

Autor : Pedro Prado.

Lucia Novela, sacada de la Historia Argentina, por Daniel. *Buenos Aires*, 1860, 4º-110 pp.

Daniel, seudónimo de Eduardo Garcia. — Sabin, VII, n. 26.563.

Lucía de Lamermoor, drama trajico en tres actos. Poesia del señor S. Camarano. Traducida al castellano por H. I. y J. Ch. Musica del Celebre Donizetti. *Santiago, Imprenta de La Opinion*, 1844, 16º-67 pp. y una s. f.

Traducción en verso castellano. Las iniciales de los traductores pertenecen a Hermógenes Irisarri y Jacinto Chacón.

Lucia Miranda Tragedia. *In Bologna*, A San Tommasso d'Aquino, MDCCLXXXIV. Con Approvazione, 8º-84 pp. y una h. s. f.

Obra del jesuita valenciano padre Manuel Lasala, que con su nombre la dedica a la Marquesa Marianna Pepoli Mezzacapo. Como observa Fuster *(Bibl. Valenciana*, II, p. 283), « el argumento de este drama está sacado de la historia de los españoles en el Paraguay ».

Lugares selectos De los Autores Latinos de prosa Mas Excelentes para exercicio de la Traduccion, con Notas que la facilitan,

por el Autor de la *Instruccion de la Lengua Latina*. *En Lima,
en la Imprenta de los Huérfanos*, 1760, 8º-Cinco hjs. prels.-284
pp. y cuatro s. f.

Por D. Esteban de Orellana.

Lvz de Verdades Catholicas, y Explicacion de la Doctrina Christiana. Qve segvn la costvmbre de la Casa Professa de la Compañia de Jesvs de Mexico todos los Jueves del año se platica en
sv Iglesia. Dala a la estampa el Padre Alonso Ramos de la
mesma Compañia... Año 1699. *En Sevilla*, por *Juan Francisco
de Blas*, 4º-13 hjs. s. f.-400 pp. a dos cols.

Comprende sólo la Primera Parte de la obra, editada toda ella primeramente en Nueva España con el nombre del autor el P. Juan Martínez de la Parra.

La segunda parte salió en 1692, con el nombre del autor.

LL AMAMIENTO de la Isla de Cuba a la Nacion Española... Por un Hacendado, en Diciembre de 1854.
Nueva York, Imprenta de Estevan Hallet, 8º-8-
233-1 pp. Apéndice, lv y 1 pp.

Por Cristóbal Madan.—Sabin, X, nº 43.692.

Llave de oro Para abrir las puertas del Cielo, La Regla, y Orde-
naciones de las Monjas de la Inmaculada Concepcion de N. S.
la Madre de Dios. Con tres brevissimos sumarios (que se ve-
ran a la vuelta) en esta nueva impression, para consuelo de
las Señoras Religiosas... Por vn Religioso Recoleto de N. P. S.
Francisco... En Mexico, por Doña Maria de Benavides Viuda
de Juan de Ribera en el Empedradillo, año de 1690, 12º-106 hjs.

Segunda edición, y la hay también de Guatemala, 1794, 16º, y de
México, 1815, 8º

Obra de Fray Juan Fernández Cejudo.

Llena (La) de Gracias. Imprenta Universitaria (1918), 8º alar-
gado-30 pp.

Subscrito por Monna Lissa, seudónimo de María Luisa Fernández de
García Huidobro.

Trabajo obsequiado al Congreso Mariano de 1918, según declara la
autora, e incorporado que fué en las pp. 7-22 de sus Relaciones.

MAESTRO (El) Moderno, por Remedio. *Camagüey,* 1902.

MANUEL RODRÍGUEZ ARTILES. — F.-C.

MAGDA por Araucana. *Santiago de Chile, Imprenta Chile,* 1918, 8º-72 pp. y 2 s. f.

El seudónimo corresponde a JULIA SÁEZ.

MAGISTERIO (El) ironico del Cortejo, o el Chichisveo del celebre Abate Parini version de un Filopatro expatriado. (*Venezia,* 1796), 8º-68 pp.

La dedicatoria está subscrita allí, a 14 de junio de 1796, por el jesuíta que fué de la Provincia de Chile, P. ANTONIO FERNÁNDEZ DE PALAZUELOS.

MALDITO (El). Por el Abate*** Traducido de la novena edicion francesa. Tomo I, *Copiapó, Imprenta de la Union,* 1864, 4º-312 pp.- ii;-Tomo II, 3oo pp. y 2 s. f.

En la portada del tomo II lleva las iniciales del traductor chileno: C. G. U., que son de CARLOS GONZÁLEZ UGALDE.

MALES de la desunion, y utilidades que debe producir la confraternidad. Año de 1810. *Mexico: en la Imprenta de Arizpe,* Con aprobacion del Superior Gobierno, 4º-16 pp.

Obra de don ANTONIO TORRES TORIJA, oidor honorario que fué de la Real Audiencia de Guadalajara.

MALÍA por Lohengrin. *(A la vuelta:) Imprenta Barcelona* (1898), 16º-51 pp.

El seudónimo pertenece a GRACIELA SOTOMAYOR LEMOINE.

Manifestacion de la conducta observada por el Jefe de la Division de los Andes Aucsiliar del Perú, Para obtener del gobierno de esta República, el reemplazo de la tropa perdida gloriosamente por la independencia peruana, en las acciones de guerra de To-rata y Moquegua. *Lima, 1823, Imprenta de Rio. 4º-6 pp. s. f.* y 3o para los documentos.

Del coronel D. Enrique Martínez, que firma la exposición.

Manifestación histórica y política de la revolucion de la América y mas especialmente de la parte que corresponde al Perú y Rio de la Plata. Obra escrita en Lima, centro de la opresion y del despotismo en el año 1816. *Buenos Aires, 1818, 12º-*Tres hojas s. f.-184 pp.

« El autor, D. José de la Riva Agüero, dice que fué conducido a un calabozo, donde escribió este famoso folleto conocido por « Las vein-tiocho causas », en el cual expone el derecho que la América tenía para ser independiente: folleto que a su costa lo remitió para que se publicara en Buenos Aires.» — Zinny, *Bibliografía histórica,* p. 230.

Manifeste des motifs qui legitiment la declaration de guerre con-tre le Gouvernement du General Andres Santa-Cruz, soi-disant Président de la Conferacion Perou-Bolivienne; traduit de l'es-pagnol. *Buenos-Aires, Imprimiere de l'État, 4º* mayor.-59 pp. a dos cols., para el francés y el castellano. — La final para las errratas.

Subscrito por Juan Manuel de Rosas y Felipe Arana.

Manifiesto a los habitantes de Lima. O suplemento al número primero del Consolador del lunes 16 de Julio 1821 : defensa del periódico y su autor: y despedida a los americanos y europeos. Dedicado al mismo Excmo. Señor General en Gefe. *(Lima), Imprenta de San Jacinto, 4º (Al fin:) Imprenta de Rio-*18 pp. y 1 s. f.

De Fray Fernando Ayuso, que la subscribe en Lima, a 26 de julio de 1821.

† Manifiesto apologetico legal. Por la inocencia, y arreglada con-ducta de Don Carlos Vigil, Ramirez de Miranda, hoy Superin-

tendente de la Real Casa de Moneda del Reyno de Chile... 2
hjs. s. f. y 3o pp. (176...).

Subscrito por el LICENCIADO BEDOYA.

MANIFIESTO contra las instrucciones comunicadas por el Emperador de los franceses á sus emisarios destinados á intentar la sub-
version de las Américas. *(Al fin:)* Con superior permiso. *Impreso en la Casa Real de Niños Expositos*, Ano de M. DCCCX, 8º-
22 pp.

Fué el autor don FÉLIX DEVOTI.

MANIFIESTO de Aconcagua. *Santiago, Imprenta del Siglo*, 1846,
8º.-Comprende tres cuadernos, con 80 y 84 pp. (I y III).

Van suscritos por D. MANUEL ANTONIO CARMONA.

MANIFIESTO de J. N. E. *Valparaiso*, mayo 28 de 1846, *Imprenta
del Comercio*, 8º-41 pp.

Las iniciales son las de JUAN NEPOMUCENO ESPEJO.

MANIFIESTO de la jvstificacion con qve el Tribvnal del Santo Oficio
de la Inqvisicion de la Nueva España, ha procedido, en la defensa de su jurisdiccion, privilegios, y exempciones. Con el
Doctor Don Matheo Sagade Bugueiro, Arçobispo de Mexico...
(Mexico, 1664), fol.-5o hjs.

Obra de don DIEGO LÓPEZ DEL CAMPO.

MANIFIESTO de la Nulidad, e Injusticia notoria, con que han procedido los Juezes Hacedores de la Santa Iglesia Cathedral de
Mexico. En el Pleyto contra los Jesuitas de aquel Arzobispado,
sobre poner Veedores, hacer Informaciones, y declarar por publicos excomulgados à los Padres Administradores de las Haciendas de la Compañia de Jesus. En que se satisface al Discurso, y Alegacion Juridica, que por el Venerable Dean, y Cabildo de dicha Santa Iglesia diò à luz el Lic. Don Juan Suarez
de Sayas en 26 de octubre de 1735. Fol.-17 hjs.

Del padre jesuita PEDRO IGNACIO ALTAMIRANO, segun URIARTE, I, nº
1229.

MANIFIESTO de las interesantísimas públicas tareas del Sr. D. Alejandro Ramirez, Intendente de Ejército de la Habana y Superintendente de la Isla de Cuba desde su venida a América. Escrito por un habanero. *Habana, Oficina de Arazoza y Soler,* 1820, 8º prolongado, 36 pp.

Por don José de Arango.

MANIFIESTO de las operaciones del coronel y sub-prefecto de la provincia de Urubamba en su gobierno. Contra las calumnias del remitido, inserto en El Sol del Cuzco, del sabado 2 de Diciembre. Año 1827, *Cuzco, Imprenta del Gobierno,* administrada por Tomas Gonzalez Aragon, 4º-15 pp.

De D. J. Angel Bujanda.

MANIFIESTO Del clero secular y regular sobre la propiedad de sus bienes y sus derechos, estraido del opusculo del R. P. Miguel Augusti, y aplicado á las circunstancias en que se halla, en la República del Ecuador. *(Al final:) Quito, Imprenta de la Universidad* (1839), 4º-12 pp.

Según anotación de D. Pablo Herrera, puesta en el ejemplar de la Nacional de Santiago, el autor fué el presbitero Romo.

MANIFIESTO del Juez de Letras de Talca Con motivo de las publicaciones injuriosas hechas en el «Ferrocarril» por D. José Francisco Opazo A quien se procesó por los delitos de estafa i falsedad. Cuaderno Primero. *Talca, Imprenta del «Nacional»,* 1865, 4º-185 pp. y 1 para las erratas.

El juez de letras autor de este folleto se llamaba don Salvador Cabrera.

MANIFIESTO de los agravios, bexaciones, y molestias, que padecen los Indios del Reyno del Peru, dedicado a los Señores de el Real, y Supremo Consejo, y Camara de Indias. Por el Procurador, y Diputado General de dichos Indios. *(Madrid, 1732),* fol.-13 hjs.

Con la firma autógrafa de don Vicente Morachimo.
Morachimo era cacique de cuatro pueblos de indios y había pasado a

España en 1722, «no tanto por su propio interés, decía en otro memorial suyo, cuanto por hacer presente a V. M. el desamparo total de los miserables indios, y la tiranía con que generalmente son tratados de todos los ministros españoles y en especial de los Visitadores...». En el escrito aquí mencionado, trae a colación una multitud de hechos que prueban que el peor azote que tenían los indios eran los curas encargados de doctrinarlos.

MANIFIESTO de toda la Prouincia de Chile, Orden de N. P. S. Augustin, y por sus sagradas constituciones. Defensorio de la mas sana, y graduada parte de dicha Provincia, de algunas culpas, que se le imputan en cierto Papel. Fol.-51 hjs. *(Madrid,* 1731?).

Obra de fray Próspero del Pozo y Lemos, según Maturana, *Historia de los Agustinos en Chile,* II, p. 298.

MANIFIESTO de un Español americano á sus compatriotas de la América del Sur, apoyado en hechos y observaciones propias. Escrito en Caracas año de 1811. *Cadiz, Imprenta de la Junta de Provincia en la Casa de Misericordia,* año 1812, 4º-32 pp.

Subscrito por P. de U. y P.: o sea, Pedro de Urquinaona y Pardo.

MANIFIESTO dirigido por un Español Americano a las potencias de la Europa agraviadas por Napoleon Iº Su Ator D. J. M. A. *Havana, En la Imprenta de D. Estevan Joseph Boloña,* Año de 1808, fol.-4 hjs. s. f.

Las iniciales responden al nombre de Juan Manuel Alderete.

MANIFIESTO historico de los procedimientos del Tribvnal del Santo Oficio, de la Inquisicion de Cartagena de las Indias en los sucessos de los años de 1681, y siguientes hasta el de 1687. Qve ofrece, aqvel Tribvnal. Al Exmo Señor Inqvisidor General, y Señores del Consejo Supremo de la Santa, y General Inquisicion. *En Cadiz,* Año de 1688, fol.-Una 29 hjs. (la última s. f.)

Téngolo por obra de D. Francisco Valera, que presidía el Tribunal por aquellos años.

MANIFIESTO o satisfaccion pundonorosa á todos los buenos Españoles y á todos los pueblos de la América, por un diputado de

— 5o —

las Cortes reunidas en Cadiz. (*Philadelphia*, 1821), 8º-83 pp.

Ese diputado, que lo era por la Isla de Santo Domingo, se llamaba don José Alvarez de Toledo. — Rich, *Bib. Amer.*, copiado por Sabin, nº 978.

Manifiesto que dan un americano y un europeo á la Nacion y al Mundo de las fatales causas que han contribuido á la ruina de Venezuela. *Cádiz, Imp. de la Sincera Union, á cargo del ciudano Clararrosa,* 1821, 4º-14 pp.

Firman, en Puerto Cabello, 18 de julio de 1820, Francisco Javier Moreno y Antonio María Herrera, aquél como « amante de la libertad y felicidad de mi país y hermanos peninsulares », y el segundo en su carácter de « europeo imparcial, amante de ambos hemisferios ».

Manifiesto que hace a las Naciones el Congreso General Constituyente de las Provincias Unidas del Rio de la Plata sobre el tratamiento y crueldades que han sufrido de los españoles y motivado la declaracion de su Independencia. *Buenos Aires, Imprenta de la Independencia,* 1817, fol.-11 pp.

Zinny, *Monobibliografía de Funes*, p. 12, lo da sin vacilar como de don Gregorio Funes, señalándole la fecha de 1819 y el tamaño en 4º, con 19 pp. Según esto, habría dos ediciones. Pero después, en su *Bibliografía histórica*, p. 200, afirma que fué redactado por el doctor D. Pedro Medrano.

En el año siguiente (1818) se publicó en Madrid, en un volumen en 8º, de 159 pp., el *Examen y juicio critico del folleto titulado: Manifiesto... Por un Americano del Sud.*

Manifiesto Que hace el Gobernador Intendente de la Provincia de Cuyo sobre la execucion que acaba de hacerse en los reos D. Juan José y D. Luis Carreras, 8º-78 pp. s. f. n. l. de imp.

Subscrito en Mendoza, a 4 de abril de 1818, por Manuel Corbalán.

Manifiesto. Que saca a luz el defensor de los bienes del Marques de Villapuente, en representacion de la Marquesa de las Torres, ambos difunctos, para el desagravio, y Vindicacion de las imposturas, injurias, y agravios, de D. Joseph Lorenz de Rada...

En la Puebla de los Angeles, en la Imprenta de la Viuda de Mi-guel de Ortega, Año de 1741, fol.-138 pp.

Por don AGUSTÍN DE VERGARA.

MANIFIESTO sobre los representantes que corresponden a los ameri-canos en las inmediatas cortes. *(Al fin:) Reimpreso en Lima, En la Oficina de Ruiz*, Año de 1820, 4º-12 pp.

Subscrito por M. V., iniciales del nombre de MANUEL VIDAURRE.

MANIFIESTO, y Respvesta pacifica por la autoridad del Rever.ᵐᵒ P. General de toda la Orden de N. P. San Avgvstin, en svs vi-carios, y presidentes, para los Capitulos Prouinciales, no solo de la Prouincia del Peru, sino de toda la Religion. *(Lima, 167...)*, fol.-10 hjs.

Con la firma autógrafa del doctor don GREGORIO DE ROXAS Y ACEVEDO.

MANNERS, Customs, and Antiquities of the Indians of North and South America. *Boston, Bradbury, Soden & Cº,* MDCCCXLIV, 12º

Existe otra edición de allí mismo y por dichos impresores, de 1848, en 18º-de 336 pp.
Por S. G. GOODRICH. — SABIN, VII, nº 27.909.

MANUAL de adultos. *(Colofon:)* Imprimiose este Manual de Adul-tos en la grã ciudad d Mexico por mãdado dlos Reuerēdissimos Señores Obispos dla nueua España y a sus expẽsas : *en casa d Juã Cromberger*. Año dl nacimiẽto d nuestro señor Jesu Chris-to d mill y quiniẽtos y quarẽta. A. xiij. dias dl mes d Deziẽbre, 4º-Dos hjs., únicas que se conocen.

Reclamaba para sí la honra de haber sido el autor de este libro el clérigo PEDRO DE LOGROÑO en carta escrita a Carlos V.

MANUAL de anatomia jeneral o histolojia jeneral. *Santiago, Im-prenta i Libreria de la Independencia*, 1865, 4º-26 pp.

Primera edición.
Primer libro sobre esa materia que se escribiera en América y obra del doctor don JOSÉ JOAQUÍN AGUIRRE.

— 52 —

MANUAL de conocimientos enciclopédicos, o sea Curso de Lecturas populares, Apropiado a la instruccion primaria en ambos sexos, a la de los Labradores y Artesanos. Por L. M. G. Segunda entrega. *Cochabamba, marzo de 1867, Tipografia de Gutierrez,* 16º-87 pp. y iii de índice.

Las iniciales pertenecen a LUIS MARIANO GUZMÁN.

MANUAL de Derecho Internacional. Obra autorizada para las escuelas militares de Francia. Traduccion de A. M. y A. N. V. *Buenos Aires, Imprenta de La Nacion,* 1879, 8º-81 y II pp.

Las iniciales de los traductores corresponden a ADOLFO MITRE y ALBERTO NAVARRO VIOLA.

MANUAL de exercicios para los Desagravios de Christo Señor N. *México, por doña Maria de Benavides,* 1699, 8º-Cuatro hjs. s. f.-y 55 de texto.

Hay edición anterior de Puebla de los Angeles, 1686, y posteriores de México, 1709, 1722, 1724, 1726, todas en 8º
Por FRAY FRANCISCO DE SORIA.

MANUAL de la Asociacion de la Buena Muerte. Seguido de una instruccion para tener con fruto un dia de retiro al mes i algunas otras prácticas i oraciones piadosas. *Santiago, Imprenta del Correo,* 1869, 8º-40 pp.

Compuesto por el presbítero D. JOSÉ ALEJO INFANTE, según resulta de la licencia del Ordinario eclesiástico.

MANUAL de la cria de la seda y de la cochinilla que comprende la educacion de los insectos que producen estas dos preciosas materias, y el cultivo de los vejetales con que esclusivamente se alimentan. Dedicado especialmente á los habitantes de las provincias de Cuyo por un Compatriota. *(Epigrafe en 11 líneas.) Santiago de Chile, Imprenta de la Opinion,* 1838, 8º-2 s. f. 44 pp.

Por D. TOMÁS GODOY CRUZ. — BRISEÑO, *Est. bibl.,* p. 390.

MANUAL de la vida moral y civil. Obra arreglada para la juventud boliviana segun la Constitucion del Estado... por R. P. *La Paz, Imprenta Paceña,* 1856, 4º-Una p. s. f.-60 pp.

Las iniciales son de RAFAEL PUERTAS.

MANUAL del Abogado Americano por D. J. E. de O., Profesor de Jurisprudencia. *Paris,* 1827, 2 vols,

Las iniciales son de JUAN EUGENIO DE OCHOA.

MANUAL del cofrade carmelita o esposicion del Oríjen, Induljencias, Privilejios, Deberes y Usos de la Cofradia del Escapulario de la Santisima Virjen Maria del Carmen con varios ejercicios piadosos. Con las licencias necesarias. *Santiago, Imprenta del Correo,* 1866, 8º-vi-183 pp.

Del infornte pasado a la Curia Eclesiástica por Fr. Domingo Aracena, consta que el autor fué don JOSÉ SANTIAGO LARRAÍN.

Hay edición de 1892, Imprenta Barcelona, xvi-253 pp.

MANUAL de lectura, Testo adoptado por el Consejo Universitario de este Distrito, i aprobado por S. S. I. el mui R. Obispo Diocesano para las Escuelas de Instruccion Primara. Contiene un catálogo de mas de 300 barbarismos que deben correjirse desde la infancia. 2ª edicion correjida i arreglada... *Cochabamba,* junio de 1872, *Imprenta del Siglo,* 8º-Una-55 pp.

Consta de la licencia que el autor fué LUIS MARIANO GUZMÁN.

MANUAL del Esclavo del Santísimo de la Parroquia de San Felipe aprobado por el Ordinario Eclesiástico. IHS. *Valparaiso, Imprenta del Mercurio,* 1876, 8º-81 pp.

De la aprobación eclesiástica resulta que el autor fué el presbítero D. ALBINO GÓMEZ.

MANUAL del Marino, o guía del Comandante y Oficial de Guerra i de Administración de la Marina de la República. Colección de Leyes, Decretos, Reglamentos, Ordenes i Formularios que deben tenerse presente en la Marina Militar. *Santiago, Imprenta i Librería de la Independencia,* 1866, 4º-406-lvi y una sin foliar ; dos cuadros plegados.

Fué el recopilador ANTONIO GUNDIÁN SOL.

MANUAL del Monitor, que sirve tambien de tabla analítica de las materias. (Sin fecha, ni lugar de impresión, pero de *Santiago*, y de 1828.) 8º-23 pp. y un cuadro.

> Opúsculo que sirve de complemento a la *Gramática latina* de Ordinaire, traducido por don PEDRO FERNÁNNEZ GARFIAS, y quien es, a no dudarlo, el autor.

MANUAL de los Hijos de la Merced, escrito por un Sacerdote, Antiguo Ministro de la venerable Orden Tercera de la Merced de Santiago de Chile. Obra aprobada por la Autoridad Eclesiástica i por el R. P. Provincial de la Orden. *Santiago, Tienda de Jose Maria Anrique*, 1873, 8º-menor.-419 pp. y final con las erratas.

> Obra del presbítero D. ALEJANDRO LARRAÍN,

MANUAL de oraciones. *Santiago. Imp. y Encuadernacio.ⁿ Chile*, 1906, 8º menor.-341 pp. y 1 lámina.

> La dedicatoria a la Virgen María está subscrita con las iniciales M. M, F. de I., que corresponden a doña MARÍA MERCEDES FERNÁNDEZ DE INFANTE.

MANUAL de Pedagojia y de metodo jeneral, guia del institutor primario, por B. Overberg. Traducido de la segunda edicion francesa publicada en Lieja. *Valparaio, Imprenta del Comercio*, 1851, 4º-335 pp.

> Fué el traductor anónimo D. GUILLERMO ANTONIO MORENO. — BRISEÑO, *Est. bibl.*, II, p. 188.

MANUAL de piedad dedicado a los devotos del Sagrado Corazon de Jesus. Con aprobacion del Ordinario. *Santiago, Imprenta del Correo*, 1871, 16º-286 pp. y 1 s. f.

> Por el presbítero D. ALEJANDRO LARRAÍN.
> Hay varias ediciones posteriores, entre ellas, una de Barcelona, 1875, 8º; y otra compendiada con el título de *Pequeño manual*, impresa allí mismo, 1919, 16º

MANUAL de práctica forense en forma de diálogo con el correspondiente formulario de pedimentos. Por D. E. de T. abogado de los Reales Consejos. Reimpreso. *Habana*, 1825. *Impr. Fraternal de los Diaz de Castro*, 8º-199 pp.

Las iniciales pertenecen a Don EUGENIO DE TAPIA, autor de varias obras jurídicas, entre ellas, la conocidísima *Librería de Jueces*, de una novela, de un tomo de *Poesías* y de la *Historia de la civilización española*, Madrid, 1840, 4 tomos en 8º

MANUAL de procedimientos en materia civil y criminal en juicios verbales Con un Apéndice al fin sobre varios casos prácticos en lo criminal por E. R. P. *La Paz*, 1870, *Imprenta de la Union Americana,-Por César Sevilla*, 4º-ii-24 pp.

Las iniciales son de EULOGIO ROJAS PELÁEZ, según resulta de la licencia.

MANUAL de Relijiosas. Compuesto principalmente del *Studio Religiosae perfectionis*, i del *Memoriale vitae Sacerdotalis*. Obra mui útil a todas las personas que aspiran a la perfeccion ; i en particular a las relijiosas. Dividida en tres libros ; en los que se trata de los motivos que deben estimular a la relijiosa al estudio de la perfeccion, de los medios para conseguirla, i de la práctica de las virtudes, en las que ésta consiste. *(Epígrafe.)* Por el presbítero J. J. A. *Santiago*, junio de 1858, *Imp. de la Independencia*, 8º-6 pp. s. f.-388-8 s. f.

Las iniciales son del presbítero don J. JACINTO ARRIAGADA.

MANUAL en honor de la Santísima Trinidad dedicado a las socias de la Santa Infancia de Jesús y a las almas devotas del Santísimo Sacramento del Altar Por una hija de María. Con aprobación del Ordinario. *Santiago de Chile, Imprenta Cervantes*, 1907, 8º-601 pp.

ELISA FÓSTER RECABARREN.

MANUAL para administrar a los indios del idioma cahita los Santos Sacramentos, segun la reforma de NN. SS. PP. Paulo V. y Urbano VIII. Compuesto Por un Sacerdote de la Compañia de Jesvs, Missionero en las de la Provincia de Zynaloa... *Impresso*

en Mexico... en la Imprenta Real del Superior Gobierno... Año
de 1740, 8º-22 pp. s. f.-163 foliadas y final con las erratas.

Resulta de los preliminares que el autor fué el P. DIEGO PABLO GON-
ZÁLEZ.

MANUAL para administrar los santos sacramentos, conforme al re.
formado de Paulo V. P. M. Mandado sacar del por el Illustrissimo, y Reveredissimo Señor Mro. D. Fray Payo de Rivera...
*En Goathemala, Impreso con nuevas licencias en la Imprenta de
Sebastian de Arebalo,* à cuya costa se imprime, Año de 1756,
4º-5 hjs. s. f.-233 pp. y tres s. f.

Por el bachiller don NICOLÁS ALVAREZ DE VECA, cura rector de la parroquia de San Sebastián, con cuyo nombre salió la primera edición,
hecha allí mismo, en 1665.

MANUAL para el Cuidado y Alimentación de los Niños destinado al
uso de las madres y nodrizas. Traducido y adaptado por R. B.
de L. *Santiago de Chile, Imprenta Universitaria,* 1917, 8º-viii-
173 pp. y una de erratas.

Las iniciales son de ROSA BUNSTER DE LORCA.

MANUAL para las madres por Lorenza Con introducción del Dr.
Julio D. Eastman. Tercera edición. *Santiago de Chile (a la
vuelta:) Imprenta Universitaria,* 8º-101 pp.

Lorenza oculta el nombre de FLORENCE SMITH.

MANUALE Ad usum Patrum Societatis Iesv. Qui in Reductionibus
Paraqvariæ versantur Ex Rituali Romano ac Toletano decerp-
tum. Anno Domini MDCCXXI. Superiorum permissu. *Laureti
typis P. P. Societatis Iesv,* 4º menor-79 pp.

Del P. PAULO RESTIVO.

MANUALE Sacramētorū. secundū vsum alme Ecclesie Mexicane
nouissimè impraessum. cū decretis sancti cōcilii Tridē. ʒ Bullis
a summis Pōtificibus istis neophitis concessis, que omnia in Indice repies. *Mexici, Excudebat Petrus Ocharte,* Anno 1568, 4º-
8 hjs. s. f.-183 de texto.

Los ordenadores del libro fueron el dominico fray JUAN DE BUSTAMANTE y el bachiller JUAN DE SALCEDO, clérigo de epístola, especialmente este último.

MANUALE Sacramentorum secundum vsum ecclesie Mexicane. Nouiter impressum, cum quibusdam additionibus vtilissimis : que omnia in sequĕte pagella reperies *(Colofón)... Impressum in praeclara urbe Mexicana, in edibus Iohãnis Pauli impressoris,* Anno domini. 1560. Pridie Kalendas Augusti, 4º-173 hjs. y tres s. f.

En la epístola latina de CRISTÓBAL DE SAN MARTÍN se lee que « él ordenó el *Manual* por orden del Arzobispo (Montúfar), extractándolo de los Romano, Toledano, Salmantino, Sevillano, Granadino, Placentino y otros ».

MANVAL de los Santos Sacramentos. Conforme al Ritval de Pavlo V. Formado Por mandado del Ilustrissimo, y Excelentissimo Señor D. Jvan de Palafox, y Mendoza... Impresso con priuilegio en Mexico el año de 1642. Y nuevamente sacado à luz segunda vez, reducido à menor volumen, y abreviada su formula, para la mas prompta, y facil administracion... *En Mexico, Por la Viuda de Bernardo Calderon,* Año de 1671, 4º-Dos portadas- 6 hjs. s. f.-122 foliadas y dos s. f.

Cállase en el libro el nombre de su primitivo autor, que lo fué D. ANDRÉS SÁENZ DE LA PEÑA.

MANUEL García, Rey de los campos de Cuba, por Pedro Madruga. *Habana,* 1896.

ALVARO DE LA IGLESIA Y SANTOS. — F.-C.

MARAVILLOSA (La) aparicion de Santa Maria de Guadalupe o sea la Virgen mejicana. *Méjico,* 1853, 4º

Por E. ALONSO RUIZ DE CONEJARES. — BARROS ARANA, nº 313.

MARE libervm, sive de ivre qvod Batavis competit ad Indicana commercia, dissertatio. *Lugduni Batauorum, Ex officina Ludouici Elzeuirij,* 1609, fol.-Tres hjs. s.-25 foliadas.

Fué el autor HUGO GROTIUS.

MARGARITA. Leyenda por Soledad. *Santiago de Chile, Imprenta y Encuadernacion Roma*, 1894, 8º-15 pp.

De GRACIELA SOTOMAYOR.

MARTHA Novela nacional por Vera Zouroff. *Santiago de Chile, Imprenta Chile*, 1916, 8º-160 pp.

Vera Zouroff es seudónimo de ESMERALDA ZENTENO DE LEÓN.

MARTIN Hylacomylus, ses ouvrages et ses collaborateurs, par un géographe bibliophile. *Paris*, 1867, 8º-Tres-176 pp.

Por D'AVEZAC.

¡ MÁRTIRES ! Por Ornofay. *Habana*, 1899.

J. BUTTARI Y GAUNAURD. — F.-C.

MASONERÍA (La). Objeto de la Institución. — Sus fines. — Autoridades de la Orden. Logias Masónicas. Dignatarios. — Oficiales. — Obreros... Por Gabriel de la Gala (Fray Solfa). *Santiago de Chile, Imprenta y Litografía Esmeralda*, 1901, 8º-76 pp.

Los nombres del autor envuelven un doble seudónimo : ANTONIO LÓPEZ QUINTANILLA.

MASONERIA (La) y las Sociedades secretas. Un estudio imparcial y documentado, por Gabriel de la Paz. *Santiago de Chile, Imprenta de San José*, 1916, 8º-127 pp.

Gabriel de la Paz oculta el nombre de BERNARDO GENTILINI.

MATRIMONIO (El) clandestino, novela traducida para el *Faro*. Por J. G. del C. *Habana*, 1842.

JOSÉ GABRIEL DEL CASTILLO Y AZCÁRATE. — F.-C.

MATRONA (La) de Efeso. Por Juan de Arona. *Lima, Imprenta del Universo*, 16º-16 pp.

Obra de D. PEDRO PAZ SOLDÁN Y UNANUE.

Máximas y reflecciones por P. N. M. *(Epigrafe,) Santiago, Imprenta Victoria,* 1882, 4º.-57 pp.

Las iniciales corresponden a PEDRO NOLASCO MONTT. — SILVA, *La Novela en Chile,* nº 377.

Máximo Paz. Canto. *San José de Flores, Tipografía Asilo de Niños Desvalidos,* 8º-23 pp.

Consta de la cubierta en color que el autor fué J. MARTÍNEZ MARCOS.

Mecha Iturbe. — 10ª edición. *Buenos Aires, Maucci Hermanos,* 1906, 8º-526 pp.

A la cabeza de la portada : César Duayen, seudónimo de la escritora EMA DE LA BARRA.

Mediacion de los Estados Unidos de Norte América en la Guerra del Pacífico. El señor doctor don Cornelius A. Logan y el Dr. D. Francisco Garcia Calderon. *Buenos Aires, Imp. y Lib. de Mayo,* 1884, 8º-168 pp.-2 s. f. y 1 facsímil.

Obra de GARCÍA CALDERÓN,

Médico (El) botánico criollo. *Paris,* sin fecha, 8º-4 vols.

Por el médico francés RENÉ DE GROSSOURDY. — BARROS ARANA, nº 314.

Medio para sanar la Monarquia de España, que está en las vltimas boqueadas, en que se descubre la destruicion que causa el comercio de la Europa para la America. *(Madrid,* 1669*),* fol.-8 hjs.

La tengo por obra del dominico fray JUAN DE CASTRO.

Medios de evitar los males de la vacunación, por M. Claude Bernard. *Imprenta Nacional,* 1869, 4º-20 pp.

Traducida por D. CARLOS HUIDOBRO.

Melancolía. Poesías de D... Cuaderno 1º dedicado a los poetas M. J. C. i M. R. *Chuquisaca, Imprenta de Sucre,* 1851, 8º-16 pp.

Atribuído a DANIEL CALVO. — Los poetas nombrados bajo iniciales eran MANUEL JOSÉ CORTÉS y RAMÓN ROSQUELLAS, si no interpreto mal.

MÉLANGES intéressants et curieux, ou abrégé d'histoire naturelle, morale, civile et politique de l'Asie, de l'Amérique et des Terres polaires, par M. R. D. S. *Paris,* 1763-1765, 12º-10 vols.

Por JACQUES PHILIBERT ROUSSELOT DE SURGY. — BARROS ARANA, nº 315.

MEMOIR (A) of Sebastian Cabot; with a review of the history of maritime discovery, illustrated by documents from the Rolls, now first published. *Philadelphia,* 1831, 8º

Primera edición.
— Reprinted, London 1831, 8º.
— London, 1832, 8º, que en la portada reza ser la segunda edición. Con retrato de Caboto.
Por RICHARD BIDDLE.

MEMOIR on the navigation of South America. *London,* 1825, 8º

Por el capitán BASIL HALL. — HALKETT Y LAING.

MÉMOIRE contenant un Aperçu Statistique de l'Etat de Guatémala, ainsi que des reinsegnements précis sur son commerce, son industrie, son sol, sa température, son climat, et tout ce qui est relatif à cet Etat : Indiquant les avantages qu'il présente pour la Colonisation du département de Vera Paz et du district de Santo Thomas, dont le territoire a ètè cedé en propieté perpetuelle, avec des privilèges à la Compagnie Commerciale et Agricole des Côtes orientales de l'Amérique Centrale, pour la fondation d'Etablissements coloniaux. Accompagné de cartes. *Bruxelles, Lesigne et Cie.,* 1840, 8º-vii-viii-157, 34, xii, y 4 mapas.

Por M. OBERT. — SABIN, XIII, nº 56.419.

MÉMOIRE sur le Guatemala et la colonisation du département de Vera-Paz, Amérique du Centre. *Bruxelles, Lesigne,* 1840, 8º-34 pp.

Al parecer, forma parte del número precedente.
Por OBERT, fabricante de tejidos. — BARBIER, III, 166.

MÉMOIRES du général Morillo, comte de Carthagène, marquis de
la Puerta, relatifs aux principaux événements de ses campagnes en Amérique, de 1815 à 1821 ; suivi de deux Précis de
don José Domingo Diaz, secrétaire de la junte de Caracas, et
du général don Miguel de la Torre. Traduits de l'espagnol
(par M. MEISSONIER DE VALCROISSANT et ERNEST DE BLOSEVILLE,
conseiller de préfecture). *Paris, Dufart*, 1826, 8º

<blockquote>
Los dos « Précis » de don José Domingo Diaz están traducidos por
M. E. de Bloseville, como también la « Notice préliminaire », que aparece firmada con sus iniciales.
Estas *Mémoires* han sido repudiadas por el general Morillo. La « Notice préliminaire » expone con sinceridad los antecedentes de la publicación ; solamente ha omitido comprobar que los dos resúmenes históricos, verdaderas relaciones oficiales intercaladas en la *Memoria*
publicada en Caracas y en Madrid, han sido comunicadas a los dos traductores por el general Morillo en persona, que los había hecho venir
expresamente de Madrid, como también los dos « Précis ». Tal reticen-
cia había sido solicitada por el General. — (DE MANNE, *Nouv. Rec. d'ouvr.
anon. et pseud., 1868, n. 2536.)* — QUÉRARD, II, 1204.
BARBIER, III, 218.
</blockquote>

MÉMOIRES géographiques, physiques, et historiques sur l'Asie,
l'Afrique et l'Amérique, extraits des écrits des jésuites. *Paris,*
1767, 12º-4 vols.

<blockquote>
Por JACQUES-PHILIBERT ROUSSELOT DE SURGY. — BARROS ARANA, nº 323.
</blockquote>

MÉMOIRES philosophiques, historiques et physiques, concernant
la découverte de l'Amérique, ses anciens habitants, leurs mœurs,
leur usages, etc., par don Ulloa. Avec des observations et additions sur toutes les matières dont il est parlé dans l'ouvrage ; traduits en francais par M. *Paris,* 1782, 8º-2 vols.

<blockquote>
Traducción de la obra de D. Antonio de Ulloa hecha por JEAN BAP-
TISTE LEFEBURE DE VILLEBRUNE.
« Las observaciones y adiciones que ocupan las pp. 137-499 del tomo
II fueron escritas por I. Gottlob Schneider. » — BARROS ARANA, nº 325.
</blockquote>

MÉMOIRES sur l'Afrique et l'Amérique. *Paris,* 1752, 4º

<blockquote>
« Noticias elementales sobre esos continentes reunidas por Etienne-
André Philippe, más conocido con el nombre de PHILIPPE DE PRÉTOT,
</blockquote>

— 62 —

distinguido institutor francés, muerto en 1787, y autor de muchos libros elementales de historia, de geografia, de cosmografía, etc.». — BARROS ARANA, n? 326.

MEMOIRS of Darien Giving a short Description of that Countrey, with an Account of the Attempts of the Company of Scotland, To Settle a Colonie in that Place. With a Relation of some of the many Tragical Disasters, which did attend that Design. Written mostly in the Year 1700. while the Author was in the American Regions. *(Epígrafe en cinco lineas.) Glasgow, Printed by Hugh Brown, M. DCC. XV, 8º-102 pp. Mapa.*

Autor : el Reverendo FRANCIS BORLAND. — SABIN, A Dictionary of books, etc., n? 6428. Ha sido reimpreso con el título de History of Darien, Glasgow, 1779. — HALKETT Y LAING.

MEMORÁNDUM de Historia de la Literatura extractado de los textos de Barros y Poncelis por J. L. E. C. para el uso del Colegio Católico de Talca. Segunda edicion. *Santiago de Chile, Imprenta y Encuadernación Barcelona, 1898, 8º-162 pp.*

Las iniciales son de JOSÉ LUIS ESPÍNOLA COBO.

MEMORANDUM de la Revolucion de 1891. Datos para la Historia recopilados por un Ayudante del Estado Mayor General del Ejército de Chile. *Santiago, Imprenta Cervantes, 1892, 8º-v-530 pp.*

Por el actual general BALDOMERO ROJAS ARANCIBIA:

MEMORANDUM de los negocios pendientes entre México y España presentado al Exmo. Sr. Ministro de Estado por el Representante de la República. El dia 28 de Julio de 1857. *Poissy, Tipografía de Arbieu, 1857. 8º-347 pp.*

Por don J. M. LAFRAGUA.

MEMORIA biográfica de Bolivar por el Dr. J. M. L. *Sucre, Mayo 1855. Imprenta de Lopez, 8º-40 pp.* — El título lo copio de la tapa en color.

Las iniciales son las del Dr. JOSÉ MANUEL LOZA. — RENÉ-MORENO, Bib. Bol., n? 2204.

MEMORIA biográfica del Gran Mariscal de Ayacucho Antonio José de Sucre, primer Presidente de Bolivia. *Paz*, Noviembre de 1854. *Imprenta Pazceña, administrada por Eugenio Alarcon,* 4º-10 pp.

Subscrito con las iniciales J. M. L., que corresponden a José Manuel Loza.

MEMORIA biografica del Ministro de Hacienda, Consejero de Estado y senador de la Republica de Chile D. Manuel Rengifo. Escrita por su mas intimo amigo. *Santiago,* 1845, *Imprenta de la Opinion,* 8º-3 s. f.-83 xlii pp. y 1 para las erratas. Retrato.

Ese su más íntimo amigo de Rengifo no fué otro que su hermano don RAMÓN RENGIFO. — BRISEÑO, *Est. bibl.*, p. 408.

MEMORIA cattolica da presentarsi a Sua Santità opera postvma. *(Epígrafe de Daniel, en cuatro líneas.) Cosmopoli,* 1780, 8º-189 pp.

Célebre libro impreso en su propia imprenta, en Roma, por el jesuíta catalán ANDRÉS FEBRÉS, misionero durante muchos años entre los indios de Chile.
Véase *Seconda Memoria Cattolica, etc.*
SOMMERVOGEL, *Dictionnaire*, col. 575, atribuye la obra, equivocadamente, al P. Carlos Borgo.

[MEMORIE] Algo sobre la de Febres : Anneddoti interesanti di storia e. di critica sulla Memoria Cattolica. MDCCLXXXVII, 8º.

« Con este libro se reproduce la *Memoria Cattolica* en favor de los Jesuítas contra el breve de Clemente XIV que los abolió. La edición príncipe de la misma había sido furtivamente impresa en Roma, con la falsa data de Cosmopoli, en 1780, por el impresor Perego, laico que había sido de la Sociedad, y que por ello fué metido a la cárcel. Se atribuye esta obra al ex jesuíta Carlo Borgo. Si no recordamos mal, parece que en la segunda edición tuvo parte no pequeña otro ex jesuíta, Francisco Ricca, natural de Novara, autor de una *Vida de Boscovich,* que fué superior nuestro cuando nos educábamos en el Colegio de Nobles de Parma y que falleció en Vilna, en Lituania, a principios del siglo XIX. Con el mismo titulo de *Memoria Cattolica* existe también otro escrito (del cual se dice autor un fraile dominico) en que se refuta la *Memoria* en defensa de los jesuítas. A favor de ésta hay una segunda

Memoria Cattolica, nella nuova stampa di Buonavia, 1783-1784, que en la segunda edición de la primera *Memoria* se dice compuesta por un ex-jesuíta español». — MELZI, I, p. 53.

MEMORIA de la campaña de instruccion realizada por la corbeta « La Argentina » á las costas del Atlántico del Sud. Años de 1890-1891. *Buenos Aires, Imprenta Europea, Moreno y Defensa*, 1891, 4º-220 pp. y cinco cuadros plegados.

De D. MARTÍN RIVADAVIA.

MEMORIA dirijida a las Cámaras de 1849 en las Sesiones Extraordinarias por El Ministro de Relaciones Exteriores, Justicia y Negocios Eclesiásticos, a consecuencia de la conspiracion descubierta el 21 de Febrero. *Reimpreso en la Paz*, 1849, *Imprenta Paceña*, fol.-72 pp., casi todas a dos columnas.

La subscribe FELIPE PARDO, en Lima, a 18 de junio de 1849.

MEMORIA interesante para servir a la historia de las persecuciones de la Iglesia en America. Por un amante de Truxillo y de su Obispo. *Lima*, 1821, *Por don Manuel Peña*, 4º-pp.-3-16.

El autor de estas páginas fué el canónigo don PEDRO ANTONIO FERNÁNDEZ DE CÓRDOBA.

MEMORIA ofrecida a la consideracion de los Honorables Senadores y Diputados al proximo Congreso Y a toda la República, sobre el Tratado de límites y navegacion fluvial ajustado y firmado por Plenipotenciarios del Brasil y de Venezuela en 5 de Mayo de 1859. *Caracas, Imprenta de Eloi Escobar por E. López*, 1860, 8º-210 pp. y una de erratas.

« Atribuída a FELIPE JOSÉ PEREIRA LEAL, ministro del Brasil en Caracas... ». — RENÉ-MORENO, nº 2242.

MEMORIA que presenta a la Municipalidad de Antofagasta, el presidente de la coorporación L. F. P. *Antofagasta, Imp. del Caracolino*, 1874, 4º-65 pp. y un plano.

Las iniciales son de LUIS FELIPE PUELMA.

MEMORIA sobre colonizacion de la Provincia de Valdivia, por V. P. R. *Valparaiso, Imprenta del Diario,* noviembre de 1852, 8º-36 pp.

Las iniciales son de VICENTE PÉREZ ROSALES.

MEMORIA sobre emigracion, inmigracion i colonizacion, Dedicada al Sr. D. Antonio Varas, por V. P. R. *(Epígrafe en nueve líneas.) Santiago, Imprenta de Julio Belin i Ca.,* diciembre de 1854, 8º-1 hj. s. f.-172 pp.

Las iniciales son de don VICENTE PÉREZ ROSALES.

MEMORIA sobre la Araucania por un Misionero del Colejio de Chillan. *Santiago de Chile, Imprenta de La Opinion,* 1860, 4º-iv-166 pp.

Va subscrito al final por el autor FRAY VICTORINO PALAVICINO.

MEMORIA Sobre las incidencias ocurridas en el matrimonio del Honorable Señor Barton, Encargado de Negocios de los Estados Unidos de America, con Doña Isabel Astaburuaga, ciudadana chilena, en que se justifica la conducta del Gobierno. Presentada al Congreso Nacional de 1849. *Santiago de Chile, Imprenta del Progreso,* octubre de 1849, 4º mayor-104-73 y 1 de erratas.

Subscrita por D. MANUEL CAMILO VIAL.

MEMORIA sobre los acontecimientos tristes y lamentables en la Corte de Lima y su puerto, con la ruina total de esta, e inundacion del Callao en el mes de Octubre, año de 1746. Segunda edicion. *Lima,* 1863, 8º

Es reimpresión de la *Carta, o diario,* etc., de don JOSÉ EUSEBIO DE LLANO Y ZAPATA, impresa allí mismo, en 1747.

MEMORIA sobre los injustos, grandes, y excessiuos agravios, que el licenciado Don Juan de Padilla, Alcalde del Crimen más antiguo de aquella Real Audiencia le ha hecho con el poder, y mano de su oficio, en vengança de sus passiones. *(Madrid,* 1651), fol.-17 hjs.

Memorial con la firma autógrafa de El capitan JUAN SÁNCHEZ DE LA ROCHA, contra aquel oidor de Lima.

MEMORIA sobre los principios políticos que seguí en la administracion del Perú, y acontecimientos posteriores a mi separacion. *(Epígrafe en inglés y castellano.) Reimpreso en Santiago de Chile en la Imprenta Nacional,* 1823, 4º-40 pp.

Subscrita en Quito, a 17 de marzo de 1823, por B[ERNARDO] MONTEAGUDO.

MEMORIA política sobre si conviene en Chile la libertad de cultos. Reimpresa y dedicada al futuro Congreso Nacional por algunos ciudadanos. Julio 1825. *Santiago de Chile, Imprenta de la Independencia,* 8º-52 pp. y 3. s. f. de índice.

La reimpresión primera de que habla la portada se refiere a la que salió en el periódico *La Abeja chilena,* según se deduce de la Advertencia que encabeza el texto. Hállase, en efecto, inserta en los números 3 y siguientes de aquel periódico (junio 24 de 1825).

D. JUAN EGAÑA reconoció expresamente ser ésta obra suya en la nónimina de las que apuntó para su amigo don Agustín Lizaidi y que insertó en sus *Escritos y servicios del ciudadano Dr. D. Juan Egaña.*

᛫ Dícese allí que esta *Memoria* fué reimpresa en Lima «con un comentario por el señor canónigo Moreno». — La edición limeña que conozco es la siguiente.

— MEMORIA politica sobre si conviene en Chile la libertad de Cultos Reimpresa en Lima con una breve apologia del art. 8 y 9 de la Constitucion politica del Peru de 1823 y con notas y adiciones en que se esclarecen algunos puntos de la Memoria y Apologia, y en que se responde á los argumentos del Sr. D. José Maria Blanco á favor de la tolerancia y libertad de cultos en sus Consejos á los Hispanos-Americanos, y a los discursos de otros tolerantistas. *Lima,* 1817, *Imprenta de la Libertad,* Por J. M. Masias.

4º - Port. y 1 hoja de El Editor-150 pp. Bien se ve quela fecha del pie de imprenta está equivocada, debiendo leerse 1827, en lugar de 1817.

Hay edición posterior de Bogotá, que no he visto, pero cuya existencia consta de la portada de la que salió en Caracas, Imprenta de G. F. Devisme, 1829, 8º-132 pp.

MEMORIA Sobre el patronato del glorioso Apóstol Santiago titular de la Sta. Iglesia Metropolitana de Guatemala. *Guatemala, Imprenta de la Aurora*, 1850, 4º-17 pp.

El título, a la cabeza de la primera página, y las señas de la impresión al fin, después de la firma : F. G. P. A. de G., que valen FRANCISCO GARCÍA PELÁEZ, Arzobispo de Guatemala.

MEMORIAL Aivstado del pleito de D. Maria Sande y Mesa, Hija legitima del Doctor Francisco de Sande, Cavallero del Orden de Santiago, del Consejo de su Magestad. Presidente Gouernador, y Capitan general de la Audiencia de la Ciudad de Santa Fé, del nueuo Reyno de Granada en los del Pirú... Con Francisco de Mena Cabello... *(Madrid, 16...)*, fol.-132 hjs.

Con las firmas autógrafas de los LICENCIADOS XIRÓN Y ALONSO DURÁN.

MEMORIAL al Rey nvestro señor en su Real, y Svpremo Consejo de las Indias, sobre las noticias de las Missiones de los indios llamados Chiqvitos ; y del estado qve oy tienen estas, y las de los Rios Paranà, y Uruguay, que estàn à cargo de los Padres de la Compañia de Jesus, de la Provincia del Paraguay. *(Madrid,* 1702), fol.-18 hjs.

Obra del padre jesuíta FRANCISCO BURGUÉS.

MEMORIAL de las Alegaciones, e instrumentos, presentados por la parte de las Religiones, en la segunda instancia, en el pleyto de Diezmos, con el señor Fiscal, e Iglesias de las Indias Occidentales. *Madrid,* 1655, fol.-16 hjs.

Por el jesuíta P. JULIÁN DE PEDRAZA, cuya firma autógrafa se registra en varios ejemplares.

MEMORIAL de la calidad, i servicios de Don Cristoval Alfonso de Solis i Enriqvez, septimo Adelantado de Yvcatan... : qve pone en las reales manos de Sv Magestad de la Reyna Nuestra Señora, Don Alonso de Solis Valderabano i Bracamonte, Octavo Adelantado de Yvcatan... *En Madrid,* Año M.DC. LXX, fol. — Una hoja s. f.-114 hjs.

Obra de don JOSÉ PELLICER DE SALAS.

MEMORIAL de la Mission de Capvchinos de la Provincia de Cumanà, y vn breve resumen de las demàs. *(Madrid, 169...)*, fol. — 23 hjs.

> De fray LORENZO DE ZARAGOZA.

MEMORIAL del hecho del pleyto, que en grado de segunda suplicacion con las mil y quiniĕtas doblas tratan en Consejo, dõ Alõso Fernandez de Cordoua, y doña Iuana de Silva... sobre la scrivania mayor de gouernacion de las prouincias del Peru. Fol.-12 hjs. s. f.

> Sin fecha, y poco posterior a 1578, lleva al final la firma autógrafa del licenciado don FERNANDO CARRILLO.

MEMORIAL del Hecho, presentado por el señor Obispo de Cartagena de las Indias, a la Sagrada Congregacion, especialmente elegida de Nvestro Señor Cartaginense en las Indias. *(Madrid, 1691)*, fol.-56 pp.

> El obispo se llamaba don MIGUEL ANTONIO DE BENAVIDES Y PIEDROLA. Hay traducción italiana, Roma, Stamperia della Reu. Camera Apostolica, 1695, fol.-51 pp. s. f.

† MEMORIAL del peligroso estado espiritual, y temporal del Reyno de Chile. Contiene cuatro articulos. Etc. Fol. 21 hjs. *(Madrid, 1616)*.

> Del franciscano FRAY PEDRO DE SOSA.

MEMORIAL del pleyto entre don Francisco Pizarro de la ciudad de Truxillo, de la vna parte, y del Fiscal de la otra. *(Madrid, 165...)*, fol.-12 hjs.

> Téngola por obra de don FERNANDO PIZARRO Y ORELLANA.

MEMORIAL del pleyto del Señor Fiscal, con don Alonso Ortiz de Leyua. Fol.-8 hjs.

> Refiérese a sucesos ocurridos en la ciudad de La Plata, y parece impresión de Madrid, de los años de 1598. Con la firma autógrafa del licenciado DIEGO LORENZO NAHARRO.

MEMORIAL del pleyto qve Doña Mariana Ramirez de Aguilar, mu-

ger del Gouernador don Diego de Argote trata con Don Antonio de Touar, y Francisco de Aguilar, vezinos de la ciudad de
Muso, en el Nueuo Reyno de Granada. Sobre la Encomienda
de Copere, que està en terminos de la dicha ciudad de Muso.
(Madrid, 16...), fol.-15 hjs.

Con la firma autógrafa del Doctor JUAN VELÁZQUEZ.

MEMORIAL del pleito que el Capitan Alonso de Padilla Arciniega,
Alguazil mayor de la Ciudad de Mariquita, trata contra el Ca-
pitan Francisco Beltran de Caicedo, Sargento Mayor de la Ciu-
dad de Santa Fè. Sobre la mina de San Francisco de la Manta
Grande, y otras partes de minas, è ingenios, y productos dellos.
(Madrid, 163...), fol.-325 hjs.

Con las firmas autógrafas de los LICENCIADOS VELÁZQUEZ Y JUAN DE
ALARCÓN.

MEMORIAL del pleyto qve trata Don Sebastian Carrillo Maldonado,
Fundidor y Ensayador mayor de la Casa de la moneda de la
ciudad de Mexico, en la Nueva España. Con el señor Fiscal,
y Horacio Leuante. Sobre la confirmacion de los dichos Oficios.
(Madrid, 162...), fol.-10 hjs.

Con la firma autógrafa del licenciado D. JUAN DE ALARCÓN.

MEMORIAL del pleyto qve trata el Capitan Iuã Zarco de Amaya,
fiador de Christoual Garcia de Vera, Maestre de la nao nombrada Iesus Maria Ioseph, que fue por Almirante á la Provincia
de Honduras el año de seiscientos y veintiquatro. Con Pedro
Fernandez Hidalgo.,. *(Madrid, 16...), fol.-34 hjs.*

Con la firma autógrafa del LICENCIADO DUARTE NAVARRO.

MEMORIAL del pleito, qve trata el Contador Christoual Valero, Regidor de la ciudad de Mexico, con el señor Fiscal, sobre Que
se le bueluan las dos tercias partes de los doze mil ducados con
que siruio por la futura s˙cession de la Contaduria de Cuentas... *(Madrid, 164...), fol.-14 hjs.*

De ANTONIO DE LEÓN PINELO, que lo subscribe con su firma autógrafa.

MEMORIAL de tachas en e *(sic)* pleito de Alonso de Padilla con Francisco Beltran de Caicedo sobre la mina de la Manta Grande, y las demas haziendas. *(Madrid, 16..), fol.-20 hjs.*

Con las firmas autógrafas de los LICENCIADOS VELÁZQUEZ Y JUAN DE ALARCÓN.

MEMORIAL : en qve el Dean y Cabildo desta Santa Iglesia Cathedral de los Reyes propone, y representa los derechos, qve tiene para pedir reforma del avto proveido en visita, por el Illmo Señor Doctor D. Pedro de Villagomez su Arzobispo... *(Lima, 164...), fol.-26 hjs.*

Fecit : el doctor don DIEGO DE LEÓN PINELO, con su firma autógrafa.

MEMORIAL en que se representa el miserable estado en que oy està la Isla de Santo Domingo de la Española, la razon por què està de esta calidad, lo que ella es por si, y ha sido, y los medios que se podran poner, y han puesto para su conservacion. *(Madrid, 171..), fol.-8 hjs.*

Obra de don JUAN ANTONIO MARTÍNEZ DE QUIXANO.

MEMORIAL i informacion por las Iglesias Metropolitanas, i Catedrales de las Indias, sobre Que sean proveidas sus prelacias en los Naturales, y Capitulares dellas. Año 1634. *En Madrid, Por Francisco Martinez, fol.-24 hjs.*

De don LUIS DE BETANCOURT Y FIGUEROA, que en 1637 publicó un largo folleto sobre análoga materia, con su nombre.

MEMORIAL ivridico, y legal, qve presenta al Rey nuestro Señor en su Real, y Supremo Consejo de las Indias la Provincia de Honduras, del Orden de Nuestra Señora de la Merced. Sobre El despojo de las Doctrinas de Cururu... *(Madrid, 1685), fol.-* Dos portadas y 34 hjs.

Obra de fray PEDRO DE MANGAS.

MEMORIAL por la Religion de San Francisco, en defensa de las dotrinas del Serafico Dotor san Buenaventura, del sutilissimo Dotor Escoto, y otros Dotores Classicos de la misma Religion.

Sobre el juramento que hizo la Vniuersidad de Salamanca, de
leer, y enseñar tan solamente la Dotrina de San Agustin...
Madrid, 1628. Y en Lima lo imprimio Geronymo de Cõtreras...,
año de 1629, 4º-77 hjs.-dos s. f.

Dámosle cabida aquí por el hecho de haber sido reimpreso en Lima,
como se ve, y ya que podemos decir que el autor fué el jesuíta P. Juan
Bautista Poza.

MEMORIAL Que se diò al Rey N. S. Phelipe IV, quando se le pre-
sentò este libro, y ponese aqui, corao *(sic)* Prologo al Lector...
(Madrid, 1660), fol.-8 hjs. s. f.

Memorial de Fray Pedro de Alva y Astorga con referencia a su libro
Sol Veritatis.

MEMORIAL sobre el tratado de límites, etc., entre Bolivia y el Brasil. *La Paz, Imp. de la Union americana,* 1868, fol.-9 pp.

Por Ernesto O. Ruck.

MEMORIAL y defensorio al Rey Nvestro Señor. Por el credito, opinion, y derechos Episcopales de la persona, y Dignidad del
Ilustrissimo, y Reuerendissimo Don Fray Bernardino de Cardenas, Obispo del Paraguay... Con los Religiosos de la Compañia de aquellas Prouincias. Respondiendo A los memoriales
del Padre Iulian de Pedraça su Procurador General de las Indias en esta Corte. *(Madrid, 1660)*, fol.-3 hjs s. f.-117 foliadas.

Obra de fray Juan de San Diego Villalón, religioso lego de San Francisco, procurador de las provincias del Paraguay, Tucumán y Buenos
Aires.

MEMORIAL, y resvmen breve de noticias de las Indias Occidentales, la Nveva-España, y el Perv... Comprehende las Erecciones
de las Audiencias, y Chancillerias Reales, y de los Arçobispa-
dos y Obispados, con lo Eclesiastico, y Secular, que por la
Camara, y Junta de Guerra dellas se prouee... *En Madrid, Por
Alonso Victor Pantoja,* Año 1654, fol.-Frontis grabado, port.-
9 hjs. y 50 con escudos de armas.

Por Juan Diez de la Calle, de cuya obra completa toca esta parte al libro XII.

Memorias de la Sociedad Cubana de Historia Natural «Felipe Poey», por el Dr. M. *Habana*, 1916.

Doctor Arístides Mestre y Hevia. — F.-C.

Memorias de lo acontecido en Córdova en tiempo de la revolucion para la independencia mejicana. *Jalapa*, 1827, 16º

Obra de don José Domingo Isassi, según asevera Alamán.

Memorias de Lord Cochrane Conde de Dundonald Gran Cruz de la Orden del Baño, de la Imperial brasileña del Crucero y de la Real de San Salvador de Grecia ; Almirante de la Escuadra Roja, Contraalmirante de la Gran Bretaña, etc., etc. Se vende en Lima en la Imprenta de José Masias. 1868, 8º *(Paris, Imprenta de Eduardo Blot),*-xxiii-335 pp.

Consta de la Advertencia que el redactor y traductor fué el escritor chileno M. Bilbao

Memorias de Sara Bernhardt. Versión castellana de V. S. Y. *Santiago, Imprenta Selecta,* 16º-435 pp.-Con ilustraciones.

Las iniciales del traductor pertenecen a Víctor Silva Yoacham.

Memorias de un clerigo. Por· O. N. E. *Ancud, Imp.* « El Faro del Sur», 1885, 8º-8-vi-15 pp.

Si no hay alguna singular coincidencia, las iniciales indicadas fueron las mismas usadas en *Eleodora* por D. Juan Rafael Allende. De ahí, sin duda, que Silva *(La Novela en Chile,* nº 131) diga que se le atribuye también este opúsculo.

Memorias de un Oficial de la Legión Británica. Campañas y cruceros durante la guerra de emancipación hispano-americana. *Editorial-América, Madrid,* 8º, sin fecha.-241 pp. y 2 de índice.

Traducción de Luis de Terán de una parte de *Campagnes et croisières,* versión, a su vez, de *Campaignes and cruises,* etc., que quedan enumerados más atrás. La traducción castellana lleva también un corto prólogo de Rufino Blanco-Fombona.

MEMORIAS de un perro escritas por su propia pata. Edicion ilustrada por el mismo autor. Segunda edicion. *Santiago de Chile, Imprenta B. Vicuña Makenna,* 1893, 8º-94 pp.

De don JUAN RAFAEL ALLENDE. — SILVA, *La Novela en Chile,* nº 3.

MEMORIAS historicas de la Revolucion Politica del dia 16 de Julio del año de 1809 en la Ciudad de la Paz por la Independencia de América; y de los sucesos posteriores hasta el 20 de Febrero de 1810. Año de 1840. *Imprenta del Colejio de Artes,* 4º-iii-45 pp.

Atribuído al español TOMÁS COTERA dice René-Moreno, *Bib. Bol.* nº 2339, agregando que fué publicado el folleto «con un prólogo de J. M. Loza por V. Ballivian». En el ejemplar que tengo a la vista el Prólogo de los Editores no lleva firma alguna.

MEMORIAS históricas de la última guerra con la Gran Bretaña desde el año 1774 hasta su conclusion. Tomo I. Estados de América. Año 1774 y 1775. *Madrid,* 1783, 8º

Unico tomo que se publicó y obra que fué de don JOSÉ DE COVARRUBIAS. — BARROS ARANA, nº 340.

MEMORIAS para la historia de la Revolucion de Centro-America. Por un Guatemalteco. *Jalapa Aburto y Blanco,* 1832, 12º-xxxii-257 pp.

Por ALEJANDRO MARURE. — SABIN, X, nº 45.020.

MEMORIAS para la historia de la virtud, sacadas del Diario de una Señorita. Tomo I, *En Alcalá,* año de M. DCC. XCII, *En la Imprenta de la Real Universidad,* Con licencia, 8º-12 hjs. s. f.-326 pp.; II, 412 pp. y una s. f.; III, 402 pp. y una s. f.; IV, 416 pp. y seis s. f.

Fué el traductor el oidor de México don JACOBO DE VILLAURRUTIA.

MEMORIAS sobre los acontecimientos mas notables en la provincia de Mendoza en 1829 y 1830 *Mendoza,* 1830, 8º

Obra del coronel don Jerónimo Espejo y don José Lisandro Calle. — Barros Arana n? 343,

Memorias y documentos para la historia de la independencia del Perú, y causas del mal éxito que ha tenido ésta. Obra póstuma de P. Pruvonena... *Paris, Librería de Garnier Hermanos, sucesores de D. V. Salvá,* 8?-2 vols. : I, xi-700 ; II, 814 pp.

> Pruvonena es anagrama de *un peruano*, que lo fué el autor José de la Riva Agüero. « Dicen que llevó la redacción un clérigo Arce.» — René Moreno, *Bib, Bol.,* n? 2342.

Memorias y recuerdos de la Señora Condesa de Merlin. Traduccion de A. de P. *Habana,* 1853.

> Por Agustín de Palma. — F.-C.

Mentado (El) Chicharron por D. J. F. de L. (*Al fin :*) *Imprenta de Doña Maria Fernandez de Jauregui (México,* 1815), 4?-4 pp.

> Las iniciales son de Don Joaquín Fernández de Lizardi.

Mercurius Britannicus. Mundus alter et idem, sive Terra Australis, antehac semper incognita, longis itineribus peregrini Academici nuperrime lustrata. *Hanoviae,* 1607.

> Publicado por Alberico Gentili, bajo el referido supuesto nombre. — Melzi II, p. 190.

Merveilles (Les) du monde, et principalment des admirables choses des Indes et du Nouveau-Monde... et y est aussi montré le lieu du paradis terrestre. *Paris, Jean Ruelle,* 1553, 16?-96 hjs.

> Por Guillaume Postel.— Barbier, III, 276.

Mes de devotos ejercicios en honor de Santa Ana gloriosa genitriz de la Madre de Dios, escrito en Italiano por el Rdo. señor Luis Michettoni y traducido por el vicario de Tacna. *Tacna, Imprenta El Deber,* calle de San Martín Núm. 130, 1890, 16?- una hoja s. f. v-125 pp.

> El traductor se llamaba M. Federico Otamendi.

MES (El) de Julio Consagrado a la gloria de San Ignacio de Loyola, Fundador de la Compañia de Jesus. Propuesto a los devotos del Santo Por el Padre Domingo Estanislao Alberti de la misma Compañia. Nuevamente traducido del italiano. *Barcelona. Por Juan Nadal, Impressor*, 8º-97 pp. y 13 hjs. s. f.

Hay también edición en 8º, de 112 pp. y 3 hjs. s. f., con el mismo pie de imprenta y varias reimpresiones.

Fué el traductor el padre jesuíta JUAN FRANCISCO LÓPEZ. — URIARTE, I, nº 792.

MES eucaristico. Consideraciones sobre la vida de Jesus en el Sacramento. Por el Abate *** Traducidas del frances Por uno de los Sacerdotes Adoradores. *(Epígrafe en tres lineas.) Santiago de Chile, Imprenta Católica de Manuel Infante*, 1890, 8º—xliii-583 pp.

Fué el traductor el presbítero don ISMAEL CHÁVEZ.

MES Voyages avec le docteur Philips dans les républiques de la Plata (Buénos-Ayres, Montévideo. Banda-Oriental, etc.), par Armand de B. *Tours, Mame*, 1860, 8º mayor, con cuatro láminas.

Hay otra edición del mismo impresor, hecha en 1863.

El seudónimo oculta a JUST-JEAN-ETIENNE ROY. — BARBIER, III, 284.

METAMORFOSIS. *Santiago de Chile, Imprenta Universitaria*, 1921, 8º-36 pp.

A la cabeza del título : Jacques Edwards, Chargé d'affaires Dada au Chili, seudónimo de JOAQUÍN EDWARDS BELLO.

METEREOLOJÍA. Algunos datos relativos al terremoto del 9 de Mayo de 1877, i a las ajitaciones del mar i de los otros fenómenos ocurridos en las costas de la Sud-América. *Santiago, Imprenta Nacional*, 1878, 4º-32 pp.

Suscrito al final por F. V. G., iniciales del nombre de FRANCISCO VIDAL GORMAZ.

METHODO para vivir a Dios solo. Dividido en dos Partes... Y al fin, una breve explicacion del Padre nuestro, y del Ave Maria.

Obra Del P. Ignacio Tomai, de la Compañia de Jesus... *En Mexico, por la Viuda de D. Joseph Bernardo de Hogal...,* Año de 1745, 12º-6 hjs., s. f.-522 pp.-9 hjs. s. f.

Queda ya dicho que bajo el nombre del autor puesto en la portada se ocultó el jesuíta P. José María Genovese.

Metodo para la enseñanza de las Lenguas, compuesto en frances Por M. J. J. Ordinaire, Rector de la Academia de Besanson, y traducido con el dictámen del tribunal de Educacion por un Profesor del I. L. D. Ch. y miembro de la sociedad de los métodos modernos. *En Santiago de Chile, En la Imprenta de la Biblioteca,* 1826, 8º-30-lviii pp.

De Pedro Fernández Garfias. (Véase *Librito de nomenclatura.*)

Metodo con que se ofrecen los Siete Sabados de la Santísima Madre de la Luz, Sacado del Libro intitulado Antidoto contra todo mal. Dispuesto Por un Sacerdote de la Compañia de Jesus. *Impreso en la Imprenta de la calle de Santo Domingo...,* Año de 1802, 16º-28 pp. s. f.

El libro a que se alude fué obra del jesuíta P. José María Genovese.

Método facil y sencillo para aprender á un tiempo los rudimentos de ambas gramáticas española y latina, *Chuquisaca, Imprenta del Veinticinco de Mayo,* año MDCCCXXXVI, 8º-Seis s. f.-233 pp.

Subscribe la dedicatoria F. I. M., iniciales de Francisco Ignacio Medeiros.

Metrico indicio, y representacion panegyrica del Triumphal Arco, que al recibimiento, y feliz ingresso del Excmo. Sr. D. Pedro Cebrian, y Augustin, Conde de Fuenclara, Grande de primera Clase, &c. Virrey Gobernador, y Capitan General de Nueva España, le erigiò su Capital, Nobilissima Imperial Ciudad de Mexico. Año de 1743, 4º-8 pp. s. f.

Obra de don Cayetano Cabrera Quintero.

Mexico in 1842 : Description of the Country, its Natural and Po-

litical Features ; with a Sketch of its History, brought down
to the Present Year. To which is added, an Account of Texas
and Yucatan ; and of the Santa Fé Expedition... *New York,
Charles T. Folsom*, 1842 18º-256 pp.

Por GEORGE F. FOLSON. — SABIN, *A dictionary, etc.*, VI, n. 24968.

MEXIQUE (Le) conquis... (Poëme). *Paris, Desaint et Saillant* (et)
Durant le Prieur, Rouen, L'allemant, M. DCC. LII, 16º-2 vols.
I, 3 hjs.-xvi-216 pp. ; II, 3 hjs.-249 pp. y 2 mapas.

Autor : BOESNIER. — SABIN, nº 6124.

MEXIQUE (Le) et l'Alliance hispano-anglo-française. *Bruxelles,
veuve Parent et fils*, 1862, 8º-14 pp.

Por el BARÓN DE GRATY. — BARBIER, III, 298,

MI DEFENSA. *Imprenta de la Libertad*, 4º-25 pp.

Subscrita en Chuquisaca, en 6 de enero de 1840, por CASIMIRO OLAÑETA.

MI DEFENSA. *Imprenta de Beeche y compañia*, 4º-41 pp.

De LUIS BLACUT, que la subscribe en Sucre, a 20 de febrero de 1843.

MIGNON. Por A. du Roy. *Santiago de Chile, Imprenta Mejía*, 8º-
8 y 39 pp.

Seudónimo de HUMBERTO PARODI. — SILVA, *La Novela en Chile*, nº 272.

MILITAR (El) cristiano contra el Padre Hidalgo, y el Capitan Allende. Dialogo Entre Mariquita y un Soldado raso *(México*, 181...),
4º-7 pp.

Con la firma « El Durangueño L. F. E. », que vale por el LICENCIA-
DO FRANCISCO ESTRADA.

MILLE (Les) et une heure, contes peruviens, nouvelle edition. Re-
vûe, corrigée & considérablement augmentée par l'Auteur. A
Londres, Et se vendent a *Paris, Chez Hochereau l'ainé*, M. DCC.
LIX, 8º-2 vols.: I, xii-407 pp. ; II, 490 pp.

La edición príncipe (1733-34) sólo llegaba hasta la hora 58. La presente no la cita Barbier.

Imitación de los Cuentos árabes, persas, tártaros, en que, con nombres de personajes de esos diferentes pueblos, se ha pretendido dar lecciones de política, teología, etc. Entre los de indígenas peruanos, figuran los nombres de Manco Capac, Mama Oello, Viracocha, Capac Yupanqui, que el autor tomó, a no dudarlo, del Inca Garcilaso. Por T.-S. GUEULLETTE.

MINERAL (El) de las Condes y la Cuenca del Mapocho por J. A. P. *Santiago de Chile, Imprenta de « El Independiente »*, 1883, 4º-16 pp. a dos cols.

Las iniciales son de JOSÉ ANTONIO PÉREZ.

MINISTRO (El) de Bolivia esplica su conducta en la retencion de los señores Agreda y Goitia y sus incidentes. *Santiago de Chile, Imprenta de la Opinion*, enero 1843, 4º-28 pp.

Al final lleva las iniciales C. O., que corresponden a CASIMIRO OLAÑETA, que pone su firma entera en la página 25.

MINUÉ (Un), por A. T. *Habana*, 1868.

Por ALFREDO TORROELLA ROMAGUERA. — F.-C.

MI P. Rector. Pax Christi, &c. Haviendo a sv tiempo dado parte a V. R. del dichoso trãsito a la eterna felicidad del V. P. Iuan de Maldonado... *(Lima*, 1692), fol.-12 hjs. s. f.

Carta de edificación que lleva la firma autógrafa del jesuíta P. JUAN DE SOTOMAYOR.

MIRROR. Al margen de la Historia. El enigma Incaico — Juan Nuñez de Prado. — La Inquisicion en América — Los Jesuitas — Colonia del Sacramento — La creación de Bolivia — Guayaquil — Etc., Etc. *Buenos Aires, Balder Moen, Editor*, 1924, 8º-272 pp. y cuatro s. f.

Mirror es seudónimo de D. ENRIQUE G. HURTADO Y ARIAS.

MIS confidencias. 8º-16 pp.

«Opúsculo de memorias personales. Quedó inconcluso. Atribuído a DÁMASO URIBURU. Impresión de Sucre, en la Boliviana, después de 1864.» — RENÉ-MORENO, *Bib. Bol.*, nº 2451.

Mıs creencias Dedicadas a los señores Doctores Don Florentino Castellanos y Don Roque Perez. Por el autor de In Hoc *⁎* signo vinces. *Uruguay*, mayo de 1865, 8º-23 pp. *(Imprenta del Pueblo.)*

Obra de don Manuel Martínez.

Mıs doce primeros años, traducción de A. de P. *Filadelfia*, 1838.

Agustín de Palma. — F.-C.

Mıs observaciones. Santiago, Abril 23 de 1915. *Imprenta y Encuadernacion New York, Santiago de Chile*, 8º-52 pp.

A la cabeza de la portada : Delie Rouge, que oculta a Delia Rojas.

Miscelánea. Impresiones y recuerdos. *Madrid*, 1845, 8º mayor.

Por José Calixto Bernal. — Trelles.

Misterios (Los) del Alcazar. Novela original de Dédalo. *Buenos Aires*, 1874, 8º-42 pp.

Dédalo es seudónimo de Estanislao Pérez, oriental, según resulta de nota puesta al ejemplar de la Nacional de Santiago.

Mı viaje a los infiernos o sea seis meses de residencia en Cobija. *Valparaiso, Imprenta del Diario*, 1855, 16º-24 pp.

El autor fué don J. M. Aldunate, que puso su nombre al pie del opúsculo.

Modelo (El) de los cristianos. Jesus en el Calvario y Maria su Madre mirandole. 8º-112 pp.

Sin lugar de impresión, ni fecha, pero de México y de 1814. Es obra de don Agustín Pomposo Fernández de San Salvador, simple fragmento sacado de su libro *Delicias de la sensibilidad*, que no llegó a publicarse.

Modo como los estudiantes de teolojia pueden hacer la novena al Principe de esta ciencia, Sol de las Escuelas. quinto y maximo Doctor de la Iglesia Militante Sto Tomas de Aquino De la sagrada Orden de Predicadores y verdadero hijo del P. Sto.

Domingo de Guzman. Sacada de su vida y del oficio de su fiesta por D. J. I. V. E. P. clérigo minorista. *Impresa con la aprobacion y licencia del Ordinario de Santiago de Chile,* año de 1836, *Imprenta de la Opinion,* 16º-19 pp.

Las iniciales se traducen : Don José Ignacio Victor Eyzaguirre Portales.

Modo de celebrar devotamente y con fruto el Santo Sacrificio de la Misa. Puede tambien servir para las personas que comulgan con frecuencia y para puntos de meditación. Estractado de los opúsculos de San Francisco de Sales, impreso en Paris en el año de 1767 por A. J. de E. Dean de la Santa Iglesia Metropolitana de Santiago de Chile, 1841-*Imprenta de la Opinión,* 8º menor-66 pp.

Las iniciales corresponden a don José Alejo de Eyzaguirre.
Hay otra edición de Santiago, Imprenta de la Sociedad, 1858. 16º-84 pp.

Modo de examinar la Conciencia, Que Exercitan dos veces â el dia, los Exercitantes de la Santa Casa de Aracoeli, de esta Ciudad : Y assimismo, modo de prepararse, comenzar, y finalizar la Oracion Mental... *Impreso en Mexico, por el Br. D. Joseph Antonio de Hogal...,* Año de 1767, 16º.-30 pp. s. f.

Obra del jesuíta P. Agustín Antonio Márquez, que vivió en México desde fines de 1735, hasta su deportación en 1767.

Modo facil de beneficiar las malvas, y sacar de ellas generos semejantes al cañamo, y no solo poder hacer de ellas Cuerdas, y Cables, si tambien Ropa para beneficio de las Gentes, especialmente de los Pobres. Que da a luz un afectisimo del bien comun. Con las licencias necesarias. *Impreso en la Imprenta de la Biblioteca Mexicana...,* Año de 1779, 4º-8 pp. s. f.

El autor de este trabajo fué fray Ildefonso Truxillo, religioso del Orden de Predicadores y prior del Convento de N. S. de la Piedad de México.

Modos i tiempos del Verbo. J. A. L. *Santiago, Imprenta del Correo,* setiembre de 1865, 8º-20 pp.

Entiendo que las iniciales traducen el nombre de José Antonio Lira.

Moisés salvado de la muerte. Comedia en un acto representada en una casa de la Congregación de la Providencia y escrita por M. A. R. *Santiago de Chile, Imprenta de San José*, 1913, 4º-13 pp.

Las iniciales son de MANUEL ANTONIO ROMÁN.

Molinos de caña de azúcar, por M. M. *Nueva York*, 1867.

MANUEL MONTEJO. — F.-C.

Momentos de ocio, por Enriquillo. Cuba Libre *(Villas)*, 1897.

Generalísimo MÁXIMO GÓMEZ. — F.-C.

Monagas and Paez : being a brief view of the late events in Venezuela. *New York, S. W. Benedict*, 1850, 8º-80 pp.

Por THOMAS WILLIAMS. — SÁNCHEZ, *Bib. Ven.*, nº 1435.

Monarchical projects ; or, a plan to place a Bourbon King on the throne of Buenos Ayres, in Opposition to British Interest ; being the proceedings instituted against the late Congress and Directory ; for the crime of high treason, with Preliminary Remarks, Illustrative of the Subject in Question, and explanatory of the Causes which led to the recent Revolution in that Country, derived from authentic sources. *London, Printed by W. Glindon*, 1820, 8º-iv-69 pp.

De nota de la época puesta en la portada del ejemplar de la Biblioteca Nacional de Santiago aparece que el autor fué WILLIAM WALTON.

Monopolio sobre la industria del salitre ó sea la pretensión de los señores Ramon Montero y hermanos. *Tacna*, 1870, *Tip. de la «Revista del Sur»*, 4º-18 pp.

Atribuído a ZOILO FLORES,

Montevideo — Apuntes históricos de la defensa de la República. — Coleccion de noticias, de hechos auténticos, y de documentos de carácter oficial, publicados unos, ineditos otros ; con las explicaciones indispensables para la mejor inteligencia. Tomo I, *Montevideo, Imprenta Nacional*, 1845.

Unico tomo que se publicó y del que fué autor el emigrado argentino
don Francisco Agustín Wright, « quien falleció durante el asedio », según Estrada, que no señala tamaño ni número de páginas a este impreso.

Montevideo rendido. Oda, por E. L. *Buenos Aires, Imprenta de
los Niños Expósitos* (1814). 4º

Las iniciales corresponden a Esteban de Luca.

Montésuma, ou Fernand Cortes, tragédie de M. Dryden, cèlèbre
poëte anglois, et traduite par M. l'abbé D. B. *Paris, J.
L' Esclapart*, 1743, 8º-2 hjs.-95 pp.

El nombre del traductor francés es el Abate Du Bourg. — Barbier,
III, 347.

Montezuma, a tragedy in five acts, and other poems. By St.
John Dorset, author of the tragedy of the « Vampire ». *London*,
1822, 8º-xv-173 pp.

Por el Rev. Hugo John Belfour. — Halkett y Laing.

Montón (Un) de cartas. Por Perucho. *Valparaiso, Soc. Imp. y
Lit. Universo*, 1906, 8º-216 pp.

Perucho es seudónimo de Pedbo Rivas Vicuña. — Silva, *La Novela
en Chile*, nº 389.

Montt Presidente de la Republica de Chile i sus Ajentes ante los
Tribunales i la opinion pública de Inglaterra. *Paris, Imprenta
Española-Americana de L. Guerin y Compañia*, 1859, 4º-31 pp.

Subscrito al final por Benjamin Vicuña Mackenna.

Motivos, a la piedad christiana, para qve en esta Muy Noble
Ciudad de Mexico, se fvnde una Casa de Amparo ò Refugio
donde se retiren de las ocasiones del mundo Mugeres pobres.
que por faltarles lo necesario, viuen en manifiesto peligro de
ofender à la Magestad divina. *(Colofón:) Con Licencia, Por
Francisco Rodriguez Lupercio*, 1667, 4º-4 hjs.

Por el padre jesuíta Diego de Zéspedes.

Motivos, qve la Venerable Congregacion del Señor San Francisco Javier Apostol de las Indias, tiene en solicitar la fundacion del Collegio, y Casa de N. Señora de la Assumpcion, Refugio de pobres vergonçantes, con el Patrocinio de su Santo Apostol, en Mexico:... *Impreso en Mexico, En la Imprenta de Francisco Rodriguez Lupercio*, Año de 1655, 4º-21 pp.

Obra del jesuíta P. Diego de Zéspedes.

Mudo Lamento de la vastissima, y numerosa Gentilidad, que habita las dilatadas margenes del caudaloso Orinoco, su origen, y vertientes, a los piadosos oidos de la Magestad Catholica de las Españas, nuestro señor Don Phelipe Quinto (que Dios guarde). Fol.-24 hjs. (sin fecha, 1715).

Del padre jesuíta Matías de Tapia, según Uriarte (I, nº 1321).

Mujer (La) en sus relaciones domestica i social o Manual de la Mujer. Tercera edicion ilustrada por su autor sobre las publicadas en Lima i Jenova Por el Dr. J. M. L. *Paz de Ayacucho*, Año de 1855. *Imprenta de la Opinion*, 4º-44 pp.

Las iniciales son de José Manuel Loza, con cuyo nombre se publicó la segunda edición en Jénova, Imprenta Frugoni, 1852, 16º No he visto la de Lima.

Mulata (La) drama original en tres actos y un prólogo por Eva Canel. *Barcelona, Tip. «La Ilustración» A C, de Fidel Giró,* 1891, 8º-64 pp.

Figarola-Caneda cita una edición de la Habana, 1843, sin dar tamaño.
El seudónimo pertenece a doña Agar Infanzón, viuda de Perillán.

Mundo (Un) de chistes seleccionados recopilados por Nita Man Jas. *Santiago de Chile, Imprenta y Encuadernacion El Globo,* 1913, 8º-96 pp.

El seudónimo pertenece a Honorio Rojas.

Mundo, demonio i carne. Drama social, traji-cómico, en un solo acto, pero en un sin número de escenas. *Talca, Imp. de la «Opinion de Talca»*, 1866, 8º alargado-171 pp.

El autor fué D. DANIEL BARROS GREZ. — ANRIQUE, *Bib. dram.*, nº 119.

MURALLA (La) de Mexico en la proteccion de Maria Santissima Nuestra Señora, agradecido recuerdo, que del favor de haber librado la misma Señora á ésta Capital de la irrupcion que sobre ella intentaron los enemigos ahora há un año, escribió D. J. F. de L. *(México,* 1811), 4º-8 pp.

Las iniciales del autor corresponden a DON JOAQUÍN FERNÁNDEZ DE LIZARDI.

MURMURIOS del Táyaba, por Mácsimo Hero de Neiba. *Trinidad*, 1865.

Anagrama de AMBROSIO ECHEMENDÍA. — F.-C.

MUSA Americana, seu de Deo carmina ad usum scholarum Congregationis S. Philippi Nerii Municipii S. Michaelis in Nova Hispania. Typis edidit Joannes Benedictus Gamarra et Davalos... *Gadibus apud D. Emmanuelem Espinosa,* MDCCLXIX, Praesidum Adprobatione, 8º-7 hjs.-s. f.-69 pp.

Del jesuíta DIEGO JOSÉ ABAD, mexicano.

MUSA Americana. Poema, que en verso heroico latino escribió un erudito americano, sobre los Soberanos Atributos de Dios, y traduce en castellano en octava rima el Br. Don Diego Bringas de Manzaneda y Enzinas... *En Mexico. Por D. Felipe de Zúñiga y Ontiveros...*, año de 1783, 8º-2 hjs. s. f.-151 pp.

Como se ve, el traductor no expresa el nombre del « erudito americano », que lo fué el P. jesuíta DIEGO JOSÉ ABAD.

MUY Illustre Señor. En el pleyto que V. M. tiene visto, entre doña Iuana de Silua y don Alonso Fernandez de Cordoua, actores por el derecho que a cada vno dellos les pertenece del officio de Scriuano y Secretario de las Prouincias, y Reyno del Piru... Fol.-25 hjs.

Poco posterior a 1578 y obra de los licenciados Fernando de Paredes y De la Corte, cuyas firmas autógrafas se registran al fin.

My winter in Cuba. By W. M. L. Jay, Author of « Shiloh » (*Epigrafes*). *New York, E. P. Dutton & Co. Hartford, Church Press*, 1871, 12º-vi-10 s. f.-296 pp.

De la señora Julia Luisa Matilde Woodruff. — Cushings ; Pérez, nº 125.

NACHRICHTEN von der Amerikaner Halbinsel Californien : mit einem zweyfachen Anhang falscher Nacrichten, geschrieben von einem Priester der Gesellschaft Jesu... *Mannheim, 1772, 8º*

Traducción de la obra del P. Miguel Venegas, compendiada y añadida por el P. Andrés Marcos Burriel, hecha por JACOB BEGERT.

NACION (La) i el Gobierno en Chile opusculo politico Dedicado al señor Ministro del Interior D. Antonio Varas por un antiguo Diputado. *Santiago, Imprenta del Correo, 1860, 8º-57 pp.*

Las iniciales de ese «antiguo diputado» puestas al final, son L. O. Z., que debemos suponer puramente imaginarias, ni cierto tampoco el que fueran las de un antiguo diputado, a ser exacta la atribución a don MARTÍN PALMA que se registra en el ejemplar de la Biblioteca Nacional de Santiago.

NARRACIONES populares recogidas por Santos Vega. Tomo primero. *Buenos Aires, Pedro Irume, editor, 1886, 8º-92 pp.*

El seudónimo pertenece al DR. ENRIQUE E. RIVAROLA. — NAVARRO VIOLA.

NARRATIVE of a journey from Santiago de Chile to Buenos Ayres, in July and August, 1821. *London, John Murray, Albemarle Street, MDCCCXXIV, 12º-8 pp. s. f.-146 de texto y mapa.*

Según anotación manuscrita que está en mi ejemplar, fué el autor el teniente de la Marina Real inglesa EDWARD HIBBERT, y así lo aseveran también HALKETT Y LAING.

De nota puesta en la página que sigue a la portada, se advierte que sólo se imprimieron unos pocos ejemplares de este libro, destinados a la familia del autor, que, al parecer, había ya fallecido a la fecha de la publicación, pues se hacía « por consideración a su memoria ».

NARRATIVE (The) of Monsieur Violet in California, Sonora, and Western Texas. *London, 1839.*

FREDERICK MARRYAT. — CUSHING, p. 295.

NASSAU, Cuba, Yucatan, Mexico ; a personal note of appretiation of these nearly foreing lands. *New York, 1909.*

Por ZANE GRAY. — TRELLES.

NATURALIST (The) in Bermuda. *London, 1859.*

JOHN MATHEW JONES. — CUSHING, p. 202.

NEUVAINE en l'honneur de la Bienheureuse Marianne de Jésus, surnommée le lis de Quito, precédée d'un abrégé de sa vie. *Lyon, Pélagaud,* 1862, 24°-68 pp.

Por el P. JOSEPH DIFORTIS. — SOMMERVOGEL.

NEW (A) general collection of voyages and travels : consisting of the most esteemed relations, which have been hitherto published in any language : comprehending every thing remarkable in its kind in Europe, Asia, Africa, and America, with respect to the several empires, kingdoms, and provinces... selected from the most authentic travellers, foreing as well as English. *London,* 1745-48, 4°-4 vols.

Por JOHN GREEN. — HALKETT Y LAING.

NEW Spain, or, love in Mexico : an opera, in three acts ; as performed at the Theatre-Royal in the Hay-Market. First act on Friday, July 16, 1790. *London,* 1790, 8°-61 pp.

Por JOHN SCAWEN. — HALKETT Y LAING.

NEWE Welt und Americanische historien... *Frankfort,* 1655, fol.

Segunda edición de este libro, impreso por primera vez en 1631, bajo el nombre de Johann Ludwig Gottfriedt, seudónimo de JUAN FELIPE ABELIN, según MEUSEL *(Bib. Hist.,* III, p. 225). — BARROS ARANA, n? 356.

NINE letters, particularly addressed to the people of the revolting Spanish Provinces of the Caraccas, and to other Spanish Provinces in North and South America : and to the whole Spanish Nation and the civilized world. By Don Augusto Revilo Elppihw. Anglicised and correctly compared with the Spanish. Written July, 1810. *Baltimore, Printed by J. Robinson, 1811,* 8º-27 pp.

El nombre que se pone el autor es anagrama del de AUGUST OLIVER WHIPPLE, según advierte SÁNCHEZ, *Bib. Venez.*, nº 1431.

NINGUNO diga quien es, que sus obras lo diran. P. D. J. F. de L. *(México, 1811),* 8º-8 pp. — En verso.

Por DON JOAQUÍN FERNÁNDEZ DE LIZARDI.

NIÑO (El) cristiano segun el Evangelio. *Tacna, 1867, Tip. de la «Revista del Sur»,* 4º-16 pp.

Atribuído a MIGUEL RIVAS.

NOCHE Triste. Leyenda fantástica, por Némesis. *Santiago de Chile, Imprenta de El Progreso, 1889,* 8º-15 pp.

Némesis, seudónimo de NEMESIO MARTÍNEZ MÉNDEZ.

NOCHES tristes por El Pensador Mexicano Con superior permiso, *México, En la Oficina de D. Mariano de Zúñiga y Ontiveros...,* Año de 1818, 8º-112 pp.

El «Pensador Mexicano» es seudónimo de JOAQUÍN FERNÁNDEZ DE LIZARDI.
Hay segunda edición, por D. Alexandro Valdés, 1819, 265 pp. en 8º

NOCIONES elementales de Física redactada *(sic)* por F. O. I adaptada *(sic)* por el Consejo de Instruccion para los Colejios y Liceos del Distrito. *Cochabamba, 1873, Imprenta del Siglo,* 4º-61 pp.

Las iniciales corresponden a FEDERICO ORDÓÑEZ, según lo que resulta del decreto y advertencia impresos al dorso de la portada.

NOCIONES elementales de gramatica castellana Para a instruccion primaria. Por L. M. G. 2ª edicion mejorada, correjida y aumentada. *Cochabamba,* 1872, *Imprenta de los Amigos,* 16º-72 pp.

Las iniciales son de Luis Mariano Guzmán.

Hay tercera edición, de allí mismo, 1883, 8º-55 pp,

Nociones elementales sobre las cuestiones economicas que actualmente se promueven en Chile. Las dedica a su dignisimo Presidente Jeneral Don Francisco Antonio Pinto un hijo de aquella republica. *Lima,* 1828, *Imprenta Republicana de José Maria Concha,* 8º-15 pp. — Al pie dice : « Se continuará ».

De don Miguel de Zañartu ?

Nociones jenerales de Metereolojía por E. S. *Paz de Ayacucho,* 1871, *Imprenta Paceña,* 4º-Una con la dedicatoria-16 pp.

Las iniciales son, si no me engaño, de Enrique Soria, autor también de un texto de Aritmética.

Nociones preliminares de jeografia, arreglada *(sic)* por Talia. *Valparaiso, Tipografía Nacional,* 1890, 8º-28 pp.

Hay edición también de Valparaiso, 1892, 8º-menor.-33 pp.
Bajo el seudónimo de Talía se ocultó doña Pabla Silva de Briones.

No lo digo por V. lo digo por el señor. Por D. J. F. de L. Epigrama, *(Al fin :) Oficina de Doña Maria Fernandez de Jauregui,* 8º-8 pp.-(1811).

Por Don Joaquín Fernández de Lizardi.

No me olvides, ó la memoria de un amigo. *(Epígrafe de Hugó.)* N. 1º *Sucre,* a de enero de 1841. *Imprenta de la Libertad,* 4º-Una-iii-64 pp.

El prólogo está subscrito con las iniciales M. S., que son las de Mariano Salas.

Nota bibliografica. Reparos a un Texto de Historia de Chile. *Santiago de Chile, Imprenta Universitaria,* 1912, 32º-44 pp.

Por D. Enrique Matta Vial.

Notas de viaje en Francia y Suiza, Paris, 21 de Mayo de 1900. *Paris, Librería Española de Garnier Hermanos, 1900, 8º-81 pp.*

A la cabeza de la portada las iniciales R. B. L., que son las del nombre del autor, RAMÓN BARROS LUCO.

Notes on Columbia, taken in the years 1822-23 ; with an itineray of the route from Caracas to Bogotà ; and an appendix. By an officer of the United States Army. *Philadelphia, H. C. Cavey & . Lea, 1827, 8º-viii-9-303 pp.*

Por el teniente RICHARD BACHE. — HALKETT Y LAING.

Notes on Cuba, containing an account ot its discovery and early history ; a description of the face of the country, its population, resources, and wealth ; its institutions, an the manners and customs of its inhabitants. With directions to travellers visiting the Island. By a Physician. *Boston, James Munroe and Company, 1844, 12º-x-359 y una s. f.*

Si no media alguna rara coincidencia, ese médico autor del libro sería C. D. TYNG, quien se firma así en otro libro de que se hablará más adelante. CUSHING, p. 234, lo atribuye a un doctor WURDEMAN. — TRELLES, a F. WURDIMAN.

Notes on Mexico, made in the autum of 1822. Accompanied by an Historical Sketch of the Revolution, and Translations of Official Reports on the Present State of that Country... By a Citizen of the United States. *Philadelphia, H. C. Carey and I. Lea, 1824, 8º-vi-1-359 pp. y mapa.*

Por JOEL R. POINSETT, con cuyo nombre en la portada se publicó la segunda edición. *London, 1825, 8º*

Notes en Mexico, with maps. By a South Carolinian. *P. 1824.*

JOEL ROBERTS POINSETT. — CUSHING, p. 140.
Parece ser, ni más ni menos, que la misma obra del número precedente.

Notes pour servir a l'histoire, a la bibliographie et a la cartographie de la Nouvelle-France et des pays adjacents 1545-1700.

Par l'Auteur de la Bibliotheca Americana Vetustissima. *Paris, Librairie Tross,* 1872, 8º mayor-xxxiii-367 pp.

Firma la *Introduction* : H. H. : HENRY HARRISSE.

NOTICE biographique sur Le Tasse. *Montevideo, Imprenta del Rio de la Plata,* 8º-32 pp. (Sin fecha?)

Por don PEDRO DE ANGELIS.

NOTICE sur le Chili par un Voyageur français. *Paris, A. François et Comp.,* 1884, 8º mayor-43 pp. inclusas la antep. y port.

Autor : GABRIEL LAFOND DE LUCY, o mejor, DUFLOT DE MOFRAS.

QUÉRARD, III, 982 : « Esta *Notice* forma parte y constituye libro por separado de los *Voyages autour du monde et naufrages célèbres.* Paris, 1845 y siguientes, 8 vols. en 8º mayor. Esta obra lleva el nombre del autor. »

NOTICES of Bolivia and Peru. From the Foreign Quaterly Review, Nº XXXVI, *London,* 8º-23 pp.

Es traducción de las « Noticias Históricas y Descriptivas sobre el gran país del Chaco y Río Bermejo, que se propone por José ARENALES, miembro correspondiente de la Royal Geographical Society of London, impresa en Buenos Aires, 1835, 8º ».

NOTICIA avtentica de las maravillas que N. Señor obra en los panecitos de la serafica Madre S. Teresa de Iesvs en Mexico. Remitida a la R. M. Lvisa de la SS. Trinidad, Priora de las Carmelitas Descalças de Alva. Con licencia del Ordinario : *En la Imprenta de Lucas Perez,* 1675, 8º-3-140 pp.

Por el presbítero don JUAN DE LA BARRERA.

NOTICIA biográfica de Joaquin Caicedo i Cuero. *(Epígrafe de Middleton, en una línea.) Bogotá,* 1854, 4º-vii-25 pp.

Resulta de la carta preliminar, subscrita por Fernando Caicedo y Camacho, que el autor fué el doctor don José JOAQUÍN ORTIZ.

NOTICIA de la California, y de su conquista temporal y espiritual hasta el tiempo presente. Sacada de la historia manvscrita, formada en Mexico año de 1739, por el Padre Miguel Venegas, de la Compañia de Jesus; y de otras Noticias, y Relaciones antiguas, y modernas... *En Madrid, En la Imprenta de la Viuda de Manuel Fernandez...,* Año de M.D.CCLVII, 4º-3 vols.

Obra del padre Andrés Marcos Burriel. Sommervogel, *Dictionnaire,* col. 628, le llama equivocadamente, Marco Antonio.
Hay traducciones al inglés, al francés, al holandés y al alemán. Véanse todas ellas descritas en las pp. 517-18 del tomo IV de mi *Biblioteca hispano-americana.*

Noticia de la publica distribucion de los premios aplicados a las mejores hilanderas al torno, enseñadas en la Escuela Patriotica de la Nueva Guatemala Celebrada en 4. de Noviembre de 1795 ... *En la Nueva Guatemala, en la Oficina de la Viuda de Don Sebastian de Arevalo,* Año de 1796, 4º-24 pp.

El discurso lo pronunció don Pedro Ximena.

Noticia de la Sagrada Imagen de N. S. del Aviso, qve se venera en el templo de San Pablo de la Compañia de Ievs, despues de calificadas las lagrimas y misterioso Sudor conque previno a la Ciudad de Lima Cabeza del Perú la fatal ruina, que padecio el dia 20. de Octubre con los Temblores del Año de 1687, 4º-15 pp. s. f.

Del jesuíta P. Francisco López y Martínez.

Noticia de las invasiones qve las armas de Inglaterra han hecho en las Indias. Feliz svceso que las Reales de España han tenido en su defensa. *Con licencia. En Madrid, Por la Viuda del Lic. Juan Martin de Barrio,* Año 1655, 4º-3 pp. s. f.-17 hjs.

Por don Diego de Carballido y Losada, que firma la dedicatoria.

Noticia práctica de los dos examenes de conciencia, modo de oracion, y adiciones, que Nuestro Padre San Ignacio de Loyola enseña en el Libro de sus Exercicios. *Reimpresa en México en la Oficina de Don Mariano Joseph de Zúñiga y Ontiveros,* año de 1795, 16º-71 hjs. s. f.

Obra del padre jesuíta Agustín Antonio Márquez.

Noticia sobre las estampillas para multar correspondencia usadas por el Correo de Chile, por M. de Lara, *Santiago, Imp. Cervantes,* 1898, 4º-31 pp. y una lámina fuera de texto.

> Tirada aparte de 50 ejemplares de un trabajo publicado con el mismo título en los *An. Soc. Fil. Sant.,* t. IV, pp. 30-31.
> Se reprodujo en *Post Office* de Nueva York, *Le Timbrophile poitevin,* de Poitiers, y *Madrid Filatélico,* de Madrid.
> M. de Lara, seudónimo de Ramón A. Laval.

Noticias biográficas de Don Miguel J. de Lastarria. *Montevideo, Imprenta de La Nacion,* 1879, 8º-35 pp.

> De don Benjamín Vicuña Mackenna, tomada de su *Historia crítica y social de la Ciudad de Santiago.*

Noticias biograficas del Exmo. Sr. Gobernador y Capitan General de la Provincia de Santa Fé, brigadier D. Estanislao Lopez. *Buenos Aires, Imprenta del Estado,* 1830, 8º-23 pp.

> Comienza así : « El mismo motivo que tuvimos para escribir la vida del Exmo. Sr. D. Juan Manuel Rosas, nos decide a hablar de su ilustre amigo el gobernador actual de Santa Fé... »
> Por Pedro de Angelis.

Noticias de el Estado de la Provincia del Paraguay, venidas por Buenos Aires con cartas de 20 de Febrero de 1733, fol.-9 hjs.

> Del padre jesuíta Jerónimo Herrán.

Noticias de la Provincia de Californias en tres cartas de un sacerdote religioso hijo del Real Convento de Predicadores de Valencia a un amigo suyo. Carta I, *En Valencia, Por los Hermanos de Orga,* M.DCC.XCIV, Con las licencias necesarias, 8º-Una hj. s. f.-5-104 pp. ; Carta II, 96 pp. ; III, 104 pp. y dos hjs. s. f.

> Las suscribe F. L. S., iniciales de Fray Luis Sales.

Noticias de las publicaciones hechas en Chile por Don Domingo F. Sarmiento (1841-1871). *Santiago, Imprenta Gutenberg,* 1884, 16º-83 pp.

> De don Luis Montt.

NOTICIAS del Departamento litoral de Tarapacá i sus recursos. *Santiago, Imprenta Nacional*, 1879, 4º-23 pp. y mapa.

Obra de don ALEJANDRO BERTRAND.

NOTICIAS del Desierto i sus recursos. *Santiago, Imprenta Nacional*, 1879, 4º-21 pp. y hoja suelta con las erratas.

Obra de don FRANCISCO VIDAL GORMAZ, que subscribe la especie de advertencia preliminar de la primera página.

NOTICIAS de los Departamentos de Tacna, Moquegua i Arequipa i algo sobre la Hoya del Lago Titicaca. Por la Oficina Hidrografica. Con una carta jeográfica. *Santiago de Chile, Imprenta Nacional*, 1879, 4º-44 pp. y mapa.

Redactadas por don ALEJANDRO BERTRAND.

NOTICIAS fidedignas de lo que obran los Religiosos de nuestro Seraphico Padre San Francisco De su mas estrecha observancia en los Reynos de la Gran China, y Cochinchina... *En Mévico, por Joseph Bernardo de Hogal...*, Año de 1739, 4º-Una hoja-30 pp.

La *Gazeta de México*, nº 139, junio de 1739, anunció el libro como anónimo, pero en realidad va subscrito por FRAY FRANCISCO DE LA CONCEPCIÓN.

NOTICIAS sobre la persona y escritos del señor D. Avelino Diaz. Por uno de sus discípulos. *Buenos Aires*, sin fecha.

Por JUAN MARÍA GUTIÉRREZ. — ZINNY.

NOTIZIE istoriche della Chiesa Arcipretale di S. Pietro in Sylvis di Bagnacavallo Tratte dalle Memorie M SS. d'Ignazio Guglielmo Graziani, Canonico dell'insigne Collegiata de S. Michele Da Itelco Medonico A. P... *In Venezia, MDCCLXXII, Nella Stamperia Coleti*, 4º-vi-142 pp.

Itelco Medonico es seudónimo del jesuíta italiano, que trabajó durante varios años en las misiones del Ecuador, JUAN DOMINGO COLETI.

NOUVEAU voyage aux Isles de l'Amerique. Contenant l'Histoire na-

turelle des ces pays, l'Origine, les Mœurs, la Religion & le
Gouvernement des Habitans anciens & modernes. Les Guerres
& les Evenemens singuliers qui y sont arrivez pendant le long
séjour que l'Auteur y a fait ; le commerce et les manufactures qui
y sont établies, & les moyens de les augmenter. Ouvrage enri-
chi d'un grand nombre de Cartes, Plans. & Figures en Taille-
douce. *A la Haye, Chez P. Husson, T. Jonhson, P. Gosse...*,
1724. 4º mayor-2 vols.

> Barbier (III, 524), a la vez que cita esta edición, la de París, 1722,
> 6 vols. en 12º ; otra de la misma ciudad, 1742, 12º-8 vols., dice que se
> reimprimió con el nombre del autor y con el título de *Voyage aux îles
> françaises de l'Amérique*, Paris. Lefevure, 1831, 8º, como si entonces
> saliera con él por primera vez ; pero no hay tal, pues en la edición que
> describo se registra la portadilla : *Voyage du* Pere Labat *aux îles de
> l'Amérique*.
>
> Con el nombre del autor salió también la versión alemana de Nüren-
> berg, 1782, 2 vols. en 8º.

Nouvel Abrégé de tous les voyages autour du monde, depuis
Magellan jusqu'a D'Urville et Laplace (1519-1832). Nouvelle
édit. *Tours, Mame*, 1840, 12º-2 vols.

> La tercera edición es también de Tours, por el mismo Mame, 1842,
> 12º-2 vols. con 8 láminas.
>
> La primera, publicada en 1836, por Lavigne, lleva el nombre del
> autor. E. Garnier.
>
> Barbier, III, 538.

Nouvel abrégé du Voyageur français dans les cinq parties du
monde... Par Buqcellos. *Paris, Delarue*, 1829, 12º-2 vols., con
8 láminas.

> El seudónimo corresponde a Simón Blocquel. — Sabin, *A dictiona-
> ry*, etc., nº 5948.

Nouvelle route pour la Californie et de la colonisation de Costa-
Rica, Par l'auteur de *Quinze ans de Voyage autour du Monde*.
15 centimes. Chez Dauvin et Fontaine, *A Paris*, Extrait de la
Revue des Intérêts maritimes et du Commerce exterieur, n. 6,
15 septembre 1850, 8º-15 pp.

> La referencia de autor toca a Gabriel Lafond de Lucy, autor del
> libro de que se hace recuerdo, impreso que fué en París, 1840, 4º-2 vols.

Novvelle (La) histoire dv Perov, par la Relation dv Pere Diego
Torres de la Compagnie de Iesvs, Procureur de la Prouince du
Perov. Touchant les choses notables y aduenuës ez annees der-
nieres : et le fruict qui se recueille auec les Indiens d'icelluy Royaume. *A Paris, pour Catherine Niuerd*, 1604, 8º

> El autor de esta traducción, según resulta del privilegio, fué el P.
> Cayer.

Novela. ¡Liberacion! *(Estatua de mujer desnuda)*. Vera Zouroff.
(Sin fecha, ni lugar de impresión, pero de *Santiago de Chile* y
de la *Editorial « Minerva »*), 1919, 8º-250 pp., dos s. f. y hoja
con las erratas.

> El seudónimo pertenece a Esmeralda Zenteno de León.

Novela (La) Actual. Breves consideraciones sobre la Literatura
Contemporánea por Adadus Calpe. *Montevideo, Imprenta del
Nacional*, 1854, 8º-50 pp. orladas.

> Adadus Calpe es, en parte, anagrama del nombre del autor, Deodoro
> A. de Pascual.
> Véase lo que acerca de este curioso personaje cuenta don Juan Vale-
> ra en la página 198 del tomo XXVI de sus *Obras completas*.

Novela (La) del Suicida Relatada de Ultratumba por Carlos Morán González Con un prólogo del escritor argentino H. R. Gui-
ñazú. *Santiago de Chile, Imprenta « La Ilustración »*, 1915, 8º-
102 pp. y dos s. f.

> La carta con que comienza la obra, dirigida a Guiñazú, está firmada
> por el autor : Alberto Bacciarini.

Novena Ad onore del glorioso Patriarca Sant' Ignazio Lojola Composta dal P. Dottore Francesco Saverio Lazcano in lingua Spagnola Stampata nel Messico, 1749. E riportata nell'Italiana da
un Devoto di detto Santo. *Bologna per il dalla Volpe*, 1782,
Con Approvazione, 16º-41 pp. y una s. f.

> Fué el traductor el ex jesuíta Felipe Salvador Gilij, misionero
> durante muchos años en Nueva Granada, y autor bien conocido del
> *Saggio di Storia Americana*, Roma, 1780-84, 4 vols, en 4º

Novena a la antiquisima y milagrosisima Imagen de Maria Santisima de la Piedad. Que se venera en la Ciudad de Baza... *Reimpresa en México en la Oficina de los Herederos del Lic. D. Joseph de Jauregui...* año de 1794, 16º-Dos hjs. s. f.-13 hjs. s. f.

> Autor : FRAY JUAN BARROSO, que firma la dedicatoria a 10 de enero de 1738, fecha a que debe corresponder la primera edición, sin duda peninsular.

Novena a la Gloriosissima Princesa de Polónia Santa Heduvigis, Patrona de los adeudados insolventes, desvalidos y pobres. Dispuesta Por un Devoto de la Stã. *Reimpresa en la Puebla, en la Imprenta de D. Pedro de la Rosa,* año de 1812, 16º-16 hjs. s. f.

> Del padre jesuíta ANTONIO DE PAREDES, con cuyo nombre salieron las primeras ediciones.
> Hay también reimpresión de México en la que se calló igualmente el nombre del autor.

Novena a la Virgen Maria de Monserrate, en agradecido recuerdo de sus maravillosos portentos, la qual se venera en su Capilla publica de la Casa de Magarola, calle de la Puerta Fenisa. *En Barcelona, por Mateo Barcelo,* año 1799, 12º-24 pp.

> Obra del ex jesuíta argentino P. JUAN FRANCISCO OCAMPO.

Novena al Bienaventurado Fr. Martin Porrés, natural de Lima donado profeso en el convento de Rosario del Orden de Predicadores escrita por el Autor de su Vida que se vá á publicar en esta Ciudad. *Lima,* 1840, *Imp. de José Maria Concha,* 16º-23 p.

> Hay edición del mismo año, Lima, Imprenta de Instruccion Primaria, 16º Segunda impresion corregida y aumentada con la Antífona y un Soneto.
> El autor de la vida, y, por lo tanto, de esta *Novena* fué D. JOSÈ MANUEL VALDÉS.

Novena al Gloriosísimo Transito de la Santisima Virgen Maria. Os la ofrece para la última hora Fr. P. N. O. de Z. *Reimpresa en Santiago*, año de 1831, *Imprenta Nacional Por M. Peregrino*, 8º-44 pp.

Las iniciales son las del nombre de Fray Pedro Nolasco Ortiz de Zárate.

Novena al Sacratissimo Corazon de Jesus Sacada de las solidas practicas de un Librito, que con el titulo de Thesoro escondido en el corazon de Jesus ha salido nuevamente á luz,... *Quinta reimpression... En Lima, en la Imprenta de la Plazuela de San Christoval*, año de 1752, 8º-29 hjs. s. f.

Atribuída al jesuíta P. Juan de Loyola.

Novena al Santissimo Corazon de Maria. Sacada de la solida prac - tica, que dio á Luz en un Libro en Latin el P. Joseph de Galifert, impresso en Roma... *en la Puebla, en la Imprenta de Christoval Thadeo de Ortega Bonilla*, año de 1759, 16º-15 pp. s. f.

La primera edición fué hecha en México, según toda probabilidad, hacia el año de 1723 ; la de Puebla está calcada sobre otra de Córdoba. Atribúyese el opúsculo al jesuíta P. Juan Antonio de Mora.

Novena a mayor honra y gloria del Santísimo Patriarca y castísimo Esposo de la Madre de Dios el Señor San Joseph. Por un Sacerdote de la Compañia de Jesus. *Reimpresa en México, por Don Mariano de Zúñiga y Ontiveros*,... año de 1797, 16º-15 hjs. s. f.

Del padre jesuíta Francisco María Arámburu.

Novena á Nuestra Señora del Carmen en acción de gracias por los beneficios que ha dispensado á Chile por M. I. R. Con licencia de la Autoridad Eclesiástica. *Santiago de Chile, Imprenta Cervantes*, 1891, 16º-43 pp.

Las iniciales corresponden a Mercedes Ignacia Rojas,

Novena de la bienaventurada mi Señora Sta. Anna, madre de Nuestra Señora, y abuela de Nuestro Redemptor Jesu-Christo.

*Reimpressa en Mexico, en la Imprenta de los Herederos de Doña
Maria de Rivera, Calle de San Bernardo, año de* 1767, 8?-62
pp. s. f.

De fray MIGUEL DE JESÚS LEDESMA.

Hay edición, también de México, imprenta del Lic. D. Joseph de Jáuregui, 1768, 6?, con 110 pp. s. f. y una estampa.

NOVENA de la Purificacion de la Santísima Virjen Maria de la Can-
delaria. *Concepcion, Libreria de José Maria Serrato*, 1876, 8?-
30 pp.

De la licencia del Obispo de Concepción consta que el autor fué el
presbítero D. MANUEL PARREÑO.

NOVENA de la Santisima Virgen de los Dolores Nuestra Señora.
Con los Ofrecimientos de el Rosario de las Cinco Llagas... *Con
licencia en la Puebla, en la Imprenta de la Viuda de Miguel de
Ortega y Bonilla*, 16?-15 hjs. s. f. (1725).

El P. Uriarte la atribuye al jesuíta P. JOSÉ VIDAL DE FIGUEROA.

NOVENA de la Virgen de Pastoriza, qve sale a lvz para mayor culto
de la Reyna de los Angeles. *(Al fin:) Con licencia del Ordinario inpresa (sic) en Lima, en la Imprenta de la Calle de Palacio*, año de 1745, 16?-14 hjs.

Del padre jesuíta IGNACIO GARCÍA, con cuyo nombre se ha reimpreso
varias veces.

NOVENA del bienaveturado *(sic)* martir el Beato Juan de Britto.
De la Compañia de Jesus. Elevado al honor de los altares, el
dia 21 de Agosto de 1853, por nuestro Santísimo Padre el Papa
Pio IX. *Santiago, Imprenta de la Opinion*, marzo de 1857, 8?-
38 pp.

Autor, el jesuíta MANUEL FERNÁNDEZ, según resulta de la licencia para
la impresión.

NOVENA del esclarecido Martyr, caritativo Medico, y extatico Anacoreta, San Cyro. *En Faenza* 1773. Con licencia. *En la Imprenta de Joseph Antonio Archi, Impresor Episcopal*, en 8?

El exjesuíta Francisco Javier Gómez, que perteneció a la Provincia de México, « Edidit, sine nomine, *Novena*, etc. ». — Caballero, cit. por Uriarte.

Novena dell'Apostolo dell'Indie San Francesco Saverio Composta in lingua Spagnuola dal P. Francesco Garzia Tradotta ora di nuovo in Italiano da un Divoto del medesimo Santo. *Fuligno*, 1787, *Per Gio Tommassini*, 16º-34 pp.

Del ex jesuíta Felipe Salvador Gilij.

Novena del milagroso SS. Christo de Esquipulas Que se venera en el Reyno de Goatemala, y por su Sagrada Copia, en la Iglesia de N. P. S. Juan de Dios de la Villa de Colima... *Reimpresa en México, en la Imprenta de D. Felipe de Zúñiga y Ontiveros...*, año de 1784, 8º-44 pp. s. f. y lámina.

A pesar de que la portada lo calla, el nombre del autor es Nicolás de Paz.

Novena de Santa Quiteria Virgen, y Martyr, Patrona de Toledo, Abogada de la Salud, Especial Protectora para el mal de la Rabia. Ofrecela a sus Aras un Religioso afecto, que humilde implora su Celestial Patrocinio. *Reimpressa en Mexico, en la Imprenta del Lic. Don Joseph de Jauregui...*, año de 1774, 16º-29 pp. s. f.

Ese « religioso afecto » fué fray José Gil Ramírez. Conozco dos ediciones anteriores, ambas de México, una de 1726 y la otra de 1731.

Novena de S. Francisco Xavier, para alcanzar por su intercessión las gracias que se desean... *Reimpresa en la Puebla, Por la Viuda de Miguel de Ortega*, año de 1743, 16º-41 hjs. s. f.

Atribuída al jesuíta P. Francisco García.

Novena de Santa Isabel Reina de Portugal Hija del Seráfico Patriarca San Francisco de Asis en su Tercera Orden de Penitencia ; y Patrona especial de la fundada en el Convento Franciscano de nuestra Señora del Socorro de la Ciudad de Santiago de Chile. La compuso el R. P. Fr. G. V. Visitador de dicha

Tercera Orden, que costea la impresion, el año de 1833, y es el diez y seis de la Independencia de la República Chilena. *Imprenta de la Independencia,* 12º-42 pp.

Las iniciales son las de FR. GREGORIO VÁZQUEZ.

NOVENA di ossequij in appareccio alla Festa di Maria Vergine Madre Santissima di Lume, e per ottenere il di lei poderoso patrocinio da un sacerdofe indegno Servo della gran Reina... *In Bolonia* 1777, *Nella Stamperia del Long,* con licenza de'Superiori, 12º-56 pp.

Por el jesuíta guatemalteco BARTOLOMÉ JOSÉ DE CAÑAS.

NOVENA en honor del Glorioso Patriarca San José por el Pb. Don M. A. R. *Santiago, Imprenta Católica de Manuel Infante,* 1888, 8º menor-43 pp.

Las iniciales son de don MANUEL ANTONIO ROMÁN.

NOVENA en honor de la ínclita virgen y mártir gloriosa Santa Filomena. Arreglada a las necesidades de la época por J. I. M. y G. *(Epígrafe en siete líneas.) Santiago de Chile, Imprenta Barcelona,* 1894, 16º-96 pp.

Por José IGNACIO MUÑOZ Y G.

NOVENA en obsequio de la Gran Madre de Dios, y Reyna de los Angeles Nuestra Señora de la Salud, Que se venera en su prodigiosa Imagen en la Ciudad de Patzcuaro. Por un Sacerdote de la Compañia de Jesus. *Reimpresa en el Colegio Real de S. Ignacio de Puebla,* año de 1767, 16º-15 hjs. s. f.

Atribuída al padre jesuíta PEDRO SARMIENTO.

NOVENA histórica de Nuestra Señora de Lourdes. Con licencia de la Autoridad Eclesiástica. *Imprenta y Encuadernación Chile,* 1905, 8º-51 pp.

De la licencia eclesiástica consta que el autor fué el presbítero D. SAMUEL BRAVO.

Novena y relacion de la asombrosa vida del penitente anacoreta San Onofre, que escribió el Santo Abad Pafnufio... La da a luz un favorecido del Santo, para extender la devocion en América. *México, año de 1808, Imprenta de Arizpe,* 8º-Lámina-9 pp. s. f.-53 pp. y una s. f.

Es probable que este «favorecido del Santo» sea don José Beltrán, según lo que Beristaín dice al hablar de él en la página 153 del tomo I de su *Biblioteca.*

Novenario del Pobre Consagrado al Gloriosissimo Patriarcha S. Joachin Padre natural de la Santissima Virgen y Abuelo, segun la carne, de Christo Señor N.... Dalo a la estampa Vn Sacerdote de la Congregacion del Oratorio de N. P. S. Phelipe Neri de la Ciudad de Mexico... *En Mexico, por Doña Maria de Benavides Viuda de Juan de Ribera,* año de 1692, 8º-7 hjs. s. f.-23 de texto.

Por don Juan de la Pedrosa, que subscribe la dedicatoria.

Novvs Orbis Regionvm ac Insvlarvm veteribvs incognitarvm, una cum tabula cosmographica, & aliquot aliis consimilis argumenti libellis, quorum omnium catalogus sequenti patebit pagina. His accessit copiosus rerum memorabilium index. *(Tres palabras griegas.)* Fata uiam inuenient. *Basilae apvd Io. Hervagivm,* mense Martio, anno M. D. XXXII.-Fol.-24 hjs. s. f.-584 pp. y dos s. f. y mapa.

Primera edición de esta colección de viajes, que las hay también de esa misma ciudad, 1537, y de París, 1532. El colector y autor del prefacio que la encabeza fué Simón Grynaeus.

Nueva Jeografia Sinóptica de las cinco partes del Mundo. Contiene... Dedicada a la Real Sociedad Patriótica de la Habana por uno de sus miembros, individuo de la Sociedad de Jeografia de Paris, y de otras corporaciones científicas nacionales y extranjeras. *Trinidad de Cuba, Imprenta de D. Cristóbal Murtra e hijos,* 1841, 8º oblongo.

Por D. Francisco Lavallée. — Trelles.

Nuevas instrucciones para el Juzgado de Bienes de Difuntos de la Real Audiencia de Mexico. *México, Por Don Mariano de Zúñiga y Ontiveros...*, año de 1805, fol.-20 pp.

NUEVO (El) Corresponsal. N? 1? Contestacion al papel tituladoLos Apostoles del Diablo. *(Santiago de Chile), Imprenta Nacional*, 4?, sin fecha (1823),-12 pp.

No he visto el número segundo (y último), que *Briseño (Est. bibl.*, p. 237) dice haber existido, por más que al hablar de las páginas de que consta, sólo hace caudal de 12, que son las del citado número primero. Agrega que sus autores fueron don JUAN CRISÓSTOMO LAFINUR y don BERNARDO VERA, que se propusieron rebatir a fray Tadeo Silva.

NUEVO curso de literatura moderna. En 12 lecciones, para el uso de los colegios... *Cochabamba, Imprenta del Siglo*, 1874, 4?-ii136 pp.

Por el presbítero don VICTORIANO SAN ROMÁN.

NUEVOS artículos sobre Oribe Publicados por El Conservador. Primera publicacion. *Montevideo*, enero de 1848, (sin designación de Imprenta), 8?-57 pp.

Tirada por separado de artículos que habían aparecido antes, Enero de aquel año, en *El Conservador*, cuyo director y propietario fué don JOSÉ MÁRMOL.

NVLIDADES expresas, y notorias, Que contiene la causa del alboroto sucedido en la Ciudad de Mexico. a 15. de Enero de 1624. assi en general, como en lo particular, que toca al Licenciado don Pedro de Vergara Gaviria, Oydor mas antiguo de la Real Audiencia de la dicha Ciudad, De que fue por Iuez delegado, el Licenciado don Martin Carrillo y Aldrete, de la General Inquisicion. *(Madrid*, 162...), fol.-3 hjs. s. f.

Con la firma autógrafa del mismo VERGARA GAVIRIA.

O BBLIGHI del Suddito verso il suo Sovrano proposti per via di Lezioni, Dimande, e Risposte dal'Illmo. e Rmo. Sig. Monsig. D. Fr. Giuseppe Antonio di S. Alberto, dell' Ordine de'Carmelitane Scalzi, Vescovo Prima di Tucuman, ed ora Arciv. della Plata nell'America Meridionale. Traduzione dall'Idioma Spagnuolo nell'Italiano. *In Roma*, MDCCLXXXX, *Presso i Lazzarini* Con approvazione, 4º-128 pp.

Fué el traductor el ex jesuíta de la Provincia del Paraguay, Nicolás de Lagua, con cuyo nombre apareció la segunda edición de ese libro, también en Roma, 1792, fol.

Obelisco, que en la ciudad de la Puebla de los Angeles, celebrando la Jura de nuestro Rey y Sr. D. Carlos III. Erigió el Nobilissimo, y real Gremio de sus Plateros... *Impresso en el Real Colegio de San Ignacio de dicha ciudad*, año de 1763, 4º-4 pp.-5 s. f.

Beristain asevera que el autor fué don N. Hurtado.

Obispo (El) de Antequera informa a la Real Audiencia La justificacion conque su Magd. (Dios le guarde) augmentò quatro Prevendas en su Santa Iglesia... *En Mexico, por Francisco de Rivera Calderon...*, año de 1720, fol.-24 pp.

Obispo (El) de Antequera satisface a vn Memorial que presentó el Doctoral de su Iglesia... *Con licencia en Mexico, Por los Herederos de la Viuda de Francisco Rodriguez Lupercio...*, año de 1720, fol.-18 pp.

Llamábase ese obispo Fray Angel Maldonado.

Obras de Don José Antonio Saco, Por un Paisano del Autor.
Nueva York (1853), t. I.

Francisco Javier Vingut. — F.-C.

Obras poéticas de Delio. *(Epígrafe de Young.) Matanzas, Por D.
Tiburcio Campe, Impr. del Gobierno,* 1834, 12º-255 y cinco s. t.

Delio es seudónimo de Franscisco Iturrondo.

Obras poéticas de D. Jose Joaquin Olmedo. Unica coleccion completa. Revista y corregida por el autor, y ordenada por J. M.
G. *Valparaiso, Imprenta, Europea,* 1848, 16º-vi-212 pp.

Las iniciales del compilador y revisor corresponden a Juan María Gutiérrez.

Obsequio que dedica un vecino de esta ciudad por su feliz arribo al Sr. Mariscal de Campo D. Francisco Dionisio Vives, Capitan General y Gefe superior político de esta plaza. *Habana, En la Imprenta de la Marina por el ciudadano José Boloña,* 1823, 4º-6 pp.

Las iniciales J. B., con que aparece subscrito este romance endecasílabo, cree Trelles que pueden ser las del mismo impresor José Boloña.

Observaciones a la «Anarquia i Rojismo en Nueva Granada».
Santiago de Chile, Imprenta de Julio Belin y Ca., 1853, 8º-53 pp.

Briseño no supo quien fuese el autor.
Don Gregorio Beéche la coloca entre las obras de Dn. Rafael Valentín Valdivieso (ver: *Catálogo Beéche,* de Vicuña Mackenna, p. 579).
Lo que hay de cierto en esta atribución, es que Valdivieso hizo circular una nota impresa, transmitiendo la carta-respuesta que D. Manuel José Mosquera dió a la *Manifestacion* que aquel prelado y otras personas le dirigieron en 3o de Mayo de 1853, y que aparece subscrita en París, a 11 de agosto de ese año.
El folleto *Anarquía y Rojismo en Nueva Granada* está firmado por N. Ancízar.

Observaciones al estudio de los Principios del Derecho del señor Courcelle Seneuil. (Artículos publicados en « El Estandarte Ca-

tólico».) *Santiago, Imprenta de «El Estandarte Católico»*, 1888,
8º-84 pp. y 2 s. f.

Del presbítero D. Luis Vergara Donoso, cuya firma autógrafa lleva
el ejemplar de mi propiedad.

Observaciones en constestacion a un articulo que se publicó en
La Abeja Chilena sobre sistemas federativos en general y con
relacion a Chile y algunas reflecsiones sobre un impreso intitulado Memoria politica sobre si conviene en Chile la libertad
de cultos. Se dedica este escrito al próximo Congreso Nacional,
y Provincias de Chile. Setiembre de 1825. *Imprenta de la Independencia,* 4º-28 pp.

Hay una segunda parte, o Número segundo, de este folleto, con
portada casi igual, salvo que se añade «Con un Apéndice sobre tolerancia copiado del Nº 7 del Mensagero de Londres», 28 pp.

Briseño, *Est. Bib.*, p. 240, sólo pudo anotar la Primera Parte, que
dice fué redactada por el Enviado Americano Mr. Samuel Larned.

Observaciones en contestacion a las Memorias politicas sobre las
Federaciones, &c. Número tercero o sean algunas reflecsiones
sobre la ultima contestacion del autor de estas Memorias; a los
dos anteriores numeros de las Observaciones. Se dedica este escrito al prócsimo Congreso Nacional, y provincias de Chile.
Febrero de 1826. *Imprenta de la Biblioteca,* 4º-21 pp.

Obra de don Juan Egaña, como ya lo dijo *Briseño (Est. Bibl.*, p. 240)
y se acredita con hallarse incluída por aquél en la lista de sus trabajos,
con el título de «Contestacion a las observaciones sobre la Memoria de
las Federaciones en jeneral y con relacion a Chile»: impresa en Santiago. *Escritos y servicios,* p. 6.

Observaciones respetuosas, dirigidas a mi patria, a mi Gobierno,
y mis conciudadanos, que escriben a favor de la concesion de
cementerios para los difuntos que han profesado una religion
distinta de la católica. *(Al fin:) Imprenta de Valles y Vilugron,
por Molinare,* 4º-sin fecha (1820)-4 pp.

Papel subscrito por Ortodoxio, seudónimo de don Juan Egaña, quien,
en efecto, lo da como suyo en la página 9 de sus *Escritos y servicios,* in-
titulándolo: «Observaciones sobre cementerios y otros ritos para difuntos de diferentes cultos», impreso en Santiago.

Observaciones sobre ciertas preocupaciones nacionales, Sacadas de una carta escrita de Santiago de Chile el 1º de Junio de 1823. *(Colofón:) Santiago de Chile, julio 14 de 1823, Imprenta de Valles, por Perez, 4º-16 pp.*

Subscrita por D. L., o sea, D. Juan José Dauxion Lavaysse.

Observaciones sobre higiene internacional. *Buenos Aires, Imprenta del Porvenir, 1885, 4º-32 pp.*

Fué autor el doctor D. Guillermo Rawson.

Observaciones sobre la Memoria publicada por el General D. Miguel Tacon al entregar el Gobierno de la Isla de Cuba. *Paris, De l'imprimerie de Leblanc, 1838, 12º-31 pp.*

Se imprimió en España, según se dice, y fué su autor don Anastasio Carrillo y Arango.

Observaciones sobre la preparacion y usos del Chocolate. Con las licencias necesarias: *Impreso en México por D. Felipe de Zúñiga y Ontiveros, calle del Espíritu Santo, año de 1789, 8º-7 hjs. s. f.*

Por Desiderio Osasunasco.

Observaciones sobre las causas que influyeron en la variacion del Poder Ejecutivo que se hizo en el 28 de Febrero del presente ano *(sic)* de 1823. *Lima, 1823, Imprenta de Rio, 4º-pp. 3-18.*

El autor fué don Benito Lazo.

Observaciones sobre varios periodicos, y otros impresos hispano-americanos y en particular sobre la Constitucion polilica [*sic*] de Chile de 1823 copiado del Num. 6 del Mensagero de Londres. Noviembre de 1825. *Santiago de Chile, Imprenta de la Biblioteca, 4º-17 pp.*

Reimpresión que va precedida de una nota del Editor, que, sin duda, fué don Juan Egaña, en vista de los elogios que se tributan allí a algunas de sus obras.

OBSERVATIONS on the existing differences between the Government of Spain and the United States, by Verus... *P.* 1817.

DON LUIS ONÍS. — CUSHING, p. 293.

OCHO dias a Dios ó sea Una Semana de Ejercicios en la Profesa. Por J. N. L. *Mexico, Impreso por J. M. Lara,* 1841, 4º-4 s. f.- 66 pp. — En verso.

Las iniciales son de JUAN N. DE LACUNZA.

OCIOS poéticos. Por Ipandro Acaico. *México,* 1878.

Nombre arcádico del obispo de Linares (México) don IGNACIO MONTES DE OCA. — MAXIRIARTH, p. 68.

OCIOS poéticos, por Delio. *Matanzas,* 1834.

FRANCISCO ITURRONDO. — F-C.

OCTAVA carta pastoral por P. A. de L. y D. *Habana,* 1858.

El doctor PELAGIO A. DE LAVASTIDA Y DÁVALOS. — F-C.

OCTAVAS de laberinto de seis estrofas. Las que se deben lér *(sic)* comenzando por las Iniciales mayusculas del margen... *(Guatemala,* 1811), 4º-8 pp.

El nombre del autor se descubre en la estrofa quinta: « El capellán... don ANASTASIO... LEÓN... solemniza... gozoso... esta elección... », o sea, la de fray Ramón Casaús y Torres para el arzobispado de Guatemala.

OCTAVAS que dedica al señor don Nicolas de la Cruz y Bahamonde, Conde de Maule, Academico honorario de la de San Fernando y de la de San Lucas de Roma, vecino de Cadiz, su mejor amigo. *Cadiz, En la Imprenta Gaditana,* 1817, 16º-16 pp.

Ese mejor amigo del Mecenas se llamaba don BERNARDO LASSALETA Y LASSALETA, que firma su dedicatoria en Cádiz, a 10 de marzo de 1817. Reproducido en las pp. 530-36 del tomo III de la *Biblioteca hispano-chilena,* de Medina.

ODA a la desventurada Cumaná. *Caracas,* 1853, 8º-17 pp.

Autor: HERACLIO MARTÍN DE LA GUARDIA, y de dos dramas: *Güelfos y Gibelinos*, en cuatro actos, Caracas, 1859, 8º-60 pp.; y *Don Fadrique, Gran Maestre de Santiago*, en cuatro actos y en verso, 1863, 8º-64 pp. Trae estas noticias SABIN, VII, nº 29.058.

ODA a la victoria de Chacabuco, por las armas de las Provincias Unidas al mando del señor brigadier general don José de San Martin. Por E. L. *Buenos Aires, Imprenta de la Independencia*, 1817, 4º-8 pp.

Las iniciales son de ESTEBAN LUCA.

ODA a las invencibles tropas de Nueva España. Con superior permiso. *Mexico, En la oficina de Ontiveros*, año de 1812, 4º-12 pp.

Subscrita por Marón Dáurico, anagrama del autor: RAMÓN ROCA.

ODA. En la instalacion de la Diputacion Provincial de Méjico. *(Al fin:) Imprenta de Ontiveros*, año de 1820, 4º-4 pp.

Subscrita por L. M. (LUIS MONTAÑA).

ODA heroica en memoria de los constantes esfuerzos Del Alto-Perú durante la guerra de 15 años por la independencia y libertad americana. En idioma latino Con su traduccion en prosa castellana: con notas históricas, cronolójicas y jeográficas, y un Discurso crítico sobre el mérito de la obra. Año 1846. *Imprenta Paceña*, 4º-23 pp.

En la segunda edición, que salió con el título de *Canto lírico*, se puso en la portada las iniciales del autor y traductor, que lo fueron, respectivamente, JOSÉ MANUEL LOZA y REMIGIO ZELADA.

Oda que en el feliz cumple años del Exmô. Señor Virey de esta Nueva España Don Francisco Xavier Venégas, le dedican y consagran rendidos los militares patrioticos del Real Cuerpo de Artilleria, *Mexico*, 1810, *En la Imprenta de Arizpe*, Con licencia. 4º-8 pp.

De don FRANCISCO ALONSO y RUIZ DE CONEJARES.

OFFICIA Summorum Pontificum et aliorum Sanctorum quae ad

majorem commoditatem collecta sunt in hoc codice. *Serena. Imprenta de la Diócesis,* 1888, 8?-viii s. f.-114 pp.

De la dedicatoria autógrafa puesta en el ejemplar de la Biblioteca Nacional de Santiago, resulta que el autor fué D. ANDRÉS ROBLES.

OFFICIUM in Festo B. V. Mariae de Guadalupe Mexicanae. *Mexici,* M.DCC.LXXXIV. *Typis Sacror. Librorum apud Héredes Lic. D. Josephi à Jauregui, in viá Sancti Bernardi,* Cum Gratia, et Privilegio, 4?-47 pp. y una hj. s. f.

Del padre jesuíta JUAN FRANCISCO LÓPEZ.

OFFICIVM in Festo B. M. Virginis de Guadalupe Mexicanae. *Romae,* MDCCLIV. *Typis Generosi Salomoni, Superiorum Facultate,* 12?-152 pp. y una hj. s. f.

Del jesuíta JUAN FRANCISCO LÓPEZ, venezolano.
Opúsculo de que hay numerosas reimpresiones, como lo advirtió ya URIARTE, n? 1473.

OFFICIUM proprium Sacratissimae Coronae Spineae Domini Nostri Jesu Christi Feria sexta ante Dominicam Passionis Duplex Majus Pro Religiosis Societatis Jesu Provinciarum illarum quibus nominatim concessum est... *(Al fin :) Faventine,* MDCCLXXII, *Typis Josephi Antonii Archii,* 8?-xxviii–viii pp.

Del ex jesuíta mexicano P. PEDRO GALLARDO.

† OFFICIUM Sacratissimi Cordis Jesu recitandum feria VI. post octavam Corporis Domini nostri Jesu Christi sub Ritu Duplici I C. sine Octava... 4?-10 hjs. a dos columnas–2 pp.

Presentación al Papa de D. José ANTONIO MARTÍNEZ DE ALDUNATE, por la que pide se haga extensiva a Chile la concesión otorgada a Portugal. De 1791 y, probablemente, impresión de Roma.

OJEADA al proyecto de Constitucion que el Libertador ha presentado a la Republica Bolivar. Por A. L. G. *Lima, Imprenta Republicana administrada por José Maria Concha,* 4?-52 pp.

Las iniciales de la portada se aclaran con la dedicatoria «Al Patriarca de la Libertad Mr. de Pradt», subscrita por ANTONIO LEOCADIO GUZMÁN.

OJEADA sobre los primeros catorce meses de la Administracion del 7 de Marzo, dedicada a los hombres imparciales i justos. 1850. *Bogotá, Imprenta de El Dia por Jose Ayarza,* 4º-62 pp. y una s. f.

Por MARIANO OSPINA.

OJOS (Los) extasiados — De las horas inquietas — Con fervor (1918-20). Ediciones Juventud, *Santiago,* 1920, 16º-86 pp. y la final, s. f., para el colofón : *Imprenta Cervantes,* 18 de diciembre de 1920.

El seudónimo Miriam Elim, que lleva al comienzo de la portada, oculta el nombre de MARÍA PREUSSE.

« OLD Timers » british and american in Chile by « Quien sabe ». *Santiago, Imprenta Moderna,* 8º-s. f.-449 pp.

« Quien sabe » fué Mr. CHARLES F. HILLMAN.

ON AND off the saddle ; characteristics sights and scenes from the great Northwest to the Antilles. By Lispenard Rutgers. *New Yor, London, G. P. Putnam's sons,* 1894, 8º-viii-201 pp.

Por HENRY E. SOMITH. — TRELLES.

ON SUGAR cultivation in Louisiana, Cuba, etc., and the British Possessions. By an European and Colonial Sugar Manufacturer. *London,* 1848.

Por JUAN A. LEÓN. — CUSHING, p. 54.

ON THE disturbances of South America. *London, James Ridgway,* 1830, 8º-63 pp.

Téngola por obra de W. B. STEVENSON, pues comienza por decir en su opúsculo el largo tiempo que ha residido en la América del Sur, y en el otro que en seguida apunto, de «haber visitado últimamente las Repúblicas del Perú y Chile» : circunstancias que se avienen perfectamente con el hecho de haber entregado a las prensas el año anterior de 1820 su *Historical and descriptive narrative of twenty years residence in South America.*

ON THE formal recognition of Chile and Peru. *London, Effingham Wilson*, 1830, 8º-8 pp.

Lo atribuyo a W. B. STEVENSON.

OPERA minora. Christoph Colomb et les Académiciens espagnols. Notes pour servir a l'histoire de la Science en Espage au XIXᵉ siècle par l'Auteur de la Bibliotheca Americana Vetustissima. *Paris, H. Welter, Éditeur*, 1894, 12º-157 pp.

Por HENRY HARRISSE.

OPUSCULO sobre la Hacienda Publica de Chile. *Santiago, Imprenta de la Opinion*, 1841, 4º-137 pp. para los dos Cuadernos en que está dividido.

La dedicatoria al ministro de Estado D. Manuel Rengifo lleva por toda subscripción tres asteriscos, que ocultan el nombre del autor DIEGO JOSÉ BENAVENTE. — BRISEÑO, *Est. bibl.*, p. 245.

ORACION de la Real Sociedad Patriótica de Valladolid al Rey nuestro Señor D. Carlos IV. con motivo de la muerte de su augusto Padre, y de la feliz exâltacion de S. M. al Trono. *Madrid, en la Oficina de Aznar*, Año M.DCC.LXXXIX, 4º-24 pp.

Obra de don JOSÉ MARIANO BERISTAÍN DE SOUSA, según él mismo lo refiere en la página 169 del tomo I de su *Biblioteca*.

ORACION fúnebre del señor D. Andres Bello Rector de la Universidad de Chile. *Valparaiso, Imprenta y Libreria del Mercurio*, 1865, 4º-a dos columnas-15 pp.

De don FRANCISGO DE PAULA TAFORÓ.

ORACION Hecha por un individuo comerciante deseoso de la tranquilidad publica en oportunidad de la pomposa entrada a Quito de los Reales Sellos... *Ympreso en Quito* el Año de 1818, fol.-6 pp.

Obra de CARLOS LAGOMARSINO.

ORACION inaugural que en la apertura de la Biblioteca Pública de

Montevideo, celebrada en sus fiestas Mayas de 1816, Dixo D. A. L. Director de este establecimiento. *Montevideo, en el mismo año*, 8º-16 pp.

Ese director se llamaba DÁMASO ANTONIO LARRAÑAGA.

ORADORES (LOS) de la Cámara. Retratos, bocetos y caricaturas de algunos Diputados de 1873. Por un Aficionado. 1ª Serie. *Montevideo, Imprenta de El Obrero Español*, 1876, 8º-134 pp. y una sin foliar.

WASHINGTON P. BERMÚDEZ, poeta, escritor y periodista. Autor de *El Baturrillo Uruguayo* y el drama *Artigas*. Fué legislador y Jefe Político de Treinta y Tres, y correspondiente de la Real Academia Española.

ORDÉ (La) que vos los Juezes Officiales de su Magestad d'la nueua España y Nueuo Reyno de Galizia, y de la ciudad y puerto de la Uera cruz y prouincias de Yucatan, y Nueua Vizcaya : cada vno en su districto aueys de tener, y guardar, en la administracion y cobrança dela renta de alcauala... *(México, 1574)*, fol.- 5 hjs.

Obra del virrey de México don MARTÍN ENRÍQUEZ.

ORDENANÇAS del Consvlado de la Vniversidad de los Mercaderes desta Nveva España, confirmadas por el Rey nvestro señor... *En Mexico, En la Imprenta de Bernardo Calderon...*, año de 1636, fol.-24 hjs.

Hay ediciones posteriores mexicanas de 1652 y 1656.
Fué su principal redactor don JUAN ASTUDILLO, prior del Consulado en años anteriores.

ORDENANZAS, reglas, y constituciones del Altar, y Coro de la santa Iglesia Catedral de Ciudad Real de Chiapa. Mandadas observar por el Ilmo. Sr. Obispo, y su Iltre. V. Sr. Dean, y Cabildo. *Impresas en la Nueva Guatemala en la Imprenta de las Benditas Animas, que dirige D. Alejo Mariano Bracamonte*, año 1790, 8º-38 pp.

Se llamaba ese obispo D. FRANCISCO GABRIEL DE OLIVARES Y BENITO.

ORDENES privadas del General D. Juan Manuel de Rosas en la revolucion de 1840 y Abril de 1842. *Lima*, 1847, *Imprenta y Litografía de Justo Montoya*, 4º-vii-1 s. f.-96 pp.

Subscribe el prólogo y el folleto mismo PEDRO C. AVILA.

ORDINARIVM sacri ordinis heremitarū sancti Augustini episcopi & regularis obseruãtie, nuc denuè corretū, sicqz nõ secudum more antiquū, ceremonie siant, sed secūdū choros altos. *Mexici*, anno. dñi. 1556 idibus Iulij, 4º-40 hjs.

Atribuído a FRAY ALONSO DE LA VERACRUZ.

ORDO Divini Officii persolvendi, Riteque Missae celebrandae juxta Kalendarium Romano-Seraphicum. A Sacr. Rit. Congreg. novissime approvatum et a Reverendis. PP. Generalibus Servari praeceptum in commodum omnium. Qui ex concessione Sedis Apostolicae eo utuntur Praesertim Fratribus Minoritis hujus Almae Provinciae SSmae. Trinitatis Reypublicae Chilensis. Recognitus pro anno bissextili. Seu Intercalari tam solari quam lunari. MDCCCLII. Per P. ex-C. et L. Fr. F. P. A. *(Epígrafe en tres líneas.) Imp. de la Independemcia*, 8º-74 pp., incl. la port.

Las iniciales pertenecen a FRAY FRANCISCO DE PAULA ALFARO.

ORDO Divinii Offici persolvendi Riteque Missae celebrandae juxta Kalendarium romano-seraphicum... Praesertim Fratribus Minoritis hujus Almae Provinciae SSmae. Trinitatis Reypublicae Chilensis. Reconditus pro anno Comi. MDCCCLIII. Per P. F. J. A. R. *(Epígrafe en dos líneas.) Imp. de la Independencia*, 8º-82 pp. s. f.

Las iniciales son de FRAY JOSÉ ANTONIO ROJAS.

ORDO Divini Oficii persolvendi Riteque Missae Celebrandae juxta Noviss. Ord. disposit. Yn commodum omnium. Qui ex concessione Sedis Apostolicae Breviario Ac Missali Romano-Seraphico-utuntur. Praesertium Fatribus Minoritis hujus Almae Provinciae SSmae. Trinitatis Reypublicae Chilensis. Conditus

Pro Anno Comi. MDCCCLIV. Per P. F. J. A. R. M. C. Orabo spiritu, orabo et mente. Psallam spiritu, psallam et mente. (I. Corint. Cap.-14, v. 15.) *Imp. de la Independencia,* 8º-menor. 41 hjs.

La resolución del nombre del autor, la hallamos en el *Catálogo de los Eclesiásticos de ambos cleros del Arzobispado de Santiago de Chile,* Santiago, 1859, 4º, en el que, a la página 5o, se lee : «Rojas P. Fray José Antonio, Calendarista.» indicación que corresponde a las iniciales de la portada : «Por el P. F. José Antonio Rojas, Maestro de ceremonias.»

Para no repetir papeletas, advertiremos que estos mismos añalejos los hay de los años 55, 56, 57, 58, 59 y 1860, pero en el del año 58 las dos iniciales finales son C. P., esto es, calendarista de la provincia.

Ordo divini oficii persolvendi Riteque celebrandae Missae juxta Kalendarium Romano-Seraphicum. A Sacr. Rit. Congreg. novissime aprovatum, et. a Reverendis. PP. Generalibus Servari præceptum in commodum omnium. Qui ex concessione Sedis Apostolicae eo utuntur Præsertim Fratribus Minoritis hujus Almae Provinciae Smae Trinitatis Reypublicae Chilensis. Dispositus pro anno comi. M. D. C. C. C. L. XXXVII. Per patrem P. G. F. J. A. R. jussu R. P. N. M. P. Fr. Virginius Tabasso et Venerab. Definitorii Provinciae. Orabo spiritu, orabo et mente Psallam spiritu, psallam et mente. *Imp. Excelsior, Valparaiso,* 8º-67 pp.

Por Fray José Antonio Rojas.

Ordo Divini Oficii recitandi sacrique peragendi juxta Ritum Sacri Ordinis Fratrum Praedicatorum Provinciae Chilensis Sancti Laurentii Martyris. Anno Domini MDCCCLXXXII Dispositus a Fr. R. P. *(Epígrafe en siete líneas.) Sancti Jacobi de Chile, Ex typis vulgo Dictis de «El Independiente»,* 1881, 8º-menor 64 pp.

Las iniciales son de Fray Ramón Pacheco.

Ordo Divini officii recitandi, missaeque celebrandae juxta rubricas breviarii Ac Missalis Romani. Pro Clero Archidióecesis S. Jacobi de Chile. Anno 1875. *Sancti Jacobi de Chile, Ex Typographia vulgo dicta del Correo,* 1875, 8º-xvi-63 pp.

Obra del Maestro de Ceremonias de la Catedral, que lo era entonces don ANTONIO GANDARILLAS.

ORDO Divini officii recitandi sacrique peragendi juxta ritum fratrum praedicatorum Provinciae chilensis Sancti Laurentii Martyris Anno Domini MDCCCLXXXIII. Dispositus a P. R. P. *(Epígrafe latino en siete lineas.)* Sancti Jacobi de Chile Ex Typis vulgo dictis de « El Independiente », 1882, 8º-86 pp. y una s. f.

Las iniciales son del P[adre] RAMÓN PACHECO.

ORGANIZACION y reorganizacion. Disolucion del régimen y organizacion dc la Confederacion Argentina. — Propositos de reorganizacion bajo el mismo régimen. — Revindicacion del Partido Nacionalista ; sus hombres y sus hechos. *Montevideo, Imprenta de La Discusion* (1862), 4º a dos columnas–31 pp.

Subscrito por FEDERICO DE LA BARRA.
Federico de la Barra, emigrado argentino al caer Rosas. Redactó con Nicolás Calvo, en Montevideo, *La Reforma Pacífica.*

ORIGEN de la Imagen, y Advocacion de Nuestra Señora del Refugio, Solemne pompa, con que celebró su primera fiesta la Ciudad de la Puebla de los Angeles, el dia 4. de Julio de este Año de 1747. *(Al fin :)* Con licencia en la Puebla, En la Imprenta de la Viuda de Miguel de Ortega, año de 1747, 4º-12 pp. s. f.

Por el padre jesuíta MIGUEL DE ORTEGA.

ORIGEN de los males y desgracias de las Repúblicas del Platà. Documentos curiosos para la historia, publicados por el General G. A. de la M. Montevideo. Noviembre de 1846. *(Al fin :)* En la Imprenta del Comercio del Plata, 8º-16 pp.

Las iniciales son de GREGORIO ARÁOZ DE LA MADRID.
En el propio año y en Montevideo también, se publicó otro impreso de 47 pp. en 8º con el mismo título del anterior, igualmente anónimo, pero cuyo autor ignoro, como no lo supo tampoco Estrada.

ORIGINES transatlantiques. Belain d'Esnambuc et les Normands aux

Antilles d'apres des documents nouvellement retrouvés. *Paris, Achille Faure*, aout 1863, 8º-102 pp., 1 s. f. y 1 lámina.

> El nombre del autor se registra al pie de la Introducción : PIERRE MARGRY.

ORÍJENES (Los) de San Francisco de California. (Traducción especial de « La Revista de Ambos Mundos » para « La Patria ».) *Valparaiso, Imp. de « La Patria »*, 1887, 8º-164 pp.

> El original francés lleva la firma de C. Varigny, y el traductor fué D. ARTURO M. EDWARDS.

ORILLA (A. la) del mar y la cueva de Quintay, por J. A. P. *Santiago, Imprenta Nacional*, 1882, 8º-29 pp.

> Las iniciales corresponden a JOSÉ ANTONIO PÉREZ. — SILVA, *La Novela en Chile*, nº 275.

ORION a Sagita. El asalto de Curupaiti, 4º s. l. n. f.-30 pp.

> HÉCTOR F. VARELA era conocido con el seudónimo de Orión. — ZINNY. Otros creen que es de LUCIO MANSILLA.

OSSEQUI divoti proposti a'Fedeli per onorare la Madre Santissima del Lume, che si venera nella Chiesa della Venerabile Archiconfraternita di Santa Maria della Neve. *Bologna*, MDCCXXXVIIII, *Per le Stampe de Lelio dalla Volpe*, Con approvazione, 24º-8 pp.

> Atribuído al jesuíta guatemalteco P. BARTOLOMÉ JOSÉ DE CAÑAS.

OSSERVAZIONI critico-teologiche di Gaetano da Brescia sopra l'analisi del libro delle Prescrizioni di Tertuliano di don Pietro Tamburini... *In Asisi*, MDCCLXXXIII, *Dalle Stampe di Ottavio Sgariglia...*, 4º-pp. v-ix- dos s. f. — 275 pp.

> Obra del ex jesuíta chileno DIEGO JOSÉ FUENZALIDA.

OSSERVAZIONI intorno ad una lettera sulla scoperta del Nuovo mondo. Sin fecha, 8º

> « Se critica duramente la segunda de las dos cartas publicadas por Napione *Sulla scoperta del Nuovo mondo*. El P. Canovai es muy elogiado,

y su opinión respecto a Vespucio defendida con calor. Él declaró que no eran suyas las tales observaciones, sino de un joven hechura suya, que se había excedido en su celo». Tipaldo *(Biografía,* t. IX, p. 3o1). Se atribuyen (MELZI, II, 294), a uno de la familia RICCO, alumno del mencionado P. Canovai.

OTELO ó El Moro de Venecia, tragedia traducida por L. A. C. A. L. L. E. *Habana,* 1833.

LA CALLE. — F.-C.

OUR new possessions: Cuba, Puerto Rico, Hawai, Philippines. *New York, Cincinati, American Book C. O,* 1899. 8º-32 pp.

De JAMES BALDWIN,

OUTLINE of The Revolution in Spanish America ; or An Account of the Origin, Progress, and Actual State of the War carried on between Spain and Spanish America; containing the Principal Facts which have marked the Struggle. By a South-American. *London, Longman...,* 1817, 8º-vii-362 pp.

Hay segunda edición : *New York, James Eastburn and Co.,* 1817 12º-219 pp. I. — También de Hamburgo (1818) y de París.

Obra del doctor don MANUEL PALACIO FAJARDO, venezolano.

P (el) Luis de Valdivia, S. J. con nuevos documentos. Con
licencia de la Autoridad Eclesiástica. *Santiago de Chile,
Imprenta y Encuadernación « Chile »,* 1908, 8º-104 pp.

Publicación del P. Pablo Hernández, S. J.

Padre (El) Frai Andres Caro, relijioso franciscano i Apostol de
Valparaiso. *Santiago, Imprenta de « El Correo »,* 1877, 4º-18
pp.

De don Mariano Casanova, que firma al final.

Padre (El) Jarauta en la Habana, por un quidam. *Habana,* 1848.

Leopoldo Turla. — F.-C.

Padre (Un) de Familias. Sobre el Instituto Nacional. *(Santiago
de Chile)* Marzo de 1829. *Imprenta de R. Rengifo,* 4º-27 pp.

Dice el autor al final del prólogo con que encabeza los documentos
que inserta : « No puedo hacer más por mi parte, qne es demasiado pequeña en la sociedad. Los que tengan mayor influjo y fortuna me ayu-
darán a clamar del mismo modo más respetuoso y sumiso, porque la
Patria no sufra este gravísimo daño » (el que cierre sus puertas el Instituto Nacional). Téngola por obra de don Juan Francisco Meneses.

Página (Una) de amor y dos de patriotismo, por Némesis. *Santiago de Chile, Imprenta y Enc. Victoria,* 1910, 8º-34 pp.

Némesis es seudónimo de Nemesio Martínez Méndez.

Páginas americanas. — A. de Champcey. — Fugaz. (Historia de
una mujer.) *Santiago de Chile, Establecimiento Poligráfico Roma,* 1897, 8º-xvii-162 pp.

Va precedida de un prólogo de D. Carlos Morla Vicuña. Fué el autor
D. Juan Mackenna y Eyzaguirre.

Paginas de un Diario. Notas tomadas al vuelo durante dos años
de viaje por Italia — Francia — Suiza y otros Países. Primera
Parte. *Santiago de Chile, Escuela Talleres « Gratitud Nacional »*,
1906, 16º-171 pp.-Segunda Parte (1907), 146 pp.

Las cinco primeras páginas *Por vía de Prólogo*, van subscritas por
M. L. M. (Mario Luis Migone). Se lee en ellas que «se publican sin el
visto bueno, y de consiguiente, sin el beneplácito de la autora, que al
escribirlas para la intimidad del hogar, jamás sospechó en su modestia
que vieran la luz pública.»
El nombre de esa viajera dedúcese que es el de Clara Migone.

Pajarotada (La)... Carta joco seria, o agri-dulce, o sub acida de
Don Diego Dionisio Isidro Antonio José Cazanga, Terrasa y
Rejon, Inana y Torre de Irisarri... Parte Primera-*Chuquisaca,
Imprenta Boliviana*, 4º-27 pp. (1832).

Bien se descubre entre esa caterva de nombres y apellidos el del autor,
Antonio José de Irisarri.
« Son seis las partes de la *Pajarotada*, cuyos títulos comienzan con su
respectivo número ordinal a medida que iban apareciendo, menos la
sexta, que se titula *Ultima parte de la Pajarotada*.»—René Moreno, *Bib.
Bol.*, nº 2646.

Pájinas literarias Por A. I. V. Miscelánea de composiciones escritas en diferentes épocas, Poesias-Apuntes Históricos-Artículos
Políticos-Bosquejos diversos-Itinerarios de viaje. Cuadro político sobre la Administracion Errazuriz. *Valparaiso, Imprenta
Colon*, 1875, 4º-240 pp. En prosa y en verso.

Las iniciales son de don Antonio Iñiguez Vicuña,

Palpitaciones de Vida (Cuentos y Novelas cortas). Por F. Santiván. *Santiago de Chile, Imprenta Universitaria*, 1909, 8º-223
pp.

Santiván es seudónimo de Santibáñez (Fernando).

Panegyrique de la Bienheureuse Rose prononcé a Rome dans l'e-
glise de la Minerve Par le tres-Reverend Per Jean Paul Oliva

General de la Compagnie de Jesus et traduit de l'italien Par vn Per de la mesme Compagnie. *(Estampeta.) A Paris, Chez Sebastien Mabre-Cramoisy,* 1669, 4º mayor-cuatro hjs. s. f.-46 pp.

La dedicatoria al cardenal Antonio Barberino está firmada con las iniciales D. B. I. que son las del padre Dominique Bouhours.

Papel que un sacerdote americano dirige á sus compatriotas. La Religion y la Patria. (Hoja clandestina, impresa por un lado, sin fecha, pero de 1810.)

Obra de don José María Morelos.

Para la historia. Apuntes sobre la última rebelion. *Montevideo, Establecimiento tipográfico y litográfico de Luciano Mège,* 1858, 4º mayor-14 pp.

Justo Maeso, publicista natural de Buenos Aires, de donde emigró en 1852, después de Caseros. Autor de *Artigas,* dos volúmenes, *La insurrección oriental de 1811,* y numerosos ensayos históricos y folletos de propaganda nacional.

Para la historia de la América del Sur. Los beneméritos vencedores de Junin y Ayacucho y sus contemporáneos, puestos en pié ante la história imparcial, defienden la memoria y reputacion de su gran capitan, Jeneral en Jefe del Ejército Unido Libertador D. Antonio José de Sucre, confirmando que es digno de personificar las glorias de sus compañeros de armas llevando el título de Gran Mariscal de Ayacucho, por recompensa de sus eminentes servicios en la guerra de la Independencia de la América del Sur. *Lima,* 1850, *Impreso por José María Monterola,* 4º-107 pp.

Obra de D. Domingo de Alcalá.

Para la historia de la Constitucion de 1861. *Sucre,* 12 de abril de 1863, *Imprenta Boliviana,* 4º-21 pp.

Por Tomás Frías.

Para la historia del Ecuador. *Quito, Imprenta Católica,* 1891, 4º-6· xv-250-278-18-14-xvi-una s. f.-A-UU-dos s. f.

De Antonio Flores.

PARA la vindicta pública. El crímen de la Rue Gluck, N? 4, en Paris. *Valparaiso, Imprenta del Progreso, 1884, Nemesio Marambio,* 4º-40 pp.

Obra de D. CARLOS WALKER MARTÍNEZ.

PARA los Pueblos de Bolivia. *(Al fin:) Guayaquil, Imprenta de M. J. Murillo,* agosto 21 de 1839, 8º-26 pp.

Subscrito por « Un amigo, más que del Jeneral Santa Cruz, de la justicia y de la verdad», que entiendo fué don ANTONIO JOSÉ DE IRISARRI.

PARA qve se deuan preferir todos los que huuieren seruido en las Indias a su Magestad, en conformidad con vn decreto suyo. *(Madrid,* 165.), 4º-9 hjs.

Con la firma autógrafa del doctor don FRANCISCO GARCÍA DE AVILA.

PARAGUAYAN (The) war, Sufferings of a french Lady in Paraguay. Published by order of the Argentine Government. *Standard Office, 118 calle San Martin, Buenos Ayres,* 1870, 4º-31 pp. a dos columnas.

Por DOROTEA LASSERRE, que firma al final.

PARAISO (El) de los niños, por André Theuriet. *Santiago, Imprenta de La Epoca,* 1887, 8º-220 pp.

Fué el traductor don ARTURO M. EDWARDS.

PARALELO militar entre España y Francia, con varias reflexiones sobre el exito feliz de nuestra independencia, contra las usurpaciones de Bonaparte. Escrito por un individuo de la guarnición de la Havana, *Havana, Oficina del Gobierno y Capitania General,* 8º-14 pp.

Subscrito en esa ciudad, a 26 de septiembre de 1808, por Enrique Aluzema, seudónimo de MANUEL DE ZEQUEIRA Y ARANGO.
Hay reimpresión de México, « en la calle Santo Domingo», del mismo año, 4º-8 pp.

PARERE d'Itelco Medonico, Academico Prov., sopra un'antica iscrizione profana. *Venezia, Occhi,* 1774, 12º

Por el ex jesuíta DOMINGO COLETTI. — SOMMERVOGEL

— 123 —

PARIA (El) traduccion. Por Delio. *Nueva Orleans,* 1847.

FRANCISCO ITURRONDO. — F.-C.

PARISIEN (Un) dans les Antilles. Saint Thomas. — Puerto Rico.
— La Havane. — La vie de province dans les tropiques. *Paris,
Librairie Plon,* 1883, 8º mayor-349 pp.

Hay ediciones también de París, 1889 y 1897.
Por ERNESTO DE L'EPINE. — TRELLES.

PARNASO (El) Oriental ó Guirnalda Poetica de la Republica Uruguaya. *(Montevideo), Imprenta de la Caridad,* 1835, 8º-Dos hjs.
s. f.-290 pp.-Dos hjs.

Consta la obra de tres vols., habiéndose impreso el último en 1837.
« Es recopilador y editor de ella un moreno argentino, don LUCIANO LIRA,
persona de cualidades intelectuales, distinguido oficial del ejército de
Lavalle. Murió en la campaña de 1839».—ESTRADA, p. 69.

PARTE tercera de las revoluciones periódicas de la Havana. Escribíala Miseno de Laura, con licencia de la verdad, de la razon,
y de la justicia... *Con licencia, en la Havana, En la Imprenta
de la Capitania General,* M. DCCXCVI, 4º-3 pp. s. f.-31-8 s. f.

Firma la solicitud para la licencia de impresión el licenciado PABLO
ESTÉVEZ.

PARTIDA doble aplicada al comercio, oficinas fiscales, municipales,
a una industria agricola etc. Obra aprobada por la Universidad
de Chile i adoptada por el Suprema Gobierno para testo de
enseñanza en los colejios i liceos nacionales. Dedicada al Comercio, por F. H. A. Primera Parte. *Santiago, Imprenta de
« El Independiente »,* 1869, 8º-68 pp. y 1 de erratas.

De don FRANCISCO HERRERA ASTORGA.

PARTIDO Liberal Democrático. Breve estudio dedicado al pueblo
por Juan de Izalco. *La Serena, Tip. de la Librería Americana,*
1903, 8º-28 pp.

Por D. RUPERTO CEPEDA.

Pasatiempo militar. *Mexico, En la Oficina de Arizpe*, 1811, Con superior permiso, 8º-7 hjs. s. f.-179 pp. y una s. f.

Acaso el libro más lujosamente impreso de su tiempo, obra de don Basilio Bayón, que firma la dedicatoria al Virrey Venegas.

Pase (Del) Pase Real de las Bulas pontificias. — Disertacion leida en la Academia de la Religion Catolica de Roma, el dia 2 de Septiembre de 1852 por el P. Camilo Tarquini Traducida al castellano por un Presbitero de la Republica de Chile. *Paris, Imprenta de Walder*, 1853, 8º-46 pp.

El clérigo chileno traductor fué D. José Ignacio Víctor Eyzaguirre.

Paseo pintoresco por la Isla de Cuba. *Habana*, 1841. Por A. B.

Antonio Bachiller y Morales. — F.-C.

Paseo por Europa y América en 1835 y 1836. Por un joven habanero. *Madrid, Imprenta de I. Sanchez*, 1838 (primer cuaderno), *Habana*, 1839 y 1840, *Imp. del Gobierno* (2º y tercer cuaderno), 12º-viii-330 pp.

Fué el autor Antonio Carlos Ferrer, nacido en Cartagena de Indias en 1812, muerto en 1877.

Pasquin (El) de Linares. (*Lima*, 1860), 4º-24 pp.

« Este célebre folleto de la cancilleria peruana contra el nombrado, y que rebosa odio a Bolivia, fué escrito por Manuel Ferreiros bajo la inspiración y aun dictado de Ramón Castilla, presidente entonces del Perú. » — Abecia, nº 514.

Passage (The) of the Isthmus ; or practical hints to persons about to cross the Isthmus of Panama, by One who has recently crossed. *New York*, 1849.

J. W. Carrington. — Cushing, p. 218.

Patria (Della) dí Cristoforo Colombo. Dissertazione publicata nelle Memorie dell'Academia Imperiale delle scienze di Torino, con giunte, documenti, lettere diverse, ed una dissertazione epistolare intorne all'autore del libro *De imitatione Christi*. *Firenze, Molini*, 1808, 8º-Con retrato.

Fué editor del libro el conde Damiano di Priocca, ministro que fué del Rey de Cerdeña, y el autor GIANFRANCESCO GALEANI NAPIONE DI COCCONATO. — MELZI, II, p. 322.

PATRIOTAS (Los) Distinguidos de Mexico. Cancion marcial por D, R. Q. del Acebo. Puesta en mùsica á toda orquesta, y arreglada al piano-forte por D. M. Cornal. (México, 1810), 4º-4 pp. s. f.

Las iniciales corresponden a Don RAMÓN QUINTANA DEL ACEBO.

PATRIOTISMO (El) del lancero, dependiente de las haciendas del benemerito español D. Gabriel de Yermo. Dialogo entre Marianita y un lancero. (Al fin :) Con superior permiso. En Mexico, En la oficina de D. Mariano de Zúñiga y Ontiveros, año de 1810, 4º-8 pp.

Subscrito por « El Durangueño L. F. E. », o sea, el Licenciado FRANCISCO ESTRADA.

PATRONATOS (Los) de Niñas. Su necesidad, su importancia y la manera de dirigirlos según las doctrinas del abate Schaeffer y otros autores. Traducción y adaptación por la secretaria de la Sociedad de Señoras del Centro Cristiano. Santiago de Chile, Imprenta de La Revista Católica, 1906, 16º-136 pp.

De doña ANA LUISA PRATS BELLO. (Bibliografía de D. Andrés Bello y de sus descendientes por Emilio Vaïsse, p. 99.)

PAULINA. Vicicitudes de una huérfana. Por J. W. R. Santiago, Imprenta Esmeralda, 1904, 8º-136 pp.

Las iniciales del autor corresponden a JUAN WILIAMS REBOLLEDO, vicealmirante que fué de la armada chilena. SILVA, que cita esta novela bajo el número 168, no supo dar el nombre del autor.

PAULINO Lucero en Entre-Rios. El Payador Argentino en el Pago de su amigo Martin Sayago, por H. A. Uruguay, 1851.

Las iniciales son de HILARIO ASCASUBI.

PAZ (La) Armada Por la prvdencia y vigilancia. Figvrada en las virtudes del Principe y Pastor Aristeo. Simbolizada en la vtil

fecvndidad de la oliva, y labor officiosa de la aveja. Desempeñada En las heroycas prendas del Exc.^{mo} Señor Don Fernando
de Noroña Alencastre... *Pvebla de los Angeles, en la oficina de
D. Joseph Perez*, Año de 1710, 4º-Port.-15 hjs. s. f.-34 pp. y
3 hjs. s. f.

Obra del médico don ANTONIO DE HEREDIA.

PAZ (La) de América por J. Peclozana de Cal. *Cadiz*, 1814.

MAXIRIARTH, p. 102, que dice ser obra de JUAN LÓPEZ CANCELADA, a
quien conviene, en efecto, muy de cerca el anagrama de aquel nombre.

PECCATO (Il) in religione ed in logica degli atti e decreti del Concilio Diocesano di Pistoja celebrato l'anno 1786. Da Monsignor Scipione de Ricci e publicato l'anno 1788... Opera postuma
del fu P. Mariano Pistofilo degli Eusebj di Citta'Geropoli. *In
Assisi*, MDCCXCI, *Per Ottavio Sgariglia...*, 4º mayor-362 pp.
y una s. f.

Hay también :
— Seconda Parte ossia appendice all'opera intitolata Il peccato
in religione, ed in logica... *Pesaro*, M. DCC. XCII. *Dalla Stamperia Gavelli*, 4º mayor-159 pp. y una s. f.

Atribuído por CABALLERO, posiblemente por el nombre de Mariano,
al ex jesuita Manuel Mariano Iturriaga, pero en realidad obra del P.
DEMETRIO SANNA, natural de Cerdeña, que vivió en Nueva Granada.

PEDRO Enrique Pulido M. Noviembre 14 de 1906. *Santiago, Imprenta Cervantes*, 8º menor-seis pp.

Alocución del padre MARCOS KERGEL en las honras celebradas en la
capilla del Colegio de los Sagrados Corazones por el alma de Pulido.
— *Anuario de la Prensa Chilena*, 1907, n.º 899.

PEDRO Nolasco Vidal. Apuntes. 1790-1856. *Santiago de Chile,
Soc. Imprenta y Litografía Universo*, 1911, 4º-104 pp. y retrato.

Recopilación hecha por D. LUIS SÁNCHEZ.

PENA de muerte. Oruro — 1872. *Imprenta Boliviana de C. F. Beltran*, 8º-19 pp.

Pieza en verso, subscrita por D. V., iniciales de DONATO VÁZQUEZ.

PENSADOR (El) Mexicano. En elogio de nuestro augusto soberano el señor don Fernando VII. El dia 14 de Octubre de 1814. Con motivo de su glorioso natalicio D. *(Al fin:) Imprenta de Doña Maria Fernandez de Jáuregui*, año de 1814, 4º-8 pp.

D. J. F. de L. son las iniciales que lleva el periódico que salió con el mismo título, que ocultan el nombre de Don JOAQUÍN FERNÁNDEZ DE LIZARDI.

PENSAMIENTOS extraordinarios. *México, en la Imprenta de Doña Maria Fernandez de Jauregui*, año de 1812, 4º-5 números con 26 pp.

Obra de don JOAQUÍN FERNÁNDEZ DE LIZARDI.

PENSAMIENTOS filosófico-políticos del Doctor P. M. dedicados a su hijo R. *Guatemala*, 1877. 8º

Las iniciales P. M. corresponden a P. MOLINA, en vista de la dedicatoria que del libro hace al presidente Barrios el hijo del autor.

PENSAMIENTOS filosóficos y político-morales de Benjamin Franklin. Traducido del italiano por M. de J. L. destinado para el uso de las escuelas como texto de lectura. *San Juan*, 1871.

Las iniciales son de MANUEL DE J. LAZCANO. — ZINNY.

PENSAMIENTOS morales. *(Lima*, 176...). 4º-2-2-2 hjs. s. f. para otros tantos folletos del mismo título.

— Pensamientos morales en que se describe la vida del Hombre. 4º-4 pp. s. f.

— Pensamientos morales, y christianos, 4º-4 pp. s. f.

Según nota de la época, todas estas piezas poéticas fueron obra de don MIGUEL FEIJOO DE SOSA.

PENTATEUCO (El). Trozos de la Divina Comedia Uruguaya por Horacio Flaco. Constará de cinco libros. I. El génesis. II. El Exodo. III. El Levítico. IV. El Libro de los Números. V. El Deuteronomio. En oportunidad saldrán los otros libros. *Montevideo,* 1888, 8º-48 pp.

Ángel Floro Costa, publicista, legislador y político. Autor de *Nirvana,* y de infinidad de panfletos políticos.

Pequeñas novelas del país (Primera serie), por Muérdago. Aborrecer en vida, buscar en muerte. Historia de un jazmin del Cabo. Ogarita, tragedia pampa. El escarabajo. La luz mala. *Buenos Aires, Igon Hermanos, editores,* 1887, 8º-114 pp.

D. M. Ezcurra y Pardo, clérigo argentino. — Navarro Viola.

Pequeño compendio de historia universal arreglado Para el Colejio de Santa-Ana por las Directoras de este Establecimiento. *Santiago, Imprenta del Correo,* 1872, 16º-213 pp. y 1 para las erratas.

Los nombres de los directores constan de nota puesta a la vuelta de la anteportada : Victoria, Elvira y Delia Guillou.

Pequeño (Un) libro de actualidad. De circulación gratuita. *Puerto Rico, Imp. de José González Font,* 1884-108 pp.

« Si nuestros informes no son equivocados, la traducción de este libro se debe al escritor puertorriqueño D. Federico Asenjo. Contiene trozos escogidos del Abate Moigno... ». — Sama, p. 115.

Pequeño manual de piedad dedicado á los devotos del Sagrado Corazón de Jesús. Novena edición, aumentada y mejorada. Adornada con un grabado y numerosas viñetas. Con aprobacion del Exmo. Sr. Cardenal Arzobispo de Valladolid y de los Excmos. y Rmos. Sres. Arzobispo de Friburgo y Obispo de Barcelona. *Friburgo de Frisgovia (Alemania), B. Herder, Librero-Editor Pontificio,* Viena, Estrasburgo, Munich y San Luis-16º (s. f.) (1901.)-xi-472 pp. y 1 s. f.

Por los presbíteros chilenos D. Alejandro Larraín y D. Francisco de B. Gandarillas.

Pequeño Plutarco, o sea resúmen biográfico de los varones ilustres de la antigüedad, puesto al alcance de los alumnos de los colejios i publicado para el uso de las bibliotecas populares por J. B. S. *Santiago, Imprenta de la Sociedad,* 1860, 8º-144-4 pp.

Las iniciales corresponden a José Bernardo Suárez, que firma la dedicatoria a D. Miguel Luis Amunátegui.

Pequeño Robertson para el estudio del frances, arreglado para los alumnos de los institutos nocturnos por C. G. U. *Santiago de Chile, Imprenta de la Libreria del Mercurio de E. Undurraga y Ca.,* 1877, 8º-100 pp.

Las iniciales son de don Carlos González Ugalde.

Perdon del Virey del Peru, en favor de don Alonso Ortiz de Leyua. Fol.-11 hjs.

Obra del licenciado Diego Lorenzo Naharro, cuya firma autógrafa se registra al final.

Véase *Memorial del pleyto...*

Peregrinacion de Luz del dia, o viaje y aventuras de la verdad en el Nuevo Mundo. Por A** miembro correspondiente de la Academia Española. *Paris,* 1875, 12º

Por don Juan Bautista Alberdi.

Perfidia (La) española ante la revolución de Cuba. Por un Cubano. *New York,* 1896.

José de Armas y Cárdenas. — F.-C.

Perfiles de una llaga social. *Buenos Aires, Imprenta de Pablo E. Coni,* 8º-68 pp.

Subscribe la dedicatoria S. D., o sea, el doctor Silverio Domíncuez. — Navarro Viola.

Perfiles parlamentarios, por el Dr. Juan Pérez de Montalban. *Santiago, Imprenta de La República,* 1892, 8º menor-110 y una pp.

El seudónimo es de Efraín Vázquez Guarda.

Perfiles Vagos. *Santiago de Chile, Imprenta Universitaria,* 1910, 8º-192 pp.

A la cabeza de la portada el seudónimo Iris, que es de doña Inés Echeverría de Larraín.

Perfiles y Grabatos. Galería cómico-fotográfica por Dos Desocu-
pados. *Puerto-Rico, Imprenta del Boletín Mercantil,*—132 pp.

Los autores sou Jacinto Aquenza (Antonio Pineda) y Félix Navarro
Almansa. -- Sama, p. 95.

Perico (El) y la Verdad, ó continuacion de la Verdad pelada.
P. D. J. F. de L. *(México,* 1811), 8º-8 pp.— En verso.

Por Don Joaquín Fernández de Lizardi.

Periquillo (El) Sarmiento por el Pensador Mexicano. Tomo I.
Con las licencias necesarias. *México, En la Oficina de D.
Alexandro Valdés, calle de Zuleta,* año de 1816, 4º-177 pp.
y hj. s. f.; Tomo II, 227 pp. y 3 s. f,; III, 228 pp. y
hj. s. f.

Ya se dijo antes que don Joaquín Fernández de Lizardi usó del seudónimo de « El Pensador Mexicano ».

González Obregón ha descrito hasta nueve ediciones posteriores de
esta novela, advirtiendo, respecto de la principe, que no tiene tomo IV
porque el Gobierno Español negó el permiso para su impresión.

También se reimprimió en Santiago de Chile.

Permanent (A) and effectual remedy suggested for the evils under
which the British West Indies now labour. In a letter from a
West India planter. London, 1808.

John Robley. — Cushing, p. 154.

Persecucion de la Iglesia en Colombia. Carta pastoral que desde
su asilo de Santiago de Chile dirije a sus diocesanos el Obispo
de Popayan. *Santiago, Imprenta de « El Correo »,* 1878, 4º-39
pp.

El obispo se llamó D. Carlos Bermúdez.

¡ Perseguida ! Por Manuel Reinerio. *Matanzas,* 1912.

Manuel E. Martínez. — F.-C.

PERU and the United States on a Plain Point of International Law. *London, Printed by Bretcell,* 1860, 8º— (2)-86 pp.

>Obra de J. I. DE OSMA. — SABIN, XIV, nº 57.800.

PERÚ (El) en 1853 Un año de su historia contemporánea. *(Epígrafe.) Paris, Imprenta de Maulde y Renou,* 1854, 4º-50 pp.

>Subscrito en París, a 30 de Enero de 1854, por Un Peruano, que seria JOSÉ CASIMIRO ULLOA, según nota manuscrita de la época puesta en el ejemplar de la Biblioteca Nacional de Santiago.

PERÚ. Traslado de una carta de Ricardo Hauqhines (Hawkins) escripta en el puerto de Perico en 6 de. agosto de 1594, para enviar a su padre... Traducida de lengua inglesa en la nuestra e inviada del dicho puerto al cardenal de Sevilla D. Rodrigo de Castro.-4º *(Madrid,* s. f.).

>Además del texto de la carta, se encuentran a continuación los comentarios y noticias pertinentes, con la firma de M. J. de la E., o sea, MARCOS JIMÉNEZ DE LA ESPADA.

PERÚ i Bolivia. *Santiago, Imprenta de Julio Belin y Ca.,* 1853, 8º-45 pp.

>Defensa del proceder del Perú en sus relaciones con Bolivia, basada en documentos oficiales. Téngola por publicación del encargado de negocios del Perú en Chile, don JOSÉ PARDO.

PERUVIAN (The) letters, translated from the French. With an additional original volume. By R. Roberts, translator of Select tales from Marmontel, author of Sermons by a lady, and traslator of the History of France, from the Abbé Millot. *London,* 1774, 12º

>Del francés de F. D'USSEMBOURG D'HAPPONVILLE, Dame de Graffigny. —HALKETT Y LAING.

PERUVIAN tales, related in one thousand and one hours, by one of the selected virgins of Cusco to the inca of Perú. With historical remarks. Translated from the french by Samuel Humphreys. *London,* 1759, 4º-4 vols.

Es versión de la obra en francés de GUELLEUTTE, anotada más atrás.

PESCA (La) del Leon. Por Méry. Traducida del Francés por M. L. A. *Montevideo, 1856, Imprenta de la República, 4º-22 pp.* orladas.

Las iniciales son las del nombre del doctor MANUEL L. ACOSTA, el primero, en el orden cronológico, de los novelistas uruguayos.

PETALS plucked from sunny climes, by Silvia Gishine. *Nashville, Southern Methodist Pub. House, 1880.*

Por A. M. BROOLES. — TRELLES.

PETER Parley's Tales about South America. *Baltimore, J. Jewett,* 1832, 16º-166 pp. y mapa.

Por S. G. GOODRICH. — SABIN, VII, nº 27.911.

PETIPIEZA titulada Un corazon vale mas. *Cochabamba, 1854, Imprenta de los Amigos, 4º-32 pp.*

De EUGENIO CABALLERO.

PETIPIEZA (Una) antes del Drama juguete cómico en un acto y en verso por Un Curioso. (Sin fecha ni lugar de impresión, pero de *Victoria* (Chile) y de 1894.) 8º-25 pp.

Un Curioso oculta el nombre de VICENTE GUTIÉRREZ.

PETITES conversations a l'usage des jeunes enfants. *Santiago de Chile, Litografía Pedro Cadot, 1888, 4º-36 pp.*

Del certificado de propiedad literaria, consta que la autora fué EMMA MATHIEU.

PIAS Consideraciones, Y Afectiva Meditacion, de los daños, que pueden ocasionar Las Dependencias de Señoras Religiosas, que vulgarmente llaman: Devociones... Por un Sacerdote, de la Congregacion de la Purissima, fundada con authoridad Apostolica, en el Colegio Maximo, de S. Pedro y S. Pablo, de la Compañia de Iesvs de Mexico. *En Mexico, por la Viuda de Bernardo Calderon,* año de 1655, 8º-27 hjs.

Por el padre jesuíta ANTONIO NÚÑEZ DE MIRANDA.

PICTORIAL view of California, by a returned Californian. *New York, 1853.*

J. M. LETTS. — CUSHING, p. 250.

PIEDAD (La) enseñada a los niños por Monseñor Segur. Traducido por D. O. de C. A venta para la beneficencia. *Santiago de Chile, Imprenta de « El Independiente »*, 1881, 8º menor. - 47 pp.

Las iniciales corresponden a doña DOLORES OLAÑETA DE CONTARDO. Hay edición de *Santiago. Imprenta Valparaiso,* 1899, 8º-52 pp.

PINCELADAS acerca de la Administracion Caamaño y de la Administracion Flores. Por Un Liberal. *Guayaquil, Imprenta de « La Palabra »*, 1892, 8º - 168 pp. y dos retratos.

Atribuído a FELICÍSIMO LÓPEZ.

PIONEERING in the Pampas, or the first four years of a settler's experience in the la Plata camps. By a Settler. *London,* 1869.

RICHARD ARTHUR SEYMOUR. — CUSHING, p. 265.

PIQUILLO Aliaga, o los moros en tiempo de Felipe III. Novela por Eugenio Scribe. *Valparaiso, Imprenta del Mercurio,* 1848, 8º-3 vols., con un total de 312 pp.

Traductor : Don DIEGO BARROS ARANA.

PLÁCIDO, Dichter und Märtyrer. D. Durama de Ochoa. *Hannover,* 1865.

Anagrama de EDUARDO MACHADO Y GÓMEZ. — F.-C.

PLAN de una representacion. Juguete dramático, que sirvió de « Prologo » a la funcion teatral que los alumnos de Derecho, de la Universidad de la Paz, dedicaron a S. E. el Presidente Provisorio de Bolivia, la noche del 25 de diciembre. Escrito por Fr. Tirzo. Se imprime a insinuacion i a cuenta de S. E. el Presidente de la República. *Paz de Ayacucho,* 1857, *Tipografia del Vapor,* 8º-23 pp.

En nota puesta al ejemplar de la Biblioteca Nacional se dice que el autor fué Félix Reyes Ortiz.

Plan de Uniformes dado nuevamente por la Superioridad para todos Cuerpos Veteranos y de Milicias del Exercito de este Reino. *(Santiago de Chile)*, 1812, 4º-8 pp.

Por José Miguel Carrera.

Planctus Indorum Christianorum in America Peruntina. Seu vae lacrimabile, lamentabilis Luctus, atque vlulatus, multus, q̃ Ploratus abimo [*sic*] corde. Editus in lucem, amarissime concinatus... Per cunctam Nationem Indicam Catolicam in Peruvio Patria sua Captivam... *(Lima, circa* 1750), 8º menor. - 229 pp.

Atribuído al franciscano fray Antonio Garro, lector de idioma índico desde 1748 en el Convento de Jesús de Lima.

Pláticas de Asmodeo sobre todas las cosas pasadas, presentes y futuras, y las demas que ocurran, etc., seguidas de las Cartas de Juan Agapito Canelón y Chocuto al señor Diablo Asmodeo. *Caracas*, 1851, 8º, a dos columnas.

Los seudónimos Asmodeo y Agapito Canelón corresponden al Dr. Rafael Agostini. — Machado.

Plea (A) for Cuba: addressed to the Senate and House of Representatives of the United States, urging immediate action in aid of the strugle for independence now going on in that island. *(Tres epígrafes.) Baltimore, Steam press of William K. Boyle,* 1870, 8º-15 pp.

« Artículos publicados en *The Saturday Night*, de Baltimore. Obra de Almira Hart Helps». — Sabin, y Pérez, n.º 85.

Plegarias (Las) de la carne. « Aqui se imprimen libros », Scarnic, *Antofagasta, Chile*, 1917, 8º-59 pp. y una s. f. de índice.

A la cabeza de la portada: Julio Talanto, seudónimo de Augusto Iglesias.

Poema que un amante de la patria Consagra al solemne Sorteo celebrado en la plaza mayor de Buenos-Ayres, para la libertad de los Esclavos, que pelearon en su defensa. Con licencia : *En Buenos-Ayres, En la Real Imprenta de Niños Expósitos,* año de 1807, 4º-4 pp. s. f.

Obra del franciscano FRAY CAYETANO RODRÍGUEZ.

POEMAS christianos, en que se exponen con sencillez las verdades mas importantes de la religion por el autor del Evangelio en triunfo. Publicados por un amigo del autor. *En Madrid, En la Imprenta de Don Joseph Doblado,* Año de M. DCC. XCIX, 4º-x-378 pp.

Hay edición de la misma ciudad e impresor, sin fecha. Por don PABLO DE OLAVIDE, oidor de Lima.

POEMS by a slave in the Island of Cuba, recently liberated; translated from the Spanish, by R. R. M... D. D., with the history of the early life of the negro poet, written by himself; to which are prefixed two pieces descriptive of Cuban slavery and the slave trade. *London, Thomas Ward and Cº,* 1840, 4º-Siete s. f.-198 pp.

El poeta negro de que se trata es JUAN F. MANZANO, y el nombre del traductor RICHARD R. MADDEN.

POESIA en la declaracion dogmática de la Inmaculada Concepcion de Maria. *(Colofón:)* diciembre 8 de 1855, *Imprenta de la Sociedad,* 4º-4 pp. (El título en el encabezamiento de la p. 1.)

Va subscrita con las iniciales J. J. L. Z. que pertenecen a JOSÉ JOAQUÍN LARRAÍN ZAÑARTU.

POESIA (La) i el amor o un ideal por J. A. P. *Santiago, Imprenta de « La Libertad»,* 1869, 16º. 16 pp.

Las iniciales son de JOSÉ ANTONIO PÉREZ.

POESIAS castellanas. *(Lima,* 1821?), 4º-pp. iii-xxi.

Subscritas por F. Ll., iniciales de FELIPE LLERIAS.

POESIAS dedicadas a los aficionados, por M. J. C., natural de Bolivia. *Valparaiso,* 1852, 16º-104 pp. y 1 de erratas.

Las iniciales pertenecen a Manuel José Cortés, que en 1858 publicó también en Valparaiso su *Bosquejo de los progresos de Hispano-América.*

Poesias del Bachiller Alfonso de Maldonado. *Habana, Imprenta del Gobierno por S. M.*, 1834, 12º-104 pp. y dos s. f.

El seudónimo es de Ramón de Palma.

Poesias del Coronel Don Manuel de Zequeira y Arango, natural de la Habana, publicadas por un paisano suyo. *Nueva York,* 1829.

Presbítero Félix Varela Morales — F.-C.

Poesias de Lin Tho Bar. *Imprenta de « El Huáscar »*, *Tomé,* 1887, 16º-28 pp.

En nota del Editor a sus abonados se declara que el seudónimo corresponde a don Miguel E. Rogers Bartholin.

Poesias de Maro Riva. I. La Encina del Tasso. II. El Nardo. III. Olindo a Belardo, *Santiago de Chile, Imprenta Universitaria,* 1920, 8º-47 pp.

El seudónimo es de Osvaldo Martínez Rivadeneira.

Poesías de Plácido. *Matanzas, Imprenta de Gobierno y Marina,* 1838, 12º-244 pp. y dos s. f.

Ya se sabe que ese seudónimo corresponde a Gabriel de la Concepción Valdés, cuyo nombre se puso después en la portada de varias ediciones de las muchas que ha tenido el libro.

Poesias Histórico-Sagradas para la entretenida instruccion de la juventud curiosa, y reglas ó consejos de la Sabiduria para vivir con alguna tranquilidad entre los habitantes de la tierra. Por M. S. V. *En Sucre, año de 1855,* 8º-110 pp. y una de índice.

Las iniciales se traducen por el nombre de Manuel Sánchez de Velasco.

Poesías populares de ·« El Pequen ». *Santiago, impreso por Pedro G. Ramirez,* 1883, 16º-10 tomos.

— 137 —

Entiendo que los dos últimos, a pesar de que llevan en la portada el mismo seudónimo, no son de JUAN RAFAEL ALLENDE. Han alcanzado, si no todos los tomitos, algunos de ellos por lo menos, hasta cinco ediciones. A esta última corresponde la portada del descrito.

POESIAS por N. G. A. *Chillan, Imp. de la « Discusión »*, 8º-5o pp.

Fué el autor don N. GONZÁLEZ A., que estampa su nombre al pie del folleto.

POESÍAS y obras dramáticas de la poetisa cubana Yara. *Caracas, 1872.*

Por CATALINA RODRÍGUEZ DE MORALES. — F.-C.

POESÍAS de Gerardo Alcides. *Mayagüez, Imprenta de Martín Fernández,* 1879-220 pp.

El seudónimo oculta a JOSÉ DE JESÚS DOMÍNGUEZ. — SAMA, p. 80.

POETAS bolivianos. Biografía de don Néstor Galindo. *Santiago, Imprenta Nacional,* setiembre de 1868, 8º-66 pp.

POETAS bolivianos. Biografía de don Daniel Calvo, *Santiago, Establecimiento tipográfico de El Independiente,* 1870, 8º-26 pp.

Ambas producciones son de don GABRIEL RENÉ MORENO.

POETAS bucólico griegos traducidos en verso castellano por Ipandro Acaico, *México,* 1877.

MAXIRIARTH, p. 68, nos dice que bajo aquel nombre arcádico se ocultó el obispo de Linares (México), don IGNACIO MONTES DE OCA.

POETICARVM institvtionvm liber, variis ethnicorvm christianorvmqve exemplis illvstratus, ad vsum studiosae Iuuentutis. Per Congregationem B. M. V. Annunciatae, in Societatis Iesu Collegij Mexicani Gymnasijs Autoritate Apostolica, institutam. Collectore, eiusdem Societatis Sacerdote, qui eidē Presidet Congregationi. Antonio Rvbio Praefecto. *Mexici, Apud Henricum Martinez,* anno 1605, 8º-8 hjs. s. f.-512 pp.

Obra del padre BERNARDINO LLANOS, toledano, que fué en México maestro de letras humanas durante más de cuarenta años.

Polémica (Una) en la edad de piedra. Colazos de Nirvana. *Buenos Aires, Imprenta del «Mercurio», 1880, 8º-108 pp.*

> « Entre los rudos ataques de que fué objeto *Nirvana* del doctor Anjel Floro Costa, descuellan por su virulenta acritud los que le dirigió en *El Plata* de Montevideo el redactor de ese diario, doctor Carlos María Ramírez. El doctor Costa ha reunido en este folleto los cargos que le fueron dirigidos y las réplicas o sinceraciones con que los contesta...»
> —Navarro Viola.

Politica del Gobierno Frances en Méjico. *Santiago, Imprenta del Correo, Setiembre de 1862, 4º-65 pp.*

> Es un discurso de M. Billaut, « ministro sin cartera », traducido literalmente del *Monitor Universal,* pronunciado en la sesión de 26 de junio de 1862.

Politicum litterarium certamen publice in alma Salmantina Academia propugnandum die XI mensis Decembris anno D.M. DCC.LXVIII. in quo Regium Indiarum jus Jure Gentium, Romanorum, & Patrio defenditur. Cum Superiorum Licentia. *Matriti, Ex Typographia Andreae ab Ortega,* fol.-Retrato de Carlos III.- 7 pp. s. f.-2 pp.

> Fué autor de este folleto don Manuel de Rojas y Prieto, caballero del Orden de Calatrava.

Pompa fvneral Honras y Exequias en la muerte De la muy Alta y Catolica Señora Doña Isabel de Borbon Reyna de las Españas y del Nuevo Mundo Que se celebraron en el Real Convento de S. Geronimo de la Villa de Madrid ... *Con Licencia en Madrid, por Diego Diaz de la Carrera,* año 1645, 4º-mayor-168 hjs.-Fróntis grabado y retrato.

> Sin hacer caudal de las piezas varias que aparecen en el volumen con nombre de autor, y entre ellas, alguna de Antonio de Leon Pinelo, éste es el de la Relación misma de las fiestas.

Ponciani Tugnoni, Civis Mexicani, Alexandriados, sive de Expugnatione Tyri ab Alexandro Macedone libri quatuor. *Forolivi, MDCCLXXIII, ex typographia Achillis Marozzi et Josephi Sale,* 8º-82 pp

> Del jesuíta mexicano P. Francisco Javier Alegre.

Por Alonso de la Parra Diosdado. Con el señor Fiscal del Consejo de Indias, sobre la confirmacion que tiene pedida el dicho Alonso de la Parra, del oficio de Escriuano publico de la ciudad de los Angeles, de que tiene titulo, en virtud de executoria de la ciudad de Mexico. *(Madrid,* 1612), fol.-6 hjs.

> Por el Licenciado Salinas de Llaneda, cuya firma autógrafa lleva al final.

Por Don Antonio Gomez Dauila, Marques de San Roman. Con El señor Fiscal. Sobre la confirmacion del titulo que tiene presentado de las Encomiendas, vna de Cuisco, San Juan de Guetamo, y sus anexos, y la otra de Santiago de Tecali. *(Madrid,* 16.), fol.-12 hjs...

> Con la firma autógrafa del Licenciado Márquez de Cisneros.

Por Don Diego Colon de Portugal, Cauallero de la Orden de Santiago, hijo de doña Guiomar Colon, y nieto de doña Francisca Colon, por si mismo, y como sucessor en el derecho de las dichas su madre y abuela. Con Don Alvaro Colon, posseedor del Ducado de Veragua, y Don Luis Colon de Toledo; y con doña Iuana Colon de la Cueua, y don Carlos Colon Pacheco, su hijo. Sobre La sucession en propiedad del Ducado de Veragua y Almirantazgo de las Indias, y bienes pertenecientes al dicho Estado y mayorazgo. *(Madrid,* 16...), fol.-45 hjs.

> Con la firma autógrafa de don Juan de Molinés.

Por Don Diego de Acvña cauallero de la Orden de Alcantara. Sobre Los cargos de su residencia del Gouierno de Cartagena. Cargo 12. del nombramiento del Protector de Indios que hizo el dicho don Diego en Pedro Gonçalez de Mendoça. *(Madrid,* 16...), fol.-4 hjs.

> Con la firma autógrafa del Licenciado Márquez de Cisneros.

Por Don Francisco de la Torre. Con El Marques de Cerraluo. Sobre que el Cõsejo Real de las Indias es juez, no solo cõpetẽte, sino priuatiuo, de la causa de los 4 ℈ pesos q̃ el Marques de Ce-

rraluo siendo Virrey de la Nueua España acetò y recibiò de don
Frãcisco de la Torre, vezino de la ciudad de Mexico... *(Madrid,*
16...), fol.-2 hjs.

Con la firma autógrafa del doctor D. Juan Osorio y Guadalfaxara.

Por Don Francisco de la Torre. Con El Marqves de Cerralbo. Sobre Que el dicho Marques sea suspendido del vso y exercicio
de la plaça del Consejo de Guerra, y Iunta de Indias, pendiente la acusacion que el dicho don Francisco le tiene puesta, de
auerle calumniado, que quiso cometer el pecado nefando. *(Madrid,* 16...), fol.-13 hjs.

Con la firma autógrafa del doctor D. Juan Osorio y Guadalfaxara.

Por Don Francisco de Vargas Carvaial, Cavallero de la Orden de
Alcantara, Correo Mayor de todas las Indias descvbiertas, y
por descvbrir,... Contra Don Ioseph de Carvaial Marroqqui...
Cerca de la propriedad de dicho oficio de Correo Mayor... *(Lima,* 164...), fol.-16 hjs.

Con la firma autógrafa del doctor D. Diego de León Pinelo.

Por Don Geronimo Bravo de Sarabia, vezino de la Ciudad de
Santiago del Reyno de Chile. Con Doña Antonia Lopez del
Rio, viuda de Don Antonio Lopez de Rio, Cauallero de la Or-
den de Santiago. Sobre la tenuta, y possession del mayorazgo
que fundò en la Ciudad de Soria Doña Ana Brauo de Laguna...
(Madrid, 16...), fol.-20 hjs.

Con la firma autógrafa del Doctor Ribero.

Por Don Ivan de Abreu, como marido de doña Ysabel de Roa y
Polanco. hija vnica y vniuersal heredera de doña Elena de Polanco, vezinos de la ciudad de Lima. Con el señor Fiscal. *(Madrid,* 16...), fol.-15 hjs.

Con la firma autógrafa del licenciado D. Diego Altamirano.

Por Don Ivan de Benavides Baçan. Cavallero de la Orden de Santiago, General de la Flota de Nueva-España Con el señor Fis-

cal. *(Al fin :)* De Superiorum conlubentia. *Ex Officina Francisci Martinez (Madrid,* 16...), fol.-35 hjs.

Con la firma autógrafa del licenciado D. DIEGO ALTAMIRANO.

POR Don Ivan de Cervantes Casaus. como marido y curador ad litem de doña Beatriz Bernardina de Andrada Ceruantes su muger. Ccn Don Iuan Leonel de Ceruantes Caruajal. Sobre que se confirmen en grado de segunda suplicacion las sentencias conformes de vista y revista de la Real Audiencia de Mexico, que declararon pertenecer en posessiõ y propiedad del mayorazgo sobre que es este pleito,... *(Madrid,* 16...), fol.-52 hjs.

Con la firma autógrafa del LICENCIADO MÁRQUES DE CISNEROS.

POR Don Ivan de Guzman y Luna. Con Los Naturales del Corregimiento y Prouincia de Tarama y Chinchacoya en el Pirù, y el señor Fiscal que ha salido a su defensa. *(Madrid,* 16...), fol.-17 hjs.

Con la firma autógrafa del LICENCIADO MÁRQUEZ DE CISNEROS.

POR Don Iuan de Guzman y Luna. Con Los Naturales del Corregimiento y Prouincia de Tarama y Chinchacoya, en el Pirù, y el señor Fiscal que ha salido a su defensa. *(Madrid,* 16...), fol.-5 hjs.

Con la firma autógrafa del DOCTOR MÁRQUEZ DE CISNEROS.

POR Don Iuan de Lara, Ventiquatro de la Ciudad de Seuilla. Con Los fiadores del Maestraje del Capitan Miguel de Arçila. Maestre que fue de plata de la Capitana de la Flota de Nueua-Èspaña,... *(Madrid,* 16...), fol.-10 hjs.

Con la firma autógrafa del licenciado D. JERÓNIMO CAMARGO.

POR Don Ivan de Leoz, Cauallero de la Orden de Santiago, Almirante que fue de la flota de Nueua-España del año passado de 1628. Con El señor Fiscal Doctor Don Iuan de Solorçano Pereira... sobre Los cargos que al dicho Almirante se le hacen en razon de la perdida de dicha Flota. *(Al fin :) De la Imprenta de Francisco Martinez,* fol.-20 hjs.

POR Don Ivan de Meneses, Cauallero de la Orden de Santiago, Gouernador que fue de la Prouincia de Beneçuela. *(Madrid,* 16...), fol.-3 hjs.

POR Don Ivsepe de Ribera. y doña Catalina de Alconchel su muger... Contra Don Pablo, y Doña Agustina de Montemayor... Sobre el grado de segunda suplicacion, interpuesta por los dichos dõ Iusepe de Ribera y consortes, de los autos que proveyò la Audiencia de aquella ciudad... *(Madrid,* 163...), fol.-11 hjs.

POR Don Lope Diez de Aux Armēdariz Marques de Cadereita... Capitã General de la Real armada de la guarda de la Carrera de las Indias. Con El señor Fiscal del Real Cencejo *(sic)* de las Indias. Sobre la residencia que del dicho cargo de General se le ha tomado.... el año passado de 1634. *(Madrid,* 163...), fol.-56 hjs.

POR Don Lope de Hozes y Cordoua,... Capitan general de la armada Real que partio la buelta del Brasil, por las dos Coronas de Castilla y Portugal, y General que fue de la flota de Nueua España... *(Al fin :) En Madrid, por la viuda de Iuan Gôçalez.* Año 1635, fol.-28 hjs.

POR Don Lvis de Benavides Cortes Marques de Fromesta. Con Doña Estefania Cortes Duquesa de Terranoua. Sobre la possession del Estado y mayorazgo del Valle. *(Madrid,* 16...), fol.-24 hjs.

Con las firmas autógrafas de los licenciados Francisco de Victoria y Diego Altamirano.

Por Don Lvis de Roxas y Borja, Cauallero de la Ordẽ de Santiago, Gouernador y Capitan General q̃ fue de la Florida, Con Victoria de la Vera, viuda del Tesorero Geronimo Maulcon... Sobre Que se revoque la sentencia de don Andres Rodriguez de Villegas, Gouernador de la Florida,... *(Madrid, 16...)*, fol.-9 hj.

Con la firma autógrafa de D. Jerónimo de Segura.

Por Don Martin Carrillo y Aldrete, Obispo de Ouiedo, electo de Osma, en el pleyto con Don Iuan Blazquez Mayoralgo, y Diego del Valle Aluarado, oficiales Reales de la ciudad de la Nueua Vera Cruz... *(Al fin :) En Madrid, por la viuda de Iuan Gõçalez*, año 1636, fol.-31 hjs.

Con la firma autógrafa del licenciado D. Francisco Roco de Córdoba.

Por Don Pedro de Loaysa Altamirano y Quiñones, Cauallero de la Orden de Calatraua, como marido de doña Antonia Gregoria de Esquiuel y de la Cueba. Con Don Rodrigo de Esquiuel y Caceres, Cauallero de la Orden de Santiago. vezino y feudatario de la ciudad del Cuzco. *(Madrid, 16...)*, fol.-7 hjs.

Con la firma autógrafa del Licenciado Paulo de Victoria.

Por Don Rodrigo de Esquiuel y Caceres, Cauallero de la Orden de Santiago, vezino de la Ciudad del Cuzco. Con Doña Antonia Gregoria de Esquiuel y de la Cueua su hermana, y don Pedro de Loaisa y Quiñones, Cauallero de la Orden de Calatraua su marido. *(Madrid, 16...)*, fol.-11 hjs.

Con la firma autógrafa del Licenciado Juan de Valdés.

Por Don Sebastian Carrillo Maldonado, Ensayador, y Fundidor mayor de la casa de la Moneda de la ciudad de Mexico. Con el Señor Fiscal. En respuesta a su informacion... *(Madrid, 16...)*, fol.-20 hjs.

Con la firma autógrafa del Licenciado Márquez de Cisneros.

Por doña Ana Maria de Arce y Velasco. Con el Doctor don Antonio de Vrroz Manrique. *(Madrid,* 16...), fol.-10 hjs.

Con la firma autógrafa de D. Gabriel de Moncada.
Relativo a la encomienda de Pusi y Samán.

Por Doña Ana Verdugo, viuda del Doctor Alberto de Acuña Oydor que fue de la Real Audiencia de los Reyes, y don Gabriel de Acuña su hijo y heredero vniuersal. Con el señor Fiscal. *(Madrid,* 16...), fol.-12 hjs.

Con la firma autógrafa del Licenciado Márquez de Cisneros.

Por Doña Antonia Gregoria de Esquibel. Con Don Rodrigo de Esquibel y Caceres. Sobre el articvlo del grado. *(Madrid,* 16...), fol.-4 hjs. — (Se refiere a sucesos de Lima.)

Con la firma autógrafa del licenciado D. Diego Altamirano.

Por Doña Beatriz Pizarro, muger de D. Luis Antonio de Godoy y Ponze de Leon, y D. Francisco Fernando Pizarro su hijo mayor primogenito, y D. Pedro Pizarro segundo, hijos de ambos. Con El señor D. Fernando Pizarro... Sobre la tenuta, y possession de los mayorazgos, que fundaron el Capitan Gonçalo Piçarro, luan Piçarro, el Marques don Francisco Piçarro, y doña Francisca Piçarro su muger,... *(Madrid,* 16...), fol.-16 hjs.

Con la firma autógrafa del Doctor Ribero, que subscribe en igual forma el siguiente :

Por Doña Beatriz Piçarro... Sobre la tenuta,... y titulo de Marquesado de la Conquista, que antes se llamaba la Zarça, jurisdicion, y vassallaje de dicha villa... *(Madrid,* 16...), fol.-20 hjs.

Por Doña Francisca de Peñalosa, por si, y como madre y curadora de sus hijos menores, y herederos del Maesse de Campo Rodrigo Campuçano su marido. Con El señor Fiscal, y dõ Iuan de Mendoza. *(Madrid,* 1607), fol.-14 hjs.

Memorial relativo a ciertas tierras del valle del Cóndor en el Perú.
Con la firma autógrafa del doctor Luis de Casanate.

Por Doña Isabel de Roa y Polanco, en el pleito con el señor Fiscal, sobre la reuocatoria que intenta. *(Madrid, 16...)*, fol.-8 hjs.

Con la firma autógrafa del licenciado D. Francisco Roco de Córdoba. Relativo a negocios de Lima.

Por Doña Margarita de Colmenares. Con Don Pedro de Otalora, y el Marques de Sofraga, Gouernador que fue del Nuevo Reyno, y Presidente de la Real Audiencia de la Ciudad de Santafee. *(Madrid, 16...)*, fol.-14 hjs.

Con la firma autógrafa del Licenciado Márquez de Cisneros.

Por Doña Maria de la Palma, hija natvral de Ivan Clemente de Fuentes difunto, vezino de la ciudad de los Reyes. Con Ivan Bavtista Gonzalez, sv aluacea y tenedor de bienes. Sobre alimentos de la dicha doña Maria de la Palma. *(Madrid, 16...)*, fol.-16 hjs.

Con la firma autógrafa del licenciado José Nieto de Acuña.

Por Doña Maria de Sande y Mesa. Con Don Francisco de Eguiluz Herencia... Respuesta a la informacion contraria. *(Madrid, 16...)*, fol.-17 hjs.

Cou la firma autógrafa del licenciado Antonio de Castro.
La demandante era hija y heredera del doctor D. Francisco de Sande, gobernador del Nuevo Reino de Granada.

Por Doña Maria de Sande, y Mesa Con Don Francisco de Eqiluz *(sic)* Herencia... Y con don Francisco de Mesa, y consortes. Sobre Que la sentencia del Consejo... es suplicable... *(Madrid, 16...)*, fol.-20 hjs.

Con la firma autógrafa del licenciado D. Antonio de Lastra.

Por Doña Mariana Ramires de Aguilar, Encomendera del repartimiento de Copire, y Guaquimay, en la Prouincia de los Musos, en el nueuo Reyno de Granada. Con Don Antonio de Tobar, y Francisco de Aguilar, que salió al pleyto al principio... *(Madrid, 16...)*, fol.-38 hjs.

Con la firma autógrafa del Licenciado Márquez de Cisneros.

Por Doña Mariana Ramirez de Aguilar, Encomendera de la Encomienda de Copere, en terminos de la ciudad de Muso, en el Nueuo Reyno de Granada. Con don Antonio de Tobar, y Francisco de Aguilar, que salio al pleyto. *(Madrid, 16...), fol.-15 hjs.*

Con la firma autógrafa del Doctor Márquez de Cisneros.

Por el Alferez Andres Ponze de Leon, Curador ad litem de dõ Melchor de Solorzano y Velasco,... vezinos de la Ciudad de Chiapa en la Prouincia de Guatimala. Con Don Melchor de Solorzano,... Sobre la encomienda y repartimiento de los Indios de los pueblos de Chamula... *(Madrid, 16...), fol.-15 hjs.*

Con la firma autógrafa del licenciado D. Esteban de Prado.

Por el Capitan Alonso de Padilla. Con Francisco Beltran. *(Madrid, 163...), fol.-22 hjs.*

Con la firma autógrafa del Licenciado Márquez de Cisneros.
Relativo a un pleito sobre las minas de Manta en Nueva Granada.

Por el Capitan Alonso de Padilla Arciniega, Alguacil mayor de la Ciudad de Mariquita, con El Capitan Frãcisco Beltran de Caicedo, Sargēto mayor de la Ciudad de Sãta-Fè. Sobre la nulidad de la venta de las minas de S. Frãcisco Mãta Grãde... *(Madrid, 16...), fol.-59 hjs.*

Con la firma autógrafa del Licenciado Márquez de Cisneros.

Por El Capitan Francisco Beltran de Cayzedo, Sargento mayor de la Ciudad de Santafee. Con El Capitan Alonso de Padilla Arciniega, Alguazil mayor de la ciudad de Mariquita. Sobre la confirmacion, ò reuocacion de la sentencia de reuista... *(Madrid, 16...), fol.-27 hjs.*

Con la firma autógrafa del licenciado D. Jerónimo de Camargo.

Por El Capitan Francisco Beltran de Cayzedo, Sargento mayor de la ciudad de Santafè. Con El Capitan Alonso de Padilla Arciniega Alguazil mayor de la ciudad de Mariquita. En respuesta de su segunda informacion. *(Madrid, 16...), fol.-11 hjs.*

Con la firma autógrafa del licenciado D. Jerónimo Camargo.

Por el Capitan Gaspar de Villagra. *(Madrid, 160...)*, fol.-5 hjs.

Con la firma autógrafa del licenciado Luis de Casanaz.

Versa este memorial sobre la muerte que Villagra dió a dos soldados que se huyeron del real en su expedición al Nuevo México.

Por el Capitan Pedro Aluarez Holguin, hijo legitimo primogenito del Capitan Martin Monje. Con El señor Fiscal de su Magestad. Sobre La encomienda, que el Marques don Francisco Pizarro encomendò en su padre de los pueblos de la Prouincia de los Charcas. *(Madrid, 16...)*, fol.-6 hjs.

Con la firma autógrafa del doctor don Juan Osorio y Guadalfaxara.

Por el Colegio de la Compañia de Iesus de Santafe del Nuevo Reyno de Granada. Con Francisco Nuñez hijo y heredero de Gaspar Nuñez difunto. *(Madrid, 16...)*, fol.-6 hjs.

Con la firma autógrafa del licenciado D. Antonio de la Cueva y Silva.

Por el Colegio Real de Hijos de Caziques de la Ciudad del Cuzco, y el Padre Pedro de Berrueta su Rector, y el Protector general de los naturales del Pirù. Con Doña Iuliana de Pedraza... *(Madrid, 16...)*, fol-26 hjs.

Con la firma autógrafa del Doctor González de Ulibén.

Por el Consvlado de Sevilla, è interessados en la plata y oro, que el año passado de 31. se saluò en la Prouincia de Tabasco en la nao San Antonio... Con el señor Fiscal. *(Al fin:) En Madrid por la viuda de Iuã Gõçalez*, Año 1634, fol.-16 hjs.

Con la firma autógrafa del Doctor Márquez de Cisneros.

Por el Contador Alvaro de Rebolledo, Con Doña Mariana de Herrera por si, y como madre y tutora de los menores sus hijos, y del Capitan Nicolas de Landauerde su marido difunto, y sus herederos. *(Madrid, 1619)*, fol.-18 pp. s. f.

Sobre mercaderías recibidas por Landaverde en Cartagena de Indias. Con la firma autógrafa del Licenciado Azevedo de Fonseca.

Por el Contador Ordoño de Zamvdio, como albacea y tenedor de bienes de Dona *(sic)* Catalina de la Torre, difvnta, y distribvidor de las mandas, y obras pias, que dexo. Y por Pedro de Vriarte... Contra el Bachiller Alonso de la Torre Presbytero... Sobre la nvlidad de dicha fvndacion,... *(Lima,* 164...), fol.-14 hjs.

Con la firma autógrafa del doctor D. Diego de León Pinelo.

Por El Doctor don Dionisio Manrique Cauallero del Abito de Sãtiago, Oydor que fue de la Real Audiencia de los Reyes, y Presidente de los Charcas. Sobre El cargo en su Visita, de auer contraido matrimonio con doña Teresa de Contreras su muger, y auer intentado y pretendido antes del otros dos. *(Madrid,* 16...), fol.-46 hjs.

Con la firma autógrafa del Licenciado Márquez de Cisneros.

Por el Doctor Don Matias de Peralta, Oydor que fue de la Real Audiencia de Quito. Sobre Que los cargos de su visita, del tiempo que exercio el dicho oficio, se le han de notificar en persona... *(Madrid,* 16...), fol.-9 hjs.

Con la firma autógrafa del Doctor Márquez de Cisneros.

Por el Duque del Infantado. Con El señor Fiscal. Sobre la Encomienda de Indios, que tuuo en segunda vida la Duquesa del Infantado Marquesa de Montesclaros. *(Madrid,* 16...), fol.-8 hjs.

Con la firma autógrafa del licenciado D. Diego Altamirano.

Por el Fiscal del Real Consejo de las Indias. En el pleyto con Geronimo de Fonseca. Sobre Que se declaren por perdidas las treze barras de plata, y dos trozos de otra, que se le tomaron, y embargaron por descaminadas, y sin registro. *(Madrid,* 16...), fol.-17 hjs.

Con la firma autógrafa de don Juan de Solórzano Pereira.

Por el Fiscal de Sv Magestad. Contra Pedro Menendez de Auilès, como sucessor que pretende ser del Adelantado Pedro Menendez de Auilès. *(Madrid,* 160...), fol.-21 hjs.

No consta el nombre del Fiscal, pero León Pinelo en sus *Tablas* nos da el de D. Pedro Marmolejo que estuvo en funciones desde 1604 a 1611, espacio de tiempo a que debe referirse la fecha de este impreso.

Por el General D. Domingo Ruyz de Tagle, vezino de la Ciudad de Mexico, en la Demanda que se sigue en este Juzgado Ecclesiastico de la Puebla, por apellacion (que interpuso) Dª. Maria de Acvña Bonal... (*México*, 170...), fol.–Tres hjs. s. f.–9 foliadas.

Con la firma autógrafa del doctor Diego de la Veguellina.

Por el Licenciado Don Alonso de Gereceda, Oidor que fue de la Audiencia de santo Domingo, y que está promouido a la de Mexico. Con El señor Fiscal del Consejo de Indias. Sobre los cargos que se le han hecho en razon de dadiuas de subditos. (*Madrid*, 16...), fol.–6 hjs.

Con la firma autógrafa del licenciado D. Jerónimo Camargo.

Por el Licenciado Don Antonio Quixano, Oydor de Panamà. Con El señor Fiscal. Sobre auerse casado sin licencia. (*Madrid*, 16...), fol.–8 hjs.

Con la firma autógrafa del mismo D. Antonio Quixano.

Por el Licenciado D. Francisco de Barreda, Fiscal de la Real Audiencia de Mexico. Con El señor Fiscal. (*Madrid*, 16...), fol.–8 hjs.

Con la firma autógrafa de D. Gabriel de Moncada.
Relativo a la separación de Barreda de aquel cargo.

Por el Licenciado Don Francisco Barreda Fiscal de la Real Audiencia de Mexico. Con el Señor Fiscal. (*Madrid*, 162...), fol.–22 hjs.

Firmado también por Moncada y referente al mismo asunto.

Por el Maesse de Campo don Antonio de Touar, Encomendero de la Encomienda de Copere y Guaquimay, en la Prouincia de los Musos. Con Doña Mariana Ramirez de Aguilar, y Francisco de Aguilar. Sobre la dicha Encomienda de Copere y Guaquimay.

(Al fin:) En Madrid por la viuda de Iuan Gõçalez, año 1633, fol.-70 hjs.

Con la firma autógrafa del licenciado D. FELIPE DE MONCADA.

POR el Maestro Don Fray Agvstin, de Caruajal Obispo de Guamanga. Con el Obispo del Cuzco. *(Madrid,* 16...), fol.-8 hjs.

Con la firma autógrafa del DOCTOR OLMOS.

POR el Marqves de Cerralbo, Virrey, y Capitan general de Mexico, posseedor de la tenencia de la dehessa del Rincon de Almorchon. Contra El Tesoro de la Orden de Alcantara, y Procurador general della. *(Madrid,* 16...), fol.-12 hjs.

Con la firma autógrafa del doctor D. PEDRO DIEZ NOGUEROL.

POR el Minerage de Gvancavelica, y Villa Rica de Oropesa. Contra la denvnciacion de D. Alonso Tineo, del Habito de Santiago. Sobre Auerse traido labores en los parages, que llaman S. Iacinto, y boca de las Animas, y dezir... *(Lima,* 1660), fol.-61 hjs.

Con la firma autógrafa del doctor don DIEGO DE LEÓN PINELO.

POR el Padre Maestro Fr. Martin Melendez, Calificador del Sancto Oficio : Prior del Convento de Predicadores de Sancta Maria del Rosario de Lima... Contra el Padre Fray Ivan Moreno, Prior del Convento de la Magdalena : qve pretende Aver sucedido en dicho cargo. *(Lima,* 1660), fol.-20 hjs.

Con la firma autógrafa del doctor don DIEGO DE LEÓN PINELO.

POR el Real Fisco. Con el Doctor Ivan de Canseco, Alcalde que fue del Crimen de la Audiencia de Lima, y al presente lo es de la de Mexico. Sobre Auerse desposado sin licencia de su Magestad, y auer tratado, contrauiniendo a las Ordenanças Reales. *(Madrid,* 16...), fol.-8 hjs.

Va con la firma autógrafa del licenciado JUAN PARDO DE ARENILLAS.

POR el Sargento Mayor D. Juan Isidro de Pardiñas Villar de Francos, Cavallero del Orden de Santiago, Bernardo Fernandez

Peregrina, Diego de Molina, y Juana de Avēdaño Parcioneros de la Mina nombrada San Antonio, aliàs Santiago, sita en el Real, y Minas de Coziguiriachi en el Reyno de la Nueva Vizcaya, en el Pleyto con el Sargento Mayor Diego Pacheco Zeballos... *(México, 1698)*, fol. 39 pp.

Con la firma autógrafa de D. José Sáenz de Escobar.

Por el Señor Don Antonio de Oquendo, del Cõsejo de Guerra de su Magestad, y General que fue de los galeones de Tierra firme, que salieron el año de treinta y quatro. Con el señor Fiscal. En satisfacion del cargo que se le haze de la Inuernada. *(Madrid, siglo xvii)*, fol.-8 hjs.

Con la firma autógrafa del licenciado D. Diego Altamirano.

Por El señor D. Carlos de Ibarra, Gentilhombre de la boca de su Magestad... y Almirante general de la guarda de las Indias. Sobre los cargos de su residencia del dicho oficio de Almirante... *(Al fin:) En Madrid, por la viuda de Iuan Gonçalez,* año 1634, fol.-10 hjs.

Con la firma autógrafa del Doctor Márquez de Cisneros.

Por el Tesorero Francisco de la Torre. Con el Marques de Cerraluo, difunto, Virrey que fue de la Nueua-España, y Bartolome Fernandez su Procurador, como señor de la instancia; Y con el señor Fiscal, que ha salido a este pleyto. *(Madrid, 16...)*, fol.-22 hjs.

Con la firma autógrafa del Licenciado Márquez de Cisneros.

Por el Tribunal del S. Officio de la Inqvisicion de Mexico: sobre el impedimento que à la lectura de sus Edictos à puesto el Ilustrissimo señor D. D. Matheo Sagade Bugueiro, Arçobispo de dicha Ciudad, del Consejo de su Magestad. *(México, 1662)*, fol.-Dos hjs. s. f.-34 foliadas.

Autor: don Diego López del Campo.

Por el Veintiqvatro Francisco Sandier, y consortes, dueños, è interessados en la plata, y oro, y demas hazienda que registrò en

la mar el Almirante Moxica. Con El señor Fiscal... *(Al fin:)*
En Madrid, por la viuda de Iuan Gonçalez, Año 1634, fol.-13
hjs.

Con la firma autógrafa del Doctor Márquez de Cisneros.

Por el Venerable Dean, y Cabildo de la Santa Iglesia Catedral de
la Civdad de Areqvipa. Con Don Diego de Armenta Altamirano... Sobre la falsedad qve el dicho Cabildo opone a la escritura... *Limae, Apud Bernardinum de Guzman...,* Anno 1633, fol.-
31 hjs.

Con la firma autógrafa de don Nicolás Flores.

Por el Venerable Dean, y Cabildo desta Catedral, en la cavsa con
los Cvras de la Civdad de Yca, y svs herederos sobre la restitucion, y reintegracion del Synodo... *(Lima,* 166...), fol.-11 hjs.

Obra del doctor don Diego de León Pinelo, que la subscribe con su
firma autógrafa.

Por execucion de sentencia de vista, que en la residencia se pro-
nuncio contra el Doctor Francisco Perez, se executo, y cobra-
ron de sus bienes seys mil dueados : los quales entraron en la
caxa de la villa de Potosi, etc. *(Madrid,* 16...), fol.-4 hjs.

Con la firma autógrafa del mismo doctor Francisco Pérez.

Por Fernando de Almonte Veinticuatro de Sevilla, y consortes,
interesados en la plata y oro que se traxo de las Indias el año
passado de 632, en la armada de los galeones, General Tomas
de Arraspurù... *(Al fin:) En Madrid, por la viuda de Iua Go-*
calez, Año 1634, fol.-23 hjs.

Con la firma autógrafa del Doctor D. Mateo de Barriasa.

Por Horacio Levanto, Tesorero de la Casa de la moneda de la
Ciudad de Granada, y Fator de la Armada Real. Con los acreedores a los bienes de Sebastian Ximenez de Enciso. *(Madrid,*
16...), fol.-19 hjs.

Con la firma autógrafa del Licenciado D. Diego Altamirano.

Por Horacio Levanto, Tesorero de la Casa de la moneda de la ciudad de Granada, y Fator de la Armada Real. Con Los acreedores a los bienes de Sebastian Ximenez de Enciso. En respuesta de la informacion dada por el Padre Hernando de los Rios. *(Madrid, 16...)*, fol.-8 hjs.

Con la firma autógrafa del licenciado D. Diego Altamirano.

Por Ivan de Sologaren Contador, juez oficial de la Real hazienda del nueuo Reyno de Granada. Apvntamentos de sv derecho y justicia, en defensa y satisfaciõ de los cargos que le hizo en su visita el Visitador Licenciado don Antonio Rodriguez de San Isidro. *(Madrid, 16...)*, fol.-74 hjs.

Con la firma autógrafa del Licenciado Márquez de Cisneros.

Por Ivan de Vribe Teruel vezino y Regidor de la ciudad de Cuenca. Contra El Licenciado Ioseph Belloso Capellan de la Capellania menor que instituyó Martin Ruiz de Santodomingo vezino que fue de la villa de Potosi en las Indias. *(Madrid, 16...)*, fol.-17 hjs.

Con la firma autógrafa del licenciado D. Diego Altamirano.

Por Ivan Perez de Rojas vezino y Regidor de la Ciudad de Toledo... Con El señor Fiscal, el Aueria vieja del año de 619, y el defensor de la Iglesia de Chile. *(Madrid, 16...)*, fol.-7 hjs.

Con la firma autógrafa del Licenciado D. Diego Altamirano.

Por la Condesa de Colmenar doña Isabel de Velasco, y el Conde don Bernardino de Cardenas y Velasco su marido. Con El Capitan Pedro de Najera, vezino de la ciudad de Guatemala Sobre que se mãde despachar en fauor de dicha Cõdesa Título de la Encomiẽda... *(Madrid, 16...)*, fol.-10 hjs.

Con la firma autógrafa del Doctor Márquez de Cisneros.

† Por la Civdad de Santiago, y Reyno de Chile, de quien es cabeça. Con el Señor Fiscal. Fol.-17 pp. s. f. *(Madrid, 1673)*.

Por el licenciado don Alonso Hurtado de Mendoza.

Por la jvrisdiccion del Señor Doctor D. Pedro de Medina Rico. Inquisidor Appostolico de la Inquisicion de la Ciudad, y Reyno de Sevilla, Visitador de las de Cartagena de Indias, y Nueva-España. Sobre Pretender... Don Matheo Sagade Bugueiro, Arçobispo de Mexico,... que pertenece à la jurisdiccion Ordinaria de Testamentos, La causa executiva... *(México*, 1661), fol.-10 hjs.

Andrade lo da como anónimo, pero está subscrita por D. Diego López del Campo.

Por la Prouincia de la Obseruancia de Tierra firme, de la Orden de san Agustin. Con El Padre fray Francisco de la Resurreccion Descalço. Sobre el ajustamiento verdadero del hecho, contra otro no ajustado que imprimio. *(Madrid*, 165...), fol.-14 hjs.

Con la firma autógrafa de Fray Martín de Cañizares.

Por la Provincia de San Nicolas de Mechoacan, de la Orden de San Agvstin, en el pleyto con el Padre Presentado Fray Iuan de Espinosa de dicha Orden; sobre Que se recoja la patente, q̃ el Padre General della Fray Fulgencio Pretelo de Sigilo le despachò... *(México*, 16...), fol.-22 hjs.

Con la firma autógrafa del licenciado don Alonso de Alaves Pinelo.

Por la Santa Iglesia metropolitan de la ciudad de Mexico, y las demas ciudades de las Indias. Con las religiones de Santo Domingo, San Agustin, y la Compañia de Jesus, y las demas que litigan. En respuesta a su informacio. *(Madrid*, siglo xvii), fol.-14 hjs s. f.

Con la firma autógrafa del Licenciado Márquez de Cisneros.

Por las Religiones de los Patriarcas san Agustin, santo Domingo, la Merced, Compañia de Iesus, y otras que residen en las Prouincias de las Indias, assi en Nueua-España, como en el Pirù, y Prouincia de Quito. Con El señor Fiscal... *(Madrid*, 165...), fol.-6 hjs.

Téngola por obra del P. Julián de Pedraza, S. J.

— 155 —

Por la Real Universidad y Escuelas generales de S. Marcos de
la ciudad de Lima, en las Provincias del Peru. Con el Arzobispo, Dean y Cabildo de la santa Iglesia de la ciudad de la
Plata, y Cabildos seculares della, y de la villa de Potosi, en
la Provincia de los Charcas. *(Madrid,* 1631), fol.-10 hjs.

Lleva la firma autógrafa de Antonio de León Pinelo.

Por los beneficiados del Obispado de la Puebla de los Angeles,
Clero y Fiscal Eclesiastico del, y por las Ciudades, Pueblos,
y demàs consortes de aquella Diocesis. Con Los padres Regulares de las Sagradas Ordenes de S. Domingo, S. Francisco y San Agustin. Sobre Las doctrinas de que fueron remoui-
dos... *(Madrid,* 16...), fol.-Port. y 68 hjs.

Con las firmas autógrafas de los licenciados Esteban de Perola Espínola y Paulo de Victoria.

Por los Fiadores del Capitan Miguel de Arcilla Maestre y dueño
que fue de la Nao Capitana de la Flota de Nueua España...
Con Don Iuan de Lara Veinte y quatro de la ciudad de Seuilla. *(Madrid,* 163..), fol.-20 hjs.

Por los Fiadores del Capitan Miguel de Arcilla, Maestre, y
dueño que fue de la Nao Capitana de la Flota de Nueua España... Con Don Iuan de Lara... En respuesta de su informacion. *(Madrid,* 16...), fol.-5 hjs.

Ambas con la firma autógrafa del licenciado D. Diego de Uceda.

Por los Fiadores del Registro y maestraje de la Nao Capitana
de la Flota de Nueua España del cargo del General D. Lope
de Hozes, Maestre y dueño el Capitan Miguel de Arcilla. Con
Simon Rodriguez Bueno. *(Madrid,* 16...), fol.-14 hjs.

— Por los fiadores del Registro, y Maestrage de la Nao Capitana de la Flota de Nueua España... Con Martin Sanchez Te-
rria Sindico del Conuento de la ciudad de Seuilla, cuyo derecho coadjuua el señor Fiscal. *(Madrid,* 16...), fol.-19 hjs.

— Por los Fiadores de Miguel de Arcilla, Maestre que fué de
la Nao Capitana de la Flota de Nueua España, del cargo del

General don Lope de Hozes. Con Don Ventura de Arcilla. *(Madrid, 16...), fol.-12 hjs.*

Los tres con la firma autógrafa del licenciado D. DIEGO DE UCEDA.

POR los Herederos de Hernan Vela. Con El Señor Fiscal, y los Indios de Aullagas, y consortes. Sobre que se declare auer lugar el grado de la segunda suplicaciõ, interpuesta por parte de los dichos herederos de la sentencia de reuista, dada por la Audiencia de los Reyes... *(Madrid, 16...), fol.-6 hjs.*

Lleva la firma autógrafa de don JUAN DE MOLINA.

POR los interesados de la plata y oro del almirante Moxica, Con el Señor Fiscal. En Respuesta a su informacion. *(Al fin:) En Madrid, por la viuda de Iuan Gõçalez, año de 1634, fol.-14 hjs.*

Con la firma autógrafa del DOCTOR MÁRQUEZ DE CISNEROS.

POR los interesados en los quatro generos de mercaderias, Grano, Añil, Açucar, y Palo, que vinieron de las Indias el año passado de 1632. Con Los interessados en Plata, y Oro del mismo Año. En respuesta de la Informacion contraria. *(Madrid, 163...), fol.-24 hjs.*

Con la firma autógrafa del licenciado GABRIEL DE MONCADA.

POR los Racioneros de la Santa Iglesia Catedral de la Ciudad de Quito del Peru. Con El Dean, y Cabildo de la dicha Santa Iglesia. Sobre el repartimiento de las obvenciones, y de las preeminencias que les tocan, conforme a la ereccion de la Iglesia. *(Madrid, 16...), fol.-11 hjs.*

Con la firma autógrafa del licenciado D. ESTEBAN DE PRADO.

POR los Regidores de la Ciudad de la Hauana en las Indias, que admitieron al oficio de Gouernador della a don Lorenço de Cabrera, y permitieron le vsasse sin auer recibido fianças de residencia. Con el Señor Fiscal del Consejo de Indias. *En Madrid, Por la viuda de Alonso Marin, año 1633, fol.-2 hjs.*

Con la firma autógrafa del licenciado FRANCISCO DE VICTORIA.

Por parte de Don Francisco de la Prada, en la causa del cumplimiento del Testamento de Thoribio Cofiño Prieto, para que V. S. se sirva de rebocar *(sic)* el Auto en que se mandó despachar mandamiento... *(Lima, 1699)*, fol.-13 hjs. s. f.

De letra manuscrita de la época se lee ser obra del doctor don Tomás de Salazar.

Por parte de Don Gabriel de Echavarria Zuloaga, Contador de el Tribunal y Audiencia Real de Cuentas de este Reyno, se proponen a U. S. los fundamentos siguientes... *(Lima, 175...)*, fol.-7 hjs. s. f.

Firma de su letra el doctor D. Felipe Santiago Barrientos.

† Por parte de Dn. Joseph de Semper Muguertegui y Santibañes, se ponen en la Superior consideracion de V. S. los fundamentos de derecho y Justicia que le assisten... Fol.-18 hjs. s. f. (Segunda mitad del siglo xviii.) (Sobre posesión de una nave.)

Por don Manuel de Gorena y Beyría.

† Por parte de Don Jvan Joseph de Rovina, Contador del numero del Tribunal de Cuentas, para que se declare á su favor la precedencia del lugar... Fol.-20 hjs. s. f. (Posterior a 1750.)

Subscrito por el doctor don José de la Quadra Sandoval y Roxas.

† Por parte de Don Lorenzo Phelipe de la Torre, se suplica à V. S. se sirva de tener presentes los fundamentos que contiene este Papel, para confirmar la Sentencia que pronunciò el Corregidor de Parinacochas... Fol.-24 hjs. y una doble.

Subscrito en Lima por el doctor D. José Perfecto de Salas, a 20 de septiembre de 1741.

Por parte de Don Nicolas de Larrazpurv, cavallero de Orden de Santiago. En la cavsa, qve contra el se trata en la ciudad del Quito... *Lima, Por Geronymo de Contreras, año de 1632,* Fol.-13 hjs s. f.

Obra del padre jesuíta Cristóbal García Yáñez.

Por parte de la Señora Doña Mariana de Guzman y Quiñones, en la pretension, que tiene de que se rebajë los censos impuestos en las viñas de Yca... *(Lima,* 166..*)*, fol.-10 pp. s. f.

Con la firma autógrafa de D. Pedro de Loaysa y Quiñones.

Por parte del Coronel Don Geronimo Bosa y Solis... se representan los fundamentos de Derecho q̃ le assistë, para que se sirva U. S. de confirmar el Auto de Vista de esta Real Audiencia, en que se declaró no haver lugar el derecho de ofrecer que pide el Monasterio de Santa Cathalina de esta Ciudad... *(Lima,* 1716*)*, fol.-26 hjs. s. f.

Con la firma autógrafa del doctor D. Felipe Santiago Barrientos.

Por Pedro Alonso de Barrios vezino de la ciudad de Lima. Con El Doctor Matias de Porres Medico, preso en la carcel Real desta Corte. *(Madrid,* 16...*)*, fol.-7 hjs.

Con la firma autógrafa del licenciado don Miguel de Monsalve.

Por Simon Ribero avsente, Passagero que fue en la Nao S. Pedro, y dueño de algunos esclauos que ivan en ella, Maestre Iacinto de Silva, que arribò a la Habana. Con el señor Fiscal del Real Consejo de las Indias... *(Madrid,* 16...*)*, fol.-18 hjs.

Con la firma del licenciado don Juan Alonso de Butrón.

Por Simon Rodrigvez Bueno. Con los fiadores de Miguel de Arcilla Maestre de la plata de la nao Nuestra Señora de Regla Capitana de la Flota del cargo del General don Lope de Hozes. *(Madrid,* 16...*)*, fol.-8 hjs.

Con la firma autógrafa del licenciado don Juan de Zurita.

Portales (Los) de Gobierno. Sainete provincial por El Duende de las Antillas. *Habana, Imp. del Gobierno por S. M.,* 1834, 8º-32 pp.-En verso.

Por D. Miguel G. Orihuela, natural de las Canarias.

Porvenir (El) de Cuba. Por un Cubano práctico. *Nueva York,* 1898.

Rafael Padró. — F.-C.

Porvenir (El) de la Patria por U. P. V. Precio: 20 Cts. *Santiago, Imp. del Pais,* 1880, 4º-35 pp.

Subscrito al final por Un Patriota Viejo, palabras envueltas en las iniciales de la portada, y que ocultan el nombre del autor Francisco de Paula Vicuña.

Porvenir (El) del Eouador *(sic) (Epígrafe en seis líneas). Lima,* 1860, *Establecimiento Tipográfico de Aurelio Alfaro y Ca.,* 4º-28 pp.

El ejemplar de la Biblioteca Nacional de Santiago lleva al fin la firma autógrafa de Próspero Pereira Gaimba.

Potpourri — Silvidos de un vago — *Buenos Aires, Imprenta de M. Biedma,* 1882, 8º-410 pp.

Hay segunda edición, de allí mismo y del propio año e imprenta, en 8º-414 pp., las cuatro últimas con un catálogo de periódicos.

« Ningún libro ha alcanzado en Buenos Aires el éxito ruidoso de los *Silvidos de un vago,* de que se hizo en breve tiempo segunda edición, ni ha originado mayor contradicción de opiniones, a extremo de llegar la prensa a enconarse personalmente con su autor el doctor Eugenio Cambaceres, descubierto a poco andar, y hasta declarar alguno la obra; con errado alarde de suficiencia, producto mefítico de la literatura pornográfica. » — Navarro Viola.

P. Ovidii Nasonis Tristium Libri V, Notis hispanicis illustrati. *Jacopoboli Ex typographio Chilensi,* MDCCCXLVIII, 8º-180 pp. y una s. f. para las erratas.

De D. Andrés Bello. — Briseño. *Est. bibl.,* p. 416.

Practica de devocion al Sagrado Corazon de Jesus, obra la mas completa para las almas que desean dedicarse con fruto a tan saludable devozion, traducida al castellano por el R. P. Fr. M. F*** *(Epígrafe en tres líneas.)* Con licencia. *Valparaiso, Imprenta del Comercio,* 1857, 8º-141 pp.

Las iniciales corresponden a fray Manuel Franco.

PRACTICA de la renovacion del espiritu para relijiosas. *Santiago, Imprenta de la Opinion,* junio de 1857, 8º-105 pp. y 3 s. f.

De la solicitud para la impresión, resulta que el autor fué el padre jesuíta BERNARDO PARÉS.

PRACTICA de las Estaciones de la Via Sacra. Sacada de la Mistica Ciudad de Dios. Por Fr. D. M. B. y E. Misionero Apostolico del Colegio de la Santa Cruz de Queretaro. Con licencia. *México, oficina de Doña Maria Fernandez de Jáuregui,* año de 1815, 12º-80 pp.

Las iniciales son de FRAY DIEGO MIGUEL BRINGAS Y ENCINAS.

PRACTICA de los Exercicios de S. Ignacio por el P. Ignacio Diertins de la Compañia de Jesus. Danse repartidos en meditaciones para todos los dias del año. *En Faenza,* MDCCLXXII, Con licencia, *En la imprenta de Joseph Antonio Archi Impressor Episcopal,* 8º-346 pp. a dos columnas-una s. f.

Traducción del latín, hecha por el ex jesuíta P. DOMINGO MURIEL, «dándole nuevo método». Sirvió en la provincia del Paraguay de la Compañía de Jesús.

PRACTICA de testamentos, en que se resuelven los casos mas frecuentes, que se ofrecen en la disposicion de las ultimas voluntades, dedicada á Maria Santisima del Cármen. *Santiago de Chile, Imprenta del Estado,* año de 1820, 8º-72 pp.

Es, ni más ni menos, que el opúsculo del mismo título que escribió y dió a luz primeramente en Manila, en una fecha que los bibliógrafos no precisan, el jesuíta P. PEDRO MURILLO VELARDE, tantas veces después reimpreso, alguna en la Península y muchas veces en México.

PRACTICA de testamentos, ó Tratado en que se resuelven las cuestiones que mas frecuentemente se ofrecen en la disposicion de las ultimas voluntades. *Santiago de Chile,* 1838, *Imprenta de Colocolo, Administrada por E. Molinare,* 4º-6 s. f.-47 pp.

Obra de D. JOSÉ VICTORINO LASTARRIA.

PRACTICA de visitar los Sagrarios el Jueves y Viernes Santo. Dispuesta por un Devoto... Con licencia. *En Buenos-Ayres, en la Real Imprenta de los Niños Expositos, y a su costa,* año de 1785, 16º-Ocho pp. s. f.-38 pp.

Fué el autor ALFONSO SÁNCHEZ SOTOCA, que era entonces administrador de la Imprenta.

PRACTICA para alcanzar lo que se pide a Dios por S. Francisco de Sales, Obispo, y Principe de Geneva, En cuyo Honor la dispuso en forma de Novena vn Sacerdote del Oratorio de N. P. S. Phelipe Neri de la Ciudad de los Angeles... *En Mexico por los Herederos de la Viuda de Bernardo Calderon,* año 1695, 8º-50 pp.

Del doctor D. JOSÉ GÓMEZ DE LA PARRA.

PRECEPTOS para la primera clase de Gramatica, Imprimelos con Privilegio la Congregacion de la Annunciata, fundada en el Colegio de Estudios de San Pedro, y San Pablo de la Compañia de Jesus de Mexico. *En la Imprenta de los Herederos de Doña Maria de Ribera...,* año de 1766, 8º-30 pp. s. f.

Autor : don PEDRO RODRÍGUEZ DE ARIZPE.

PREDESTINACIÓN, por Flora del Valle. *Barcelona,* 1890.

CONCEPCIÓN GALARRAGA DE SALAZAR, habanera. — F.-C.

PRELIMINAR, y cartas, que preceden al tomo I. de las Memorias historico-physicas, critico-apologeticas de la America Meridional. Su author Don J. E. Ll. Z. *Con licencia en Cadiz, En la oficina de D. Pedro Gomez de Requèna,* Impressor Mayòr por S. Mag., año de M. DCCLVIII. 4º-7 hjs. s. f.-93 pp.

En la segunda edición, hecha también en aquella ciudad, en 1759, 8º, se puso en la portada con todas sus letras el nombre del autor : Don JOSÉ EUSEBIO LLANO ZAPATA.

PRESERVATIVO contra el veneno de los libros impios y seductores que corren en el pais. *Lima, Imprenta de Rio,* 1822, 4º-8 pp.

Tal es el título que lleva a la cabeza de la primera página ; pero ya en la segunda se le da el de :

— Cartas peruanas entre Filaletes y Eusevio.

Son por todas diez Cartas, de foliación separada, y la última de ellas, de 1823, por la Imprenta de Masías. Fué el autor el doctor D. IGNACIO MORENO, natural de Guayaquil. Véase mejor *La Imprenta en Lima*, n? 3677.

PRESIDENCIA (La) futura y los candidatos actuales. Estudio político electoral. (*Buenos Aires*, 1885), 8?-56 pp.

«Se ha asegurado, sin que se haya desmentido la especie, que su autor es el Dr. LUIS V. VARELA, conocido publicista.» — NAVARRO VIOLA.

PRIMERA epístola del Almirante don Cristobal Colon dando cuenta de su gran descubrimiento a D. Gabriel Sanchez, tesorero de Aragon. Acompaña al texto original castellano el de la traduccion latina de Leandro de Cosco, segun la primera edicion de Roma de 1493, y precede la noticia de una nueva copia del original manuscrito y de las antiguas ediciones del texto en latin, hecha por el editor D. Génaro H. de Velafan. *Valencia*, 1858, 4? menor-x-25 pp.

El editor disfrazado con ese nombre fué don FRANCISCO ADOLFO DE VARNHAGEN.

PRIMERA parte de la vida del General San Martin. *Santiago de Chile*, 1825, 8?-32 pp. y caricatura en colores.

Zinny cita una edición de Buenos Aires, del mismo año, de la Imprenta de Hallet, y dice que el opúsculo se atribuye al GENERAL ALVEAR.

PRIMERA (la) Víctima. Luis Acevedo en la vida y en la muerte. *Talleres de la Empresa Zig-Zag, Santiago de Chile*, MDCCCXIII, 8?-200 pp.

A la cabeza de la portada, Claudio de Alas, seudónimo de JORGE ESCOBAR URIBE.

PRÍNCIPE (El) Jardinero y Fingido Cloridano, comedia en tres actos de un ingenio de la Habana. *Valencia, Oficina de José Ferrer de Orga*, 1820, 4?-mayor-32 pp. — El título a la cabeza del texto.

Impresión de la Habana, por más que las señas recen otra cosa, y obra de fray José Rodríguez Ucares, alias «El Capacho». Ha tenido muchas ediciones posteriores, en algunas de las cuales aparece como autor don Santiago de Pita, para despistar a las gentes y que no se reprochara al P. Rodríguez el que se ocupara de asuntos profanos. —Bachiller, t. III, p. 167.

Principios de Derecho de Jentes Por A. B. *Santiago de Chile,* año de 1832, *Imprenta de la Opinion,* 8º-iv-267 pp.

Las iniciales son las del nombre de Andrés Bello.

Principios de dibujo lineal, que comprenden Las aplicaciones de la Linea recta i de la Linea curva al trazado de las Figuras planas i al de algunas Figuras de ornato, por A. Bouillon arquitecto. Traducidos del frances por J. Z. *Santiago de Chile, Imprenta de Julio Belin i Cª,* enero de 1853, 8º-47 pp.

Las iniciales del nombre del traductor pertenecen a don José Zegers.

Principios de dibujo lineal, que comprenden las aplicaciones de linea recta y de la linea curva al trazado de las figuras planas y de algunas figuras elementales de ornato ; Por A. Bouillon, Arquitecto. Traducidos del frances por J. Z. *Valparaiso, Establecimiento Tipografico del Diario,* febrero de 1857, 4º-iv-64 pp.

Las iniciales son de José Zegers Montenegro.

Principios de Economía Política, aplicados al estado actual y circunstancias de Bolivia por el ciudadano J. P. *Sucre, 1845, imprenta de Beeche y Compañia,* 8º-4 pp. s. f.-89 pp.

René Moreno, *Bib. Bol.,* nº 2757, dice : « atribuído a Julian Prudencio ». En el ejemplar de la Biblioteca Nacional de Santiago han sido raspadas las letras de la firma del autor en su dedicatoria al presidente D. José de Ballivián, dejando simplemente la J. y la P. — Claro es, entonces, que en algún ejemplar sano estará el nombre completo.

Principios de jurisprudencia práctica masónica, por P. F. de Acharat. *Habana,* 1867.

Antonio de Franchi Alfaro y Lemaur. — F.-C.

PRINCIPIOS de la Vida Espiritual sacados del Libro de la Imitacion de Jesu Christo por el P. Joseph Surin. Traduccion del Original Frances. *En Cesena*, Año de MDCCLXXVIII. *En la Imprenta de Gregorio Biasini*, Con licencia de los Superiores, 16º-407 pp. y una s. f.

El ex jesuíta P. DOMINGO MURIEL, de la provincia del Paraguay, es el autor de la traducción castellana.

PRINCIPIOS de retórica o elocuencia Estraídos de Capmani, Hermosilla, i Jil de Zarate, para el uso de los Relijiosos de la Provincia franciscana de la Santísima Trinidad de Chile, por uno de sus alumnos. *Santiago de Chile, Imp. de la Sociedad*, noviembre de 1850, 8º menor-58 pp.

Dentro de un adorno tipográfico se leen estas tres iniciales, que pueden corresponder a los novicios ABARCA, ALVARADO o ARMIJO, los tres del nombre de Francisco y novicios franciscanos en aquel año. Si la voz alumno la entendemos en el sentido de « miembro o individuo », podría el anónimo corresponder también a FRAY FRANCISCO ALFARO.

PRINCIPIOS elementales de Derecho administrativo chileno. Adaptados a la enseñanza del ramo en el Instituto Nacional, siguiendo el plan i las teorías de varios autores por *** *Santiago, Imprenta Nacional*, 1859, 4º-318 pp.-xxviii y 2 s. f.

Fué el autor D. SANTIAGO PRADO.

PRINCIPIOS jenerales de la teoría de logaritmos. (Sin portada ni lugar de impresión, pero probablemente editado en la Paz). 4º-8 pp.

GUTIÉRREZ, nº 1274, quien agrega ser obra del doctor ZACARIAS TRISTÁN.

PRINCIPIOS teoricos y practicos de magnetismo animal. Redactado por P. G. Y aumentado con un tratado elemental de frenologia que antecede por P. D. segun el sistema de Gall. *Reimpreso en Sucre, Imprenta de Beeche*, 1859, 4º-40 pp.

Las iniciales del aumentador y editor son de PEDRO DURÁN.

PRINCIPIOS y reglas generales del metodo de contabilidad por el sistema de partida doble escritos por A. G. *En Santiago de Chile, Imprenta Republicana*, 1829, 4º-18 pp., y en el verso de la cubierta, el índice.

Las iniciales corresponden al nombre de Antonio Gundián.

Probable y definitivo porvenir de la Isla de Cuba. *Cayo Hueso,* 1870, 8º-15 pp.

Susbcrito por «Un Habanero», en Cayo Hueso, a 1º de agosto de 1870. Sin pie de imprenta. — Atribuído por Vidal Morales, *Iniciadores*, p. 605, a Félix M. Tanco y Bosméniel. — Pérez, nº 19. — Figarola-Caneda también lo afirma, añadiré.

Problemas y lecturas por Anibal Latino. *Madrid, Libreria general de Victoriano Suárez*, 1912, 8º-539 pp.

Forma parte de la *Biblioteca de Derecho y de Ciencias Sociales*. No he de repetir que el nombre que se pone el autor oculta el de José Ceppi.

Procesion (La) juguete cómico en un acto y dos cuadros por Rolando Vasaes. Toltal, Julio 20 de 1912. *Imprenta y Libreria Ilustracion, Taltal*, 1912, 8º-26 pp. y una s. f.

Rolando Vasaes es anagrama de Osvaldo Arenas.

Procesos (Los) políticos seguidos contra la revolucion de Diciembre de 1874 i sus jerentes... N. 1º *Cochabamba*, mayo de 1875, *Imprenta de Gutierrez*, 4º-38·pp y una de erratas.

«Aunque aparece subscrito por Román Sánchez, se atribuye este folleto a Venancio Jiménez». — René Moreno, *Bib. Bol.*, nº 2774.

Procesos («Los) políticos» y «La semana magna de 1875 en Cochabamba..» (Contestacion)... *Cochabamba*, mayo de 1875, *Imprenta del Siglo*, 4º-24 pp.

De José Manuel de la Reza.

Processo Teologico sopra la Clausura de'Monisterij delle Monache di D. Antonio Bonelli Arciprete di S. Eufrosina contra Pio Cortesi... *Asisi,* MDCCLXXXIV, *Dalle Stampe di Ottavio Sgari-glia,* 8º-127 pp.

Del ex jesuíta chileno Diego José Fuenzalida.

Proclama a los devotos del Señor San Joseph. Sermón predicado
en el Monasterio de la Enseñanza de la capital de Santafé el 23
de Abril de este presente año 1809, día en que se celebró la fiesta de su patrocinio ; por el cual se convence debemos los españoles así por la crueldad y fiereza de la actual guerra y soberbio
enemigo que hace, como por la misma Nación que sufre y su
Soberano perseguido, confiar que el Santísimo Patriarca está
con especialidad en nuestra ayuda. *(Tres estrellitas.)* Con las
licencias necesarias. *En la Imprenta Real de Santafé,* año 1809,
12º-96 pp.

«De las licencias y de la dedicatoria, que aparece al principio, resulta que su autor fué el canónigo doctor Rafael Lasso de la Vega.» —
Posadas, *Bib. bog.,* p. 206.

Proclama de la Madre España a sus hijos los americanos. Publícala Filopatro de orden superior. *Mexico, en la Imprenta de
Jauregui,* año de 1811, 4º-Una hj. s. f.-11 pp.

Dice Filopatro que el autor era don Juan Manuel Pilar y Manzano,
vecino de la Habana ; con todo, sospecho que Filopatro no es otro que
don José Mariano Beristaín y Sousa, tanto porque con ese seudónimo
se había disfrazado anteriormente, cuanto porque la índole de este escrito
responde a sus ídeas realistas.

Proclama Hecha por un individuo comerciante lleno de patriotismo, y deseoso de la felicidad de todo pueblo Americano en-
golfado en revoluciones. *(Al fin:)* Con superior permiso, Lima,
MDCCCXVII, *Imprenta de los huérfanos,* fol.-8 pp.

Hay dos ediciones quiteñas, ambas de 1818.
Subscrita por C. L., iniciales del nombre de Carlos Lagomarsino.

Proclama patriotica compuesta por un hijo de Buenos-Ayres, el
memorable dia del 21 de Agosto de 1808, en que se juró á nuestro Católico Monarca el Sr. D. Fernando VII. *Con licencia en*

Buenos Ayes, En la Real Imprenta de Niños Expósitos, Año
de 1808, 4º-3 pp. s. f.

Por el licenciado don Justo García Valdés.

Proezas de Hércules. Combate con la serpiente de Lerna ; otros
admirables sucesos. *Santiago de Chile, Establecimiento Poligráfico Roma,* 1898, 8º-20 pp. y 1 lámina.

Fué la autora la niña Laura Bustos, en cuyas *Rimas* se incorporó
después esta composición poética.

Programa de Derecho Constitucional positivo y comparado. *Santiago de Chile, Imprenta de « Los Debates »,* 1889, 4º-38 pp.

Por Julio Bañados Espinosa.

Promenades autour du monde, ou extraits des voyages de MM.
Caillé, Mollien, Durville, Delaplace... Publiés par M. J. O. D.
Paris, Lavigne, 1834, 12º-iv-344 pp.

Las iniciales son de Jos. Jacq. Odolant-Desnos. — Barbier, III, 1081 ;
Quérard, II, 414.

Pronostico curioso en el que se miente alegremente a costa de las
nubes y de la atmosfera ; pero se habla la verdad en otras cosas
como vera el que lo comprare. Dispuesto por D. J. F. L. para
el año Bisexto del Señor de 1816. Con las licencias necesarias.
En México, en la Oficina de Doña María Fernandez de Jáuregui,
8º-Una hoja s. f.-28 pp.

Las iniciales son de Don Joaquin Fernández de Lizardi.

Pronósticos sobre la actual Guerra Europea escritos en 1904, II
edicion. *Santiago de Chile, Imprenta « La Ilustracion »,* 1914,
8º-128 pp.

Autor : Lorenzo Beitía,

Prontuario de los Juicios. Su iniciacion, tramitacion e incidencias. Obra util para los Abogados, Bachilleres &. *Santiago de
Chile, Imprenta del Progreso,* 1844, fol.-292 pp. y 3 s. f. para
las erratas.

— 168 —

Por D. Bernardino Vila.

Briseño, *Est. bibl.*, p. 273.

Hay edición en dos tomos en 4º, Imprenta de la Sociedad, 1857-58, corregida y aumentada por el autor, descrita en seguida.

Prontuario de los juicios. Por B. A. V. Segunda edicion. Corregida i aumentada. *(Epígrafe en cuatro lineas.) Santiago de Chile, Imprenta de la Sociedad,* abril de 1857, 4º-viii-384-35 s. f., vol. II, 352-24 s. f.

Las iniciales son de Bernardino Antonio Vila.

Prontuario de Ordenanza en que se han reunido las obligaciones de las tres clases de Soldado, Cabo y Sargento, Leyes penales y varias adiciones á ellas, para el uso de las clases referidas en los Cuerpos Veteranos de Infantería de Nueva España. *Reimpreso: En México por Don Felipe de Zúñiga y Ontiveros...,* año de 1790, 8º-Hoja con escudo de armas Reales-4 hjs. s. f.-269 pp.

No aparece del libro cuándo salió la edición príncipe; la hay también de Guatemala, 1804, 8º, y de ella consta que el autor fué el sargento mayor don Pedro de Monteagudo.

Prontuario de ortografia castellana, por J. B. S., para el uso de las escuelas primarias. *Santiago, Imprenta del Conservador,* 1858, 16º-126 pp. y 1 para las erratas.

El nombre del autor José Bernardo Suárez, aparece en la carta que dirige a su amigo don Manuel Sevilla, inserta a la vuelta de la portada.

Prontuario general en cinco tarifas, Por las que se saca y deduce toda clase de Sueldos, y los varios descuentos que de ellos deben hacerse para el fondo del Monte Pio de Oficinas de esta Nueva España... Dispuestas por el Contador de el Año de 1784. *En México, Por Don Felipe de Zúñiga y Ontiveros,* fol.-Una hj. s. f., un estado plegado y 50 pp.

Llamábase ese contador don Francisco Maniau y Ortega.

Propvesta del Provincial de la Compañia de Iesvs. Al Excelle ntissimo Señor Conde De Salvatierra Virrey de esta Nueva España, &c. En razon de medios de concordia en el Pleyto, que se trata entre el Illustrissimo Señor Visitador Obispo de la Puebla de los Angeles, y la Religion de la Compañia de Iesvs. *(Al fin:)* Con licencia en Mexico, año de 1647, fol.-3 hjs.

Por el padre Pedro de Velasco.

Proscrito (El) a su patria. *Valparaiso, Imprenta y Libreria del Mercurio,* 1854, 16º-47 pp.

Obra en verso, con notas en prosa al final, de un ecuatoriano, que la subscribe en Santiago, a 6 de marzo de 1854, con las iniciales T. H. N. que corresponden a Tomás Hermenegildo Noboa, presbítero.

Prospecto de la historia del reyno de Chile, sito en la América Meridional. Fol.-2 hjs. *(Madrid,* 1793.)

Del futuro historiador que había de ser de Chile, don Vicente Carvallo y Goyeneche.

Protector (El) nominal de los pueblos libres D. José Artigas, clasificado por El Amigo del Órden. *Buenos-Ayres, Imprenta de los Expositos,* 1818, 4º-46 pp. y 1 s. f. al final.

Copio la nota manuscrita, al parecer de un contemporáneo) que resulta ser D. Gabriel Ocampo), en el ejemplar de propiedad de D. Miguel Varas Velázquez, que tengo a la vista, y reza así : « No sé quién es el autor de este escrito, mas por la *botatatería* con que se halla redactado, lo atribuyo a D. Pedro Feliciano Cavia. Confieso, sin embargo, que le honra el laudable objeto que se propuso.»

Prouisioés, cedulas Instruciones de su Magestad : ordenãças d difũtos y audiẽcia, pa la buena expedicĩ de los negocios, y administraciõ d justicia : y gouernaciõ dsta nueua España : y pa el buẽ tratamiẽto y oseruaciõ dlos⸍ yndios, desde el año 1525, hasta este presente de 63. *En Mexico, en Casa De Pedro Ocharte,* M. D. LXIII, fol.-5 hjs. prels.-texto, hjs. 6-213, más 5 hjs. con la tabla alfabética.

Fué colector y ordenador el oidor don Vasco de Puga.

Providencia (La). Consideraciones contra la tentacion de las tribulaciones y la seduccion de las prosperidades. Escritas en

Italiano por el Abad Juan Marchetti, y traducidas al español por un Religioso de la Compañia de Jesus. *Puebla, Imprenta de José Maria Rivera,* 1853, 8º menor.-Ocho s. f.-291-dos de índice y una de erratas.-Retrato.

El traductor fué el licenciado LUIS GUTIÉRREZ CORRAL, a quien pertenece el retrato.

PROVINCIA (La) de Santa Fé. La República Argentina como país pastoril, agricultor é industrial. Julio 1881. *Rosario, Imp. de « El Independiente »,* 8º-81 pp. y un plano.

De la carta del gobernador de aquella provincia, Dr. Lucas González que encabeza la obra, resulta que el autor fué ALEJANDRO HUME, Hay versión inglesa : The province of Santa Fé. Argentine Republic, as a pastoral, and industrial country, London, Joseph Canston & Sons, 1891, 4º menor.-59 pp. y mapa.

PROVINCIA (La) del Santissimo Nombre de Iesus, de la Orden de nuestro Padre san Agustin de Mexico, representa a V. Mag. en este memorial los inconvenientes que ay en q̃ el Breue de alternativa (que se sacó para dicha Provincia) tenga oy su fuerça y obseruancia... *(Madrid,* 1636), fol.-11 hjs.

Fué el autor FRAY NICOLÁS DE ZALDÍVAR ZAPATA.

PROVINCIA (La) eclesiástica chilena, erección de sus obispados y división en parroquias. Publicación de la Sociedad Bibliográfica de Santiago. Con la licencia de los Exmõs. é Ilmõs. Sres. Arzobispos de Friburgo y Santiago de Chile. *Friburgo de Brisgovia* (Alemania), 1895. *Imprenta de la Casa Editorial Pontificia de B. Herder,* 8º-xv-684 pp. y 1 s. f.

Autor : el presbítero don FRANCISCO DE BORJA GANDARILLAS.

PROYECTO de Círculo exclusivo para disolver la Confederacion Argentina. *Buenos Aires, Imprenta de la Reforma Pacifica,* Peru, 101, 1860, 8º-68 pp.

Escrito por D. NICOLÁS ANTONIO CALVO.

PROYECTO de código de comercio presentado al Congreso Nacional de 1854. Por N. P. *Valparaiso, Imprenta y Libreria del Mercurio,* setiembre, 1854. Fol.-111 pp. y 1 s. f.

Las iniciales son de NICOLÁS PRADEL.

PROYECTO de Código de Enjuiciamiento civil. Libro II. *Santiago, Imprenta de la República,* 1875, 8º-45 pp.; Libro III, 48 pp.

Fué obra de don JOSÉ BERNARDO LIRA.

PROYECTO de Código de Minas. *Santiago, Imprenta Nacional,* 1866, 8º-44 pp.

BRISEÑO, *Est. bibl.,* II, p. 255, dice haber sido firmado por D. MIGUEL M. GÜEMES.

PROYECTO de Código Penal para la República de Chile. Libro I, *Santiago, Imprenta de la Sociedad,* 1856, fol.-48 pp.; Libro II, *Imprenta Nacional,* 1859, fol.-81 pp.-ii.

Fué redactado por D. MANUEL CARVALLO.

Hay segunda edicion de ambos Libros, Imprenta Chilena, 1859, 8º y en la portada se dice : « Correjido por su Redactor, sin variar la numeración de los artículos, para facilitar la referencia de las observaciones que hayan hecho los Juzgados i Tribunales sobre la primera edición. »

PROYECTO de Código Rural para la República de Chile acompañado de un Apéndice con notas ilustrativas. *Santiago, Imprenta de la República de Jacinto Nuñez,* 1875, fol.-vii-165 pp.

Obra de D. JOSÉ VICTORINO LASTARRIA, que subscribe la nota con que la acompaña al ministro de Justicia.

PROYECTO de reforma constitucional. *Lima, 1860, Imprenta de José Masias,* 8º-xii-56 pp.

Obra de D. BARTOLOMÉ HERRERA, obispo de Arequipa.

PROYECTO de una estadistica bibliografica de la Tipografia Boliviana. *Santiago, Imprenta de la Libreria del Mercurio de A. y M. Echeverria,* 1874, 4º-43 pp.

Por GABRIEL RENÉ MORENO.

PROYECTO para resolver la grave cuestion económica. Por un demócrata convencido. *Habana*, 1873.

JOSÉ GENER Y BATET. — F.-C.

PRUEBAS (Las) de la vida consideradas bajo el punto de vista cristiano Por Henrique Bretonneau, T. P. N. C. *(Dos epígrafes en siete líneas.) Santiago, Imprenta de Julio Belin i Ca.*, 1852, 8º 1-hj. s. f.-172-ii pp.

Las iniciales valen : T[raducido] P[or] N[ARCISO] C[UETO]. — BRISEÑO, Est. bibl., I, p. 281.

PSALMOS de muerte y de pecado : los escribió Claudio de Alas, MCMXV años. *En Santiago de Chile, Imprenta Universitaria*, 8º-256 pp. y 1 s. f. para el colofón.

Claudio de Alas es seudónimo de JORGE ESCOBAR URIBE.

PÚBLICA vindicacion del Ilustre Ayuntamiento de Santa Fé de Guanaxuato justificando su conducta moral y politica en la entrada y crimenes que cometieron en aquella ciudad las huestes insurgentes agabilladas por sus corifeos Miguel Hidalgo, Ignacio Allende. *Con superior permiso, México, por D. Mariano de Zúñiga y Ontiveros...*, año de 1811, 4º-80 pp. y lámina.

Fué el autor don FERNANDO PÉREZ MARAÑÓN.

PUBLICACIONES Genealógicas y Literarias de Don Luis Thayer Ojeda. Indicaciones bibliograficas por Miguel de Lanuza. *Santiago de Chile, Taller particular de E. Blanchard-Chessi*, 1909, 8º-35 pp. y retrato.

Miguel de Lanuza es el mismo impresor, ENRIQUE BLANCHARD-CHESSI.

PUÑAL (El) y la sotana ó las víctimas de una venganza. Novela original de P. Marco Nochea. *Santiago, Imprenta de la Libreria del Mercurio*, 1874, 4º-xxx-dos-960 pp.

Hay segunda edición de Santiago, 1901, en 2 vols.
El seudónimo envuelve el anagrama del autor : RAMÓN PACHECO.

QUAESTIONES svas peripateticas dat Duobus Scholasticis, atqve assert Lectoribus doctis ac indifferentibus Frater Pacificvs Modestus de No-vara. Ut respondeat unusquisque secundum suum genium; *ibidem Impressas*, Anno MDCLXIV, 8°, 548 pp.

Bajo aquel seudónimo se ocultó el franciscano FRAY PEDRO DE ALVA Y ASTORGA, para defender su libro *Nodus indisolubis* y otros tratados suyos contra los tomistas.

¿QUÉ DEBE hacerse con Ferrer de Couto? Precio, 5o centavos. *Nueva York*, Sin pie de imprenta, 12°-16 pp. y portada.

CALCAGNO, *Diccionario*, p. 69, afirma ser obra de JOSÉ DE ARMAS Y CÉSPEDES.

¿QUÉ QUIERE Cuba? Epistola a mi madre España, por el bachiller D. Grazian de Mora y Maurieta. *Habana, Imprenta del Gobierno y Capitania General*, 1870, 8°-4o pp.

El nombre supuesto del autor es anagrama del de RAMÓN MARÍA DE ARAÍZTEGUI. — FIGAROLA-CANEDA y PÉREZ, n° 48.

QUEEN (The) of islands and the King of rivers. By Cora Montgomery. *New York, C. Wood*, 1850, 8° mayor-5o pp.

Obra de MRS. WILLIAM LESLIE GAZNEAU.

QUELQUES considérations sur l'Amerique; par un vieux Philantrope. *Paris, Mongie Ainé*, 1823, 8°-28 pp.

Por JOSEPH ANT. CARLET.

QUENA (La) Leyenda peruana. *La Paz*, 1851, *Imprenta de « La Epoca »*, 4º-22 pp. y una s. f.

> Publicada como folletín en un diario, con paginación propia. Los ejemplares salieron sin portada.
> De doña JUANA MANUELA GORRITI.

QUESTION (The) between Chile and Spain. (*New York*), 1865, 8º-24 pp.

> La tenemos por obra de BENJAMÍN VICUÑA MACKENNA, que se hallaba entonces en Estados Unidos en misión confidencial del Gobierno de Chile.

QUESTION (La) de Panama. *Paris, Imprimerie du « Correo de Paris »*, 4º-94 pp.

> Recopilación de artículos de la prensa francesa « consagrados a la causa de Colombia » que publican CARLOS CALDERÓN, R. SAMPER y MARCELINO VARGAS.

QUEXAS de algunas mujeres en el Tribunal de Apolo. Por D. J. F. de L. *(Al fin:) Mexico, En la Oficina de Doña Maria Fernandez de Jauregui,* año de 1811, 8º-8 pp.

> Las iniciales son de Don JOAQUÍN FERNÁNDEZ DE LIZARDI.

QUIEN llama al toro sufra la cornada, ó sea Crítica del libelo infamatorio, que con el nombre de Censura dió D. J. M. L. en los diarios de esta Capital, 20, 21 y 22 de Diciembre de 1811, contra el autor de esta, J. F. de L. *En México, Imprenta de Doña Maria Fernandez de Jauregai,* año de 1811, 4º-8 pp.

> Estas últimas iniciales pertenecen a don JOAQUÍN FERNÁNDEZ DE LIZARDI.

QUÍMICA (La) para todos, por J. I. R. *Habana*, 1859.

> Doctor JOSÉ IGNACIO RODRÍGUEZ Y FERNÁNDEZ. — F.-C.

QUINQUE Decades Virorum illustrium Paraquariae Societatis Jesu ex Historia Provinciae et aliunde depromptae, auctore R. P.

Nicolao del Techo S. J. Gallo Belga Insulano, perpolitae. *Tyrnaviae*, 1759, fol.

Por el P. Ladislao Orosz. — Sommervogel. Véase también Barbier, IV, 1226 *b*.

Quinta parte de la Pajarotada... *Chuquisaca, Imprenta Boliviana*, 4º-16 pp. (1832).

De Antonio José de Irisarri.

Quisicosa que parece fábula y no lo es, por el Gorrion. *Puerto Príncipe*, 1869.

Antonio Lausaca. — F.-C.

Quixotita (La) y su prima. Historia muy cierta con apariencia de novela. Escrita por el Pensador Mexicano. Tomo I. Con las licencias necesarias. *Mexico*, MDCCCXVIII, *Oficina de D. Mariano Ontiveros*, 8º-Cinco hjs. s. f.-322 pp. y hj s. f. — Lámina, — Tomo II, MDCCCXIX, *Oficina de D. Alexandro Valdes.*, 268 pp. y 8 láminas.

Repetiré que bajo aquel seudónimo se ocultaba don Joaquín Fernández de Lisardi.

R AGIONAMENTI di Francesco Carletti, fiorentino sopra le cose
da lui vedute ne'suoi viaggi sí dell'Indie Occidentali e
Orientali, come di altri paesi, etc. *Firenze, nella stamp.
di Giuseppe Manni,* 1701, 8?

« Doce son los *Ragionamenti,* y quiere Niceron *(Mémoires,* t. X,
p. 152) que los tres primeros fueron corregidos y puestos en orden por
Lorenzo Malagotti ; pero Monseñor Fabroni (*Vitae Ital. doctr. excell,*
t. III, p. 261) afirma que Magalotti ordenó y enmendó todo.» —Melzi.

Raíces griegas de algunas palabras castellanas por M. L. W. (Estas Raíces forman el Apéndice A de los Elementos de Gramática
de la Lengua Castellana por Marcelino Larrazábal Wilson).
Santiago de Chile, Imprenta Cervantes, 1894, 8?-21 pp.

Nos parece que con la nota puesta entre paréntesis en la portada,
queda resuelto el valor de las iniciales de la misma.

Rambler (The) in Mexico in 1834. *London,* 1836.

Por Charles Joseph Latrobe. — Cushing, p. 247.

Rambles in Brazil ; or, a peep at the Aztecs. By One who has seen
them. *New York,* 1854.

A. R. Middletoum Payne. — Cushing, p. 218.

Ramillete hispano-quichua. Original; con multitud de poesías
originales y antiguas, mejoradas por el cura C. F. B. *Oruro,
Imprenta de « El Progreso »,* 1888, 4?-126 pp. En la anteportada : Civilizacion del Indio.

Las iniciales son de Carlos Felipe Beltrán.

RAMONIADA (La). (Poema épico). *Valparaiso, Imprenta y Libreria del Mercurio de Santos Tornero y Compañia*, 1855, 8º-24 pp. En octavas reales. Contra el general peruano don Ramón Castilla.

Autor : JOSÉ ARNALDO MÁRQUEZ.

RASGO breve de la grandeza guanajuateña, generoso desempeño con que celebro la regocijada dedicacion del sumptuoso templo de la Sagrada Compañia de Jesus, Que a sus Expensas erigio... Con las licencias necesarias : *En la Imprenta del Real Colegio de San Ignacio de la Puebla*, año de 1767, 4º-Una hj. s. f.-77 pp.

« Beristain y Backer se lo atribuyen al P. José de Sardaneta, sin advertir que éste había ya muerto a 3 de Diciembre de 1763... Mejor enterado del caso Hervás, dice terminantemente que fué el P. NICOLÁS NOROÑA quien imprimió *Rasgo breve*, etc...» — URIARTE.

RASGO poetico á los habitantes de Buenos-Ayres en obsequio del valor y lealtad con que expelieron a los ingleses de la America Meridional. El 5 de Julio de 1807. Con licencia. *Reimpreso en Buenos-Ayres, En la Real Imprenta de Niños Expósitos*, año de 1808, 8º menor-8 pp.

Obra de don MIGUEL DE BELGRANO.

RASGOS biográficos del Dr. D. Manuel D. Pizarro, Ministro de Justicia, Culto é Instruccion Pública por Un Argentino. *Buenos Aires, Imprenta de Ostwald y Martinez*, 1881, 8º-89 pp. y retrato.

« Atribúyese este trabajo a un joven abogado, sobrino del doctor Pizarro.» — NAVARRO VIOLA.

RASGOS Biográficos de los Generales D. Eugenio Garzón y D. Melchor Pacheco y Obes. *Montevideo, Imprenta Gutenberg*, 1876, 8º-8 pp.

El título está tomado de la cubierta en color.

JOSÉ CÁNDIDO BUSTAMANTE, periodista, legislador militar y ministro. Fundador y director de *La Tribuna*. Autor de diversos ensayos históricos y literarios y de varias piezas dramáticas.

RASGOS biograficos sobre D. Bernardino Rivadavia por D. R., *Buenos Aires*, 1857, 8º

Las iniciales ocultan el nombre de DARDO ROCHA. — BARROS ARANA, nº 395.

RASGOS de la Política de Rosas : ó escenas de Barbarie, seguida a la Batalla del Quebracho por un Testigo presencial y paciente. *Montevideo*, 1849.

Hay segunda edición hecha en Buenos Aires, en 1854. Autor, el argentino don JACINTO VILLEGAS.

RASGOS descriptivos de la naturaleza cubana, por Delio. *Habana*, 1831.

Por FRANCISCO ITURRONDO. — F.-C.

RASGOS históricos de la Filosofía. *Habana, Oficina de Boloña*, 1840, 8º-28 pp.

Subscrito por J. Z. G. del V., o sea, JOSÉ Z. GONZÁLEZ DEL VALLE.

RATOS de ocio. Brochazos parlamentarios por P. N. P. Entrega primera. *Santiago de Chile, Imprenta Victoria*, 1882, 8º-14 pp. sin foliar. — En verso.

Las iniciales son de PEDRO NOLASCO PRÉNDEZ.

RATOS entretenidos, ó miscelanea útil y curiosa, compuesta de varias piezas ya impresas. Dala á luz D. J. J. F. de L. Tomo I, *México*, 1819, *Reimpreso en la Oficina de D. Alexandro Valdes...*, 8º-P. s. f.-297-3 s. f. ; Tomo II, 270 pp.

Obra de don JOAQUÍN FERNÁNDEZ DE LIZARDI.

RAYON (Le) M. R. Monlaur. Un Rayo de Luz. *Santiago de Chile, Imprenta y Litografía Chile*, 1903, 8º-197 pp.

Del informe de don Abraham Donoso, resulta que la traducción es de la señorita ANA LUISA PRATS BELLO.

RAZA (La) Chilena. Su nacimiento. Nobleza de sus orijenes. *Im-*

prenta i Litografía Alemana de Gustavo Schäfer, Valparaiso, 1904, 4º-2 s. f.-150 pp.

De don NICOLÁS PALACIOS.

Forma parte del libro *Raza Chilena*, de que se tratará en seguida.

RAZA Chilena. Libro escrito por un chileno i para los chilenos. *Imprenta y Litografía Alemana de Gustavo Schäfer, Valparaiso,* 1904, 4º-743 pp.

De don NICOLÁS PALACIOS, con cuyo nombre salió la segunda edición, o, mejor dicho, tercera, ya que en ese mismo año de 1904 había aparecido en diversas secciones del mismo texto, con ligeras variantes.

RAZGO biografico que consagra a la memoria del Arcedeano Don José Miguel del Solar. Una persona de su familia. *Santiago, Imprenta del Progreso,* setiembre de 1847, 8º-21 pp.

De doña MERCEDES MARÍN DEL SOLAR.

RAZON puntual de los sucessos mas memorables, y de los extragos, y daños que ha padecido la ciudad de Guatemala, y su uecindario, desde que se fundó en el parage llamado Ciudad Vieja, ó Almolonga, y de donde se trasladó a el en que actualmente se halla. *Impresso con Superior permiso en la Oficina de D. Antonio Sanchez Cubillas, en el Pueblo de Mixco...,* año de 1774, fol.-12 pp.

Obra de don JUAN GONZÁLEZ BUSTILLO, autor también de otros cuatro folletos allí impresos relativos a la misma materia, que llevan su firma al pie.

RAZONES informatiuas de la necessidad que tienen las republicas Christianas de Indios, que los religiosos no desistan del cargo spiritual que han tenido dellos... Fol.-19 hjs. s. f. (1584).

De los dominicos FRAY GABRIEL DE SAN JOSÉ y FRAY ANDRÉS DE AGUIRRE, según resulta de los documentos que se incluyen.

RAZONES porqve se devan conservar los Vicarios generales del Orden de Nuestra Señora de la Merced Redencion de Captiuos, y las que aora ay precisas y vrgentes, para que pasen al Gouierno de las Prouincias del Piru. *(Madrid,* 162...), fol.-4 pp. s. f.

Edición aumentada de la primera, también sin fecha ni lugar de impresión, que salió con el nombre de FRAY GASPAR PRIETO, puesto al final.

REAL Compañia Guipuzcoana de Caracas : noticias historiales practicas de los sucessos, y adelantamientos de esta Compañia, desde su fundacion año de 1728, hasta el de 1764, por todos los Ramos, que comprehende por Negociacion... Dispuesto todo por la Direccion de la misma Real Compañia, año de 1765, 4º-183 pp.

Obra redactada en gran parte por el director de esa Compañía, don JOSÉ DE ITURRIAGA.

REBELDÍA (La) Sacrilega del presbítero don Marcos Machuca. *(Cinco epígrafes de la Biblia en 14 líneas.)* Copiapó, *Imprenta Católica,* 1876, 8º menor-49 pp.

Téngola por obra del presbítero don GUILLERMO JUAN CARTER.

REBELION en Aznapúquio por varios Gefes del Exercito Español, para deponer del mando al dignisimo Virrey del Perú El Teniente General D. Joaquin de la Pezuela. Escrita por el Ingenuo. *Rio Janeiro, Imprenta de Moreira, y Garce's,* M. DCCC. XXI, 8º-25 pp.

Hay edición limeña, 1822, por don Manuel del Río, 4º-25 pp.
Obra del MARQUÉS DE CASARES. Véase : *Análisis,* etc.

RECAPITULACION, o extracto general de todas las Ordenanzas, y Constituciones hechas para la observancia de los Señores Hermanos 24s, y Señoras Hermanas de la Nobilissima Archicofradia de la Santissima Vera Cruz, nominada de los Caballeros ; ... *Lima, en la Imprenta Nueva que está en la Casa de los Niños Huerphanos,* año de 1759, 4º-Una lámina-5 hjs. prels.-9 hjs. s. f.

Obra del CONDE DE CASTAÑEDA DE LOS LLANOS.

RECEÑA *(sic)* historica de la Campaña del Perú de 1838, a 1839

i XI. o aniversario de la batalla de Yungai. *Santiago*, enero de
1851, *Imprenta de la República*, 8º-40 pp.

Por Miguel de la Barra López.

Recherches philosophiques sur la découverte de l'Amérique, ou
Discours sur cette question, Proposée par l'Académie des Sciences, Belles Lettres, & Arts de Lyon : La découverte de l'Amerique a-t elle été utile ou nuisible au genre humain? ... Par M.
Jʰ M***** *A Amsterdam, Chez les Héritiers E van Harrevelt*,
1784, 8º-307 pp. y cuatro s. f.

Las iniciales son de Joseph Mandrillon.
El libro forma la segunda parte de *Le Spectateur Américain*.

Recherches philosophiques sur les Américains, ou mémoires in-
teressants pour servir a l'histoire de l'espece humaine par M.
de P***. Avec une dissertation sur L'Amérique et les américains, par Dom Pernetty. *Londres*, 1771, 8º-3 vols.

De la primera parte hay edición de Berlín, 1770, 2 vols., 8º, y de la
segunda, una de Londres, 1770, 3 vols. en 12º
Quérard, III, 7.
Las iniciales se traducen por Monsieur de Paw (Cornelis).

Recopilacion de las leyes, reglamentos y decretos vijentes relativos
a la Marina Mercante Nacional y Estranjera, con agregacion de
cuadros de señales telegráficas, situacion jeográfica de los puertos, establecimiento de faros y otros datos importantes a la marina mercante ; impresa con autorizacion del Supremo Gobierno por J. A. G. *Valparaiso, Imprenta del Comercio*, 1860, 4º-
viii-138 pp. y 5 cuadros plegados.

Consta de decreto supremo de 14 de abril de 1860 que las iniciales
de la portada corresponden a José Agustín Gándara.

Rectificacion a la Memoria histórica del Sr. D. Federico Errázuriz. *(Al final:) Imprenta del Mercurio*, 1861, 4º-15 pp.

De D. Francisco Prado Aldunate, cuya firma se registra al pie de la
página 5, en la carta que dirigió a Errázuriz.

RECTIFICACIONES a la «Semana magna de 1875, en Cochabamba»..., Cochabamba, Imprenta del Siglo, 4º-20 pp.

Atribuído a JOSÉ BENITO GUZMÁN.

RECTIFICADOR (El) de la Semana Magna de 1875 en Cochabamba. Cochabamba, Imprenta del Siglo, 1875, fol., a dos cols.-5 pp.

Atríbuído a MIGUEL AGUIRRE.

RECUEIL de voyages dans l'Amérique Méridionale, contenant diverses observations remarquables touchant le Pérou, la Guiane, le Brésil, etc. Traduits de l'espagnol et de l'anglois. Amsterdam, Fréd. Bernard, 1728, 12º-3 vols.

El compilador sería el propio impresor FEDERICO BERNARD. — SABIN, A dictionary, etc., nº 4937 a.

RECUERDOS biográficos del Sr. D. Francisco Ramon Vicuña. Santiago, Imprenta del Comercio, enero de 1849, 8º-32 pp.

De D. PEDRO FÉLIX VICUÑA.

RECUERDOS de Inglaterra. Impresiones de viaje por Mario Copser. Matanzas, Imp. Aurora del Yumurí, 1886, 8º-139 pp.

Por MARIANO CRESPO. --TRELLES.

RECUERDOS de la niñez por Un Profano en Literatura. Buenos Aires, Imprenta de Pablo E. Coni, 1880, 8º-38 pp.

« Estoy por creer que el autor es el doctor SILVERIO DOMÍNGUEZ.» — NAVARRO VIOLA.

RECUERDOS de la Revolucion de 1891. Sucesos de Pisagua. Los Inquisidores del Pácifico (sic) por J. V. 8º-28-7 y un cuadro.

Las iniciales son de JOSÉ V. GARAY.

RECUERDOS del Norte i El Derrotero del Cenizal. Cuento minero. Por Omer Emeth, 1908, 16º-6 y 36 pp. Sin lugar de impresión.

Omer Emeth, seudónimo de D. EMILIO VAÏSSE.
La primera parte fué impresa primeramente en Valparaíso, y la Se-

gunda apareció en *El Mercurio* de Santiago del 31 de diciembre de 1906, con aquel seudónimo. El folleto descrito se le destinó por su autor a ser obsequiado a sus amigos, y su tirada, que no pasó de cien ejemplares, fué sólo para la circulación privada.

Recuerdos de un inmigrante. Primera Parte. Sobre la primera fábrica de paños en la República y la primer casa de depósito y correccion de menores titulada Fundicion Argentina. *Buenos Aires, Imprenta de M. Biedma*, 8º-5o pp.

Autor : Francisco Carulla. — Navarro Viola.

Recuerdos de Provincia, por el autor de Civilizacion i Barbarie, Viajes por Europa, Africa i America i Educacion popular. *(Dos epígrafes, en ocho líneas.) Santiago, Imprenta de Julio Belin i Compañia*, 1850, 8º-viii-211 pp. y un cuadro genealógico.

Apenas es necesario advertir que el autor fué D. Domingo Faustino Sarmiento.

Recuerdos de un viaje al Sur de Chile por J. A. P. *Santiago de Chile, Imprenta de «El Independiente»*, 1882, 4º-11 pp. a dos cols.

Las iniciales son de José Antonio Pérez.

Recuerdos para mi amada. Composiciones para canto, declamaciones, postales y cartas amorosas. *Santiago de Chile, Imprenta Miraflores* 338, 16º-63 pp. y 1 s. f.

A la cabeza de la portada, el seudónimo A. Tenlaur S., anagrama de Armando Laurent S.

Recuerdos sobre la rebelion de Caracas. *Madrid, Leon Amarita*, 1829, 4º-407 pp.

Como sucede con la generalidad de los ejemplares, el mío tiene al final la firma del autor : José Domingo Díaz.

Recuerdos y reminiscencias del primer tercio de la vida, por Rivolba. *París*, 1873, *Imprenta Americana de Rouge, Dunon y Fresné*, 8º.

Rivolba, es anagrama de Bolívar (Fernando S.). — Machado.

REFLECCIONES sobre la invasion de los bienes eclesiásticos. *Cuenca,
Por Manuel Coronel,* año de 1837, 4º-14 pp.

De FRAY VICENTE SOLANO.

REFLECCIONES sobre la invasion de los bienes eclesiásticos. *Cuenca, por Manuel Coronel,* año de 1837, 4º-14 pp.

A pesar de que este folleto no está incluido en las *Obras* de FRAY VICENTE SOLANO, editadas por Borrero, me inclino a considerarlo como suyo, tanto por la materia de que se trata, por el lugar y la fecha en que se publicó, como porque en el tomo de *Varios* en que se halla en la Biblioteca Nacional de Santiago aparece con la nota de D. Pablo Herrera de ser todos ellos de Solano.

REFLECCIONES sobre los intereses políticos de Centro America. Por *J. F. M. San José de Costa Rica,* 1865, *Imprenta de la Paz, Calle de la Laguna,* 8º-20 pp.

Las iniciales son de JOSÉ FERMÍN MEZA.

REFLEXIONES de un Habanero sobre la independencia de esta isla. *Habana,* 1823.

FRANCISCO DE ARANGO Y PARREÑO. — F.-C.

REFLEXIONES militares... sobre la guerra de Cuba, Por Don Ramiro. *Cádiz,* 1896.

CRISTÓBAL REINA. — F.-C.

REFLEXIONES sobre el estado actual de la República de Colombia, por Un Amante de la Causa. *Cartagena de Colombia, Imp. del Gobierno, por Juan Antonio Calvo,* 1822, 4º-46 pp.

Por LUIS BLANC, homónimo del político e historiador francés. — SÁNCHEZ, *Bib. Ven.,* nº 676.

REFLEXIONES de un verdadero español dirigidas a los individuos y amigos de la Junta Provisional de Gobierno de Buenos Ayres. *En la Imprenta de la Ciudad de Montevideo* (1810), 4º-16 pp.

Subscrita por « El Español Americano », que se cree fuera el doctor
N. Herrera.

Reflexiones sobre la importancia de las funciones patrióticas, y
los justos motivos con que los dependientes de el Hospital Militar de San Ambrosio de la Habana solemnizaron en él la co-
locacion de el augusto retrato del Rey nuestro señor Don Fernando VII. Por D. S. B. y V. *Habana*, 1809, 4º-16 pp.

Las iniciales son de D. Simón Bergaño y Villegas.

Reflexiones breves é imparciales de Un Habanero sobre la Isla
de Cuba. Con licencia. *(Habana*, Julio 25 de 1825). *Imprenta
Fraternal*, 12º-24 pp.

Por Diego Tanco.

Reflexiones christianas sobre las Historias escogidas del Antiguo
Testamento, Que se reimprimieron en México el año pasado
de M. DCC. LXXX. para uso de los Estudiantes del Muy Ilustre
Colegio de S. Francisco de Sales de los PP. del Oratorio de
S. Felipe Neri en la villa de S. Miguel el Grande, Obispado
de Michoacan. Dalas al publico, el Rector del mismo Colegio,
y las dedica a la Noble Juventud. *Mexico, En la Nueva Imprenta de D. Felipe de Zuñiga y Ontiveros, calle de la Palma,*
M. DCC. LXXXI... 8º-234 pp. y dos hjs. s. f.

Consta de alguno de los antecedentes incorporados al final, que el
autor fué D. Juan Benito de Gamarra y Dávalos, rector en esa fecha
del indicado Colegio.

Reflexiones filosóficas en defensa de la Apologia de la Lengua
Bascongada ó respuesta á la censura crítica del cura de Mos-
tuenga. *Reimpresa en México, por D. Mariano de Zúñiga y
Ontiveros...,* año de 1807, 16º-16 pp.

«Obra anónima pero atribuída justamente al mismo autor de la
Apología, el presbítero don Pedro Pablo de Astarloa.» — *Diario de
México,* 8 de agosto de 1807.

Reforma (La) de la Instruccion publica. Observaciones a varios proyectos de reforma de sueldos por L. Z. *Santiago de Chile, Imprenta y Encuadernacion «El Globo»*, 1917, 4º-114 pp. y 2 s. f. al fin.

Con las iniciales se disfraza D. Francisco Araya Benett.

REFORMA (La) del articulo quinto de la Constitucion por J. M. B. *Santiago, Imprenta del «Correo»*, julio de 1864, 4º-47 pp.

Las iniciales pertenecen a José Manuel Balmaceda.

REFORMA de las Instituciones médicas. Por M. A. C. *Santiago, Imprenta del Ferrocarril*, 1856, 4º-27 pp. a dos cols.

Las iniciales son de don Manuel Antonio Carmona, de quien tiene el ejemplar que fué del doctor D. Wenceslao Díaz, la siguiente nota biográfica : «Antiguo estudiante de medicina, que nunca se recibió. Estudió en el primer año de medicina con Tocornal, Ballester, y fué como cirujano a la campaña del Perú en 1838».

REFUTACION al folleto intitulado « Viaje a la Habana », por la Condesa de Merlin. Publicado en el *Diario* por Veráfilo. *Habana. Imprenta del Gobierno*, 1844, 8º mayor-60 pp.

Félix Manuel Tanco y Bosmeniel. — F.-C.

REFUTACION a las Observaciones publicadas por el Sr. Encargado de Negocios de S. M. B. D. B. H. Wilson en El Correo N. 47. Por M. M. L. *Lima*, 1840, *Imprenta de J. M. Masias*, 4º-17 pp.

Las iniciales pertenecen a Mariano M. de Loayza, que estampa su nombre al pie de la página 16.

REFUTACION al Informe... Por J. S. A. *Nueva York*, 1862.

José Suárez Agudín. — F.-C.

REFUTACION al papel anónimo titulado : Estado actual de la Isla de Cuba, y medios que han de adoptarse para fomentar su prosperidad con utilidad de la madre patria. *Madrid*, 1838, *Impr. de D. Leon Amarita*, 8º-103 pp.

De ANASTASIO CARRILLO Y ARANGO.

REFUTACION al papel titulado Bosquejo de la marcha de la República y de la influencia militar en sus destinos. *Santiago de Chile*, abril 17 de 1841, *Imprenta Liberal*, 8º-9 pp.

Atribuído por SABIN, X, nº 43.796, a MAGALLANES, que no pudo ser otro que don MANUEL.

REFUTACION de algunos errores del Sr. Julió Arboleda sobre los Jesuítas y sus Constituciones. *(Epígrafe de S. Pablo, en ocho líneas.) Bogota. Impr. de J. A. Cualla*, 1848, 12º-ii-120 pp.

Por MARIANO OSPINA.

REFUTACION de la Refutacion Que Don Lorenzo Montufar ha publicado en Paris, De las que él llama Aserciones Erróneas Publicadas por el Monitor Universal el 16 de Mayo último Sobre La Guerra de Guatemala Contra Salvador. *Guatemala, Imprenta de la Paz*, 1863, 8º-34 pp.

Por P. DE AYCINENA.

REFUTACION del folleto escrito en Arequipa por D. Antonio Jose de Irisarri, en defensa del Tratado de Paz de Paucarpata, Publicada en siete articulos del *Araucano*. *Santiago, Imprenta y Litografia del Estado*, 1838, 8º-125 pp. y 1 de erratas.

Fué el autor el peruano D. FELIPE PARDO. — BRISEÑO, *Estad. bibl.*, I, p. 390.

Como reza la portada, se publicó primeramente, aunque también sin nombre de autor, en los números 392 (16 de marzo) y siguientes de *El Araucano*, de aquel año.

REFUTACION del mensaje Del Señor Aquiles Parra, Ex-Presidente de Colombia, al Congreso de 1878. *Guatemala, Imprenta de Taracena, Calle del Carmen*, 1880, fol.-vii-56 pp.

Lleva el prólogo, que llamaría, la subscripción de RECAREDO DE VILLA.

REFUTACION documentada del folleto titulado Cuestion de límites entre el Ecuador y el Perú. Publicado en Santiago de Chile. *Lima*, 1860, 4º-iii-111 pp.

Las iniciales P, M. del autor son de PEDRO MONCAYO.

REGENERACION (La) y la restauración. Primero Panamá, Mayo 30 de 1884. *Imprenta del «Star & Herald»*, 8º-42 pp.

« Páginas de la historia contemporánea por ELOY ALFARO. » — NAVARRO VIOLA.

REGLA christiana breue : pa ordenar la vida y tpo dl xpiano q̃ se qere saluar y tener su alma dispuesta : pa q̃ Jesu xpo more en ella. Jmpressa por mãdado del reuerendissimo Señor dõ fray Juã çumarraga primer Obispo de Mexico. Del consejo de su Magestad, &c. *(Colofón:)* ... *Fue impressa en la grande y muy leal ciudad de Mexico...*, 1547, 4º-115 hjs. s. f.

Pues en el colofón se advierte que por la Congregación de los obispos fué cometida a fray JUAN DE ZUMÁRRAGA la compilación, examen e impresión del libro, resulta justificada la atribución que de él le hace García Icazbalceta.

REGLA de interes y modo de llevar la cuenta corriente con intereses. Seguido de un apendice sobre las operaciones de cambio y descuento. Por J. M. S. B. B. *Cochabamba*, 1878, *Imprenta del Siglo*, 4º-Una s. f.-25 pp.

Las iniciales son de JOSÉ MARÍA SANTIBÁÑEZ.

REGLAMENTO para el hospital de San Francisco de Borja de la ciudad de Santiago de Chile, *Imprenta de la Independencia*, 1837, 4º-54 pp.

Que su autor fué D. IGNACIO DE REYES consta de la nota que envió al Ministro del Interior.

REGLAS de los Congregantes de N. Señora de los Dolores y Indulgencias, que ganan dichos Congregantes. Sacalas a lvz. El P. Prefecto de dicha Congregacion... *En Mexico, por Doña*

Maria de Benavides Viuda de Juan de Ribera, en el Empedradi-llo, año de 1694, 8º-Port. y 14 pp. s. f.

Por el padre jesuíta José VIDAL FIGUEROA.

REGLAS practicas acerca de la confesión, comunión y dirección de los niños y jóvenes por el P. Luis C. de la Congregacion del SS. Redentor. *Santiago, Imp. Ntra. Sra. de Lurdes,* 1905, 8º-551 pp.

De las licencias para la impresión resulta que el apellido del autor es CAPRÓN.

REGNO gesuitico del Paraguay dimostrato co' documenti piu classici de'medesimi Padri della Compagnia, i quai confessano, e mostrano ad evidenza la regia sovranitá del R. P. Generale con independenza, e con odio verso la Spagna. Anno 1760. *Lisbona, stamperia Reale,* 1770, 4º-Frontis-xix- 163 pp.

Traducción un tanto abreviada del *Reino Jesuítico del Paraguay,* de BERNARDO IBÁÑEZ DE ECHAVARRI.

REGOLA e costituzione della Sacra Religione Betlemitica Fondata nelle Indie Occidentali dal Venerabile Padre Fr. Pietro di S. Giuseppe Betancur Gia impressa in Messico in lingua Spagnuo-la l'anno 1751 ed ora tradotta in Italiano, e comprovata col Testo Latino... *In Roma,* MDCCLXIII, *Presso Gio: Battista Bernabó, e Giuseppe Lazzarini...,* 4º mayor-4 hjs. s. f.-Retra-to-nueva portada-136 pp. a dos columnas, en italiano y caste-llano.

Tengo por autor de la traducción a FRAY JOSÉ DE LA MADRE DE DIOS, que firma la dedicatoria.

REGOLE della Pia Unione del Sacratiss. Cuore di Gesú Cristo eretta canonicamente nella Chiesa de'PP. Servi di M. V. in S. Sebastiano di Ravenna. *In Ravenna, nella Stamperia Roveri,* 1793, 16º-16 pp.

Del ex jesuíta ecuatoriano P. RAIMUNDO VIESCAS.

REGVLA Beatissimi patris nostri Augustini episcopi, & doctoris

ecclesiae, quam in Africa apud Hipponĕ ciuitatĕ aedidit, &
ppalavit. *(México,* 1556), 4º-11 hjs. de texto.

Atribuído por Catalina García a Fray Alonso de la Veracruz.

Reise naar Guatemala, door J. H. *Gravenhage, W. K. Mande-*
maker, 1827, 8º-2 vols: I, 2 s. f.-120 pp.; II, 4 s. f.-113
y 2 láminas.

Las iniciales ocultan el nombre de J. Haefkens. — Sabin, VII, n?
29.500.

Relacion breve de la prodigiosa Aparicion de María Santísima de·
Guadalupe en Mégico. Con un devoto Triduo para prepararse
a celebrar su Festividad... y Novena á su amabilísimo Corazon... *(Valencia), En la Imprenta de D. Benito Monfort,* 8º-101
pp. y cuatro hjs. s. f.

Traducción y arreglo con algunos agregados a la *Breve relazione* impresa en Piacenza, 1802, que describimos en el lugar correspondiente,
y obra del ex jesuíta guatemalteco P. José Angel de Toledo.

Relacion circunstanciada de todas las operaciones de la escuadra
i ejercito espedicionario sobre Chiloé, desde las primeras disposiciones que se tomaron para asegurar esta empresa, hasta
la conclusion de la campaña con la memorable jornada de
Pudeto del 14 de Enero de este año. *Santiago de Chile,* 1826,
Imprenta de la Biblioteca, 4º-23 pp.

Subscrita en Santiago, a 29 de marzo de 1826, por el comandante de
ingenieros D. Santiago Ballarna.

Relacion del admirable y portentoso movimiento, qve se noto en
varias imagenes de la siempre Virgen Maria Nuestra Señora
de los Dolores. en la Ciudad de Santiago Capital del Reyno
de Goathemala, el dia quatro de Marzo del año de mil sete-
cientos cuarenta, y vno, en que acaeciò el vltimo terremoto
alli experimentado, el que se autenticò en su Curia Arzobispal.
(Al fin :) Con Lic. en Goath. en la Imprenta de Sebastian de
Arebalo, 14º-4 hjs. s. f. (1725).

Autoriza el notario apostólico y mayor, don Francisco Antonio de
Fuentes.

RELACION de la Cavalgata Real, y solemne Aclamacion, que el dia 8. de Enero de este año de 1702. hizo la muy Noble, y Leal Ciudad del Cuzco, celebrando la jura del Catolico Rey D. Felipe V. deste nombre... D. D. P. I. B. *(Al fin:)* Con licencia del Real Govierno. *En Lima, Por Ioseph de Contreras, Impressor Real,* año de 1702, 4º-29 hjs. s. f.

Las iniciales del autor corresponden al Doctor Don PEDRO IOSÉ BERMÚDEZ.

RELACION de la conversion del Señor Juan Thayer, antes ministro protestante en Boston en la America Septentrional, y convertido a la Religion Católica en Roma el dia 25 de Mayo de 1783, escrita por el mismo... traducido del frances. *Valencia, por D. Benito Monfort,* 1788, 8º

Fué el traductor don ANTONIO FRANSERI.

RELACION de la Forma, prevenciones, y avtoridad con qve se celebro el auto publico de la Fé, en la plaça mayor desta Ciudad de los Reyes, por el Santo Oficio de la Inquisicion, Domingo 21. de Deziembre, deste año de 1625... Por mandado de su Excelencia y de los Señores Inquisidores, dispuso esta Relacion vn Religioso del Orden de San Agustin. *Y lo imprimio Geronymo de Contreras,* año de 1625, fol.-4 hjs. a dos columnas.

Téngola por obra del fray BUENAVENTURA DE SALINAS Y CÓRDOBA, quien, además de ser agustino y de gozar de gran estimación por su literatura, la insertó en extracto en su *Memorial de las historias del Nuevo Mundo,* impreso también en Lima, por el mismo impresor, cinco años más tarde.

RELACION de la gran fiesta civica celebrada en Chile el 12 de Febrero de 1818. La dedica a los Patriotas Chilenos Que por su amor á la libertad de la Patria han sido victimas del furor español, desde la jornada de Rancagua hasta la batalla de Chacabuco. B. M. *Santiago de Chile, Imprenta del Estado, por los ciudadanos Xara, y Molinare,* 4º-20 pp.

BRISEÑO (*Estad. bibliog.,* p. 267) con el título de *Proclamacion de la Independencia de Chile,* señalándole el tamaño de folio apaisado, y hago

tal aserción en vista de que Barros Arana *(Historia jeneral de Chíle,*
XI, p. 353, nota) le da también el mismo, por más que se le señale la
descripción que le corresponde. ¿Cómo pudo tan distinguido bibliógrafo
trastrocar así el título de este impreso? Acierta sí, en señalarle como
autor a don Bernardo Monteagudo, cuyas iniciales lleva la portada.

† Relacion de la inundacion que hiso *(sic)* el Rio Mapocho de
la ciudad de Santiago de Chile, en el Monasterio de Carmelitas, Titular de San Rafael, el dia 16 de Julio de 1783. Escrita
en verso octosilavo por una Religiosa del mismo Monasterio,
que la remitió á su Confesor, que se hallaba ausente, de cuya
mano la huvo un Dependiente de la Autora, quien la dá á la
Estampa. Romance. 4º-10 pp. s. f., a dos columnas. (Impresión
de Lima y probablemente de 1784. Hay reimpresiones de Santiago de Chile, 1862 y 1877, ambas en 8º)

Fué la autora Sor Tadea de San Joaquín, en el siglo doña Tadea
García de la Huerta.

Relacion del aparecimiento del Nino *(sic)* Iesvs en la Hostia consagrada en Eten. *(Al fin:) Con licencia del Ordinario en Lima,*
año de 1678, fol.-Una p. y tres blancas.

Primera edición.

Escrita por fray Marcos López, según resulta de carta suya escrita al
Consejo de Indias.

Relacion de la Provincia del Darien, la forma de su Conquista,
los motiuos para ello, lo beneficiado, seruido y vtilizado que
su Magestad serà en ello, y el Reyno de Tierra-Firme, y demàs
partes del Perù; y principalmente la Exaltacion de la Santa
Fe Catholica, fol. *(Madrid,* 1689)-4 hjs.

Consta que los autores fueron los capitanes Fernando de Guzmán y
don Isidoro Martínez Carrillo, veinticuatros de Panamá, que se halla-
ban entonces en la Corte.

Relacion de la Ruina de la Ciudad de Santiago de los Caballeros,
en Goatemala, causada por el Terremoto, y quatro Volcanes,
el Dia 17. de Agosto de 1717, 4º-En octavas.

González de Barcia, II., col. 696, la da como anónima. Siendo así
(pues no la he visto), diré, que el autor fué el doctor don Cristobal de

HINCAPIÉ MELÉNDEZ. La ha trascrito en su mayor parte, si no íntegra
A. M. F. (Agustín Mencós Franco) en los números de 22 de julio y siguientes de *La República*, Guatemala, 1892.

RELACION de la salvd milagrosa, que dio el Bienauenturado Sta-
nislao Kostka, Nouicio de la Compañia de Jesvs, a otro Nouicio
de la mesma Compañia, en la Casa de Probacion de San Antonio Abad de la ciudad de Lima... *Lima* (1673), 4º-10 pp. s. f.

> Primera edición, la segunda es de Madrid, 1674, 4º Hay traducción
> francesa, inserta en las pp. 315-338, en la obra anónima del P. Do-
> mingo Bouhours intitulada *Opuscules sur divers sujets*, Paris, Cramoisy,
> 1684, 12º
> Obra del jesuíta P. JACINTO DE LEÓN GARABITO, que la escribió siendo
> rector del Noviciado de Lima.

RELACION de las demostraciones de fidelidad, amor y basallaje que
en la solemne proclamacion de nuestro soberano Augusto Señor D. Fernando VII. ha hecho el pueblo de Tapachula, cabe-
zera de la Provincia de Soconuzco Intendencia de Ciudad Real
de Chiapa en el Reyno de Guatemala el 25. de Mayo del año
de 1809. *En la Oficina de D. Ignacio Beteta, 4º-9 pp.*

> El autor parece ser don JOSÉ ANTONIO NUÑO, Alférez Real, que fué el
> que la remitió al Rey.

RELACION de las exeqvias y honras fvnerales qve por orden del
Maestro Fr. Martin de Requena... se hicieron a la Magestad del
Rey Don Felipe Tercero... en el Convento de Santo Domingo
de la ciudad de Antequera... *Con licencia, En Madrid, Por la
viuda de Cosme Delgado,* año 1623, 4º-Una hj.-48 hjs.

> Atribuido por León Pinelo, González de Barcia y Beristaín a fray
> Martín de Requena, siendo que, en realidad, el autor fué fray JUAN
> ENRÍQUEZ, prior de Oaxaca, que expresamente lo declara al pie de la
> hoja 47.

RELACION de las fiestas, regocijos y obras de beneficencia que para
solemnizar el augusto enlace del Rey Nuestro Señor Don Fernando VII con la Serenísima Señora Princesa Doña Maria Cris-
tina de Borbon, se han dispuesto y ejecutado en la Siempre Fidelísima Ciudad de la Habana en los dias 21, 22 y 23 de Febrero

— 194 —

de 1830. Escrita de órden superior por Don R. de la S. *Habana, Impr. del Gobierno y Cap. General,* 1830, 4º-42 pp.

Las iniciales son de RAMÓN DE LA SAGRA.

RELACION de las gloriosas victorias qve en mar, y tierra han tenido las Armas de nuestro invictissimo Rey, y Monarca Felipe IIII. el Grande, en las Islas Filipinas, contra los Moros Mahometanos de la gran Isla de Mindanao... Sacada de varios relaciones que este Año de 1638. vinieron de Manila... *En Mexico, en la Imprenta de Pedro de Quiñones....* año de 1638, 4º-Dos hjs. s. f., incl. la portada-40 hjs.

Colector de esas varias relaciones y editor del libro fué el jesuíta P. DIEGO DE BOBADILLA.

RELACION de las solemnidades con que se celebró la jura de la Constitucion política de la nacion española en el pueblo de Teutitlan del Valle. *(Al fin:) Mejico,* año de 1820, *En la oficina de D. Alejandro Valdes,* 4º-4 pp. s. f.

Las poesías e inscripciones latinas fueron obra de don JOSÉ MARÍA ALVAREZ, vecino de Oaxaça.

RELACION de las tribulaciones de los fieles, y de las necesidades del sagrado ministerio, para conservar la semilla de la fe y propagarla en las partes orientales de la Asia... *México, En la Imprenta de Don Mariano de Zúñiga y Ontiveros,* año de 1804, 4º-96 pp. y una hj. s. f.

De los papeles que acompañan a este impreso consta que su autor fué en realidad, FRAY MARIANO LÓPEZ PIMENTEL, franciscano, por más que la dedicatoria está subscrita por Claudio Francisco Letondal.

RELACION de la ultima expedicion de Chile, al Peru ó Exposicion historica &c. Enero de 1824. *Imprenta de D. Estevan Valles, por Perez (Lima),* 4º-14 pp.

El nombre del autor aparece en el título con que comienza la obra : « Exposicion historico-medical de la expedicion de Chile al Peru, ácia el fin del año de 1823, por D. ABEL VICTORINO BRANDIN, Dr. en Medicina, Caballero de la orden de la Legion de Honor de las Academias de Europa, de Filadelfia, y de Chile, &c. ».

Relacion de la vitoria que Dios Nvestro Señor fve servido de dar en el Reyno de Chile a los 13. de Henero de 1631. à don Francisco Lasso de la Vega y Albarado... *Impresso en Lima, por Francisco Gomez Pastrana,* año de 1631, Fol.-4 pp. s. f.

No es, evidentemente, obra del impresor, a quien se concede la licencia ; acaso pudiera creerse con algún fundamento que lo fuese del capitán Francisco de Paz, enviado por Lasso de la Vega a Lima a dar aviso de la victoria obtenida contra los araucanos, « y que como persona que había andado siempre cerca de la de Su Señoria, diese cuenta de todo a su Excelencia », se lee al final de la misma *Relación.* A pesar de esto, me inclino a creer que el autor debió de serlo Santiago de Tesillo, de quien tenemos varias muestras como escritor de las cosas de Arauco en aquel tiempo, y que, a mayor abundamiento, había acompañado al Gobernador desde que partió de Lima, y le ascendió pronto a capitán, confiándole luego el cargo de secretario.

Relacion de la vitoria, que han tenido las armas de Sv Magestad, (Dios le guarde) en la Ciudad de S. Domingo, Isla Española, contra la Armada Inglesa de Guillermo Pen. Embiada *(sic)* por el señor Don bernardino de Meneses Bracamonte... *(Al fin :) En Seuilla, por Juan Gomez de Blas..,* año de 1655, fol.-4 pp. s. f., a dos colus.

De Facundo de Carvajal, que la autoriza en su carácter de escribano de aquella ciudad.

Relacion del exemplar castigo que embió Dios a la ciudad de Lima Cabeza del Perú, y á su Costa de Barlouento con los espantosos Temblores del dia 20. de Octubre del Año de 1687. *(Al fin :) Con licencia, en Lima, Por Joseph de Contreras,* año de 1687, fol.-8 pp. s. f.

Primera edición. Mexicanas hay cinco, la última de las cuales por la Viuda de Francisco Rodríguez Lupercio, 1688, fol., 5 hjs. s. f.-Hay, asimismo, traducción italiana, Napoles, 1688, 4º-2 hjs.

Torres Saldamando atribuye este folleto al jesuíta P. José de Buendía ; pero los bibliógrafos de esa Orden, creen que debe ser más bien del P. Francisco López y Martínez.

Relacion Del Martirio De Los Padres Roque Gonçalez de Santacruz, Alonso Rodriguez, Iuan del Castillo, De la Compañia de Iesvs. Padecido En el Paraguay, a 16. de Noviembre de 1628.

Al Rey Don Felipe N. S. El P. Baptista Ferrufino, Procurador general de la Provincia del Paraguay, 4º-57 pp. s. f.

Hay traducción latina, hecha por Enrique Lamormayno. 1631, 16º, y a varias lenguas modernas.

Sería, en realidad, obra, según algunos, del P. Francisco Crespo, y a estarnos a lo que se lee en cierto catálogo manuscrito de los escritores andaluces de la Compañia, del P. Fernando de Avila y Sotomayor.

Relacion del Naufragio del Bergantin Ingles Guillermo Cuarto Acaecido cerca del Cabo Corrientes, que hace al Exmo. Sr. Ministro Plenipotenciario de S. M. B. Sr. Hamilton V. A. *(Montevideo,* 1835), 8º-10 pp.

Las iniciales del autor pertenecen a Vicente Aspillaga.

Relacion de lo que hizo Don Beltran de Castro, y de la Cueua en la entrada de Iuan de Aquines ingles por el estrecho de Magallanes y mar del Sur... *(Lima,* 1594), 8º-15 hjs. s. f.

Obra de Pedro Balaguer de Salcedo, correo mayor que era del Perú. Hay también edición en folio, que reimprimimos en facsímil.

Relacion de lo svcedido a la Armada de Barlovento à fines del año passado, y principios de este de 1691. Victoria, Que contra los Franceses, que ocupan la Costa del norte de la Isla de Santo Domingo tuvieron, con el ayuda de dicha Armada, los Lanzeros, y la milicia Española de aquella Isla, abrasando el Puerto de Guarico, y otras Poblaciones... *Mexico, por los Herederos de la Viuda de Bernardo Calderon,* año de 1691, 4º-8 hjs. s. f., incluso la portada.

De don Carlos Sigüenza y Góngora.

Relacion de los estragos, y ruinas lamentables, que ha ocasionado un violento Terremoto en la Ciudad de Cuba, acaècido el dia onze de Junio á las doze, y onze minutos de la noche de este año presente, 4º-4 pp. s. f. De 1766. *(México).*

Obra de don Matías Boza.

Relacion de los festejos que en obsequio y celebridad del feliz ma-

trimonio de nuestro amado soberano el Señor D. Fernando 7?
se verificaron en la Real Casa de Beneficencia de esta ciudad
en los dias 21, 22 y 23 de Febrero del presente año, por D.
N. M. y Z., Secretario de la Junta de Gobierno de la misma
casa. *Habana, Impr. del Gobierno y Capitania General y de la
Real Sociedad Patriótica por S. M.*, 1830, 4º-22 pp.

Las iniciales son de D. Nicolás Muñoz y Zayas.

Relacion de los fundamentos, informes, y pareceres, que por vna,
y otra parte se han deduzido, y visto en el Consejo Real de
las Indias. Sobre Si se ha de abrir el comercio que solia aver
entre el Perù, i Nueva España, o continuarse la suspension, o
prohibicion que del corre *(Madrid*, 165...), fol.-7 hjs.

La firma Antonio de León Pinelo.

Relacion de los viajes de la fragata Argentina contra los Españoles en la India y otros puntos. *Buenos-Aires, Imprenta de
la Independencia*, 1819, 4º-22 pp.

Es un oficio de Hipólito Buchardo, comandante de esa fragata, al
Director Supremo del Estado. El editor resulta ser Vicente Anastasio de
Echeverría, dueño de la nave.

Relacion de lo qve svcedio en el Reyno de Chile, despues q̃ el
Padre Luys de Valdiuia, de la Compañia de Iesvs entrò en el
con sus ocho compañeros Sacerdotes de la misma Compañia,
el año de 1612. Fol.-22 hjs. *(Madrid,* 1615).

Obra del mismo padre Luis de Valdivia.

Relacion de los subcesos que han acompañado al General de la
Artilleria don Francisco de Meneses, Gobernador y Capitan
General del Reyno de Chile... escripta por el Soldado Chileno
con pluma verdadera aunque no exerzitada. *Lima*, 1665.

Rarísimo folleto, que nunca vi, y que consta haber sido obra del mismo don Francisco de Meneses. Véase mi *Bibl. Hispano-Chilena*, I, nº 154.

Relacion del Santuario de Tecaxique, en que está colocada la
Milagrosa Imagen de Nuestra Señora de los Angeles. Noticia

de los Milagros que el Señor ha obrado en gloria de esta Santa Imagen... *Mexico, Herederos de la Viuda de D. Joseph de Hogal,* 1761, 4º-12 hjs. s. f.-103 pp.-Una de índice y hj. s. f.

La edición príncipe es de México, 1684, 4º, y salió con nombre del autor Fray Juan de Mendoza.

Relacion del último viage al Estrecho de Magallanes de la fragata de S. M. Santa María de la Cabeza en los años de 1785 y 1786. Extracto de todos los anteriores desde su descubrimiento impresos y MSS. Y noticia de los habitantes, suelo, clima y producciones del Estrecho. *(Epígrafe de Ercilla.)* Trabajada de orden del Rey. *Madrid,* MDCCLXXXVIII, *Por la Viuda de Ibarra, Hijos y Compañía,* 4º-Cuatro hjs.-xvj-359 pp., retrato y cuatro mapas.

Obra de don José de Vargas Ponce.

Relacion del viaje hecho por las goletas Sutil y Mejicana en 1792, para reconocer el Estrecho de Juan de Fuca ; con una Introduccion en que se da noticia de las expediciones ejecutadas anteriormente por los españoles en busca del paso del Noroeste de la América. *Madrid,* 1802, 4º-7 hjs. s. f.-clxviii-185 pp.-30 pp. Y Atlas.

La introducción es obra de D. Martín Fernández de Navarrete, y la relación del viaje, de don Dionisio Alcalá Galiano.

Relacion de todo lo que sucedió en la jornada de Omagua y Dorado hecha por el gobernador Pedro de Orsúa. *Publícala la Sociedad de Bibliófilos españoles, Madrid,* 1881, 4º-xlvii-192 pp.

El bachiller Francisco Vázquez, autor de la redacción original.

Relacion de una horrorosa calumnia. *(Epígrafe de Horacio.)* *Santiago,* marzo 17 de 1835, *Imprenta Araucana,* 16º-64 pp.

Obra del doctor en medicina D. José Indelicato. Compruébase este aserto, fuera de lo que resulta del texto mismo del opúsculo, con lo que se lee como título de otro, que dice así : «Ultima prueba de la inocencia del doctor Indelicato, horriblemente calumniado ante el publico, por

el infame andaluz don Francisco Martínez, residente en Córdoba, en la
República Argentina». (Santiago), Imprenta Nacional, 1834, 4º

RELACION de servicios del Capitan Don Juan Pacheco de Villoria.
(Madrid, 1652), fol.-4 pp. s. f.

> Dice Florez de Ocariz en la página 295 del tomo I de sus *Genealogías
> del Nuevo Reino de Granada*, a quien sigue Franckenau, *Bib. Hisp.*, p.
> 38, y a éste, Harrisse, *Bib. Amer. Vetust.*, p. xiii, nota, que el autor de
> este opúsculo fué ANTONIO DE LEÓN PINELO.

RELACION de todo lo sucedido en la Provincia del Pirú desde que
Blasco Nuñez Vela fué enviado por S. M. a ser visorrey della,
que se embarcó a 1º de Noviembre del año 1543. *Lima*, 1870, 8º

> Atribuída por la generalidad de los historiadores a AGUSTÍN DE ZÁRATE,
> pero que, según Jiménez de la Espada, pudo ser obra de don PEDRO DE
> LA GASCA.

RELACION diaria. Del viage de Iacobo Demayre y Gvillelmo Cornelio Schouten, en que descubrieron nueuo Estrecho y passage
del mar del Norte al mar del Sur, a la parte Austral del Estrecho de Magallanes. Año 1619. *En Madrid, Por Bernardino de
Guzman, 4º-26 hjs.* y mapas.

> Como autor de la traducción se ha tomado comúnmente al impresor
> BERNARDINO DE GUZMÁN, quizá porque así lo afirma Nicolás Antonio.
> León Pinelo y su continuador se limitan a expresar que aquél « la tra-
> dujo o hizo traducir en castellano », y esto último es lo que parece más
> probable.

RELACION succinta de las honras, y exequias funerales que la Junta de Caridad fundada en el Real Hospital de San Juan de Dios
de Guatemala, hizo celebrar a expensas de los individuos que
la componen, el dia 17 de Octubre, de este presente año de
1810. A la buena memoria del Ilustrisimo Sr. D. Luis de Peñalver, y Cardenas, Arzobispo que fue de esta diocesi, y insigne bienhechor suyo. *(Al fin:)* Con las licencias necesarias.
Impreso por don Manuel Arevalo, año de 1811, 4º-39 pp.

> Consta de los preliminares que el autor del Sermón fué el francisca-
> no fray JUAN DE SANTA ROSA RAMÍREZ.

Relacion summaria de la vida, y dichosa mverte del U. P. Cypriano Baraze de la Compañia de Iesus, muerto á manos de Barbaros en la Mission de los Moxos de la Provincia del Perú... *En Lima, en la Imprenta Real de Ioseph de Contreras,* año de 1704, 4º-20 pp. s. f. de prels.—Hj. bl. y otra con el proemio y protesta del autor-59 pp.

Sacada principalmente de una carta del jesuíta P. Antonio de Orellana.

Y hay reimpresión de Madrid, 1711, y también se insertó en las pp. 93-122 del tomo VII de las *Cartas edificantes y curiosas,* traducidas por el P. Diego Davin. Una traducción alemana se incluyó en la colección Stöcklein, *Der Neu Welt,* etc. Auspburg, 1728, fol.

Relacion verdadera de la recuperacion de Pernambuco, sitio de su Recife, entrega suya, i de las Capitanias de Itamaracá, Paraiba, Riogrande, Ciará, é Isla de Fernando de Noronha, todo rendido a las armas Portuguesas regidas por Francisco Barreto... *Lisboa, por Pedro Craesbeck,* 1654, 4º-46 pp.

El autor de la Relación original portuguesa, de que hay también versión italiana, se llamaba Antonio Barbosa Bacellar.

Relacion verdadera de las pazes qve capituló con el aravcano Rebelado, el Marques de Baides... Sacada de sus informes, y cartas, y de los Padres de la Compañia de Iesus, que acõpañaron el Real exercito en la jornada que hizo para este efeto el año pasado de 1641... *En Madrid, por Francisco Maroto,* año de 1642, fol.-4 hjs. s. f.

Obra del padre jesuíta Alonso de Ovalle, según él propio lo declara en su *Histórica relación:* «... la relación que se sigue, la cual estampé en Madrid, valiéndome de los originàles, etc.».

Relaciones internacionales. El arbitraje obligatorio ante los Congresos Pan-Americanos, por Némesis, 1910. *(Dos epígrafes.)* *Santiago de Chile, Imprenta Emilio Pérez,* 1910, 8º-55 pp.

Némesis es seudónimo de Nemesio Martínez Méndez.

Relatio martyrii Patrum Rochi Gonzalez, Alphonsi Rodriguez, et Joannis de Castillo, Societatis Jesu, qui anno 1628 in Urvai

Paraquariae Provinciae, passi sunt. *Vienae, Mathaeus Formica,*
1631, 16º

> No es obra original, como han creído algunos bibliógrafos, sino tra-
> ducción del castellano, hecha por el P. ENRIQUE LAMORMAYNI.

RELATIO triplex de rebvs Indicis : I R. P. Cornelij Beudinij, dicti
Godinez martyrium. II Caaiguarum gentis mores, coepta con-
versio. III R. P. Adriani Knudde, dicti Crespi, Elogium. *An-
tverpiae, apud Iacobvm Mevrsium, An.* CIC.ICLIV, 12º-70 pp.
y retrato.

> Versión al latín hecha de cartas del jesuíta P. NICOLÁS DEL TECHO.

RELATION abregée concernant la republique que les religieux nom-
més Jesuites, des provinces de Portugal et d'Espagne ont établis
dans les pays et domaines d'outremer de ces deux monarchies,
et de la guerre qu'ils ont excitée et soutenue contre les armées
Espagnoles et Portugaises. *Paris,* 1758, 8º

> « Este libro fué escrito originalmente en portugués, y se atribuye al
> Marqués de Pombal. El traductor francés fué PIERRE OLIVIER PINAULT
> ...» — BARROS ARANA, nº 412.

RELATION abrégée du voyage de la Peyrouse, pour faire suite a
l'« Abrégée de l'histoire générale des voyages » de La Harpe.
Leipsick, 1799, 8º

> Por CH. DE VILLERS. — BARBIER, IV, 200.

RELATION de ce qui c'est passé dans les Isles et Terres-Ferme de
l'Amérique en 1666 et 1667 par J. C. S. D. V. *Paris, Clousier,*
1671, 12º-2 vols.

> Las iniciales responden al nombre disfrazado de J. CLODORÉ, secreta-
> rio de armada (la *V* en francés responde a *vaisseau*). — QUÉRARD, II, 376.

RELATION de l'Expédition de Carthagène faite par les François, en
1697. *Amsterdam, chez les héritiers Schelte,* 1698, 8º

> Hay otra edición de allí mismo y de dicha imprenta, y año, en 12º
> En Londres se publicó una traducción inglesa, 1740, 8º Por JEAN
> BERNARD DESJEANS, barón DE POINTIS. — BARBIER, IV, 208.

RELATION des missions du Paraguay, traduite de l'italien de M. Muratori. *Paris, Bordelet,* 1754, 12º-xxiv-402 pp.-2 hjs. y un mapa.

Hay otra edición de allí mismo, *Senlis, imp. de N. des Roques,* 1757. 12º, sin mapa.

« Esta traducción ha sido sucesivamente atribuída por Quérard al P. LOMBERT, jesuíta, y al abate F.-E. de LOURMEL ». — BARBIER, IV, 222. SOMMERVOGEL, *Dictionnaire,* col. 822, la da sin vacilar como de este último.

RELATION des voyages et découvertes que les Espagnols ont faits dans les Indes occidentales, écrite en espagnol por D. B. de las Casas; avec la relation curieuse des voyages du sieur de Montauban en Guinée, l'an 1695. *Amsterdam, Delorme,* 1698, 12º

« Esta traducción se publicó primeramente con el título de *Découverte des Indes occidentales par les Espagnols,* etc. Por el abate J.-B. MORVAN DE BELLEGARDE. — BARBIER, IV, 224.

RELATION fidèle de l'expédition de Cartagene. *S. l. de imp.,* 1699, 12º-89 pp.

Respuesta a la *Relation* de Mr. de Pointis, por el capitán DU CASSE, gobernador de Santo Domingò. — BARBIER, IV, 229.

RELATION (A) or journal of a late expedition to the gates of St. Augustine in Florida, under the conduct of Gen. Oglethorp, *London,* 1744, 8º

Por G. L. CAMPBELL. — HALKETT Y LAING.

RELATION (A) of the Missions of Paraguay. Wrote Originally in Italian, by Mr. Muratori, And now done into English from the French Translation. *London, Printed for J. Marmaduke in Long-Acre,* 1759, 8º-menor-xvi-294 pp.-Dos s. f. y mapa.

Por el P. JACQUES DENNETT.
La traducción francesa, también anónima, es del P. de LOURMEL. — SOMMERVOGEL, col. 823.

RELIGIOSO (Vn) grave hizo la relacion que se sigue, a vn Señor Oidor del Consejo Real de las Indias. *(Madrid,* 1636), fol.- 4 hjs.

Este religioso grave fué el agustino FRAY ANDRÉS DE MORALES, que pedía se le tuviese presente para una dignidad por sus servicios prestados en el Perú y Nueva Granada.

RELIJION (La) en la vida cotidiana. Sermon predicado en la iglesia de Crathie, 15 Octubre 1855, por el reverendo Juan Caird, M. A. párroco de Errol. Publicado por órden de su Majestad la Reina Victoria y traducido del ingles por una Señorita chilena. *Valparaiso, Imprenta del Mercurio*, 1857, 8º-45 pp.

Hay segunda edición, Valparaiso, Imprenta del Universo de G. Helfmann, 1885, 8º-31 pp.

A la vuelta de la portada, la siguiente Advertencia : « Este discurso fué traducido por la señorita doña CLARA ALVAREZ CONDARCO, hace algunos años... »

RELIJION (La) y la libertad. Oración fúnebre de Daniel O'Connell, Pronunciada en Roma los dias 28 y 30 de Junio de 1847. Por el R. P. Ventura, ex-jeneral de los clérigos regulares ; Precedida de una introduccion, aumentada con notas numerosas, y seguida de la bendicion final, pronunciada en San Pedro por el mismo ; traducida del italiano al frances por el abate Anatole Leray, y del frances al castellano por F. V. F., quien la dedica a su amigo don Victor Varas, *Santiago de Chile, Imprenta de la Sociedad*, diciembre de 1849, 4º-xx-95 pp.

Las iniciales del traductor pertenecen a FRANCISCO VARGAS FONTECILLA.

REMANSOS del ensueño. Senderos de luna. — Almas y Estrellas. — Las tardes solitarias. — Siluetas. — Los tres Cantos. *Imprenta Universitaria, Santiago*, 1918, 8º menor-159 pp.

A modo de prólogo lleva sendas poesías de Daniel de la Vega y Rafael de la Fontana.

María Monvel, nombre que va a la cabeza de la portada, es seudónimo de TILDA BRITO.

REMINISCENCIAS, por Ester, *Guanabacoa*, 1900.

Por MERCEDES V. PEÑA. — F.-C.

REPERTORIO (El) Americano. Tomo primero, octubre de 1826,

— 204 —

*Londres, En la libreria de Bossange, Barthés i Lowell, 1826,
8º-320 pp. y lámina; Tomo II, 1827, 320 pp. y retrato de
Las Casas; III, 314; IV, 314 y retrato de Miranda.*

Fueron los editores don JUAN GARCÍA DEL RÍO y don ANDRÉS BELLO,
que firman sus artículos con las respectivas iniciales. La V. S. es de
don VICENTE SALVÁ.

REPERTORIO Chileno. *Año de 1835, Santiago de Chile, Imprenta
Araucana, 16º-vi-241 pp.*

La advertencia preliminar lleva al pie las iniciales F. U. G., que son
las de FERNANDO URÍZAR GARFIAS.

REPIQUE brusco al Campanero por el Pensador Mexicano *(Al fin:)
México, 1820, Oficina de D. Juan Bautista de Arizpe, 4º-8 pp.*

Con las iniciales J. F. L. (JOAQUÍN FERNÁNDEZ DE LIZARDI).

REPIQUES 1ª Serie. Ilustraciones de Barack. *(Epígrafe en cinco
líneas.) Imprenta Universitaria, 1916, 16º-190 pp. y una s. f.
para el colofón-14 retratos.*

A la cabeza de la portada, el seudónimo Fray Apenta, que pertenece
a don ALEJANDRO BAEZA, según se comprueba por la portada de *El libro
de los pobres viejos*, 1915, 16º

REPRESENTACION a la Reina de España, por un Habanero. *Filadelfia, 1862.*

Por CRISTÓBAL MADÁN. — F.-C.

REPRESENTACION de la Compañia de Jesus a la Soberana de la
Nación Española, Por un Ex-Jesuita, Ex-Superior en su Noviciado del Peru, y menor hijo de ambas. *(Colofón:) En Cadiz,
en la Imprenta de D. Josef Niel, enero de 1811, fol.-3 pp. s. f.*

Suscrita por el P. JACINTO MARÍN DE VELASCO.

† REPRESENTACION del Reyno de Chile sobre la importancia, y
necesidad de reducir a Pueblos sus habitadores, dispersos por
los campos: Y de los medios de conseguirlo, sin gasto del

Erario, ni gravamen de los particulares. Fol. -8 hjs. s. f. *(Madrid, 1741)*.

Representacion del Reyno de Chile sobre la importancia, y nescesidad de reducir a Pueblos los indios Araucanos... Fol-6 hjs. s. f. *(Madrid, 1741)*.

Ambos impresos fueron obra del jesuíta Joaquín de Villarreal. Véase
a Olivares, *Historia de Chile*, p. 64.

Representacion verdadera, y exclamacion rendida, y lamentable, que toda la Nacion Indiana hace à la Magestad del Señor Rey de las Españas, y Emperador de las Indias, el Señor D. Fernando el VII, pidiendo los atienda y remedie, sacandolos del afrētoso vituperio, y oprobrio en que estàn mas ha de ducientos años... *(Lima, circa 1750)*, fol.-48 hjs. s. f.

Obra del lego franciscano Calixto de San José Tupac Inga.

República Arjentina (La) a los 32 anos *(sic)* de su Independencia. Por Un Ciudadano Arjentino. *Copiapó, Reimpreso por la Imp. del Copiapino*, julio 9 de 1847, 8º menor-27 pp. y una s. f. para las erratas.

Ese Ciudadano Arjentino se llamó don Juan Bautista Alberdi.

República (La) de los caballos ó aventuras y descalabros del Dómine Palmeteo, miembro fundador de su familia, socio del manicomio de la Residencia, autor de viages alrededor de sí mismo y Presidente imaginario de una República de Escuelas. Obra coronada por la convalescencia de Michigan. *Buenos Aires*, 1868.

Alusiva a D. Domingo Faustino Sarmiento y atribuída al doctor E.
Wilde y otros. — Zinny.

República (La) Cubana. Por A. Cánovas de la Choza. *Paris*, 1897.

Emilio Bobadilla y Lunar. — F.-C.

República (la) Cubana. Por Cacarajícara. *Paris, 1896*.

Domingo Figarola-Caneda. — F.-C.

República (La) Cubana. Por un Cubano sin odios. *Paris,* 1896.

Manuel de la Cruz y Fernández. — F.-C.

República i Theocracia, por Aquiles Francoeur. *Santiago, Imp. de la Union Americana,* 1866, 4º-16 pp.

Aquiles Francoeur oculta el nombre de Augusto Orrego Luco.
La portada, de la cubierta en color, de que carece el texto.

República O. del Uruguay — Administracion Santos — Su primer año de gobierno. *Montevideo, Imprenta de La Nacion,* 1883, 8º-197 pp. y ii de índice.

Autor : Nicolás Granada.

Repúblicas i Monarquías. Artículos escritos apropósito de las pretensiones monárquico-europeas sobre las repúblicas americanas. Por D. B. G. *(Epígrafe en nueve líneas),* i publicados por G. Silva. *Talca, Imprenta de la « Opinion de Talca »,* mayo 22 de 1866, 4º-90 pp.

Las iniciales son de Daniel Barros Grez.

République Cubaine, par Egmont. *Paris,* 1896.

Alberto Rus y Mas. — F.-C.

République du Salvador. Avec carte. *Paris, Imprimerie Parisienne, Marchand Freres et Cie.,* 1861, 8º-32 pp., retrato y mapa.

El prólogo, por lo menos, es obra de V. Castel, y está tomado de *L'Illustration.*

Researches on America ; being an Attempt to settle some Points relative to the Aborigines of America, &c... By an Officer of the United States Army. *Baltimore, Coale and Maxwell,* 1816, 8º-6-1-130-1.

Simple bosquejo de una obra más extensa que salió al año siguiente, allí mismo, con el nombre del autor : James H. M'Culloh. — Sabin, X, nº 43.132.

RESEÑA biográfica del Coronel de ejército D. Juan Solá actual Gobernador de la provincia de Salta. República Argentina. *Salta, Imprenta del Comercio, 1886, 4º menor-136 pp.*

« Su autor es el Sr. ABRAHAM ARCE ». — NAVARRO VIOLA.

RESEÑA biográfica del Doctor Agustin Nathaniel Miers-Cox. *Santiago, Imprenta del Ferrocarril,* junio de 1869, 4º-a dos columnas-11 pp.

Entiendo que el autor de esta reseña biográfica es don ONOFRE SOTOMAYOR, que en 1869 pasó a ser miembro de la Facultad de medicina en lugar de Cox. Ver *Anales de la Universidad,* año de 1869, 2º semestre, p. 185. O más probablemente su autor es don GMO. COX.

RESEÑA del estado ruinoso de Bolivia. Por un Cno. Año de 1842. *Imprenta de la Libertad,* 4º-19 pp.

Autor, JULIÁN PRUDENCIO.

RESEÑA historica de la Campaña del Perú de 1838 a 1839. I XIº. Aniversario de la Batalla de Yungai. *Santiago,* enero de 1851, *Imprenta de la República,* 4º-40 pp.

Por MIGUEL DE LA BARRA.

RESEÑA histórica de la cuestion estaca-minas de instruccion en el mineral de Caracoles, por E. F. C. *Antofagasta, Imprenta de « El Caracolino »,* 1875, 4º-17 pp.

Las iniciales son de EMILIO FERNÁNDEZ COSTAS.

RESEÑA histórica del Ferrocarril entre Santiago i Valparaiso. acompañada de cuatro vistas fotograficas de un Plano de la línea i retrato del contratista D. Enrique Meiggs, por R. R. J. *Santiago, Imprenta del Ferrocarril,* 1863, 4º-173 pp.

Las iniciales pertenecen a RAMÓN RIVERA JOFRÉ.

RESEÑA histórica del Liceo de Valparaiso desde 1862 hasta 1912 por Rodífilo. Obra premiada en el certámen abierto por este Establecimiento para celebrar el Cincuentenario de su funda-

ción. *Valparaiso, Lit. e Imprenta Moderna*, 1912, 4º-154 pp.
y 1 s. f. — Seis grabados.

El seudónimo es de don LEONARDO ELIZ.

RESOLVCION por el derecho cierto de la Compañia de Iesvs. En
el nombramiento de Ivezes Conservadores Apostolicos Delega-
dos de su Santidad... Apoyada con auctoridad, y firmas de
las personas mas Doctas, y Graues de esta Ciudad de Mexico,
En respvesta de la resolvcion por el Fisco de la Santa Iglesia
de la Pvebla. *(México,* 1647), fol.-7 hjs.

Obra del padre jesuita BALTASAR LÓPEZ.

RESPVESTA al Memorial del Padre Iulian de Pedraça, Procurador
general de la Compañia de Iesus, de las Prouincias de las Indias : Que ha publicado nueuamente contra el Ilustrissimo, y
Reuerendissimo Don Fray Bernardino de Cardenas, Obispo
del Paraguay. *(Madrid,* 1658 ?), fol.-24 hjs.

Obra, sin duda, de FRAY JUAN DE SAN DIEGO VILLALÓN, gran defensor
de los procedimientos y persona de ese prelado.

RESPUESTA (Mi) al ultimo soez libelo de don José Rejis Cortés en
apoyo del juicio de interdiccion por demencia que sigue contra su señor padre D. Felipe Eujenio Cortés. *Santiago, Imprenta Gutenberg*, 1884, 4º-132 pp.

A pesar de que está subscrito al final por el interesado D. Ruperto
Ovalle, este alegato fué obra de D. BENJAMÍN VICUÑA MACKENNA.

RESPUESTA de los pueblos al Presidente de la República. *Santiago, Imprenta de la Union Americana*, 1868, 4º-19 pp.

Atribuído a D. MARTÍN PALMA.

RESPUESTA dada al Rey nuestro señor D. Fernando el Sexto, sobre una pregunta, que S. M. hizo à un Mathematico, y experimentado en las tierras de Lima, sobre el Terremoto, acaecido en el dia primero de Noviembre de 1755. *(Al fin:) Con
licencia, en Sevilla, en la Imprenta Real de la Viuda de D.
Diego Lopez de Haro, en calle Genova*, 4º-8 pp.

El autor se dice « nacido y criado en Lima » y es muy probable que fuese don José Eusebio de Llano y Zapata.

Respvesta Por Pedro de la Reguera vezino de Mexico. A la informacion de Gonçalo Sanchez de Herrera y consortes. *(Madrid*, 1635), fol.-10 hjs.

Con la firma autógrafa del licenciado D. Antonio de Castro.

Respvesta sin respvesta y sin que ni para que, al papel intitulado : sv oro al Cesar, Que solo trata de hablar por hablar, Prometiendo oro y dandonos hierro : Y entrando con nombre de Cesar, es todo el Brvto. Por el Hermano. Yo. de es no es. *Impresso, en Zaragoza en el Hospital de nuestra Señora de Gracia*, año M. DC. LXIII, 8º-464 pp.

Del franciscano fray Pedro de Alva y Astorga.

Restos (Los) de Don Cristoval *(sic)* Colon. Disquisicion por el autor de la Biblioteca Americana Vetustisima *(sic)*. Año *(Escudo de Sevilla)* 1878, *Sevilla, Francisco Alvarez y Ca.*, editores, 4º menor,x-96 pp. y una de Corrigenda.

Por Henry Harrisse.

Resumen de la Historia de la Filosofia, estractado Del Manual de Mr. Tennemann. Traducido del frances por J. M. B. *Habana, Imprenta del Gobierno y Capitania General*, 1845, 4º-68 pp. y dos s. f.

No podría asegurarlo, pero me parece que las iniciales de J. M. V. ocultan el nombre de José María Valdés, apodado « El Dómine », por haber sido maestro de latín. En 1814 publicó en la Habana *Arte de gramática latina*, traducido de Nebrija.

Resurreccion (La) del latin. *Santiago, Imprenta de la República de Jacinto Nuñez*, 1880, 4º-22 pp.

Arriba de la portada, Ruy Blas, seudónimo de D. Augusto Orrego Luco.

Retiros (Los) mensuales en los Seminarios. Exámenes prácticos

e instrucciones espirituales por el R. P. Juan S. Freschi, S.
I. Traducción del italiano por A. C. G. (Seminario Conciliar
de Santiago). *(Epígrafe en siete líneas.)* Imprenta y Litografía
« La Ilustracion », Moneda 873, Santiago, 1917, 8º-244 pp.

Las iniciales del traductor pertenecen a don ALFREDO CIFUENTES GO-
MEZ.

RETÓRICA y Poética por Raimundo de Miguel Catedratico del
Instituto de S. Isidro, de Madrid. Compendio arreglado, y
combinado con otros autores, para el Colegio Inglés Católico
de Talca Por el Presbítero J. L. E. C. *Talca, Imp. de La Libertad*, 1893, 8º-128 pp.

Las iniciales pertenecen a JOSÉ LUIS ESPÍNOLA COBO.
Hay segunda edición, Santiago, Librería de Artes y Letras, 1901, 8º-
124 pp.

RETRATO político de Don José Manuel Balmaceda por Arístides.
Santiago, Imprenta « Victoria », 1886, 8º-49 pp.

Arístides oculta en este caso el nombre de ALBERTO EDWARDS.

RETRATOS al Natural de las notabilidades en política, en armas,
en literatura, en artes y en los demás ramos del saber y de
la brutalidad humana por Un Pintor de Brocha Gorda y epi-
tafios tomados del Cementerio por Un Sepulturero. *(Epígrafe
en tres líneas.)* Primera Serie. *Montevideo, Imprenta Hispano-
Americana*, 1873, 8º-79 pp.—En verso.

EDUARDO G. GORDON, periodista, poeta y autor dramático.

REUNION (La) del Colegio Seminario al Instituto Nacional justificada en el hecho y en el derecho. *(Epígrafe latino en tres líneas.)
Santiago de Chile, Imprenta del Gobierno* (1819), 4º-61 pp.

Informe subscrito en 25 de febrero de 1819, por el Dr. D. JOSÉ ANTO-
NIO RODRÍGUEZ.

REVERENDISSIMOS (Los) Arzobispos, y Obispos del Pirv, y de la
Nveva-España han de remitir, para poner la vltima mano en

la historia de svs Santas Iglesias, y de si mismos, lo siguiente. *(Madrid, 164...), fol.-1 hj. s. f. y una blanca,*

Con la firma autógrafa de D. GABRIEL OCAÑA Y ALARCÓN,

REVERENDO (El) Arzobispo de Charcas y el Ministro del Culto ante la opinion pública. *Cochabamba, Imprenta de Gutiérrez, 1864, 4º-11 pp.*

« El autor se supone ser don MIGUEL TABORGA. »— GUTIÉRREZ, nº 1447. Hay otro folleto con el mismo título, de dicha ciudad y del mismo año, que va firmado por Diego Monroy.

REVISTA médica. Contiene: 1º La Memoria sobre las enfermedades que se están padeciendo en Chile, i los medios que deberian emplearse con el objeto de prevenirlas i desterrarlas. 2º La Memoria sobre la constitucion médica reinante, con las esplicaciones consiguientes, para demostrar la realidad de tal hecho, su carácter peculiar y sus perniciosas influencias en los habitantes de Santiago. Dedicadas a la humanidad Por un cirujano de primera clase del Ejército Restaurador del Perú : médico titular, durante doce años, de los hospitales militares i de caridad de Aconcagua; miembro de la Sociedad médico-quirúrjica de Santiago, etc. *(Epígrafe en tres líneas.) Santiago. Imprenta de Julio Belin i Ca,* junio de 1853, 8º-63 pp.

Subscrita por M. A. C., iniciales de MANUEL ANTONIO CARMONA.

REVISTA (La) y exercicio de Fuego, que hizo en la Plaza mayor de esta Ciudad, à la vista de Su Exc. en numeroso Concurso, el Noble Regimiento del Comercio... se describe puntualmente en las siguientes Octavas. *(Al fin:) Impresa en Lima, en la Oficina de la Calle de San Jacinto...* (1768), 4º-11 hjs.

Subscrito por F. F. D. C., iniciales, según creo, del nombre de FELILICIANO FERNÁNDEZ DE CASTRO.

REVOLUCION (La). Por J. de A. C. *Nueva York,* 1870.

JOSÉ DE ARMAS Y CÉSPEDES. — F.-C.

REVOLUCION cubana. Deportacion a Fernando Poo. Relacion que

hace uno de los deportados. *Nueva York, Imprenta de Hallet & Breen,* 1869, 8º-112 pp.

> Por el doctor MIGUEL BRAVO SENTÍES, según Figarola-Caneda, si bien D. Luis M. Pérez, *Bibliografía de la Revolución de Yara,* nº 11, pone como interrogante semejante atribución.

REVOLUCION (La) Cubana y la raza de color. Por un Cubano sin odios. *Key West (Florida),* 1895.

> MANUEL DE LA CRUZ Y FERNÁNDEZ. — F.-C.

REVOLUCION (La) de Cuba, por Antonio G. Llorente. *Habana,* 1890.

> ANTONIO GONZÁLEZ PONCE DE LLORENTE. — F.-C.

REVOLUCION (La) de Cuba vista desde Nueva York. Informe redactado en Julio. último para su remision al Presidente de la República Cárlos Manuel Céspedes, y anotado á tiempo de su publicacion en está fecha. *Nueva York,* noviembre de 1869, 16º-32 pp. (Sin pie de imprenta.)

> « Consta por una nota al final que fué redactado por CIRILO VILLAVERDE ». — PÉREZ, nº 45.

REVOLUCION (La) chilena (Impresiones de un viajero). *Santiago de Chile, Imprenta Cervantes,* 1892, 8º-408 pp.

> A la cabeza de la portada lleva el nombre del autor : Gil Juan, seudónimo de don JAVIER VIAL SOLAR.

REVOLUCION (La) de 1857 y la hecatombe de Quinteros por un testigo presencial. (Histórico.) Primera y Segunda Parte. *Montevideo,* 1882, 4º-viii-310 pp.

> JUAN MANUEL DE LA SIERRA.

REVOLUCION (La) de 1857 y la hecatombe de Quinteros por un testigo presencial. (Histórico.) *Montevideo,* marzo 15 de 1866, *Imprenta de la Tribuna,* 4º-vi-218 pp.

> Coronel JUAN MANUEL DE LA SIERRA, militar y periodista uruguayo.

REVOLUCION del Reino de Chile escrita en compendio por un ciudadano de la América Meridional y traducida del frances por D. M. C. *México, Imprenta de D. Mariano Ontiveros, 1822,* 8º-12 pp.

> El autor de la edición original francesa (que no he visto) fué don Antonio José de Irisarri; y las iniciales de la traducción castellana pertenecen a Don MIGUEL COPIN.

REVOLUCIÓN (La) y la condenación del Ministerio Vicuña, por Nemo. Noviembre 1893. *Buenos Aires, establecimiento Tip. La Americana,* 1893, 8º-202 pp.

> Nemo es seudónimo de RAFAEL BALMACEDA.

REVOLUCIONARIOS (Los) del Congreso unidos a la Escuadra sublevada. El Conservantismo chileno dividido y el montvarismo metamorfoseado, por Bartolomé Palma. *Santiago de Chile,* 1891, *Imprenta El Progreso,* 4º-68 pp.

> « Se atribuye este folleto a don PEDRO NOLASCO ACOSTA », dice Echeverría y Reyes en su *Ensayo bibliográfico,* etc., nº 312.

RÉVOLUTIONS de l'Amérique Espagnole, ou Récit de l'origine, des progrès et de l'état actuel de la guerre entre l'Espagne et l'Amérique méridionale. Traduit de l'anglais. Deuxième édition. revue, corrigée et augmentée du Précis des événements survenus en Amérique depuis la fin de 1816 jusq'a ce jour ; de la Constitution des Provinces-Unies de l'Amérique du Sud ; de Notices biographiques sur les principaux chefs des indépendents ; et ornée d'une belle carte générale de l'Amérique, tracée d'après les dernières divisions, par M. Delamarche. *Fata viam invenient.* Aen. Lib. X. *Paris, Imp. de Fain,* Lib.de Mongie l'ainé, 1819, 8º-viii-340 pp.

> Segunda edición francesa de la obra de PALACIO FAJARDO, pero el *Supplément,* que comienza en la página 357, no es suyo.
>
> Hay también otra edición de París, con las mismas señas de impresión, de 1824, 8º-viii-430-52 pp., sin mapa.

RICARDO Leyva ó una muerte a tiempo. Novela cubana por F. de P. S. *Habana, Imprenta del Gobierno,* 1840, 12º-82 pp.

La primera edición es de la misma imprenta, de 1836, 8?
Las iniciales del autor corresponden a FRANCISCO P. SERRANO.

RIMANDO amores, por Flores del Río. *Mataguá*, 1918.

M. A. BELLIDO. — F.-C.

RÍO (El) Amazonas, las Regiones que forman su Hoya y las vertientes atlanticas de Sud-América. Folleto escrito en Inglés por
M. F. Maury, Director del Observatorio Astronómico de Washington, y traducido al castellano. *La Paz*, abril de 1854,
Imprenta Paceña, fol.-1 hjs. f.-vii-42 pp., a dos columnas.

Fué el traductor RAFAEL BUSTILLO, que firma su dedicatoria al Presidente Belzu.

RISA (La) del Dragon. Poema exotico en prosa lo escribio Armando Zegri. Portada de Oliver. *Santiago de Chile (Imprenta Cervantes)*, MCMXX, 8? menor-76 pp. y la última con el colofón.

Armando Zegri es seudónimo de ARMANDO CÉSPEDES.

RISTRETTO della vita, e miracoli di Santa Rosa di S. Maria Della
Regal Cittá di Lima nel Regno del Perú nell'America Meridionale. Religiosa del Terz'Ordine di S. Dominico. Al Revmo. P.
Maestro F. Giulio Mercori di Cremona. *In Milano*, 8° menor
(sin fecha)-Cuatro hjs. s. f.-159 pp.

La dedicatoria está subscrita por el mismo impresor del libro MARCO
ANTONIO PANDOLFO MALATESTA, en 28 de julio de 1671, y parece que
fué también el autor, pues dice así en aquella dedicatoria : « Di nuovo
a consolation de'fedeli esce dalle mie stampe il Compendio sostancioso
delle di lei cattoliche prodezze...»

ROCAFUERTE evocado segunda vez de la tumba y sometido ante el
público y los Tribunales de Justicia, por su esposa la Sra. Da.
Baltasara Calderon escrito por T. H. N. *Lima, Impreso por J.
M. Monterola*, 1859, 8?-viii-89 pp.

Por TOMÁS HERMENEGILDO NOBOA, que firma la presentación al Juez
de primera instancia, en Lima, a 22 de agosto de 1859. Noboa era cura
« propio » en el arzobispado de Quito.

Rol (Del) de la inteligencia en la produccion por E. Levasseur. Traducido al castellano por E. E. S. XII. *Valparaiso, Imp. de la Patria,* 1874, 16º-31 pp.

Lleva este folletito el número XII (que se ve en la portada) de una serie de conferencias populares dadas en la escuela de adultos titulada « Blas Cuevas »; y las iniciales del traductor pertenecen a EVARISTO E. SOUBLETTE.

ROMANCE a la entrada, y exercicio de Fuego, que hizo en esta Ciudad la Tropa que volvió del Socorro de Quito. *(Al final:) Impresa en Lima, en la Oficina de la Calle de San Jacinto...,* año 1768, 4º-7 pp. a dos columnas.

Subscrito por F. F. D. C., que creo son las iniciales de FELICIANO FERNÁNDEZ DE CASTRO,

ROMANCE chileno natural, político i relijioso para el uso de los jóvenes principiantes. Por F. J. M. G. A expensas de un individuo de esta Capital. *Santiago, Imprenta Chilena,* enero de 1848, 4º-52 pp. y 1 s. f.

Las iniciales corresponden al nombre de FRAY JESÚS MARÍA GÁLVEZ, autor también de las *Poesías o cantos que el devoto relijioso hace en acción de gracias por la redencion del linaje humano,* Valparaiso, 1854, 4º, en la portada de las cuales se llama « relijioso lego de la Recoleta Franciscana de Chile, Procurador y secretario de la Comisaría de Tierra Santa, segundo regente de la nueva hermandad, y miembro fundador de ella ».

ROMANCE heroyco en que se hace la relacion circunstanciada de la gloriosa reconquista de la ciudad de Buenos Ayres, Capital del Vireynato del Rio de la Plata, verificada el dia 12 de agosto de 1806. Por un fiel vasallo de S. M. y amante de la patria, quien lo dedica y ofrece a la Muy Noble y Muy Leal Ciudad, Cabildo y Regimiento de esta Capital. *Buenos Ayres, en la Real Imprenta de los Niños Expósitos,* año de 1807, 4º-39 pp.

Por el presbítero don PANTALEÓN RIVAROLA.

ROMANCE sobre la virtuosa vida y preciosa muerte del R. P. F. José de la Cruz Infante, Reformador del Convento de Recoletos Franciscanos Descalzos de esta Capital. Se añaden otras dos partes accesorias sobre diversas materias relijiosas. Por F. J. M. G., autor del Romance chileno. *Santiago de Chile, imprenta Chilena,* enero de 1848, 8º-40 pp. y 1 s. f.

Las iniciales son de fray JESÚS MARÍA GÁLVEZ.

ROMANISM in Mexico : being a reply to an article... against Meyer's «Mexico», in «U. S. Catholic Magazine», march 1844, by John Smith Jr. *Baltimore,* 1844.

BRANTZ MAYER. — CUSHING, p. 269.

ROSA de Abril. Por Lodaisca Maapaká. Segunda edición. *Santiago de Chile, Imprenta Cervantes,* 1892, 8º-314 pp.

« El seudónimo corresponde a la señora CELESTE LASSABE, esposa de Ricardo Cruz Coke». — SILVA, *La Novela en Chile,* nº 114.

ROSA de S. Maria Virgo Limensis é Tertio Ordine SS. P. Dominici mirae integritatis rarae innocentiae summae perfectionis... *Augustae, Typis Simonis Utzschneider,* 1668, 12º-146 pp. — Dos hjs. s. f.

Atribuído a FRAY ANTONIO GONZÁLEZ DE ACUÑA.

ROSA (La) trionfante, cioè relazione della solenità fatta in Palermo en el convento di S. Cita, dell'Ordine de'Predicatori, alli 16 di settembre dell'anno 1668 per occasione della beatificazione di S. Domenico. *Palermo, per Didaco Bua e Pietro Cumagna,* 1669, 4º

Obra de FRAY PIETRO EMMANUEL, dominico, de Palermo. — MELZI, II, p. 475.

ROSARIO o La más bella mulata, por C. P. y V. *Habana,* 1886.

CAYETANO PALAU Y VIVANCO. — F.-C.

ROSARIO de agonizantes, Modo devoto de auxiliar à los moribundos recomendando sus Almas a N. Misericordiosissimo Redemptor Jesu Chrísto... Dispuesta por un Religioso Sacerdote

de el Sagrado Orden de Predicadores del Convento de N. P.
Santo Domingo de la Puebla de los Angeles... *En la Puebla,
por la Viuda de Miguel de Ortega,* año de 1753, 8º-3o pp.

No sabemos por qué se calló en esta edición el nombre del autor, fray
JUAN DE VILLA SÁNCHEZ.

ROSAS (Las) Andinas. Rimas y contra-rimas por Ruben Darío y
Ruben Rubí. *Valparaiso, Imprenta y Libreria Americana,*
1888, 16º-46 pp.

El autor de las *Contra-rimas,* o sea de las parodias de catorce composiciones originales del poeta centro-americano, fué don EDUARDO DE LA
BARRA.

ROSAS Festivas. *Santiago, Imprenta del Comercio* (sin fecha, 1896),
8º-159 pp.

Obra de IGNACIO MESA. — SILVA, *La Novela en Chile,* nº 263.

ROSAS y el Jeneral Ballivian o algunos datos y reflecciones sobre
la Revolucion Arjentina y la Restauracion Boliviana. Por un
Arjentino. *(Epígrafe en francés y castellano.) Chuquisaca,* agosto de 1843, *Imprenta de Beeche y Compañia,* 4º-47-xi pp.

Atribuído a FÉLIX FRÍAS. — RENÉ MORENO, *Bib. Bol.,* nº 3207.

ROSAS y su hija en la quinta de Palermo, por el A. del C. *Valpa-
paraiso, Imprenta del Mercurio,* 1851, 8º-25 pp. y retrato.

El A. del C. fué don JUAN RAMÓN MUÑOZ, o sea, el Autor de *Cienfuegos.*-BRISEÑO, *Est. bibl.,* p. 436. — GUTIÉRREZ, nº 2191.

ROYAUME (Le) d'Araucanie et le.Chili. Memorandum De S. M.
Orelie-Antoine 1er sous forme de lettre en réponse aux attaques
du Consul Général du Chili a Paris. Prix : 5o centimes. *Paris,
Lachaud, Libraire-éditeur 4,* Place du Palais Royal, 4, 1873,
8º-4o pp.

El apellido de ese rey de opereta era TOUNENS.

RUDIMENTA Juris Naturae et Gentium Libri Duo auctore D. Cyria-
co Morelli presbytero olim in Universitate Neo-Cordubensi

in Tucumania publico professore. *Venetiis*, MDCCXCI, *Apud Josephum Rosa, Superiorum facultate, ac privilegio*, 4º mayor-iv-388 pp. a dos cols.

Del ex jesuíta P. Domingo Muriel.

Hay traducción castellana del doctor Luciano Abeille, Buenos Aires, 1911, 4º-440 pp., en la que, malamente se ha conservado el nombre del autor en la forma en que aparece en la edición original.

Rudimentos de Aritmética para la instruccion primaria superior... Segunda edicion... *Cochabamba*, marzo de 1872, *Imprenta del Siglo*, 8º-50 pp.

Por Luis Mariano Guzmán.

Ruina (La) de la Serena o Las tinieblas del 15 de Agosto Poema profetico, diabolico i humoristico. *Serena, Imp. de El Tribuno*, 1873, 4º-43 pp. — En verso.

Por D. Francisco Antonio Machuca.

Ruinas. Coleccion de ensayos poéticos por Juan de Arona. *Paris, Libreria Española de Mᵐᵉ. C. Denné Schmitz*, 1863, 8º-388 pp.

Juan de Arona, seudónimo de D. Pedro Paz Soldán y Unanue.

Rumores del Mayabeque. Poesias. de Guayabo. *Guines (Cuba), Tipografía El Democrata*, 1892, 8º mayor-109 pp.

Figarola-Caneda, quien cita una edición de Guines, 1881, y nos informa que el autor se llamó Domingo Martínez.

Sᴀʙɪᴅᴏ el comercio qve la Europa tiene en las Indias, de quenta de los Estrangeros, es razon que tengamos noticia del retorno que se saca de las Indias, en frutos, fuera del oro... *(Madrid, 1669)*, fol.-6 hjs.

Del dominico ғʀᴀʏ Jᴜᴀɴ ᴅᴇ Cᴀsᴛʀᴏ.

Sᴀᴄᴇʀᴅᴏᴛᴇ (Un) en defensa de sus derechos. *(Al fin :) Imprenta de Beeche,*-fol.-4 pp. a dos cols. *(Sucre, 1859)*.

Subscrito por Jᴏsᴇ́ Mᴀʀɪ́ᴀ Mᴏɴᴛᴇʀᴏ.
Sobre este mismo asunto se publicó en ese dicho año, también en Su-cre, y firmado por « Unos Sacerdotes », otro opúsculo intitulado : *En justicia Al Señor Olañeta.* Posible es, por tanto, que uno de esos Sacer-dotes fuese el dicho don José María Montero.

Sᴀᴄᴇʀᴅᴏᴛᴇ (El) instruido en los ministerios de predicar y confe-sar en dos cartas de S. Francisco de Sales Obispo de Ginebra. Traducidas del Original Francés y ampliadas con notas. Dalas al publico en utilidad de los nuevos sacerdotes El Lic. D. Lino Nepomuceno Gomez Galban... *Impreso en Mexico, en la Impren-ta del Superior Govierno...*, año de 1771, 12º-11 hjs. s. f.-144 pp.

«... el P. Cʟᴀᴠɪɢᴇʀᴏ (Fʀᴀɴᴄɪsᴄᴏ Jᴀᴠɪᴇʀ) las tradujo del francés al castellano, añadiéndoles muchas notas importantes, y de éstas varió algunas el licenciado don Lino... » — Osᴏʀᴇs.

Sᴀᴄʀᴀ consolatoria del tiempo de las guerras y otras calamidades públicas de la Casa de Austria y Católica Monarquia, por D. Francisco Xarque. *Valencia, por Bernardo Nogues,* 1641, 8º

Cito el libro por el título que da Nicolás Antonio, I, 636, pues Som-mervogel lo transcribe llamándolo « Sagrado consuelo... ». — Según el

bibliógrafo jesuíta, la obra sería en realidad obra del P. Juan Antonio Xarque, que vivió en el Paraguay.

Sacra Rituum Congregatione Emo. et Rmo. Cardinali Nigronio
Ponente. Oxomen, Beatificationis et Canonisationis P. Servi
Dei Joannis de Palafox et Mendoza, Episcopi prius Angelopolitani, postea Oxomensis. Nouum summarium objectionale
super dubia, etc. *Romae, Typis Rev. Camerae Apostolicae*, fol.-8
vols.

« ...Dice Caballero *(Bib. Scrip. Soc. Jesu, Supplementa*, I, 180) :
tomis VIII : qui duas partes constituunt. Non omnia Januarius Sánchez
de Lunae sunt ; sed etiam aliorum quae ipse collegit ; tomus vero I et
et II primae partis fere toti sunt nostri. » — Consúltese también Melzi,
I, 3-4, y Sommervogel, 868.

Sacratissimi cordis Jesu Laurea Theologica Animadvertionibus in
Antirrheticon, & Epistolas Anonymas illustrata. Nunc primum
prodit. Opus posthumum Bernardini Solicii doctoris theologi.
Venetiis, MDCCLXXIV, *Apud Thomam Bettinelli,* 8º-204 pp.

Obra del ex jesuíta chileno Jerónimo Boza y Solís.
Caballero, *Suppl. alterum,* p. 99, dice que Cl. Gustá le atribuye el
libro, que ni éste ni Caballero mismo, ni tampoco Melzi, III, col. 22,
vieron, sin duda, pues todos se limitan a citarlo con la mera indicación
de haber sido impreso en Venecia, en 12º, sin más pormenores.

Sacrificio (El) de un gran Partido. *Mendoza, Tip.* « *Los Andes* »,
1894, 8º-83 pp.

Autor : Joaquín Villarino.

Sacristan (El) enfermo, ó crítica contra los malos Medicos, y
Boticarios. P. D. J. F. de L. *(México,* 1811), 8º-8 pp. —En
verso.

Por Don Joaquín Fernández de Lizardi.

Saetillas de amor. Opusculito compilado por el Redactor de « La
Espiga ». *Libreria de la Espiga, Santiago,* 1903, « Hojas de
propaganda », 16º-83 pp. y 4 s. f. de avisos.

El redactor de que se trata es Bernardo Gentilini.

Saggio Apologetico degli Storici e Conquistatori Spagnuoli dell'
America, *Parma, Presso Luigi Mussi*, M. DCCC. IV. 8º-91
pp. y una s. f.

Del padre jesuíta Mariano Llorente, que subscribe la dedicatoria.

Saggio dell'astronomia cronologia e mitologia Degli Antichi Mes-
sicani Opera di D. Antonio Leon e Gama Tradotta dallo Spagnuolo e dedicata Alla Molto Nobile Illustre ed Imperiale Citta
di Messico. *Roma, Presso il Salomoni*, 1804, con Permesso, 8º-
xiii pp.-una s. f.-184 pp.-Dos láminas plegadas.

Obra del ex jesuíta mexicano, Pedro J. Márquez, como consta de la
dedicatoria.

Saggio di risposta all'Autore degli Annali detti Ecclesiastici in
difesa della Dissertazione intorno al dolore necessario per il
valore, et per il frutto del Sacramento de la penitenza... *In
Assisi*, MDCCLXXXII, *Per Ottavio Sgariglia*, 4º-53 pp. y
una s. f.

Saggio di Risposta alla Lettera di Aelfo Mariodulo all'amico suo
Aristo Evorco Sul precetto divino della Santificazione delle Feste. *In Venezia, presso Gaspare Storti...*, M.DCC. LXXXII, 8º-
263 pp. y tres s. f.

Obras ambas del ex jesuíta mexicano P. Manuel Mariano Iturriaga.

Sagrado (El) Corazon de el Santissimo Patriarcha San Joseph,
venerado por todos los dias de la semana... Dispuesto por el
P. Ignacio Tomay. de la Compañia de Jesus... Con licencia :
*En Cadiz, en la Imprenta Real de Marina de Don Manuel Espi-
nosa de los Monteros*, 8º-10 hjs. s. f.-167 pp.

Segunda edición ; la primera es de México.
Las varias obras que aparecen con el nombre del P. Ignacio Tomay,
son, en realidad, del P. José María Genovese. El apellido Tomay era el
segundo que tenía, y que en alguna ocasión agregó al primero.

Sagrado (El) corazon del Santissimo Patriarcha Sr. San Joseph,
Venerado por todos los dias de la Semana, Con la considera-

cion de sus excelencias, y diversidad de afectuosos Coloquios.
Dispuesto Por el P. Ignacio Tomay, de la Compañia de Jesus...
*Impresso, con las licencias necessarias, Por la Viuda de D. Joseph
Bernardo de Hogal,* año de 1751, 8º-10 hjs. s. f.-177 pp.

> Se dijo ya que bajo el nombre de Tomay se ocultó el P. José María
> Genovese.

Salterio (El) Davidico profetico de los sentimientos del pueblo
de Dios en sus varias relaciones Con su previsto Salvador, con
sus propios individuos fieles e infieles, i con sus tiranos en el
cautiverio babilonico. Version poetica en metro cantable para
uso de la Exc. ᵐᵃ Señora Duquesa de S. Pedro. Por el autor de la
de Job, de los canticos, de Pope, i de Milton ec. *(Epígrafe de
los Salmos.) En Venezia, Por Antonio Zatta,* MDCCXCV, 8º-viii-
9-352 pp.

> Por el ex jesuíta P. Antonio Fernández de Palazuelos, que vivió en
> Chile.

Salterio español, ó version parafrástica de los Salmos de David,
de los Cánticos de Moisés, de otros canticos, y algunas oraciones de la Iglesia en verso castellano, a fin de que se puedan
cantar. Para uso de los que no saben latin. Por el autor del
*Evangelio en triunfo. En Madrid, En la Imprenta de Don Joseph
Doblado,* Año MDCCC, 4º-xviii-493 pp.

> Hay reimpresiones, es de París, 1845, 8°, y 1850, por Rosa y Bouret.
> Por D. Pablo de Olavide.

Salud (La) por medio de las plantas medicinales de Chile. Por un
Sacerdote salesiano. *Santiago, Escuela tip. « La Gratitud Nacional »,* 1918, 8º-viii-509 pp.

> De los preliminares que acompañan a la tercera edición, también de
> la misma imprenta, resulta que el autor se llamaba Juan Zin.

Saludables advertencias a los verdaderos catolicos i al clero politico. Cartas sobre los jesuitas por V. Erasmo Gesuit. *Santiago,*
1871, 4º-252 pp.

> Queda dicho que el seudónimo corresponde a D. Eduardo de la
> Barra. — Palma, *Bibl. de Barra,* nº 65.
> V. Erasmo Gesuit, es, a su vez, anagrama de *ego sum veritas.*

— 223 —

SALUTACION del Nombre de la Santisima Virjen por el Bienaventurado Jordan de Sajonia, Jeneral de la Orden de Predicadores. Nueva traduccion del latin, exactamente conforme al orijinal, i precedida de un proemio instructivo. Con las licencias necesarias. *Santiago, Imprenta de la Opinion,* 1857, 16º-19 pp. — En verso.

Por fray DOMINGO ARACENA.

SAN Ambrosio Vida del Mártir San Sebastián. *Concepcion, Litografia e Imprenta J. V. Soulodre & Cia.*, 1910, 8º-viii- pp. y ii de índice. — Lámina del Santo.

Consta de la licencia eclesiástica que el traductor fué el presbítero don JUAN DE DIOS BELMAR.

SANCTAE Mariae et omnibus Sanctis. Constituciones et Statuta insignis, veteris et maioris Collegii Mexicani Divae Mariae Omnium Sanctorum. *Superiorum permissu, Mexici in Typographia Bibliothecae Mexicanae,* Anno Dñi. 1755, fol. - una hj. s. f.-31 pp.-16 pp.

Obra de don FRANCISCO RODRÍGUEZ SANTOS.

SANCTVM Provinciale Concilivm Mexici celebratvm Anno Dñi Milles.ᵐᵒ qvingenteᵐᵒ octvagessimo qvinto... *Excvdebatq Mexici, Apud Ioannem Ruiz, Typographum,* Anno Domini, 1622, fol. — Tres hjs. s. f.-102 hjs.-38 hjs.

El jesuíta P. PEDRO DE ORTIGOSA, « extendió las sesiones y cánones, de orden del Concilio».

SAN-Juan, sus hombres i sus actos en la rejeneracion arjentina. — Narracion de los acontecimientos que han tenido lugar en aquella Provincia ántes i despues de la caida de Rosas. — Restablecimiento de Benavides, i conducta de sus habitantes en masa con el caudillo restaurado. — Tomada de fuentes auténticas i apoyada en documentos públicos. *Santiago de Chile, Imprenta de Julio Belin y Ca,* octubre de 1852. 4º-40 pp.

Obra de don DOMINGO FAUSTINO SARMIENTO.

SANTA Cruz Canto. Por un jóven residente en Lima. *Arequipa, por Francisco Valdes*, año 1835, 4? menor-8 pp.

Por EMILIO MORA, hijo de D. José Joaquín, literato español bien conocido en Chile y otros países americanos.

SANTO (El) Evangelio de Nuestro Señor Jesu-Cristo segun San Marcos. Are ua uuhil tioxilah Evangelio rech Canimahaual Jesu-Cristo quereka San Marcos. *(A la vuelta:) Guatemala*, 1898, 4? menor-80 pp. a dos cols.

Traducción de FELIPE SILVA.

SARA Bell. Drama en un Acto i en Verso en cuatro cuadros basado En el Crímen de la Calle de Fontecilla. *Santiago, Imprenta Albion*, 1896, 8?-30 pp. y 1 s. f.

Por CARLOS 2° LATHROP.

SARMIENTO á la luz de la fisiología por El Bachiller Ox.-Suma rio... *Buenos Aires, Imprenta de M. Biedma* (1882), 8?-53 pp. y una de erratas.

« Bajo el seudónimo de Bachiller Ox se oculta un estudiante de medicina... SAMUEL GACHE ». — NAVARRO VIOLA.

SATANIADA (La). Grandiosa epopeya dedicada al Príncipe de las Tinieblas por Crisófilo Sardanápalo. *Madrid, Imprenta de Aurelio J. Alaria*, 1878,-406 pp.

Poema en treinta cantos, obra de ALEJANDRO TAPIA, puertoriqueño. — SAMA, p. 73.

SATISFACCION pública. *(México*, 181...), 8°-20 pp. — (Poesía religiosa).

Subscrita por el doctor F. S. S. (FERNÁNDEZ DE SAN SALVADOR, AGUSTÍN POMPOSO.)

SATISFACCION Qve el Fiscal de su Magestad en la Real Audiencia de esta Corte da â la representacion del Venerable Cavildo Sede-vacante de la Santa Yglesia Metropolitana de esta Ciudad, sobre impugnar la execucion del Real orden expedido para la assistencia de persona Ecclesiastica por el Real Patrotronato, en los examenes previos a las provisiones de Beneficios vacos, sin voto en ellos. *(México, 1710)*, fol.-25 hjs.

> Beristaín la da como anónima, pero cabe decir que el fiscal se llamaba el doctor D. José Antonio de Espinosa Ocampo y Cornejo.

Scene (A) in the West Indies, by A Pirate, four's years resident. *London, 1832.*

> Edmund Currie. — Cushing, p. 122.

Scenes in the Rocky Mountains, and in Oregon, California, New Mexico, Texas, and the Grand Prairies. By a New Englander, *P. 1846.*

> Rufus B. Sage. — Cushing, p. 203.

Seconda Lettera di uno Ecclesiastico Torinese ad uno Ecclesiastico di Bologna. *(Assissi, 1782)*, 8º-85 pp.

> Del jesuíta chileno Diego José Fuenzalida. Véase *Lettera*, etc.

Seconda Memoria Cattolica contenente il Trionfo della Fede e Chiessa, de Monarchi e Monarchie, e della Compagnia di Gesú e sue Apologie, con losterminio de'lor nemici... *Nella nuova Stamperia camerale di Buonaria*, MDCCLXXXIII, con tute le licenze necessarie, 8º-3 vols.: I,-xvi-208 pp.; II, 220 pp.; III (1784), 164 pp.

> Impresión clandestina hecha en su propia imprenta por el autor, el jesuíta P. Andrés Febrés. Es continuación de la *Memoria cattolica*. Véase este título.

Secreto (El) de las Urnas. Folleto político de actualidad, por Themis. *Santiago de Chile, Imprenta de «La Nueva República»*, 1896, 4º-24 pp.

> Por D. Washington Allende.

Secretos (Los) del Ministerio de la Guerra Germánico, por Armgaard Karl. Traducido del inglés por M. del C. *Santiago* (sin portada, sin fecha, ni pie de imprenta), 16º-176 pp.

> Las iniciales del traductor pertenecen a Máximo del Campo.

SECRETOS raros de artes y oficios. Con real privilegio. *Madrid, Imprenta de Villalpando*, 1808, 8º menor-12 vols., todos con portada y frontis.

La edición que cito es la que lleva la indicación de cuarta, y hay otras posteriores.

Por don LUCAS ANTONIO PALACIO, originario de la América del Sur, y que después de haber servido en España en el cuerpo de Guardias de Corps, pasó a México con el empleo de oficial de las Cajas de Pachuca.

SEGUNDA carta de Un Americano al Español, sobre su número XIX. *Londres, En la imprenta de Guillemo (sic) Glindon, calle de Rupert*, 1812, 8º-200 pp. y la última, s. f., con las erratas.

De D. SERVANDO TERESA DE MIER Y NORIEGA. Véase *Carta de un Americano*, etc.

SEGUNDA y tercera parte de las poesias curiosas. Por El Capacho. *Habana*, 1822.

FRAY JOSÉ RODRÍGUEZ UCARES. — F.-C.

SEIS cartas al señor don Antonio Varas, Presidente de la Cámara de Diputados, sobre las relaciones entre la Iglesia y el Estado en Chile. Por Teofilo (en griego), 8º-81 pp.

El nombre griego oculta el de G. WILLIAMSON.

SEGUNDA Cartilla. Deberes del Guardia Nacional sorteado i en servicio esplicaciones del Reglamento de sorteos i demas de Organización i Servicios, complementarios de la Lei de 12 de Febrero de 1896 por Un Coronel de Ejército. *(Epígrafe en cuatro líneas.) Santiago de Chile, Imprenta i Encuadernación Barcelona*, 8º-96 pp.

El autor es don J. ANIBAL FRÍAS, cuya firma autógrafa va estampada al pie de la nota sobre propiedad literaria.

SEIS dias con el general Urquiza que comprenden muchas noticias sobre su persona, el esclarecimiento de hechos importantes y algunos datos sobre la situacion actual de la Provincia de Entre Rios. *Gualeguaychú*, 1850.

« Es atribuido a D. ELÍAS BEDOYA ». — ZINNY.

SELECTAE e Veteri Testamento historiae, ad usum eorum qui Latinae Linguae rudimentis imbuuntur, in Perill. S. Francisco Salesii Michaëlopolitano Collegio, PP. Congregat. Oratorij S. Philippi Nerii. Post plurimas Romanas & Venetas editiones editio secunda mexicana Curâ & sumptibus ejusdem Collegii. *Mexici, Apud D. Philippum de Zuñiga & Ontiveros*, Ann. D. MDCCLXXX, Praesidum adprobatione, 8º-234 pp.-Dos hjs. s. f.

De los documentos que se insertan al final resulta que el autor fué don BENITO DÍAZ DE GAMARRA Y DÁVALOS.

SEMANA (Una) en la Habana, por G. C. *Habana*, 1881.

GUILLERMO DEL CRISTO Y DEL CRISTO. — F.-C.

SEMANA sagrada para el culto, veneracion, y amor, de la Santisima Trinidad, de Christo Sacramentado, y Paciente, de la Santissima Virgen... Propuesta por el P. Ignacio Tomay, de la Compañia de Jesus. *Impressa en Mexico, con las licencias necesarias, por la Viuda de D. Joseph Bernardo de Hogal*, año de 1749, 12º-3 hjs. s. f.-310 pp.-5 hjs. s. f.

Hay edición de Madrid, Gabriel Ramírez, 1760, 12º-318 pp.
Ya queda dicho que bajo el nombre del P. Ignacio Tomay se ocultó el P. JOSÉ MARÍA GENOVESE.

SEMANAS (Las) de Athos y las cartas de un convencional precedidas de un prólogo del señor Justo Arteaga Alemparte. *(Epígrafe de Horacio.) Valparaiso, Imprenta del Mercurio.* 1877, 4º-viii-305 p.

Athos fué seudónimo de don JOSÉ JOAQUÍN LARRAÍN ZAÑARTU.

SENTENCIA (Una) con cuerpo de delito y sin reo, sin rey, sin ley, sin delito, sin fuero, sin tradicion, sin verdad, sin efecto. Autor (que lo firme el diablo, cuando las papas queman). *Buenos Aires, Imprenta de «El Debate»*, 1885, 8º-80 pp.

«... El autor, que no se nombraba, era bien conocido por todos, y sin temor de engañarse, puede decirse que esas páginas han salido de la pluma del General SARMIENTO» (DOMINGO FAUSTINO). — NAVARRO VIOLA.

— 228 —

Sentencia (La) de la Tercera Sala de la Corte de Apelaciones de Santiago Sobre esclusion de rejidores de la Municipalidad de Valparaiso. *Santiago de Chile, Imprenta Cervantes,* 1890, 8º-97 pp.

Por D. Miguel Varas Herrera.

Sentimientos de una alma arrepentida. Obra escrita en frances por M.ʳ B. d'Exauvillez. Traducida al español por D. T. C. Nueva edicion, *Sucre, Imprenta pública de Castillo,* 4º-Una-iii-58 y una de índice y erratas.

« Atribuída a Daniel Calvo ». — René Moreno, *Bib. Bol.,* nº 3252.

Señor (El) de Mayo o sea Memoria comentada del espantoso terremoto que asoló a la Ciudad de Santiago de Chile el lúnes 13 de Mayo de 1647. *Santiago, Imprenta de Julio Belin i Ca.,* 1852, 16º-70 pp.

Obra de D. Ramón Briseño, según él propio lo declara en su *Est. bibl.,* p. 315.

Señor. Don Alvaro Velazquez, Gouernador y Capitan General que ha sido de la Prouincia de Veragua. Pide. Que su Magestad, por sus seruicios le haga merced de vna Presidencia, o de vn Gouierno, etc. *(Madrid,* 165...), fol.-4 hjs.

Con la firma autógrafa de Antonio de León Pinelo.

Señor. Don Francisco de Valençuela, natural de Osorno, en las Prouincias de Chile, Reyno del Perù, dize Que auiendose graduado de Bachiller en Canones, en la Vniuersidad de Lima,.... *(Madrid,* 16..), fol.-6 hjs.

Por el licenciado Don Juan de Alarcón, cuya firma falta en algunos ejemplares.

Señor. Don Luis Fernãdez de Cordoua y Arze, cuya es la villa del Carpio, etc. *(Madrid,* 1631), fol.-4 hjs.

Memorial en solicitud de un titulo de marqués o conde, especialmente fundado en los servicios prestados en la gobernación de Chile. Hay segunda edición. Consta ser obra del licenciado don Francisco Barrera. Medina, *Bib. Hisp.-Chilena,* I, nºˢ 76 y 77.

SEÑOR. Don Martin de Mendoça y Berrio dize que es hijo legitimo... y sobrino del Adelantado don Gonçalo Ximenez de Quesada... Y el dicho Adelantado dõ Gõçalo Ximenez de Quesada,
su tio, fue el que conquistò, y poblò el nueuo Reyno de Granada de las Indias, como Capitan general; y despues le go-
uernò con general aprouacion. *(Madrid, 16...), fol.-18 hjs.*

Con la firma autógrafa del doctor JUAN VELÁZQUEZ.

SEÑOR. Don Pedro Esteuan de Auila Cauallero de la Orden de
Santiago, Maesse de Campo, Gouernador y Capitã general de
las Prouincias del rio de la Plata, puerto de Buenos-ayres:
Dize... *(Madrid, 1637), fol.-8 hjs.*

Con la firma autógrafa del licenciado don DIEGO ALTAMIRANO.

SEÑOR Don Pedro Esteuan de Auila Cauallero de la Orden de
Santiago, Maesse de Campo, Gouernador y Capitan general
de las Prouincias del rio de la Plata, puerto de Buenos Ayres:
Dize.... *(Madrid, 16...), fol.-8 hjs.*

Con la firma autógrafa del LICENCIADO RUIZ DE LA VEGA.

SEÑOR. Don Pedro de Zarate Verdugo, vezino de la ciudad de Li-
ma, en el Perù, y Capitan de la compañia de los cincuenta
Arcabuzes de a cauallo de la guardia de aquel Reyno: Dize...
(Madrid, 1641), fol.-7 hjs.

Lleva la firma autógrafa de ANTONIO DE LEÓN PINELO.

SEÑOR. El Cabildo, justicia, y Regimiento de la Ciudad de Meri-
da, Govierno del Espiritu Santo de la Grita, en el Nuevo Reyno
de Granada de las Indias Occidentales, informan à V. Mag.....
por estar anexa, y agregada dicha Provincia al Gouierno Ordinario, y Espiritual de vuestro Arçobispo de la Ciudad de Santa
Fè: etc. *(Madrid, 1698), fol.-4 pp. s. f.*

Con la firma autógrafa de don PEDRO XIMENO Y BOHÓRQUEZ.

SEÑOR El Capitan don Geronimo de Ribadeneira Cardona vezino
de la Prouincia de Popayan, estando en esta Corte, dize:....
(Madrid, 16...), fol.-1 hj.

Con la firma autógrafa del LICENCIADO DUARTE NAVARRO.

Señor. El Capitan D. Iazinto Pacheco vezino de la ciudad de Seuilla, dize : Que desde el año de seiscientos y veinte y quatro
sirue a V. M... *(Madrid,* 165...), fol.-4 pp. s. f.

Obra de Antonio de León Pinelo.

Señor. El Doctor Don Juan de Brizuela Cathedratico en propriedad, de Visperas de Medicina en la Real Vniversidad de Mexico, se quejó a V. M. de los agravios, que en la provission de la
Cathedra de Prima desta misma facultad havia padecido, etc.
(México, 17...), fol.-41 hjs.

Del doctor don Cristóbal de Villarreal.

Señor. El Maesse de Campo Francisco Montaño de la Cueua, re-
sidente en la Nueua Vizcaya : Dice, que el ha seruido a V.
Magestad en aquellas Prouincias de treinta años a esta parte...
(Madrid, 1638), fol.-4 pp. s. f.

Obra de Antonio de León Pinelo, cuya firma autógrafa lleva al pie.

Senor. El Procurador General de Mexico, y Philipinas, de la
Compañia de Jesvs, puesto à los pies de V. Mag. dice : Que el
dia 25 del corriente mes de Mayo se le hizo saber una Sentencia, y mandato de V. Mag. del tenor siguiente, etc. Fol.-2 hjs.
s. f.

Hay ejemplar con la firma autógrafa del Padre jesuíta Pedro Ignacio
Altamirano, según Uriarte, II, n.º 2050.

Señor (El) Saco con respecto a la revolucion de Cuba, por C. V.
Nueva York, 1852.

Por Cirilo Villaverde. — F.-C.

Señor. Estandose siguiendo autos sobre la succession del Conda-
do de Orizaba, y su Mayorazgo, entre el Exc.mo Sr. Duque de
Abrantes, y Linares, y D. Joseph Hurtado de Mendoza ; ...
(México, 1743), fol.-16 pp.

Por el licenciado don Miguel Capetillo.

✝ Señor. Haviendo dado cuenta à V. Mag. en 13 de Febrero del año de 1728, con Autos, del estrañamiento del Maestro Fray Diego Salinas, Provincial de San Agustin de esta Provincia... Fol.-57 hjs. (1725).

Subscrita por los oidores de Santiago de Chile don Juan Próspero de Solís Vango, doctor don Francisco Sánchez de Barreda y don Martín de Recabarren.

Señor. La Ciudad de Mexico, à los Reales pies de V. Mag. con el mas profundo rendimiento, dice : Que en gloriosa plausible memoria de haberse ganado la Ciudad, y Reyno en el dia de San Hypolito Martyr... (Madrid, 1735), fol.-7 pp. s. f. y final para la suma.

Con la firma autógrafa de don Francisco González de Cosío.

Señor. La ciudad de Panamà, puesta à los pies de V. Magestad, dice : Que hallandose, en animo de nombrar Comissarios... (Madrid, 1739), fol.-4 hjs. s. f. (Sobre reedificacion de la ciudad.)

Obra de Lorenzo de la Mar Livarona.

Señor. La Civdad de la Trinidad, Puerto de Santa-Maria de Buenos-ayres, Gouernacion del Rio de la Plata Svplica a V. M. se sirua de concederle permission para nauegar por aquel Puerto los frutos de su cosecha a Seuilla, Brasil y Angola, en tres nauios de a cien toneladas... (Madrid, 1623), fol.-14 hjs.

La suscribe con su firma autógrafa Antonio de León Pinelo.

Señor. La Nobilissima Ciudad de Mexico à los Reales pies de V. Mag. con el mas profundo rendimiento, dice : Que siendo de su principalissima obligacion la defensa del Comun y Vassallos de V. Mag... (Madrid, 1738), fol.-7 pp. s. f. y final con la suma.

Lleva la firma autógrafa de don Francisco González de Cosío.

Señor. La Nobilissima, Insigne, y Leal Ciudad de Mexico, à los Reales pies de V. Mag. con el mas profundo rendimiento, dice :

Que aunque se establecieron Ordenanzas para el Govierno Politico... *(Madrid,* 1740), fol.-7 pp. s. f. y final para la suma.

Con la firma autógrafa de don Francisco González de Cosío.

Señor. La Nobilissima, Insigne, y Leal Ciudad de Mexico, à los
Reales pies de V. Mag. con el mas profundo rendimiento, dice :
Que por propio atributo de la Catholica Diadema, etc. *(Ma-
drid,* 1740), fol.-3 pp. s. f. y final para la suma.

Subscrita con firma autógrafa por don Francisco González de Cosío.

Señor. La Prouincia de Tucuman en las Indias dista de la villa
de Potosi, y ciudad de la Plata en el Peru trezientas leguas...
(Madrid, 1624), fol.-6 hjs.

Memorial con la firma autógrafa de Paulo Núñez Victoria, en que
pide la prorrogación de las encomiendas de indios.

Señor. Las Provincias de Nueva-España, y Philipinas, sus Colegios, y Missiones de Californias, puestas à los pies de V. Mag.
con el mayor rendimiento dicen : Que los Juezes Hacedores de
Diezmos del Arzobispado de Mexico, por el passado año de
1733... Fol.-2 hjs. s. f.

Del padre jesuíta Pedro Ignacio Altamirano. — Uriarte, II, nº 2054.

Señor. Los Procuradores Generales de las Ordenes de Santo Domingo, S. Francisco, S. Agustín y las demas religiones que
exercen las doctrinas en la Nueva España, suplican a V. M. se
sirua de mandar suspender la cedula despachada en 22. de Julio
de 1624... *(Madrid,* 165..), fol.-24 hjs.

Lleva al pie la firma autógrafa del licenciado Baltasar Zurita de Velasco.

Señor. Las Religiones de Santo Domingo, San Frãcisco. San
Agustin, y Nuestra Señora de la Merced, y la Compañía de
Iesus de la Nueua España, grauissimamente ofendidas del Obis-
po de la Puebla... Fol.-16 hjs.

Del jesuíta P. Julián de Pedraza. — Uriarte, II, nº 2055.

Señor. Las Religiones de santo Domingo, san Francisco, san Agustin, la Compañia de Iesus, y de la Merced, y otras, que ay en las Prouincias de las Indias, assi en la de la Nueua España, como en las del Pirù, y Prouincia de Quito. Dizen... Fol.- 7 pp.

Hay ejemplares con las firmas originales de El Licenciado don MIGUEL DE MONSALVE y JULIÁN DE PEDRAZA. — URIARTE, II, n? 2056.

Señor. Las Religiones de santo Domingo, san Francisco, san Agustin, y la Compañia de Iesus de la Nueua España, en prosecucion de la defensa de su honor, que por introduccion de diferentes causas ha pretendido vulnerar en todos los Tribunales, Don Iuã de Palafox, Obispo de la Puebla de los Angeles... (De 1654.) Fol.-9 hjs.

Del P. JULIÁN DE PEDRAZA. — URIARTE, II, n? 2057.

Señor. Las Religiones de Sãto Domingo, S. Frãcisco, S. Agustin, y la Cõpañia de Iesus de la Nueua España, postradas à los pies de V. Magestad, disculpãdose en lo molesto de las repetidas quexas, con la causa de sus sentimientos, por los agrauios q̃ del Obispo de la Puebla recibẽ. Dizen... Fol.-11 hjs.

Del P. JULIÁN DE PEDRAZA, según URIARTE, II, n? 2058.

Señor. Las Religiones Mendicantes y Monacales destos Reynos, en nombre de sus casas y coñentos de las prouincias de las Indias Occidentales dizen, que en principios deste año de seyscientos y onze se hizo relaciõ a V. Magestad por parte de algunas iglesias de las dichas Indias... Fol.-6 hjs. s. f. (Hay ejemplares en los que se lee «cõuentos».)

Por el padre jesuíta PEDRO DE CARVAJAL, según URIARTE, II, n? 2059.

Señor. Por la informacion que ha embiado a V. M. el Padre Luys de Valdiuia hecha ante el Gouernador y Corregidor de la ciudad de la Concepcion en el Reyno de Chile, y por la relaciõ impresa que se ha dado a V. M. de lo sucedido en el despues que llegò dicho Padre Valdiuia. Se entendera el estado en que hallo aquel Reyno... Fol.-5 hjs. (Madrid, 1615.)

Obra del padre jesuíta GASPAR SOBRINO.

Señora (La) Rosario Fernandez Concha y sus obras. *Santiago de Chile, Imprenta y Encuadernacion « Chile »*, 1913, 4º-150 pp. y 1 s. f. — Retrato.

Subscrito con las iniciales P. B. G., que corresponden a don Pedro Belisario Gálvez.

Sepa el Reyno, y el Mundo sepa (y oxala lo ignoràra por no verificarse) que en la Aucencia, que hace el Exmo. Sr. Conde de Castillejo a la Corte de Madrid, etc. *(Lima*, 1787), 4º-4 pp. s. f.

Las iniciales D. Y. E. con que aparece subscrito pertenecen a don Ignacio Escandón.

Septenario de suplicas a San José esposo de Maria para alcanzar de Dios por la intercesion de ambos siete virtudes Para ofrecertelo obtuvo licencia Fr. P. N. Z. h. del Ord. Seráfico. *Santiago, Imprenta Victoria*, 1886, 16º-34 pp.

Lay iniciales son de Fray Pedro Nolasco Zárate.

Septenario deuoto, provechoso exercicio para hazer bvena confession, a imitacion de Santa Maria Magdalena, Abogada de pecadores. Dispvesto Por vn Sacerdote de la Cassa, y Congregacion del Glorioso Patriarcha San Felipe Neri, de esta Ciudad, y devoto de la Santa. *Con licencia en Mexico, por Francisco de Ribera Calderon*, año de 1710, 8º-25 hjs. s. f.

Fué el autor don Francisco Vega y Mendoza, natural de México.

Sepulcros (Los). Escristos *(sic)* por Mr. Hervey parroco ingles, traducidos del frances por el abate Roman Leñoguri. Nuevamente añadido. *Mexico, Reimpresos en la Oficina de Doña Maria Fernandez de Jauregui..*, año de 1810, 8º-8 pp.-119-133.

No conozco la edición príncipe, que debe ser de 1808. Hay también tercera, por Zúñiga y Ontiveros, de 1811.
Román Leñoguri es anagrama de Manuel (María) Gorriño.

Sequel of letters writen by a Peruvian Princess. *Dublin*, 1749.

F. d'Issembourg d'Happoncourt. — Cushing, p. 119.

SERENAMENTE versos por Fernando Mirto. *(Valparaiso* 1923), 8º
Imprenta y Libreria « Andrés Bello », 38 pp. y una s. f. — El
título y pie de imprenta en la cubierta de color.

Fernando Mirto es seudónimo de CAUPOLICÁN MONTALDO.

SERMON de accion de gracias por el feliz restablecimiento del S.
Jeneral D. Manuel Y. Belzu, Presidente constitucional de Bolivia &. Predicado en la misa, que por beneficio tanto, se celebró en la Catedral de la Paz, el 28 de Octubre de 1850. F. R. S.
(Epígrafe en dos líneas.) Imprenta Paceña, 4º-8 pp.

> Atribuído al misionero apostólico FRAY RAMÓN SANZ. — RENÉ MORENO,
> nº 3262.

SERMON que se predicó, del Glorioso San Estévan Protomartir, en
la Matriz de esta Ciudad de Chile el 26 de diciembre de 1837.
(Al fin :) 1838, *Imprenta de la Opinion*, 4º-8 pp. En la última,
soneto al autor por un amigo suyo.

> Lleva al pie del texto la firma del autor : JOSÉ RAMÍREZ DE ARELLANO.

SERMONES varios, predicados en la Civdad de Lima del Reyno del
Perù, por vn Orador estimado, bien oido, y aplaudido de los
mejores ingenios de aquel Reyno. Sacalos a lvz Don Melchor
de Mosqvera,... Año de 1678. *En Zaragoza, Por los Herederos
de Iuan de Ybar*, 4º-Tres hjs. s. f.-425 pp. a dos col.-11 hjs.
s. f.

> Atribuídos por Torres Saldamando al jesuíta limeño P. MARTÍN DE
> JÁUREGUI.—URIARTE, II, nº 2078, los cree obra del P. JOSÉ DE BUENDÍA.

SEUL ! Par X.-B. Saintine... *Paris, Librairie de L. Hachette et
Cⁱᵉ*, 1857, 12º

> La segunda edición es de la misma procedencia, 1858, 12º-4-484 pp.
> Hay versión inglesa. Véase bajo el nombre de *Solitary*.
> El libro es relación de la vida de Alejandro Selkirk, el marinero de
> la escuadra de Anson que quedó en una de las islas de Juan Fernández.
> X.-B. Saintine es seudónimo de JOSEPH XAVIER BONIFACE. — SABIN,
> XVIII, nº 75.543.

Severo Perpena. Artículos políticos de La Libertad Electoral. 1886. *Santiago, Imprenta de La Libertad Electoral, 1887, 4º-148 pp.*

Severo Perpena oculta el nombre de José Francisco Vergara.

Short (A) addres to the Government, the merchants, manufacturers, and the colonists in America, and the Sugar Islands, on the present state of affairs. By a Member of Parliament. *London, 1849.*

Por Anthony Bacon. — Cushing, p. 97.

Short (A) history of Chile by Feliko. *Valparaiso, 1921, 8º-40 pp.*

Feliko oculta el nombre de don Luis Feliú.

Siemprevivas esparcidas por un discípulo sobre el sepulcro del educacionista Frai Juan Grande, maestro de tres generaciones en Santiago del Estero. *(Epígrafe de los Salmos.) Buenos Aires, Imprenta Europea, 1882, 4º-iv-56 pp.*-Retrato y firma autógrafa de Grande.

Homenaje de D. Angel Justiniano Carranza, que contiene artículos de varios, la Oración funebre del presbítero Olegario Hernández y una carta de Carranza a un su antiguo condiscípulo.

« Siete de Enero » — Drama en cinco actos sobre episodios de la Revolucion de 1891. Valparaiso-Chile. Precio un peso. *Valparaiso,. Imprenta y Litografía Inglesa, 1892, 8º-92 pp.*

Fué el autor Francisco Caballero.

Siete (Las) Palabras que habló Jesu-Christo, Nuestro Redentor, pendiente de la Cruz, en las tres Horas de su Agonía : Exercicio devoto, y modo de ocupar santamente las tres Horas de la Agonía de nuestro Salvador, empleandolas en piadosas Meditaciones, tiernos Cánticos, y Oraciones fervorosas, segun se practíca en algunas Iglesias el dia de Viérnes Santo. *Madrid, MDCCXCIII, En la Oficina de Aznar, Con las licencias necesarias, 8º-103 pp.*

En el prólogo se advierte ya que es obra del jesuíta (del Perú) Alonso Mesía Bedoya.

Siglo (El) de Oro, padron inmortal. Que a las reverentes suplicas de la Devocion Española... levantó a la Concepcion Inmaculada, La Santidad de Clemente XIII. Y describia en dos Cantos Hendecasylabos... El B. Jvlian Sepeda Haroca. *Puebla de los Angeles, Impresso en el Colegio Real de San Ignacio,* 1763, 4°-Tres hjs. s. f.-13 pp.

«Son dos cantos endecasílabos y se publicaron bajo el nombre del Br. Julian Sepeda Haroca, que es un anagrama de José Lucas Anaya.» — Beristain.

Sigue la danza. *(Al final:) Santiago, Imprenta de Julio Belin i Cᵃ.*, abril 30, 1853-fol., 16 pp. a dos cols.

De D. Domingo Faustino Sarmiento, que lo anunció ya al terminar su otro folleto, también contra Alberdi, intitulado *I va de zambra.*

Silabario (El) moderno para la enseñanza simultánea de la lectura y escritura. *Tipografía Pontificia de B. Herder, Friburgo de Brisgovia (Alemania)*, 1909, 8°-i-58 pp. y tres s. f.

Obra de Ana Luisa Prats Bello.
Vaïsse, *Bib. de D. Andrés Bello*, etc., p. 99, cita otra edición de allí mismo, de 65 pp. en 16°-de 1914.

Si la envidia fuera tiña ¡ quantos tiñosos hubiera ! P. D. J. F. de L. Diálogo entre Bayoletas y el Tio Carando. *(Al fin:) Con licencia, En la Oficina de Don Mariano de Zuñiga y Ontiveros*, año de 1812, 8°-8 pp. — En verso.

Las iniciales son de Don Joaquín Fernández de Lizardi.

Silvos, con qve el Pastor Divino avisa a todos los Sacerdotes, Padres, y Ministros de su Iglesia, y Pastores de su Rebaño. las graves obligaciones de tan alto ministerio, para que atendidas continuamente, aspiren siempre à mas perfecta vida, y costumbres en el camino de la virtud... *En Mexico, por Juan de Ribera...*, año de 1682, 8°-29 pp.

Hay también ediciones mexicanas de 1683 y 1696.
Obra del franciscano Fray José Ledesma.

«Sin odios». Coleccion de artículos políticos publicados en el periódico «La Campana» de Corrientes, escritos por J. E. T. *Buenos Aires, 1876.*

Las iniciales son de Juan Eusebio Torrent. — Zinny.

Sinceras demostraciones de jubilo, con que el Real y Pontificio Seminario Palafoxiano de S. Pedro y S. Juan de la Ciudad de la Puebla de los Angeles en la America Septentrional, concurrió à celebrar la solemne Proclamacion de nuestro Augusto Soberano el Señor Don Fernando VII de Borbon... *Mexico, Imprenta de Arizpe, (1808),* fol.-Ocho pp. s. f. y 26 foliadas.

Consta del prólogo que «el encargado de las piezas literarias del arco triunfal y la especie del baluarte en que se colocó la orquesta de la música, fué nuestro benemérito antiguo el R. P. don José Mariano Rivera Salazar, del Oratorio de San Felipe Neri, y uno de los alumnos que han dado más lustre a esta Casa».

Sintaxis latina, arreglada segun la de Lhomond y otros autores para el uso de la juventud de esta siempre fidelísima ciudad. Por B. M. de S. M., profesor de Humanidades. *Habana, 1832. Impr. Fraternal, 1832,* 12º-Dos s. f.-126-pp.-una s. f.

Las iniciales se traducen por Blas M. de San Millán.

Sistema métrico decimal escrito por J. A. 2º E. Aprobado por la Universidad como texto de enseñanza para los colejios, establecimiento Normal i escuelas modelos de la República. *Santiago, Imprenta del Ferrocarril, 1856,* 4º-98 pp. y 2 s. f.

Las iniciales corresponden a José Agustín 2º Espinosa.

Sitio y socorro de Fventerabia y svcesos del año de mil y seiscientos y treinta y ocho. Escritos de orden de Sv Magestad, *En Madrid, con Licencia en la Imprenta de Catª del barrio,* Ano *(sic)* 1. 6. 3. 9.-Fol.-Una hj.-450 pp.

Primera edición.

Obra de don Juan de Palafox y Mendoza, obispo que fué de la Puebla de los Angeles, virrey interino de México, y después obispo de Osma en España.

— 239 —

SITUACION de la guerra de Cuba, por Un Soldado. *New York*, 1872.

RICARDO ESTEVAN. — F.-C.

SIX months in the Wests Indies in 1825. Second edition, with additions. *London, John Murray*, 1826, 8º-4 pp. s. f.-238 y un mapa.

Por H. N. COLERIDGE.

SIXTEEN years in Chile and Peru from 1822 to 1839. By the retired Governor of Juan Fernandez. *(Epígrafe en verso, de ocho líneas.) Fisher, Son, and Cº, Newgate Street, London;* Rue St. Honoré, *Paris,* 8º mayor—xii-563 pp. y 10 láminas, incluso el mapa de una parte de Chile.

La referencia al que fué Gobernador de Juan Fernández, nos permite señalar el autor, TOMÁS SUTCLIFFE, quien, a mayor abundamiento, estampa su firma autógrafa al pie de la dedicatoria.

SIX weeks in South America, by E. H. S. *London,* 1850, 8º-154 pp.

EDWARD HENRY SMITH, Lord Stanley. — HALKETT Y LAING. — CUSHING, p. 256.

SKETCH (A) of Chile, expressly prepared for the use of emigrants from the United States and Europe to that country, with a map and several papers relating to the present war between that country and Spain and the position assumed by the United States therein, by Daniel S. Hunter. *New York*, 1866, 4º

Obra, en realidad, de D. BENJAMÍN VICUÑA MACKENNA, según él propio lo declara en nota a la cita de ese libro en la página 607 del *Catálogo Beeche.*

SKETCHES ot the Campaign in Northern Mexico, in 1846-7, *by* an Officer of the First Regiment of Ohio Volunteers. *New York,* 1853, 12º

Por L. GODDINGS. — SABIN, VII. nº 27.330 ; CUSHING, p. 209, trae GIDDINGS.

Sobran y faltan y no están cabales. *(Al fin:) Imprenta de Ariz-pe*, 1812, con licencia, 8º-8 pp. — En verso

De don Joaquín Fernández de Lizardi.

Sobre un escrito titulado Causa seguida al D. D. J. C. Argomedo &c. Num. 1º Por J. C. *(Al fin:) Imprenta de la Independencia (Casa de Expósitos), (Santiago de Chile)*, 4º-Sin fecha (1825), número 2.-pp. 27-52.

Obra de Joaquín Campino, según se desprende de los documentos que figuran en el folleto.

Sobre las primeras emisiones de tarjetas postales de Chile. *Sin designs.* de l. n. a.-4º-7 pp.

Subscrito por M. de Lara, seudónimo de Ramón A. Laval. Valga esta noticia para los dos números siguientes. Se publicó también en *An. Soc. Fil. de Ch.*, t. V, pp. 79-85, y se comentó encomiásticamente, haciendo un extracto del folleto en *L'Union Postale Universelle*, órgano de la Oficina Internacional de la Unión Postal Universal de Correos, que se publica en Berna en tres idiomas, t. XXV, número 7 de 1º de julio de 1900, artículo que reprodujo *El Mercurio* de Valparaiso, en número de agosto de 1906.

Sobre los timbres de inutilización e indicadores de multas y otras marcas usadas por el Correo de Chile, por M. de Lara. *Santiago, Imp. y Enc. Barcelona*, 1897,-4º-75-dos pp. y una lámina fuera de texto.

Tirada aparte de 16 ejemplares numerados de un estudio del mismo título que apareció en los *An. Soc. Fil., Sant.*, t. III, pp. 17-87.

Sobre una falsificación de los sellos de multa de Chile, emisiones de 1895 y 1897 ; y del tránsito a mejor vida de las estampillas para multar correspondencia del mismo país. (Trabajo leído en la sesión celebrada el 29 de Junio de 1899 por la Sociedad Filatélica de Chile y mandado publicar en los *Anales* de la Institución por acuerdo del Directorio). Por M. de Lara. (Tirada de 20 ejemplares.) Sin desig. de l., n. a.-4º-11 pp.

Se publicó también en los *An. Soc. Fil. de Ch.*, t. V, pp. 59-69.

SOCIEDAD del Canal de Maipo. — Antecedentes i documentos de
la Apertura del Canal. Formacion i progresos de la Sociedad
de este nombre. *Santiago, Imprenta del Correo, enero de 1859,*
8-vi-i hj. s. f.-163 pp.

Obra del doctor D. JOSÉ GABRIEL PALMA.

SOCIEDAD (La) Moderna o los errores del siglo por J. R. *San
Felipe, Imprenta de «El Censor»,* diciembre, 1881, 8? me-
nor-54 pp. y una s. f. — El título de la cubierta en color.

Las iniciales corresponden a JUAN RUIZ.

SOCIO (El) de plebe pauperum. *Quito, Imprenta de la Universidad,*
1843, 4?-20 pp. y 1 de erratas.

Subscrito por « Un católico ecuatoriano », que fué fray JOSÉ BRAVO.

SOLEDAD (La) christiana, en que a la luz del Cielo se consideran
las eternas verdades, segun la idea de los Exercicios Espirituales de mi Santo Padre Ignacio, para los que deseen por
ocho dias retirarse a ellos. Dispvesta por el P. Ignacio Tomay, de la Compañia de Jesus... *Impressa en Mexico, con las
licencias necesarias, por la Viuda de D. Joseph Bernardo de
Hogal,* año de 1752, 12?-Una hj.-lámina-524 pp. y 4 s. f.

Hay edición de Puebla de los Angeles, 1791 ; y México, 1792.
Tomay es seudónimo de GENOVESE (P. JOSÉ MARÍA).

SOLEMNE accion de gracias que tributaron al Todo-Poderoso en
la Metropolitana de Mexico los Caballeros de la Real y Dis-
tinguida Orden Española de Carlos III, en el dia de su Inmaculada Patrona, por la instalacion de la Soberana Junta
de Gobierno de España y de sus Indias. *En la Oficina de
Doña Maria Fernandez de Jauregui, Mexico,* año de 1809,
4?-Una p. s. f.-lii-47-una hj. s. f.

La *Oracion panegirica* lleva en la portada el nombre de su autor, don
JOSÉ MARIANO BERISTAÍN Y SOUSA, que lo fué también, a no dudarlo, de
la introducción.

SOLEMNIDAD funebre y exeqvias a la mverte del Catolico Av-
gvstissimo Rey D. Felipe Qvarto el Grande N. S. que cele-

bro en la Iglesia Metropolitana la Real Avdiencia de Lima...
En la Imprenta de Ivan de Quevedo, año de 1666, 4°. — Frontis grabado, port., dos hjs. s. f.-108 hjs.

De don Diego de León Pinelo, sin las poesías castellanas y latinas, y el Sermón de don Juan Santoyo de Palma.

Solitary (The) of Juan Fernandez ; or, the Real Robinson Crusoe.. By the author of Picciola. Translated from the French by Anne T. Wilbur. *Boston, Ticknor, Reed, and Fields*, MDCCCLI, 12°-vii-141 pp.

Véase *Seul!* donde se expresa que el autor fué Joseph Xavier Boniface.

Solucion de la Real, y Pontificia Vniversidad de Mexico. A catorce preguntas Hechas a su Claustro, por los Reverendos Padres Bethlemitas del Convento de Nuestra Señora de Bethlen, y S. Francisco Xavier en dicha Ciudad, para la mayor seguridad de sus conciencias. *Con licencia, En Mexico, por la Viuda de Miguel de Ribera Calderon*, en el Empedradillo, año de 1708, fol.-Una hj. s. f.-15 foliadas.

Por el franciscano Fray Andrés de Borda, catedrático de Scoto en la Universidad.

Solutae Orationis Fragmenta. Con licencia del Excellen.ᵐᵒ Señor Marques de Cerraluo, Virrey de Nueva España, fecha en 11 de Agosto de 1632. Con aprobacion dada del Padre Guillermo de los Rios de la Compañia de Iesvs. *En Mexico, En la Imprenta de la Viuda de Bernardo Calderon*, año de 1641. Por Pedro de Quiñones. *(Al fin:)* Cum licentia, partim per Didacum Gutierrez, Apud Viduam Bernardi Calderon, 8°-52 hjs.

Obra cuya enumeración falta en mi *Imprenta en México*, y que el P. Uriarte, de quien tomo la cita, atribuye al jesuíta P. Tomás González. Según esto, es probable que sea también de este autor el libro de un título análogo impreso igualmente en México por Francisco Salvago, en 1632.

Sombra (La) de Ayala. *Santiago, Imprenta del « Independiente »*, 1868, 8°-30 pp.

Obra de D. Zorobabel Rodríguez y enderezada contra D. Manuel Montt y su gobierno.

Sombra (La) inquieta. Fragmentos del Diario íntimo de Alone. Segunda Edicion. *Imprenta Universitaria*, 1916, 8º-245 pp. y 2 s. f.

Alone es seudónimo de Hernán Díaz Arrieta.

Some considerations on the depressed state of the British West India colonies, their claim on the government for relief, by a West Indian. *London*, 1823.

Sir Simon Hougton Clarke. — Cushing, p. 154.

Some observations made upon the Mexico seeds, imported from the Indies : shewing their wonderful virtue against worms in the bodies of men, women and children. Written by a countrey physitian to Dr. Burwell, president of the College of Physitians in London. *London*, 1695, 4º-7 pp.

Por John Pechey. — Halkett y Laing.

Sonetos amorosos escritos en su juventud por el Varon Tugaso. 16º-55 pp. — Sin fecha ni lugar de impresión, pero de Santiago. — Carece de portada, que está reemplazada por la tapa en color, la que, además del título, muestra una lámina con una pareja besándose.

El seudónimo pertenece a Gustavo Mora.

Soplamocos literario. Al Editor, o Editores de La Balanza, por el Licenciado Matabalanzas. *Quito, Imprenta de la Universidad*, 1840, 4º-8 pp. y 1 s. f. de erratas.

De la pluma de Fray Vicente Solano, e inserto en las pp. 116-124 del tomo II de sus *Obras*.

Soplos en defensa de la Concepcion de Nuestra Señora contra algunos atomos que se han levantado y opuesto al Sol de la verdad. Por Fr. Pedro de la Concepcion. *Valionae*, 1661, 8º- Primera edición.

Antonio, *Bibl. Hisp. nova*, II, p. 168, nos dice que fué obra de Fr. Pedro de Alva y Astorga, *sub nomine Petri a Conceptione*.

South America. A letter on the present state of that country, addressed to James Monroe, President of the United States. By An American. *(Epígrafe de Pope). London*, Reprinted, from the Washington Edition of 1817, by Hay and Turner. *Published by J. Ridgway and J. Booth*, 1818, 4º-72 pp.

Por Henry M. Brackenridge. — Cushing, p. 13.
Algo más podemos decir nosotros. El folleto de que se trata se insertó en *The Pamphleteer*, vol. XIII, London, 1818, 4º-p. 35-83, con el título de *North American Pamphlet on South American Affairs*, London, 1818, con un Preface en que se da el nombre de Brackenridge como el autor. En cuanto a la edición príncipe, lleva el mismo título apuntado y por pie de imprenta : Washington, Printed and published, at the office of the National Register-October 15, 1817, 8º
En la p. 375 del tomo I de *La Abeja Argentina*, Buenos Aires, 1822, 4º, se hace una dura crítica del libro entero del viajero norteamericano, tildándole de « persona corrompida », y a su obra de « publicación miserable », que vació en ella « cuanta espécie le sugirió un partido astuto .. ».

Spain and Cuba. The Geneva pamphlet on the relations between Spain and Cuba, preceded by an explanation of the interest which the American people have in the solution of the Cuban difficulty. Geneva. February 8, 1876. *New York, D. Appleton and company*, 1876, 8º-40 pp.-« Explanation », pp. 3-12.

Obra de José Silverio Jorrín y Bramosio, publicada originalmente en castellano. Véase *España y Cuba*.

Spain, Cuba, and the United States. Recognition and the Monroe doctrine. By Americus. *(Epígrafe.) New York, Printed by C. A. Alvord*, 1870, 8º-34 pp.

Obra de Vine Wright Kingsley. — Pérez, nº 70.
Contra el reconocimiento de la beligerancia de los cubanos.

Spanish (The) empire in America. Containing a succint relation of the discovery and settlement of its several colonies; a view of their respective situations, extent, commodities, trade, &c. And a full and clear account of the commerce with Old Spain by the galleons, flota, &c. Also of the contraband trade with the English, Dutch, French, Danes, and Portuguese. With an exact description of Paraguay. By an English merchant. *London,* 1747, 8º-viii-4-330 pp.

Por JOHN CAMPBELL. — HALKETT Y LAING.

SABIN, III, nº 10.240, quien observa que es la misma obra, con diverso título, que la *Compleat History,* ya descrita. Cita, asímismo, una traducción alemana, *Sorau,* 1763, 4º

SPOSIZIONE letterale delle notizie aneddote giustificative della condotta de MM. RR. PP. Gesuiti nel Paraguai e nel Portogallo. *Barcellona,* anno 1759, 8º

Del P. ALFONSO NICOLINI, « lucchese ». — MELZI, III, 93.

STATISTICAL (A), commercial, and political description of Venezuela, Trinidad, Margarita and Tobago : containing various Anecdotes and Observations, illustrative of the past and present state of these interesting Countries ; from the French of M. Lavaysse ; with and Introduction and explanatory Notes, by the Editor. *London, G. and W. B. Whittaker,* 1820, 8º-xxxix-479 pp. y mapa.

Traductor y editor ; EDWARD BLAQUIERE, con cuyo nombre salió la edición hecha allí mismo en el año siguiente.

STELLA. *Buenos Aires,* 1905, 8º — A la cabeza de la portada, el nombre del autor : César Duayen. — Edicion de la Biblioteca de « La Nacion ». — 329 pp., incluyendo el Prólogo de José Luis Murature.

El nombre del autor oculta el de EMA DE LA BARRA.

STORIA dell'America di Guglielmo Robertson, traduzione dall'inglese. *Pisa, Pieraccini,* 4º. 2 vols., con retrato y carta geográfica.

« Las iniciales A. E. que se ven al pie de la carta dedicatoria significan ANGELO ERIZZO, gentilhombre veneciano, traductor de esta *Historia,* hecha imprimir por Monseñor Fabbroni en su imprenta particular. » — MELZI, III, 104.

Storia degli stabilimenti europei in America, divisa in sei parti... tradotta in Italiano della seconda edizione inglese. *Venezia, Antonio Graziosi, e Angiolo Pasinello,* M DCC LXIII, 8º-2 vols. con xvi-368 pp. ; 368 pp. y 3 mapas.

Traducción de la obra de Edmund Burke, anotada más atrás. Sabin, III, nº 9289.

Storia dell'America, in continuazione del Compendio della Storia universale del signor conte di Segur. Opera originale italiana. *Milano, Società tipografica de'Classici italiani,* 1820-23, 28 tomos en 12º

Con láminas y un volumen de Indice, adornado de un frontis en que se puso el nombre del autor : « el caballero Giuseppe Compagnoni ». — Melzi.

Storia de la vita, virtú, doni, e grazie della Venerabile Serva di Dio Suor Maria di Gesù Monaca Professa nel Ven. Monistero della Concezione di Angelopoli nelle Indie Occidentali... *In Roma, per Antonio de'Rossi...,* MDCCXXIX..., 4º mayor. — Once hjs. s. f.-dos láminas-324 pp.-dos pp. s. f.

Téngola por obra de Fray Giuseppe della Madre di Dio, que subscribe la dedicatoria.

Storia della vita, virtú, doni, e grazie del Venerabile Servo di Dio P. F. Pietro di S. Giuseppe Betancur fondatore dell'Ordine Betlemitico nelle Indie Occidentali Cavata da'Processi Ordinarij fatti per la sua Beatificazione. Dedicata alla Real Maestá di D. Carlo Borbon Re delle Due Sicilie. *(Estampa.) In Roma, per Antonio de'Rossi,* 1739, 4º mayor. — Doce hjs. prles. s. f.-332 pp. y 35 pp. s. f. para el índice y erratas.

De Fray Giuseppe della Madre di Dio.

Storia generale de'viaggi. *Venezia,* 1751 y sigts.-3o vols. en 8º

« En las *Novelle della Rep. delle lett.* (del año 1751, p. 281) se dice que esta traducción del francés es obra del C. Gaspare Gozzi ; y será una de aquellas que, como escribe en su *Vita* Gherardini, aquel ilustre escritor producía al correr de la pluma, para atender al sostén de su familia, abatiéndose en algún caso hasta concertarse con los libreros a venderles sus producciones por un ducado de plata y aun menos, la hoja. — MELZI, III, p. 110.

STORIES of the Spanish Conquerors in America. Designed for the use of Children... *Boston, Leonard C. Bowles*, 1830, 4? — 3 vols. : 237 pp. ; 222 (2) pp. ; 182 pp. — Grabados.

Por E. SEDGWICK. — SABIN, XIX, n? 7817.

STRANGER (The) in the Tropics : being a handbook for Havana and Guide Book for Travellers in Cuba, Puerto Rico and St. Tomas. With Descriptions of the Principal Objects of Interest, suggestions to invalids. (By a Physician.) Hints for tours and general directions for travellers. Illustrated. *New York, American News Company*, 1868, 12?-194 pp.

A la vuelta de la portada, la anotación de la propiedad literaria a nombre de C. D. TYNG, a quien también lo atribuye CUSHING, *Anonyms*, p. 650.

STRICTURES on a voyage to South America. By a Friend of Truth and Sound Policy. *Baltimore*, 1820.

HENRY M. BRACKENRIDGE. — CUSHING, p. 107.

SUCESOS (Los) de Cienfuegos, por un español incondicional. *New York*, 1897.

SANTIAGO BARROETA SCHEIDNAGEL. — F.-C.

SUCESOS de la Cordillera. *(Al fin :) Imprenta i Litografía del Estado.*-fol.-4 pp.

« Relacion del paso de los Andes por los restos del ejército de La-Madrid. » — Obra de DOMINGO F. SARMIENTO. — MONTT, *Obras de D. F. Sarmiento*, t. I, Santiago, 1887, 4°, p. xvi.

SUCINTA descripcion de uno de los terremotos... de Santiago de Cuba, por M. Razvael. *Madrid*, 1852.

Anagrama de M. ALVAREZ. — F.-C.

Südamerika wie es war und wie es jetzt ist; oder Ursprung und Fortgang de Revolution daselbst bis 1819. *Leipzig, Rein,* 1820, 8°.

Llamábase el autor Gottfried Wilhelm Becker. — Sabin, n? 4245.

Sueños hay que verdades son, por Claro Sans-Souci. *Habana,* 1820.

José María de Peñalver. — F.-C.

Sul Sistema della Tolleranza... Edizione Seconda A cui si premette la Lettera Pastorale del medesimo Monsig. Vescovo di Konigsgratz. *In Asisi, Per Ottavio Sgariglia,* 1783, 8?-84 pp.

Del ex jesuíta mexicano P. Manuel Mariano Iturriaga, con cuyo nombre apareció en la portada la edición de Roma, 1785, 8? Reproducida en las pp. 3-60 del tomo III de las *Operette* del ex jesuíta Manuel Mariano Iturriaga, y, aun sin tal demostración de que era obra suya, él propio la reconoció como tal en su *Sistema della Tolleranza,* al defenderla de los ataques que le hizo el P. José Casanovas en su *Esame critico del libro intitolato Lettera...,* Venezia, 1784, 8°.

Sulla Esenzione dei Regolari Dalla Giurisdizione dei Vescovi e sulle Cause Matrimoniali Lettera Indirizzata a Monsignor Giambatista di Pergen Vescovo di Mantova da Monsig. Vescovo di*** *In Asisi,* MDCCLXXXIV, *Per Ottavio Sgariglia,* 8?-96 pp. y dos s. f.

Del ex jesuíta mexicano P. Manuel Mariano Iturriaga.

Sumario de las indulgencias Concedidas por la Santa Sede Apostolica a las Cofradias Canonicamente erigidas, y que huvieren de erigirse debajo del Titulo de Santa Maria de la Merced... *(México,* 17.), 8?-30 pp. s. f.

De fray Antonio Vidaurri, que subscribe la dedicatoria.

Sumario de los instrvmentos qve ha remitido al R. P. Procurador General de Indias en esta Corte el M. R. P. Provincial de

la Provincia de Michoacan, del Orden de N. P. S. Francisco... *(Madrid,* 173...)*,* fol. -16 hjs.

El autor fué FRAY FRANCISCO DE CONTRERAS.

SUPLEMENTO a la Aurora Poética de don Robustiano Vera, o sea
Apolojía de los Injenios que aquel autor se dejó en el tintero.
Por nueve o diez de sus admiradores. *(Epígrafe de Villergas.)*
Imprenta Chilena, 1863, 4º-72 pp.

Subscrita al final por El Licenciado don Francisco de Quiñones, seudónimo de D. EDUARDO DE LA BARRA.

Tomaron también parte en la composición de la obra BENJAMÍN GAE-
TE, ENRIQUE DEL SOLAR, JOSÉ MARÍA ALVEAR, CARLOS WALKER MARTÍNEZ.
PALMA, *Bibl. de Don Eduardo de la Barra Lastarria,* nº 28.

La obra de Vera a que se refiere esta parodia se intitula :
— *Aurora Poética. Ensayos críticos de algunos jóvenes chilenos por
Robustiano Vera,* Santiago de Chile, Imprenta Nacional, 1863, 4º-118 pp.

SUPPLEMENTI alle prime aninadversioni, che contre la Causa del
V. Monsig. Giovanni di Palafox ha fatte Monsig. Sampieri,
promotore della Fede. *Sin lugar ni fecha.*

Estos suplementos son en número de cuatro, y obra del jesuíta romano GIOVANNI BATTISTA FAURE. — MELZI, III, p. 118.

SUPPLICATIO facta nomine Missionariorum de Propaganda Fide,
Diffinitorio Generali electo Capitulo habito civitate Valentina,
su die XXI. Maii anni MDCCLXVIII. *Matriti,* MDCCLXXXI,
Apud Joachimum Ibarra..., 4º-20 pp.

Presentada por fray JOSÉ AMPUERO, misionero del Colegio de Santa
Rosa de Ocopa.

SUPUESTAS (Las) negociaciones. Contestacion al C. José de Armas
y Cespedes. (Sin fecha, ni lugar de impresión, y la portada en
la cubierta.) — 8º-17 pp. Fechado en *Nueva Orleans,* a 5 de
enero de 1871...

«En un suelto de *La Patria* de Nueva Orleans, año I, nº 5, Marzo
20 de 1871, se da a conocer el nombre del autor : FRANCISCO DE AYALA

Y Salas.» — Pérez. — Firma la Advertencia preliminar con las iniciales F. de A. y Z. — También resuelve el anónimo Figarola-Caneda.

Suspiros del alma. Por el Corsario Negro. *Habana,* 1908.

José Sosa y Coutillo. — F.-C.

Suspiros espirituales, descansos del Alma, y Jacvlatorias devotas, para disponer la vida á una buena muerte, y muy proprias para ayudar en la muerte, à los que salen de la vida... *Con licencia en Mexico, por la viuda de Bernardo Calderon,* año de 1671, *Y por su original en la Puebla, por la Viuda de Miguel de Ortega y Bonilla,* año de 1725, 8º-5 hjs. s. f.-19 pp. de texto.

Atribuído a D. Juan de Palafox y Mendoza.

Svmma de las reglas, y constitvciones de la Congregacion de Nuestro Padre San Pedro, fundada en la Yglesia de la SS. Trinidad desta Ciudad de Mexico. *Con licencia, En Mexico, Por Francisco Salbago, en la calle de San Francisco,* este año de 1637, 8º-8 hjs. s. f.-26 hjs. y hj. s. f.

Obra del licenciado Gabriel de Soria.

Svmarias meditaciones de los, que parecen mas principales, y eficaces motivos à la devocion, y socorro de las Benditas Almas del Purgatorio. Amplificadas de proposito Por el P. Prefecto de la Purissima, à toda la Congregacion, en las Platicas ordinarias de sus Martes... *Con Licencia, en Mexico, por la Viuda de Bernardo Calderon,* año de 1676, 8º-92 pp. s. f.

Eguiara y Beristaín ya habían indicado al P. Antonio Núñez de Miranda como autor del libro, y aun antes, en la edición que se hizo en 1726, se puso en la portada el nombre de aquel jesuíta.

Táctica de artilleria. Contiene la instruccion a pie y a caballo, manejo de las armas portátiles, Servicio de los cañones de Montaña, de Campaña y de Costa, y nociones de Fortificacion pasajera. *Valparaiso, Imp. de La Patria,* 1875, 4º-1 hj. s. f.-510 pp.-74 láminas y música notada.

De decreto supremo de 18 de diciembre de 1874, consta que el autor fué el general D. Justo Arteaga.

Táctica de Balck Mayor del Gran Estado Mayor Aleman. Táctica de la Caballeria i de la Artilleria de Campaña Tomo Segundo. *Santiago de Chile, Sociedad « Imprenta y Litografía Universo »,* 1906, 4º-xi-362 pp.

Lleva Advertencia de A. Berguño, que parece haber sido el traductor. No he visto el tomo I. Hay III, IV y V, este último de 1915.

Tale (A) of Tucuman, with digressions, English and American (a political poem). By Junius Redivivus. *London,* 1831.

William Bridges Adams. — Cushing, p. 320.

Tales from American History; containing the principal facts in the Life of Christopher Columbus. For the use of Young Persons, and Schools. By the Author of American Popular Lessons. *New York, William Burgess,* 1829, 18º-xi-252 pp.

Hay también ediciones de 1830 y 1831, de allí mismo.

Tales from American History chiefly relating to the Conquest of Mexico and Peru, by Hernando Cortez & Francisco Pizarro. Some facts illustrative of the present state of those Countries...

New York, William Burgess, Juvenile Emporium, 1832, 18º-viii-247-18.

El autor del libro a que se alude en la portada se llamaba ELIZA ROBBINS.

SABIN, XVII, nos 71.807-8.

TANDAS sobre costumbres chilenas. Reminiscencias del pasado, por Tanor Tropis, *Santiago, Imprenta Chilena*, 1900, 4º-iii-88 pp. y 1 lámina.

El seudónimo es anagrama del apellido del autor : RISOPATRÓN (FRANCISCO).

TAPETE (El) verde Novela de costumbres por Julián del Claro. *Talca, Imprenta « Talca »*, 1910, 8º-246 pp.

El seudónimo responde al nombre de FRANCISCO HERRERA.
SILVA, *La Novela en Chile*, nº 450.

TARIFA de precios A que deberán vender en sus Tiendas públicas los Maestros de Coheteros, dentro y fuera de esta Capital,... *(México, 1803)*, una hj. de 25 por 36 centímetros.

Con la firma autógrafa de don JOSÉ MANUEL VARELA, director general.

TAVOLE nelle quali si mostra Il punto del Mezzo giorno, e della Mezza notte, del nascere, e trasmontar del Sole secondo il meridiano di Roma per regolari gli orologi all'italiana, e alla francese. Pubblicate dal'Abate D. P. G. M. *In Roma, nella Stamperia Salomoni...*, L'anno MDCCXC, 8º-xxi pp. y dos apaisadas.

Las iniciales son de Don PEDRO GIUSEPPE MÁRQUEZ, ex jesuíta mexicano.

TEARS (The) of the Indians. Written in spanish by Casaus and made English by J. P. *London*, 1656, 8º

Por J. PHILLIPS.

TELÉMETRO del capitán Aubry, traducido del francés por R. B. A. *Valparaiso, Talleres Tipográficos de la Armada*, 1900, 4º-8 pp.

Las iniciales son de RICARDO BEAUGENCY A.

Telémetro Kelway. Traducido del inglés por R. B. A. *Valparaiso, Imprenta de la Libreria del Mercurio*, 1889, 4º-10 pp. y una lámina.

Las iniciales del traductor pertenecen a Ricardo Beaugency A.

Teneduría (La) de Libros, reducida á la práctica, en un curso de ejemplos supuestos de los que ocurren con más frecuencia en la rutina diaria de las operaciones del Comerciante: abrazando modelos de los Libros Auxiliares, como tambien de los diversos modos de elevar (*sic*) el Diario. A lo cual se anaden (*sic*) algunas reglas relativas á la ecuacion de los pagos, con una tabla de los dias que corren desde una época á otra del año, para facilitar el calculo de los intereses. Traducida del ingles, por Un Americano del Norte, avencidado en Chile. *Valparaiso, I. W. Weelwright*, 1845, fol.-98 pp.

Tenémosla por impresión estadounidense, y es de sospechar que el autor fuese el mismo Wheelwright.

Teniente (El) general Máximo Santos en la escena política. *Montevideo*, 1885, 8º-74 pp.

Nicolás Granada.

Tentativa del Pensador en favor del Canonigo San Martin y carta al Pensador Tapatio. *Mexico*, 1821, *Oficina de D. J. M. Benavente y Sócios*, 4º-8 pp.

Con las iniciales J. F. L. (Joaquín Fernández Lizardi).

Tentativas para la pacificacion de la República Oriental del Uruguay. 1863-1865. *Buenos Aires, Imprenta de la « Nacion Argentina »*, 1865, 4º-68 pp. y 1 s. f.

De D. Andrés Lamas, que subscribe la Introducción.

Teoria i practica del arte de enseñar, o metodo para dirigir bien una escuela, por David F. Page. (*Boletin de la Comision Visitadora de las Escuelas*). Por M. S. F. *Santiago, Imprenta Nacional*, 1872, 8º-184 pp.

Las iniciales del nombre del traductor corresponden a D. Mariano Sánchez Fontecilla. — Ponce, *Bib. ped.*, nº 15.

TERCER Centenario. 1586-1886. Santa Rosa, gloria de Lima, por
E. Z. C. *Lima, Imprenta y Libreria de Benito Gil*, 1886, 4°
menor-80 pp. y una s. f.

Por FELIX C. CORONEL ZEGARRA.

TERCERA parte de la Pajarotada. En que lo jocoso es bien sério y
muy didáctico para el uso de las escuelas pias de Porcelia, As-
nópolis y Caballosia ;.... Terrasa continuador de Rejon. *Chuquisaca, Imprenta Boliviana*, 4°-v-4o.

Queda ya dicho que el autor de las seis partes en que salió *La Pajarotada* fué ANTONIO JOSÉ DE IRISARRI. En algún otro impreso suyo se
dijo también que firmó con el seudónimo de Dionisio Terrasa y Rejón.

TERPSÍCORE o el Arte de bailar. Teoría de los bailes mas jenerales
i en uso en nuestros salones por J. Ch. U. Conteniendo cincuenta figuras escojidas de el Cotillon traducidas del frances
espresamente para esta obrita por un amigo del autor. Segunda
edicion. *Santiago de Chile, Imprenta de « El Independiente »*,
1888, 4°-48 pp. y 1 hj. con láminas.

Las iniciales son de JUAN CHACON USTARIZ.

TERREMOTO (El) del Señor de Mayo. *Santiago de Chile, Imprenta
Cervantes*, 1905, 8°-140 pp. y 2 s. f.

A la cabeza de la portada, el seudónimo del autor, I. Conchalí, que
era DANIEL RIQUELME.

TERRITORIO (El) nacional de Colonias. Publicación dedicada á los
expedicionarios á la región del Acre. Edición oficial. *La Paz,
Imp. del Estado*, 1903, 4°-ii-54 pp. y un mapa.

Por J. T. CAMACHO, que subscribe las dos páginas a modo de prólogo
con que comienza el libro, pero en el cual le cupo también parte a D.
MANUEL VICENTE BALLIVIÁN, cuyas iniciales se registran al final del artículo
último de la obra.

TERRORISMO (El) arzobispal folleto político dedicado a los turbu-
lentos de Palacio. *Santiago, Imprenta del Ferrocarril*, 1868, 4°-
36 pp.

Téngola por obra de don JUSTO ARTEAGA ALEMPARTE.

TERRORISMO (El) del señor don Diego Barros Arana y Ca., en el Instituto Nacional. *(Al final:) Valparaiso, Imprenta del Univer-so*, Noviembre de 1863, 4º-16 pp.-El título a la cabeza de la primera página.

Subscrito por el presbítero JUAN BAUTISTA LOUBERT.

TERTULIA (La) del Ab. Bondi cel. traductor de la Eneida Version en verso suelto Por el autor de la de Job, de Pope, Milton, y de Parini en el mismo metro. *En Venezia, por Antonio Zatta* MDCCXCV, 12º-42 pp. y una hj. s. f.

La dedicatoria está subscrita por el ex jesuíta P. ANTONIO FERNÁNDEZ DE PALAZUELOS, perteneciente que fué a la Provincia de Chile.

TESORO esperitual Mariano, que para enriquecer las almas se des-cubre en la devoción de S. Joaquín y Santa Ana, Padres dicho-sísimos de la madre de Dios, Práctica para darles culto, e im-plorar su favor en especial para el tiempo de la enfermedad y hora de la Muerte. Contiene una exhortación a esta devoción, y a la del Santísimo Patriarca San José un exercicio para el día 26 de cada mes, y otras para el discurso del año; y el modo de ordenar por ellos su Novena. Dispuesto por un Reli-gioso de nuestro Seráfico P. S. Francisco. Dedicada a la misma Madre de Dios María Santísima nuestra Señora, dichosa hija de tan felices padres. *(Raya.) Santafé de Bogotá, En la Impren-ta de D. Bruno Espinosa, por D. Nicomedes Lora,* con supe-rior permiso, calle del Socorro, año 1813, 8º-56 pp., pero está incompleto.

En vista de que la «deprecación a María Santísima está firmada por FR. ANTONIO PARRALES, se lo atribuye POSADAS *(Bib. bog.,* p. 3o1).

TESTAMENTO Cristiano, Que deberá decirse delante de un Cruci-fico : útil y provechoso para toda persona. *Santiago, Imprenta de la Sociedad,* julio, de 185o, 8º menor-16 pp.

De la licencia eclesiástica consta que el autor fué don PEDRO GONZÁLEZ.

TESTAMENTO de Don Francisco de la Parra encontrado en la igle-sia de San Felipe de Neri por el mulato Gerónimo. *(Al fin:)*

Habana, Oficina del ciudadano José Boloña, 1822, 8º mayor-
24 pp.

> Intercalado de versos fáciles, que Bachiller atribuyó al P. Capacho,
> pero que Trelles dice ser obra de JERÓNIMO USCARREL y haberlo escrito
> hacia los años de 1747.

TESTAMENTO (El) del gato. Por D. J. F. de L. *(Al final:) Imprenta de Doña Maria de Jauregui,* año de 1811, 8º-8 pp.-En
verso.

> De don JOAQUÍN FERNÁNDEZ DE LIZARDI.

TESTO de lectura graduada para ejercitar el método explicativo.
Libro 1º *Habana, Impr. del Gobierno,* por S. M., 1833, 8º-104
pp.

> Nunca llegó a publicarse la segunda parte. Es obra de JOSÉ DE LA LUZ
> Y CABALLERO.

TEUDO o memorias de un solitario, por S. S. Santiago. *Imprenta del Ferrocarril,* 1857, 4º-121 pp. y 1 para las erratas.

> Las iniciales del autor pertenecen a don SALVADOR SANFUENTES.

THEORIA Boscovichiana vindicata et defensa ab impugnationibus,
quibus impetitur in disertatione quadam :... Auctore sacerdote Hispano. *Fulginiae, Apud Joannem Tomassini,* 1791,
4º-272 pp. y una lámina.

> « Ingeniosa defensa que mi amigo el señor abate don MANUEL (GER-
> VASIO) GIL ha hecho en una obra anónima de la dicha curva de Bosco-
> vich.» — HERVÁS
> Gil perteneció a la provincia jesuítica del Paraguay.

THESORO (El) escondido, que hallará quien hiciere la donacion
de todas sus obras buenas á las Benditas Animas del Purgatorio. Dispuesto por el Padre Ignacio Tomai, de la Compañia
de Jesus. *Reimpresso en Mexico, en la Imprenta nueva de la
Bibliotheca Mexicana,* año de 1756, 16º-3 hjs. prels. s. f.-105
pp.

> Edición que no he visto, citada por el doctor León, y hago esta ad-
> vertencia porque en la que conozco, que es también de México, por los

Herederos de la Viuda de don Joseph Bernardo de Hogal, 1757, 16º, y que tiene el mismo número de páginas, no se dice que sea reimpresión.

Hay que repetir aquí que el autor disfrazado con aquel nombre fué el jesuíta P. José María Genovese.

Three years in the Pacific; containing notices of Brazil, Chile, Bolivia, Peru, &c. in 1831, 1832, 1833, 1834. By an Officer in the United States Navy. In two volumes. *London, Richard Bentley*, 1835,-8º: I, xi-403 y final con el colofón; II, viii-440 pp.

Por William S. W. Ruschenberger. — Cushing, p. 209.

Tia Pepa (La). Enciclopedia del hogar conteniendo las mejores recetas de las diferentes cocinas, etc. Tirada de 10.000 ejemplares. Flavio Becerra M., Editor, 1907, *Imprenta Cervantes*, 4º-283 pp.

Enciclopedia del hogar por la Tia Pepa. Cocina, repostería etc... 2ª Serie. *Santiago de Chile, Imp. Encuadernacion y Litografía Esmeralda*, 1899, 4º-365 pp.

Atribuída a Rafael Egaña.

Tiberio, tragedia en cinco actos, representada por primera vez en el teatro principal de Mexico el 8 de Enero de 1827. Intimida y corrompe; así se reina. Acto 1º *Mexico, 1827, Imprenta del Supremo Gobierno, en Palacio*, 16º-viii-56 pp.-En verso.

Por don José María Heredia.

Tierna memoria del exemplarissimo Sacerdote el Sr. Doct. D. Miguel Nieto y Almiron: Dignidad Maestre Escuela de esta Stª Iglesia de la Puebla, que en su llorada muerte le consagra vna Jesuita Musa tan veneradora de sus virtudes, como deudora de sus estimaciones, 4º-4 pp. s. f., orladas (1729).

Por el padre Joaquín Antonio de Villalobos.

Tiernos lamentos, Conque la Alma devota llora los gravissimos tormentos q̃ padeció en el inmũdo Sotano la noche de su Passion Ntro. Soberano Redemptor Jesus... Dispuestos por un

Religioso de Nuestra Señora de la Merced... *Con licencia en Mexico, por Joseph Bernardo de Hogal*, año de 1737, 8º-3o pp. s. f.

En la *Gazeta de México*, n° 112, Marzo de 1737, se anuncia la aparición del libro con el nombre de su autor el mercedario FRAY FRANCISCO JAVIER DE HERRERA, definidor de su Provincia de la Visitación.

TIERRA (La). Lecciones de Geografía para el uso de las escuelas públicas de Chile. Santiago, *Roberto Miranda, Editor. (Al final:) Imprenta de F. A. Brockhaus, Leipzig*, 8º-111 pp.

Por DOMINGO AMUNÁTEGUI RIVERA.

TIERRA virgen. *Imprenta Barcelona*, año 1910, 8º-2 pp. s. f.-139.

A la cabeza de la portada, el seudónimo Iris, que ya se advirtió pertenece a doña INÉS ECHEVERRÍA DE LARRAÍN.

TISIS (La) tuberculosa (Tuberculosis) La fiebre aftosa (Epizootia) El cólera de las aves (Aneurisma) Lecciones dadas a los alumnos del Instituto Agrícola. *Santiago de Chile, Imprenta Nacional*, 1885, 16º-102 pp.

Subscrita al final por J. B., o sea, JULIO BESNARD.

To CUBA and back in twenty days. A. G. C. Jr. *From the press of the Times Printing House, Philada*, 1874, 12º-47 pp.

Las iniciales del autor son de ALEXANDER GILMORE CATTELL, Junior.— PÉREZ, n° 178, con referencia al Catálogo de la Library of Congress de Washington.

TRACTATUS de re Logica, Metaphisica, et Morali pro filiis et alumnis Instituti Nacionalis Jacobo Politanae erudiendis. Scribebat J. E. *Tipus Raymundi Rengifo*, Anno MDCCCXXVII., 4º-Dos sin foliar-61 pp.

Las iniciales corresponden a JUAN EGAÑA. A mayor abundamiento, adviértase que este libro de estudio está incluído en el Catálogo de sus obras.

TRADICIONES y Leyendas Piadosas de Mexico, por Scrutator. II. La Venerable Imagen de la Santisima Virgen de la Salud, ed

Patzcuaro. *México, Tipografía de « El Tiempo »*, 1901, 4º-6 pp. a dos columnas y lámina.

Scrutator, seudónimo del doctor don Nicolás León.

TRADUCCION del articulo Cristianismo del verdadero Diccionario teologico del Abate Bergier Canonigo de la Iglesia de Paris. *Serena, en la Imprenta del Instituto*, 1829, 4º-25 pp.

De la Carta a don Bernardo Solar escrita por José de Piñera, consta que éste fué el traductor.

TRAGEDIA famosa intitulada La ridiculez andando, ó la medalla de Lopez. *(Medalla oval, con leyenda latina)*. Verdadero retrato de la Medalla Lupina sin mas diferencia que tener un toro en lugar de la águila. Pero á bien que todos son animales de Dios. *(Al fin :) Lima. imprenta de los huérfanos, Por D. Bernardino Ruiz*, 1813, 4º-5 pp. s. f.

Obra de don José Joaquín de Larriva, que Odriozola reprodujo en las pp. 43-60 del tomo II de sus *Documentos literarios*.

TRAITÉ de l'Art métallique, Extrait des Ouvres d'Alvare-Alfonse Barba, célébre Artiste dans les Mines du Potozi... *A Paris, Chez Pierre Prault*, 1730, 12º-Doce hjs. prels.-264 pp.-20 hjs. s. f.-7 láminas plegadas.

Por Ch. Hautin de Villars.

TRAITÉ général du comerce de l'Amérique, contenant l'histoire des découvertes des Européens dans cette partie du monde, etc., par M. C*** *Amsterdam et Marseille, Mossy*, 1783, 4º-2 vols.

Es la misma obra que *Le Commerce de l'Amérique*, etc. Por M. Chambon. — Barbier, IV, 800.

TRANSITO (El) de Vénus i el cometa de 1882. Por J. A. P. *Santiago, Imprenta de « El Correo »*, 1882, 8º-15 pp.

De José Antonio Pérez.

TRAPOS viejos. *Buenos Aires, Imprenta y Estereotipía del « Courrier de la Plata »,* 1886, 8º-302 pp.

A la cabeza de la portada, el seudónimo Severus, que pertenece a PABLO DELLA COSTA. — NAVARRO VIOLA.

TRATADO (El) Anglo-Cubano. Cuestion de actualidad. Artículos publicados en « La Lucha » en los dias 7, 10, 14, 20, 22, 27 y 29 de Noviembre de 1905 por A. Pompeyo. *Habana, Imprenta Avisador Comercial,* 1905, 8º-39 pp.

El doctor ANTONIO GONZÁLEZ CURQUEJO.

TRATADO de comercio teórico y práctico. — En cuatro secciones : 1ª Teoria jeneral del comercio. 2ª Cálculo mercantil. 3ª Teneduria de libros. 4ª Práctica mercantil. Por N. N. *Valparaiso, Imprenta del Mercurio,* 1876, 4º-360-27-361-419 pp.

Por ALVARO F. ALVARADO.

TRATADO de Geografía política ; impreso por acuerdo y a beneficio de la Sección de Educación. *Santiago de Cuba, Imp. de M. Muñoz,* 4º-x-166 pp.

Atribuído a JUAN B. SAGARRA. — TRELLES.

TRATADO de Gramática Castellana. Arreglado conforme al programa del Instituto. Por preguntas i respuestas, en forma de diálogo. Dedicado a las Escuelas del Sagrado Corazon de Jesus. Escrito conforme a dicho Programa. Por J. L. P., Miembro de la Pía Union i Educación del Sagrado Corazon de Jesus. *Santiago, Imprenta del Correo,* obril de 1867-16º-124 pp.

Las iniciales son de JOSÉ LUIS PINTO, que firma la dedicatoria a Fray Francisco Pacheco.

TRATADO de Ortografía, compuesto por un Padre Mercedario. *Santiago de Chile, Imprenta Esmeralda,* 1901, 8º-43 pp.

Obra de FRAY JERÓNIMO ARÍS.

TRATADO (El) de paz entre el Director Provisorio de la Confederacion Argentina y el Gobierno de Buenos Aires en 9 de Marzo de 1853, por L. J. de la P. *Buenos Aires, Imprenta Argentina*, 1853, 4º-98 pp.

Por Luis J. de la Peña.

Tratado elemental de Gramática Castellana arreglado conforme al programa del Instituto por preguntas y respuestas en forma de diálogo, dedicado a las Escuelas del Sagrado Corazón de Jesús. Escrito conforme a dicho programa. Por L. C. P. Miembro de la Pía Unión y Educación del Sagrado Corazón de Jesús. 2ª ed. corregida y aumentada, *Santiago de Chile, Taller Militar*, 1872, 8º-156 pp.

Las iniciales son de Luis Pinto C. — Osvaldo Pérez Davis, *Estudio bibliográfico de las gramáticas castellanas impresas en Chile*, M. S.

Tratado elemental de gramatica castellana segun las doctrinas de don Andres Bello. Primer año. *Valparaiso, Imprenta del Mercurio*, 1873, 4º-45 pp., un cuadro y 1 s. f. para las erratas.

«Iniciado en las tareas de la enseñanza, en marzo de 1872, como profesor de Gramática castellana, pudo darse cuenta de que hacía gran falta un compendio de las lecciones magistrales de Bello y compuso, para el colegio de cuyo personal formaba parte, el que se imprimió en Valparaíso en 1873 con el título de... ». — Blanchard-Chessi, *Rasgos Biográficos de don* Enrique Nercasseau y Morán, en *La Lira Ilustra da*, 1917, p. 231.

Tratado Elemental de Gramática Castellana según las doctrinas de Don Andrés Bello. Segundo año, curso medio. *Valparaiso, Imprenta del Mercurio de Tornero y Letelier*, 1873, 8º-194 pp.- una s. f. para las erratas y un cuadro.

« ...el mismo señor Nercasseau y Morán, en colaboración con el R. P. Bernardo Varas, compuso y publicó en el mismo año 1873, otro texto dedicado al Curso Medio, y, años más tarde, en 1879, y en colaboración con el R. P. Tomás Robledo, el curso superior.»

Tratado Sumario y Calendario de las Gracias, e Indulgencias del Santísimo Rosario. Dedicado a la Archicofradia, y hermanos de este Instituto de la Ciudad de Santiago de Chile. Por el exmayordomo D. J. T. D. R. *Imprenta de la Independencia*, 1826, 8º menor-128 pp.

TRATTENIMIENTO Spirituale in ossequio dell'Agonia del nostro Redentor Gesú Cristo, da praticarsi da'Fedeli Cristiani nel Venerdi Santo ed in tutti i Venerdi dell'anno. Proposto del Sacerdote Eustachio de Parisios Penippense. *In Viterbo*, MDCCLXXXVII, *Nella Stamperia Poggiarelli*, 4º-viii-120 pp.

Del ex jesuíta MARIO MARÍA CICALA, misionero durante muchos años en el Ecuador.

TRAVELS in South America from the Pacific Ocean to the Atlantic Ocean. By Paul Marcoy. Traslated from the french. *London*, 1875.

LORENZO DE SAINT CRICQ. — CUSHING, p. 183.

TRE divote Preghiere da farsi alla Madre Santissima del Lume in diversi tempi, Per implorare il suo possente patrocinio. Distese da un Sacerdote Umilissimo servo della Gran Regina. *In Bologna*, MDCCXXXVI, *Nella Stamperia di Lelio dalla Volpe*, Con licenza de Superiori, 24º-8 pp.

Por el jesuíta guatemalteco P. BARTOLOMÉ JOSÉ DE CAÑAS.

TRES años de administración radical en Chile. Derroche y desgobierno. Artículos publicados en *El Diario Ilustrado* por X. X. X. 1924. *(A la vuelta de la portada :) Imp. Cervantes*, Moneda 1170, 4º menor-54 pp.

Autor : GUILLERMO GONZALEZ ECHEÑIQUE.

TRES caractéres. Bocetos biográficos cubanos, por Isaías. *Key West, Fla. Tip. de la «Revista Popular»*, 1889, 16º-66 pp. y una hoja al final con el prospecto de una serie de bocetos biográficos. — Tres retratos.

«Es de MANUEL DE LA CRUZ, y consta así en la lista de sus obras que aparece en una de las hojas preliminares de sus *Cromitos cubanos*, Habana, 1892.» — PÉREZ, nº 349.

TRES grandes épocas de la Historia, versión del francés al español, por L. J. C. *Arroyo, Imprenta á cargo de Salinas*, 1874, 187 pp.

El libro original francés tiene por autora a la Condesa Drohojowska, y la versión castellana es de L. J. CAPÓ. — SAMA.

TRES (Las) hermanas. Novela de costumbres por V. M. y M. Cura Rector del Salvador de Valparaiso, *Imprenta de la Librería del Mercurio*, 1892, 8º-166 y 1 pp.

Las iniciales corresponden a D. VICENTE MARTIN MANERO. Hay segunda edición de Santiago de Chite, 1902, Imprenta Barcelona, 8º-174 pp.

TRES (Los) jenios. (Delirio poético.) Alegoría fantástica por *** *Paz de Ayacucho, Imprenta Paceña*, 1850, 4º-9 pp.

«Este panfleto contra el General Ballivián y don A. Morales y en elogio del General Belzu, es obra de don FÉLIX REYES ORTIZ.» — GUTIÉRREZ, nº 1742.

TRES (Las) Luchas. Comedia de actualidad y de costumbres santiaguinas en dos actos y en verso. Original de un conocido autor dramático chileno. *Santiago, Imprenta Albión*, 1897, 8º-46 pp.

Por CARLOS 2º LATHROP.

TRIBULACIONES de los fieles en la parte oriental de la Asia. Dálas á luz Don Manuel Antonio Valdés. Con las licencias necesarias. *México, en la Imprenta de D. Mariano Joseph de Zúniga y Ontiveros*, año de 1803, 4º-Tres hjs. s. f.-45 pp.

Firma el prólogo al lector don FRANCISCO LETONDAL, presbítero, misionero apostólico.

TRIDUO devotisimo en honra de San Andres Avelino, Clerigo Regular, Abogado Contra los accidentes apopleticos, y contra la muerte improvisa, que comienza el dia siete de Noviembre. Traducida del Portugués al Castellano por J. M. S. *En México, en la oficina de Doña Maria Fernandez de Jauregui...*, año de 1809, 12º-26 pp.

Las iniciales del traductor corresponden al nombre y apellido de José Manuel Sartorio.

Triduo devoto para disponerse a la fiesta de Maria Santisima de Guadalupe de Mexico. Con una breve noticia de su prodigiosa Aparicion : Traducido de la lengua Española, en que fué compuesto, por un Sacerdote Mexicano, à la Toscana : y ahora de ella por otro buelto al Castellano. Que dà à luz un Sacerdote. *Reimpreso en la Nueva Guatemala por D. Manuel Arevalo,* año de 1803, 16º-40 pp. s. f.

Véanse los dos números siguientes.

Triduo di Divozione In apparecchio alla Festa di Maria Santissima di Guadalupe nel Messico... Con una breve notizia premessa della di lei prodigiosa Apparizione. *In Bologna,* 1778, *Nella Stamperia del Longhi,* 24º-57 pp.

Parece ser otra edición la que salió con el título un tanto cambiado, en Roma, MDCCCV, 16º-72 pp.

Triduo in ossequio di Maria Santissima di Guadalupe nel Messico Proposto a suoi Divoti in apparecchio alla sua Festa, e per impetrare il suo potentissimo soccorso nei nostri bisogni. Da un Sacerdote... *In Roma,* MDCCXCII, *Per Michele Puccinelli,* 8º-32 pp.

Por el ex jesuíta guatemalteco P. José Angel de Toledo.

Trip (A) to Mexico ; or recollections of a ten-months' ramble in 1849-50. By a Barrister. *London,* 1851, 8º

«Escrito por Fordes, abogado inglés.» — Barros Arana, nº 450, y así también Cushing, p. 31.

Tripartito del Christianissimo y Consolatorio doctor Juan Gerson de doctrina Cristiana : a qualquiera muy puechosa. Traducido de latin en lĕgua Castellana para el biĕ d muchos necesario. *Impresso en Mexico, en casa de Juan cromberger.* Por mandado y a costa del R. S. obispo de la mesma ciudad Fray

Juã çumarraga. Reuisto y examinado por su mandado. Año de M. d. xliiij, 4º-27 hjs. de texto.

Fué traductor el bachiller JUAN DE MOLINA, según consta de la portada de la edición de Toledo de 1526.

TRISAGIO celestial, comunicado a la tierra por los angeles. Escrito por el Director del Real Seminario de San Carlos de la Havana... *Havana, en la Imprenta de la Curia Eclesiástica y del Real Seminario*, Año de 1782, 8º-xviii-cinco s. f. y dos láminas.

El director del Seminario, autor del opúsculo, se llamaba JUAN GARCÍA BARRERAS.

Hay ediciones de Puebla, 1797, 8º, y de 1821, 16º

TRISAGIO seráfico para venerar á la Santísima y Augustísima Trinidad y alcanzar de su piedad inmensos beneficios. Con licencia eclesiástica. *Santiago, Imprenta y Encuadernación Chile*, 1907, 16º-28 pp.

Reimpresión de un librito de devoción bien conocido, escrito por fray EUGENIO DE LA SANTÍSIMA TRINIDAD, hecha muy probablemente sobre la de Santiago, 1867, 16º

TRISTES ayes de la Aguila Mexícana, reales exequias de la Serenissima Señora Dª Maria Magdalena Barbara de Portugal, Catholica Reyna de España, y Augusta Emperatriz de las Indias, Celebradas en el Templo Metropolitano de la Imperial Ciudad de Mexico... *Con licencia, en la Imprenta de la Bibliotheca Mexicana*, año de 1760, 4º

Sin las dos piezas incorporadas en el libro, que llevan los nombres de sus autores, la Relación de las fiestas pertenece al jesuíta P. FRANCISCO GANANCIA.

TRIUNFO (El) de Chile en la guerra del Pacífico. Bonita poesía popular, seguida de un epílogo o sea himno a la paz universal. *Santiago, Imprenta, Huérfanos*, 16A., 1886, 8º-155 pp.

En la nota sobre propiedad literaria que va a la vuelta de la portada, aparece firmando por el Editor, CELESTINA OSORIO M. ¿ Es ella la autora de la obra ?

Triunfo (El) de la justicia en los viles insurgentes : compuesto en un romance corriente por D. M. Q. C. S. *(Al fin:) Mexico*, 1811, *Imprenta de Arizpe*, 4º-7 pp.

Las iniciales ocultan el nombre de Don Manuel Quiros Campo Sagrado.

Triunfo (El) de la libertad sobre el despotismo, en la confesion de un pecador arrepentido de sus errores políticos, y dedicado á desagraviar en esta parte á la religion ofendida con el sistema de la tirania. Su autor, J. G. R., ciudadano de Venezuela en la America del Sur. *Filadelfia, en la Imprenta de Thomas H. Palmer*, 1817, 12º-xii-406 pp. y 1 de erratas.

Las iniciales son de Juan Germán Roscio, con cuyo nombre salieron las ediciones de Filadelfia, 1821, 12º, y la de Guadalajara de México, 1823, 4º — Sabin, XVII, nº 73.223.

Triunfo (El) de la Religion, oda heroica ; a la Junta Suprema instalada como soberana de España e Indias en ausencia de N. C. M. el Señor Don Fernando VII. *(Al fin:) Impreso en la Oficina de la calle de Santo Domingo*, año de 1807, 4º-4 pp. s. f.

Subscrita por J. W. B., o sea Juan Wenceslao Barquera.

Truiunfos (Los) y percances de una coqueta, por el autor de « Una beata y un bandido», «El puñal y la sotana o las víctimas de una venganza». *Santiago, Imprenta de Federico Schrebler*, 1875, 8ª-373 pp.

Al citar las novelas a que se alude en la portada de la que se describe, se dijo que el autor de ambas fué D. Ramón Pacheco.

Trivmpho de San Elias. Predicado en el Religiosissimo Conuento de Santa Theresa, a la solemne fiesta que le celebra en su dia como a su legitimo Patriarcha... Con licencia. *En Mexico, Por Francisco Robledo, Impressor, y Mercader de Libros*, año de 1646, 4º-20 hjs. en todo.

Por el bachiller Miguel Sánchez.

Trois Lettres adressés par un Mexicain a Messieurs les Rédacteurs du Courier des Pays-Bas, 8º-Sin fecha (1826).

El mexicano aludido se llamaba EDUARDO DE GOROSTIZA.

TROPICAL sketches; or reminiscenses of an Indian Journalist. *London*, 1855.

WILLIAM KNIGTON. — CUSHING, p. 137.

TVMVLO Imperial de la gran ciudad de Mexico. *En Mexico, Por Antonio Espinosa*, 1560, 4º-Una hj. s. f. y 26 de texto-vista y plano del túmulo.

Hay reproducción del texto con facsímil de la portada.
Obra de FRANCISCO CERVANTES DE SALAZAR.

TWENTY-ONE plans... of different actions in the West Indies, during the late war. By an Officer of the Royal Navy. *Chester*, 1784.

JOHN MATTHEWS. — CUSHING, p. 209.

ULTIMA esperanza, por A. de Gery. *Santiago, Imprenta Ercilla,* 1899, 8º-91 pp.

A. de Gery es seudónimo de D. EMILIO RODRÍGUEZ MENDOZA.

ULTIMA pájina de historia Paraguaya.... Reimpresa de «La Estrella de Chile».-Número 135. *Cochabamba,* 1870, *Imprenta del Siglo,* 4º-24-pp.

Por SANTIAGO ESTRADA.

ULTIMA parte de la Pajarotada. Octava. *Chuquisaca, Imprenta Boliviana,* 4º-39 pp.

Véase lo dicho en *Tercera parte de la Pajarotada.*

UN amor y una expiacion, por el Conde de C. M. *Paris,* 1849.

El Conde de Casa Montalvo, JUAN MONTALVO Y CASTILLO. — F.-C.

UN chileno ilustre el Rvdmo. padre Pedro Armengol Valenzuela, general de la orden mercedaria. *Santiago, Imprenta y encuadernacion Chile,* 1908, 8º-63 pp., retrato y lámina.

Por FRAY PEDRO N. PÉREZ.

UNBEKANTE (Die) Neue Welt, oder Beschreibung des Welt-teits Amerika, und des Sud-Landes. Durch Dr. O. D. *Amsterdam,* 1673, 4º

Las iniciales ocultan el nombre de OLIVER DAPPER, que se valió para su trabajo del de Arnold Montanus.

UNICO asilo de las Republicas Hispano Americanas. Dedica estas reflexiones á sus compatriotas un Chileno. *(Epígrafe de la En-*

ciclopedia Británica), Santiago de Chile, Imprenta de la Independencia, 1837, 4º-47 pp. y 1 para las erratas.

Un Chileno oculta el nombre de don MANUEL CARVALLO. — BRISEÑO, *Est. bibl.,* p. 388.

UNITARISMO y Federalismo Breve exámen de las doctrinas unitarias y exposicion de la conveniencia de una inmediata reforma federal. Por N. A.... B. B. *Cochabamba,* enero, 1877, *Imprenta del Siglo,* 4º-28 pp.

Por NATANIEL AGUIRRE.

UNIVERS (L') en miniature, ou les voyages du petit André sans sortir de sa chambre; Ouvrage instructif, amusant et curieux; orné d'une jolie carte et d'un grand nombre de gravures sur acier, culs-de-lampe, vignettes, etc. Publié par A. E. D. S. et Mᵉ D. S. Amérique. *Paris, Désirée Eymery, Editeur,* 1839, 32º-148 pp. y láminas.

La obrita consta de 6 vols. y se empezó a imprimir en 1838. Las iniciales corresponden a ALEXIS EYMERY DE SAINTES. En cuanto a las de la señora, Barbier, IV, 899, dice pertenecer a ALIDA SAVIGNAC, partiendo de la base errada de ser A y no D, como es en realidad, la letra inicial del nombre que aparece en la portada.

UNIVERSUS terrarum orbis scriptorum calamo delineatus, hoc est auctorum fere omnium qui de Europae, Asiae, Africae et Americae Regnis, Provinciis, Populis, etc., scripserunt cum anno, loco et forma editionis eorum uberrimus elenchus... Studio et labore Alphonsi Lasor a Varea. *Patavii, ex typ. olim Frambotti, nunc Jo. Baptistae Conzatti,* 1713, fol., 2 vols.

Melzi nos dice que esta obra era simple fragmento de otra mucho más extensa intitulada *Orbis litterarius universus,* compuesta de cuarenta y tantos volúmenes que se conservaban manuscritos en el convento de los Teatinos de Padua.

El nombre del autor envuelve un anagrama del verdadero : RAFAEL SAVONAROLA.

UN pueblo de Los Altos. Apuntamientos para su historia. 1897, *Totonicapan,* 4º mayor.

Consta el nombre del autor, JESÚS E. CARRANZA, de la carta-prólogo de Carlos J. Martínez.

VALBUENISMOS y Valbuenadas (A propósito de *Ripios Ultra-marinos* por Antonio de Valbuena). Por Abel de Sorralto. *Buenos Aires, Felix Lajouane, Editor,* 1894, 8º-32 pp.

Abel de Sorralto es anagrama del nombre del autor : ALBERTO DEL SOLAR.

VALE (The) of Guasco : or the maid with seven lovers. A romance in verse. In seven cantos. *London, Printed for J. J. Stockdale, Pall Mall.* 1813, 8º-320 pp., y 4 s. f.

Para un lector chileno, bien se deja comprender que este libro toca a Chile cuando tiene por título « El Valle del Guasco », como si dijéramos aquel que primero encontraron Almagro y sus compañeros en su jornada de descubrimiento, que es cabalmente lo que el autor expresa al darnos en compendio el argumento de su poema, en los términos siguientes : « Al leer la historia de Chile y compararla con la de Felipe II, fuí inducido a poner de relieve esta especie de conexión entre el Mundo Nuevo y el Viejo, en su principio, bajo cierta especie de pintura imaginaria, del todo diferente, sin embargo, del ropaje bajo el cual Barclay mostró en su *Argenis* los asuntos de ese período: La figura dominante, en el pequeño romance que sigue, es un emigrante inglés, a quien se supone, después de una serie de aventuras (no frecuentes, aunque, se espera, no del todo improbables) haber logrado una concesión de tierras, y relaciones de familia en esta parte de Chile, que fué más tarde el primer escenario de la crueldad española. » (p. 18).

El espíritu en gran manera religioso que muestra toda la obra y las frecuentes referencias que contiene a *La Araucana* de Ercilla nos hicieron sospechar desde el primer momento que el autor debió de ser algún eclesiástico protestante y fervoroso admirador, a la vez, del poema de Ercilla, y en efecto, por lo que a esto último toca, a la vuelta de la página final del libro se halla la siguiente noticia : « Listo para la prensa : por el autor del *Vale of Guasco* : una traducción de *La Arau-*

cana, poema español, por Ercilla y Zúñiga, que viene a ser continuación del tema del *Vale of Guasco*. »

Pues bien, traductores ingleses del poema español no ha habido sino dos : William Hayley y el reverendo Henry Boid, y no podía ser aquél el autor del libro de que se trata por cuanto los fragmentos que tradujo de *La Araucana* se habían publicado treinta años antes de que saliera a luz. No quedaba, así, más candidato para la paternidad de la obra, que Boyd, cuya traducción completa quedó en manuscrito, salvándose sólo de ella los fragmentos que se insertaron como apéndice a la inglesa de la *Historia de Chile* del Abate Molina, impresa en Middletown (Estados Unidos), en 1808.

Boyd era irlandés ; en 1785 había dado a luz la traducción del *Infierno*, del Dante, que completó en 1802, con la de toda *La Divina Comedia*. « En 1805, refiere Nicholls *(Dictionary of National Biography*, t. VI, p. 91), andaba en demanda de un editor para su traducción de *La Araucana*, largo poema, que era empresa demasiado grande para un editor de Edimburgo, y para la cual buscó, inútilmente, comprador en Londres. Falleció el 18 de septiembre de 1832. »

Valentina de Lamartine por una escritora francesa (Historia publicada en los folletines de « La Nueva República ») *Santiago de Chile, Imprenta de « La Nueva República »*, 1897, 8º-87 pp.-1 s. f. al fin.

La escritora francesa es María Teresa Ollivier y el traductor, Antonio M. Carmona.

Venezuela et les Pays-Bas. Documents relatifs a la rupture des Rapport Officiels entre les Gouvernements de Venezuela et des Pays-Bas. *Paris, Jouby et Roger,* 1875, 4º-46 pp.

« Publicación que hizo por orden del Gobierno venezolano José María Rojas, Ministro de Venezuela en Holanda ». — Sánchez, *Bib. Vene.,* nº 864.

Venida del Mesías en gloria y magestad. Tomo Primero. Compuesto por Juan Josafat Ben-Ezra. Con superior permiso. Por D. Felipe Tolosa, Impresor de la Ciudad, 8º-3 vols. (*Cadiz,* 1812),-2 hjs. s. f.-viii-304 pp. ; II, 305-608 ; III, pp. 609-863-4 pp. s. f.

Tanto esta edición como la que le siguió, que llevan las señas del mismo impresor y carecen de fecha y lugar, son furtivas. Las hay también de Londres, 1816 ; Méjico, 1826; y traduciones inglesas de 1827 y 1833.

Es bien sabido que bajo el seudónimo de Juan Josafat Ben-Ezra se oculta el nombre del ex jesuíta chileno Manuel Lacunza.

Vera (La) patria di Colombo giustificata a favore de'Genovesi. *Roma, Salvioni,* 1814.

Del marqués Domenico Fransoni. —Melzi.

Veras y bromas, por A. M. M. *Habana,* 1881.

Alfredo Martín Morales. — F.-C.

Verdad aclarada, y Desvanecidas Imposturas, Con que lo ardiente de una pluma poderosa en esta Nueva España en un Dictamen malinstruido, quiso persuadir, averse acabado y perficionado el Año de 1675. La Fabrica del Real Desague la Insigne Ciudad de Mexico (1689), fol.-123 pp.-4 s. f.

Por Fray Manuel Cabrera.

Verdad manifiesta en los cargos y providencias de la Suprema Potestad de la tierra Pontificia, y Regia, fundamento de republicas, seguro fuerte de los reynos en la institvcion de la juventud, ilustrada por el Colegio Seminario de Goatemala... para que los Regulares que obtienen Beneficios Curatos en aquella Diocesi, le contribuian el tres por ciento... *En Goatem...,* por *el B. Antonio Velasco,* año de 1723, fol.-Una hj.-52 y 4 s. f.

Obra del rector que era entonces del Seminario, D. Francisco Dávila Valenzuela.

Verdad (La) pelada escribió D. J. F. de L. *(Al fin:) Imprenta de Jauregui (México),* 8º-8 pp. De 1811. —En verso.

Por Don Joaquín Fernández de Lizardi.

Verdad. Réplica a Sinceridad del Doctor Julio Valdes Canje. *Santiago de Chile (Imprenta Universitaria,)* 1911, 8º-121 pp.

A la cabeza de la portada, el nombre supuesto del autor: Juvenal Guerra, que oculta el de Carlos Contreras Puebla.

Verdad (La) sobre Orsini. Dedicada a las Colonias Francesa e Italiana. *Santiago*, julio de 1894, 4º-76 pp. y final s. f.

Traducción del *Nouveau Journal* de París, hecha por D. Jacinto Chacón.

Verdadera relacion de la desgraciada y prematura muerte de la señorita Dª Carolina Lizardi, acaecida en Santiago, a la una de la noche del 5 de octubre de 1855. *Santiago, Imprenta del Comercio*, octubre 1855, 16º-32 pp. — El título está tomado de la cubierta en color, que sirvió de portada.

Subscrita al final por Pedro Barrios Casamayor. En la nota manuscrita puesta por el doctor D. Wenceslao Díaz al respaldo de la cubierta se lee : « Como la Carolina Lizardi no podía ser enterrada en sagrado, después de la autopsia en el Hotel Inglés, un estudiante de medicina, Jaime Barañao, le sacó el esqueleto, que lo conservó en su gabinete.»

Verdadera situacion de la Hacienda Pública, dificultades de las contribuciones que se organizan, remedio que puede tocarse. *Santiago, Imprenta del Ferrocarril*, octubre de 1866, 4º-12 pp. a dos cols. y la final s. f. — El título, de la cubierta en color, pues carece de portada. Suscrito al final por F. P. V.

Las iniciales son de Francisco Paula Vicuña.

Verdadero (El) amante del Corazon Deifico de Jesus, En que se ponen doze Consideraciones breves sobre las excelencias, y virtudes de este Divino Corazon : Y toda la practica de su verdadera devocion. Por el P. Ignacio Tomay, de la Compañia de Jesus... *En Mexico, en la Imprenta nueva de la Biblioteca Mexicana...*, año de 1753, 12º-246 pp. y lámina.

El P. Ignacio Tomay, o sea, el P. José María Genovese.

Verdadero (El) cristianismo donde está y dónde no está ó sea los evangélicos desenmascarados por el Rdo. Padre E. F. *Santiago de Chile, Imprenta de la Revista Católica*, 1906, 8º-178 pp.

Las iniciales son de Esteban Fallert.

VERDADES amargas, por un Yankee español. *Habana,* 1894.

RAFAEL PÉREZ VENTO (padre). —F.-C.

VERSOS de A. N. V. —*(Buenos Aires),* 1883, 8º-206 pp.

« Edición autográfica por procedimiento litográfico.» —De ALBERTO NAVARRO VIOLA.

VERSOS. *Santiago. Imp. del Instituto de Sordo-Mudos,* 1901. 8º-188 pp. y 1 s. f.

A la cabeza de la portada, el seudónimo Edmundo Dantés, que oculta a don MANUEL GUZMÁN MATURANA.

VIAGE al Estrecho de Magallanes Por el Capitan Pedro Sarmiento de Gamboa. En los años de 1579. y 1580. Y noticia de la expedicion Que despues hizo para poblarle. *En Madrid, En la Imprenta Real de la Gazeta,* año de 1768, 4º- lxxxiv-402-xxxiii pp. 3 láminas plegadas.

« Don BERNARDO DE IRIARTE lo publicó, ilustrándolo con notas y documentos...» — FERNÁNDEZ DE NAVARRETE, *Bibl. marít.,* II, p. 621.

VIAGE por Egipto y Siria durante los años de 1783, 1784 y 1785 : obra escrita en frances por C. F. Volney, y traducida al castellano con notas y adiciones por un Habanero. *Paris, en la Imprenta de Julio Didot,* 1830, 8º, 2 vols.: 1, xviii-447 pp., mapa y dos láminas ; tomo segundo, 474 pp. y una s. f., mapa y lámina.

Un Habanero oculta el nombre de JOSÉ DE LA LUZ Y CABALLERO, según FIGAROLA-CANEDA.

VIAGGIO al nuevo mondo nel 1581 al 1584, tradotto in italiano da Francesco Avanzo. *Venezia,* 1586.

Melzi, que tomó la noticia de este opúsculo de Sbaraglia, *Suppl. ad. Waddingum,* p. 525, le señala la fecha de 1556, errata manifiesta, quizás por 1586. Advierte también que el autor fué MARTÍN IGNACIO DE LOYOLA, vizcaíno, franciscano, pariente de S. Ignacio.

El original castellano se insertó por primera vez en la *Historia de la China* de fray Juan González de Mendoza, Roma, Vicentio Accolti, 1585, 8º (pp. 341-440).

VIAJE a la Habana por la Condesa de Merlin, precedido de una biografía de esta ilustre cubana por la señorita D.ª Gertrudis Gómez de Avellaneda. *Madrid, Imprenta de la Sociedad Literaria y Tipografica,* 1844, 8º mayor-109 pp. y dos s. f.

Queda dicho ya que la Condesa de Merlin se llamó doña MARÍA DE LA MERCED SANTA CRUZ Y MONTALVO.

VIAJE (Un) a las Californias, comedia por Querubín de la Ronda. *Habana,* 1849.

AMBROSIO APARICIO.—F.-C.

VIAJE de circunvalacion por la Plaza Principal de esta Ciudad ; país muy concurrido, pero poco estudiado hasta el dia, y que no se ha dado á conocer como se propone el autor Don Claro Oscuro. *Puerto-Rico, González, Editor,* 1870-130 pp.

El autor fué FEDERICO ASENJO.—SAMA, p. 45.

VIAJE de D. Desiderio del Final Experto Caballero. *Madrid,* 1694, 8º

El verdadero autor de esta relación fué FRAY JOSÉ CASTRO, quien habiendo ido a Roma desde Zacatecas a votar al Capítulo general de su Orden de San Francisco en 1688, refirió en verso las incidencias de su viaje de ida y vuelta.

Con su nombre se había publicado su *Viaje de América a Roma,* sin fecha ni lugar de impresión, pero quizá de Madrid y de 1690. Se reimprimió dos veces en México.

VIAJE de novios. Novela corta que parece cuento largo. *Valparaiso, Talleres tipograficos de « La Union»,* 1916, 12º-155 pp.

A la cabeza de la portada el seudónimo Ronquillo, que pertenece a EGIDIO POBLETE.

VIAJERO (El) universal, o noticia del mundo antiguo y nuevo. Obra compuesta en frances por Mr. de Laporte, y traducida al castellano, corregido el original, e ilustrado con notas. Por D. P. E. P. *Madrid,* 1796-1801, 8º-43 vols.

Las iniciales significan Don PEDRO ESTALA Presbítero.

VIAJES de orden suprema, por Fidel. Años de 1853, 54 y 55. *Méjico*, 1855, 4º

« Por don GUILLERMO PRIETO, poeta y economista mejicano.» — BA-RROS ARANA, nº 458.

VIBRACIÓN del pensamiento o La Ley de Atracción en el Mundo del Pensamiento por William Walker Atkinson. Traducido por A. R. de R. *Santiago de Chile, Imprenta y Litografía « La Ilus-tracion »*, 1916, 8º-120 pp. y una s. f.

Las iniciales corresponden a doña ADELA RODRÍGUEZ DE RIBADENEIRA.

VICTOR y festivo parabien y aplavso gratvlatorio á la Emperatriz de los Cielos,... en la Vitoria de su purissima Concepcion... En ciento y ocho redondillas españolas... Escriviolas vn Sacer-dote natural de la muy Noble, y Leal Ciudad de Santa Fe de Bogotá, cuyo nombre va en las mismas... *(Madrid,* 1662), 4º-8 pp. s. f.

Por don BRUNO DE SOLÍS Y VALENZUELA.

VICTORIA del Lago Negro canto a Santa-Cruz. Arma virumque cano... Virg. Por un individuo del ejército-unido. *Impreso en el Cuzco, y reimpreso en la Paz de Ayacucho, Imprenta del Co-lejio de Artes,* 1835, 4º-24 pp.

Adviértase que el tal *canto* es en prosa. Fué su autor JOSÉ MANUEL LOZA.

VIDA apostolica del Venerab^{le} Padre Iosef Cataldino, vno de los primeros, y mas insignes Conquistadores de las dilatadas Pro-vincias, y barbaras Naciones del Guayrá, valeroso soldado de la Minima, y Maxima Compañia de Iesvs. Escrivela el D. D. Francisco Xarque,... Cura Retor de la Imperial Villa de Poto-si... *En Zaragoza, Por Ivan de Ybar,* año de 1664, 4º-19 hjs. s. f.-264 pp.

Sommervogel y otros atribuyen la obra al P. JUAN ANTONIO XARQUE.

VIDA (La) ardiente. I. — Adriana Mora. II. — Nostaljia. III. — La muerte de Raimundo. IV. — El secreto de la felicidad. *San-*

tiago de Chile, Imprenta de « El Independiente », 1886, 8º-296 pp.

A la cabeza de la portada, el seudónimo Jacobo Edén, que oculta al autor RAFAEL EGAÑA.

VIDA de Facundo Quiroga i aspecto fisico, costumbres i hábitos de la República Arjentina, seguida de apuntes biográficos sobre el jeneral Frai Felix Aldao, por el autor de Arjiropolis. Segunda Edicion Seguida de un Exámen crítico, traducido de la *Revista de Ambos Mundos*. *Santiago, Imprenta de Julio Belin i Compañia*, 1851, 8º-viii-374-hj. bl.-xlvi pp.

La carta preliminar a D. Valentín Alsina la subscribe el autor DOMINGO F. SARMEINTO, en Yungay, 7 de abril de 1851.

VIDA de Franklin, por Mignet, de la Academia Francesa, traducido por J. M. G. *(Epígrafe.) Santiago, Imprenta de Julio Belin i Ca* , 1850, 16º-vi-226 pp.

Hay también edición de Santiago, 1853, 16º
Las iniciales del traductor corresponden a JUAN MARIA GUTIÉRREZ.

VIDA de Hernan-Cortés hecha pedazos en quintillas joco-serias por el semi-poeta Anastaf de Morales, C. D. C. *En Sevilla, en la Imprenta Mayor de la Ciudad*, año de 1795, 8º-64 pp. en todo.

Hay segunda edición de Valencia, por Miguel Estevan, 1797, 8º-76 pp.
Anastaf de Morales es anagrama de (FRAY) TOMÁS DE SAN RAFAEL, carmelita descalzo.

VIDA de Jesucristo segun los Libros Santos. Por M. de Lausac. Traducida por M. C. *Santiago, Imprenta Nacional, Calle de Morandé*, 1856, 8º-43 pp. y una s. f. para el índice.

El nombre del traductor consta de la aprobación universitaria que se registra a la vuelta de la portada : don MIGUEL CRUCHAGA.

VIDA de Jesús para los niños y los humildes. Resumen de los cuatro textos del Evangelio. *Valparaiso, Soc. Imprenta y Litografía Universo*, 1909, 8º-153 pp. y 10 láminas.

Del certificado de licencia de la Autoridad Eclesiástica aparece que el autor fué D. FRANCISCO VALDÉS VERGARA.

Vida de la B. Mariana de Jesus de Paredes y Flores, conocida vulgarmente bajo el nombre de la Azucena de Quito; escrita antiguamente por el P. Jacinto Moran de Butron, de la Compañia de Jesus, variada ahora en la forma y corregida en el estilo y lenguaje por un Sacerdote de la misma Compañia. *Madrid, Imprenta de la Viuda de Palacios é hijos,* 1854, 8º-366 pp.

Por el P. Félix Gonzalez Cumplido. — Sommervogel.

Vida del Dr Benjamin Franklin sacada de documentos autenticos. *(Retrato de Franklin). Madrid, Por Pantaleon Aznar,* año 1798, 8º-xx-una s. f.-216 pp.

Llamábase el traductor don Pedro Garcés de Marcilla, barón de Andilla.

Vida del señor Dupont por J. Janvier, Dean de la Catedral de Tours. Traducida de la segunda edicion francesa. *Santiago, Imprenta Varela,* 1886, 8º-xv-413 pp. y 1 s. f.

De la advertencia del editor consta que los traductores fueron el presbítero D. Alejandro Larraín y D. Enrique del Solar.

Vida del Venerable Padre Antonio Baldinucci misionero apostolico de la Compañia de Jesus. Escrita en italiano por el Padre Joseph Maria Gallucci, de la misma Compañia. Y traducida al castellano Por otro Padre tambien de la Compañia. Con las licencias necessarias : *En Mexico, en la Imprenta del Real y mas Antiguo Colegio de S. Ildefonso,* año de 1760, 4º-5 hjs. s. f.-retrato-277 pp. y 3 s. f.

Fué traductor el P. Bernardo Pazuengos, que puso su nombre a otra traducción que hizo también del italiano, la *Vida del P. Francisco Maria Galluzzi,* escrita por el P. Juan Baptista Memmi, México, 1761, 4º

Vida del venerable y apostolico Padre Pedro Claver de la Compañia de Iesvs. Dispvesta por el Licenciado Geronimo Suarez de Somoza, natural de Madrid. alumno de la misma Religion... *En Madrid, por Maria de Quiñones,* año de 1657, 8º-12 hjs. s. foliar.-172 hjs.

Sommervogel afirma que el autor fué el P. Alonso de Andrade.

VIDA de muchos, o sea una semana bien empleada por un curru-
taco de Lima. *Lima, Imprenta de los Expósitos, por Jaime
Mesa*, 1791.

Subscrita por E. T. L., o sea ESTEBAN DE TERRALLA Y LANDA, según
lo advierte Ricardo Palma en la reproducción que hizo de esta pieza en
el n? XXIII de *El Correo del Perú*, 1874, pero que yo no he visto.

VIDA de San Juan Apostol y Evangelista escrita en lengua latina
por un sacerdote devoto del Santo. Y ahora traducida a nuestro idioma la saca a luz el Doct. D. Agvstin Zambrano, Canónigo Tesorero Dignidad de la Santa Iglesia de Quito. &c. *Con
Licencia, Impresa en Lima en la Oficina de los Niños Expósitos,
por Paulino de Atocha*, año de 1761, 4?-25 hjs. prls. s. f.-232
pp.-16 s. f.-3 láminas.

Obra del jesuíta JUAN COLETI.

VIDA de San Luis de Anjou Obispo de Tolosa y Abogado de los
enfermos traducida por Kefas. *Santiago de Chile, Imprenta de
San Buenaventura*, 1897, 8? menor-74 pp.

Kefas es seudónimo de PEDRO ANTONIO PÉREZ.

VIDA de Santa Margarita de Cortona. Segunda edición. *Santiago,
Imp. Santa Filomena*, 1904, 8? menor-139 pp. y una lámina.

Por el presbítero D. RUPERTO MARCHANT PEREIRA.

VIDA de Santa Rosa de Santa Maria Virgen Tercera de Santo Domingo. *Valencia* (1788), 8?

« Se reimprimió por Agustín Laborda, sin expresión de año (fué en
1788), en la que se suprimió el nombre del autor, substituyendo en el
frontis : « Los autores de ella *(La Vida)* se expresan al folio 89, en
cuya página nada hay alterado de lo que dijo el P. [FRANCISCO] GARCÍA ».
— FUSTER, *Bibl. Valenc.*, II, 73.

VIDA de San Vicente de Paul sacada de las biografias mas antiguas i mas autenticas del Santo, por el Vizconde de Bussierre,
Autor de la Fe de nuestros padres, de la Vida de Santa Francisca Romana, etc. *Santiago, Imprenta Nacional*, 1856, 8?-
389 pp.

Traducción de D. MIGUEL LUIS y D. GREGORIO VICTOR AMUNÁTEGUI « y otros varios colaboradores» según asegura BRISEÑO, *Est. bibl.*, p. 457.

VIDA de Señor San Francisco Solano, en sagrado canto, latino, y castellano. *Con licencia, Impresa en Granada, en la Imprenta Real*, Año MDCCLXXXIX, 4°-4 hjs. s. f.-83 pp.

Obra de don FRANCISCO SOLANO RUIZ POLONIO, profesor de latinidad, poesía y elocuencia en la villa de Castro del Río.

VIDA (La) de un amigo ó un primer amor. Folletín original del Progreso. *S. l. n. a. de imp.*, 4°-59 pp.

SILVA, *La Novela en Chile*, n° 218 : « Su autor es WENCESLAO VIAL. Los protagonistas de la novela son el autor y una conocida dama santiaguina. Al final hay una nota que dice fué escrita en 1845. Publicada en *El Progreso*, 1846, n°ˢ 1087-1101, mayo 11 a mayo 27 respectivamente.»

VIDA intensiva por « Obrero». Novela. *Santiago de Chile, Imprenta i Encuadernacion, Galvez 370, 1914*, 8°-180 pp. y 1 s. f. de erratas.

Obrero es seudónimo de ARTURO CONTRERAS GUTIÉRREZ.

VIDA (La) literaria en Chile. Primera serie 1908-1909. Por Omer Emeth. *Santiago, Imprenta « La Ilustracion »* (1909), 8°

Omer Emeth, seudónimo muy conocido en Chile del presbítero francés don EMILIO VAÏSSE. — SILVA, *La Novela en Chile*, n° 429.

VIDA prodigiosa, en lo vario de los svcesos, exemplar en lo heroico de religiosas virtudes, admirable en los fauores del Cielo, gloriosa en lo Apostolico de sus empleos, del Venerable Padre Antonio Rviz de Montoya, Religioso Profeso, Hijo del Ilustrisimo Patriarca San Ignacio de Loyola, Fundador de la Compañia de Iesvs. Escrivela... el Dotor Don Francisco Xarque,... Cura Rector que fue en el Perú, de la Imperial Villa del Potosí. *En Zaragoça, por Miguel de Luna*... año 1662, 4°-10 hjs. s. f.-630 pp.-5 hjs. s. f.

NICOLÁS ANTONIO y otros aseveran haber sido el autor el jesuíta JUAN ANTONIO XARQUE.

VIDA y viajes de Cristóbal Colon escrita en ingles por Washington Irving. Edicion abreviada por el mismo autor para uso de la juventud, i mandada traducir i publicar por el Ministerio de Instruccion Pública de Chile. *Valparaiso, Imp. de La Patria,* 1893, 8°-iv-351 pp.

De los documentos preliminares aparece que el traductor fué don AL-BERTO BERGUECIO.

VIDA, y virtudes del V. P. Juan Bautista Zappa de la Compañia de Jesus, sacada de la que escribió el Padre Miguél Venégas de la misma Compañia, y ordenada por otro Padre de la misma Sagrada Religion de la Provincia de Mexico. *Con licencia, Barcelona, Por Pedro Nadal,* año 1744, 4° — Nueve hjs. s. f.-296 pp.-5 hjs s. f.

El autor de este extracto fué, segun BERISTAIN (II, 377), el padre JUAN ANTONIO DE OVIEDO.

VIDITAS, por Wini. *(Al final:) Soc. Imp. y Lit. Universo* (1911), 8°-134 pp.

Wini es seudónimo de WILFRIDA BUXTON.

VIE (La) de Gregoire Lopez dans la Novvelle Espagne. Compose'e en espagnol par François Losa Prestre, Licentié, & jadis Curé de l'Eglise Cathedrale de Mexico. Et traduite nouuellement en François, par vn Pere de la Compagnie de Jesvs. *A Paris, Chez Mathvrin & Iean Henavlt,* M. DC. XLIV, 12°-Once hjs.-264 pp.

Fué traductor el jesuíta P. LOUIS CONART. — BARBIER, IV, 819; QUÉRARD, III, 72.

Hay edición de la misma ciudad, 1656, por Henault, 12°

VIE (La) du Pere Pierre Claver, de la Compagnie de Jésus, Apostre des Negres et des Indes d'Occident. Par le P. D. C. D. L. C. D. J. A. *A Rennes, chez Joseph Vatar,* 1739, 16°-124 pp.

Por el P. CHARLES FRANÇOIS DE CHARLEVAL. Así Sommervogel, por más que, como se notará, las iniciales de la portada no corresponden a las de su nombre.

VIE du R. P. Ignace Chomé Douaisien missionnaire au Paraguay d'après ses lettres et détails que nous a laissés le P. Peramas, missionnaire comme lui au Paraguay, *Douai, Dechristé*, 1864, 12º-156 pp.

« Se atribuye esta biografía al P. ALEXIS POSSOZ, quien, según el editor, en su prefacio, sólo le habría ayudado en la publicación. »-SOMMER-VOGEL.

VIE du vénérable dom Jean de Palafox, évêque d'Angelopolis et ensuite évêque d'Osme, dédiée a S. M. catholique. *Cologne et Paris, Nyon*, 1767, 8º-lvi-576 pp.

Hay edición de allí mismo, de dicho impressor, 1772, 8º, xliv-436 pp., con retrato y tres láminas.

Por JEAN-ANTOINE-TOUSS. DINOUART.

« El P. Champion, jesuíta, había comenzado a imprimir una *Vie de Palafox*, impresión que se detuvo en la hoja séptima, por causa de la « franqueza » del historiador. El doctor Arnaud se ha aprovechado bastante de estas siete hojas para la historia de Palafox que forma el volumen IV de la *Morale pratique des jésuites*. El ABATE DINOUART logró adquirir el manuscrito completo del P. Champion, que se encontraba entre los manuscritos del colegio de Clermont, y le fué muy útil para la composición de su *Vie de Palafox*, impresa en 1767 bajo el velo del anónimo ». — BARBIER, IV, 1003.

VIEJO Oriental (Un). El general D. José Artigas. *Buenos Aires*, 1880, 8º-46 pp.

Atribuído a LUIS REVUELTA.

VIERGE (La) de Borinquen. *Paris, E. Thunot et Ce.*, 1859-13 pp.

Fué autor el doctor D. RAMÓN EMETERIO BETANCES. — SAMA, p. 23.

VIEW (A) of South America and Mexico, comprising their history, the political condition, geography, agriculture, commerce, &c. of the Republics of Mexico, Guatemala, Colombia, Peru, the United Provinces of South America and Chile, with a complete History of the Revolution, in each of these Independent States. By a Citizen of the United States. Two volumes in one. *New-York, H. Huntington*, 1826, 12º-Vol. I, iv-5-211 pp. y retrato de Bolívar; II, 254 pp.

Por JOHN M. NILES. — SÁNCHEZ, *Bib. Ven.*, nº 571.

VILLARANCIDIO (con perdon del plagio) ó asesinato de un poema en once cantos mortales, que, con el título de Victoria de la Palma, escribio un Fiscal de la Corte Superior; personage notáble de un par de bigotes a la rusa: cómételo un (*figura de un murciélago*) admirador de cuanto escritor prosista o versista ha venido al mundo con el talento de escribir para que no lo entiendan. *Lima, 1856, Tipografía Nacional,* 8º-61 pp. y 3 sin foliar al fin.

La figura del murciélago encubre el seudónimo de D. MANUEL A. FUENTES.

VINDICACION (Mi) al publico. *Santiago, Imprenta Victoria, 1884,* 4º-25 pp.

Subscrita por VÍCTOR W. CASTRO.

VINDICACION. Cuestion de Cuba. Por un español cubano. *Madrid, Imprenta de Nicanor Perez Zuloaga,* 1871, 8º-85 pp.

«Véase en la *Revista Cubana,* t. V, nº 1 (enero 1887), pp. 70-84, un trabajo del Dr. Vidal Morales, titulado «CALIXTO BERNAL Y SOTO. Apuntes autobiograficos» *(sic),* donde se consigna, p. 72, que Bernal escribió el actual folleto y otro, *Cuba y la hacienda española* (1873).» — PÉREZ nº 101.

También trae resuelto el anónimo Figarola-Caneda.

VINDICACION de la nota de Inquisidores Con que se ha pretendido denigrar a los Relijiosos de la Orden de Predicadores i a su Smo. Fundador. Escrita en frances en 1889 por el célebre Lacordaire, entónces canónigo de Paris, i ahora relijioso profeso de aquella orden, inserta en la Memoria apreciabilísima que publicó en Paris, en favor del restablecimiento de dicha órden en Francia, i que se lee en el capítulo 5º de la mencionada obra. Traducida al castellano Por Fr. D. A. *Santiago de Chile,* 1845, *Imprenta de la Opinion-*4º-23 pp.

Las iniciales del traductor pertenecen a FRAY DOMINGO ARACENA.

VINDICACION de la plancheta: prueba de su utilidad, sencillez i exactitud en los levatamientos topograficos. *Santiago, Imprenta de Julio Belin i Ca.,* 1852, 8º-19 pp.

De los documentos que figuran en el folleto resulta que su autor fué don MANUEL MAGALLANES.

VINDICACION de los patriotas cubanos, por Angel Loño y Perez. *Nueva York*, 1870.

José Gabriel del Castillo y Azcárate. — F.-C.

·VINDICACION de los principios e ideas que han servido en Chile de apoyo a la Oposicion en las elecciones populares de 1846. Por P. F. V. *Lima*, 1846, 8º-57 pp.

Las iniciales son las de don PEDRO FÉLIX VICUÑA.

VINDICACION documentada del Juez de Letras de Aconcagua, contenida en carta a un amigo. 4º-19 pp. (*Santiago*, 1827.)

Llamábase ese juez don JUAN MANUEL COBO.

VINDICACION y Defensa hecha por el padre Perfecto *(sic)* de las Misiones del Gran Chaco a orillas del Bermejo. Sobre el salteamiento y asesinato en la mision San Francisco por los habitantes de la Colonia Rivadavia, encabezados por D. Melecio Frias el 23 de Setiembre próximo pasado, y patrocinados por el actual Gobernador de la Provincia de Salta D. Cleto Aguirre. *Buenos Aires, Imprenta del Porvenir*, 1865, 8º-56 pp.

Autor : FRAY PEDRO MARÍA PELICHI.

VIRGEN (La) del Tepeyac. Disertacion sobre la Aparicion de Nuestra Señora de Guadalupe en México. Segunda edicion. *Puebla, Imp. del Colegio Pio de Artes*, 1882, 8º menor.

Por el jesuíta ESTEBAN ANTICOLI.

«VIRGINIUS» (The) Case, as rewiewed in England and regarded by The New York Herald. *New York*, 1874, 8º-31 pp. (sin pie de imprenta).

«Según Vidal Morales, *Iniciadores*, p. 667, es de PLUTARCO GONZÁLEZ.» — PÉREZ, nº 187.

VISITA espiritual, devoto septenario en memoria, honor, culto, y reverencia del gloriosissimo Transito de Sr S. Joseph, que sus devotos pueden hacer el Mes de Julio, ó cada Mes, segun el fervor, y devocion. Breve resumen de su nacimiento, dones, hermosura, y dichosa Muerte : Con sus Meditaciones, y Jaculatorias. Dispuesto por un indigno Sacerdote del Arzobispado de Mexico, reconocido, y amartelado Esclavo del Santo Patriarcha. Con licencia : *Reimpreso en Cadiz, en la Real de Marina de D. Manuel Espinosa,* Año 1768, 8º-Port., lámina y 72 pp.

Autor : D. PEDRO DE PEREA, según resulta de ediciones de la misma 'ciudad y del Puerto de Santa María, en que se puso su nombre.

VISLUMBRES, 1921. Rocafiel. *Concepcion-Sociedad Imp. y Lit.* «*Soulodre*», 8º-112 pp. y retrato del autor en la cubierta.

El seudónimo pertenece a CARLOS ANÍBAL PEÑAFIEL MARÍN.

VISTA del Fiscal de la Ilustrisima Corte de Apelaciones en la disputa del Venerable Cabildo Eclesiastico con el Ilustrisimo Vicario Apostolico. Año de 1830. *(Santiago), Imprenta de la Opinion*-4º-iv-37 pp.

Llamábase el Fiscal don FERNANDO ANTONIO ELIZALDE.

VITA Beati Turribii Archiepiscopi Limani in Indiis. *Romae Sup. permisu Io : Bapt. Gaetan^s Inue^t, B. Thiboust scul.* (1662), 8º- Son 34 láminas grabadas.

Ordenadas y dispuestas por el doctor don JUAN FRANCISCO DE VALLADOLID.

VITA del Beato Giovanni Massias converso della Provincia di S. Giovanni Battista del Perú dell'Ordine de'Predicatori. Dedicata al regnante Sommo Pontifice Gregorio XVI. *Roma, dalla Tipografia Salviucci,* 1857, 4º mayor-vii-170 pp. y dos s. f.- Retrato.

Obra, al parecer, de FR. TOMMASO GIACINTO CIPOLLETTI, que firma la dedicatoria.

Vita del B. Martino de Porres terziario prefesso dell'Ordine de' Predicatori nella Provincia di S. Giovanni Battista del Perú Dedicata al regnante Pontefice Massimo Gregorio XVI. *Roma, dalla Tipografia Salviuci*, 1837, 4º-mayor.-Tres pp. s. f.-pp. i-v-retrato del Beato-209 pp. y una s. f.

Es lo más probable que sea obra de FRAY ANGELO VINCENZO MODENA, qne firma la dedicatoria.

Vita del Servo di Dio D. Torivio Alfonso Mogrovejo... *In Roma, per Nicolangelo Tinassi*, M. DC. LV, 4º-Diez pp. s. f. (las cuatro primeras con la dedicatoria de D. Juan Francisco de Valladolid al Pontífice)-297 pp.-siete pp. s. f.

Hay segunda edición, de allí mismo y de dicho impresor, de 1656.

Ni en la dedicatoria de Valladolid, ni en parte alguna de la obra aparece el nombre del autor ; ni es probable que lo fuese Valladolid, por el idioma en que está el libro, Es cierto que González de Barcia en su *Epítome*, columna 755, le atribuye un *Compendio* de la vida del Santo, señalándole la data y fecha de Roma, 1679, 4º, confundiendo, sin duda, con ese trabajo el de Nicoselli, y en el cual se registra también una dedicatoria de Valladolid al Cardenal Fachenetti. Parece, sin embargo, que no puede caber duda en que la presente edición italiana es una mera traducción del libro de Antonio de León Pinelo, hecha por MIGUEL ANGEL LAPI, de quien dice Montalvo en su *Sol del Nuevo Mundo* que «fué el segundo que publicó la vida del glorioso Toribio, y en la lengua italiana el primero. Imprimióla en Roma el año 1655. Fué tan aplaudido de todos sus desvelos, que de mil cuerpos de libros que se estamparon, en breves días no se hallaba uno para satisfacer a la devoción, que, excitada de la novedad, los pretendía».

Vita del Padre Pietro Claver, della Compagnia di Gesú, detto l'Apostolo degli Etiopi, cavata da'Processi formati per la sua Canonizzazione. *In Roma*, 1748, 4º

Por el P. JOSÉ DE LARA, que firma la dedicatoria.

Vita del Venerabile P. Fr. Francesco Camacho Religioso dell' Ordine di S. Giovanni di Dio compilata Da un Sacerdote della Compagnia di Gesú. E dal Molto Rev. P. Fr. Domenico Maria Betri... dedicata al Reverendiss. Padre Fr. Leopoldo Pio Sormani... *(Estampa con el escudo de éste.) In Napoli,*

Nella Stamperia di Felice Carlo Mosca. 1748, 4º mayor-Seis hjs. s. f.-Retrato-190 pp. y dos s. f.

Libro es éste que de ordinario se cita con el nombre del padre Betri, desestimando así la aseveración expresa de la portada, que dice ser obra de un jesuíta. Sommervogel (*Dictionnaire*, col. 1862), restablece su verdadera atribución a un jesuíta, pero sin poner su nombre, que fué el P. Saverio Santagata.

Vita interiore del Servo di Dio, Monsignor D. Giovanni di Palafox e Mendoza, Vescovo d'Angelopoli, e d'Osma, colla sua difesa sotto il titolo d'Innocenza vendicata. Si aggiungono le notizie storiche dello stesso Ven. Palafox, tratte da autentici monumenti. *Roma, presso Gregorio Settari e Comp.*, 1772, 8º-2 vols.

Fué traductor el P. Giovan Luigi Buongiuchi, de las Escuelas Pías. Melzi, citando a Horanyi, *Script. Cl. Reg. Sch. Piarum*, t. I, p. 334. Por su parte añade que había visto una edición de este libro hecha en Venecia, por Occhi, en el mismo año de 1772. La príncipe de las castellanas es de Bruselas, 1682, 4º

Vita P. Balthasaris Alvarez e Societate Jesu, ex prolixiori ejusdem Historia quam P. Ludovicus a Ponte ediderat, delibata a quodam ex eadem Societate. *Lugduni, Sumpt. Haered. Petri Prost, Philippi Borde, et Laurentii Arnaud*, M.DCC. XCIV, 12º-132 pp.

El P. Alvarez fué provincial de la Compañía en el Perú. La dedicatoria está subscrita por L. J. S. J., iniciales del padre Ludovicus Janinus Societatis Jesu.

Vita Venerabilis Patris Emmanuelis Coreae e Societate Jesu in Brasilia missionarii. Una cum adjectis animadversionibus historicis. *In Fano, S. Martini*, MDCCLXXXIX, 8º-Una hj.-33 pp.

Hay segunda edición de allí mismo y del año 1790. El autor fué el padre jesuíta José Rodríguez de Mello.

¡ Viva la Confederacion Argentina ! El doctor José M. Gomez de Fonseca, juzgado por Un Contemporáneo. *Buenos Aires*, 1844.

El doctor Claudio Cuenca. — Zinny.

Viva la Patria. Discursos político-morales que hace el Amante del Cristianismo á sus Compatriotas Disidentes o no Disidentes ; y a todos los Américanos, sus Hermanos, sea qual fuere el sistema de gobierno que hayan adoptado. *(Al fin :) Imprenta de los Huérfanos*, año 1822 *(Lima)*, 4º-8 pp.

El seudónimo oculta el nombre de don Francisco José de Morales, cura de Pacaraos.

¡ Viva la Union Americana! Papel en derecho. *Macha, Imprenta Chayanteña, administrada por Bernardino Echeverria*, 1866, 4º-24 pp.

Consta del prólogo que este escrito fué redactado por Antonio Quijarro.

Vivir es defenderse. Dificultades de Basilio al través de la vida limeña y Diario de un pensador por Juan de Arona. *(Epígrafe en cinco lineas.) Lima, Imprenta de J. Francisco Solis*, 1883, 8º-69 pp. y dos sin foliar al fin.

Queda ya dicho que Juan de Arona es seudónimo de don Pedro Paz Soldán.

Vocabulario de la Lengva Gvarani compvesto por el Padre Antonio Ruiz de la Compañia de Iesvs Revisto, y augmentado Por otro Religioso de la misma Compañia. *En el Pveblo de S. Maria la Mayor*, El año de MDCCXXII, 4º-Tres s. f.-599 pp. (mal foliado).

El jesuíta que revisó y aumentó el libro del P. Ruiz de Montoya fué Paulo Restivo.

Voluntarios (Los) de la Habana en el acontecimiento de los Estudiantes de Medicina. Por uno de los Condenados a seis años de presidio. *Madrid,* 1873.

El doctor Fermín Valdés Domínguez. — F.-C.

« Volver a verse ». Una novelita sin pretensiones, dedicada a una amiga por «Malempeño». *Corrientes,* 1875.

El seudónimo es de Jorge Katzenstein. — Zinny.

Votos de Chile. *(Colofón :) Imprenta de la Biblioteca,* 1 hj. en folio, a dos cols. Sin fecha, pero de 1826. — En verso.

En una hoja anónima, firmada por *Un Suscriptor,* sin fecha, pero de ese tiempo, se lee, refiriéndose a don Victorino Garrido : « Ignoramos los servicios patrióticos que después haya hecho, y que le han merecido empleos tan distinguidos : sólo hemos oído hablar de su reputación literaria por unos célebres tercetos contra el señor O'Higgins y su hermana que se le atribuyen... ». Advertiré, sin embargo, que el aludido negó la paternidad de esos versos.

Votos de un cubano. *Madrid,* 1869.

Lic. Nicolás Azcárate y Escovedo. — F.-C.

Voyage a la Guiane et a Cayenne, fait en 1789 et années suivantes... Par M. L... M... B... armateur. Ouvrage orné de cartes et de gravures, *Paris,* an VI, 1797, 8º

Por Louis Prudhomme. — Barbier.

Voyage à la Louisiane et sur le continent de l'Amérique septentrionale, fait dans les années 1794 a 1798, par B*** D***. *Paris, Dentu,* 1802, 8º

L.-N. Baudry des Lozières. — Barbier.

Voyage à la Martinique, contenant diverses observations sur la physique, l'histoire naturelle, l'agriculture, les mœurs et les usages de cette isle, fait en 1751 et dans les années suivantes. Lu à l'Académie roy. des sciences de Paris, en 1761. *Paris, Bauche,* 1763, 4º, con un mapa.

« El autor, Thibault de Chanvalon, subscribe la epístola dedicatoria. » — Barbier.

Voyage à la Martinique. Vues et observations politiques sur cette île, avec un aperçu de ses productions végétales et animales. Par J. R***, général de brigade. *Paris, L. Pelletier,* an XII-1804, 8º

Las iniciales ocultan el nombre de J. Romanet. — Barbier.

VOYAGE a la Mer du Sud, fait par quelques Officiers Comman-
dants le vaisseau le Wager : Pour servir de suite au Voyage de
Georges Anson. Traduit de l'anglois. *A Lyon, Chez les Freres
Duplain*, 1756, 12º-xxxviii-1 hj. s. f.-427 pp. y xxvj de Table.

> Los autores ingleses fueron Bukeley, Cummins, Alex. Campbell e
> Isaac Morris, y la traducción obra del ABATE RIVERS, y retocada por
> el ABATE MARCO ANTONIO LAUGIER. — BARBIER, IV, 1057.
>
> Poseo también edición de la misma ciudad y de los citados impreso-
> res, salida en aquel año igualmente, con xvi-185-xiij pp. y la última s.
> f. — El colofón reza : *A Lyon, De l'imprimerie de Louis Buisson...*

VOYAGE au Chili, au Pérou et au Mexique, pendant les années
1820, 1821 et 1822, par le capitaine B. Hall, officier de la
marine royale. Entrepris par ordre du gouvernement anglais.
Paris, Arthus Bertrand, 1825, 8º-III-358 pp. y mapa; t. II,
313-LXXVIII pp.

> « El aviso del editor lleva por firma las iniciales B. T. (BRISSOT THI-
> VARS). La traducción se hizo para este librero, quien, habiéndola en-
> contrado muy mala, la rehizo casi por entero.» — BARBIER, IV, 10.059.

VOYAGE autour du monde, fait dans les années MDCCXL, I, II,
III, IV. Par George Anson, presentement Lord Anson, com-
mandant en chef d'une escadre envoyée par sa Majesté Britan-
nique dans la Mer du Sud. Tiré des Journaux & autres Papiers
de ce Seigneur, & publié Par Richard Walter, Maitre es Arts &
Chapelain du Centurion dans cette Expédition. Orné de Cartes & Figures en Taille Douce. Traduit de l'anglois. *A Amsterdam et a Leipzig, Chez Arkstee & Merkus*, 1749, 4º mayor-
dos hjs. s. f.-xvi-334 pp., la ultima s. f.

> Poseo también edición de Genève, Barrillot et Fils, 1750, 4º mayor ;
> y de la misma ciudad, Chez Henri Albert Gosse & Co., 1750, 8º-3 vols.
> Barbier (IV, 1061) añade que hay otra de París (revue par l'abbé Gua
> de Malves), 1750, 4º, y otra en 4 vols. en 12º
> El traductor fué ELIE DE JONCOURT.

VOYAGE autour du monde, fait en 1764 & 1765, Sur le Vaisseau
de Guerre Anglois Le Dauphin, commandé par le Chef-d'Escadre Byron ; dans lequel on trouve Une Description exacte du
Détroit de Magellan, & des Gians appellés Patagons, ainsi que

de sept Isles nouvellement découvertes dans la Mer du Sud. Traduit de l'Anglois par M. R***. *A Paris, Chez Molini,* 1767, 15º-Una hj. s. f.-lxviij-335 pp.

Fué traductor J.-B. Suard.

Voyage autour du monde, fait pendant les annés 1790-92, par Etienne Marchand. *Paris,* an VI, 4º-4 vols.

El verdadero nombre del autor era Charles-Pierre Claret, conde de Fleurieu. — Quérard, II, 1050.

Voyage autour du monde sur la frégate du roi *la Boudeuse* et la flûte *l'Etoile,* en 1766-69. *Paris,* 1771, 4º, láminas.

Nouvelle édition, augmentée. *Neufchâtel.* 1773, 12º-2 vols. Por Bougainville. — Barbier, IV, 1061.

Voyage (Le) curieux fait autour du monde, par F. Drach, admiral d'Angleterre, augmentée de la 2º partie. *Paris,* 1641, 12º

Traducción del inglés de Pretty, por De Louvencourt. — Barbier, IV, 103.

Voyage d'Amérique. Dialogue en vers, Entre l'Auteur & l'Abbé ***. *A Londres, Et se trouve a Paris, Chez Pichard, Libraire, Quai & pres des Thétins,* 1786, 12º-156 pp.

Por Louis Gabriel Bourdon, secretario intérprete del Rey. — Barbier, IV, 1063.

Voyage dans l'Afrique et les deux Indes pendant les années 1809 à 1812, avec des observations sur l'état actual, les mœurs, les usages de ce pays, et des particularités historiques sur le prince Juda, Liniers, Christophe, Péthion, Miranda et les fils de Typpo-Saëb. Par A. F. Matugène de Kerallo, neveu du général Moreau, Chirurgien de marine. *Paris, A. Emery,* 1874, 12º-2 vols.

Seudónimo de A.-P.-F. Ménegault de Gentilly. — Quérard, II, 1076.

Voyage dans l'Amerique méridionale, à l'interieur de la côte ferme et aux îles de Cuba, de la Jamaïque, depuis 1808 jusqu'en

1819. Par Julien M***** *Agen, Prosper Noubel*, 1823, 8º-291 pp. y cuatro s. f.–Una lámina.

> Por JULIAN MELLET, según resulta de la portada de la segunda edición, *Paris, Masson et fils*, 1824, 8º

VOYAGE dans l'Amérique Méridionale, commençant par Buénos-Ayres et Potosi jusqu'a Lima, Avec un Appendice contenant la Description la plus complète et la plus exacte des Possessions ou Colonies espagnoles dans l'Amérique Méridionale ; appendice formé de l'extrait des meilleurs Voyages les plus modernes ; Par Antoine-Zacharie Helms... Traduit de l'Anglais par M. B. B. D. V., Membre de plusieurs Académies. *Paris, a la librairie Française et Etrangere de Galignani*, 1812, 8º-ij-257 pp. y dos mapas.

> Las iniciales del traductor son de M. BERTRAND BARÉRE DE VIEUZAC.

VOYAGE dans l'hémisphère austral et autour du monde, par le capitaine Jacques Cook ; traduit de l'anglais. *Paris*, 1778, 4º-5 vols.

> Traducido por SUARD. « Es el segundo viaje de Cook. El primero se intitula : *Relation des voyages entrepris*, etc., *traduite de l'anglais de Hawkesworth* (por Suard y Demeunier). *Paris, Saillant*, 1774, 4º ; 1785, 4º-4 vols. — BARBIER, IV, 1070.

VOYAGE (Le) de l'Illvstre Seigneur et Cheualier François Drach, Admiral d'Anglaterre, à l'entour du monde. Augmenté de la Seconde partie. A Monseigneur de S. Simon, Seigneur & Baron de Courtomer. *A Paris, Chez Iean Gesselin*, 1627, 12º-Tres hjs. s. f.–una bl.–230 pp. y una hj. s. f.

> Por LOUVENCOURT, señor de Vauxcelles, que firma la dedicatoria.
> El libro es traducción del inglés de Pretty, y la edición príncipe, según Barbier (IV, 1083) es de 1613, de 90 pp. La hay también de 1641, 8º

VOYAGE de Marseille a Lima et dans les autres lieux des Indes occidentales, par le sieur D*** *Paris, Coignard*, 1720, 12º

> Por DURRET. — BARBIER, VI, 1076.

Voyage du tour du monde, trad. de l'italien de Gemelli Carreri. par L. M. N. *Paris, Ganeau,* 1719, 12º-6 vols.

« Me parece que el librero Martin fué el primero que, en el catálogo de los libros de Belanger, publicado en 1748, atribuyó a Le Noble esta traducción impresa ocho años después de la muerte de este fecundo escritor ; ha sido seguido por De Bure en su *Bibliographie Instructive,* y por todos los redactores de *Dictionnaires historiques.* Pero es de notar que los escritores contemporáneos más exactos dejan bajo el velo del anónimo esta traducción ; puedo citar a Le Clerc, en su *Bibliothèque ancienne et moderne ;* el *Journal des Savants ;* el abate Lenglet, en su *Méthode pour étudier l'histoire ;* el abate Prévost, en el tomo V de su *Histoire générale des Voyages,* edición en 4º Es también de notar que Grosley en sus *Illustres Troyns,* no atribuye esta traducción a Le Noble. En el frontis de la segunda edición, impresa en 1727, se lee por M. L. N. Quizá ha sido este orden de letras iniciales el que haya sugerido a Martin la idea de presentar a Le Noble como traductor de este *Voyage.* Es más probable que Dubois de Saint-Gelais sea este traductor».—Quérard, II, 800.

Voyage du tour du monde, traduit de l'italien de Gemelli Carreri, par E. N. Nouv. edit. *Paris,* 1727, 12º-6 vols.

Véase el número precedente.

Voyage en Californie 1850-1851 d'après une promesse du Président. Navigation sur les deux Océans ; passage de l'isthme de Panama ; arrivée à San-Francisco. Suivi du Tarif des douannes en Californie. *Paris, Garnier frères,* 1851-8º-48 pp.

Llamábase el autor Ch. de Saint-Amant. — Sabin, XVIII, nº 74.983.

Voyage fait dans les années 1816 et 1817, de New York à la Nouvelle Orléans et de l'Orénoque au Mississipi, par les petites et les grandes Antilles, par l'auteur des « Souvenir des Antilles ». *Paris, Gide,* 1818, 8º-2 vols : I, 372 pp. I; II, 408 pp.

Autor fué el Barón de Montlezun. — Barbier, IV, 1089.

Voyage (A) from the United States to South America, performed during the Years 1821, 1822 & 1823. Embracing a Description of the City of Rio Janeiro, in Brazil ; of every Port of Importance in Chili ; of several in Lower Peru ; and of an Eighteen

Months Cruise in a Nantucket Whaleships... Second Edition. *Newburyport, Herald Press, 1823, 8º-80 pp.*

La primera edición, de 500 ejemplares, se imprimió en el mismo año. Fué el autor WASHINGTON CHASE. — SABIN, *A dictionary*, etc., III, nº 12.215.

VOYAGE historique de l'Amérique méridionale, fait, par ordre du roi d'Espagne, par dom George Juan et dom Antoine de Ulloa ; traduit de l'espagnol. *Amsterdam, 1752, 4º-2 vols.*

Por ELEAZAR MAUVILLON. — BARBIER, IV, 1090.

VOYAGE (The) of Columbus. A Poem. *(Epigrafe), London, Printed for T. Gadell and W. Davies..., 1810, 4º-viii-48 pp.*

Hay segunda edición por *T. Benstey and Son* (1812), adornada con viñetas por Stothard, 4º menor, 74 pp. De SAMUEL ROGERS. — HALKETT Y LAING. — SABIN, XVII, nº 72.733.

VOYAGE philosophique dans l'Amérique méridionale, rédigé par l'auteur de l'« An 2440 ». *Paris, Pillet, 1830, 12º-172 pp.*

BARBIER, IV, col. 1092, asignándole la fecha de 1830. « El caballero GÉRARD JACOB, que ha firmado varias obras con el nombre de Jacob Kolb. » — SABIN, IX, nº 35.487, señala como fecha de impresión el año 1829.

VOYAGE pittoresque autour du monde... rédigé par une societé de voyageurs et d'hommes de lettres, sous la direction de M. Dumont d'Urville. *Paris, Tenré, 1833, 8º mayor-2 vols.*

Por LOUIS REYBAUD. — BARBIER, IV, 1092.

VOYAGE pittoresque dans les deux Amériques, résumé général de tous les voyages de Colomb, Las Casas, Oviedo... par les rédacteurs du « Voyage pittoresque autour du monde, sous la direction de M. Alc. d'Orbigny ». *Paris, L. Tenré, 1833-36, 8º mayor, 2 vols. a dos cols. con 300 grabados.*

Por L. REYBAUD. — BARBIER, IV, 1093.

VOYAGE (A) round the world, in the years MDCCXL, I, II, III, y IV. By George Anson, Esq. ; commander in chief of a squadron of his Majesty's ships, sent upon an expedition to the South-Seas. Compiled from papers an other materials of the Right Honourable George Anson, and published under his direction, by Richard Walter, M. A., chaplain of his Majesty's ship the Centurion, in that expedition. Illustrated with forty-two copperplates. *London,* 1748, 4º-pp. 3o-417. Las láminas llenan un tomo aparte.

En realidad, el redactor fué BENJAMÍN ROBBIN, miembro de la Real Sociedad Geográfica. — HALKETT Y LAING.

VOYAGE (A) to Havana and Mexico ; including some general observations on the United States. By an Italian. *New York, Printed... by C. Vinton,* 1841, 8º mayor-x-139 pp.

Por CARLOS BARINETTI. — TRELLES,

VOYAGE (A) to Mexico and Havana, with some observations on the United States. By an Italian. *New York, C. Vinten,* 1841, 8º-x-139 pp.

Obra de CARLO BARINETTI. — SABIN, nº 3383.

VOYAGE (A) to Peru ; performed by the Conde of St. Malo, in the years 1745, 1746, 1747, 1748, and 1749. Written by the Chaplain. To which is added an Appendix, containing the present state of the Spanish affairs in America in respects to mines, trade and discoveries. *London, R. Griffiths,* 1752, 12º-xv-176 pp.

Es traducción del *Nouveau voyage* del Abate COURTE DE LA BLANCHAR-DIÈRE, impreso en Paris, en 1751, 12º El capellán se llamaba ALONSO CARRILLO LAZO. — CUSHING, p. 29.

VOYAGE (A) to South America, with an Account of a shipwreck in the River Plata, in the Year 1817. By the Sole Survivor. *Boston, Printed by Ingraham and Hewes,* 1826, 12º-128 pp.

Ese único sobreviviente, autor del libro, se llamaba GEORGE FRACKER. — SABIN, A dictionary, etc., IV, nº 25.412.

VOYAGE (A) to the South-Seas, and to many other parts of the world, performed from the month of September in the year

1740, to June 1744, by Commodore Anson, in his Majesty's ship Centurion, having under his command the Gloucester, Pearl, Severe, Wager, Trial, and two store-ships... By an officer of the squadron. *London,* 1744, 8º-408 pp.

Por Richard Walter, o sea BENJAMÍN ROBINS. — HALKETT Y LAING.

VOYAGES de découvertes à l'océan Pacifique du Nord et autour du monde, ordoné par le roi d'Angleterre et exécuté, en 1790-1795, par le capitaine Vancouver ; traduit de l'anglais. *Paris, imp. de la République,* an VII-1799, 4º-3 vols. y atlas en folio.

Tradujeron la obra al francés J. NICOLAS DEMEUNIER y el abate ANDRÉ MORELLET.

VOYAGES d'un Philosophe, ou observations sur les mœurs et les arts des peuples de l'Afrique, de l'Asie et de l'Amérique. *Yverdon,* 1768-12º

El autor disfrazado bajo aquel seudónimo se llamó PIERRE POIVRE. QUÉRARD, III, 116, quien advierte, además, que hay de este libro dos ediciones más, una de París, 1780, con una Noticia sobre la vida del autor (por Dupont de Nemours), y otra, también de allí, de 1797, 8º, (aumentada con varios pasajes del autor).

VOYAGES du capitaine Cook, dans la mer du Sud, aux deux pôles, et autour du Monde, accompagnés des relations de Byron, Carteret et Wallis, de 1764 à 1804 ; par M. G... t. *Paris, Lerouge,* 1811, 6 vols. en 12º, adornados de un mapa universal y de 30 grabados.

G... T... t. responden, de manera disfrazada, al nombre de JEAN-BAPTISTE GOURIET. — QUÉRARD, II, 220.

VOYAGES et aventures de Jaques Massé. *A Bordeaux, Chez Jaques l'Aveugle,* 1710, 12º-tres hjs. s. f.-508 pp.

Por M. DE MAVILLON.

VOYAGES interessans dans differentes colonies françaises, espagnoles, anglaises, etc. ; contenant des observations importantes relatives à ces contrées ; et un memoire sur les maladies les

plus communes à Saint Domingue, leurs remèdes et le moyen
de s'en preserver moralement et physiquement. Avec des anec‑
dotes singulières, qui n'avaient jamais été publiées. Le tout
rédigé et mis au jour, d'après un grand nombre de manuscrits,
par M. N... *A Londres et Paris, Bastian,* 8º-vii-507 pp.

El autor : Auguste Anicet Bourgeois.
Sabin, nº 6897. « Con diferente título, forma el volumen X de *la
Collection abrégé des voyages.*. Está tomado de los papeles de M. B.
(Bougeois,) « secretario de la Cámara de Agricultura del Cabo, » por su
sobrino M. N. (Nougaret). Dice Richardière que « la parte más interе-
sante de la obra es la que trata de las islas de Puerto Rico, Curazao,
Granada, y las Bermudas, y del Nuevo México ; sobre cuyos lugares sería difícil encontrar detalles tan interesantes y satisfactorios en ninguna
otra obra. Muestra lo suficiente que ha sido impresa en Francia. La
Monthly Review, lxxx, 1789, dice que « el libro está mal escrito. Sospe-
chamos que Mons. N. no era francés. Sus notables anécdotas no son ni
entretenidas ni instructivas. Tomando en cuenta el pomposo título que
lleva, esta obra es una demostración más, entre muchas, del *parturiunt
montes.* »

Voyageur (Le) françois, ou la connoissance de l'ancien et du
nouveau mode. 4ᵉ édition. *Paris,* 1772-1790, 12º-42 vols.

« Los 26 primeros volúmenes son del Abate De la Porte ; los 27 y 28
de Louis Abel Bonafous, llamado « El Abate de Fontenai » ; y los restantes de Louis Donairon... ». — Sommervogel.

Voz (La) de la Grei o sea el asunto arzobispal expuesto a vuela-
pluma por un catolico seglar. *Santiago de Chile, Imprenta de
« El Independiente »,* 1882, 8º-16 pp.

Por D. Rafael B. Gumucio.

Voz (La) de la Libertad levantada por un patriota con ocasion de
la victoria ganada por las armas de la patria contra las tropas
del parricida Goyeneche, en las cercanias de Salta. 1813, fol.-
4 pp.

Zinny, que afirma haber sído el autor D. Gregorio Funes, pero que
no da lugar de impresión, ni de imprenta, que parece debemos referir
a Buenos Aires e Imprenta de los Expósitos. — *Bibliografía histórica,*
p. 90.

VUES de la Colonie Espagnole du Mississippi, ou des Provinces de la Louisiane et Floride Occidentale, en l'an 1802. *Paris*, 1805, 8º

Hay también edición de París, de 1805, 8º El nombre del autor BERQUIN-DUVALLON está en la portada de esta última.

QUÉRARD, II, 1281.

SABIN *A Dictionary*, etc., nº 4963.

Hay traducción alemana de T. F. Ehrmann, Weimar, 1804, 8º-xxviii_ 344 páginas y mapa ; y una inglesa de John Davis, New York, 1806, 12º-viii-181 pp.

W AIKNA ; or, adventures on the Mosquito shore. By Samuel A. Bard. *London,* 1852.

Dr. Ephraim George Squier. — Cushing, p. 3o.

War (John S.). Nociones de Moral civica y politica (1.er y 2.do Capitulo) Con arreglo al Programa de la materia, dictado por decreto del Ministro de Justicia é Instrucción Pública de fecha 15 de Abril de 1909. (Epígrafe de Rodó.) *Buenos Aires,* 1909, 8º- 48 pp.

John S. War es seudónimo de Emilio Ravignani.

War (The) in Florida; being an exposition of its causes, and an accurate history of the campaigns of Generals Clinch, Gaines, and Scott. By a Late Staff Officer. *Baltimore,* 1836.

Woodburne Potter. — Cushing, pp. 165 y 273, dándolas como obras diversas.

Wast (Hugo). Flor de Durazno, *Buenos Aires,* 1911, 8º

Alterando un tanto el método que hemos seguido en el curso de esta obra, hemos puesto como encabezamiento ese seudónimo, pues, de otro modo, habríamos tenido que repetir no menos de diez veces el nombre del autor que ha querido ocultarse con él, y ya justamente célebre por la belleza de su producción de novelador : Gustavo Martínez Zuviría. No nos ha sido posible disponer de las varias ediciones de sus libros, ni aún siquiera nos ha tocado en suerte tenerlos todos a la vista y, a tal causa, tendremos que contentarnos con apuntar simplemente sus títulos encabezados todos con el ya indicado seudónimo de Hugo

Wast : *El Vengador ; El Amor vencido ; Fuente Sellada ; La Corbata Celeste ; Ciudad Turbulenta ; Ciudad Alegre ; Valle Negro ; La Casa de los Cuervos ; Novia de Vacaciones ; Alegre.*

Winter (An) in Cuba by W. L. M. Jay, author of « Shiloh ». *New York, E. P. Dutton & C°*, 1871, 8° mayor.-vi-296 pp.

Por Julia L. M. Wooddroff. — Trelles.

Y A escampa! *(Al fin:) Imprenta de Julio Belin i Ca.*, mayo 1853.-Fol. a dos cols.-16 pp.

De don DOMINGO FAUSTINO SARMIENTO.

Yo-Leonardo Penna. *(En la cubierta en color:) Imprenta Universitaria, Santiago*, 1907, 8º-324 pp.

Queda ya dicho que bajo aquel seudónimo se oculta IGNACIO PÉREZ KALLENS.

Yo y Garrido. Articulos publicados en el Diario de Santiago por el Coronel D. P. G. *Santiago, Imprenta de la Opinion*, fol. — 53 pp. a dos cols. — El título está tomado de la cubierta en color.

Las iniciales son de D(on) PEDRO GODOY.

YOUTH's history of California, by Lucia Norman. *San Francisco*, 1867.

MRS. S. M. HEAVEN. — CUSHING, p. 205.

YUNQUE (El). Canto épico leído por su autor R. C. en la Academia Real de Buenas Letras de Puerto-Rico el día de su recepción en ella. 23 de Enero de 1851. *Puerto-Rico, Establecimiento tipográfico de D. I. Guasp.*, 1851-13 pp.

Las iniciales pertenecen a RAFAEL CASTRO. — SAMA, p. 17.

ZULOE, ou la religieuse reine, épouse et mère, sans être coupable : histoire contenant des details inconnus jusqu'à ce jour sur l'existence du dernier Inca du Pérou et de sa famille, dont les descendants portent l'illustre nom de Montezuma, par M. R. M. *Paris*, 1816, 12º-3 vols.

El autor de esta novela, que ya deja ver lo disparatada que es, cuando toma por uno de los Incas a Montezuma, fué escrita por RAOUL MAR-CÉ. — BARROS ARANA, nº 507.

ZURRA (Una) a tiempo. *Quito*, 1839, *Imprenta de la Universidad*, 4º-5 pp. s. f.

Subscrita por « Unos pastusos, residentes en Pasto. » — De FRAY VICENTE SOLANO. Se reprodujo en las páginas 73-77 del tomo III de sus *Obras*.

INDICE ALFABÉTICO

I. — ÍNDICE DE INICIALES

II. — ÍNDICE DE SEUDÓNIMOS

— 318 —

I. Conchalí : Daniel Riquelme, II, 254.

Inés Bello : Inés Echeverría de Larraín, I, 186.

Iosephi Travallae : P. José Mariano Vallarta y Palma, I, 141.

Ipandro Acaico : Ignacio Montes de Oca, II, 108, 137.

Iris : Inés Echeverría de Larraín, I, 179, 202, 247, 249; II, 130, 258.

Isaac Escobari : Lucas Palacios, I, 160.

Isaías : Manuel de la Cruz, II, 262.

Itelco Medonico : P. Juan Domingo Coletti, II, 94, 122.

Jack the Ripper : José Antonio Campos, I, 90.

Jacobo Edén : Rafael Egaña, I, 44 ; II, 277.

Jacobo Joseph Labbe Selenopolitano : P. Diego José Abad, II, 19.

Jacques Edwards : Joaquín Edwards Bello, II, 75.

Jaques Massé : M. de Mavillon, II, 296.

J. Nairdá : Adrián Justiniano, I, 125.

Job Pim : Francisco Pimentel, I, 180.

Johann Ludwig Gottfried : Juan Felipe Abelin, II, 87.

John Smith : Brantz Mayer, II, 266.

John S. War : Emilio Ravignani, II, 299.

Jorge Más Theoforo : José Ortega Moro, I, 74.

José de Villa-Roca : Antonio José de Irisarri, I, 129.

José Isidro Inana y Torre : Antonio José de Irisarri, I, 76.

José López Villaseñor : Eduardo de la Barra, I, 203.

Josephi Adriani Madregon : P. José Mariano Gondra, II, 22.

Josephi Ludovici Sarcerdotis : P. José Mariano Vallarta y Palma, I, 171.

Jotabeche : José Joaquín Vallejo, I, 95.

Jotavé : José Luis Fernandois, I, 151.

J. Peclozana de Cal : Juan López Cancelada, II, 126.

Juan de Arona : Pedro Paz Soldán, I, 119, 145, 155, 192; II, 13, 16, 58, 218, 288.

Juan del Campo : Juan M. Rodríguez, I, 43.

Juan de Izalco : Ruperto Cepeda, II, 123.

Juan Josafat Ben-Ezra : P. Manuel Lagunza, II, 272.

Juan Marsella : Ricardo Cruz Coke, I, 113, 227, 232.

Juan del Páramo : Juan Vargas Márquez, II, 29.

Juan Pérez de Montalbán : Efraín Vazquez Guarda, II, 129.

Juana Inés de la Cruz : Luisa Anabalón, I, 249 ; II, 41.

Julián Doble : Januario Espinosa, I, 42.

Julián del Claro : Francisco Herrera, II, 252.

Juliani Ponci : P. José Mariano Vallarta y Palma, II, 26.

Julio Talanto : Augusto Iglesias, II, 134.

Junius : Diego José Benavente, I, 82.

Junius : José Joaquín Larraín Zañartu, I, 162.

Junius : Hermes E. Montalián, I, 147.

Junius Redivivus : William Bridges Adams, II, 251.

Just Girard : J. J. E. Roy, I, 205.

Justus : Ignacio Gutiérrez Vergara, I, 6.

Juvenal Guerra : Carlos Contreras Puebla, I, 217 ; II, 272.

Jymb : José Ignacio Muñoz Bustamante, I, 243.

Kefas : Pedro Antonio Pérez, II, 279.

Land : Víctor Patricio de Landaluze, I, 121.

La Tía Pepa : Rafael Egaña, II, 257.

Lautaro : Juan Bardina, I, 84.

Un Citoyen de l'Amérique Méridionale : Manuel Palacio Fajardo, I, 196.

Un ciudadano : José Benito Guzmán, II, 40.

Un Ciudadano Argentino : Martín Avelino Piñero, I, 69.

Un Ciudadano Argentino : Juan Bautista Alberdi, II, 205.

Un colaborador : Ramón Meza y Suárez Inclán, I, 120.

Un Compatriota : José Miguel Carrera, II, 35.

Un Compatriota : Tomás Godoy Cruz, II, 52.

Un conservador : Eugenio Sánchez de Fuentes, I, 76.

Un Contemporáneo : Claudio Cuenca, II, 287.

Un Contemporáneo : Cirilo Villaverde, I, 29.

Un Coronel de Ejército : J. Aníbal Frías, II, 226.

Un creyente : Doctor Clavijo, I, 11.

Un Cubano : José de Armas y Cárdenas, II, 129.

Un cubano : José de Ayala, I, 203.

Un cubano : Nicolás Azcárate y Escovedo, II, 289.

Un Cubano : Nicolás de Cárdenas y Rodríguez, I, 185.

Un cubano : Rafael María Merchán, I, 249.

Un Cubano práctico : Rafael Padró, II, 159.

Un Cubano propietario : Joaquín Santos Suárez, I, 122.

Un cubano sin odios : Manuel de la Cruz y Fernández, II, 206, 212.

Un cura del Arzobispado de Lima : José Santiago López Ruiz, I, 158.

Un Curioso: Vicente Gutiérrez, II, 132.

Un Chileno : Manuel Carvallo, II, 269.

Un Chileno : N. Guerrero, I, 92.

Un Demócrata : Benjamín Vicuña Mackenna, I, 112.

Un Demócrata convencido : José Gener y Batet, II, 172.

Un Devoto : Antonio Urtiz, I, 207.

Un diputado de las Cortes reunidas en Cádiz : José Alvarez de Toledo, II, 50.

Un ecuatoriano : Juan José Flores, I, 111.

Un Español : Enrique Donderis, I, 123.

Un español americano : Antonio de Arcos, I, 40.

Un Español Americano : José Miguel Angulo y Heredia, I, 14.

Un español americano : José Francisco Heredia, I, 244.

Un español cubano : Calixto Bernal y Soto, II, 283.

Un español incondicional : Santiago Barroeta Scheidnagel, II, 247.

Un Ex-Diputado de Nueva España : José María Quirós y Millán, I, 76.

Un Ex-Jesuíta : P. Jacinto Marín de Velasco, II, 204.

Un Extrangero : Alejo Peyret, I, 82.

Un Filopatro : P. Antonio Fernández de Palazuelos, I, 183.

Un Filopatro expatriado : P. Antonio Fernández de Palazuelos, I, 164 ; II, 45.

Un geographe bibliophile : D'Avezac, II, 58.

Un Granadino : Francisco de P. Santander, I, 222.

Un Guatemalteco : Alejandro Marure, II, 73.

Un Habanero : Francisco de Arango y Parreño, II, 184.

Un Habanero : José de Arango, II, 48.

Un Habanero : José de la Luz y Caballero, II, 274.

Un Habanero : Cristóbal Madán, II, 204.

Un Habanero : Diego Tanco, II, 185.

Un Habanero : Félix M. Tanco y Bosmeniel, II, 165.

Un Hacendado : Cristóbal Madán, II, 43.

Un hijo de Buenos Aires : Justo García Valdés, II, 167.

Un hijo del pueblo : Jerónimo Soler y Gabarda, I, 169.

Un homme de la race latine : Francisco de Frías y Jacott, II, 34.

Un Indigène de l'Amérique du Sud : D. S. Jonana, II, 33.

Un indigno Sacerdote del Arzobispado de México : Pedro de Perea, II, 285.

Un Indio de la ciudad de la Paz : Vicente Pazos Kanki, I, 100.

Un individuo del comercio de Querétaro : Angel Ruiz, I, 95.

Un individuo de la guarnición de la Habana : Manuel de Zequeira y Arango, II, 122.

Un ingenio de la Habana : Fray José Rodríguez Ucares, II, 163.

Un inmigrante : Francisco Carulla, II, 183.

Un Joven Chileno : Diego Barros Arana, I, 184.

Un joven habanero : Antonio Carlos Fower, II, 124.

Un leal vasallo : Victoriano Montero, I, 198.

Un Liberal : Felicísimo López, II, 133.

Un Liberal sin voto : Benjamín Vicuña Mackenna, I, 39.

Un Magistrado cubano : Antonio de Franchi Alfaro y Lemaur, I, 217.

Un Mexicano : Eduardo de Gorostiza, II, 267.

Un Misionero del Colegio de Chillán : Fray Victorino Palavicino, II, 65.

Un misionero del Colegio de Propaganda Fide : Fray José Comas, I, 86.

Un Observador imparcial : Pedro de Angelis, I, 139.

Un Oficial del Estado Mayor : Andrés García Camba, I, 68.

Un Oficial peruano : Manuel C. Bonilla, I, 45.

Un officier de l'Etat-Major : Alexis Henri Brialmont, I, 113.

Un Oriental : Antonio Lamas, I, 176.

Un Oriental : José Victorino Lastarria, I, 199.

Un Oriental : Antonio N. Pereira, I, 221.

Un Padre de la Compañía de Jesús : P. Juan Francisco López, I, 156.

Un Padre de la Compañía de Jesús : P. Antonio o Diego de Osuna, I, 206.

Un Padre de la misma Compañía : P. Baltasar Maseu, I, 206.

Un Padre de Familias : Juan Francisco Meneses, II, 119.

Un Padre Mercedario : Fray Jerónimo Arís, II, 260.

Un Paisano del Autor : Francisco Javier Vingut, II, 105.

Un Patriota : Facundo Infante, I, 24.

Un Patriota : José Antonio Saco y López, I, 77.

Un Peruano : José Casimiro Ulloa, II, 131.

Un Philosophe; Pierre Poivre, II, 296.

Un Pobre Diablo : Luciano Piña Borcoski, I, 89.

Un Potosino : Mariano Salas, I, 70.

Un Presbítero de la Congregación del Oratorio de la Habana : Antonio Nicolás Duque de Estrada, I, 208.

Un Presbítero de la República de Chile : José Ignacio Víctor Eyzaguirre, II, 124.

Un Profano en Literatura : Silverio Domínguez, II, 182.

Un proletario : Luciano Borkoski, I, 108.

Un Proscripto del Consulado : Juan Francisco Alzuru, I, 82.

Un quidam ; Leopoldo Turla, II, 119.

Un Religioso de la Compañía de Jesús : Luis Gutiérrez Corral, II, 170.

Un Religioso grave : Fray Andrés de Morales, II, 203.

Un Religioso de Nuestra Señora de la Merced : Fray Francisco Javier de Herrera, II, 258.

Un Religioso del Orden de San Agustín : Fray Buenaventura de Salinas y Córdoba : II, 191.

Un Religioso Recoleto de N. P. S. Francisco : Fray Juan Fernández Cejudo, II, 44.

Un Religioso Sacerdote del Orden de los Predicadores : Fray Juan de Villasánchez, II, 217.

Un Sacerdote : Alejandro Larraín, II, 54.

Un sacerdote amante del bien público : Francisco Martínez, I, 242.

Un Sacerdote Argentino : Apolinario Argañaraz, I, 92.

Un Sacerdote de la Casa Y Congregación de San Felipe Neri : Francisco Vega y Mendoza, II, 234.

Un Sacerdote Católico : Juan Francisco Ortiz, I, 77, 81.

Un Sacerdote de la Ciudad de Santa Fe de Bogotá : Bruno de Solís y Valenzuela, II, 276.

Un Sacerdote del clero limeño ; Francisco de Paula Vigil, I, 94.

Un Sacerdote de la Compañía de Jesús : P. José María Genovese, II, 76.

Un Sacerdote de la Compañía de Jesús : P. Diego Pablo González, II, 56.

Un Sacerdote de la Compañía de Jesús : P. Antonio de Paredes, I, 152.

Un Sacerdote de la Compañía de Jesús : P. Pedro Sarmiento, II, 101.

Un Sacerdote de la Congregación de la Misión : P. Jorge Salvaire, I, 240.

Un Sacerdote de la Congregación del Oratorio de N. P. S. Phelipe Neri : Juan de la Pedrosa, II, 102.

Un Sacerdote del Oratorio de San Fe-

lipe Neri de la Ciudad de los Angeles : José Gómez de la Parra, II, 161.

Un Sacerdote salesiano : Juan Zin, II, 222.

Un Sepulturero : Edward G. Gordon, II, 210.

Un soldado : Juan Ignacio de Armas, I, 208.

Un Soldado : Ricardo Estevan, II, 239.

Un Sur Americano : F. Leal, I, 95.

Un Temporalista : Ramón Meza y Suárez Inclán, I, 120.

Un testigo presencial : Fabián Navarro, I, 123.

Un testigo presencial : Juan Manuel de la Sierra, II, 212.

Un testigo presencial y paciente : Jacinto Villegas, II, 178.

Un vago : Eugenio Cambaceres, II, 159.

Un veterano : Pedro Vázquez, I, 187.

Un Viajero imparcial : Miguel Zañartú, I, 118.

Un vieux Philantrope : Joseph Ant. Carlet, II, 173.

Un Voyageur français : Gabriel Lafond de Lucy, II, 91.

Un Vueltabajero : Antonio Rubio Pimenta, I, 63.

Un Yankee español : Rafael Pérez Vento, II, 274.

Una hija del Choqueyapu : Modesta Sanjinés, I, 172.

Una hija de Eva : María Luisa Quimantes, I, 120.

Una hija de María : Elisa Fóster Recabarren, II, 55.

Una Madre : Rosario Orrego de Uribe, I, 11.

Una Señorita Chilena : Clara Alvarez Condarco, II, 203.

Une Peruvienne : Franc. d'Issembourg d'Happoncourt, dame de Grafigny, II, 35.

Uno de los Condenados a seis años de

presidio : Fermín Valdés Domínguez, II, 288.

Uno de los Maestros del Colegio Seminario de México : Antonio Arteaga, I, 209.

Uno de los Sacerdotes Adoradores : Ismael Chávez, II, 75.

Unos Amigos de la buena opinión habanera : Ramón de la Sagra, I, 111.

Unos Bolivianos : José M. Santibáñez, Adolfo Ballivián y Melchor Terrazas, I, 53.

Unos Eclesiásticos : Valentín Gómez, I, 110.

Unos pastusos residentes en Pasto : Fray Vicente Solano, II, 301.

Unos Patriotas : Manuel María Urcullu, I, 31.

Valet de Pique : Ernesto Weigel Muños, I, 172.

Varios españoles reconocidos : Jaime Badía y Padrines, I, 168.

Vera Souroff : Esmeralda Zenteno de León, II, 58, 96.

V. Erasmo Jesuit : Eduardo de la Barra, I, 122, 192 ; II, 222.

Verus : Luis Onís, II, 108.

Víctor de Valdivia : Néstor Mansilla, I, 202.

Vidente : Fray Luis Guillermo Márquez, I, 200.

Virgilio Talquino : Virgilio Figueroa, I, 226.

Vox Clamantis : Luis Tomás Gálvez, I, 173.

Wini : Wilfrida Buxton, II, 281.

X. B. Saintine : Joseph Boniface, II, 235.

Yara : Catalina Rodríguez de Morales, II, 137.

Zaritopas : Nazario Pastoriza, I, 152.

III. — ÍNDICE DE ANÓNIMOS

Larraín Zañartu, José Joaquín : I, 140.

Larriva, José Joaquín de : II, 259.

Lasala, P. Manuel : II, 42.

Lassaleta y Lassaleta, Bernardo : II, 108.

Laserre, Dorotea : II, 122.

Laso de la Vega, Luis : I, 250.

Lasso de la Vega, Rafael : II, 166.

Lastarria, José Victorino : I, 9, 165, 215 ; II, 30, 160, 171.

Lastra, Antonio de : II, 145.

Lathrop, Carlos 2° : II, 224, 263.

Latrobe, Charles Joseph : II, 176.

Lattapiat, Tucapel : I, 119.

Laugier, Marco Antonio : II, 290.

Laureau, Pierre : I, 20.

Laurence, Eugène : I, 246.

Laval, Ramón A. : I, 25.

Lavallée, Francisco : II, 102.

Lavín, N. : I, 51.

Lazcano Altamirano, P. Francisco Javier : I, 152.

Lazo, Benito : II, 107.

Leal de Araújo, Fray Antonio : I, 199.

Leblys, Ernest : I, 226.

Ledesma, Fray José : II, 237.

Ledesma, Fray Miguel de Jesús : II, 99.

Lefebure de Villebrune, Jean-Baptiste : II, 34, 61.

Leguizamón, Onésimo : I, 162.

Lemoine, Fortunato : I, 14.

Lens, Benjamín: I, 166.

León, Anastasio : II, 108.

León, Fray Nicolás de : I, 103.

León Garabito, P. Facundo de : II, 193.

León Pinelo, Antonio de : I, 6, 158, 214 ; II, 10, 69, 70, 138, 155, 197, 199, 228-231, 242.

León Pinelo, Diego de : I, 89 ; II, 140, 148, 150, 152.

Letelier, Valentín : I, 89 ; II, 15.

Letondal, Francisco : II, 263.

Lillo, Eusebio : I, 23.

Linares, José María : I, 17.

Lindsay, Santiago : I, 9.

Lira, José Antonio : I, 216.

Lira, José Bernardo : II, 171.

Lira, Luciano : II, 123.

Lira, Máximo R. : II, 24.

Lizardi, Agustín : I, 191.

Loaisa y Quiñones, Pedro de : I, 41 ; II, 158.

Locke, John : I, 234.

Logroño, Pedro de : II, 51.

Lois, Juan Serapio : I, 117.

Lombert, P. : II, 202.

Loon, Johan van : II, 23.

López, P. Baltasar : II, 208.

López, José Francisco : I, 200.

López, P. Juan Francisco : I, 101, 156 ; II, 75, 110.

López, Fray Marcos : II, 192.

López, Vicente Fidel : I, 100.

López del Campo, Diego : II, 47, 151, 154.

López de Echaburu, P. José : I, 107.

López y Martínez, P. Francisco : II, 92, 195.

López Pimentel, Fray Mariano : II, 194.

Loubert, Juan Bautista : II, 11, 255.

Lourmel, F.-E. de : II, 202.

Loyola, P. Juan de : II, 98.

Loyola, Fray Martín Ignacio de : II, 274.

Loza, José Manuel : II, 109.

Lozano, P. Pedro : I, 245 ; II, 10.

Luz y Caballero, José de la : II, 12, 256.

Llano y Zapata, José Eusebio de : I, 152 ; II, 65, 209.

Llanos, P. Bernardino : I, 7 ; II, 137.

Llorente, P. Mariano : II, 221.

Machuca, Francisco Antonio : II, 218.

Machuca, Marcos : I, 194.

Mackenna y Eyzaguirre, Juan : II, 120.

Macías, José Miguel : I, 142.

Macirone, F. : I, 27.

Veitía, Mariano: I, 239.
Vial, Manuel Camilo : II, 65.
Vial, Wenceslao : II, 280.
Victoria, Francisco de : II, 143, 156.
Victoria, Paulo de : I, 7 ; II, 143, 155.
Vicuña, Manuel José : I, 78.
Vicuña, Pedro Félix : II, 182.
Vicuña Cifuentes, Julio : I, 46.
Vicuña Mackenna, Benjamín : I, 8, 85, 133, 174, 200; II, 82, 93, 174, 208.
Vidal Figueroa, P. José : I, 144 ; II, 37, 99, 189.
Vidal Gormaz, Francisco : I, 179; II, 94.
Vidaurre o Vidaurri, Fray Antonio : I, 99 ; II, 248.
Viescas, P. Raimundo : II, 189.
Vila, Bernardino : II, 168.
Villa, Recaredo de : II, 187.
Villa-Amor, Manuel : I, 52.
Villalobos, P. Joaquín Antonio de : II, 14.
Villar, Francisco de Paula del : II, 9.
Villarino, Joaquín : I, 148 ; II, 220.
Villarreal, Cristóbal de : II, 230.
Villarreal, L. Joaquín de : II, 203.
Villaurrutia, Jacobo de : II, 73.
Villaverde, Cirilo : II, 212.
Villers, Ch. de : II, 201.
Viollet, Alphonse : I, 67.
Viscarra, Domingo : II, 20.
Vivas, Ezequiel A. : I, 36.

Wading, Tomás : I, 174.
Walker Martínez, Carlos : I, 116 ; II, 122, 249.
Walpole, Horace : I, 3.
Walton, William : II, 81.
Warden, David Bailie : I, 36.
Weingartner, P. Pedro : I, 239.

White Kennet : I, 49.
Whright, Francisco Agustín : II, 82.
Wilde, E. : II, 205.
Williams, Thomas : II, 81.
Wright, Thomas : I, 214.

Xarque, P. Juan Antonio : II, 220, 280.
Ximena, Pedro : II, 92.
Ximénez, Fray Mateo : II, 39.
Ximeno, Fray José : I, 84.
Ximeno y Bohórquez, Pedro : II, 229.
Xirón, El licenciado : II, 67.

Yanes, Francisco Javier : I, 100.
Ybáñez, Adolfo : I, 247.
Yoldi, Fray Antonio : I, 139.

Zaldívar Zapata, Fray Nicolás de : II, 170.
Zambrana y Valdés, Antonio : I, 32; 123.
Zamora, Francisco L. : I, 227.
Zañartu, Miguel de : II, 89.
Zaragoza, Fray Lorenzo de : II, 68.
Zárate, Agustín de : II, 199.
Zárate, Fray Miguel de : I, 63.
Zavala, P. Miguel : II, 32.
Zea, Francisco Antonio : I, 97 ; II, 5.
Zegers, Julio : I, 13.
Zelada, Remigio : II, 109.
Zenteno, José Ignacio : I, 149, 167.
Zepeda, P. Juan Manuel de : II, 32.
Zéspedes, P. Diego de : II, 82, 83.
Zeballos, P. Francisco Javier : I, 164.
Zuloaga, Leopoldo : I, 70.
Zumárraga, Fray Juan de : I, 166; II, 188.
Zurita, Juan de : II, 158.
Zurita de Velasco, Baltasar : II, 232.

FE DE ERRATAS

	Página	Línea	Dice	Debe decir
Tomo I	4	16	Sannueza	Sanhueza
	114	27	Cosmocrafia	Cosmografia
	129	última	Zañartú	Zañartu
	177	12	Alende	Allende
Tomo II	54	5	Fernánnez	Fernández
	131	27	Ussembourg	Issembourg
	141	11	Márques	Márquez
	147	2	Casanaz	Casanate
	176	19	Middsletoum	Middletown
	221	17	Aelfo	Adolfo
	253	13	avencidado	avecindado
	266	21	Truiunfos	Triunfos
	277	12	Sarmeinto	Sarmiento
	283	33	levatamietos	levantamientos

AVISO

En el *Instituto* se hallan en venta las publicaciones que se editan ; pueden solicitarse listas de las siguientes series :

Documentos para la historia argentina.
Publicaciones del Instituto de investigaciones históricas.
Boletín del Instituto de investigaciones históricas.
Biblioteca argentina de libros raros americanos.
Colección de viajeros y memorias geográficas.

Toda la correspondencia a nombre del director, EMILIO RAVIGNANI, Reconquista, 694, ciudad de Buenos Aires. Se aceptan giros contra cualquier Banco de esta ciudad.

WITHDRAWAL